企业所得税汇算清缴实务丛书

企业所得税政策法规汇编

（2020 年版）

《企业所得税汇算清缴实务丛书》编写组　编

中国财经出版传媒集团
中国财政经济出版社

图书在版编目（CIP）数据

企业所得税政策法规汇编：2020年版/《企业所得税汇算清缴实务丛书》编写组编. --北京：中国财政经济出版社，2020.1

（企业所得税汇算清缴实务丛书）

ISBN 978-7-5095-9587-9

Ⅰ.①企… Ⅱ.①企… Ⅲ.①企业所得税-税法-汇编-中国 Ⅳ.①D922.222.9

中国版本图书馆CIP数据核字（2020）第016410号

责任编辑：吕小军　胡　懿　李筱文　谷兴华等　　　责任校对：张　凡

中国财政经济出版社出版

URL：http：//www.cfeph.cn

E-mail：cfeph@cfeph.cn

社址：北京市海淀区阜成路甲28号　邮政编码：100142

营销中心电话：010-88191537

北京中兴印刷有限公司印刷　各地新华书店经销

787×1092毫米　16开　41印张　978 000字

2020年3月第1版　2020年3月北京第1次印刷

定价：128.00元

ISBN 978-7-5095-9587-9

（图书出现印装问题，本社负责调换）

本社质量投诉电话：010-88190744

打击盗版举报热线：010-88191661　QQ：2242791300

前　　言

为了便于广大纳税人和税务人员更好地学习和应用企业所得税相关法律法规及税收政策，提高企业所得税工作效率和管理水平，我们组织有关人员归集整理了2008年1月至2020年1月现行有效的企业所得税法律法规及相关政策文件，汇编成《企业所得税政策法规汇编》（以下简称本汇编）。本汇编共分为法律法规、综合类政策、优惠类政策、行业或企业政策、征收管理政策五个部分，并按照发文字号、发文时间排序。

为确保所收录政策有效性和延续性，本汇编对相关文件中的失效及修订条款进行了注释和标记。为确保收录内容完整性，提高读者查阅率，对确需保留的常规性附件以二维码形式予以保留。

因篇幅所限，本汇编侧重对居民企业所得税政策进行归集整理，非居民企业所得税相关政策待再版予以完善。

鉴于税收政策不断更新完善，请广大纳税人和税务人员在实际工作中以现行有效文件为准。

由于编者水平有限，疏漏或不妥之处，敬请广大读者提出宝贵意见。

企业所得税汇算清缴丛书编写组

2020年2月

目 录

一、法律法规

二、综合类政策

三、优惠类政策

四、行业或企业政策

五、征收管理政策

一、法律法规

中华人民共和国企业所得税法

2007 年 3 月 16 日　中华人民共和国主席令第 63 号

（注释：条款修改。将第五十一条第一款中的“非居民企业在中国境内设立两个或者两个以上机构、场所的，经税务机关审核批准”修改为“非居民企业在中国境内设立两个或者两个以上机构、场所，符合国务院税务主管部门规定条件的”。参见：《全国人民代表大会常务委员会关于修改〈中华人民共和国电力法〉等四部法律的决定》（中华人民共和国主席令第二十三号）。

条款修改。第九条修改为：“企业发生的公益性捐赠支出，在年度利润总额 12% 以内的部分，准予在计算应纳税所得额时扣除；超过年度利润总额 12% 的部分，准予结转以后三年内在计算应纳税所得额时扣除。”参见：《全国人民代表大会常务委员会关于修改〈中华人民共和国企业所得税法〉的决定》（中华人民共和国主席令第六十四号）。

“安置残疾人员和国家鼓励安置的其他就业人员所支付工资”的加计扣除的核准取消。参见：《国家税务总局关于公布已取消的 22 项税务非行政许可审批事项的公告》（国家税务总局公告 2015 年第 58 号）。）

《中华人民共和国企业所得税法》已由中华人民共和国第十届全国人民代表大会第五次会议于 2007 年 3 月 16 日通过，现予公布，自 2008 年 1 月 1 日起施行。

中华人民共和国主席　胡锦涛

中华人民共和国企业所得税法

2007 年 3 月 16 日第十届全国人民代表大会第五次会议通过

目　录

第一章　总　则

第一条　在中华人民共和国境内，企业和其他取得收入的组织（以下统称企业）为企业所得税的纳税人，依照本法的规定缴纳企业所得税。

个人独资企业、合伙企业不适用本法。

第二条　企业分为居民企业和非居民企业。

本法所称居民企业，是指依法在中国境内成立，或者依照外国（地区）法律成立但实际管理机构在中国境内的企业。

本法所称非居民企业，是指依照外国（地区）法律成立且实际管理机构不在中国境内，但在中国境内设立机构、场所的，或者在中国境内未设立机构、场所，但有来源于中国境内所得的企业。

第三条　居民企业应当就其来源于中国境内、境外的所得缴纳企业所得税。

非居民企业在中国境内设立机构、场所的，应当就其所设机构、场所取得的来源于中国境内的所得，以及发生在中国境外但与其所设机构、场所有实际联系的所得，缴纳企业所得税。

非居民企业在中国境内未设立机构、场所的，或者虽设立机构、场所但取得的所得与其所设机构、场所没有实际联系的，应当就其来源于中国境内的所得缴纳企业所得税。

第四条　企业所得税的税率为 25%.

非居民企业取得本法第三条第三款规定的所得，适用税率为 20%.

第二章　应纳税所得额

第五条　企业每一纳税年度的收入总额，减除不征税收入、免税收入、各项扣除以及允许弥补的以前年度亏损后的余额，为应纳税所得额。

第六条　企业以货币形式和非货币形式从各种来源取得的收入，为收入总额。包括：

（一）销售货物收入；

（二）提供劳务收入；

（三）转让财产收入；

（四）股息、红利等权益性投资收益；

（五）利息收入；

（六）租金收入；

（七）特许权使用费收入；

（八）接受捐赠收入；

（九）其他收入。

第七条　收入总额中的下列收入为不征税收入：

（一）财政拨款；

（二）依法收取并纳入财政管理的行政事业性收费、政府性基金；

（三）国务院规定的其他不征税收入。

第八条 企业实际发生的与取得收入有关的、合理的支出，包括成本、费用、税金、损失和其他支出，准予在计算应纳税所得额时扣除。

第九条 *企业发生的公益性捐赠支出，在年度利润总额12%以内的部分，准予在计算应纳税所得额时扣除。*

第十条 在计算应纳税所得额时，下列支出不得扣除：

（一）向投资者支付的股息、红利等权益性投资收益款项；

（二）企业所得税税款；

（三）税收滞纳金；

（四）罚金、罚款和被没收财物的损失；

（五）本法第九条规定以外的捐赠支出；

（六）赞助支出；

（七）未经核定的准备金支出；

（八）与取得收入无关的其他支出。

第十一条 在计算应纳税所得额时，企业按照规定计算的固定资产折旧，准予扣除。

下列固定资产不得计算折旧扣除：

（一）房屋、建筑物以外未投入使用的固定资产；

（二）以经营租赁方式租入的固定资产；

（三）以融资租赁方式租出的固定资产；

（四）已足额提取折旧仍继续使用的固定资产；

（五）与经营活动无关的固定资产；

（六）单独估价作为固定资产入账的土地；

（七）其他不得计算折旧扣除的固定资产。

第十二条 在计算应纳税所得额时，企业按照规定计算的无形资产摊销费用，准予扣除。

下列无形资产不得计算摊销费用扣除：

（一）自行开发的支出已在计算应纳税所得额时扣除的无形资产；

（二）自创商誉；

（三）与经营活动无关的无形资产；

（四）其他不得计算摊销费用扣除的无形资产。

第十三条 在计算应纳税所得额时，企业发生的下列支出作为长期待摊费用，按照规定摊销的，准予扣除：

（一）已足额提取折旧的固定资产的改建支出；

（二）租入固定资产的改建支出；

（三）固定资产的大修理支出；

（四）其他应当作为长期待摊费用的支出。

第十四条 企业对外投资期间，投资资产的成本在计算应纳税所得额时不得扣除。

第十五条 企业使用或者销售存货，按照规定计算的存货成本，准予在计算应纳税所得额时扣除。

第十六条 企业转让资产，该项资产的净值，准予在计算应纳税所得额时扣除。

第十七条 企业在汇总计算缴纳企业所得税时，其境外营业机构的亏损不得抵减境内营业机构的盈利。

第十八条 企业纳税年度发生的亏损，准予向以后年度结转，用以后年度的所得弥补，但结转年限最长不得超过五年。

第十九条 非居民企业取得本法第三条第三款规定的所得，按照下列方法计算其应纳税所得额：

（一）股息、红利等权益性投资收益和利息、租金、特许权使用费所得，以收入全额为应纳税所得额；

（二）转让财产所得，以收入全额减除财产净值后的余额为应纳税所得额；

（三）其他所得，参照前两项规定的方法计算应纳税所得额。

第二十条 本章规定的收入、扣除的具体范围、标准和资产的税务处理的具体办法，由国务院财政、税务主管部门规定。

第二十一条 在计算应纳税所得额时，企业财务、会计处理办法与税收法律、行政法规的规定不一致的，应当依照税收法律、行政法规的规定计算。

第三章 应纳税额

第二十二条 企业的应纳税所得额乘以适用税率，减除依照本法关于税收优惠的规定减免和抵免的税额后的余额，为应纳税额。

第二十三条 企业取得的下列所得已在境外缴纳的所得税税额，可以从其当期应纳税额中抵免，抵免限额为该项所得依照本法规定计算的应纳税额；超过抵免限额的部分，可以在以后五个年度内，用每年度抵免限额抵免当年应抵税额后的余额进行抵补：

（一）居民企业来源于中国境外的应税所得；

（二）非居民企业在中国境内设立机构、场所，取得发生在中国境外但与该机构、场所有实际联系的应税所得。

第二十四条 居民企业从其直接或者间接控制的外国企业分得的来源于中国境外的股息、红利等权益性投资收益，外国企业在境外实际缴纳的所得税税额中属于该项所得负担的部分，可以作为该居民企业的可抵免境外所得税税额，在本法第二十三条规定的抵免限额内抵免。

第四章 税收优惠

第二十五条 国家对重点扶持和鼓励发展的产业和项目，给予企业所得税优惠。

第二十六条 企业的下列收入为免税收入：

（一）国债利息收入；

（二）符合条件的居民企业之间的股息、红利等权益性投资收益；

（三）在中国境内设立机构、场所的非居民企业从居民企业取得与该机构、场所有实际联系的股息、红利等权益性投资收益；

（四）符合条件的非营利组织的收入。

第二十七条　企业的下列所得，可以免征、减征企业所得税：

（一）从事农、林、牧、渔业项目的所得；

（二）从事国家重点扶持的公共基础设施项目投资经营的所得；

（三）从事符合条件的环境保护、节能节水项目的所得；

（四）符合条件的技术转让所得；

（五）本法第三条第三款规定的所得。

第二十八条　符合条件的小型微利企业，减按20%的税率征收企业所得税。

国家需要重点扶持的高新技术企业，减按15%的税率征收企业所得税。

第二十九条　民族自治地方的自治机关对本民族自治地方的企业应缴纳的企业所得税中属于地方分享的部分，可以决定减征或者免征。自治州、自治县决定减征或者免征的，须报省、自治区、直辖市人民政府批准。

第三十条　企业的下列支出，可以在计算应纳税所得额时加计扣除：

（一）开发新技术、新产品、新工艺发生的研究开发费用；

（二）安置残疾人员及国家鼓励安置的其他就业人员所支付的工资。

第三十一条　创业投资企业从事国家需要重点扶持和鼓励的创业投资，可以按投资额的一定比例抵扣应纳税所得额。

第三十二条　企业的固定资产由于技术进步等原因，确需加速折旧的，可以缩短折旧年限或者采取加速折旧的方法。

第三十三条　企业综合利用资源，生产符合国家产业政策规定的产品所取得的收入，可以在计算应纳税所得额时减计收入。

第三十四条　企业购置用于环境保护、节能节水、安全生产等专用设备的投资额，可以按一定比例实行税额抵免。

第三十五条　本法规定的税收优惠的具体办法，由国务院规定。

第三十六条　根据国民经济和社会发展的需要，或者由于突发事件等原因对企业经营活动产生重大影响的，国务院可以制定企业所得税专项优惠政策，报全国人民代表大会常务委员会备案。

第五章　源泉扣缴

第三十七条　对非居民企业取得本法第三条第三款规定的所得应缴纳的所得税，实行源泉扣缴，以支付人为扣缴义务人。税款由扣缴义务人在每次支付或者到期应支付时，从支付或者到期应支付的款项中扣缴。

第三十八条　对非居民企业在中国境内取得工程作业和劳务所得应缴纳的所得税，税务机关可以指定工程价款或者劳务费的支付人为扣缴义务人。

第三十九条　依照本法第三十七条、第三十八条规定应当扣缴的所得税，扣缴义务人未依法扣缴或者无法履行扣缴义务的，由纳税人在所得发生地缴纳。纳税人未依法缴纳的，税务机关可以从该纳税人在中国境内其他收入项目的支付人应付的款项中，追缴该纳税人的应纳税款。

第四十条　扣缴义务人每次代扣的税款，应当自代扣之日起七日内缴入国库，并向所在地的税务机关报送扣缴企业所得税报告表。

第六章　特别纳税调整

第四十一条　企业与其关联方之间的业务往来，不符合独立交易原则而减少企业或者其关联方应纳税收入或者所得额的，税务机关有权按照合理方法调整。

企业与其关联方共同开发、受让无形资产，或者共同提供、接受劳务发生的成本，在计算应纳税所得额时应当按照独立交易原则进行分摊。

第四十二条　企业可以向税务机关提出与其关联方之间业务往来的定价原则和计算方法，税务机关与企业协商、确认后，达成预约定价安排。

第四十三条　企业向税务机关报送年度企业所得税纳税申报表时，应当就其与关联方之间的业务往来，附送年度关联业务往来报告表。

税务机关在进行关联业务调查时，企业及其关联方，以及与关联业务调查有关的其他企业，应当按照规定提供相关资料。

第四十四条　企业不提供与其关联方之间业务往来资料，或者提供虚假、不完整资料，未能真实反映其关联业务往来情况的，税务机关有权依法核定其应纳税所得额。

第四十五条　由居民企业，或者由居民企业和中国居民控制的设立在实际税负明显低于本法第四条第一款规定税率水平的国家（地区）的企业，并非由于合理的经营需要而对利润不作分配或者减少分配的，上述利润中应归属于该居民企业的部分，应当计入该居民企业的当期收入。

第四十六条　企业从其关联方接受的债权性投资与权益性投资的比例超过规定标准而发生的利息支出，不得在计算应纳税所得额时扣除。

第四十七条　企业实施其他不具有合理商业目的的安排而减少其应纳税收入或者所得额的，税务机关有权按照合理方法调整。

第四十八条　税务机关依照本章规定作出纳税调整，需要补征税款的，应当补征税款，并按照国务院规定加收利息。

第七章　征收管理

第四十九条　企业所得税的征收管理除本法规定外，依照《中华人民共和国税收征收管理法》的规定执行。

第五十条　除税收法律、行政法规另有规定外，居民企业以企业登记注册地为纳税地点；但登记注册地在境外的，以实际管理机构所在地为纳税地点。

居民企业在中国境内设立不具有法人资格的营业机构的，应当汇总计算并缴纳企业所得税。

第五十一条　非居民企业取得本法第三条第二款规定的所得，以机构、场所所在地为纳税地点。*非居民企业在中国境内设立两个或者两个以上机构、场所的，经税务机关审核批准，可以选择由其主要机构、场所汇总缴纳企业所得税。*

非居民企业取得本法第三条第三款规定的所得，以扣缴义务人所在地为纳税地点。

第五十二条　除国务院另有规定外，企业之间不得合并缴纳企业所得税。

第五十三条　企业所得税按纳税年度计算。纳税年度自公历 1 月 1 日起至 12 月 31 日止。

企业在一个纳税年度中间开业，或者终止经营活动，使该纳税年度的实际经营期不足十二个月的，应当以其实际经营期为一个纳税年度。

企业依法清算时，应当以清算期间作为一个纳税年度。

第五十四条 企业所得税分月或者分季预缴。

企业应当自月份或者季度终了之日起十五日内，向税务机关报送预缴企业所得税纳税申报表，预缴税款。

企业应当自年度终了之日起五个月内，向税务机关报送年度企业所得税纳税申报表，并汇算清缴，结清应缴应退税款。

企业在报送企业所得税纳税申报表时，应当按照规定附送财务会计报告和其他有关资料。

第五十五条 企业在年度中间终止经营活动的，应当自实际经营终止之日起六十日内，向税务机关办理当期企业所得税汇算清缴。

企业应当在办理注销登记前，就其清算所得向税务机关申报并依法缴纳企业所得税。

第五十六条 依照本法缴纳的企业所得税，以人民币计算。所得以人民币以外的货币计算的，应当折合成人民币计算并缴纳税款。

第八章 附 则

第五十七条 本法公布前已经批准设立的企业，依照当时的税收法律、行政法规规定，享受低税率优惠的，按照国务院规定，可以在本法施行后五年内，逐步过渡到本法规定的税率；享受定期减免税优惠的，按照国务院规定，可以在本法施行后继续享受到期满为止，但因未获利而尚未享受优惠的，优惠期限从本法施行年度起计算。

法律设置的发展对外经济合作和技术交流的特定地区内，以及国务院已规定执行上述地区特殊政策的地区内新设立的国家需要重点扶持的高新技术企业，可以享受过渡性税收优惠，具体办法由国务院规定。

国家已确定的其他鼓励类企业，可以按照国务院规定享受减免税优惠。

第五十八条 中华人民共和国政府同外国政府订立的有关税收的协定与本法有不同规定的，依照协定的规定办理。

第五十九条 国务院根据本法制定实施条例。

第六十条 本法自2008年1月1日起施行。1991年4月9日第七届全国人民代表大会第四次会议通过的《中华人民共和国外商投资企业和外国企业所得税法》和1993年12月13日国务院发布的《中华人民共和国企业所得税暂行条例》同时废止。

中华人民共和国企业所得税法实施条例

2007年12月6日　中华人民共和国国务院令第512号

（注释：条款修改。第五十一条修改为："企业所得税法第九条所称公益性捐赠，是指企业通过公益性社会组织或者县级以上人民政府及其部门，用于符合法律规定的慈善活动、公益事业的捐赠。”第五十二条修改为：“本条例第五十一条所称公益性社会组织，是指同时符合下列条件的慈善组织以及其他社会组织：

（一）依法登记，具有法人资格；

（二）以发展公益事业为宗旨，且不以营利为目的；

（三）全部资产及其增值为该法人所有；

（四）收益和营运结余主要用于符合该法人设立目的的事业；

（五）终止后的剩余财产不归属任何个人或者营利组织；

（六）不经营与其设立目的无关的业务；

（七）有健全的财务会计制度；

（八）捐赠者不以任何形式参与该法人财产的分配；

（九）国务院财政、税务主管部门会同国务院民政部门等登记管理部门规定的其他条件。”

第五十三条第一款修改为：“企业当年发生以及以前年度结转的公益性捐赠支出，不超过年度利润总额 12% 的部分，准予扣除。”

条款删去第一百二十七条。参见：《国务院关于修改部分行政法规的决定》（中华人民共和国国务院令第 714 号）。）

《中华人民共和国企业所得税法实施条例》已经 2007 年 11 月 28 日国务院第 197 次常务会议通过，现予公布，自 2008 年 1 月 1 日起施行。

总 理 温家宝

第一章 总 则

第一条 根据《中华人民共和国企业所得税法》（以下简称企业所得税法）的规定，制定本条例。

第二条 企业所得税法第一条所称个人独资企业、合伙企业，是指依照中国法律、行政法规成立的个人独资企业、合伙企业。

第三条 企业所得税法第二条所称依法在中国境内成立的企业，包括依照中国法律、行政法规在中国境内成立的企业、事业单位、社会团体以及其他取得收入的组织。

企业所得税法第二条所称依照外国（地区）法律成立的企业，包括依照外国（地区）法律成立的企业和其他取得收入的组织。

第四条 企业所得税法第二条所称实际管理机构，是指对企业的生产经营、人员、账务、财产等实施实质性全面管理和控制的机构。

第五条 企业所得税法第二条第三款所称机构、场所，是指在中国境内从事生产经营活动的机构、场所，包括：

（一）管理机构、营业机构、办事机构；

（二）工厂、农场、开采自然资源的场所；

（三）提供劳务的场所；

（四）从事建筑、安装、装配、修理、勘探等工程作业的场所；

（五）其他从事生产经营活动的机构、场所。

非居民企业委托营业代理人在中国境内从事生产经营活动的，包括委托单位或者个人经常代其签订合同，或者储存、交付货物等，该营业代理人视为非居民企业在中国境内设立的机构、场所。

第六条 企业所得税法第三条所称所得，包括销售货物所得、提供劳务所得、转让财产所得、股息红利等权益性投资所得、利息所得、租金所得、特许权使用费所得、接受捐赠所得和其他所得。

第七条 企业所得税法第三条所称来源于中国境内、境外的所得，按照以下原则确定：

（一）销售货物所得，按照交易活动发生地确定；

（二）提供劳务所得，按照劳务发生地确定；

（三）转让财产所得，不动产转让所得按照不动产所在地确定，动产转让所得按照转让动产的企业或者机构、场所所在地确定，权益性投资资产转让所得按照被投资企业所在地确定；

（四）股息、红利等权益性投资所得，按照分配所得的企业所在地确定；

（五）利息所得、租金所得、特许权使用费所得，按照负担、支付所得的企业或者机构、场所所在地确定，或者按照负担、支付所得的个人的住所地确定；

（六）其他所得，由国务院财政、税务主管部门确定。

第八条 企业所得税法第三条所称实际联系，是指非居民企业在中国境内设立的机构、场所拥有据以取得所得的股权、债权，以及拥有、管理、控制据以取得所得的财产等。

第二章 应纳税所得额

第一节 一般规定

第九条 企业应纳税所得额的计算，以权责发生制为原则，属于当期的收入和费用，不论款项是否收付，均作为当期的收入和费用；不属于当期的收入和费用，即使款项已经在当期收付，均不作为当期的收入和费用。本条例和国务院财政、税务主管部门另有规定的除外。

第十条 企业所得税法第五条所称亏损，是指企业依照企业所得税法和本条例的规定将每一纳税年度的收入总额减除不征税收入、免税收入和各项扣除后小于零的数额。

第十一条 企业所得税法第五十五条所称清算所得，是指企业的全部资产可变现价值或者交易价格减除资产净值、清算费用以及相关税费等后的余额。

投资方企业从被清算企业分得的剩余资产，其中相当于从被清算企业累计未分配利润和累计盈余公积中应当分得的部分，应当确认为股息所得；剩余资产减除上述股息所得后的余额，超过或者低于投资成本的部分，应当确认为投资资产转让所得或者损失。

第二节 收 入

第十二条 企业所得税法第六条所称企业取得收入的货币形式，包括现金、存款、应收账款、应收票据、准备持有至到期的债券投资以及债务的豁免等。

企业所得税法第六条所称企业取得收入的非货币形式，包括固定资产、生物资产、无形资产、股权投资、存货、不准备持有至到期的债券投资、劳务以及有关权益等。

第十三条 企业所得税法第六条所称企业以非货币形式取得的收入，应当按照公允价值确定收入额。

前款所称公允价值，是指按照市场价格确定的价值。

第十四条 企业所得税法第六条第（一）项所称销售货物收入，是指企业销售商品、产品、原材料、包装物、低值易耗品以及其他存货取得的收入。

第十五条 企业所得税法第六条第（二）项所称提供劳务收入，是指企业从事建筑安装、修理修配、交通运输、仓储租赁、金融保险、邮电通信、咨询经纪、文化体育、科学研究、技术服务、教育培训、餐饮住宿、中介代理、卫生保健、社区服务、旅游、娱乐、加工以及其他劳务服务活动取得的收入。

第十六条 企业所得税法第六条第（三）项所称转让财产收入，是指企业转让固定资产、生物资产、无形资产、股权、债权等财产取得的收入。

第十七条 企业所得税法第六条第（四）项所称股息、红利等权益性投资收益，是指企业因权益性投资从被投资方取得的收入。

股息、红利等权益性投资收益，除国务院财政、税务主管部门另有规定外，按照被投资方作出利润分配决定的日期确认收入的实现。

第十八条 企业所得税法第六条第（五）项所称利息收入，是指企业将资金提供他人使用但不构成权益性投资，或者因他人占用本企业资金取得的收入，包括存款利息、贷款利息、债券利息、欠款利息等收入。

利息收入，按照合同约定的债务人应付利息的日期确认收入的实现。

第十九条 企业所得税法第六条第（六）项所称租金收入，是指企业提供固定资产、包装物或者其他有形资产的使用权取得的收入。

租金收入，按照合同约定的承租人应付租金的日期确认收入的实现。

第二十条 企业所得税法第六条第（七）项所称特许权使用费收入，是指企业提供专利权、非专利技术、商标权、著作权以及其他特许权的使用权取得的收入。

特许权使用费收入，按照合同约定的特许权使用人应付特许权使用费的日期确认收入的实现。

第二十一条 企业所得税法第六条第（八）项所称接受捐赠收入，是指企业接受的来自其他企业、组织或者个人无偿给予的货币性资产、非货币性资产。

接受捐赠收入，按照实际收到捐赠资产的日期确认收入的实现。

第二十二条 企业所得税法第六条第（九）项所称其他收入，是指企业取得的除企业所得税法第六条第（一）项至第（八）项规定的收入外的其他收入，包括企业资产溢余收入、逾期未退包装物押金收入、确实无法偿付的应付款项、已作坏账损失处理后又收回的应收款项、债务重组收入、补贴收入、违约金收入、汇兑收益等。

第二十三条 企业的下列生产经营业务可以分期确认收入的实现：

（一）以分期收款方式销售货物的，按照合同约定的收款日期确认收入的实现；

（二）企业受托加工制造大型机械设备、船舶、飞机，以及从事建筑、安装、装配工程业务或者提供其他劳务等，持续时间超过12个月的，按照纳税年度内完工进度或者完成的工作量确认收入的实现。

第二十四条 采取产品分成方式取得收入的，按照企业分得产品的日期确认收入的实现，其收入额按照产品的公允价值确定。

第二十五条 企业发生非货币性资产交换，以及将货物、财产、劳务用于捐赠、偿债、赞助、集资、广告、样品、职工福利或者利润分配等用途的，应当视同销售货物、转让财产或者提供劳务，但国务院财政、税务主管部门另有规定的除外。

第二十六条 企业所得税法第七条第（一）项所称财政拨款，是指各级人民政府对纳入预算管理的事业单位、社会团体等组织拨付的财政资金，但国务院和国务院财政、税务主管部门另有规定的除外。

企业所得税法第七条第（二）项所称行政事业性收费，是指依照法律法规等有关规定，按照国务院规定程序批准，在实施社会公共管理，以及在向公民、法人或者其他组织提供特定公共服务过程中，向特定对象收取并纳入财政管理的费用。

企业所得税法第七条第（二）项所称政府性基金，是指企业依照法律、行政法规等有关规定，代政府收取的具有专项用途的财政资金。

企业所得税法第七条第（三）项所称国务院规定的其他不征税收入，是指企业取得的，由国务院财政、税务主管部门规定专项用途并经国务院批准的财政性资金。

第三节 扣 除

第二十七条 企业所得税法第八条所称有关的支出，是指与取得收入直接相关的支出。

企业所得税法第八条所称合理的支出，是指符合生产经营活动常规，应当计入当期损益或者有关资产成本的必要和正常的支出。

第二十八条 企业发生的支出应当区分收益性支出和资本性支出。收益性支出在发生当期直接扣除；资本性支出应当分期扣除或者计入有关资产成本，不得在发生当期直接扣除。

企业的不征税收入用于支出所形成的费用或者财产，不得扣除或者计算对应的折旧、摊销扣除。

除企业所得税法和本条例另有规定外，企业实际发生的成本、费用、税金、损失和其他支出，不得重复扣除。

第二十九条 企业所得税法第八条所称成本，是指企业在生产经营活动中发生的销售成本、销货成本、业务支出以及其他耗费。

第三十条 企业所得税法第八条所称费用，是指企业在生产经营活动中发生的销售费用、管理费用和财务费用，已经计入成本的有关费用除外。

第三十一条 企业所得税法第八条所称税金，是指企业发生的除企业所得税和允许抵扣的增值税以外的各项税金及其附加。

第三十二条 企业所得税法第八条所称损失，是指企业在生产经营活动中发生的固定资产和存货的盘亏、毁损、报废损失，转让财产损失，呆账损失，坏账损失，自然灾害等不可抗力因素造成的损失以及其他损失。

企业发生的损失，减除责任人赔偿和保险赔款后的余额，依照国务院财政、税务主管部门的规定扣除。

企业已经作为损失处理的资产，在以后纳税年度又全部收回或者部分收回时，应当计入当期收入。

第三十三条 企业所得税法第八条所称其他支出，是指除成本、费用、税金、损失外，企业在生产经营活动中发生的与生产经营活动有关的、合理的支出。

第三十四条 企业发生的合理的工资薪金支出，准予扣除。

前款所称工资薪金，是指企业每一纳税年度支付给在本企业任职或者受雇的员工的所有现金形式或者非现金形式的劳动报酬，包括基本工资、奖金、津贴、补贴、年终加薪、加班工资，以及与员工任职或者受雇有关的其他支出。

第三十五条 企业依照国务院有关主管部门或者省级人民政府规定的范围和标准为职工缴纳的基本养老保险费、基本医疗保险费、失业保险费、工伤保险费、生育保险费等基本社会保险费和住房公积金，准予扣除。

企业为投资者或者职工支付的补充养老保险费、补充医疗保险费，在国务院财政、税务主管部门规定的范围和标准内，准予扣除。

第三十六条 除企业依照国家有关规定为特殊工种职工支付的人身安全保险费和国务院财政、税务主管部门规定可以扣除的其他商业保险费外，企业为投资者或者职工支付的商业保险费，不得扣除。

第三十七条 企业在生产经营活动中发生的合理的不需要资本化的借款费用，准予扣除。

企业为购置、建造固定资产、无形资产和经过 12 个月以上的建造才能达到预定可销售状态的存货发生借款的，在有关资产购置、建造期间发生的合理的借款费用，应当作为资本性支出计入有关资产的成本，并依照本条例的规定扣除。

第三十八条 企业在生产经营活动中发生的下列利息支出，准予扣除：

（一）非金融企业向金融企业借款的利息支出、金融企业的各项存款利息支出和同业拆借利息支出、企业经批准发行债券的利息支出；

（二）非金融企业向非金融企业借款的利息支出，不超过按照金融企业同期同类贷款利率计算的数额的部分。

第三十九条 企业在货币交易中，以及纳税年度终了时将人民币以外的货币性资产、负债按照期末即期人民币汇率中间价折算为人民币时产生的汇兑损失，除已经计入有关资产成本以及与向所有者进行利润分配相关的部分外，准予扣除。

第四十条 企业发生的职工福利费支出，不超过工资薪金总额 14% 的部分，准予扣除。

第四十一条 企业拨缴的工会经费，不超过工资薪金总额 2% 的部分，准予扣除。

第四十二条 除国务院财政、税务主管部门另有规定外，企业发生的职工教育经费支出，不超过工资薪金总额 2.5% 的部分，准予扣除；超过部分，准予在以后纳税年度结转扣除。

第四十三条 企业发生的与生产经营活动有关的业务招待费支出，按照发生额的 60% 扣除，但最高不得超过当年销售（营业）收入的 5‰。

第四十四条 企业发生的符合条件的广告费和业务宣传费支出，除国务院财政、税务主管部门另有规定外，不超过当年销售（营业）收入 15% 的部分，准予扣除；超过部分，准予在以后纳税年度结转扣除。

第四十五条 企业依照法律、行政法规有关规定提取的用于环境保护、生态恢复等方面的专项资金，准予扣除。上述专项资金提取后改变用途的，不得扣除。

第四十六条 企业参加财产保险，按照规定缴纳的保险费，准予扣除。

第四十七条 企业根据生产经营活动的需要租入固定资产支付的租赁费，按照以下方法扣除：

（一）以经营租赁方式租入固定资产发生的租赁费支出，按照租赁期限均匀扣除；

（二）以融资租赁方式租入固定资产发生的租赁费支出，按照规定构成融资租入固定资产价值的部分应当提取折旧费用，分期扣除。

第四十八条 企业发生的合理的劳动保护支出，准予扣除。

第四十九条 企业之间支付的管理费、企业内营业机构之间支付的租金和特许权使用费，以及非银行企业内营业机构之间支付的利息，不得扣除。

第五十条 非居民企业在中国境内设立的机构、场所，就其中国境外总机构发生的与该机构、场所生产经营有关的费用，能够提供总机构出具的费用汇集范围、定额、分配依据和方法等证明文件，并合理分摊的，准予扣除。

第五十一条 *企业所得税法第九条所称公益性捐赠，是指企业通过公益性社会团体或者县级以上人民政府及其部门，用于《中华人民共和国公益事业捐赠法》规定的公益事业的捐赠。*

第五十二条 *本条例第五十一条所称公益性社会团体，是指同时符合下列条件的基金会、慈善组织等社会团体：*

（一）依法登记，具有法人资格；

（二）以发展公益事业为宗旨，且不以营利为目的；

（三）全部资产及其增值为该法人所有；

（四）收益和营运结余主要用于符合该法人设立目的的事业；

（五）终止后的剩余财产不归属任何个人或者营利组织；

（六）不经营与其设立目的无关的业务；

（七）有健全的财务会计制度；

（八）捐赠者不以任何形式参与社会团体财产的分配；

（九）国务院财政、税务主管部门会同国务院民政部门等登记管理部门规定的其他条件。

第五十三条 *企业发生的公益性捐赠支出，不超过年度利润总额12%的部分，准予扣除。*

年度利润总额，是指企业依照国家统一会计制度的规定计算的年度会计利润。

第五十四条 企业所得税法第十条第（六）项所称赞助支出，是指企业发生的与生产经营活动无关的各种非广告性质支出。

第五十五条 企业所得税法第十条第（七）项所称未经核定的准备金支出，是指不符合国务院财政、税务主管部门规定的各项资产减值准备、风险准备等准备金支出。

第四节　资产的税务处理

第五十六条 企业的各项资产，包括固定资产、生物资产、无形资产、长期待摊费用、投资资产、存货等，以历史成本为计税基础。

前款所称历史成本，是指企业取得该项资产时实际发生的支出。

企业持有各项资产期间资产增值或者减值，除国务院财政、税务主管部门规定可以确认损益外，不得调整该资产的计税基础。

第五十七条 企业所得税法第十一条所称固定资产，是指企业为生产产品、提供劳务、出租或者经营管理而持有的、使用时间超过12个月的非货币性资产，包括房屋、建筑物、机器、机械、运输工具以及其他与生产经营活动有关的设备、器具、工具等。

第五十八条 固定资产按照以下方法确定计税基础：

（一）外购的固定资产，以购买价款和支付的相关税费以及直接归属于使该资产达到预定用途发生的其他支出为计税基础；

（二）自行建造的固定资产，以竣工结算前发生的支出为计税基础；

（三）融资租入的固定资产，以租赁合同约定的付款总额和承租人在签订租赁合同过程中发生的相关费用为计税基础，租赁合同未约定付款总额的，以该资产的公允价值和承租人在签订租赁合同过程中发生的相关费用为计税基础；

（四）盘盈的固定资产，以同类固定资产的重置完全价值为计税基础；

（五）通过捐赠、投资、非货币性资产交换、债务重组等方式取得的固定资产，以该资产的公允价值和支付的相关税费为计税基础；

（六）改建的固定资产，除企业所得税法第十三条第（一）项和第（二）项规定的支出外，以改建过程中发生的改建支出增加计税基础。

第五十九条 固定资产按照直线法计算的折旧，准予扣除。

企业应当自固定资产投入使用月份的次月起计算折旧；停止使用的固定资产，应当自停止使用月份的次月起停止计算折旧。

企业应当根据固定资产的性质和使用情况，合理确定固定资产的预计净残值。固定资产的预计净残值一经确定，不得变更。

第六十条 除国务院财政、税务主管部门另有规定外，固定资产计算折旧的最低年限如下：

（一）房屋、建筑物，为20年；

（二）飞机、火车、轮船、机器、机械和其他生产设备，为10年；

（三）与生产经营活动有关的器具、工具、家具等，为5年；

（四）飞机、火车、轮船以外的运输工具，为4年；

（五）电子设备，为3年。

第六十一条 从事开采石油、天然气等矿产资源的企业，在开始商业性生产前发生的费用和有关固定资产的折耗、折旧方法，由国务院财政、税务主管部门另行规定。

第六十二条 生产性生物资产按照以下方法确定计税基础：

（一）外购的生产性生物资产，以购买价款和支付的相关税费为计税基础；

（二）通过捐赠、投资、非货币性资产交换、债务重组等方式取得的生产性生物资产，以该资产的公允价值和支付的相关税费为计税基础。

前款所称生产性生物资产，是指企业为生产农产品、提供劳务或者出租等而持有的生物资产，包括经济林、薪炭林、产畜和役畜等。

第六十三条 生产性生物资产按照直线法计算的折旧，准予扣除。

企业应当自生产性生物资产投入使用月份的次月起计算折旧；停止使用的生产性生物资产，应当自停止使用月份的次月起停止计算折旧。

企业应当根据生产性生物资产的性质和使用情况，合理确定生产性生物资产的预计净残值。生产性生物资产的预计净残值一经确定，不得变更。

第六十四条 生产性生物资产计算折旧的最低年限如下：

（一）林木类生产性生物资产，为10年；

（二）畜类生产性生物资产，为3年。

第六十五条 企业所得税法第十二条所称无形资产，是指企业为生产产品、提供劳务、出租或者经营管理而持有的、没有实物形态的非货币性长期资产，包括专利权、商标权、著作权、土地使用权、非专利技术、商誉等。

第六十六条 无形资产按照以下方法确定计税基础：

（一）外购的无形资产，以购买价款和支付的相关税费以及直接归属于使该资产达到预定用途发生的其他支出为计税基础；

（二）自行开发的无形资产，以开发过程中该资产符合资本化条件后至达到预定用途前发生的支出为计税基础；

（三）通过捐赠、投资、非货币性资产交换、债务重组等方式取得的无形资产，以该资产的公允价值和支付的相关税费为计税基础。

第六十七条 无形资产按照直线法计算的摊销费用，准予扣除。

无形资产的摊销年限不得低于10年。

作为投资或者受让的无形资产，有关法律规定或者合同约定了使用年限的，可以按照规定或者约定的使用年限分期摊销。

外购商誉的支出，在企业整体转让或者清算时，准予扣除。

第六十八条 企业所得税法第十三条第（一）项和第（二）项所称固定资产的改建支出，是指改变房屋或者建筑物结构、延长使用年限等发生的支出。

企业所得税法第十三条第（一）项规定的支出，按照固定资产预计尚可使用年限分期摊销；第（二）项规定的支出，按照合同约定的剩余租赁期限分期摊销。

改建的固定资产延长使用年限的，除企业所得税法第十三条第（一）项和第（二）项规定外，应当适当延长折旧年限。

第六十九条 企业所得税法第十三条第（三）项所称固定资产的大修理支出，是指同时符合下列条件的支出：

（一）修理支出达到取得固定资产时的计税基础50%以上；

（二）修理后固定资产的使用年限延长2年以上。

企业所得税法第十三条第（三）项规定的支出，按照固定资产尚可使用年限分期摊销。

第七十条 企业所得税法第十三条第（四）项所称其他应当作为长期待摊费用的支出，自支出发生月份的次月起，分期摊销，摊销年限不得低于3年。

第七十一条 企业所得税法第十四条所称投资资产，是指企业对外进行权益性投资和债权性投资形成的资产。

企业在转让或者处置投资资产时，投资资产的成本，准予扣除。

投资资产按照以下方法确定成本：

（一）通过支付现金方式取得的投资资产，以购买价款为成本；

（二）通过支付现金以外的方式取得的投资资产，以该资产的公允价值和支付的相关税费为成本。

第七十二条 企业所得税法第十五条所称存货，是指企业持有以备出售的产品或者商品、处在生产过程中的在产品、在生产或者提供劳务过程中耗用的材料和物料等。

存货按照以下方法确定成本：

（一）通过支付现金方式取得的存货，以购买价款和支付的相关税费为成本；

（二）通过支付现金以外的方式取得的存货，以该存货的公允价值和支付的相关税费为成本；

（三）生产性生物资产收获的农产品，以产出或者采收过程中发生的材料费、人工费和分摊的间接费用等必要支出为成本。

第七十三条 企业使用或者销售的存货的成本计算方法，可以在先进先出法、加权平均法、个别计价法中选用一种。计价方法一经选用，不得随意变更。

第七十四条 企业所得税法第十六条所称资产的净值和第十九条所称财产净值，是指有关资产、财产的计税基础减除已经按照规定扣除的折旧、折耗、摊销、准备金等后的余额。

第七十五条 除国务院财政、税务主管部门另有规定外，企业在重组过程中，应当在交易发生时确认有关资产的转让所得或者损失，相关资产应当按照交易价格重新确定计税基础。

第三章 应纳税额

第七十六条 企业所得税法第二十二条规定的应纳税额的计算公式为：

应纳税额 = 应纳税所得额 × 适用税率 − 减免税额 − 抵免税额

公式中的减免税额和抵免税额，是指依照企业所得税法和国务院的税收优惠规定减征、免征和抵免的应纳税额。

第七十七条 企业所得税法第二十三条所称已在境外缴纳的所得税税额，是指企业来源于中国境外的所得依照中国境外税收法律以及相关规定应当缴纳并已经实际缴纳的企业所得税性质的税款。

第七十八条 企业所得税法第二十三条所称抵免限额，是指企业来源于中国境外的所得，依照企业所得税法和本条例的规定计算的应纳税额。除国务院财政、税务主管部门另有规定外，该抵免限额应当分国（地区）不分项计算，计算公式如下：

抵免限额 = 中国境内、境外所得依照企业所得税法和本条例的规定计算的应纳税总额 × 来源于某国（地区）的应纳税所得额 ÷ 中国境内、境外应纳税所得总额

第七十九条 企业所得税法第二十三条所称 5 个年度，是指从企业取得的来源于中国境外的所得，已经在中国境外缴纳的企业所得税性质的税额超过抵免限额的当年的次年起连续 5 个纳税年度。

第八十条 企业所得税法第二十四条所称直接控制，是指居民企业直接持有外国企业 20% 以上股份。

企业所得税法第二十四条所称间接控制，是指居民企业以间接持股方式持有外国企业 20% 以上股份，具体认定办法由国务院财政、税务主管部门另行制定。

第八十一条 企业依照企业所得税法第二十三条、第二十四条的规定抵免企业所得税税额时，应当提供中国境外税务机关出具的税款所属年度的有关纳税凭证。

第四章 税收优惠

第八十二条 企业所得税法第二十六条第（一）项所称国债利息收入，是指企业持有国务院财政部门发行的国债取得的利息收入。

第八十三条 企业所得税法第二十六条第（二）项所称符合条件的居民企业之间的股息、红利等权益性投资收益，是指居民企业直接投资于其他居民企业取得的投资收益。企业所得税法第二十六条第（二）项和第（三）项所称股息、红利等权益性投资收益，不包括连续持有居民企业公开发行并上市流通的股票不足12个月取得的投资收益。

第八十四条 企业所得税法第二十六条第（四）项所称符合条件的非营利组织，是指同时符合下列条件的组织：

（一）依法履行非营利组织登记手续；

（二）从事公益性或者非营利性活动；

（三）取得的收入除用于与该组织有关的、合理的支出外，全部用于登记核定或者章程规定的公益性或者非营利性事业；

（四）财产及其孳息不用于分配；

（五）按照登记核定或者章程规定，该组织注销后的剩余财产用于公益性或者非营利性目的，或者由登记管理机关转赠给与该组织性质、宗旨相同的组织，并向社会公告；

（六）投入人对投入该组织的财产不保留或者享有任何财产权利；

（七）工作人员工资福利开支控制在规定的比例内，不变相分配该组织的财产。

前款规定的非营利组织的认定管理办法由国务院财政、税务主管部门会同国务院有关部门制定。

第八十五条 企业所得税法第二十六条第（四）项所称符合条件的非营利组织的收入，不包括非营利组织从事营利性活动取得的收入，但国务院财政、税务主管部门另有规定的除外。

第八十六条 企业所得税法第二十七条第（一）项规定的企业从事农、林、牧、渔业项目的所得，可以免征、减征企业所得税，是指：

（一）企业从事下列项目的所得，免征企业所得税：

1. 蔬菜、谷物、薯类、油料、豆类、棉花、麻类、糖料、水果、坚果的种植；

2. 农作物新品种的选育；

3. 中药材的种植；

4. 林木的培育和种植；

5. 牲畜、家禽的饲养；

6. 林产品的采集；

7. 灌溉、农产品初加工、兽医、农技推广、农机作业和维修等农、林、牧、渔服务业项目；

8. 远洋捕捞。

（二）企业从事下列项目的所得，减半征收企业所得税：

1. 花卉、茶以及其他饮料作物和香料作物的种植；

2. 海水养殖、内陆养殖。

企业从事国家限制和禁止发展的项目，不得享受本条规定的企业所得税优惠。

第八十七条　企业所得税法第二十七条第（二）项所称国家重点扶持的公共基础设施项目，是指《公共基础设施项目企业所得税优惠目录》规定的港口码头、机场、铁路、公路、城市公共交通、电力、水利等项目。

企业从事前款规定的国家重点扶持的公共基础设施项目的投资经营的所得，自项目取得第一笔生产经营收入所属纳税年度起，第一年至第三年免征企业所得税，第四年至第六年减半征收企业所得税。

企业承包经营、承包建设和内部自建自用本条规定的项目，不得享受本条规定的企业所得税优惠。

第八十八条　企业所得税法第二十七条第（三）项所称符合条件的环境保护、节能节水项目，包括公共污水处理、公共垃圾处理、沼气综合开发利用、节能减排技术改造、海水淡化等。项目的具体条件和范围由国务院财政、税务主管部门商国务院有关部门制订，报国务院批准后公布施行。

企业从事前款规定的符合条件的环境保护、节能节水项目的所得，自项目取得第一笔生产经营收入所属纳税年度起，第一年至第三年免征企业所得税，第四年至第六年减半征收企业所得税。

第八十九条　依照本条例第八十七条和第八十八条规定享受减免税优惠的项目，在减免税期限内转让的，受让方自受让之日起，可以在剩余期限内享受规定的减免税优惠；减免税期限届满后转让的，受让方不得就该项目重复享受减免税优惠。

第九十条　企业所得税法第二十七条第（四）项所称符合条件的技术转让所得免征、减征企业所得税，是指一个纳税年度内，居民企业技术转让所得不超过 500 万元的部分，免征企业所得税；超过 500 万元的部分，减半征收企业所得税。

第九十一条　非居民企业取得企业所得税法第二十七条第（五）项规定的所得，减按 10% 的税率征收企业所得税。

下列所得可以免征企业所得税：

（一）外国政府向中国政府提供贷款取得的利息所得；

（二）国际金融组织向中国政府和居民企业提供优惠贷款取得的利息所得；

（三）经国务院批准的其他所得。

第九十二条　企业所得税法第二十八条第一款所称符合条件的小型微利企业，是指从事国家非限制和禁止行业，并符合下列条件的企业：

（一）工业企业，年度应纳税所得额不超过 30 万元，从业人数不超过 100 人，资产总额不超过 3000 万元；

（二）其他企业，年度应纳税所得额不超过 30 万元，从业人数不超过 80 人，资产总额不超过 1000 万元。

第九十三条　企业所得税法第二十八条第二款所称国家需要重点扶持的高新技术企业，是指拥有核心自主知识产权，并同时符合下列条件的企业：

（一）产品（服务）属于《国家重点支持的高新技术领域》规定的范围；

（二）研究开发费用占销售收入的比例不低于规定比例；

（三）高新技术产品（服务）收入占企业总收入的比例不低于规定比例；

（四）科技人员占企业职工总数的比例不低于规定比例；

（五）高新技术企业认定管理办法规定的其他条件。

《国家重点支持的高新技术领域》和高新技术企业认定管理办法由国务院科技、财政、税务主管部门商国务院有关部门制订，报国务院批准后公布施行。

第九十四条 企业所得税法第二十九条所称民族自治地方，是指依照《中华人民共和国民族区域自治法》的规定，实行民族区域自治的自治区、自治州、自治县。

对民族自治地方内国家限制和禁止行业的企业，不得减征或者免征企业所得税。

第九十五条 企业所得税法第三十条第（一）项所称研究开发费用的加计扣除，是指企业为开发新技术、新产品、新工艺发生的研究开发费用，未形成无形资产计入当期损益的，在按照规定据实扣除的基础上，按照研究开发费用的50%加计扣除；形成无形资产的，按照无形资产成本的150%摊销。

第九十六条 企业所得税法第三十条第（二）项所称企业安置残疾人员所支付的工资的加计扣除，是指企业安置残疾人员的，在按照支付给残疾职工工资据实扣除的基础上，按照支付给残疾职工工资的100%加计扣除。残疾人员的范围适用《中华人民共和国残疾人保障法》的有关规定。

企业所得税法第三十条第（二）项所称企业安置国家鼓励安置的其他就业人员所支付的工资的加计扣除办法，由国务院另行规定。

第九十七条 企业所得税法第三十一条所称抵扣应纳税所得额，是指创业投资企业采取股权投资方式投资于未上市的中小高新技术企业2年以上的，可以按照其投资额的70%在股权持有满2年的当年抵扣该创业投资企业的应纳税所得额；当年不足抵扣的，可以在以后纳税年度结转抵扣。

第九十八条 企业所得税法第三十二条所称可以采取缩短折旧年限或者采取加速折旧的方法的固定资产，包括：

（一）由于技术进步，产品更新换代较快的固定资产；

（二）常年处于强震动、高腐蚀状态的固定资产。

采取缩短折旧年限方法的，最低折旧年限不得低于本条例第六十条规定折旧年限的60%；采取加速折旧方法的，可以采取双倍余额递减法或者年数总和法。

第九十九条 企业所得税法第三十三条所称减计收入，是指企业以《资源综合利用企业所得税优惠目录》规定的资源作为主要原材料，生产国家非限制和禁止并符合国家和行业相关标准的产品取得的收入，减按90%计入收入总额。

前款所称原材料占生产产品材料的比例不得低于《资源综合利用企业所得税优惠目录》规定的标准。

第一百条 企业所得税法第三十四条所称税额抵免，是指企业购置并实际使用《环境保护专用设备企业所得税优惠目录》、《节能节水专用设备企业所得税优惠目录》和《安全生产专用设备企业所得税优惠目录》规定的环境保护、节能节水、安全生产等专用设备的，该专用设备的投资额的10%可以从企业当年的应纳税额中抵免；当年不足抵免的，可以在以后5个纳税年度结转抵免。

享受前款规定的企业所得税优惠的企业，应当实际购置并自身实际投入使用前款规定的专用设备；企业购置上述专用设备在5年内转让、出租的，应当停止享受企业所得税优惠，并补缴已经抵免的企业所得税税款。

第一百零一条 本章第八十七条、第九十九条、第一百条规定的企业所得税优惠目录，由国务院财政、税务主管部门商国务院有关部门制订，报国务院批准后公布施行。

第一百零二条 企业同时从事适用不同企业所得税待遇的项目的，其优惠项目应当单独计算所得，并合理分摊企业的期间费用；没有单独计算的，不得享受企业所得税优惠。

第五章 源泉扣缴

第一百零三条 依照企业所得税法对非居民企业应当缴纳的企业所得税实行源泉扣缴的，应当依照企业所得税法第十九条的规定计算应纳税所得额。

企业所得税法第十九条所称收入全额，是指非居民企业向支付人收取的全部价款和价外费用。

第一百零四条 企业所得税法第三十七条所称支付人，是指依照有关法律规定或者合同约定对非居民企业直接负有支付相关款项义务的单位或者个人。

第一百零五条 企业所得税法第三十七条所称支付，包括现金支付、汇拨支付、转账支付和权益兑价支付等货币支付和非货币支付。

企业所得税法第三十七条所称到期应支付的款项，是指支付人按照权责发生制原则应当计入相关成本、费用的应付款项。

第一百零六条 企业所得税法第三十八条规定的可以指定扣缴义务人的情形，包括：

（一）预计工程作业或者提供劳务期限不足一个纳税年度，且有证据表明不履行纳税义务的；

（二）没有办理税务登记或者临时税务登记，且未委托中国境内的代理人履行纳税义务的；

（三）未按照规定期限办理企业所得税纳税申报或者预缴申报的。

前款规定的扣缴义务人，由县级以上税务机关指定，并同时告知扣缴义务人所扣税款的计算依据、计算方法、扣缴期限和扣缴方式。

第一百零七条 企业所得税法第三十九条所称所得发生地，是指依照本条例第七条规定的原则确定的所得发生地。在中国境内存在多处所得发生地的，由纳税人选择其中之一申报缴纳企业所得税。

第一百零八条 企业所得税法第三十九条所称该纳税人在中国境内其他收入，是指该纳税人在中国境内取得的其他各种来源的收入。

税务机关在追缴该纳税人应纳税款时，应当将追缴理由、追缴数额、缴纳期限和缴纳方式等告知该纳税人。

第六章 特别纳税调整

第一百零九条 企业所得税法第四十一条所称关联方，是指与企业有下列关联关系之一的企业、其他组织或者个人：

（一）在资金、经营、购销等方面存在直接或者间接的控制关系；

（二）直接或者间接地同为第三者控制；

（三）在利益上具有相关联的其他关系。

第一百一十条 企业所得税法第四十一条所称独立交易原则，是指没有关联关系的交易各方，按照公平成交价格和营业常规进行业务往来遵循的原则。

第一百一十一条 企业所得税法第四十一条所称合理方法，包括：

（一）可比非受控价格法，是指按照没有关联关系的交易各方进行相同或者类似业务往来的价格进行定价的方法；

（二）再销售价格法，是指按照从关联方购进商品再销售给没有关联关系的交易方的价格，减除相同或者类似业务的销售毛利进行定价的方法；

（三）成本加成法，是指按照成本加合理的费用和利润进行定价的方法；

（四）交易净利润法，是指按照没有关联关系的交易各方进行相同或者类似业务往来取得的净利润水平确定利润的方法；

（五）利润分割法，是指将企业与其关联方的合并利润或者亏损在各方之间采用合理标准进行分配的方法；

（六）其他符合独立交易原则的方法。

第一百一十二条 企业可以依照企业所得税法第四十一条第二款的规定，按照独立交易原则与其关联方分摊共同发生的成本，达成成本分摊协议。

企业与其关联方分摊成本时，应当按照成本与预期收益相配比的原则进行分摊，并在税务机关规定的期限内，按照税务机关的要求报送有关资料。

企业与其关联方分摊成本时违反本条第一款、第二款规定的，其自行分摊的成本不得在计算应纳税所得额时扣除。

第一百一十三条 企业所得税法第四十二条所称预约定价安排，是指企业就其未来年度关联交易的定价原则和计算方法，向税务机关提出申请，与税务机关按照独立交易原则协商、确认后达成的协议。

第一百一十四条 企业所得税法第四十三条所称相关资料，包括：

（一）与关联业务往来有关的价格、费用的制定标准、计算方法和说明等同期资料；

（二）关联业务往来所涉及的财产、财产使用权、劳务等的再销售（转让）价格或者最终销售（转让）价格的相关资料；

（三）与关联业务调查有关的其他企业应当提供的与被调查企业可比的产品价格、定价方式以及利润水平等资料；

（四）其他与关联业务往来有关的资料。

企业所得税法第四十三条所称与关联业务调查有关的其他企业，是指与被调查企业在生产经营内容和方式上相类似的企业。

企业应当在税务机关规定的期限内提供与关联业务往来有关的价格、费用的制定标准、计算方法和说明等资料。关联方以及与关联业务调查有关的其他企业应当在税务机关与其约定的期限内提供相关资料。

第一百一十五条 税务机关依照企业所得税法第四十四条的规定核定企业的应纳税所得额时，可以采用下列方法：

（一）参照同类或者类似企业的利润率水平核定；

（二）按照企业成本加合理的费用和利润的方法核定；

（三）按照关联企业集团整体利润的合理比例核定；

（四）按照其他合理方法核定。

企业对税务机关按照前款规定的方法核定的应纳税所得额有异议的，应当提供相关证据，经税务机关认定后，调整核定的应纳税所得额。

第一百一十六条　企业所得税法第四十五条所称中国居民，是指根据《中华人民共和国个人所得税法》的规定，就其从中国境内、境外取得的所得在中国缴纳个人所得税的个人。

第一百一十七条　企业所得税法第四十五条所称控制，包括：

（一）居民企业或者中国居民直接或者间接单一持有外国企业 10% 以上有表决权股份，且由其共同持有该外国企业 50% 以上股份；

（二）居民企业，或者居民企业和中国居民持股比例没有达到第（一）项规定的标准，但在股份、资金、经营、购销等方面对该外国企业构成实质控制。

第一百一十八条　企业所得税法第四十五条所称实际税负明显低于企业所得税法第四条第一款规定税率水平，是指低于企业所得税法第四条第一款规定税率的 50%。

第一百一十九条　企业所得税法第四十六条所称债权性投资，是指企业直接或者间接从关联方获得的，需要偿还本金和支付利息或者需要以其他具有支付利息性质的方式予以补偿的融资。

企业间接从关联方获得的债权性投资，包括：

（一）关联方通过无关联第三方提供的债权性投资；

（二）无关联第三方提供的、由关联方担保且负有连带责任的债权性投资；

（三）其他间接从关联方获得的具有负债实质的债权性投资。

企业所得税法第四十六条所称权益性投资，是指企业接受的不需要偿还本金和支付利息，投资人对企业净资产拥有所有权的投资。

企业所得税法第四十六条所称标准，由国务院财政、税务主管部门另行规定。

第一百二十条　企业所得税法第四十七条所称不具有合理商业目的，是指以减少、免除或者推迟缴纳税款为主要目的。

第一百二十一条　税务机关根据税收法律、行政法规的规定，对企业作出特别纳税调整的，应当对补征的税款，自税款所属纳税年度的次年 6 月 1 日起至补缴税款之日止的期间，按日加收利息。

前款规定加收的利息，不得在计算应纳税所得额时扣除。

第一百二十二条　企业所得税法第四十八条所称利息，应当按照税款所属纳税年度中国人民银行公布的与补税期间同期的人民币贷款基准利率加 5 个百分点计算。

企业依照企业所得税法第四十三条和本条例的规定提供有关资料的，可以只按前款规定的人民币贷款基准利率计算利息。

第一百二十三条　企业与其关联方之间的业务往来，不符合独立交易原则，或者企业实施其他不具有合理商业目的的安排的，税务机关有权在该业务发生的纳税年度起 10 年内，进行纳税调整。

第七章　征收管理

第一百二十四条　企业所得税法第五十条所称企业登记注册地，是指企业依照国家有关规定登记注册的住所地。

第一百二十五条 企业汇总计算并缴纳企业所得税时，应当统一核算应纳税所得额，具体办法由国务院财政、税务主管部门另行制定。

第一百二十六条 企业所得税法第五十一条所称主要机构、场所，应当同时符合下列条件：

（一）对其他各机构、场所的生产经营活动负有监督管理责任；

（二）设有完整的账簿、凭证，能够准确反映各机构、场所的收入、成本、费用和盈亏情况。

第一百二十七条 *企业所得税法第五十一条所称经税务机关审核批准，是指经各机构、场所所在地税务机关的共同上级税务机关审核批准。*

非居民企业经批准汇总缴纳企业所得税后，需要增设、合并、迁移、关闭机构、场所或者停止机构、场所业务的，应当事先由负责汇总申报缴纳企业所得税的主要机构、场所向其所在地税务机关报告；需要变更汇总缴纳企业所得税的主要机构、场所的，依照前款规定办理。

第一百二十八条 企业所得税分月或者分季预缴，由税务机关具体核定。

企业根据企业所得税法第五十四条规定分月或者分季预缴企业所得税时，应当按照月度或者季度的实际利润额预缴；按照月度或者季度的实际利润额预缴有困难的，可以按照上一纳税年度应纳税所得额的月度或者季度平均额预缴，或者按照经税务机关认可的其他方法预缴。预缴方法一经确定，该纳税年度内不得随意变更。

第一百二十九条 企业在纳税年度内无论盈利或者亏损，都应当依照企业所得税法第五十四条规定的期限，向税务机关报送预缴企业所得税纳税申报表、年度企业所得税纳税申报表、财务会计报告和税务机关规定应当报送的其他有关资料。

第一百三十条 企业所得以人民币以外的货币计算的，预缴企业所得税时，应当按照月度或者季度最后一日的人民币汇率中间价，折合成人民币计算应纳税所得额。年度终了汇算清缴时，对已经按照月度或者季度预缴税款的，不再重新折合计算，只就该纳税年度内未缴纳企业所得税的部分，按照纳税年度最后一日的人民币汇率中间价，折合成人民币计算应纳税所得额。

经税务机关检查确认，企业少计或者多计前款规定的所得的，应当按照检查确认补税或者退税时的上一个月最后一日的人民币汇率中间价，将少计或者多计的所得折合成人民币计算应纳税所得额，再计算应补缴或者应退的税款。

第八章 附 则

第一百三十一条 企业所得税法第五十七条第一款所称本法公布前已经批准设立的企业，是指企业所得税法公布前已经完成登记注册的企业。

第一百三十二条 在香港特别行政区、澳门特别行政区和台湾地区成立的企业，参照适用企业所得税法第二条第二款、第三款的有关规定。

第一百三十三条 本条例自 2008 年 1 月 1 日起施行。1991 年 6 月 30 日国务院发布的《中华人民共和国外商投资企业和外国企业所得税法实施细则》和 1994 年 2 月 4 日财政部发布的《中华人民共和国企业所得税暂行条例实施细则》同时废止。

中华人民共和国税收征收管理法

2001 年 4 月 28 日　第九届全国人民代表大会常务委员会第二十一次会议修订

（注释：条款修改。第三十三条修改为："纳税人依照法律、行政法规的规定办理减税、免税。地方各级人民政府，各级人民政府主管部门、单位和个人违反法律、行政法规规定，擅自作出的减税、免税决定无效，税务机关不得执行，并应向上级税务机关报告。"参见：《全国人大常务委员会关于修改〈中华人民共和国港口法〉等七部法律的决定》（中华人民共和国主席令第 23 号，2015 年 4 月 24 日）。

"对办理税务登记（开业、变更、验证和换证）核准"取消。参见：《国家税务总局关于贯彻落实〈国务院关于取消和下放一批行政审批项目的决定〉的通知》（税总发〔2014〕6 号）。

条款修改。第十五条第一款修改为："企业，企业在外地设立的分支机构和从事生产、经营的场所，个体工商户和从事生产、经营的事业单位（以下统称从事生产、经营的纳税人）自领取营业执照之日起三十日内，持有关证件，向税务机关申报办理税务登记。税务机关应当于收到申报的当日办理登记并发给税务登记证件。"参见：《全国人民代表大会常务委员会关于修改〈中华人民共和国文物保护法〉等十二部法律的决定》（中华人民共和国主席令第五号）。）

《中华人民共和国税收征收管理法》已由中华人民共和国第九届全国人民代表大会常务委员会第二十一次会议于 2001 年 4 月 28 日修订通过，现将修订后的《中华人民共和国税收征收管理法》公布，自 2001 年 5 月 1 日起施行。

中华人民共和国主席　江泽民

中华人民共和国税收征收管理法

（1992 年 9 月 4 日第七届全国人民代表大会常务委员会第二十七次会议通过　根据 1995 年 2 月 28 日第八届全国人民代表大会常务委员会第十二次会议《关于修改〈中华人民共和国税收征收管理法〉的决定》修正、2001 年 4 月 28 日第九届全国人民代表大会常务委员会第二十一次会议修订）

目　录

第一章 总 则

第一条 为了加强税收征收管理，规范税收征收和缴纳行为，保障国家税收收入，保护纳税人的合法权益，促进经济和社会发展，制定本法。

第二条 凡依法由税务机关征收的各种税收的征收管理，均适用本法。

第三条 税收的开征、停征以及减税、免税、退税、补税，依照法律的规定执行；法律授权国务院规定的，依照国务院制定的行政法规的规定执行。

任何机关、单位和个人不得违反法律、行政法规的规定，擅自作出税收开征、停征以及减税、免税、退税、补税和其他同税收法律、行政法规相抵触的决定。

第四条 法律、行政法规规定负有纳税义务的单位和个人为纳税人。

法律、行政法规规定负有代扣代缴、代收代缴税款义务的单位和个人为扣缴义务人。

纳税人、扣缴义务人必须依照法律、行政法规的规定缴纳税款、代扣代缴、代收代缴税款。

第五条 国务院税务主管部门主管全国税收征收管理工作。各地国家税务局和地方税务局应当按照国务院规定的税收征收管理范围分别进行征收管理。

地方各级人民政府应当依法加强对本行政区域内税收征收管理工作的领导或者协调，支持税务机关依法执行职务，依照法定税率计算税额，依法征收税款。

各有关部门和单位应当支持、协助税务机关依法执行职务。

税务机关依法执行职务，任何单位和个人不得阻挠。

第六条 国家有计划地用现代信息技术装备各级税务机关，加强税收征收管理信息系统的现代化建设，建立、健全税务机关与政府其他管理机关的信息共享制度。

纳税人、扣缴义务人和其他有关单位应当按照国家有关规定如实向税务机关提供与纳税和代扣代缴、代收代缴税款有关的信息。

第七条 税务机关应当广泛宣传税收法律、行政法规，普及纳税知识，无偿地为纳税人提供纳税咨询服务。

第八条 纳税人、扣缴义务人有权向税务机关了解国家税收法律、行政法规的规定以及与纳税程序有关的情况。

纳税人、扣缴义务人有权要求税务机关为纳税人、扣缴义务人的情况保密。税务机关应当依法为纳税人、扣缴义务人的情况保密。

纳税人依法享有申请减税、免税、退税的权利。

纳税人、扣缴义务人对税务机关所作出的决定，享有陈述权、申辩权；依法享有申请行政复议、提起行政诉讼、请求国家赔偿等权利。

纳税人、扣缴义务人有权控告和检举税务机关、税务人员的违法违纪行为。

第九条 税务机关应当加强队伍建设，提高税务人员的政治业务素质。

税务机关、税务人员必须秉公执法，忠于职守，清正廉洁，礼貌待人，文明服务，尊重和保护纳税人、扣缴义务人的权利，依法接受监督。

税务人员不得索贿受贿、徇私舞弊、玩忽职守、不征或者少征应征税款；不得滥用职权多征税款或者故意刁难纳税人和扣缴义务人。

第十条 各级税务机关应当建立、健全内部制约和监督管理制度。

上级税务机关应当对下级税务机关的执法活动依法进行监督。

各级税务机关应当对其工作人员执行法律、行政法规和廉洁自律准则的情况进行监督检查。

第十一条 税务机关负责征收、管理、稽查、行政复议的人员的职责应当明确，并相互分离、相互制约。

第十二条 税务人员征收税款和查处税收违法案件，与纳税人、扣缴义务人或者税收违法案件有利害关系的，应当回避。

第十三条 任何单位和个人都有权检举违反税收法律、行政法规的行为。收到检举的机关和负责查处的机关应当为检举人保密。税务机关应当按照规定对检举人给予奖励。

第十四条 本法所称税务机关是指各级税务局、税务分局、税务所和按照国务院规定设立的并向社会公告的税务机构。

第二章 税务管理

第一节 税务登记

第十五条 *企业，企业在外地设立的分支机构和从事生产、经营的场所，个体工商户和从事生产、经营的事业单位（以下统称从事生产、经营的纳税人）自领取营业执照之日起三十日内，持有关证件，向税务机关申报办理税务登记。税务机关应当自收到申报之日起三十日内审核并发给税务登记证件。*

工商行政管理机关应当将办理登记注册、核发营业执照的情况，定期向税务机关通报。

本条第一款规定以外的纳税人办理税务登记和扣缴义务人办理扣缴税款登记的范围和办法，由国务院规定。

第十六条 从事生产、经营的纳税人，税务登记内容发生变化的，自工商行政管理机关办理变更登记之日起三十日内或者在向工商行政管理机关申请办理注销登记之前，持有关证件向税务机关申报办理变更或者注销税务登记。

第十七条 从事生产、经营的纳税人应当按照国家有关规定，持税务登记证件，在银行或者其他金融机构开立基本存款账户和其他存款账户，并将其全部账号向税务机关报告。

银行和其他金融机构应当在从事生产、经营的纳税人的账户中登录税务登记证件号码，并在税务登记证件中登录从事生产、经营的纳税人的账户账号。

税务机关依法查询从事生产、经营的纳税人开立账户的情况时，有关银行和其他金融机构应当予以协助。

第十八条 纳税人按照国务院税务主管部门的规定使用税务登记证件。税务登记证件不得转借、涂改、损毁、买卖或者伪造。

第二节 账簿、凭证管理

第十九条 纳税人、扣缴义务人按照有关法律、行政法规和国务院财政、税务主管部门的规定设置账簿，根据合法、有效凭证记账，进行核算。

第二十条 从事生产、经营的纳税人的财务、会计制度或者财务、会计处理办法和会计核算软件，应当报送税务机关备案。

纳税人、扣缴义务人的财务、会计制度或者财务、会计处理办法与国务院或者国务院财政、税务主管部门有关税收的规定抵触的，依照国务院或者国务院财政、税务主管部门有关税收的规定计算应纳税款、代扣代缴和代收代缴税款。

第二十一条 税务机关是发票的主管机关，负责发票印制、领购、开具、取得、保管、缴销的管理和监督。

单位、个人在购销商品、提供或者接受经营服务以及从事其他经营活动中，应当按照规定开具、使用、取得发票。

发票的管理办法由国务院规定。

第二十二条 增值税专用发票由国务院税务主管部门指定的企业印制；其他发票，按照国务院税务主管部门的规定，分别由省、自治区、直辖市国家税务局、地方税务局指定企业印制。

未经前款规定的税务机关指定，不得印制发票。

第二十三条 国家根据税收征收管理的需要，积极推广使用税控装置。纳税人应当按照规定安装、使用税控装置，不得损毁或者擅自改动税控装置。

第二十四条 从事生产、经营的纳税人、扣缴义务人必须按照国务院财政、税务主管部门规定的保管期限保管账簿、记账凭证、完税凭证及其他有关资料。

账簿、记账凭证、完税凭证及其他有关资料不得伪造、变造或者擅自损毁。

第三节 纳税申报

第二十五条 纳税人必须依照法律、行政法规规定或者税务机关依照法律、行政法规的规定确定的申报期限、申报内容如实办理纳税申报，报送纳税申报表、财务会计报表以及税务机关根据实际需要要求纳税人报送的其他纳税资料。

扣缴义务人必须依照法律、行政法规规定或者税务机关依照法律、行政法规的规定确定的申报期限、申报内容如实报送代扣代缴、代收代缴税款报告表以及税务机关根据实际需要要求扣缴义务人报送的其他有关资料。

第二十六条 纳税人、扣缴义务人可以直接到税务机关办理纳税申报或者报送代扣代缴、代收代缴税款报告表，也可以按照规定采取邮寄、数据电文或者其他方式办理上述申报、报送事项。

第二十七条 纳税人、扣缴义务人不能按期办理纳税申报或者报送代扣代缴、代收代缴税款报告表的，经税务机关核准，可以延期申报。

经核准延期办理前款规定的申报、报送事项的，应当在纳税期内按照上期实际缴纳的税额或者税务机关核定的税额预缴税款，并在核准的延期内办理税款结算。

第三章 税款征收

第二十八条 税务机关依照法律、行政法规的规定征收税款，不得违反法律、行政法规的规定开征、停征、多征、少征、提前征收、延缓征收或者摊派税款。

农业税应纳税额按照法律、行政法规的规定核定。

第二十九条 除税务机关、税务人员以及经税务机关依照法律、行政法规委托的单位和人员外，任何单位和个人不得进行税款征收活动。

第三十条 扣缴义务人依照法律、行政法规的规定履行代扣、代收税款的义务。对法律、行政法规没有规定负有代扣、代收税款义务的单位和个人，税务机关不得要求其履行代扣、代收税款义务。

扣缴义务人依法履行代扣、代收税款义务时，纳税人不得拒绝。纳税人拒绝的，扣缴义务人应当及时报告税务机关处理。

税务机关按照规定付给扣缴义务人代扣、代收手续费。

第三十一条 纳税人、扣缴义务人按照法律、行政法规规定或者税务机关依照法律、行政法规的规定确定的期限，缴纳或者解缴税款。

纳税人因有特殊困难，不能按期缴纳税款的，经省、自治区、直辖市国家税务局、地方税务局批准，可以延期缴纳税款，但是最长不得超过三个月。

第三十二条 纳税人未按照规定期限缴纳税款的，扣缴义务人未按照规定期限解缴税款的，税务机关除责令限期缴纳外，从滞纳税款之日起，按日加收滞纳税款万分之五的滞纳金。

第三十三条 *纳税人可以依照法律、行政法规的规定书面申请减税、免税。*

减税、免税的申请须经法律、行政法规规定的减税、免税审查批准机关审批。地方各级人民政府、各级人民政府主管部门、单位和个人违反法律、行政法规规定，擅自作出的减税、免税决定无效，税务机关不得执行，并向上级税务机关报告。

第三十四条 税务机关征收税款时，必须给纳税人开具完税凭证。扣缴义务人代扣、代收税款时，纳税人要求扣缴义务人开具代扣、代收税款凭证的，扣缴义务人应当开具。

第三十五条 纳税人有下列情形之一的，税务机关有权核定其应纳税额：

（一）依照法律、行政法规的规定可以不设置账簿的；

（二）依照法律、行政法规的规定应当设置账簿但未设置的；

（三）擅自销毁账簿或者拒不提供纳税资料的；

（四）虽设置账簿，但账目混乱或者成本资料、收入凭证、费用凭证残缺不全，难以查账的；

（五）发生纳税义务，未按照规定的期限办理纳税申报，经税务机关责令限期申报，逾期仍不申报的；

（六）纳税人申报的计税依据明显偏低，又无正当理由的。

税务机关核定应纳税额的具体程序和方法由国务院税务主管部门规定。

第三十六条 企业或者外国企业在中国境内设立的从事生产、经营的机构、场所与其关联企业之间的业务往来，应当按照独立企业之间的业务往来收取或者支付价款、费用；不按照独立企业之间的业务往来收取或者支付价款、费用，而减少其应纳税的收入或者所得额的，税务机关有权进行合理调整。

第三十七条 对未按照规定办理税务登记的从事生产、经营的纳税人以及临时从事经营的纳税人，由税务机关核定其应纳税额，责令缴纳；不缴纳的，税务机关可以扣押其价值相当于应纳税款的商品、货物。扣押后缴纳应纳税款的，税务机关必须立即解除扣押，并归还所扣押的商品、货物；扣押后仍不缴纳应纳税款的，经县以上税务局（分局）局长批准，依法拍卖或者变卖所扣押的商品、货物，以拍卖或者变卖所得抵缴税款。

第三十八条 税务机关有根据认为从事生产、经营的纳税人有逃避纳税义务行为的，可以在规定的纳税期之前，责令限期缴纳应纳税款；在限期内发现纳税人有明显的转移、隐匿其应纳税的商品、货物以及其他财产或者应纳税的收入的迹象的，税务机关可以责成纳税人提供纳税担保。如果纳税人不能提供纳税担保，经县以上税务局（分局）局长批准，税务机关可以采取下列税收保全措施：

（一）书面通知纳税人开户银行或者其他金融机构冻结纳税人的金额相当于应纳税款的存款；

（二）扣押、查封纳税人的价值相当于应纳税款的商品、货物或者其他财产。

纳税人在前款规定的限期内缴纳税款的，税务机关必须立即解除税收保全措施；限期期满仍未缴纳税款的，经县以上税务局（分局）局长批准，税务机关可以书面通知纳税人开户银行或者其他金融机构从其冻结的存款中扣缴税款，或者依法拍卖或者变卖所扣押、查封的商品、货物或者其他财产，以拍卖或者变卖所得抵缴税款。

个人及其所扶养家属维持生活必需的住房和用品，不在税收保全措施的范围之内。

第三十九条 纳税人在限期内已缴纳税款，税务机关未立即解除税收保全措施，使纳税人的合法利益遭受损失的，税务机关应当承担赔偿责任。

第四十条 从事生产、经营的纳税人、扣缴义务人未按照规定的期限缴纳或者解缴税款，纳税担保人未按照规定的期限缴纳所担保的税款，由税务机关责令限期缴纳，逾期仍未缴纳的，经县以上税务局（分局）局长批准，税务机关可以采取下列强制执行措施：

（一）书面通知其开户银行或者其他金融机构从其存款中扣缴税款；

（二）扣押、查封、依法拍卖或者变卖其价值相当于应纳税款的商品、货物或者其他财产，以拍卖或者变卖所得抵缴税款。

税务机关采取强制执行措施时，对前款所列纳税人、扣缴义务人、纳税担保人未缴纳的滞纳金同时强制执行。

个人及其所扶养家属维持生活必需的住房和用品，不在强制执行措施的范围之内。

第四十一条 本法第三十七条、第三十八条、第四十条规定的采取税收保全措施、强制执行措施的权力，不得由法定的税务机关以外的单位和个人行使。

第四十二条 税务机关采取税收保全措施和强制执行措施必须依照法定权限和法定程序，不得查封、扣押纳税人个人及其所扶养家属维持生活必需的住房和用品。

第四十三条 税务机关滥用职权违法采取税收保全措施、强制执行措施，或者采取税收保全措施、强制执行措施不当，使纳税人、扣缴义务人或者纳税担保人的合法权益遭受损失的，应当依法承担赔偿责任。

第四十四条 欠缴税款的纳税人或者他的法定代表人需要出境的，应当在出境前向税务机关结清应纳税款、滞纳金或者提供担保。未结清税款、滞纳金，又不提供担保的，税务机关可以通知出境管理机关阻止其出境。

第四十五条 税务机关征收税款，税收优先于无担保债权，法律另有规定的除外；纳税人欠缴的税款发生在纳税人以其财产设定抵押、质押或者纳税人的财产被留置之前的，税收应当先于抵押权、质权、留置权执行。

纳税人欠缴税款，同时又被行政机关决定处以罚款、没收违法所得的，税收优先于罚款、没收违法所得。

税务机关应当对纳税人欠缴税款的情况定期予以公告。

第四十六条 纳税人有欠税情形而以其财产设定抵押、质押的，应当向抵押权人、质权人说明其欠税情况。抵押权人、质权人可以请求税务机关提供有关的欠税情况。

第四十七条 税务机关扣押商品、货物或者其他财产时，必须开付收据；查封商品、货物或者其他财产时，必须开付清单。

第四十八条 纳税人有合并、分立情形的，应当向税务机关报告，并依法缴清税款。纳税人合并时未缴清税款的，应当由合并后的纳税人继续履行未履行的纳税义务；纳税人分立时未缴清税款的，分立后的纳税人对未履行的纳税义务应当承担连带责任。

第四十九条 欠缴税款数额较大的纳税人在处分其不动产或者大额资产之前，应当向税务机关报告。

第五十条 欠缴税款的纳税人因怠于行使到期债权，或者放弃到期债权，或者无偿转让财产，或者以明显不合理的低价转让财产而受让人知道该情形，对国家税收造成损害的，税务机关可以依照合同法第七十三条、第七十四条的规定行使代位权、撤销权。

税务机关依照前款规定行使代位权、撤销权的，不免除欠缴税款的纳税人尚未履行的纳税义务和应承担的法律责任。

第五十一条 纳税人超过应纳税额缴纳的税款，税务机关发现后应当立即退还；纳税人自结算缴纳税款之日起三年内发现的，可以向税务机关要求退还多缴的税款并加算银行同期存款利息，税务机关及时查实后应当立即退还；涉及从国库中退库的，依照法律、行政法规有关国库管理的规定退还。

第五十二条 因税务机关的责任，致使纳税人、扣缴义务人未缴或者少缴税款的，税务机关在三年内可以要求纳税人、扣缴义务人补缴税款，但是不得加收滞纳金。

因纳税人、扣缴义务人计算错误等失误，未缴或者少缴税款的，税务机关在三年内可以追征税款、滞纳金；有特殊情况的，追征期可以延长到五年。

对偷税、抗税、骗税的，税务机关追征其未缴或者少缴的税款、滞纳金或者所骗取的税款，不受前款规定期限的限制。

第五十三条 国家税务局和地方税务局应当按照国家规定的税收征收管理范围和税款入库预算级次，将征收的税款缴入国库。

对审计机关、财政机关依法查出的税收违法行为，税务机关应当根据有关机关的决定、意见书，依法将应收的税款、滞纳金按照税款入库预算级次缴入国库，并将结果及时回复有关机关。

第四章 税务检查

第五十四条 税务机关有权进行下列税务检查：

（一）检查纳税人的账簿、记账凭证、报表和有关资料，检查扣缴义务人代扣代缴、代收代缴税款账簿、记账凭证和有关资料；

（二）到纳税人的生产、经营场所和货物存放地检查纳税人应纳税的商品、货物或者其他财产，检查扣缴义务人与代扣代缴、代收代缴税款有关的经营情况；

（三）责成纳税人、扣缴义务人提供与纳税或者代扣代缴、代收代缴税款有关的文件、证明材料和有关资料；

（四）询问纳税人、扣缴义务人与纳税或者代扣代缴、代收代缴税款有关的问题和情况；

（五）到车站、码头、机场、邮政企业及其分支机构检查纳税人托运、邮寄应纳税商品、货物或者其他财产的有关单据、凭证和有关资料；

（六）经县以上税务局（分局）局长批准，凭全国统一格式的检查存款账户许可证明，查询从事生产、经营的纳税人、扣缴义务人在银行或者其他金融机构的存款账户。税务机关在调查税收违法案件时，经设区的市、自治州以上税务局（分局）局长批准，可以查询案件涉嫌人员的储蓄存款。税务机关查询所获得的资料，不得用于税收以外的用途。

第五十五条 税务机关对从事生产、经营的纳税人以前纳税期的纳税情况依法进行税务检查时，发现纳税人有逃避纳税义务行为，并有明显的转移、隐匿其应纳税的商品、货物以及其他财产或者应纳税的收入的迹象的，可以按照本法规定的批准权限采取税收保全措施或者强制执行措施。

第五十六条 纳税人、扣缴义务人必须接受税务机关依法进行的税务检查，如实反映情况，提供有关资料，不得拒绝、隐瞒。

第五十七条 税务机关依法进行税务检查时，有权向有关单位和个人调查纳税人、扣缴义务人和其他当事人与纳税或者代扣代缴、代收代缴税款有关的情况，有关单位和个人有义务向税务机关如实提供有关资料及证明材料。

第五十八条 税务机关调查税务违法案件时，对与案件有关的情况和资料，可以记录、录音、录像、照相和复制。

第五十九条 税务机关派出的人员进行税务检查时，应当出示税务检查证和税务检查通知书，并有责任为被检查人保守秘密；未出示税务检查证和税务检查通知书的，被检查人有权拒绝检查。

第五章 法律责任

第六十条 纳税人有下列行为之一的，由税务机关责令限期改正，可以处二千元以下的罚款；情节严重的，处二千元以上一万元以下的罚款：

（一）未按照规定的期限申报办理税务登记、变更或者注销登记的；

（二）未按照规定设置、保管账簿或者保管记账凭证和有关资料的；

（三）未按照规定将财务、会计制度或者财务、会计处理办法和会计核算软件报送税务机关备查的；

（四）未按照规定将其全部银行账号向税务机关报告的；

（五）未按照规定安装、使用税控装置，或者损毁或者擅自改动税控装置的。

纳税人不办理税务登记的，由税务机关责令限期改正；逾期不改正的，经税务机关提请，由工商行政管理机关吊销其营业执照。

纳税人未按照规定使用税务登记证件，或者转借、涂改、损毁、买卖、伪造税务登记证件的，处二千元以上一万元以下的罚款；情节严重的，处一万元以上五万元以下的罚款。

第六十一条 扣缴义务人未按照规定设置、保管代扣代缴、代收代缴税款账簿或者保管代扣代缴、代收代缴税款记账凭证及有关资料的，由税务机关责令限期改正，可以处二千元以下的罚款；情节严重的，处二千元以上五千元以下的罚款。

第六十二条 纳税人未按照规定的期限办理纳税申报和报送纳税资料的，或者扣缴义务人未按照规定的期限向税务机关报送代扣代缴、代收代缴税款报告表和有关资料的，由税务机关责令限期改正，可以处二千元以下的罚款；情节严重的，可以处二千元以上一万元以下的罚款。

第六十三条 纳税人伪造、变造、隐匿、擅自销毁账簿、记账凭证，或者在账簿上多列支出或者不列、少列收入，或者经税务机关通知申报而拒不申报或者进行虚假的纳税申报，不缴或者少缴应纳税款的，是偷税。对纳税人偷税的，由税务机关追缴其不缴或者少缴的税款、滞纳金，并处不缴或者少缴的税款百分之五十以上五倍以下的罚款；构成犯罪的，依法追究刑事责任。

扣缴义务人采取前款所列手段，不缴或者少缴已扣、已收税款，由税务机关追缴其不缴或者少缴的税款、滞纳金，并处不缴或者少缴的税款百分之五十以上五倍以下的罚款；构成犯罪的，依法追究刑事责任。

第六十四条 纳税人、扣缴义务人编造虚假计税依据的，由税务机关责令限期改正，并处五万元以下的罚款。

纳税人不进行纳税申报，不缴或者少缴应纳税款的，由税务机关追缴其不缴或者少缴的税款、滞纳金，并处不缴或者少缴的税款百分之五十以上五倍以下的罚款。

第六十五条 纳税人欠缴应纳税款，采取转移或者隐匿财产的手段，妨碍税务机关追缴欠缴的税款的，由税务机关追缴欠缴的税款、滞纳金，并处欠缴税款百分之五十以上五倍以下的罚款；构成犯罪的，依法追究刑事责任。

第六十六条 以假报出口或者其他欺骗手段，骗取国家出口退税款的，由税务机关追缴其骗取的退税款，并处骗取税款一倍以上五倍以下的罚款；构成犯罪的，依法追究刑事责任。

对骗取国家出口退税款的，税务机关可以在规定期间内停止为其办理出口退税。

第六十七条 以暴力、威胁方法拒不缴纳税款的，是抗税，除由税务机关追缴其拒缴的税款、滞纳金外，依法追究刑事责任。情节轻微，未构成犯罪的，由税务机关追缴其拒缴的税款、滞纳金，并处拒缴税款一倍以上五倍以下的罚款。

第六十八条 纳税人、扣缴义务人在规定期限内不缴或者少缴应纳或者应解缴的税款，经税务机关责令限期缴纳，逾期仍未缴纳的，税务机关除依照本法第四十条的规定采取强制执行措施追缴其不缴或者少缴的税款外，可以处不缴或者少缴的税款百分之五十以上五倍以下的罚款。

第六十九条 扣缴义务人应扣未扣、应收而不收税款的，由税务机关向纳税人追缴税款，对扣缴义务人处应扣未扣、应收未收税款百分之五十以上三倍以下的罚款。

第七十条 纳税人、扣缴义务人逃避、拒绝或者以其他方式阻挠税务机关检查的，由税务机关责令改正，可以处一万元以下的罚款；情节严重的，处一万元以上五万元以下的罚款。

第七十一条 违反本法第二十二条规定，非法印制发票的，由税务机关销毁非法印制的发票，没收违法所得和作案工具，并处一万元以上五万元以下的罚款；构成犯罪的，依法追究刑事责任。

第七十二条 从事生产、经营的纳税人、扣缴义务人有本法规定的税收违法行为，拒不接受税务机关处理的，税务机关可以收缴其发票或者停止向其发售发票。

第七十三条 纳税人、扣缴义务人的开户银行或者其他金融机构拒绝接受税务机关依法检查纳税人、扣缴义务人存款账户，或者拒绝执行税务机关作出的冻结存款或者扣缴税款的决定，或者在接到税务机关的书面通知后帮助纳税人、扣缴义务人转移存款，造成税款流失的，由税务机关处十万元以上五十万元以下的罚款，对直接负责的主管人员和其他直接责任人员处一千元以上一万元以下的罚款。

第七十四条 本法规定的行政处罚，罚款额在二千元以下的，可以由税务所决定。

第七十五条 税务机关和司法机关的涉税罚没收入，应当按照税款入库预算级次上缴国库。

第七十六条 税务机关违反规定擅自改变税收征收管理范围和税款入库预算级次的，责令限期改正，对直接负责的主管人员和其他直接责任人员依法给予降级或者撤职的行政处分。

第七十七条 纳税人、扣缴义务人有本法第六十三条、第六十五条、第六十六条、第六十七条、第七十一条规定的行为涉嫌犯罪的，税务机关应当依法移交司法机关追究刑事责任。

税务人员徇私舞弊，对依法应当移交司法机关追究刑事责任的不移交，情节严重的，依法追究刑事责任。

第七十八条 未经税务机关依法委托征收税款的，责令退还收取的财物，依法给予行政处分或者行政处罚；致使他人合法权益受到损失的，依法承担赔偿责任；构成犯罪的，依法追究刑事责任。

第七十九条 税务机关、税务人员查封、扣押纳税人个人及其所扶养家属维持生活必需的住房和用品的，责令退还，依法给予行政处分；构成犯罪的，依法追究刑事责任。

第八十条 税务人员与纳税人、扣缴义务人勾结，唆使或者协助纳税人、扣缴义务人有本法第六十三条、第六十五条、第六十六条规定的行为，构成犯罪的，依法追究刑事责任；尚不构成犯罪的，依法给予行政处分。

第八十一条 税务人员利用职务上的便利，收受或者索取纳税人、扣缴义务人财物或者谋取其他不正当利益，构成犯罪的，依法追究刑事责任；尚不构成犯罪的，依法给予行政处分。

第八十二条 税务人员徇私舞弊或者玩忽职守，不征或者少征应征税款，致使国家税收遭受重大损失，构成犯罪的，依法追究刑事责任；尚不构成犯罪的，依法给予行政处分。

税务人员滥用职权，故意刁难纳税人、扣缴义务人的，调离税收工作岗位，并依法给予行政处分。

税务人员对控告、检举税收违法违纪行为的纳税人、扣缴义务人以及其他检举人进行打击报复的，依法给予行政处分；构成犯罪的，依法追究刑事责任。

税务人员违反法律、行政法规的规定，故意高估或者低估农业税计税产量，致使多征或者少征税款，侵犯农民合法权益或者损害国家利益，构成犯罪的，依法追究刑事责任；尚不构成犯罪的，依法给予行政处分。

第八十三条 违反法律、行政法规的规定提前征收、延缓征收或者摊派税款的，由其上级机关或者行政监察机关责令改正，对直接负责的主管人员和其他直接责任人员依法给予行政处分。

第八十四条 违反法律、行政法规的规定，擅自作出税收的开征、停征或者减税、免税、退税、补税以及其他同税收法律、行政法规相抵触的决定的，除依照本法规定撤销其擅自作出的决定外，补征应征未征税款，退还不应征收而征收的税款，并由上级机关追究直接负责的主管人员和其他直接责任人员的行政责任；构成犯罪的，依法追究刑事责任。

第八十五条 税务人员在征收税款或者查处税收违法案件时，未按照本法规定进行回避的，对直接负责的主管人员和其他直接责任人员，依法给予行政处分。

第八十六条 违反税收法律、行政法规应当给予行政处罚的行为，在五年内未被发现的，不再给予行政处罚。

第八十七条 未按照本法规定为纳税人、扣缴义务人、检举人保密的，对直接负责的主管人员和其他直接责任人员，由所在单位或者有关单位依法给予行政处分。

第八十八条 纳税人、扣缴义务人、纳税担保人同税务机关在纳税上发生争议时，必须先依照税务机关的纳税决定缴纳或者解缴税款及滞纳金或者提供相应的担保，然后可以依法申请行政复议；对行政复议决定不服的，可以依法向人民法院起诉。

当事人对税务机关的处罚决定、强制执行措施或者税收保全措施不服的，可以依法申请行政复议，也可以依法向人民法院起诉。

当事人对税务机关的处罚决定逾期不申请行政复议也不向人民法院起诉、又不履行的，作出处罚决定的税务机关可以采取本法第四十条规定的强制执行措施，或者申请人民法院强制执行。

第六章　附　则

第八十九条 纳税人、扣缴义务人可以委托税务代理人代为办理税务事宜。

第九十条 耕地占用税、契税、农业税、牧业税征收管理的具体办法，由国务院另行制定。

关税及海关代征税收的征收管理，依照法律、行政法规的有关规定执行。

第九十一条 中华人民共和国同外国缔结的有关税收的条约、协定同本法有不同规定的，依照条约、协定的规定办理。

第九十二条 本法施行前颁布的税收法律与本法有不同规定的，适用本法规定。

第九十三条 国务院根据本法制定实施细则。

第九十四条 本法自2001年5月1日起施行。

中华人民共和国税收征收管理法实施细则

2002 年 9 月 7 日　中华人民共和国国务院令第 362 号

（注释：“对纳税人申报方式的核准”取消。参见：(1)《国家税务总局贯彻落实〈国务院关于第二批取消 152 项中央指定地方实施行政审批事项的决定〉的通知》，税总发〔2016〕23 号。(2)《国务院关于第二批取消 152 项中央指定地方实施行政审批事项的决定》（国发〔2016〕9 号）。

条款修改。第四十三条修改为：“享受减税、免税优惠的纳税人，减税、免税期满，应当自期满次日起恢复纳税；减税、免税条件发生变化的，应当在纳税申报时向税务机关报告；不再符合减税、免税条件的，应当依法履行纳税义务；未依法纳税的，税务机关应当予以追缴。”参见：《国务院关于修改部分行政法规的决定》（国务院令第 666 号）。

“对办理税务登记（外出经营报验）的核准”取消。参见：(1)《国家税务总局贯彻落实〈国务院关于第二批取消 152 项中央指定地方实施行政审批事项的决定〉的通知》（税总发〔2016〕23 号）。(2)《国务院关于第二批取消 152 项中央指定地方实施行政审批事项的决定》（国发〔2016〕9 号）。(3)《国家税务总局关于贯彻落实〈国务院关于取消非行政许可审批事项的决定〉的通知》（税总发〔2015〕74 号）。(4)《国务院关于取消非行政许可审批事项的决定》（国发〔2015〕27 号）。

“扣缴税款登记核准审批”取消。参见：(1)《国家税务总局贯彻落实〈国务院关于第二批取消 152 项中央指定地方实施行政审批事项的决定〉的通知》（税总发〔2016〕23 号）。(2)《国务院关于第二批取消 152 项中央指定地方实施行政审批事项的决定》（国发〔2016〕9 号）。(3)《国务院关于取消和下放一批行政审批项目的决定》（国发〔2014〕5 号）。

“对办理税务登记（开业、变更、验证和换证）核准”取消。参见：《国家税务总局关于贯彻落实〈国务院关于取消和下放一批行政审批项目的决定〉的通知》（税总发〔2014〕6 号）。

“建立收支粘贴簿、进销货登记簿或者使用税控装置审批”取消。参见：《国务院关于第四批取消和调整行政审批项目的决定》（国发〔2007〕33 号）。

条款修改。第二十三条修改为：“生产、经营规模小又确无建账能力的纳税人，可以聘请经批准从事会计代理记账业务的专业机构或者财会人员代为建账和办理账务。”删去第三十条第一款中的“经税务机关批准”。自 2013 年 7 月 18 日起施行。参见：《国务院关于修改和废止部分行政法规的规定》（国务院令第 638 号）。

条款修改。第六十四条第二款、第六十五条、第六十九条第二款修改，自 2013 年 1 月 1 日起施行。参见：《国务院关于修改和废止部分行政法规的规定》（国务院令第 628 号）。）

现公布《中华人民共和国税收征收管理法实施细则》，自 2002 年 10 月 15 日起施行。

总　理　朱镕基

中华人民共和国税收征收管理法实施细则

第一章　总　则

第一条　根据《中华人民共和国税收征收管理法》（以下简称税收征管法）的规定，制定本细则。

第二条　凡依法由税务机关征收的各种税收的征收管理，均适用税收征管法及本细则；税收征管法及本细则没有规定的，依照其他有关税收法律、行政法规的规定执行。

第三条　任何部门、单位和个人作出的与税收法律、行政法规相抵触的决定一律无效，税务机关不得执行，并应当向上级税务机关报告。

纳税人应当依照税收法律、行政法规的规定履行纳税义务；其签订的合同、协议等与税收法律、行政法规相抵触的，一律无效。

第四条　国家税务总局负责制定全国税务系统信息化建设的总体规划、技术标准、技术方案与实施办法；各级税务机关应当按照国家税务总局的总体规划、技术标准、技术方案与实施办法，做好本地区税务系统信息化建设的具体工作。

地方各级人民政府应当积极支持税务系统信息化建设，并组织有关部门实现相关信息的共享。

第五条　税收征管法第八条所称为纳税人、扣缴义务人保密的情况，是指纳税人、扣缴义务人的商业秘密及个人隐私。纳税人、扣缴义务人的税收违法行为不属于保密范围。

第六条　国家税务总局应当制定税务人员行为准则和服务规范。

上级税务机关发现下级税务机关的税收违法行为，应当及时予以纠正；下级税务机关应当按照上级税务机关的决定及时改正。

下级税务机关发现上级税务机关的税收违法行为，应当向上级税务机关或者有关部门报告。

第七条　税务机关根据检举人的贡献大小给予相应的奖励，奖励所需资金列入税务部门年度预算，单项核定。奖励资金具体使用办法以及奖励标准，由国家税务总局会同财政部制定。

第八条　税务人员在核定应纳税额、调整税收定额、进行税务检查、实施税务行政处罚、办理税务行政复议时，与纳税人、扣缴义务人或者其法定代表人、直接责任人有下列关系之一的，应当回避：

（一）夫妻关系；

（二）直系血亲关系；

（三）三代以内旁系血亲关系；

（四）近姻亲关系；

（五）可能影响公正执法的其他利害关系。

第九条　税收征管法第十四条所称按照国务院规定设立的并向社会公告的税务机构，是指省以下税务局的稽查局。稽查局专司偷税、逃避追缴欠税、骗税、抗税案件的查处。

国家税务总局应当明确划分税务局和稽查局的职责，避免职责交叉。

第二章 税务登记

第十条 国家税务局、地方税务局对同一纳税人的税务登记应当采用同一代码，信息共享。

税务登记的具体办法由国家税务总局制定。

第十一条 各级工商行政管理机关应当向同级国家税务局和地方税务局定期通报办理开业、变更、注销登记以及吊销营业执照的情况。

通报的具体办法由国家税务总局和国家工商行政管理总局联合制定。

第十二条 从事生产、经营的纳税人应当自领取营业执照之日起30日内，向生产、经营地或者纳税义务发生地的主管税务机关申报办理税务登记，如实填写税务登记表，并按照税务机关的要求提供有关证件、资料。

前款规定以外的纳税人，除国家机关和个人外，应当自纳税义务发生之日起30日内，持有关证件向所在地的主管税务机关申报办理税务登记。

个人所得税的纳税人办理税务登记的办法由国务院另行规定。

税务登记证件的式样，由国家税务总局制定。

第十三条 扣缴义务人应当自扣缴义务发生之日起30日内，向所在地的主管税务机关申报办理扣缴税款登记，领取扣缴税款登记证件；税务机关对已办理税务登记的扣缴义务人，可以只在其税务登记证件上登记扣缴税款事项，不再发给扣缴税款登记证件。

第十四条 纳税人税务登记内容发生变化的，应当自工商行政管理机关或者其他机关办理变更登记之日起30日内，持有关证件向原税务登记机关申报办理变更税务登记。

纳税人税务登记内容发生变化，不需要到工商行政管理机关或者其他机关办理变更登记的，应当自发生变化之日起30日内，持有关证件向原税务登记机关申报办理变更税务登记。

第十五条 纳税人发生解散、破产、撤销以及其他情形，依法终止纳税义务的，应当在向工商行政管理机关或者其他机关办理注销登记前，持有关证件向原税务登记机关申报办理注销税务登记；按照规定不需要在工商行政管理机关或者其他机关办理注册登记的，应当自有关机关批准或者宣告终止之日起15日内，持有关证件向原税务登记机关申报办理注销税务登记。

纳税人因住所、经营地点变动，涉及改变税务登记机关的，应当在向工商行政管理机关或者其他机关申请办理变更或者注销登记前或者住所、经营地点变动前，向原税务登记机关申报办理注销税务登记，并在30日内向迁达地税务机关申报办理税务登记。

纳税人被工商行政管理机关吊销营业执照或者被其他机关予以撤销登记的，应当自营业执照被吊销或者被撤销登记之日起15日内，向原税务登记机关申报办理注销税务登记。

第十六条 纳税人在办理注销税务登记前，应当向税务机关结清应纳税款、滞纳金、罚款，缴销发票、税务登记证件和其他税务证件。

第十七条 从事生产、经营的纳税人应当自开立基本存款账户或者其他存款账户之日起15日内，向主管税务机关书面报告其全部账号；发生变化的，应当自变化之日起15日内，向主管税务机关书面报告。

第十八条 除按照规定不需要发给税务登记证件的外，纳税人办理下列事项时，必须持税务登记证件：

（一）开立银行账户；

（二）申请减税、免税、退税；

（三）申请办理延期申报、延期缴纳税款；

（四）领购发票；

（五）申请开具外出经营活动税收管理证明；

（六）办理停业、歇业；

（七）其他有关税务事项。

第十九条 税务机关对税务登记证件实行定期验证和换证制度。纳税人应当在规定的期限内持有关证件到主管税务机关办理验证或者换证手续。

第二十条 纳税人应当将税务登记证件正本在其生产、经营场所或者办公场所公开悬挂，接受税务机关检查。

纳税人遗失税务登记证件的，应当在15日内书面报告主管税务机关，并登报声明作废。

第二十一条 从事生产、经营的纳税人到外县（市）临时从事生产、经营活动的，应当持税务登记证副本和所在地税务机关填开的外出经营活动税收管理证明，向营业地税务机关报验登记，接受税务管理。

从事生产、经营的纳税人外出经营，在同一地累计超过180天的，应当在营业地办理税务登记手续。

第三章　账簿、凭证管理

第二十二条 从事生产、经营的纳税人应当自领取营业执照或者发生纳税义务之日起15日内，按照国家有关规定设置账簿。

前款所称账簿，是指总账、明细账、日记账以及其他辅助性账簿。总账、日记账应当采用订本式。

第二十三条 *生产、经营规模小又确无建账能力的纳税人，可以聘请经批准从事会计代理记账业务的专业机构或者经税务机关认可的财会人员代为建账和办理账务；*聘请上述机构或者人员有实际困难的，经县以上税务机关批准，可以按照税务机关的规定，建立收支凭证粘贴簿、进货销货登记簿或者使用税控装置。

第二十四条 从事生产、经营的纳税人应当自领取税务登记证件之日起15日内，将其财务、会计制度或者财务、会计处理办法报送主管税务机关备案。

纳税人使用计算机记账的，应当在使用前将会计电算化系统的会计核算软件、使用说明书及有关资料报送主管税务机关备案。

纳税人建立的会计电算化系统应当符合国家有关规定，并能正确、完整核算其收入或者所得。

第二十五条 扣缴义务人应当自税收法律、行政法规规定的扣缴义务发生之日起10日内，按照所代扣、代收的税种，分别设置代扣代缴、代收代缴税款账簿。

第二十六条 纳税人、扣缴义务人会计制度健全，能够通过计算机正确、完整计算其收入和所得或者代扣代缴、代收代缴税款情况的，其计算机输出的完整的书面会计记录，可视同会计账簿。

纳税人、扣缴义务人会计制度不健全，不能通过计算机正确、完整计算其收入和所得或者代扣代缴、代收代缴税款情况的，应当建立总账及与纳税或者代扣代缴、代收代缴税款有关的其他账簿。

第二十七条 账簿、会计凭证和报表，应当使用中文。民族自治地方可以同时使用当地通用的一种民族文字。外商投资企业和外国企业可以同时使用一种外国文字。

第二十八条 纳税人应当按照税务机关的要求安装、使用税控装置，并按照税务机关的规定报送有关数据和资料。

税控装置推广应用的管理办法由国家税务总局另行制定，报国务院批准后实施。

第二十九条 账簿、记账凭证、报表、完税凭证、发票、出口凭证以及其他有关涉税资料应当合法、真实、完整。

账簿、记账凭证、报表、完税凭证、发票、出口凭证以及其他有关涉税资料应当保存10年；但是，法律、行政法规另有规定的除外。

第四章 纳税申报

第三十条 税务机关应当建立、健全纳税人自行申报纳税制度。经税务机关批准，纳税人、扣缴义务人可以采取邮寄、数据电文方式办理纳税申报或者报送代扣代缴、代收代缴税款报告表。

数据电文方式，是指税务机关确定的电话语音、电子数据交换和网络传输等电子方式。

第三十一条 纳税人采取邮寄方式办理纳税申报的，应当使用统一的纳税申报专用信封，并以邮政部门收据作为申报凭据。邮寄申报以寄出的邮戳日期为实际申报日期。

纳税人采取电子方式办理纳税申报的，应当按照税务机关规定的期限和要求保存有关资料，并定期书面报送主管税务机关。

第三十二条 纳税人在纳税期内没有应纳税款的，也应当按照规定办理纳税申报。

纳税人享受减税、免税待遇的，在减税、免税期间应当按照规定办理纳税申报。

第三十三条 纳税人、扣缴义务人的纳税申报或者代扣代缴、代收代缴税款报告表的主要内容包括：税种、税目，应纳税项目或者应代扣代缴、代收代缴税款项目，计税依据，扣除项目及标准，适用税率或者单位税额，应退税项目及税额、应减免税项目及税额，应纳税额或者应代扣代缴、代收代缴税额，税款所属期限、延期缴纳税款、欠税、滞纳金等。

第三十四条 纳税人办理纳税申报时，应当如实填写纳税申报表，并根据不同的情况相应报送下列有关证件、资料：

（一）财务会计报表及其说明材料；

（二）与纳税有关的合同、协议书及凭证；

（三）税控装置的电子报税资料；

（四）外出经营活动税收管理证明和异地完税凭证；

（五）境内或者境外公证机构出具的有关证明文件；

（六）税务机关规定应当报送的其他有关证件、资料。

第三十五条 扣缴义务人办理代扣代缴、代收代缴税款报告时，应当如实填写代扣代缴、代收代缴税款报告表，并报送代扣代缴、代收代缴税款的合法凭证以及税务机关规定的其他有关证件、资料。

第三十六条 实行定期定额缴纳税款的纳税人，可以实行简易申报、简并征期等申报纳税方式。

第三十七条　纳税人、扣缴义务人按照规定的期限办理纳税申报或者报送代扣代缴、代收代缴税款报告表确有困难，需要延期的，应当在规定的期限内向税务机关提出书面延期申请，经税务机关核准，在核准的期限内办理。

纳税人、扣缴义务人因不可抗力，不能按期办理纳税申报或者报送代扣代缴、代收代缴税款报告表的，可以延期办理；但是，应当在不可抗力情形消除后立即向税务机关报告。税务机关应当查明事实，予以核准。

第五章　税款征收

第三十八条　税务机关应当加强对税款征收的管理，建立、健全责任制度。

税务机关根据保证国家税款及时足额入库、方便纳税人、降低税收成本的原则，确定税款征收的方式。

税务机关应当加强对纳税人出口退税的管理，具体管理办法由国家税务总局会同国务院有关部门制定。

第三十九条　税务机关应当将各种税收的税款、滞纳金、罚款，按照国家规定的预算科目和预算级次及时缴入国库，税务机关不得占压、挪用、截留，不得缴入国库以外或者国家规定的税款账户以外的任何账户。

已缴入国库的税款、滞纳金、罚款，任何单位和个人不得擅自变更预算科目和预算级次。

第四十条　税务机关应当根据方便、快捷、安全的原则，积极推广使用支票、银行卡、电子结算方式缴纳税款。

第四十一条　纳税人有下列情形之一的，属于税收征管法第三十一条所称特殊困难：

（一）因不可抗力，导致纳税人发生较大损失，正常生产经营活动受到较大影响的；

（二）当期货币资金在扣除应付职工工资、社会保险费后，不足以缴纳税款的。

计划单列市国家税务局、地方税务局可以参照税收征管法第三十一条第二款的批准权限，审批纳税人延期缴纳税款。

第四十二条　纳税人需要延期缴纳税款的，应当在缴纳税款期限届满前提出申请，并报送下列材料：申请延期缴纳税款报告，当期货币资金余额情况及所有银行存款账户的对账单，资产负债表，应付职工工资和社会保险费等税务机关要求提供的支出预算。

税务机关应当自收到申请延期缴纳税款报告之日起 20 日内作出批准或者不予批准的决定；不予批准的，从缴纳税款期限届满之日起加收滞纳金。

第四十三条　*法律、行政法规规定或者经法定的审批机关批准减税、免税的纳税人，应当持有关文件到主管税务机关办理减税、免税手续。减税、免税期满，应当自期满次日起恢复纳税。*

享受减税、免税优惠的纳税人，减税、免税条件发生变化的，应当自发生变化之日起 15 日内向税务机关报告；不再符合减税、免税条件的，应当依法履行纳税义务；未依法纳税的，税务机关应当予以追缴。

第四十四条　税务机关根据有利于税收控管和方便纳税的原则，可以按照国家有关规定委托有关单位和人员代征零星分散和异地缴纳的税收，并发给委托代征证书。受托单位和人员按照代征证书的要求，以税务机关的名义依法征收税款，纳税人不得拒绝；纳税人拒绝的，受托代征单位和人员应当及时报告税务机关。

第四十五条 税收征管法第三十四条所称完税凭证，是指各种完税证、缴款书、印花税票、扣（收）税凭证以及其他完税证明。

未经税务机关指定，任何单位、个人不得印制完税凭证。完税凭证不得转借、倒卖、变造或者伪造。

完税凭证的式样及管理办法由国家税务总局制定。

第四十六条 税务机关收到税款后，应当向纳税人开具完税凭证。纳税人通过银行缴纳税款的，税务机关可以委托银行开具完税凭证。

第四十七条 纳税人有税收征管法第三十五条或者第三十七条所列情形之一的，税务机关有权采用下列任何一种方法核定其应纳税额：

（一）参照当地同类行业或者类似行业中经营规模和收入水平相近的纳税人的税负水平核定；

（二）按照营业收入或者成本加合理的费用和利润的方法核定；

（三）按照耗用的原材料、燃料、动力等推算或者测算核定；

（四）按照其他合理方法核定。

采用前款所列一种方法不足以正确核定应纳税额时，可以同时采用两种以上的方法核定。

纳税人对税务机关采取本条规定的方法核定的应纳税额有异议的，应当提供相关证据，经税务机关认定后，调整应纳税额。

第四十八条 税务机关负责纳税人纳税信誉等级评定工作。纳税人纳税信誉等级的评定办法由国家税务总局制定。

第四十九条 承包人或者承租人有独立的生产经营权，在财务上独立核算，并定期向发包人或者出租人上缴承包费或者租金的，承包人或者承租人应当就其生产、经营收入和所得纳税，并接受税务管理；但是，法律、行政法规另有规定的除外。

发包人或者出租人应当自发包或者出租之日起30日内将承包人或者承租人的有关情况向主管税务机关报告。发包人或者出租人不报告的，发包人或者出租人与承包人或者承租人承担纳税连带责任。

第五十条 纳税人有解散、撤销、破产情形的，在清算前应当向其主管税务机关报告；未结清税款的，由其主管税务机关参加清算。

第五十一条 税收征管法第三十六条所称关联企业，是指有下列关系之一的公司、企业和其他经济组织：

（一）在资金、经营、购销等方面，存在直接或者间接的拥有或者控制关系；

（二）直接或者间接地同为第三者所拥有或者控制；

（三）在利益上具有相关联的其他关系。

纳税人有义务就其与关联企业之间的业务往来，向当地税务机关提供有关的价格、费用标准等资料。具体办法由国家税务总局制定。

第五十二条 税收征管法第三十六条所称独立企业之间的业务往来，是指没有关联关系的企业之间按照公平成交价格和营业常规所进行的业务往来。

第五十三条　纳税人可以向主管税务机关提出与其关联企业之间业务往来的定价原则和计算方法，主管税务机关审核、批准后，与纳税人预先约定有关定价事项，监督纳税人执行。

第五十四条　纳税人与其关联企业之间的业务往来有下列情形之一的，税务机关可以调整其应纳税额：

（一）购销业务未按照独立企业之间的业务往来作价；

（二）融通资金所支付或者收取的利息超过或者低于没有关联关系的企业之间所能同意的数额，或者利率超过或者低于同类业务的正常利率；

（三）提供劳务，未按照独立企业之间业务往来收取或者支付劳务费用；

（四）转让财产、提供财产使用权等业务往来，未按照独立企业之间业务往来作价或者收取、支付费用；

（五）未按照独立企业之间业务往来作价的其他情形。

第五十五条　纳税人有本细则第五十四条所列情形之一的，税务机关可以按照下列方法调整计税收入额或者所得额：

（一）按照独立企业之间进行的相同或者类似业务活动的价格；

（二）按照再销售给无关联关系的第三者的价格所应取得的收入和利润水平；

（三）按照成本加合理的费用和利润；

（四）按照其他合理的方法。

第五十六条　纳税人与其关联企业未按照独立企业之间的业务往来支付价款、费用的，税务机关自该业务往来发生的纳税年度起 3 年内进行调整；有特殊情况的，可以自该业务往来发生的纳税年度起 10 年内进行调整。

第五十七条　税收征管法第三十七条所称未按照规定办理税务登记从事生产、经营的纳税人，包括到外县（市）从事生产、经营而未向营业地税务机关报验登记的纳税人。

第五十八条　税务机关依照税收征管法第三十七条的规定，扣押纳税人商品、货物的，纳税人应当自扣押之日起 15 日内缴纳税款。

对扣押的鲜活、易腐烂变质或者易失效的商品、货物，税务机关根据被扣押物品的保质期，可以缩短前款规定的扣押期限。

第五十九条　税收征管法第三十八条、第四十条所称其他财产，包括纳税人的房地产、现金、有价证券等不动产和动产。

机动车辆、金银饰品、古玩字画、豪华住宅或者一处以外的住房不属于税收征管法第三十八条、第四十条、第四十二条所称个人及其所扶养家属维持生活必需的住房和用品。

税务机关对单价 5000 元以下的其他生活用品，不采取税收保全措施和强制执行措施。

第六十条　税收征管法第三十八条、第四十条、第四十二条所称个人所扶养家属，是指与纳税人共同居住生活的配偶、直系亲属以及无生活来源并由纳税人扶养的其他亲属。

第六十一条　税收征管法第三十八条、第八十八条所称担保，包括经税务机关认可的纳税保证人为纳税人提供的纳税保证，以及纳税人或者第三人以其未设置或者未全部设置担保物权的财产提供的担保。

纳税保证人，是指在中国境内具有纳税担保能力的自然人、法人或者其他经济组织。

法律、行政法规规定的没有担保资格的单位和个人，不得作为纳税担保人。

第六十二条 纳税担保人同意为纳税人提供纳税担保的，应当填写纳税担保书，写明担保对象、担保范围、担保期限和担保责任以及其他有关事项。担保书须经纳税人、纳税担保人签字盖章并经税务机关同意，方为有效。

纳税人或者第三人以其财产提供纳税担保的，应当填写财产清单，并写明财产价值以及其他有关事项。纳税担保财产清单须经纳税人、第三人签字盖章并经税务机关确认，方为有效。

第六十三条 税务机关执行扣押、查封商品、货物或者其他财产时，应当由两名以上税务人员执行，并通知被执行人。被执行人是自然人的，应当通知被执行人本人或者其成年家属到场；被执行人是法人或者其他组织的，应当通知其法定代表人或者主要负责人到场；拒不到场的，不影响执行。

第六十四条 税务机关执行税收征管法第三十七条、第三十八条、第四十条的规定，扣押、查封价值相当于应纳税款的商品、货物或者其他财产时，参照同类商品的市场价、出厂价或者评估价估算。

税务机关按照前款方法确定应扣押、查封的商品、货物或者其他财产的价值时，还应当包括滞纳金和扣押、查封、保管、拍卖、变卖所发生的费用。

第六十五条 *对价值超过应纳税额且不可分割的商品、货物或者其他财产，税务机关在纳税人、扣缴义务人或者纳税担保人无其他可供强制执行的财产的情况下，可以整体扣押、查封、拍卖，以拍卖所得抵缴税款、滞纳金、罚款以及扣押、查封、保管、拍卖等费用。*

第六十六条 税务机关执行税收征管法第三十七条、第三十八条、第四十条的规定，实施扣押、查封时，对有产权证件的动产或者不动产，税务机关可以责令当事人将产权证件交税务机关保管，同时可以向有关机关发出协助执行通知书，有关机关在扣押、查封期间不再办理该动产或者不动产的过户手续。

第六十七条 对查封的商品、货物或者其他财产，税务机关可以指令被执行人负责保管，保管责任由被执行人承担。

继续使用被查封的财产不会减少其价值的，税务机关可以允许被执行人继续使用；因被执行人保管或者使用的过错造成的损失，由被执行人承担。

第六十八条 纳税人在税务机关采取税收保全措施后，按照税务机关规定的期限缴纳税款的，税务机关应当自收到税款或者银行转回的完税凭证之日起1日内解除税收保全。

第六十九条 税务机关将扣押、查封的商品、货物或者其他财产变价抵缴税款时，应当交由依法成立的拍卖机构拍卖；无法委托拍卖或者不适于拍卖的，可以交由当地商业企业代为销售，也可以责令纳税人限期处理；无法委托商业企业销售，纳税人也无法处理的，可以由税务机关变价处理，具体办法由国家税务总局规定。国家禁止自由买卖的商品，应当交由有关单位按照国家规定的价格收购。

拍卖或者变卖所得抵缴税款、滞纳金、罚款以及扣押、查封、保管、拍卖、变卖等费用后，剩余部分应当在3日内退还被执行人。

第七十条 税收征管法第三十九条、第四十三条所称损失，是指因税务机关的责任，使纳税人、扣缴义务人或者纳税担保人的合法利益遭受的直接损失。

第七十一条 税收征管法所称其他金融机构，是指信托投资公司、信用合作社、邮政储蓄机构以及经中国人民银行、中国证券监督管理委员会等批准设立的其他金融机构。

第七十二条 税收征管法所称存款，包括独资企业投资人、合伙企业合伙人、个体工商户的储蓄存款以及股东资金账户中的资金等。

第七十三条 从事生产、经营的纳税人、扣缴义务人未按照规定的期限缴纳或者解缴税款的，纳税担保人未按照规定的期限缴纳所担保的税款的，由税务机关发出限期缴纳税款通知书，责令缴纳或者解缴税款的最长期限不得超过 15 日。

第七十四条 欠缴税款的纳税人或者其法定代表人在出境前未按照规定结清应纳税款、滞纳金或者提供纳税担保的，税务机关可以通知出入境管理机关阻止其出境。阻止出境的具体办法，由国家税务总局会同公安部制定。

第七十五条 税收征管法第三十二条规定的加收滞纳金的起止时间，为法律、行政法规规定或者税务机关依照法律、行政法规的规定确定的税款缴纳期限届满次日起至纳税人、扣缴义务人实际缴纳或者解缴税款之日止。

第七十六条 县级以上各级税务机关应当将纳税人的欠税情况，在办税场所或者广播、电视、报纸、期刊、网络等新闻媒体上定期公告。

对纳税人欠缴税款的情况实行定期公告的办法，由国家税务总局制定。

第七十七条 税收征管法第四十九条所称欠缴税款数额较大，是指欠缴税款 5 万元以上。

第七十八条 税务机关发现纳税人多缴税款的，应当自发现之日起 10 日内办理退还手续；纳税人发现多缴税款，要求退还的，税务机关应当自接到纳税人退还申请之日起 30 日内查实并办理退还手续。

税收征管法第五十一条规定的加算银行同期存款利息的多缴税款退税，不包括依法预缴税款形成的结算退税、出口退税和各种减免退税。

退税利息按照税务机关办理退税手续当天中国人民银行规定的活期存款利率计算。

第七十九条 当纳税人既有应退税款又有欠缴税款的，税务机关可以将应退税款和利息先抵扣欠缴税款；抵扣后有余额的，退还纳税人。

第八十条 税收征管法第五十二条所称税务机关的责任，是指税务机关适用税收法律、行政法规不当或者执法行为违法。

第八十一条 税收征管法第五十二条所称纳税人、扣缴义务人计算错误等失误，是指非主观故意的计算公式运用错误以及明显的笔误。

第八十二条 税收征管法第五十二条所称特殊情况，是指纳税人或者扣缴义务人因计算错误等失误，未缴或者少缴、未扣或者少扣、未收或者少收税款，累计数额在 10 万元以上的。

第八十三条 税收征管法第五十二条规定的补缴和追征税款、滞纳金的期限，自纳税人、扣缴义务人应缴未缴或者少缴税款之日起计算。

第八十四条 审计机关、财政机关依法进行审计、检查时，对税务机关的税收违法行为作出的决定，税务机关应当执行；发现被审计、检查单位有税收违法行为的，向被审计、检查单位下达决定、意见书，责成被审计、检查单位向税务机关缴纳应当缴纳的税款、滞纳金。税务机关应当根据有关机关的决定、意见书，依照税收法律、行政法规的规定，将应收的税款、滞纳金按照国家规定的税收征收管理范围和税款入库预算级次缴入国库。

税务机关应当自收到审计机关、财政机关的决定、意见书之日起 30 日内将执行情况书面回复审计机关、财政机关。

有关机关不得将其履行职责过程中发现的税款、滞纳金自行征收入库或者以其他款项的名义自行处理、占压。

第六章 税务检查

第八十五条 税务机关应当建立科学的检查制度，统筹安排检查工作，严格控制对纳税人、扣缴义务人的检查次数。

税务机关应当制定合理的税务稽查工作规程，负责选案、检查、审理、执行的人员的职责应当明确，并相互分离、相互制约，规范选案程序和检查行为。

税务检查工作的具体办法，由国家税务总局制定。

第八十六条 税务机关行使税收征管法第五十四条第（一）项职权时，可以在纳税人、扣缴义务人的业务场所进行；必要时，经县以上税务局（分局）局长批准，可以将纳税人、扣缴义务人以前会计年度的账簿、记账凭证、报表和其他有关资料调回税务机关检查，但是税务机关必须向纳税人、扣缴义务人开付清单，并在3个月内完整退还；有特殊情况的，经设区的市、自治州以上税务局局长批准，税务机关可以将纳税人、扣缴义务人当年的账簿、记账凭证、报表和其他有关资料调回检查，但是税务机关必须在30日内退还。

第八十七条 税务机关行使税收征管法第五十四条第（六）项职权时，应当指定专人负责，凭全国统一格式的检查存款账户许可证明进行，并有责任为被检查人保守秘密。

检查存款账户许可证明，由国家税务总局制定。

税务机关查询的内容，包括纳税人存款账户余额和资金往来情况。

第八十八条 依照税收征管法第五十五条规定，税务机关采取税收保全措施的期限一般不得超过6个月；重大案件需要延长的，应当报国家税务总局批准。

第八十九条 税务机关和税务人员应当依照税收征管法及本细则的规定行使税务检查职权。

税务人员进行税务检查时，应当出示税务检查证和税务检查通知书；无税务检查证和税务检查通知书的，纳税人、扣缴义务人及其他当事人有权拒绝检查。税务机关对集贸市场及集中经营业户进行检查时，可以使用统一的税务检查通知书。

税务检查证和税务检查通知书的式样、使用和管理的具体办法，由国家税务总局制定。

第七章 法律责任

第九十条 纳税人未按照规定办理税务登记证件验证或者换证手续的，由税务机关责令限期改正，可以处2000元以下的罚款；情节严重的，处2000元以上1万元以下的罚款。

第九十一条 非法印制、转借、倒卖、变造或者伪造完税凭证的，由税务机关责令改正，处2000元以上1万元以下的罚款；情节严重的，处1万元以上5万元以下的罚款；构成犯罪的，依法追究刑事责任。

第九十二条 银行和其他金融机构未依照税收征管法的规定在从事生产、经营的纳税人的账户中登录税务登记证件号码，或者未按规定在税务登记证件中登录从事生产、经营的纳税人的账户账号的，由税务机关责令其限期改正，处2000元以上2万元以下的罚款；情节严重的，处2万元以上5万元以下的罚款。

第九十三条　为纳税人、扣缴义务人非法提供银行账户、发票、证明或者其他方便，导致未缴、少缴税款或者骗取国家出口退税款的，税务机关除没收其违法所得外，可以处未缴、少缴或者骗取的税款 1 倍以下的罚款。

第九十四条　纳税人拒绝代扣、代收税款的，扣缴义务人应当向税务机关报告，由税务机关直接向纳税人追缴税款、滞纳金；纳税人拒不缴纳的，依照税收征管法第六十八条的规定执行。

第九十五条　税务机关依照税收征管法第五十四条第（五）项的规定，到车站、码头、机场、邮政企业及其分支机构检查纳税人有关情况时，有关单位拒绝的，由税务机关责令改正，可以处 1 万元以下的罚款；情节严重的，处 1 万元以上 5 万元以下的罚款。

第九十六条　纳税人、扣缴义务人有下列情形之一的，依照税收征管法第七十条的规定处罚：

（一）提供虚假资料，不如实反映情况，或者拒绝提供有关资料的；

（二）拒绝或者阻止税务机关记录、录音、录像、照相和复制与案件有关的情况和资料的；

（三）在检查期间，纳税人、扣缴义务人转移、隐匿、销毁有关资料的；

（四）有不依法接受税务检查的其他情形的。

第九十七条　税务人员私分扣押、查封的商品、货物或者其他财产，情节严重，构成犯罪的，依法追究刑事责任；尚不构成犯罪的，依法给予行政处分。

第九十八条　税务代理人违反税收法律、行政法规，造成纳税人未缴或者少缴税款的，除由纳税人缴纳或者补缴应纳税款、滞纳金外，对税务代理人处纳税人未缴或者少缴税款 50% 以上 3 倍以下的罚款。

第九十九条　税务机关对纳税人、扣缴义务人及其他当事人处以罚款或者没收违法所得时，应当开付罚没凭证；未开付罚没凭证的，纳税人、扣缴义务人以及其他当事人有权拒绝给付。

第一百条　税收征管法第八十八条规定的纳税争议，是指纳税人、扣缴义务人、纳税担保人对税务机关确定纳税主体、征税对象、征税范围、减税、免税及退税、适用税率、计税依据、纳税环节、纳税期限、纳税地点以及税款征收方式等具体行政行为有异议而发生的争议。

第八章　文书送达

第一百零一条　税务机关送达税务文书，应当直接送交受送达人。

受送达人是公民的，应当由本人直接签收；本人不在的，交其同住成年家属签收。

受送达人是法人或者其他组织的，应当由法人的法定代表人、其他组织的主要负责人或者该法人、组织的财务负责人、负责收件的人签收。受送达人有代理人的，可以送交其代理人签收。

第一百零二条　送达税务文书应当有送达回证，并由受送达人或者本细则规定的其他签收人在送达回证上记明收到日期，签名或者盖章，即为送达。

第一百零三条　受送达人或者本细则规定的其他签收人拒绝签收税务文书的，送达人应当在送达回证上记明拒收理由和日期，并由送达人和见证人签名或者盖章，将税务文书留在受送达人处，即视为送达。

第一百零四条 直接送达税务文书有困难的，可以委托其他有关机关或者其他单位代为送达，或者邮寄送达。

第一百零五条 直接或者委托送达税务文书的，以签收人或者见证人在送达回证上的签收或者注明的收件日期为送达日期；邮寄送达的，以挂号函件回执上注明的收件日期为送达日期，并视为已送达。

第一百零六条 有下列情形之一的，税务机关可以公告送达税务文书，自公告之日起满30日，即视为送达：

（一）同一送达事项的受送达人众多；

（二）采用本章规定的其他送达方式无法送达。

第一百零七条 税务文书的格式由国家税务总局制定。本细则所称税务文书，包括：

（一）税务事项通知书；

（二）责令限期改正通知书；

（三）税收保全措施决定书；

（四）税收强制执行决定书；

（五）税务检查通知书；

（六）税务处理决定书；

（七）税务行政处罚决定书；

（八）行政复议决定书；

（九）其他税务文书。

第九章　附　则

第一百零八条 税收征管法及本细则所称“以上”“以下”“日内”“届满”均含本数。

第一百零九条 税收征管法及本细则所规定期限的最后一日是法定休假日的，以休假日期满的次日为期限的最后一日；在期限内有连续3日以上法定休假日的，按休假日天数顺延。

第一百一十条 税收征管法第三十条第三款规定的代扣、代收手续费，纳入预算管理，由税务机关依照法律、行政法规的规定付给扣缴义务人。

第一百一十一条 纳税人、扣缴义务人委托税务代理人代为办理税务事宜的办法，由国家税务总局规定。

第一百一十二条 耕地占用税、契税、农业税、牧业税的征收管理，按照国务院的有关规定执行。

第一百一十三条 本细则自2002年10月15日起施行。1993年8月4日国务院发布的《中华人民共和国税收征收管理法实施细则》同时废止。

全国人民代表大会常务委员会关于修改《中华人民共和国企业所得税法》的决定

2017 年 2 月 24 日　中华人民共和国主席令第 64 号

《全国人民代表大会常务委员会关于修改〈中华人民共和国企业所得税法〉的决定》已由中华人民共和国第十二届全国人民代表大会常务委员会第二十六次会议于 2017 年 2 月 24 日通过，现予公布，自公布之日起施行。

中华人民共和国主席　习近平

2017 年 2 月 24 日

全国人民代表大会常务委员会关于修改《中华人民共和国企业所得税法》的决定

2017 年 2 月 24 日第十二届全国人民代表大会常务委员会第二十六次会议通过

第十二届全国人民代表大会常务委员会第二十六次会议决定对《中华人民共和国企业所得税法》作如下修改：

将第九条修改为："企业发生的公益性捐赠支出，在年度利润总额 12% 以内的部分，准予在计算应纳税所得额时扣除；超过年度利润总额 12% 的部分，准予结转以后三年内在计算应纳税所得额时扣除。"

本决定自公布之日起施行。

《中华人民共和国企业所得税法》根据本决定作相应修改，重新公布。

全国人民代表大会常务委员会关于修改《中华人民共和国电力法》等四部法律的决定

2018 年 12 月 29 日　中华人民共和国主席令第 23 号

《全国人民代表大会常务委员会关于修改〈中华人民共和国电力法〉等四部法律的决定》已由中华人民共和国第十三届全国人民代表大会常务委员会第七次会议于 2018 年 12 月 29 日通过，现予公布，自公布之日起施行。

中华人民共和国主席　习近平

2018 年 12 月 29 日

全国人民代表大会常务委员会关于修改《中华人民共和国电力法》等四部法律的决定

2018 年 12 月 29 日　第十三届全国人民代表大会常务委员会第七次会议通过

第十三届全国人民代表大会常务委员会第七次会议决定：

一、对《中华人民共和国电力法》作出修改

将第二十五条第三款修改为："供电营业区的设立、变更，由供电企业提出申请，电力管理部门依据职责和管理权限，会同同级有关部门审查批准后，发给《电力业务许可证》。供电营业区设立、变更的具体办法，由国务院电力管理部门制定。"

二、对《中华人民共和国高等教育法》作出修改

将第十七条中的"高等学校根据实际需要，报主管的教育行政部门批准，可以对本学校的修业年限作出调整"修改为"高等学校根据实际需要，可以对本学校的修业年限作出调整"。

三、对《中华人民共和国港口法》作出修改

（一）将第二十五条修改为："国务院交通主管部门应当制定港口理货服务标准和规范。

"经营港口理货业务，应当按照规定报港口行政管理部门备案。

"港口理货业务经营人应当公正、准确地办理理货业务；不得兼营本法第二十二条第三款规定的货物装卸经营业务和仓储经营业务。"

（二）增加一条，作为第四十五条："港口经营人、港口理货业务经营人有本法规定的违法行为的，依照有关法律、行政法规的规定纳入信用记录，并予以公示。"

（三）将第四十八条改为第四十九条，修改为："未依法取得港口经营许可证从事港口经营，或者港口理货业务经营人兼营货物装卸经营业务、仓储经营业务的，由港口行政管理部门责令停止违法经营，没收违法所得；违法所得十万元以上的，并处违法所得二倍以上五倍以下罚款；违法所得不足十万元的，处五万元以上二十万元以下罚款。"

（四）将第五十六条改为第五十七条，删去该条第二项中的"或者港口理货业务经营许可"、第三项中的"港口理货业务经营人"、第四项中的"港口理货"。

四、对《中华人民共和国企业所得税法》作出修改

将第五十一条第一款中的"非居民企业在中国境内设立两个或者两个以上机构、场所的，经税务机关审核批准"修改为"非居民企业在中国境内设立两个或者两个以上机构、场所，符合国务院税务主管部门规定条件的"。

本决定自公布之日起施行。

《中华人民共和国电力法》《中华人民共和国高等教育法》《中华人民共和国港口法》《中华人民共和国企业所得税法》根据本决定作相应修改，重新公布。

二、综合类政策

国务院关于实施企业所得税过渡优惠政策的通知

2007 年 12 月 26 日　国发〔2007〕39 号

各省、自治区、直辖市人民政府，国务院各部委、各直属机构：

《中华人民共和国企业所得税法》（以下简称新税法）和《中华人民共和国企业所得税法实施条例》（以下简称实施条例）将于 2008 年 1 月 1 日起施行。根据新税法第五十七条规定，现对企业所得税优惠政策过渡问题通知如下：

一、新税法公布前批准设立的企业税收优惠过渡办法

企业按照原税收法律、行政法规和具有行政法规效力文件规定享受的企业所得税优惠政策，按以下办法实施过渡：

自 2008 年 1 月 1 日起，原享受低税率优惠政策的企业，在新税法施行后 5 年内逐步过渡到法定税率。其中：享受企业所得税 15% 税率的企业，2008 年按 18% 税率执行，2009 年按 20% 税率执行，2010 年按 22% 税率执行，2011 年按 24% 税率执行，2012 年按 25% 税率执行；原执行 24% 税率的企业，2008 年起按 25% 税率执行。

自 2008 年 1 月 1 日起，原享受企业所得税“两免三减半”“五免五减半”等定期减免税优惠的企业，新税法施行后继续按原税收法律、行政法规及相关文件规定的优惠办法及年限享受至期满为止，但因未获利而尚未享受税收优惠的，其优惠期限从 2008 年度起计算。

享受上述过渡优惠政策的企业，是指 2007 年 3 月 16 日以前经工商等登记管理机关登记设立的企业；实施过渡优惠政策的项目和范围按《实施企业所得税过渡优惠政策表》（见附表）执行。

二、继续执行西部大开发税收优惠政策

根据国务院实施西部大开发有关文件精神，财政部、税务总局和海关总署联合下发的《财政部、国家税务总局、海关总署关于西部大开发税收优惠政策问题的通知》（财税〔2001〕202 号）中规定的西部大开发企业所得税优惠政策继续执行。

三、实施企业税收过渡优惠政策的其他规定

享受企业所得税过渡优惠政策的企业，应按照新税法和实施条例中有关收入和扣除的规定计算应纳税所得额，并按本通知第一部分规定计算享受税收优惠。

企业所得税过渡优惠政策与新税法及实施条例规定的优惠政策存在交叉的，由企业选择

最优惠的政策执行，不得叠加享受，且一经选择，不得改变。

附件：实施企业所得税过渡优惠政策表

附件：

实施企业所得税过渡优惠政策表

序号	文件名称	相关政策内容
1	《中华人民共和国外商投资企业和外国企业所得税法》第七条第一款	设在经济特区的外商投资企业、在经济特区设立机构、场所从事生产、经营的外国企业和设在经济技术开发区的生产性外商投资企业，减按15%的税率征收企业所得税
2	《中华人民共和国外商投资企业和外国企业所得税法》第七条第三款	设在沿海经济开放区和经济特区、经济技术开发区所在城市的老市区或者设在国务院规定的其他地区的外商投资企业，属于能源、交通、港口、码头或者国家鼓励的其他项目的，可以减按15%的税率征收企业所得税
3	《中华人民共和国外商投资企业和外国企业所得税法实施细则》第七十三条第一款第一项	在沿海经济开放区和经济特区、经济技术开发区所在城市的老市区设立的从事下列项目的生产性外资企业，可以减按15%的税率征收企业所得税：技术密集、知识密集型的项目；外商投资在3000万美元以上，回收投资时间长的项目；能源、交通、港口建设的项目
4	《中华人民共和国外商投资企业和外国企业所得税法实施细则》第七十三条第一款第二项	从事港口、码头建设的中外合资经营企业，可以减按15%的税率征收企业所得税
5	《中华人民共和国外商投资企业和外国企业所得税法实施细则》第七十三条第一款第四项	在上海浦东新区设立的生产性外商投资企业，以及从事机场、港口、铁路、公路、电站等能源、交通建设项目的外商投资企业，可以减按15%的税率征收企业所得税
6	国务院关于上海外高桥、天津港、深圳福田、深圳沙头角、大连、广州、厦门象屿、张家港、海口、青岛、宁波、福州、汕头、珠海、深圳盐田保税区的批复（国函〔1991〕26号、国函〔1991〕32号、国函〔1992〕43号、国函〔1992〕44号、国函〔1992〕148号、国函〔1992〕150号、国函〔1992〕159号、国函〔1992〕179号、国函〔1992〕180号、国函〔1992〕181号、国函〔1993〕3号等）	生产性外商投资企业，减按15%的税率征收企业所得税
7	《国务院关于在福建省沿海地区设立台商投资区的批复》（国函〔1989〕35号）	厦门台商投资区内设立的台商投资企业，减按15%税率征收企业所得税；福州台商投资区内设立的生产性台商投资企业，减按15%税率征收企业所得税，非生产性台资企业，减按24%税率征收企业所得税
8	国务院关于进一步对外开放南宁、重庆、黄石、长江三峡经济开放区、北京等城市的通知（国函〔1992〕62号、国函〔1992〕93号、国函〔1993〕19号、国函〔1994〕92号、国函〔1995〕16号）	省会（首府）城市及沿江开放城市从事下列项目的生产性外资企业，减按15%的税率征收企业所得税：技术密集、知识密集型的项目；外商投资在3000万美元以上，回收投资时间长的项目；能源、交通、港口建设的项目
9	《国务院关于开发建设苏州工业园区有关问题的批复》（国函〔1994〕9号）	在苏州工业园区设立的生产性外商投资企业，减按15%税率征收企业所得税

续表

序号	文件名称	相关政策内容
10	《国务院关于扩大外商投资企业从事能源交通基础设施项目税收优惠规定适用范围的通知》（国发〔1999〕13号）	自1999年1月1日起，将外资税法实施细则第七十三条第一款第（一）项第3目关于从事能源、交通基础设施建设的生产性外商投资企业，减按15%征收企业所得税的规定扩大到全国
11	《广东省经济特区条例》（1980年8月26日第五届全国人民代表大会常务委员会第十五次会议批准施行）	广东省深圳、珠海、汕头经济特区的企业所得税率为15%
12	《对福建省关于建设厦门经济特区的批复》（〔80〕国函字88号）	厦门经济特区所得税率按15%执行
13	《国务院关于鼓励投资开发海南岛的规定》（国发〔1988〕26号）	在海南岛举办的企业（国家银行和保险公司除外），从事生产、经营所得税和其他所得，均按15%的税率征收企业所得税
14	《中华人民共和国外商投资企业和外国企业所得税法》第七条第二款	设在沿海经济开放区和经济特区、经济技术开发区所在城市的老市区的生产性外商投资企业，减按24%的税率征收企业所得税
15	《国务院关于试办国家旅游度假区有关问题的通知》（国发〔1992〕46号）	国家旅游度假区内的外商投资企业，减按24%税率征收企业所得税
16	国务院关于进一步对外开放黑河、伊宁、凭祥、二连浩特市等边境城市的通知（国函〔1992〕21号、国函〔1992〕61号、国函〔1992〕62号、国函〔1992〕94号）	沿边开放城市的生产性外商投资企业，减按24%税率征收企业所得税
17	《国务院关于进一步对外开放南宁、昆明市及凭祥等五个边境城镇的通知（国函〔1992〕62号）	允许凭祥、东兴、畹町、瑞丽、河口五市（县、镇）在具备条件的市（县、镇）兴办边境经济合作区，对边境经济合作区内以出口为主的生产性内联企业，减按24%的税率征收
18	国务院关于进一步对外开放南宁、重庆、黄石、长江三峡经济开放区、北京等城市的通知（国函〔1992〕62号、国函〔1992〕93号、国函〔1993〕19号、国函〔1994〕92号、国函〔1995〕16号）	省会（首府）城市及沿江开放城市的生产性外商投资企业，减按24%税率征收企业所得税
19	《中华人民共和国外商投资企业和外国企业所得税法》第八条第一款	对生产性外商投资企业，经营期在十年以上的，从开始获利的年度起，第一年和第二年免征企业所得税，第三年至第五年减半征收企业所得税
20	《中华人民共和国外商投资企业和外国企业所得税法实施细则》第七十五条第一款第一项	从事港口码头建设的中外合资经营企业，经营期在15年以上的，经企业申请，所在地的省、自治区、直辖市税务机关批准，从开始获利的年度起，第一年至第五年免征企业所得税，第六年至第十年减半征收企业所得税
21	《中华人民共和国外商投资企业和外国企业所得税法实施细则》第七十五条第一款第二项	在海南经济特区设立的从事机场、港口、码头、铁路、公路、电站、煤矿、水利等基础设施项目的外商投资企业和从事农业开发经营的外商投资企业，经营期在15年以上的，经企业申请，海南省税务机关批准，从开始获利的年度起，第一年至第五年免征企业所得税，第六年至第十年减半征收企业所得税

续表

序号	文　件　名　称	相关政策内容
22	《中华人民共和国外商投资企业和外国企业所得税法实施细则》第七十五条第一款第三项	在上海浦东新区设立的从事机场、港口、铁路、公路、电站等能源、交通建设项目的外商投资企业，经营期在15年以上的，经企业申请，上海市税务机关批准，从开始获利的年度起，第一年至第五年免征企业所得税，第六年至第十年减半征收企业所得税
23	《中华人民共和国外商投资企业和外国企业所得税法实施细则》第七十五条第一款第四项	在经济特区设立的从事服务性行业的外商投资企业，外商投资超过500万美元，经营期在十年以上的，经企业申请，经济特区税务机关批准，从开始获利的年度起，第一年免征企业所得税，第二年和第三年减半征收企业所得税
24	《中华人民共和国外商投资企业和外国企业所得税法实施细则》第七十五条第一款第六项	在国务院确定的国家高新技术产业开发区设立的被认定为高新技术企业的中外合资经营企业，经营期在十年以上的，经企业申请，当地税务机关批准，从开始获利的年度起，第一年和第二年免征企业所得税
25	《国务院关于〈北京市新技术产业开发试验区暂行条例〉的批复》（国函〔1988〕74号）	设在北京市新技术产业开发试验区的外商投资企业，依照北京市新技术产业开发试验区的税收优惠规定执行。 对试验区的新技术企业自开办之日起，三年内免征所得税。经北京市人民政府指定的部门批准，第四至六年可按15%或10%的税率，减半征收所得税
26	《中华人民共和国企业所得税暂行条例》第八条第一款	需要照顾和鼓励的民族自治地方的企业，经省级人民政府批准实行定期减税或免税的，过渡优惠执行期限不超过5年
27	《国务院关于鼓励投资开发海南岛的规定》（国发〔1988〕26号）	在海南岛举办的企业（国家银行和保险公司除外），从事港口、码头、机场、公路、铁路、电站、煤矿、水利等基础设施开发经营的企业和从事农业开发经营的企业，经营期限在十五年以上的，从开始获利的年度起，第一年至第五年免征所得税，第六年至第十年减半征收所得税
28		在海南岛举办的企业（国家银行和保险公司除外），从事工业、交通运输业等生产性行业的企业经营期限在十年以上的，从开始获利的年度起，第一年和第二年免征所得税，第三年至第五年减半征收所得税
29		在海南岛举办的企业（国家银行和保险公司除外），从事服务性行业的企业，投资总额超过500万美元或者2000万人民币，经营期限在十年以上的，从开始获利的年度起，第一年免征所得税，第二年和第三年减半征收所得税
30	《国务院关于实施〈国家中长期科学和技术发展规划纲要（2006—2020年）若干配套政策的通知〉》（国发〔2006〕6号）	国家高新技术产业开发区内新创办的高新技术企业经严格认定后，自获利年度起两年内免征所得税

财政部　国家税务总局关于试点企业集团缴纳企业所得税有关问题的通知

2008 年 10 月 17 日　财税〔2008〕119 号

各省、自治区、直辖市、计划单列市财政厅（局）、国家税务局、地方税务局，新疆生产建设兵团财务局：

为确保《中华人民共和国企业所得税法》（以下简称新税法）的平稳实施，根据新税法第五十二条规定，经国务院批准，对 2007 年 12 月 31 日前经国务院批准或按国务院规定条件批准实行合并缴纳企业所得税的企业集团（具体名单见附件），在 2008 年度继续按原规定执行。从 2009 年 1 月 1 日起，上述企业集团一律停止执行合并缴纳企业所得税政策。

请遵照执行。

附件：2008 年实行合并纳税企业集团名单

附件：

2008 年实行合并纳税企业集团名单

序号	企业集团名称	序号	企业集团名称
1	中国五矿集团	2	中艺进出口集团
3	中粮集团	4	中纺集团
5	中化集团	6	中国外运集团
7	中国通用集团	8	国家开发投资公司
9	中国第一汽车集团	10	南京汽车集团
11	东风汽车集团	12	奇瑞汽车有限公司
13	中国重型汽车集团	14	中国东方电气集团公司
15	西电集团	16	华能集团
17	葛洲坝集团	18	中国国电集团公司
19	中国华电集团公司	20	中国电力投资集团公司
21	中国大唐电力集团公司	22	南方电网公司
23	吉林农电有限公司	24	中国第一重型机械集团
25	中国第二重型机械集团	26	万向集团
27	民用航空总局	28	中国航空集团
29	中国国际航空股份有限公司	30	中国南方航空集团公司
31	中国南方航空股份有限公司	32	中国东方航空集团公司
33	中国东方航空股份有限公司	34	海航集团
35	中国海运集团	36	中远集团

续表

序号	企业集团名称	序号	企业集团名称
37	长航集团	38	武钢集团
39	攀钢集团	40	鞍钢集团
41	首钢总公司	42	太原钢铁集团
43	本溪钢铁（集团）有限公司	44	广东佛陶集团
45	铁道部（含广铁集团）	46	中国北方机车车辆集团公司
47	中国南方机车车辆集团公司	48	中国铁路物资总公司
49	中国铝业股份有限公司	50	哈药集团
51	中国电影集团	52	上海新华发行集团
53	解放日报报业集团	54	文汇新民联合报业集团
55	上海世纪出版集团	56	上海文艺出版总社
57	上海文化广播影视集团	58	上海印刷（集团）有限公司
59	河南有线电视网络集团有限公司	60	江苏省演艺集团公司
61	中国乐凯胶片集团	62	仪征化纤集团
63	巨化集团	64	吉化集团
65	南京化学工业有限公司	66	中国石油天然气股份有限公司
67	中国石油化工股份有限公司	68	中国振华电子集团公司
69	中国航空工业第一集团公司	70	中国航空工业第二集团公司
71	中国船舶重工集团公司	72	中国船舶工业集团公司
73	中国兵器装备集团公司	74	中国兵器工业集团公司
75	中国核工业集团公司	76	中国核工业建设集团公司
77	中国三江航天集团	78	中国江南航天集团
79	中国邮政集团公司	80	中国电信集团
81	中国移动通信集团	82	中国联合通信有限公司
83	中国铁通集团	84	中国网通集团
85	中国卫通集团	86	神华集团
87	同煤集团	88	兖矿集团
89	中国中信集团公司	90	中国保利集团公司
91	中国轻工集团公司	92	中国华星集团公司
93	中国农业发展集团总公司	94	中国农垦（集团）总公司
95	中谷粮油集团公司	96	新疆生产建设兵团
97	黑龙江农垦总局	98	吉林森林工业集团
99	中国龙江森工（集团）总公司	100	大兴安岭林业集团公司
101	内蒙古森林工业集团	102	中国投资有限责任公司
103	中国海洋石油总公司	104	中港集团
105	中国一拖集团有限公司	106	国家核电技术公司

财政部　国家税务总局关于企业关联方利息支出税前扣除标准有关税收政策问题的通知

2008年9月23日　财税〔2008〕121号

各省、自治区、直辖市、计划单列市财政厅（局）、国家税务局、地方税务局，新疆生产建设兵团财务局：

为规范企业利息支出税前扣除，加强企业所得税管理，根据《中华人民共和国企业所得税法》（以下简称税法）第四十六条和《中华人民共和国企业所得税法实施条例》（国务院令第512号，以下简称实施条例）第一百一十九条的规定，现将企业接受关联方债权性投资利息支出税前扣除的政策问题通知如下：

一、在计算应纳税所得额时，企业实际支付给关联方的利息支出，不超过以下规定比例和税法及其实施条例有关规定计算的部分，准予扣除，超过的部分不得在发生当期和以后年度扣除。

企业实际支付给关联方的利息支出，除符合本通知第二条规定外，其接受关联方债权性投资与其权益性投资比例为：

（一）金融企业，为5:1；

（二）其他企业，为2:1。

二、企业如果能够按照税法及其实施条例的有关规定提供相关资料，并证明相关交易活动符合独立交易原则的；或者该企业的实际税负不高于境内关联方的，其实际支付给境内关联方的利息支出，在计算应纳税所得额时准予扣除。

三、企业同时从事金融业务和非金融业务，其实际支付给关联方的利息支出，应按照合理方法分开计算；没有按照合理方法分开计算的，一律按本通知第一条有关其他企业的比例计算准予税前扣除的利息支出。

四、企业自关联方取得的不符合规定的利息收入应按照有关规定缴纳企业所得税。

财政部　国家税务总局关于财政性资金　行政事业性收费政府性基金有关企业所得税政策问题的通知

2008年12月16日　财税〔2008〕151号

各省、自治区、直辖市、计划单列市财政厅（局）、国家税务局、地方税务局，新疆生产建设兵团财务局：

根据《中华人民共和国企业所得税法》及《中华人民共和国企业所得税法实施条例》

的有关规定，现对财政性资金、行政事业性收费、政府性基金有关企业所得税政策问题明确如下：

一、财政性资金

（一）企业取得的各类财政性资金，除属于国家投资和资金使用后要求归还本金的以外，均应计入企业当年收入总额。

（二）对企业取得的由国务院财政、税务主管部门规定专项用途并经国务院批准的财政性资金，准予作为不征税收入，在计算应纳税所得额时从收入总额中减除。

（三）纳入预算管理的事业单位、社会团体等组织按照核定的预算和经费报领关系收到的由财政部门或上级单位拨入的财政补助收入，准予作为不征税收入，在计算应纳税所得额时从收入总额中减除，但国务院和国务院财政、税务主管部门另有规定的除外。

本条所称财政性资金，是指企业取得的来源于政府及其有关部门的财政补助、补贴、贷款贴息，以及其他各类财政专项资金，包括直接减免的增值税和即征即退、先征后退、先征后返的各种税收，但不包括企业按规定取得的出口退税款；所称国家投资，是指国家以投资者身份投入企业、并按有关规定相应增加企业实收资本（股本）的直接投资。

二、关于政府性基金和行政事业性收费

（一）企业按照规定缴纳的、由国务院或财政部批准设立的政府性基金以及由国务院和省、自治区、直辖市人民政府及其财政、价格主管部门批准设立的行政事业性收费，准予在计算应纳税所得额时扣除。

企业缴纳的不符合上述审批管理权限设立的基金、收费，不得在计算应纳税所得额时扣除。

（二）企业收取的各种基金、收费，应计入企业当年收入总额。

（三）对企业依照法律、法规及国务院有关规定收取并上缴财政的政府性基金和行政事业性收费，准予作为不征税收入，于上缴财政的当年在计算应纳税所得额时从收入总额中减除；未上缴财政的部分，不得从收入总额中减除。

三、企业的不征税收入用于支出所形成的费用，不得在计算应纳税所得额时扣除；企业的不征税收入用于支出所形成的资产，其计算的折旧、摊销不得在计算应纳税所得额时扣除。

四、本通知自2008年1月1日起执行。

财政部　国家税务总局关于合伙企业合伙人所得税问题的通知

2008年12月23日　财税〔2008〕159号

各省、自治区、直辖市、计划单列市财政厅（局）、国家税务局、地方税务局，新疆生产建设兵团财务局：

根据《中华人民共和国企业所得税法》及其实施条例和《中华人民共和国个人所得税法》有关规定，现将合伙企业合伙人的所得税问题通知如下：

一、本通知所称合伙企业是指依照中国法律、行政法规成立的合伙企业。

二、合伙企业以每一个合伙人为纳税义务人。合伙企业合伙人是自然人的，缴纳个人所得税；合伙人是法人和其他组织的，缴纳企业所得税。

三、合伙企业生产经营所得和其他所得采取“先分后税”的原则。具体应纳税所得额的计算按照《关于个人独资企业和合伙企业投资者征收个人所得税的规定》（财税〔2000〕91 号）及《财政部 国家税务总局关于调整个体工商户个人独资企业和合伙企业个人所得税税前扣除标准有关问题的通知》（财税〔2008〕65 号）的有关规定执行。

前款所称生产经营所得和其他所得，包括合伙企业分配给所有合伙人的所得和企业当年留存的所得（利润）。

四、合伙企业的合伙人按照下列原则确定应纳税所得额：

（一）合伙企业的合伙人以合伙企业的生产经营所得和其他所得，按照合伙协议约定的分配比例确定应纳税所得额。

（二）合伙协议未约定或者约定不明确的，以全部生产经营所得和其他所得，按照合伙人协商决定的分配比例确定应纳税所得额。

（三）协商不成的，以全部生产经营所得和其他所得，按照合伙人实缴出资比例确定应纳税所得额。

（四）无法确定出资比例的，以全部生产经营所得和其他所得，按照合伙人数量平均计算每个合伙人的应纳税所得额。

合伙协议不得约定将全部利润分配给部分合伙人。

五、合伙企业的合伙人是法人和其他组织的，合伙人在计算其缴纳企业所得税时，不得用合伙企业的亏损抵减其盈利。

六、上述规定自 2008 年 1 月 1 日起执行。此前规定与本通知有抵触的，以本通知为准。

财政部 国家税务总局 民政部关于公益性捐赠税前扣除有关问题的通知

2008 年 12 月 31 日 财税〔2008〕160 号

（注释：政策调整。“公益性捐赠税前扣除资格确认”取消。参见：《国务院关于取消非行政许可审批事项的决定》（国发〔2015〕27 号）。）

各省、自治区、直辖市、计划单列市财政厅（局）、国家税务局、地方税务局、民政厅（局），新疆生产建设兵团财务局、民政局：

为贯彻落实《中华人民共和国企业所得税法》和《中华人民共和国个人所得税法》，现对公益性捐赠所得税税前扣除有关问题明确如下：

一、企业通过公益性社会团体或者县级以上人民政府及其部门，用于公益事业的捐赠支出，在年度利润总额 12% 以内的部分，准予在计算应纳税所得额时扣除。年度利润总额，是指企业依照国家统一会计制度的规定计算的大于零的数额。

二、个人通过社会团体、国家机关向公益事业的捐赠支出，按照现行税收法律、行政法规及相关政策规定准予在所得税税前扣除。

三、本通知第一条所称的用于公益事业的捐赠支出，是指《中华人民共和国公益事业捐赠法》规定的向公益事业的捐赠支出，具体范围包括：

（一）救助灾害、救济贫困、扶助残疾人等困难的社会群体和个人的活动；

（二）教育、科学、文化、卫生、体育事业；

（三）环境保护、社会公共设施建设；

（四）促进社会发展和进步的其他社会公共和福利事业。

四、本通知第一条所称的公益性社会团体和第二条所称的社会团体均指依据国务院发布的《基金会管理条例》和《社会团体登记管理条例》的规定，经民政部门依法登记、符合以下条件的基金会、慈善组织等公益性社会团体：

（一）符合《中华人民共和国企业所得税法实施条例》第五十二条第（一）项到第（八）项规定的条件；

（二）申请前3年内未受到行政处罚；

（三）基金会在民政部门依法登记3年以上（含3年）的，应当在申请前连续2年年度检查合格，或最近1年年度检查合格且社会组织评估等级在3A以上（含3A），登记3年以下1年以上（含1年）的，应当在申请前1年年度检查合格或社会组织评估等级在3A以上（含3A），登记1年以下的基金会具备本款第（一）项、第（二）项规定的条件；

（四）公益性社会团体（不含基金会）在民政部门依法登记3年以上，净资产不低于登记的活动资金数额，申请前连续2年年度检查合格，或最近1年年度检查合格且社会组织评估等级在3A以上（含3A），申请前连续3年每年用于公益活动的支出不低于上年总收入的70%（含70%），同时需达到当年总支出的50%以上（含50%）。

前款所称年度检查合格是指民政部门对基金会、公益性社会团体（不含基金会）进行年度检查，作出年度检查合格的结论；社会组织评估等级在3A以上（含3A）是指社会组织在民政部门主导的社会组织评估中被评为3A、4A、5A级别，且评估结果在有效期内。

五、本通知第一条所称的县级以上人民政府及其部门和第二条所称的国家机关均指县级（含县级，下同）以上人民政府及其组成部门和直属机构。

六、符合本通知第四条规定的基金会、慈善组织等公益性社会团体，可按程序申请公益性捐赠税前扣除资格。

（一）经民政部批准成立的公益性社会团体，可分别向财政部、国家税务总局、民政部提出申请；

（二）经省级民政部门批准成立的基金会，可分别向省级财政、税务（国、地税，下同）、民政部门提出申请。经地方县级以上人民政府民政部门批准成立的公益性社会团体（不含基金会），可分别向省、自治区、直辖市和计划单列市财政、税务、民政部门提出申请；

（三）民政部门负责对公益性社会团体的资格进行初步审核，财政、税务部门会同民政部门对公益性社会团体的捐赠税前扣除资格联合进行审核确认；

（四）对符合条件的公益性社会团体，按照上述管理权限，由财政部、国家税务总局和民政部及省、自治区、直辖市和计划单列市财政、税务和民政部门分别定期予以公布。

七、申请捐赠税前扣除资格的公益性社会团体，需报送以下材料：

（一）申请报告；

（二）民政部或地方县级以上人民政府民政部门颁发的登记证书复印件；

（三）组织章程；

（四）申请前相应年度的资金来源、使用情况，财务报告，公益活动的明细，注册会计师的审计报告；

（五）民政部门出具的申请前相应年度的年度检查结论、社会组织评估结论。

八、公益性社会团体和县级以上人民政府及其组成部门和直属机构在接受捐赠时，应按照行政管理级次分别使用由财政部或省、自治区、直辖市财政部门印制的公益性捐赠票据，并加盖本单位的印章；对个人索取捐赠票据的，应予以开具。

新设立的基金会在申请获得捐赠税前扣除资格后，原始基金的捐赠人可凭捐赠票据依法享受税前扣除。

九、公益性社会团体和县级以上人民政府及其组成部门和直属机构在接受捐赠时，捐赠资产的价值，按以下原则确认：

（一）接受捐赠的货币性资产，应当按照实际收到的金额计算；

（二）接受捐赠的非货币性资产，应当以其公允价值计算。捐赠方在向公益性社会团体和县级以上人民政府及其组成部门和直属机构捐赠时，应当提供注明捐赠非货币性资产公允价值的证明，如果不能提供上述证明，公益性社会团体和县级以上人民政府及其组成部门和直属机构不得向其开具公益性捐赠票据。

十、存在以下情形之一的公益性社会团体，应取消公益性捐赠税前扣除资格：

（一）年度检查不合格或最近一次社会组织评估等级低于 3A 的；

（二）在申请公益性捐赠税前扣除资格时有弄虚作假行为的；

（三）存在偷税行为或为他人偷税提供便利的；

（四）存在违反该组织章程的活动，或者接受的捐赠款项用于组织章程规定用途之外的支出等情况的；

（五）受到行政处罚的。

被取消公益性捐赠税前扣除资格的公益性社会团体，存在本条第一款第（一）项情形的，1 年内不得重新申请公益性捐赠税前扣除资格，存在第（二）项、第（三）项、第（四）项、第（五）项情形的，3 年内不得重新申请公益性捐赠税前扣除资格。

对本条第一款第（三）项、第（四）项情形，应对其接受捐赠收入和其他各项收入依法补征企业所得税。

十一、本通知从 2008 年 1 月 1 日起执行。本通知发布前已经取得和未取得捐赠税前扣除资格的公益性社会团体，均应按本通知的规定提出申请。《财政部　国家税务总局关于公益救济性捐赠税前扣除政策及相关管理问题的通知》（财税〔2007〕6 号）停止执行。

国家税务总局关于企业所得税预缴问题的通知

2008 年 1 月 30 日　国税发〔2008〕17 号

各省、自治区、直辖市和计划单列市国家税务局、地方税务局：

《中华人民共和国企业所得税法》（以下简称新税法）已于 2008 年 1 月 1 日起施行，为保证企业所得税预缴工作顺利进行，经研究，现对下列企业预缴问题明确如下：

一、2008 年 1 月 1 日之前已经被认定为高新技术企业的，在按照新税法有关规定重新认定之前，暂按 25% 的税率预缴企业所得税。

上述企业如果享受新税法中其他优惠政策和国务院规定的过渡优惠政策，按有关规定执行。

二、深圳市、厦门市经济特区以外的企业以及上海浦东新区内非生产性外商投资企业和内资企业，原采取按月预缴方式的，2008 年一季度改为按季度预缴。

三、原经批准实行合并纳税的企业，采取按月预缴方式的，2008 年一季度改为按季度预缴。

国家税务总局关于印发《企业所得税核定征收办法》（试行）的通知

2008 年 3 月 6 日　国税发〔2008〕30 号

（注释：条款失效。“六、国家税务局和地方税务局密切配合。要联合开展核定征收企业所得税工作，共同确定分行业的应税所得率，共同协商确定分户的应纳所得税额，做到分属国家税务局和地方税务局管辖，生产经营地点、经营规模、经营范围基本相同的纳税人，核定的应纳所得税额和应税所得率基本一致”删除。

“第十六条　各省、自治区、直辖市和计划单列市国家税务局、地方税务局，根据本办法的规定联合制定具体实施办法，并报国家税务总局备案”修改为“第十六条　各省、自治区、直辖市和计划单列市税务局，根据本办法的规定制定具体实施办法，并报国家税务总局备案”。参见：《国家税务总局关于修改部分税收规范性文件的公告》（国家税务总局公告 2018 年第 31 号）。）

各省、自治区、直辖市和计划单列市国家税务局、地方税务局：

为加强和规范企业所得税核定征收工作，税务总局制定了《企业所得税核定征收办法（试行）》，现印发给你们，请遵照执行。

一、严格按照规定的范围和标准确定企业所得税的征收方式。不得违规扩大核定征收企业所得税范围。严禁按照行业或者企业规模大小，“一刀切”地搞企业所得税核定征收。

二、按公平、公正、公开原则核定征收企业所得税。应根据纳税人的生产经营行业特点，综合考虑企业的地理位置、经营规模、收入水平、利润水平等因素，分类逐户核定应纳所得税额或者应税所得率，保证同一区域内规模相当的同类或者类似企业的所得税税负基本相当。

三、做好核定征收企业所得税的服务工作。核定征收企业所得税的工作部署与安排要考虑方便纳税人，符合纳税人的实际情况，并在规定的时限内及时办结鉴定和认定工作。

四、推进纳税人建账建制工作。税务机关应积极督促核定征收企业所得税的纳税人建账建制，改善经营管理，引导纳税人向查账征收方式过渡。对符合查账征收条件的纳税人，要及时调整征收方式，实行查账征收。

五、加强对核定征收方式纳税人的检查工作。对实行核定征收企业所得税方式的纳税人，要加大检查力度，将汇算清缴的审核检查和日常征管检查结合起来，合理确定年度稽查面，防止纳税人有意通过核定征收方式降低税负。

六、国家税务局和地方税务局密切配合。要联合开展核定征收企业所得税工作，共同确定分行业的应税所得率，共同协商确定分户的应纳所得税额，做到分属国家税务局和地方税务局管辖，生产经营地点、经营规模、经营范围基本相同的纳税人，核定的应纳所得税额和应税所得率基本一致。

企业所得税核定征收办法（试行）

第一条 为了加强企业所得税征收管理，规范核定征收企业所得税工作，保障国家税款及时足额入库，维护纳税人合法权益，根据《中华人民共和国企业所得税法》及其实施条例、《中华人民共和国税收征收管理法》及其实施细则的有关规定，制定本办法。

第二条 本办法适用于居民企业纳税人。

第三条 纳税人具有下列情形之一的，核定征收企业所得税：

（一）依照法律、行政法规的规定可以不设置账簿的；

（二）依照法律、行政法规的规定应当设置但未设置账簿的；

（三）擅自销毁账簿或者拒不提供纳税资料的；

（四）虽设置账簿，但账目混乱或者成本资料、收入凭证、费用凭证残缺不全，难以查账的；

（五）发生纳税义务，未按照规定的期限办理纳税申报，经税务机关责令限期申报，逾期仍不申报的；

（六）申报的计税依据明显偏低，又无正当理由的。

特殊行业、特殊类型的纳税人和一定规模以上的纳税人不适用本办法。上述特定纳税人由国家税务总局另行明确。

第四条 税务机关应根据纳税人具体情况，对核定征收企业所得税的纳税人，核定应税所得率或者核定应纳所得税额。

具有下列情形之一的，核定其应税所得率：

（一）能正确核算（查实）收入总额，但不能正确核算（查实）成本费用总额的；

（二）能正确核算（查实）成本费用总额，但不能正确核算（查实）收入总额的；

（三）通过合理方法，能计算和推定纳税人收入总额或成本费用总额的。

纳税人不属于以上情形的，核定其应纳所得税额。

第五条 税务机关采用下列方法核定征收企业所得税：

（一）参照当地同类行业或者类似行业中经营规模和收入水平相近的纳税人的税负水平核定；

（二）按照应税收入额或成本费用支出额定率核定；

（三）按照耗用的原材料、燃料、动力等推算或测算核定；

（四）按照其他合理方法核定。

采用前款所列一种方法不足以正确核定应纳税所得额或应纳税额的，可以同时采用两种以上的方法核定。采用两种以上方法测算的应纳税额不一致时，可按测算的应纳税额从高核定。

第六条 采用应税所得率方式核定征收企业所得税的，应纳所得税额计算公式如下：

应纳所得税额＝应纳税所得额×适用税率

应纳税所得额＝应税收入额×应税所得率

或：应纳税所得额＝成本（费用）支出额/（1－应税所得率）×应税所得率

第七条 实行应税所得率方式核定征收企业所得税的纳税人，经营多业的，无论其经营项目是否单独核算，均由税务机关根据其主营项目确定适用的应税所得率。

主营项目应为纳税人所有经营项目中，收入总额或者成本（费用）支出额或者耗用原材料、燃料、动力数量所占比重最大的项目。

第八条 应税所得率按下表规定的幅度标准确定：

行业	应税所得率（%）
农、林、牧、渔业	3～10
制造业	5～15
批发和零售贸易业	4～15
交通运输业	7～15
建筑业	8～20
饮食业	8～25
娱乐业	15～30
其他行业	10～30

第九条 纳税人的生产经营范围、主营业务发生重大变化，或者应纳税所得额或应纳税额增减变化达到20%的，应及时向税务机关申报调整已确定的应纳税额或应税所得率。

第十条 主管税务机关应及时向纳税人送达《企业所得税核定征收鉴定表》（表样附后），及时完成对其核定征收企业所得税的鉴定工作。具体程序如下：

（一）纳税人应在收到《企业所得税核定征收鉴定表》后10个工作日内，填好该表并报送主管税务机关。《企业所得税核定征收鉴定表》一式三联，主管税务机关和县税务机关各执一联，另一联送达纳税人执行。主管税务机关还可根据实际工作需要，适当增加联次备用。

（二）主管税务机关应在受理《企业所得税核定征收鉴定表》后 20 个工作日内，分类逐户审查核实，提出鉴定意见，并报县税务机关复核、认定。

（三）县税务机关应在收到《企业所得税核定征收鉴定表》后 30 个工作日内，完成复核、认定工作。

纳税人收到《企业所得税核定征收鉴定表》后，未在规定期限内填列、报送的，税务机关视同纳税人已经报送，按上述程序进行复核认定。

第十一条 税务机关应在每年 6 月底前对上年度实行核定征收企业所得税的纳税人进行重新鉴定。重新鉴定工作完成前，纳税人可暂按上年度的核定征收方式预缴企业所得税；重新鉴定工作完成后，按重新鉴定的结果进行调整。

第十二条 主管税务机关应当分类逐户公示核定的应纳所得税额或应税所得率。主管税务机关应当按照便于纳税人及社会各界了解、监督的原则确定公示地点、方式。

纳税人对税务机关确定的企业所得税征收方式、核定的应纳所得税额或应税所得率有异议的，应当提供合法、有效的相关证据，税务机关经核实认定后调整有异议的事项。

第十三条 纳税人实行核定应税所得率方式的，按下列规定申报纳税：

（一）主管税务机关根据纳税人应纳税额的大小确定纳税人按月或者按季预缴，年终汇算清缴。预缴方法一经确定，一个纳税年度内不得改变。

（二）纳税人应依照确定的应税所得率计算纳税期间实际应缴纳的税额，进行预缴。按实际数额预缴有困难的，经主管税务机关同意，可按上一年度应纳税额的 1/12 或 1/4 预缴，或者按经主管税务机关认可的其他方法预缴。

（三）纳税人预缴税款或年终进行汇算清缴时，应按规定填写《中华人民共和国企业所得税月（季）度预缴纳税申报表（B 类）》，在规定的纳税申报时限内报送主管税务机关。

第十四条 纳税人实行核定应纳所得税额方式的，按下列规定申报纳税：

（一）纳税人在应纳所得税额尚未确定之前，可暂按上年度应纳所得税额的 1/12 或 1/4 预缴，或者按经主管税务机关认可的其他方法，按月或按季分期预缴。

（二）在应纳所得税额确定以后，减除当年已预缴的所得税额，余额按剩余月份或季度均分，以此确定以后各月或各季的应纳税额，由纳税人按月或按季填写《中华人民共和国企业所得税月（季）度预缴纳税申报表（B 类）》，在规定的纳税申报期限内进行纳税申报。

（三）纳税人年度终了后，在规定的时限内按照实际经营额或实际应纳税额向税务机关申报纳税。申报额超过核定经营额或应纳税额的，按申报额缴纳税款；申报额低于核定经营额或应纳税额的，按核定经营额或应纳税额缴纳税款。

第十五条 对违反本办法规定的行为，按照《中华人民共和国税收征收管理法》及其实施细则的有关规定处理。

第十六条 *各省、自治区、直辖市和计划单列市国家税务局、地方税务局，根据本办法的规定联合制定具体实施办法，并报国家税务总局备案。*

第十七条 本办法自 2008 年 1 月 1 日起执行。《国家税务总局关于印发〈核定征收企业所得税暂行办法〉的通知》（国税发〔2000〕38 号）同时废止。

附件：企业所得税核定征收鉴定表（略）

国家税务总局关于停止执行企业购买国产设备投资抵免企业所得税政策问题的通知

2008 年 5 月 16 日 国税发〔2008〕52 号

各省、自治区、直辖市和计划单列市国家税务局、地方税务局：

现就实施新企业所得税法后，企业购买国产设备投资抵免企业所得税的政策问题通知如下：

自 2008 年 1 月 1 日起，停止执行企业购买国产设备投资抵免企业所得税的政策。

国家税务总局关于母子公司间提供服务支付费用有关企业所得税处理问题的通知

2008 年 8 月 14 日 国税发〔2008〕86 号

各省、自治区、直辖市和计划单列市国家税务局、地方税务局：

根据《中华人民共和国企业所得税法》及其实施条例的有关规定，现就在中国境内，属于不同独立法人的母子公司之间提供服务支付费用有关企业所得税处理问题通知如下：

一、母公司为其子公司（以下简称子公司）提供各种服务而发生的费用，应按照独立企业之间公平交易原则确定服务的价格，作为企业正常的劳务费用进行税务处理。

母子公司未按照独立企业之间的业务往来收取价款的，税务机关有权予以调整。

二、母公司向其子公司提供各项服务，双方应签订服务合同或协议，明确规定提供服务的内容、收费标准及金额等，凡按上述合同或协议规定所发生的服务费，母公司应作为营业收入申报纳税；子公司作为成本费用在税前扣除。

三、母公司向其多个子公司提供同类项服务，其收取的服务费可以采取分项签订合同或协议收取；也可以采取服务分摊协议的方式，即，由母公司与各子公司签订服务费用分摊合同或协议，以母公司为其子公司提供服务所发生的实际费用并附加一定比例利润作为向子公司收取的总服务费，在各服务受益子公司（包括盈利企业、亏损企业和享受减免税企业）之间按《中华人民共和国企业所得税法》第四十一条第二款规定合理分摊。

四、母公司以管理费形式向子公司提取费用，子公司因此支付给母公司的管理费，不得在税前扣除。

五、子公司申报税前扣除向母公司支付的服务费用，应向主管税务机关提供与母公司签订的服务合同或者协议等与税前扣除该项费用相关的材料。不能提供相关材料的，支付的服务费用不得税前扣除。

国家税务总局关于企业处置资产所得税处理问题的通知

2008年10月9日 国税函〔2008〕828号

（注释：条款废止。第三条废止。参见：《国家税务总局关于企业所得税有关问题的公告》（国家税务总局公告2016年第80号）。）

各省、自治区、直辖市和计划单列市国家税务局、地方税务局：

根据《中华人民共和国企业所得税法实施条例》第二十五条规定，现就企业处置资产的所得税处理问题通知如下：

一、企业发生下列情形的处置资产，除将资产转移至境外以外，由于资产所有权属在形式和实质上均不发生改变，可作为内部处置资产，不视同销售确认收入，相关资产的计税基础延续计算。

（一）将资产用于生产、制造、加工另一产品；

（二）改变资产形状、结构或性能；

（三）改变资产用途（如，自建商品房转为自用或经营）；

（四）将资产在总机构及其分支机构之间转移；

（五）上述两种或两种以上情形的混合；

（六）其他不改变资产所有权属的用途。

二、企业将资产移送他人的下列情形，因资产所有权属已发生改变而不属于内部处置资产，应按规定视同销售确定收入。

（一）用于市场推广或销售；

（二）用于交际应酬；

（三）用于职工奖励或福利；

（四）用于股息分配；

（五）用于对外捐赠；

（六）其他改变资产所有权属的用途。

三、*企业发生本通知第二条规定情形时，属于企业自制的资产，应按企业同类资产同期对外销售价格确定销售收入；属于外购的资产，可按购入时的价格确定销售收入。*

四、本通知自2008年1月1日起执行。对2008年1月1日以前发生的处置资产，2008年1月1日以后尚未进行税务处理的，按本通知规定执行。

国家税务总局关于确认企业所得税收入若干问题的通知

2008年10月30日　国税函〔2008〕875号

各省、自治区、直辖市和计划单列市国家税务局、地方税务局：

根据《中华人民共和国企业所得税法》（以下简称企业所得税法）及《中华人民共和国企业所得税法实施条例》（以下简称实施条例）规定的原则和精神，现对确认企业所得税收入的若干问题通知如下：

一、除企业所得税法及实施条例另有规定外，企业销售收入的确认，必须遵循权责发生制原则和实质重于形式原则。

（一）企业销售商品同时满足下列条件的，应确认收入的实现：

1. 商品销售合同已经签订，企业已将商品所有权相关的主要风险和报酬转移给购货方；

2. 企业对已售出的商品既没有保留通常与所有权相联系的继续管理权，也没有实施有效控制；

3. 收入的金额能够可靠地计量；

4. 已发生或将发生的销售方的成本能够可靠地核算。

（二）符合上款收入确认条件，采取下列商品销售方式的，应按以下规定确认收入实现时间：

1. 销售商品采用托收承付方式的，在办妥托收手续时确认收入。

2. 销售商品采取预收款方式的，在发出商品时确认收入。

3. 销售商品需要安装和检验的，在购买方接受商品以及安装和检验完毕时确认收入。如果安装程序比较简单，可在发出商品时确认收入。

4. 销售商品采用支付手续费方式委托代销的，在收到代销清单时确认收入。

（三）采用售后回购方式销售商品的，销售的商品按售价确认收入，回购的商品作为购进商品处理。有证据表明不符合销售收入确认条件的，如以销售商品方式进行融资，收到的款项应确认为负债，回购价格大于原售价的，差额应在回购期间确认为利息费用。

（四）销售商品以旧换新的，销售商品应当按照销售商品收入确认条件确认收入，回收的商品作为购进商品处理。

（五）企业为促进商品销售而在商品价格上给予的价格扣除属于商业折扣，商品销售涉及商业折扣的，应当按照扣除商业折扣后的金额确定销售商品收入金额。

债权人为鼓励债务人在规定的期限内付款而向债务人提供的债务扣除属于现金折扣，销售商品涉及现金折扣的，应当按扣除现金折扣前的金额确定销售商品收入金额，现金折扣在实际发生时作为财务费用扣除。

企业因售出商品的质量不合格等原因而在售价上给的减让属于销售折让；企业因售出商品质量、品种不符合要求等原因而发生的退货属于销售退回。企业已经确认销售收入的售出商品发生销售折让和销售退回，应当在发生当期冲减当期销售商品收入。

二、企业在各个纳税期末，提供劳务交易的结果能够可靠估计的，应采用完工进度（完工百分比）法确认提供劳务收入。

（一）提供劳务交易的结果能够可靠估计，是指同时满足下列条件：

1. 收入的金额能够可靠地计量；

2. 交易的完工进度能够可靠地确定；

3. 交易中已发生和将发生的成本能够可靠地核算。

（二）企业提供劳务完工进度的确定，可选用下列方法：

1. 已完工作的测量；

2. 已提供劳务占劳务总量的比例；

3. 发生成本占总成本的比例。

（三）企业应按照从接受劳务方已收或应收的合同或协议价款确定劳务收入总额，根据纳税期末提供劳务收入总额乘以完工进度扣除以前纳税年度累计已确认提供劳务收入后的金额，确认为当期劳务收入；同时，按照提供劳务估计总成本乘以完工进度扣除以前纳税期间累计已确认劳务成本后的金额，结转为当期劳务成本。

（四）下列提供劳务满足收入确认条件的，应按规定确认收入：

1. 安装费。应根据安装完工进度确认收入。安装工作是商品销售附带条件的，安装费在确认商品销售实现时确认收入。

2. 宣传媒介的收费。应在相关的广告或商业行为出现于公众面前时确认收入。广告的制作费，应根据制作广告的完工进度确认收入。

3. 软件费。为特定客户开发软件的收费，应根据开发的完工进度确认收入。

4. 服务费。包含在商品售价内可区分的服务费，在提供服务的期间分期确认收入。

5. 艺术表演、招待宴会和其他特殊活动的收费。在相关活动发生时确认收入。收费涉及几项活动的，预收的款项应合理分配给每项活动，分别确认收入。

6. 会员费。申请入会或加入会员，只允许取得会籍，所有其他服务或商品都要另行收费的，在取得该会员费时确认收入。申请入会或加入会员后，会员在会员期内不再付费就可得到各种服务或商品，或者以低于非会员的价格销售商品或提供服务的，该会员费应在整个受益期内分期确认收入。

7. 特许权费。属于提供设备和其他有形资产的特许权费，在交付资产或转移资产所有权时确认收入；属于提供初始及后续服务的特许权费，在提供服务时确认收入。

8. 劳务费。长期为客户提供重复的劳务收取的劳务费，在相关劳务活动发生时确认收入。

三、企业以买一赠一等方式组合销售本企业商品的，不属于捐赠，应将总的销售金额按各项商品的公允价值的比例来分摊确认各项的销售收入。

财政部 国家税务总局关于海峡两岸海上直航营业税和企业所得税政策的通知

2009年1月19日 财税〔2009〕4号

各省、自治区、直辖市、计划单列市财政厅（局）、国家税务局、地方税务局，新疆生产建设兵团财务局：

为推动海峡两岸海上直航，经国务院批准，现对海峡两岸海上直航业务有关税收政策通知如下：

一、自2008年12月15日起，对台湾航运公司从事海峡两岸海上直航业务在大陆取得的运输收入，免征营业税。

对台湾航运公司在2008年12月15日至文到之日已缴纳应予免征的营业税，从以后应缴的营业税税款中抵减，年度内抵减不完的予以退税。

二、自2008年12月15日起，对台湾航运公司从事海峡两岸海上直航业务取得的来源于大陆的所得，免征企业所得税。

享受企业所得税免税政策的台湾航运公司应当按照企业所得税法实施条例的有关规定，单独核算其从事上述业务在大陆取得的收入和发生的成本、费用；未单独核算的，不得享受免征企业所得税政策。

三、本通知所称台湾航运公司，是指取得交通运输部颁发的“台湾海峡两岸间水路运输许可证”且上述许可证上注明的公司登记地址在台湾的航运公司。

财政部 国家税务总局关于补充养老保险费补充医疗保险费有关企业所得税政策问题的通知

2009年6月2日 财税〔2009〕27号

各省、自治区、直辖市、计划单列市财政厅（局）、国家税务局、地方税务局，新疆生产建设兵团财务局：

根据《中华人民共和国企业所得税法》及其实施条例的有关规定，现就补充养老保险费、补充医疗保险费有关企业所得税政策问题通知如下：

自2008年1月1日起，企业根据国家有关政策规定，为在本企业任职或者受雇的全体员工支付的补充养老保险费、补充医疗保险费，分别在不超过职工工资总额5%标准内的部分，在计算应纳税所得额时准予扣除；超过的部分，不予扣除。

财政部 国家税务总局关于企业手续费及佣金支出税前扣除政策的通知

2009 年 3 月 19 日 财税〔2009〕29 号

（注释：条款废止。依据财政部 税务总局公告 2019 年第 72 号规定，本法规自 2019 年 1 月 1 日起，第一条中关于保险企业手续费及佣金税前扣除的政策和第六条条款废止。）

各省、自治区、直辖市、计划单列市财政厅（局）、国家税务局、地方税务局，新疆生产建设兵团财务局：

为规范企业所得税税前扣除，加强企业所得税管理，根据《中华人民共和国企业所得税法》和《中华人民共和国企业所得税法实施条例》（以下合称新税法）有关规定，现将企业发生的手续费及佣金支出税前扣除政策问题通知如下：

一、企业发生与生产经营有关的手续费及佣金支出，不超过以下规定计算限额以内的部分，准予扣除；超过部分，不得扣除。

1. 保险企业：财产保险企业按当年全部保费收入扣除退保金等后余额的15%（含本数，下同）计算限额；人身保险企业按当年全部保费收入扣除退保金等后余额的10%计算限额。

2. 其他企业：按与具有合法经营资格中介服务机构或个人（不含交易双方及其雇员、代理人和代表人等）所签订服务协议或合同确认的收入金额的5%计算限额。

二、企业应与具有合法经营资格中介服务企业或个人签订代办协议或合同，并按国家有关规定支付手续费及佣金。除委托个人代理外，企业以现金等非转账方式支付的手续费及佣金不得在税前扣除。企业为发行权益性证券支付给有关证券承销机构的手续费及佣金不得在税前扣除。

三、企业不得将手续费及佣金支出计入回扣、业务提成、返利、进场费等费用。

四、企业已计入固定资产、无形资产等相关资产的手续费及佣金支出，应当通过折旧、摊销等方式分期扣除，不得在发生当期直接扣除。

五、企业支付的手续费及佣金不得直接冲减服务协议或合同金额，并如实入账。

六、企业应当如实向当地主管税务机关提供当年手续费及佣金计算分配表和其他相关资料，并依法取得合法真实凭证。

七、本通知自印发之日起实施。新税法实施之日至本通知印发之日前企业手续费及佣金所得税税前扣除事项按本通知规定处理。

财政部　国家税务总局关于中国清洁发展机制基金及清洁发展机制项目实施企业有关企业所得税政策问题的通知

2009 年 3 月 23 日　财税〔2009〕30 号

（注释：政策调整。“中国清洁发展机制基金及清洁发展机制项目实施企业享受所得税优惠的备案核准”取消。参见：(1)《国家税务总局关于贯彻落实〈国务院关于第一批取消 62 项中央指定地方实施行政审批事项的决定〉的通知》（税总发〔2015〕141 号）。(2)《国务院关于第一批取消 62 项中央指定地方实施行政审批事项的决定》（国发〔2015〕57 号）。(3)《国家税务总局关于公布已取消的 22 项税务非行政许可审批事项的公告》（国家税务总局公告 2015 年第 58 号）。）

各省、自治区、直辖市、计划单列市财政厅（局）、国家税务局、地方税务局，新疆生产建设兵团财务局：

经国务院批准，现就中国清洁发展机制基金（以下简称清洁基金）和清洁发展机制项目（以下简称 CDM 项目）实施企业的有关企业所得税政策明确如下：

一、关于清洁基金的企业所得税政策

对清洁基金取得的下列收入，免征企业所得税：

（一）CDM 项目温室气体减排量转让收入上缴国家的部分；

（二）国际金融组织赠款收入；

（三）基金资金的存款利息收入、购买国债的利息收入；

（四）国内外机构、组织和个人的捐赠收入。

二、关于 CDM 项目实施企业的企业所得税政策

（一）CDM 项目实施企业按照《清洁发展机制项目运行管理办法》（发展改革委、科技部、外交部、财政部令第 37 号）的规定，将温室气体减排量的转让收入，按照以下比例上缴给国家的部分，准予在计算应纳税所得额时扣除：

1. 氢氟碳化物（HFC）和全氟碳化物（PFC）类项目，为温室气体减排量转让收入的 65%；

2. 氧化亚氮（N_2O）类项目，为温室气体减排量转让收入的 30%；

3.《清洁发展机制项目运行管理办法》第四条规定的重点领域以及植树造林项目等类清洁发展机制项目，为温室气体减排量转让收入的 2%。

（二）对企业实施的将温室气体减排量转让收入的 65% 上缴给国家的 HFC 和 PFC 类 CDM 项目，以及将温室气体减排量转让收入的 30% 上缴给国家的 N_2O 类 CDM 项目，其实施该类 CDM 项目的所得，自项目取得第一笔减排量转让收入所属纳税年度起，第一年至第三年免征企业所得税，第四年至第六年减半征收企业所得税。

企业实施 CDM 项目的所得，是指企业实施 CDM 项目取得的温室气体减排量转让收入扣

除上缴国家的部分，再扣除企业实施 CDM 项目发生的相关成本、费用后的净所得。

企业应单独核算其享受优惠的 CDM 项目的所得，并合理分摊有关期间费用，没有单独核算的，不得享受上述企业所得税优惠政策。

三、本通知自 2007 年 1 月 1 日起执行。

财政部　国家税务总局关于开采油（气）资源企业费用和有关固定资产折耗、摊销、折旧税务处理问题的通知

2009 年 4 月 12 日　财税〔2009〕49 号

各省、自治区、直辖市、计划单列市财政厅（局）、国家税务局、地方税务局，新疆生产建设兵团财务局：

根据《中华人民共和国企业所得税法实施条例》（国务院令第 512 号，以下简称《实施条例》）第六十一条的规定，现就从事开采石油、天然气（包括煤层气，下同）的矿产资源油气企业（以下简称油气企业）在开始商业性生产前发生的费用和有关固定资产的折耗、摊销、折旧方法通知如下：

一、本通知所称费用和有关固定资产，是指油气企业在开始商业性生产前取得矿区权益和勘探、开发的支出所形成的费用和固定资产。

本通知所称商业性生产，是指油（气）田（井）经过勘探、开发、稳定生产并商业销售石油、天然气的阶段。

二、关于矿区权益支出的折耗

（一）矿区权益支出，是指油气企业为了取得在矿区内的探矿权、采矿权、土地或海域使用权等所发生的各项支出，包括有偿取得各类矿区权益的使用费、相关中介费或其他可直接归属于矿区权益的合理支出。

（二）油气企业在开始商业性生产前发生的矿区权益支出，可在发生的当期，从本企业其他油（气）田收入中扣除；或者自对应的油（气）田开始商业性生产月份的次月起，分 3 年按直线法计提的折耗准予扣除。

（三）油气企业对其发生的矿区权益支出未选择在发生的当期扣除的，由于未发现商业性油（气）构造而终止作业，其尚未计提折耗的剩余部分，可在终止作业的当年作为损失扣除。

三、关于勘探支出的摊销

（一）勘探支出，是指油气企业为了识别勘探区域或探明油气储量而进行的地质调查、地球物理勘探、钻井勘探活动以及其他相关活动所发生的各项支出。

（二）油气企业在开始商业性生产前发生的勘探支出（不包括预计可形成资产的钻井勘探支出），可在发生的当期，从本企业其他油（气）田收入中扣除；或者自对应的油（气）田开始商业性生产月份的次月起，分 3 年按直线法计提的摊销准予扣除。

（三）油气企业对其发生的勘探支出未选择在发生的当期扣除的，由于未发现商业性油

（气）构造而终止作业，其尚未摊销的剩余部分，可在终止作业的当年作为损失扣除。

（四）油气企业的钻井勘探支出，凡确定该井可作商业性生产，且该钻井勘探支出形成的资产符合《实施条例》第五十七条规定条件的，应当将该钻井勘探支出结转为开发资产的成本，按照本通知第四条的规定计提折旧。

四、关于开发资产的折旧

（一）开发支出，是指油气企业为了取得已探明矿区中的油气而建造或更新井及相关设施活动所发生的各项支出。

（二）油气企业在开始商业性生产之前发生的开发支出，可不分用途，全部累计作为开发资产的成本，自对应的油（气）田开始商业性生产月份的次月起，可不留残值，按直线法计提的折旧准予扣除，其最低折旧年限为8年。

（三）油气企业终止本油（气）田生产的，其开发资产尚未计提折旧的剩余部分可在该油（气）田终止生产的当年作为损失扣除。

五、油气企业应按照本通知规定选择有关费用和资产的折耗、摊销、折旧方法和年限，一经确定，不得变更。

六、油气企业在本油（气）田进入商业性生产之后对本油（气）田新发生的矿区权益、勘探支出、开发支出，按照本通知规定处理。

七、本通知自发布之日起实施。《实施条例》实施之日至本通知发布之日前，油气企业矿区权益、勘探、开发等费用和固定资产的折耗、摊销、折旧方法和年限事项按本通知规定处理。

《实施条例》实施之日前，油气企业矿区权益、勘探、开发等费用和固定资产已发生且开始摊销或计提的折耗、折旧，不做调整。对没有摊销完的费用和继续使用的矿区权益和有关固定资产，可以就其尚未摊销或计提折耗、折旧的余额，按本通知规定处理。

财政部　国家税务总局关于企业资产损失税前扣除政策的通知

2009年4月16日　财税〔2009〕57号

各省、自治区、直辖市、计划单列市财政厅（局）、国家税务局、地方税务局，新疆生产建设兵团财务局：

根据《中华人民共和国企业所得税法》和《中华人民共和国企业所得税法实施条例》（国务院令第512号）的有关规定，现就企业资产损失在计算企业所得税应纳税所得额时的扣除政策通知如下：

一、本通知所称资产损失，是指企业在生产经营活动中实际发生的、与取得应税收入有关的资产损失，包括现金损失，存款损失，坏账损失，贷款损失，股权投资损失，固定资产和存货的盘亏、毁损、报废、被盗损失，自然灾害等不可抗力因素造成的损失以及其他损失。

二、企业清查出的现金短缺减除责任人赔偿后的余额，作为现金损失在计算应纳税所得额时扣除。

三、企业将货币性资金存入法定具有吸收存款职能的机构，因该机构依法破产、清算，或者政府责令停业、关闭等原因，确实不能收回的部分，作为存款损失在计算应纳税所得额时扣除。

四、企业除贷款类债权外的应收、预付账款符合下列条件之一的，减除可收回金额后确认的无法收回的应收、预付款项，可以作为坏账损失在计算应纳税所得额时扣除：

（一）债务人依法宣告破产、关闭、解散、被撤销，或者被依法注销、吊销营业执照，其清算财产不足清偿的；

（二）债务人死亡，或者依法被宣告失踪、死亡，其财产或者遗产不足清偿的；

（三）债务人逾期3年以上未清偿，且有确凿证据证明已无力清偿债务的；

（四）与债务人达成债务重组协议或法院批准破产重整计划后，无法追偿的；

（五）因自然灾害、战争等不可抗力导致无法收回的；

（六）国务院财政、税务主管部门规定的其他条件。

五、企业经采取所有可能的措施和实施必要的程序之后，符合下列条件之一的贷款类债权，可以作为贷款损失在计算应纳税所得额时扣除：

（一）借款人和担保人依法宣告破产、关闭、解散、被撤销，并终止法人资格，或者已完全停止经营活动，被依法注销、吊销营业执照，对借款人和担保人进行追偿后，未能收回的债权；

（二）借款人死亡，或者依法被宣告失踪、死亡，依法对其财产或者遗产进行清偿，并对担保人进行追偿后，未能收回的债权；

（三）借款人遭受重大自然灾害或者意外事故，损失巨大且不能获得保险补偿，或者以保险赔偿后，确实无力偿还部分或者全部债务，对借款人财产进行清偿和对担保人进行追偿后，未能收回的债权；

（四）借款人触犯刑律，依法受到制裁，其财产不足归还所借债务，又无其他债务承担者，经追偿后确实无法收回的债权；

（五）由于借款人和担保人不能偿还到期债务，企业诉诸法律，经法院对借款人和担保人强制执行，借款人和担保人均无财产可执行，法院裁定执行程序终结或终止（中止）后，仍无法收回的债权；

（六）由于借款人和担保人不能偿还到期债务，企业诉诸法律后，经法院调解或经债权人会议通过，与借款人和担保人达成和解协议或重整协议，在借款人和担保人履行完还款义务后，无法追偿的剩余债权；

（七）由于上述（一）至（六）项原因借款人不能偿还到期债务，企业依法取得抵债资产，抵债金额小于贷款本息的差额，经追偿后仍无法收回的债权；

（八）开立信用证、办理承兑汇票、开具保函等发生垫款时，凡开证申请人和保证人由于上述（一）至（七）项原因，无法偿还垫款，金融企业经追偿后仍无法收回的垫款；

（九）银行卡持卡人和担保人由于上述（一）至（七）项原因，未能还清透支款项，金融企业经追偿后仍无法收回的透支款项；

（十）助学贷款逾期后，在金融企业确定的有效追索期限内，依法处置助学贷款抵押物（质押物），并向担保人追索连带责任后，仍无法收回的贷款；

（十一）经国务院专案批准核销的贷款类债权；

（十二）国务院财政、税务主管部门规定的其他条件。

六、企业的股权投资符合下列条件之一的，减除可收回金额后确认的无法收回的股权投资，可以作为股权投资损失在计算应纳税所得额时扣除：

（一）被投资方依法宣告破产、关闭、解散、被撤销，或者被依法注销、吊销营业执照的；

（二）被投资方财务状况严重恶化，累计发生巨额亏损，已连续停止经营3年以上，且无重新恢复经营改组计划的；

（三）对被投资方不具有控制权，投资期限届满或者投资期限已超过10年，且被投资单位因连续3年经营亏损导致资不抵债的；

（四）被投资方财务状况严重恶化，累计发生巨额亏损，已完成清算或清算期超过3年以上的；

（五）国务院财政、税务主管部门规定的其他条件。

七、对企业盘亏的固定资产或存货，以该固定资产的账面净值或存货的成本减除责任人赔偿后的余额，作为固定资产或存货盘亏损失在计算应纳税所得额时扣除。

八、对企业毁损、报废的固定资产或存货，以该固定资产的账面净值或存货的成本减除残值、保险赔款和责任人赔偿后的余额，作为固定资产或存货毁损、报废损失在计算应纳税所得额时扣除。

九、对企业被盗的固定资产或存货，以该固定资产的账面净值或存货的成本减除保险赔款和责任人赔偿后的余额，作为固定资产或存货被盗损失在计算应纳税所得额时扣除。

十、企业因存货盘亏、毁损、报废、被盗等原因不得从增值税销项税额中抵扣的进项税额，可以与存货损失一起在计算应纳税所得额时扣除。

十一、企业在计算应纳税所得额时已经扣除的资产损失，在以后纳税年度全部或者部分收回时，其收回部分应当作为收入计入收回当期的应纳税所得额。

十二、企业境内、境外营业机构发生的资产损失应分开核算，对境外营业机构由于发生资产损失而产生的亏损，不得在计算境内应纳税所得额时扣除。

十三、企业对其扣除的各项资产损失，应当提供能够证明资产损失确属已实际发生的合法证据，包括具有法律效力的外部证据、具有法定资质的中介机构的经济鉴证证明、具有法定资质的专业机构的技术鉴定证明等。

十四、本通知自2008年1月1日起执行。

财政部　国家税务总局关于企业重组业务企业所得税处理若干问题的通知

2009年4月30日　财税〔2009〕59号

（注释：政策调整。“企业符合特殊性税务处理规定条件业务的核准”取消。参见：(1)《国家税务总局关于贯彻落实〈国务院关于第一批取消62项中央指定地方实施行政审批事项的决定〉的通知》（税总发〔2015〕141 号）。（2）《国务院关于第一批取消 62 项中央指定地方实施行政审批事项的决定》（国发〔2015〕57 号）。（3）《国家税务总局关于贯彻落实〈国务院关于取消非行政许可审批事项的决定〉的通知》（税总发〔2015〕74 号）。（4）《国务院关于取消非行政许可审批事项的决定》（国发〔2015〕27 号）。

政策调整。第六条第（二）项中有关“股权收购，收购企业购买的股权不低于被收购企业全部股权的 75%”规定调整为“股权收购，收购企业购买的股权不低于被收购企业全部股权的 50%”。第六条第（三）项中有关“资产收购，受让企业收购的资产不低于转让企业全部资产的 75%”规定调整为“资产收购，受让企业收购的资产不低于转让企业全部资产的 50%”。参见：《财政部 国家税务总局关于促进企业重组有关企业所得税处理问题的通知》（财税〔2014〕109 号）。）

各省、自治区、直辖市、计划单列市财政厅（局）、国家税务局、地方税务局，新疆生产建设兵团财务局：

根据《中华人民共和国企业所得税法》第二十条和《中华人民共和国企业所得税法实施条例》（国务院令第 512 号）第七十五条规定，现就企业重组所涉及的企业所得税具体处理问题通知如下：

一、本通知所称企业重组，是指企业在日常经营活动以外发生的法律结构或经济结构重大改变的交易，包括企业法律形式改变、债务重组、股权收购、资产收购、合并、分立等。

（一）企业法律形式改变，是指企业注册名称、住所以及企业组织形式等的简单改变，但符合本通知规定其他重组的类型除外。

（二）债务重组，是指在债务人发生财务困难的情况下，债权人按照其与债务人达成的书面协议或者法院裁定书，就其债务人的债务作出让步的事项。

（三）股权收购，是指一家企业（以下称为收购企业）购买另一家企业（以下称为被收购企业）的股权，以实现对被收购企业控制的交易。收购企业支付对价的形式包括股权支付、非股权支付或两者的组合。

（四）资产收购，是指一家企业（以下称为受让企业）购买另一家企业（以下称为转让企业）实质经营性资产的交易。受让企业支付对价的形式包括股权支付、非股权支付或两者的组合。

（五）合并，是指一家或多家企业（以下称为被合并企业）将其全部资产和负债转让给另一家现存或新设企业（以下称为合并企业），被合并企业股东换取合并企业的股权或非股权支付，实现两个或两个以上企业的依法合并。

（六）分立，是指一家企业（以下称为被分立企业）将部分或全部资产分离转让给现存或新设的企业（以下称为分立企业），被分立企业股东换取分立企业的股权或非股权支付，实现企业的依法分立。

二、本通知所称股权支付，是指企业重组中购买、换取资产的一方支付的对价中，以本企业或其控股企业的股权、股份作为支付的形式；所称非股权支付，是指以本企业的现金、银行存款、应收款项、本企业或其控股企业股权和股份以外的有价证券、存货、固定资产、其他资产以及承担债务等作为支付的形式。

三、企业重组的税务处理区分不同条件分别适用一般性税务处理规定和特殊性税务处理规定。

四、企业重组，除符合本通知规定适用特殊性税务处理规定的外，按以下规定进行税务处理：

（一）企业由法人转变为个人独资企业、合伙企业等非法人组织，或将登记注册地转移至中华人民共和国境外（包括港澳台地区），应视同企业进行清算、分配，股东重新投资成立新企业。企业的全部资产以及股东投资的计税基础均应以公允价值为基础确定。

企业发生其他法律形式简单改变的，可直接变更税务登记，除另有规定外，有关企业所得税纳税事项（包括亏损结转、税收优惠等权益和义务）由变更后企业承继，但因住所发生变化而不符合税收优惠条件的除外。

（二）企业债务重组，相关交易应按以下规定处理：

1. 以非货币资产清偿债务，应当分解为转让相关非货币性资产、按非货币性资产公允价值清偿债务两项业务，确认相关资产的所得或损失。

2. 发生债权转股权的，应当分解为债务清偿和股权投资两项业务，确认有关债务清偿所得或损失。

3. 债务人应当按照支付的债务清偿额低于债务计税基础的差额，确认债务重组所得；债权人应当按照收到的债务清偿额低于债权计税基础的差额，确认债务重组损失。

4. 债务人的相关所得税纳税事项原则上保持不变。

（三）企业股权收购、资产收购重组交易，相关交易应按以下规定处理：

1. 被收购方应确认股权、资产转让所得或损失。

2. 收购方取得股权或资产的计税基础应以公允价值为基础确定。

3. 被收购企业的相关所得税事项原则上保持不变。

（四）企业合并，当事各方应按下列规定处理：

1. 合并企业应按公允价值确定接受被合并企业各项资产和负债的计税基础。

2. 被合并企业及其股东都应按清算进行所得税处理。

3. 被合并企业的亏损不得在合并企业结转弥补。

（五）企业分立，当事各方应按下列规定处理：

1. 被分立企业对分立出去资产应按公允价值确认资产转让所得或损失。

2. 分立企业应按公允价值确认接受资产的计税基础。

3. 被分立企业继续存在时，其股东取得的对价应视同被分立企业分配进行处理。

4. 被分立企业不再继续存在时，被分立企业及其股东都应按清算进行所得税处理。

5. 企业分立相关企业的亏损不得相互结转弥补。

五、企业重组同时符合下列条件的，适用特殊性税务处理规定：

（一）具有合理的商业目的，且不以减少、免除或者推迟缴纳税款为主要目的。

（二）被收购、合并或分立部分的资产或股权比例符合本通知规定的比例。

（三）企业重组后的连续12个月内不改变重组资产原来的实质性经营活动。

（四）重组交易对价中涉及股权支付金额符合本通知规定比例。

（五）企业重组中取得股权支付的原主要股东，在重组后连续12个月内，不得转让所取得的股权。

六、企业重组符合本通知第五条规定条件的，交易各方对其交易中的股权支付部分，可以按以下规定进行特殊性税务处理：

（一）企业债务重组确认的应纳税所得额占该企业当年应纳税所得额50%以上，可以在5个纳税年度的期间内，均匀计入各年度的应纳税所得额。

企业发生债权转股权业务，对债务清偿和股权投资两项业务暂不确认有关债务清偿所得或损失，股权投资的计税基础以原债权的计税基础确定。企业的其他相关所得税事项保持不变。

*（二）股权收购，收购企业购买的股权不低于被收购企业全部股权的75%，*且收购企业在该股权收购发生时的股权支付金额不低于其交易支付总额的85%，可以选择按以下规定处理：

1. 被收购企业的股东取得收购企业股权的计税基础，以被收购股权的原有计税基础确定。

2. 收购企业取得被收购企业股权的计税基础，以被收购股权的原有计税基础确定。

3. 收购企业、被收购企业的原有各项资产和负债的计税基础和其他相关所得税事项保持不变。

*（三）资产收购，受让企业收购的资产不低于转让企业全部资产的75%，*且受让企业在该资产收购发生时的股权支付金额不低于其交易支付总额的85%，可以选择按以下规定处理：

1. 转让企业取得受让企业股权的计税基础，以被转让资产的原有计税基础确定。

2. 受让企业取得转让企业资产的计税基础，以被转让资产的原有计税基础确定。

（四）企业合并，企业股东在该企业合并发生时取得的股权支付金额不低于其交易支付总额的85%，以及同一控制下且不需要支付对价的企业合并，可以选择按以下规定处理：

1. 合并企业接受被合并企业资产和负债的计税基础，以被合并企业的原有计税基础确定。

2. 被合并企业合并前的相关所得税事项由合并企业承继。

3. 可由合并企业弥补的被合并企业亏损的限额=被合并企业净资产公允价值×截至合并业务发生当年年末国家发行的最长期限的国债利率。

4. 被合并企业股东取得合并企业股权的计税基础，以其原持有的被合并企业股权的计税基础确定。

（五）企业分立，被分立企业所有股东按原持股比例取得分立企业的股权，分立企业和被分立企业均不改变原来的实质经营活动，且被分立企业股东在该企业分立发生时取得的股权支付金额不低于其交易支付总额的85%，可以选择按以下规定处理：

1. 分立企业接受被分立企业资产和负债的计税基础，以被分立企业的原有计税基础确定。

2. 被分立企业已分立出去资产相应的所得税事项由分立企业承继。

3. 被分立企业未超过法定弥补期限的亏损额可按分立资产占全部资产的比例进行分配，由分立企业继续弥补。

4. 被分立企业的股东取得分立企业的股权（以下简称“新股”），如需部分或全部放弃原持有的被分立企业的股权（以下简称“旧股”），“新股”的计税基础应以放弃“旧股”的计税基础确定。如不需放弃“旧股”，则其取得“新股”的计税基础可从以下两种方法中选择确定：直接将“新股”的计税基础确定为零；或者以被分立企业分立出去的净资产占被分立企业全部净资产的比例先调减原持有的“旧股”的计税基础，再将调减的计税基础平均分配到“新股”上。

（六）重组交易各方按本条（一）至（五）项规定对交易中股权支付暂不确认有关资产的转让所得或损失的，其非股权支付仍应在交易当期确认相应的资产转让所得或损失，并调整相应资产的计税基础。

非股权支付对应的资产转让所得或损失 =（被转让资产的公允价值 - 被转让资产的计税基础）×（非股权支付金额 ÷ 被转让资产的公允价值）

七、企业发生涉及中国境内与境外之间（包括港澳台地区）的股权和资产收购交易，除应符合本通知第五条规定的条件外，还应同时符合下列条件，才可选择适用特殊性税务处理规定：

（一）非居民企业向其100%直接控股的另一非居民企业转让其拥有的居民企业股权，没有因此造成以后该项股权转让所得预提税负担变化，且转让方非居民企业向主管税务机关书面承诺在3年（含3年）内不转让其拥有受让方非居民企业的股权；

（二）非居民企业向与其具有100%直接控股关系的居民企业转让其拥有的另一居民企业股权；

（三）居民企业以其拥有的资产或股权向其100%直接控股的非居民企业进行投资；

（四）财政部、国家税务总局核准的其他情形。

八、本通知第七条第（三）项所指的居民企业以其拥有的资产或股权向其100%直接控股关系的非居民企业进行投资，其资产或股权转让收益如选择特殊性税务处理，可以在10个纳税年度内均匀计入各年度应纳税所得额。

九、在企业吸收合并中，合并后的存续企业性质及适用税收优惠的条件未发生改变的，可以继续享受合并前该企业剩余期限的税收优惠，其优惠金额按存续企业合并前一年的应纳税所得额（亏损计为零）计算。

在企业存续分立中，分立后的存续企业性质及适用税收优惠的条件未发生改变的，可以继续享受分立前该企业剩余期限的税收优惠，其优惠金额按该企业分立前一年的应纳税所得额（亏损计为零）乘以分立后存续企业资产占分立前该企业全部资产的比例计算。

十、企业在重组发生前后连续12个月内分步对其资产、股权进行交易，应根据实质重于形式原则将上述交易作为一项企业重组交易进行处理。

十一、企业发生符合本通知规定的特殊性重组条件并选择特殊性税务处理的，当事各方应在该重组业务完成当年企业所得税年度申报时，向主管税务机关提交书面备案资料，证明其符合各类特殊性重组规定的条件。企业未按规定书面备案的，一律不得按特殊重组业务进行税务处理。

十二、对企业在重组过程中涉及的需要特别处理的企业所得税事项，由国务院财政、税务主管部门另行规定。

十三、本通知自2008年1月1日起执行。

财政部　国家税务总局关于企业清算业务企业所得税处理若干问题的通知

2009年4月30日　财税〔2009〕60号

各省、自治区、直辖市、计划单列市财政厅（局）、国家税务局、地方税务局，新疆生产建设兵团财务局：

根据《中华人民共和国企业所得税法》第五十三条、第五十五条和《中华人民共和国企业所得税法实施条例》（国务院令第512号）第十一条规定，现就企业清算有关所得税处理问题通知如下：

一、企业清算的所得税处理，是指企业在不再持续经营，发生结束自身业务、处置资产、偿还债务以及向所有者分配剩余财产等经济行为时，对清算所得、清算所得税、股息分配等事项的处理。

二、下列企业应进行清算的所得税处理：

（一）按《公司法》《企业破产法》等规定需要进行清算的企业；

（二）企业重组中需要按清算处理的企业。

三、企业清算的所得税处理包括以下内容：

（一）全部资产均应按可变现价值或交易价格，确认资产转让所得或损失；

（二）确认债权清理、债务清偿的所得或损失；

（三）改变持续经营核算原则，对预提或待摊性质的费用进行处理；

（四）依法弥补亏损，确定清算所得；

（五）计算并缴纳清算所得税；

（六）确定可向股东分配的剩余财产、应付股息等。

四、企业的全部资产可变现价值或交易价格，减除资产的计税基础、清算费用、相关税费，加上债务清偿损益等后的余额，为清算所得。

企业应将整个清算期作为一个独立的纳税年度计算清算所得。

五、企业全部资产的可变现价值或交易价格减除清算费用，职工的工资、社会保险费用和法定补偿金，结清清算所得税、以前年度欠税等税款，清偿企业债务，按规定计算可以向所有者分配的剩余资产。

被清算企业的股东分得的剩余资产的金额，其中相当于被清算企业累计未分配利润和累计盈余公积中按该股东所占股份比例计算的部分，应确认为股息所得；剩余资产减除股息所得后的余额，超过或低于股东投资成本的部分，应确认为股东的投资转让所得或损失。

被清算企业的股东从被清算企业分得的资产应按可变现价值或实际交易价格确定计税基础。

六、本通知自2008年1月1日起执行。

财政部　国家税务总局　民政部关于公布2008年度、2009年度第一批获得公益性捐赠税前扣除资格的公益性社会团体名单的通知

2009年8月20日　财税〔2009〕85号

各省、自治区、直辖市、计划单列市财政厅（局）、国家税务局、地方税务局、民政厅（局），新疆生产建设兵团财务局、民政局：

根据《财政部、国家税务总局、民政部关于公益性捐赠税前扣除有关问题的通知》（财税〔2008〕160号）精神，现将经民政部初步审核，财政部、国家税务总局会同民政部联合审核确认的2008年度、2009年度第一批获得公益性捐赠税前扣除资格的公益性社会团体名单，予以公布。

附件：1. 2008年度第一批获得公益性捐赠税前扣除资格的公益性社会团体名单

2. 2009年度第一批获得公益性捐赠税前扣除资格的公益性社会团体名单

附件1：

2008年度第一批获得公益性捐赠税前扣除资格的公益性社会团体名单

1. 中国红十字基金会
2. 南都公益基金会
3. 华民慈善基金会
4. 中国金融教育发展基金会
5. 中国残疾人福利基金会
6. 中国肝炎防治基金会
7. 詹天佑科学技术发展基金会
8. 中国人口福利基金会
9. 中国健康促进基金会
10. 中国老龄事业发展基金会
11. 友成企业家扶贫基金会
12. 中国华夏文化遗产基金会
13. 中国扶贫基金会
14. 海仓慈善基金会
15. 爱佑华夏慈善基金会
16. 北京大学教育基金会
17. 清华大学教育基金会
18. 中国光华科技基金会
19. 中国古生物化石保护基金会
20. 中国检察官教育基金会
21. 中国华文教育基金会
22. 中国医药卫生事业发展基金会
23. 中国预防性病艾滋病基金会
24. 国寿慈善基金会
25. 中国孔子基金会
26. 中国华侨经济文化基金会
27. 中国绿化基金会
28. 万科公益基金会
29. 援助西藏发展基金会
30. 中华环境保护基金会
31. 中国初级卫生保健基金会
32. 人保慈善基金会
33. 中远慈善基金会
34. 中华慈善总会
35. 中华健康快车基金会
36. 中国法律援助基金会

37. 中国癌症基金会
38. 桃源居公益事业发展基金会
39. 腾讯公益慈善基金会
40. 中国西部人才开发基金会
41. 中国教育发展基金会
42. 中国医学基金会
43. 中国儿童少年基金会
44. 中国煤矿尘肺病治疗基金会
45. 香江社会救助基金会
46. 中华思源工程扶贫基金会
47. 凯风公益基金会
48. 中国民航科普基金会
49. 李四光地质科学奖基金会
50. 北京航空航天大学教育基金会
51. 天诺慈善基金会
52. 中国青少年发展基金会
53. 中国发展研究基金会
54. 心平公益基金会
55. 中国妇女发展基金会
56. 中国留学人才发展基金会
57. 中国光彩事业基金会
58. 中国青少年社会教育基金会
59. 中国宋庆龄基金会
60. 中国拥军优属基金会
61. 中国敦煌石窟保护研究基金会
62. 中华社会文化发展基金会
63. 中国国际文化交流基金会
64. 中国交响乐发展基金会
65. 南航“十分”关爱基金会
66. 中华全国体育基金会

附件 2：

2009 年度第一批获得公益性捐赠税前扣除资格的公益性社会团体名单

1. 电网公益基金会
2. 中国志愿服务基金会
3. 中华社会救助基金会

财政部　国家税务总局关于专项用途财政性资金有关企业所得税处理问题的通知

2009 年 6 月 16 日　财税〔2009〕87 号

各省、自治区、直辖市、计划单列市财政厅（局）、国家税务局、地方税务局，新疆生产建设兵团财务局：

根据《中华人民共和国企业所得税法》及《中华人民共和国企业所得税法实施条例》（国务院令第 512 号，以下简称实施条例）的有关规定，经国务院批准，现就企业取得的专项用途财政性资金有关企业所得税处理问题通知如下：

一、对企业在 2008 年 1 月 1 日至 2010 年 12 月 31 日期间从县级以上各级人民政府财政部门及其他部门取得的应计入收入总额的财政性资金，凡同时符合以下条件的，可以作为不征税收入，在计算应纳税所得额时从收入总额中减除：

（一）企业能够提供资金拨付文件，且文件中规定该资金的专项用途；

（二）财政部门或其他拨付资金的政府部门对该资金有专门的资金管理办法或具体管理要求；

（三）企业对该资金以及以该资金发生的支出单独进行核算。

二、根据实施条例第二十八条的规定，上述不征税收入用于支出所形成的费用，不得在计算应纳税所得额时扣除；用于支出所形成的资产，其计算的折旧、摊销不得在计算应纳税所得额时扣除。

三、企业将符合本通知第一条规定条件的财政性资金作不征税收入处理后，在5年（60个月）内未发生支出且未缴回财政或其他拨付资金的政府部门的部分，应重新计入取得该资金第六年的收入总额；重新计入收入总额的财政性资金发生的支出，允许在计算应纳税所得额时扣除。

请遵照执行。

财政部　国家税务总局关于通过公益性群众团体的公益性捐赠税前扣除有关问题的通知

2009年12月8日　财税〔2009〕124号

各省、自治区、直辖市、计划单列市财政厅（局）、国家税务局、地方税务局，新疆生产建设兵团财务局：

为贯彻落实《中华人民共和国企业所得税法》和《中华人民共和国个人所得税法》，现对企业和个人通过依照《社会团体登记管理条例》规定不需进行社团登记的人民团体以及经国务院批准免予登记的社会团体（以下统称群众团体）的公益性捐赠所得税税前扣除有关问题明确如下：

一、企业通过公益性群众团体用于公益事业的捐赠支出，在年度利润总额12%以内的部分，准予在计算应纳税所得额时扣除。年度利润总额，是指企业依照国家统一会计制度的规定计算的大于零的数额。

二、个人通过公益性群众团体向公益事业的捐赠支出，按照现行税收法律、行政法规及相关政策规定准予在所得税税前扣除。

三、本通知第一条和第二条所称的公益事业，是指《中华人民共和国公益事业捐赠法》规定的下列事项：

（一）救助灾害、救济贫困、扶助残疾人等困难的社会群体和个人的活动；

（二）教育、科学、文化、卫生、体育事业；

（三）环境保护、社会公共设施建设；

（四）促进社会发展和进步的其他社会公共和福利事业。

四、本通知第一条和第二条所称的公益性群众团体，是指同时符合以下条件的群众团体：

（一）符合《中华人民共和国企业所得税法实施条例》第五十二条第（一）项至第（八）项规定的条件；

（二）县级以上各级机构编制部门直接管理其机构编制；

（三）对接受捐赠的收入以及用捐赠收入进行的支出单独进行核算，且申请前连续3年接受捐赠的总收入中用于公益事业的支出比例不低于70%。

五、符合本通知第四条规定的公益性群众团体，可按程序申请公益性捐赠税前扣除资格。

（一）由中央机构编制部门直接管理其机构编制的群众团体，向财政部、国家税务总局提出申请；

（二）由县级以上地方各级机构编制部门直接管理其机构编制的群众团体，向省、自治区、直辖市和计划单列市财政、税务部门提出申请；

（三）对符合条件的公益性群众团体，按照上述管理权限，由财政部、国家税务总局和省、自治区、直辖市、计划单列市财政、税务部门分别每年联合公布名单。名单应当包括继续获得公益性捐赠税前扣除资格和新获得公益性捐赠税前扣除资格的群众团体，企业和个人在名单所属年度内向名单内的群众团体进行的公益性捐赠支出，可以按规定进行税前扣除。

六、申请公益性捐赠税前扣除资格的群众团体，需报送以下材料：

（一）申请报告；

（二）县级以上各级党委、政府或机构编制部门印发的"三定"规定；

（三）组织章程；

（四）申请前相应年度的受赠资金来源、使用情况，财务报告，公益活动的明细，注册会计师的审计报告或注册税务师的鉴证报告。

七、公益性群众团体在接受捐赠时，应按照行政管理级次分别使用由财政部或省、自治区、直辖市财政部门印制的公益性捐赠票据或者《非税收入一般缴款书》收据联，并加盖本单位的印章；对个人索取捐赠票据的，应予以开具。

八、公益性群众团体接受捐赠的资产价值，按以下原则确认：

（一）接受捐赠的货币性资产，应当按照实际收到的金额计算；

（二）接受捐赠的非货币性资产，应当以其公允价值计算。捐赠方在向公益性群众团体捐赠时，应当提供注明捐赠非货币性资产公允价值的证明，如果不能提供上述证明，公益性群众团体不得向其开具公益性捐赠票据或者《非税收入一般缴款书》收据联。

九、对存在以下情形之一的公益性群众团体，应取消其公益性捐赠税前扣除资格：

（一）前3年接受捐赠的总收入中用于公益事业的支出比例低于70%的；

（二）在申请公益性捐赠税前扣除资格时有弄虚作假行为的；

（三）存在逃避缴纳税款行为或为他人逃避缴纳税款提供便利的；

（四）存在违反该组织章程的活动，或者接受的捐赠款项用于组织章程规定用途之外的支出等情况的；

（五）受到行政处罚的。

被取消公益性捐赠税前扣除资格的公益性群众团体，存在本条第一款第（二）项、第（三）项、第（四）项、第（五）项情形的，3年内不得重新申请公益性捐赠税前扣除资格。

对存在本条第一款第（三）项、第（四）项情形的公益性群众团体，应对其接受捐赠收入和其他各项收入依法补征企业所得税。

十、对于通过公益性群众团体发生的公益性捐赠支出，主管税务机关应对照财政、税务部门联合发布的名单，接受捐赠的群众团体位于名单内，则企业或个人在名单所属年度发生的公益性捐赠支出可按规定进行税前扣除；接受捐赠的群众团体不在名单内，或虽在名单内但企业或个人发生的公益性捐赠支出不属于名单所属年度的，不得扣除。

十一、获得公益性捐赠税前扣除资格的公益性群众团体，应自不符合本通知第四条规定条件之一或存在本通知第九条规定情形之一之日起15日内向主管税务机关报告，主管税务机关可暂时明确其获得资格的次年内企业向该群众团体的公益性捐赠支出，不得税前扣除，同时提请财政部、国家税务总局或省级财政、税务部门明确其获得资格的次年不具有公益性捐赠税前扣除资格。

十二、本通知从2008年1月1日起执行。本通知发布前已经取得和未取得公益性捐赠税前扣除资格的群众团体，均应按本通知规定提出申请。

财政部　国家税务总局关于企业境外所得税收抵免有关问题的通知

2009年12月25日　财税〔2009〕125号

（注释：条款废止。第十条中“经企业申请，主管税务机关核准”的规定废止。参见：《国家税务总局关于企业境外所得适用简易征收和饶让抵免的核准事项取消后有关后续管理问题的公告》（国家税务总局公告2015年第70号）。）

各省、自治区、直辖市、计划单列市财政厅（局）、国家税务局、地方税务局，新疆生产建设兵团财务局：

根据《中华人民共和国企业所得税法》（以下简称企业所得税法）及《中华人民共和国企业所得税法实施条例》（以下简称实施条例）的有关规定，现就企业取得境外所得计征企业所得税时抵免境外已纳或负担所得税额的有关问题通知如下：

一、居民企业以及非居民企业在中国境内设立的机构、场所（以下统称企业）依照企业所得税法第二十三条、第二十四条的有关规定，应在其应纳税额中抵免在境外缴纳的所得税额的，适用本通知。

二、企业应按照企业所得税法及其实施条例、税收协定以及本通知的规定，准确计算下列当期与抵免境外所得税有关的项目后，确定当期实际可抵免分国（地区）别的境外所得税税额和抵免限额：

（一）境内所得的应纳税所得额（以下称境内应纳税所得额）和分国（地区）别的境外所得的应纳税所得额（以下称境外应纳税所得额）；

（二）分国（地区）别的可抵免境外所得税税额；

（三）分国（地区）别的境外所得税的抵免限额。

企业不能准确计算上述项目实际可抵免分国（地区）别的境外所得税税额的，在相应国家（地区）缴纳的税收均不得在该企业当期应纳税额中抵免，也不得结转以后年度抵免。

三、企业应就其按照实施条例第七条规定确定的中国境外所得（境外税前所得），按以下规定计算实施条例第七十八条规定的境外应纳税所得额：

（一）居民企业在境外投资设立不具有独立纳税地位的分支机构，其来源于境外的所得，以境外收入总额扣除与取得境外收入有关的各项合理支出后的余额为应纳税所得额。各项收入、支出按企业所得税法及实施条例的有关规定确定。

居民企业在境外设立不具有独立纳税地位的分支机构取得的各项境外所得，无论是否汇回中国境内，均应计入该企业所属纳税年度的境外应纳税所得额。

（二）居民企业应就其来源于境外的股息、红利等权益性投资收益，以及利息、租金、特许权使用费、转让财产等收入，扣除按照企业所得税法及实施条例等规定计算的与取得该项收入有关的各项合理支出后的余额为应纳税所得额。来源于境外的股息、红利等权益性投资收益，应按被投资方作出利润分配决定的日期确认收入实现；来源于境外的利息、租金、特许权使用费、转让财产等收入，应按有关合同约定应付交易对价款的日期确认收入实现。

（三）非居民企业在境内设立机构、场所的，应就其发生在境外但与境内所设机构、场所有实际联系的各项应税所得，比照上述第（二）项的规定计算相应的应纳税所得额。

（四）在计算境外应纳税所得额时，企业为取得境内、外所得而在境内、境外发生的共同支出，与取得境外应税所得有关的、合理的部分，应在境内、境外（分国（地区）别，下同）应税所得之间，按照合理比例进行分摊后扣除。

（五）在汇总计算境外应纳税所得额时，企业在境外同一国家（地区）设立不具有独立纳税地位的分支机构，按照企业所得税法及实施条例的有关规定计算的亏损，不得抵减其境内或他国（地区）的应纳税所得额，但可以用同一国家（地区）其他项目或以后年度的所得按规定弥补。

四、可抵免境外所得税税额，是指企业来源于中国境外的所得依照中国境外税收法律以及相关规定应当缴纳并已实际缴纳的企业所得税性质的税款。但不包括：

（一）按照境外所得税法律及相关规定属于错缴或错征的境外所得税税款；

（二）按照税收协定规定不应征收的境外所得税税款；

（三）因少缴或迟缴境外所得税而追加的利息、滞纳金或罚款；

（四）境外所得税纳税人或者其利害关系人从境外征税主体得到实际返还或补偿的境外所得税税款；

（五）按照我国企业所得税法及其实施条例规定，已经免征我国企业所得税的境外所得负担的境外所得税税款；

（六）按照国务院财政、税务主管部门有关规定已经从企业境外应纳税所得额中扣除的境外所得税税款。

五、居民企业在按照企业所得税法第二十四条规定用境外所得间接负担的税额进行税收抵免时，其取得的境外投资收益实际间接负担的税额，是指根据直接或者间接持股方式合计持股 20% 以上（含 20%，下同）的规定层级的外国企业股份，由此应分得的股息、红利等权益性投资收益中，从最低一层外国企业起逐层计算的属于由上一层企业负担的税额，其计算公式如下：

本层企业所纳税额属于由一家上一层企业负担的税额 = （本层企业就利润和投资收益所实际缴纳的税额 + 符合本通知规定的由本层企业间接负担的税额） × 本层企业向一家上一层企业分配的股息（红利） ÷ 本层企业所得税后利润额

六、除国务院财政、税务主管部门另有规定外，按照实施条例第八十条规定由居民企业直接或者间接持有20%以上股份的外国企业，限于符合以下持股方式的三层外国企业：

第一层：单一居民企业直接持有20%以上股份的外国企业；

第二层：单一第一层外国企业直接持有20%以上股份，且由单一居民企业直接持有或通过一个或多个符合本条规定持股条件的外国企业间接持有总和达到20%以上股份的外国企业；

第三层：单一第二层外国企业直接持有20%以上股份，且由单一居民企业直接持有或通过一个或多个符合本条规定持股条件的外国企业间接持有总和达到20%以上股份的外国企业。

七、居民企业从与我国政府订立税收协定（或安排）的国家（地区）取得的所得，按照该国（地区）税收法律享受了免税或减税待遇，且该免税或减税的数额按照税收协定规定应视同已缴税额在中国的应纳税额中抵免的，该免税或减税数额可作为企业实际缴纳的境外所得税额用于办理税收抵免。

八、企业应按照企业所得税法及其实施条例和本通知的有关规定分国（地区）别计算境外税额的抵免限额。

某国（地区）所得税抵免限额 = 中国境内、境外所得依照企业所得税法及实施条例的规定计算的应纳税总额 × 来源于某国（地区）的应纳税所得额 ÷ 中国境内、境外应纳税所得总额

据以计算上述公式中"中国境内、境外所得依照企业所得税法及实施条例的规定计算的应纳税总额"的税率，除国务院财政、税务主管部门另有规定外，应为企业所得税法第四条第一款规定的税率。

企业按照企业所得税法及其实施条例和本通知的有关规定计算的当期境内、境外应纳税所得总额小于零的，应以零计算当期境内、境外应纳税所得总额，其当期境外所得税的抵免限额也为零。

九、在计算实际应抵免的境外已缴纳和间接负担的所得税税额时，企业在境外一国（地区）当年缴纳和间接负担的符合规定的所得税税额低于所计算的该国（地区）抵免限额的，应以该项税额作为境外所得税抵免额从企业应纳税总额中据实抵免；超过抵免限额的，当年应以抵免限额作为境外所得税抵免额进行抵免，超过抵免限额的余额允许从次年起在连续五个纳税年度内，用每年度抵免限额抵免当年应抵税额后的余额进行抵补。

十、属于下列情形的，*经企业申请，主管税务机关核准*，可以采取简易办法对境外所得已纳税额计算抵免：

（一）企业从境外取得营业利润所得以及符合境外税额间接抵免条件的股息所得，虽有所得来源国（地区）政府机关核发的具有纳税性质的凭证或证明，但因客观原因无法真实、准确地确认应当缴纳并已经实际缴纳的境外所得税税额的，除就该所得直接缴纳及间接负担的税额在所得来源国（地区）的实际有效税率低于我国企业所得税法第四条第一款规定税率50%以上的外，可按境外应纳税所得额的12.5%作为抵免限额，企业按该国（地区）税务机关或政府机关核发具有纳税性质凭证或证明的金额，其不超过抵免限额的部分，准予抵免；超过的部分不得抵免。

属于本款规定以外的股息、利息、租金、特许权使用费、转让财产等投资性所得，均应按本通知的其他规定计算境外税额抵免。

（二）企业从境外取得营业利润所得以及符合境外税额间接抵免条件的股息所得，凡就该所得缴纳及间接负担的税额在所得来源国（地区）的法定税率且其实际有效税率明显高于我国的，可直接以按本通知规定计算的境外应纳税所得额和我国企业所得税法规定的税率计算的抵免限额作为可抵免的已在境外实际缴纳的企业所得税税额。具体国家（地区）名单见附件。财政部、国家税务总局可根据实际情况适时对名单进行调整。

属于本款规定以外的股息、利息、租金、特许权使用费、转让财产等投资性所得，均应按本通知的其他规定计算境外税额抵免。

十一、企业在境外投资设立不具有独立纳税地位的分支机构，其计算生产、经营所得的纳税年度与我国规定的纳税年度不一致的，与我国纳税年度当年度相对应的境外纳税年度，应为在我国有关纳税年度中任何一日结束的境外纳税年度。

企业取得上款以外的境外所得实际缴纳或间接负担的境外所得税，应在该项境外所得实现日所在的我国对应纳税年度的应纳税额中计算抵免。

十二、企业抵免境外所得税额后实际应纳所得税额的计算公式为：

企业实际应纳所得税额 = 企业境内外所得应纳税总额 - 企业所得税减免、抵免优惠税额 - 境外所得税抵免额

十三、本通知所称不具有独立纳税地位，是指根据企业设立地法律不具有独立法人地位或者按照税收协定规定不认定为对方国家（地区）的税收居民。

十四、企业取得来源于中国香港、澳门、台湾地区的应税所得，参照本通知执行。

十五、中华人民共和国政府同外国政府订立的有关税收的协定与本通知有不同规定的，依照协定的规定办理。

十六、本通知自2008年1月1日起执行。

附件：法定税率明显高于我国的境外所得来源国（地区）名单

附件：

法定税率明显高于我国的境外所得来源国（地区）名单

美国、阿根廷、布隆迪、喀麦隆、古巴、法国、日本、摩洛哥、巴基斯坦、赞比亚、科威特、孟加拉国、叙利亚、约旦、老挝。

国家税务总局关于境外注册中资控股企业依据实际管理机构标准认定为居民企业有关问题的通知

2009年4月22日　国税发〔2009〕82号

（注释：条款废止。第七条第一款“境外中资企业可向其实际管理机构所在地或中国主

要投资者所在地主管税务机关提出居民企业申请，主管税务机关对其居民企业身份进行初步审核后，层报国家税务总局确认”的内容废止。参见：《国家税务总局关于公布失效废止的税务部门规章和税收规范性文件目录的决定》（国家税务总局令第42号）。

政策调整。“境外注册的中资控股企业依据实际管理机构标准判定为中国居民企业审批”下放。参见：《国家税务总局关于贯彻落实〈国务院关于取消和下放一批行政审批项目的决定〉的通知》（税总发〔2014〕6号）。）

各省、自治区、直辖市和计划单列市国家税务局、地方税务局：

根据《中华人民共和国企业所得税法》（以下简称企业所得税法）和《中华人民共和国企业所得税法实施条例》（以下简称实施条例）的有关规定，为规范执行企业所得税法关于居民企业的判定标准，加强企业所得税管理，现对境外注册的中资控股企业（以下称境外中资企业）依据实际管理机构判定为中国居民企业的有关企业所得税问题通知如下：

一、境外中资企业是指由中国境内的企业或企业集团作为主要控股投资者，在境外依据外国（地区）法律注册成立的企业。

二、境外中资企业同时符合以下条件的，根据企业所得税法第二条第二款和实施条例第四条的规定，应判定其为实际管理机构在中国境内的居民企业（以下称非境内注册居民企业），并实施相应的税收管理，就其来源于中国境内、境外的所得征收企业所得税。

（一）企业负责实施日常生产经营管理运作的高层管理人员及其高层管理部门履行职责的场所主要位于中国境内；

（二）企业的财务决策（如借款、放款、融资、财务风险管理等）和人事决策（如任命、解聘和薪酬等）由位于中国境内的机构或人员决定，或需要得到位于中国境内的机构或人员批准；

（三）企业的主要财产、会计账簿、公司印章、董事会和股东会议纪要档案等位于或存放于中国境内；

（四）企业1/2（含1/2）以上有投票权的董事或高层管理人员经常居住于中国境内。

三、对于实际管理机构的判断，应当遵循实质重于形式的原则。

四、非境内注册居民企业从中国境内其他居民企业取得的股息、红利等权益性投资收益，按照企业所得税法第二十六条和实施条例第八十三条的规定，作为其免税收入。非境内注册居民企业的投资者从该居民企业分得的股息红利等权益性投资收益，根据实施条例第七条第（四）款的规定，属于来源于中国境内的所得，应当征收企业所得税；该权益性投资收益中符合企业所得税法第二十六条和实施条例第八十三条规定的部分，可作为收益人的免税收入。

五、非境内注册居民企业在中国境内投资设立的企业，其外商投资企业的税收法律地位不变。

六、境外中资企业被判定为非境内注册居民企业的，按照企业所得税法第四十五条以及受控外国企业管理的有关规定，不视为受控外国企业，但其所控制的其他受控外国企业仍应按照有关规定进行税务处理。

*七、境外中资企业可向其实际管理机构所在地或中国主要投资者所在地主管税务机关提出居民企业申请，主管税务机关对其居民企业身份进行初步审核后，层报国家税务总局确认；*境外中资企业未提出居民企业申请的，其中国主要投资者的主管税务机关可以根据所掌

握的情况对其是否属于中国居民企业做出初步判定，层报国家税务总局确认。

境外中资企业或其中国主要投资者向税务机关提出居民企业申请时，应同时向税务机关提供如下资料：

（一）企业法律身份证明文件；

（二）企业集团组织结构说明及生产经营概况；

（三）企业最近一个年度的公证会计师审计报告；

（四）负责企业生产经营等事项的高层管理机构履行职责的场所的地址证明；

（五）企业董事及高层管理人员在中国境内居住记录；

（六）企业重大事项的董事会决议及会议记录；

（七）主管税务机关要求的其他资料。

八、境外中资企业被认定为中国居民企业后成为双重居民身份的，按照中国与相关国家（或地区）签署的税收协定（或安排）的规定执行。

九、本通知自2008年1月1日起执行。

国家税务总局关于债务重组所得企业所得税处理问题的批复

2009年1月4日　国税函〔2009〕1号

海南省国家税务局：

你局《关于企业债务重组所得征免企业所得税问题的请示》（琼国税发〔2008〕231号）收悉，经研究，批复如下：

《企业债务重组业务所得税处理办法》（国家税务总局令第6号）自2003年3月1日起执行。此前，企业债务重组中因豁免债务等取得的债务重组所得，应按照当时的会计准则处理，即“以低于债务账面价值的现金清偿某项债务的，债务人应将重组债务的账面价值与支付的现金之间的差额；或以债务转为资本清偿某项债务的，债务人应将重组债务的账面价值与债权人因放弃债权而享有股权的份额之间的差额”，确认为资本公积。

国家税务总局关于企业工资薪金及职工福利费扣除问题的通知

2009年1月4日　国税函〔2009〕3号

各省、自治区、直辖市和计划单列市国家税务局、地方税务局：

为有效贯彻落实《中华人民共和国企业所得税法实施条例》（以下简称《实施条例》），现就企业工资薪金和职工福利费扣除有关问题通知如下：

一、关于合理工资薪金问题

《实施条例》第三十四条所称的“合理工资薪金”，是指企业按照股东大会、董事会、薪酬委员会或相关管理机构制订的工资薪金制度规定实际发放给员工的工资薪金。税务机关在对工资薪金进行合理性确认时，可按以下原则掌握：

（一）企业制订了较为规范的员工工资薪金制度；

（二）企业所制订的工资薪金制度符合行业及地区水平；

（三）企业在一定时期所发放的工资薪金是相对固定的，工资薪金的调整是有序进行的；

（四）企业对实际发放的工资薪金，已依法履行了代扣代缴个人所得税义务；

（五）有关工资薪金的安排，不以减少或逃避税款为目的。

二、关于工资薪金总额问题

《实施条例》第四十、四十一、四十二条所称的“工资薪金总额”，是指企业按照本通知第一条规定实际发放的工资薪金总和，不包括企业的职工福利费、职工教育经费、工会经费以及养老保险费、医疗保险费、失业保险费、工伤保险费、生育保险费等社会保险费和住房公积金。属于国有性质的企业，其工资薪金，不得超过政府有关部门给予的限定数额；超过部分，不得计入企业工资薪金总额，也不得在计算企业应纳税所得额时扣除。

三、关于职工福利费扣除问题

《实施条例》第四十条规定的企业职工福利费，包括以下内容：

（一）尚未实行分离办社会职能的企业，其内设福利部门所发生的设备、设施和人员费用，包括职工食堂、职工浴室、理发室、医务所、托儿所、疗养院等集体福利部门的设备、设施及维修保养费用和福利部门工作人员的工资薪金、社会保险费、住房公积金、劳务费等。

（二）为职工卫生保健、生活、住房、交通等所发放的各项补贴和非货币性福利，包括企业向职工发放的因公外地就医费用、未实行医疗统筹企业职工医疗费用、职工供养直系亲属医疗补贴、供暖费补贴、职工防暑降温费、职工困难补贴、救济费、职工食堂经费补贴、职工交通补贴等。

（三）按照其他规定发生的其他职工福利费，包括丧葬补助费、抚恤费、安家费、探亲假路费等。

四、关于职工福利费核算问题

企业发生的职工福利费，应该单独设置账册，进行准确核算。没有单独设置账册准确核算的，税务机关应责令企业在规定的期限内进行改正。逾期仍未改正的，税务机关可对企业发生的职工福利费进行合理的核定。

五、本通知自2008年1月1日起执行。

国家税务总局关于广西合山煤业有限责任公司取得补偿款有关所得税处理问题的批复

2009年1月8日 国税函〔2009〕18号

广西壮族自治区国家税务局：

你局《关于广西合山煤业有限责任公司取得补偿款有关所得税处理问题的请示》（桂国税发〔2008〕183号）收悉，经研究，批复如下：

根据《中华人民共和国企业所得税法》及其实施条例规定的权责发生制原则，广西合山煤业有限责任公司取得的未来煤矿开采期间因增加排水或防止浸没支出等而获得的补偿款，应确认为递延收益，按直线法在取得补偿款当年及以后的10年内分期计入应纳税所得，如实际开采年限短于10年，应在最后一个开采年度将尚未计入应纳税所得的赔偿款全部计入应纳税所得。

国家税务总局关于企业所得税若干税务事项衔接问题的通知

2009年2月27日 国税函〔2009〕98号

各省、自治区、直辖市和计划单列市国家税务局、地方税务局：

《中华人民共和国企业所得税法》（以下简称新税法）及其实施条例（以下简称实施条例）自2008年1月1日正式实施，按照新税法第六十条规定，《中华人民共和国外商投资企业和外国企业所得税法》和《中华人民共和国企业所得税暂行条例》（以下简称原税法）同时废止。为便于各地汇算清缴工作的开展，现就新税法实施前企业发生的若干税务事项衔接问题通知如下：

一、关于已购置固定资产预计净残值和折旧年限的处理问题

新税法实施前已投入使用的固定资产，企业已按原税法规定预计净残值并计提的折旧，不做调整。新税法实施后，对此类继续使用的固定资产，可以重新确定其残值，并就其尚未计提折旧的余额，按照新税法规定的折旧年限减去已经计提折旧的年限后的剩余年限，按照新税法规定的折旧方法计算折旧。新税法实施后，固定资产原确定的折旧年限不违背新税法规定原则的，也可以继续执行。

二、关于递延所得的处理

企业按原税法规定已作递延所得确认的项目，其余额可在原规定的递延期间的剩余期间内继续均匀计入各纳税期间的应纳税所得额。

三、关于利息收入、租金收入和特许权使用费收入的确认

新税法实施前已按其他方式计入当期收入的利息收入、租金收入、特许权使用费收入，在新税法实施后，凡与按合同约定支付时间确认的收入额发生变化的，应将该收入额减去以前年度已按照其他方式确认的收入额后的差额，确认为当期收入。

四、关于以前年度职工福利费余额的处理

根据《国家税务总局关于做好2007年度企业所得税汇算清缴工作的补充通知》（国税函〔2008〕264号）的规定，企业2008年以前按照规定计提但尚未使用的职工福利费余额，2008年及以后年度发生的职工福利费，应首先冲减上述的职工福利费余额，不足部分按新税法规定扣除；仍有余额的，继续留在以后年度使用。企业2008年以前节余的职工福利费，已在税前扣除，属于职工权益，如果改变用途的，应调整增加企业应纳税所得额。

五、关于以前年度职工教育经费余额的处理

对于在2008年以前已经计提但尚未使用的职工教育经费余额，2008年及以后新发生的职工教育经费应先从余额中冲减。仍有余额的，留在以后年度继续使用。

六、关于工效挂钩企业工资储备基金的处理

原执行工效挂钩办法的企业，在2008年1月1日以前已按规定提取，但因未实际发放而未在税前扣除的工资储备基金余额，2008年及以后年度实际发放时，可在实际发放年度企业所得税前据实扣除。

七、关于以前年度未扣除的广告费的处理

企业在2008年以前按照原政策规定已发生但尚未扣除的广告费，2008年实行新税法后，其尚未扣除的余额，加上当年度新发生的广告费和业务宣传费后，按照新税法规定的比例计算扣除。

八、关于技术开发费的加计扣除形成的亏损的处理

企业技术开发费加计扣除部分已形成企业年度亏损，可以用以后年度所得弥补，但结转年限最长不得超过5年。

九、关于开（筹）办费的处理

新税法中开（筹）办费未明确列作长期待摊费用，企业可以在开始经营之日的当年一次性扣除，也可以按照新税法有关长期待摊费用的处理规定处理，但一经选定，不得改变。

企业在新税法实施以前年度的未摊销完的开办费，也可根据上述规定处理。

国家税务总局关于企业所得税执行中若干税务处理问题的通知

2009年4月21日　国税函〔2009〕202号

各省、自治区、直辖市和计划单列市国家税务局、地方税务局：

根据《中华人民共和国企业所得税法》（以下简称《企业所得税法》）及《中华人民共和国企业所得税法实施条例》（以下简称《实施条例》）的有关规定，现就企业所得税若干税务处理问题通知如下：

一、关于销售（营业）收入基数的确定问题

企业在计算业务招待费、广告费和业务宣传费等费用扣除限额时，其销售（营业）收入额应包括《实施条例》第二十五条规定的视同销售（营业）收入额。

二、2008年1月1日以前计提的各类准备金余额处理问题

根据《实施条例》第五十五条规定，除财政部和国家税务总局核准计提的准备金可以税前扣除外，其他行业、企业计提的各项资产减值准备、风险准备等准备金均不得税前扣除。

2008年1月1日前按照原企业所得税法规定计提的各类准备金，2008年1月1日以后，未经财政部和国家税务总局核准的，企业以后年度实际发生的相应损失，应先冲减各项准备金余额。

三、关于特定事项捐赠的税前扣除问题

企业发生为汶川地震灾后重建、举办北京奥运会和上海世博会等特定事项的捐赠，按照《财政部、海关总署、国家税务总局关于支持汶川地震灾后恢复重建有关税收政策问题的通知》（财税〔2008〕104号）、《财政部、国家税务总局、海关总署关于29届奥运会税收政策问题的通知》（财税〔2003〕10号）、《财政部、国家税务总局关于2010年上海世博会有关税收政策问题的通知》（财税〔2005〕180号）等相关规定，可以据实全额扣除。企业发生的其他捐赠，应按《企业所得税法》第九条及《实施条例》第五十一、五十二、五十三条的规定计算扣除。

四、软件生产企业职工教育经费的税前扣除问题

软件生产企业发生的职工教育经费中的职工培训费用，根据《财政部、国家税务总局关于企业所得税若干优惠政策的通知》（财税〔2008〕1号）规定，可以全额在企业所得税前扣除。软件生产企业应准确划分职工教育经费中的职工培训费支出，对于不能准确划分的，以及准确划分后职工教育经费中扣除职工培训费用的余额，一律按照《实施条例》第四十二条规定的比例扣除。

国家税务总局关于企业投资者投资未到位而发生的利息支出企业所得税前扣除问题的批复

2009年6月4日　国税函〔2009〕312号

大连市国家税务局：

你局《关于企业贷款中相当于投资者投资未到位部分的利息支出能否税前列支的请示》（大国税发〔2009〕68号）收悉。经研究，批复如下：

关于企业由于投资者投资未到位而发生的利息支出扣除问题，根据《中华人民共和国企业所得税法实施条例》第二十七条规定，凡企业投资者在规定期限内未缴足其应缴资本额的，该企业对外借款所发生的利息，相当于投资者实缴资本额与在规定期限内应缴资本额的差额应计付的利息，其不属于企业合理的支出，应由企业投资者负担，不得在计算企业应

纳税所得额时扣除。

具体计算不得扣除的利息，应以企业一个年度内每一账面实收资本与借款余额保持不变的期间作为一个计算期，每一计算期内不得扣除的借款利息按该期间借款利息发生额乘以该期间企业未缴足的注册资本占借款总额的比例计算，公式为：

企业每一计算期不得扣除的借款利息 = 该期间借款利息额 × 该期间未缴足注册资本额 ÷ 该期间借款额

企业一个年度内不得扣除的借款利息总额为该年度内每一计算期不得扣除的借款利息额之和。

国家税务总局关于股权分置改革中上市公司取得资产及债务豁免对价收入征免所得税问题的批复

2009 年 7 月 13 日　国税函〔2009〕375 号

四川省地方税务局：

你局《关于股权分置改革中上市公司取得资产及债务豁免对价收入是否征收所得税问题的请示》（川地税发〔2009〕25 号）收悉，经研究，批复如下：

根据《财政部、国家税务总局关于企业所得税若干优惠政策的通知》（财税〔2008〕1 号）的规定，《财政部、国家税务总局关于股权分置试点改革有关税收政策问题的通知》（财税〔2005〕103 号）的有关规定，自 2008 年 1 月 1 日起继续执行到股权分置试点改革结束。

股权分置改革中，上市公司因股权分置改革而接受的非流通股股东作为对价注入资产和被非流通股股东豁免债务，上市公司应增加注册资本或资本公积，不征收企业所得税。

国家税务总局关于企业所得税核定征收若干问题的通知

2009 年 7 月 14 日　国税函〔2009〕377 号

（注释：条款失效。第一条第（一）项修订为：享受《中华人民共和国企业所得税法》及其实施条例和国务院规定的一项或几项企业所得税优惠政策的企业（不包括仅享受《中华人民共和国企业所得税法》第二十六条规定免税收入优惠政策的企业、第二十八条规定的符合条件的小型微利企业）。参见：《国家税务总局关于修订企业所得税 2 个规范性文件的公告》（国家税务总局公告 2016 年第 88 号）。）

各省、自治区、直辖市和计划单列市国家税务局、地方税务局：

《国家税务总局关于印发〈企业所得税核定征收办法〉（试行）的通知》（国税发〔2008〕30号）下发后，各地反映需要对有关问题进一步明确。为规范企业所得税核定征收工作，现对企业所得税核定征收若干问题通知如下：

一、国税发〔2008〕30号文件第三条第二款所称“特定纳税人”包括以下类型的企业：

（一）享受《中华人民共和国企业所得税法》及其实施条例和国务院规定的一项或几项企业所得税优惠政策的企业（不包括仅享受《中华人民共和国企业所得税法》第二十六条规定免税收入优惠政策的企业）；

（二）汇总纳税企业；

（三）上市公司；

（四）银行、信用社、小额贷款公司、保险公司、证券公司、期货公司、信托投资公司、金融资产管理公司、融资租赁公司、担保公司、财务公司、典当公司等金融企业；

（五）会计、审计、资产评估、税务、房地产估价、土地估价、工程造价、律师、价格鉴证、公证机构、基层法律服务机构、专利代理、商标代理以及其他经济鉴证类社会中介机构；

（六）国家税务总局规定的其他企业。

对上述规定之外的企业，主管税务机关要严格按照规定的范围和标准确定企业所得税的征收方式，不得违规扩大核定征收企业所得税范围；对其中达不到查账征收条件的企业核定征收企业所得税，并促使其完善会计核算和财务管理，达到查账征收条件后要及时转为查账征收。

二、国税发〔2008〕30号文件第六条中的“应税收入额”等于收入总额减去不征税收入和免税收入后的余额。用公式表示为：

应税收入额 = 收入总额 - 不征税收入 - 免税收入

其中，收入总额为企业以货币形式和非货币形式从各种来源取得的收入。

三、本通知从2009年1月1日起执行。

国家税务总局关于企业清算所得税有关问题的通知

2009年12月4日　国税函〔2009〕684号

各省、自治区、直辖市和计划单列市国家税务局、地方税务局：

根据《中华人民共和国企业所得税法》及其实施条例的有关规定，现就企业清算所得税有关问题通知如下：

一、企业清算时，应当以整个清算期间作为一个纳税年度，依法计算清算所得及其应纳所得税。企业应当自清算结束之日起15日内，向主管税务机关报送企业清算所得税纳税申报表，结清税款。

企业未按照规定的期限办理纳税申报或者未按照规定期限缴纳税款的，应根据《中华人民共和国税收征收管理法》的相关规定加收滞纳金。

二、进入清算期的企业应对清算事项，报主管税务机关备案。

国家税务总局关于企业向自然人借款的利息支出企业所得税税前扣除问题的通知

2009年12月31日 国税函〔2009〕777号

各省、自治区、直辖市和计划单列市国家税务局、地方税务局：

现就企业向自然人借款的利息支出企业所得税税前扣除问题，通知如下：

一、企业向股东或其他与企业有关联关系的自然人借款的利息支出，应根据《中华人民共和国企业所得税法》（以下简称税法）第四十六条及《财政部、国家税务总局关于企业关联方利息支出税前扣除标准有关税收政策问题的通知》（财税〔2008〕121号）规定的条件，计算企业所得税扣除额。

二、企业向除第一条规定以外的内部职工或其他人员借款的利息支出，其借款情况同时符合以下条件的，其利息支出在不超过按照金融企业同期同类贷款利率计算的数额的部分，根据税法第八条和税法实施条例第二十七条规定，准予扣除。

（一）企业与个人之间的借贷是真实、合法、有效的，并且不具有非法集资目的或其他违反法律、法规的行为；

（二）企业与个人之间签订了借款合同。

国家税务总局关于黑龙江垦区国有农场土地承包费缴纳企业所得税问题的批复

2009年12月31日 国税函〔2009〕779号

黑龙江省国家税务局：

你局《关于黑龙江垦区国有农场土地承包费缴纳企业所得税问题的请示》（黑国税发〔2009〕186号）收悉。经研究，批复如下：

黑龙江垦区国有农场实行以家庭承包经营为基础、统分结合的双层经营体制。国有农场作为法人单位，将所拥有的土地发包给农场职工经营，农场职工以家庭为单位成为家庭承包户，属于农场内部非法人组织。农场对家庭承包户实施农业生产经营和企业行政的统一管理，统一为农场职工上交养老、医疗、失业、工伤、生育五项社会保险和农业保险费；家庭承包户按内部合同规定承包，就其农、林、牧、渔业生产取得的收入，以土地承包费名义向农场上缴。

上述承包形式属于农场内部承包经营的形式，黑龙江垦区国有农场从家庭农场承包户以“土地承包费”形式取得的从事农、林、牧、渔业生产的收入，属于农场“从事农、林、牧、渔业项目”的所得，可以适用《中华人民共和国企业所得税法》第二十七条及《中华人民共和国企业所得税法实施细则》第八十六条规定的企业所得税优惠政策。

财政部　国家税务总局　中宣部关于公布学习出版社等中央所属转制文化企业名单的通知

2010 年 4 月 23 日　财税〔2010〕29 号

北京市、上海市财政局、国家税务局、地方税务局、党委宣传部：

按照《财政部、国家税务总局、中宣部关于转制文化企业名单及认定问题的通知》（财税〔2009〕105 号）的规定，学习出版社等 13 家中央所属文化企业已被认定为转制文化企业，现将名单发给你们，名单所列转制文化企业按照《财政部、国家税务总局关于文化体制改革中经营性文化事业单位转制为企业的若干税收政策问题的通知》（财税〔2009〕34 号）的规定享受税收优惠政策。

特此通知。

附件：中央所属转制文化企业名单

附件：

中央所属转制文化企业名单

学习出版社
人民文学出版社
商务印书馆
中华书局
中国大百科全书出版社
中国美术出版总社
中国出版集团有限公司
中国美术出版社
人民音乐出版社
生活、读书、新知三联书店
中国对外翻译出版公司
现代教育出版社
东方出版中心

财政部　国家税务总局关于中国扶贫基金会小额信贷试点项目税收政策的通知

2010 年 5 月 13 日　财税〔2010〕35 号

各省、自治区、直辖市、计划单列市财政厅（局）、国家税务局、地方税务局，新疆生产建

设兵团财务局：

为支持农村金融发展，根据国务院的批复精神，现就中国扶贫基金会小额信贷试点项目有关税收政策通知如下：

一、中和农信项目管理有限公司和中国扶贫基金会举办的农户自立服务社（中心）从事农户小额贷款取得的利息收入，按照《财政部　国家税务总局关于农村金融有关税收政策的通知》（财税〔2010〕4号）第一条、第二条规定执行营业税和企业所得税优惠政策。

二、中和农信项目管理有限公司和中国扶贫基金会举办的农户自立服务社（中心）应对符合条件的农户小额贷款利息收入进行单独核算，不能单独核算的不得适用本通知规定的优惠政策。

三、已征的应予免征的营业税税款，在以后的应纳营业税税额中抵减或者予以退税。

请遵照执行。

财政部　国家税务总局关于确认中国红十字会总会公益性捐赠税前扣除资格的通知

2010年4月26日　财税〔2010〕37号

各省、自治区、直辖市、计划单列市财政厅（局）、国家税务局、地方税务局，新疆生产建设兵团财务局：

根据《财政部、国家税务总局关于通过公益性群众团体的公益性捐赠税前扣除有关问题的通知》（财税〔2009〕124号）精神，经财政部、国家税务总局联合审核确认，中国红十字会总会具有2008年度、2009年度和2010年度公益性捐赠税前扣除的资格。

财政部　国家税务总局　民政部关于公益性捐赠税前扣除有关问题的补充通知

2010年7月21日　财税〔2010〕45号

（注释：政策调整。“公益性捐赠税前扣除资格确认”取消。参见：《国务院关于取消非行政许可审批事项的决定》（国发〔2015〕27号）。）

各省、自治区、直辖市、计划单列市财政厅（局）、国家税务局、地方税务局、民政厅（局），新疆生产建设兵团财务局、民政局：

为进一步规范公益性捐赠税前扣除政策，加强税收征管，根据《财政部、国家税务总局、民政部关于公益性捐赠税前扣除有关问题的通知》（财税〔2008〕160号）的有关规定，现将公益性捐赠税前扣除有关问题补充通知如下：

一、企业或个人通过获得公益性捐赠税前扣除资格的公益性社会团体或县级以上人民政府及其组成部门和直属机构，用于公益事业的捐赠支出，可以按规定进行所得税税前扣除。

县级以上人民政府及其组成部门和直属机构的公益性捐赠税前扣除资格不需要认定。

二、在财税〔2008〕160 号文件下发之前已经获得公益性捐赠税前扣除资格的公益性社会团体，必须按规定的条件和程序重新提出申请，通过认定后才能获得公益性捐赠税前扣除资格。

符合财税〔2008〕160 号文件第四条规定的基金会、慈善组织等公益性社会团体，应同时向财政、税务、民政部门提出申请，并分别报送财税〔2008〕160 号文件第七条规定的材料。

民政部门负责对公益性社会团体资格进行初步审查，财政、税务部门会同民政部门对公益性捐赠税前扣除资格联合进行审核确认。

三、对获得公益性捐赠税前扣除资格的公益性社会团体，由财政部、国家税务总局和民政部以及省、自治区、直辖市、计划单列市财政、税务和民政部门每年分别联合公布名单。名单应当包括当年继续获得公益性捐赠税前扣除资格和新获得公益性捐赠税前扣除资格的公益性社会团体。

企业或个人在名单所属年度内向名单内的公益性社会团体进行的公益性捐赠支出，可按规定进行税前扣除。

四、2008 年 1 月 1 日以后成立的基金会，在首次获得公益性捐赠税前扣除资格后，原始基金的捐赠人在基金会首次获得公益性捐赠税前扣除资格的当年进行所得税汇算清缴时，可按规定进行税前扣除。

五、对于通过公益性社会团体发生的公益性捐赠支出，企业或个人应提供省级以上（含省级）财政部门印制并加盖接受捐赠单位印章的公益性捐赠票据，或加盖接受捐赠单位印章的《非税收入一般缴款书》收据联，方可按规定进行税前扣除。

对于通过公益性社会团体发生的公益性捐赠支出，主管税务机关应对照财政、税务、民政部门联合公布的名单予以办理，即接受捐赠的公益性社会团体位于名单内的，企业或个人在名单所属年度向名单内的公益性社会团体进行的公益性捐赠支出可按规定进行税前扣除；接受捐赠的公益性社会团体不在名单内，或虽在名单内但企业或个人发生的公益性捐赠支出不属于名单所属年度的，不得扣除。

六、对已经获得公益性捐赠税前扣除资格的公益性社会团体，其年度检查连续两年基本合格视同为财税〔2008〕160 号文件第十条规定的年度检查不合格，应取消公益性捐赠税前扣除资格。

七、获得公益性捐赠税前扣除资格的公益性社会团体，发现其不再符合财税〔2008〕160 号文件第四条规定条件之一，或存在财税〔2008〕160 号文件第十条规定情形之一的，应自发现之日起 15 日内向主管税务机关报告，主管税务机关可暂时明确其获得资格的次年内企业或个人向该公益性社会团体的公益性捐赠支出，不得税前扣除。同时，提请审核确认其公益性捐赠税前扣除资格的财政、税务、民政部门明确其获得资格的次年不具有公益性捐赠税前扣除资格。

税务机关在日常管理过程中，发现公益性社会团体不再符合财税〔2008〕160 号文件第四条规定条件之一，或存在财税〔2008〕160号文件第十条规定情形之一的，也按上述规定处理。

财政部　国家税务总局关于海峡两岸空中直航营业税和企业所得税政策的通知

2010年9月6日　财税〔2010〕63号

各省、自治区、直辖市、计划单列市财政厅（局）、国家税务局、地方税务局、新疆生产建设兵团财务局：

为推动海峡两岸空中直航，经国务院批准，现对海峡两岸空中直航业务有关税收政策通知如下：

一、自2009年6月25日起，对台湾航空公司从事海峡两岸空中直航业务在大陆取得的运输收入，免征营业税。

对台湾航空公司在2009年6月25日起至文到之日已缴纳应予免征的营业税，从以后应缴的营业税税款中抵减，在2010年内抵减不完的予以退还。

二、自2009年6月25日起，对台湾航空公司从事海峡两岸空中直航业务取得的来源于大陆的所得，免征企业所得税。

对台湾航空公司在2009年6月25日起至文到之日已缴纳应予免征的企业所得税，在2010年内予以退还。

享受企业所得税免税政策的台湾航空公司应当按照企业所得税法实施条例的有关规定，单独核算其从事上述业务在大陆取得的收入和发生的成本、费用；未单独核算的，不得享受免征企业所得税政策。

三、本通知所称台湾航空公司，是指取得中国民用航空局颁发的“经营许可”或依据《海峡两岸空运协议》和《海峡两岸空运补充协议》规定，批准经营两岸旅客、货物和邮件不定期（包机）运输业务，且公司登记地址在台湾的航空公司。

财政部　国家税务总局　民政部关于公布2009年度第二批、2010年度第一批公益性捐赠税前扣除资格的公益性社会团体名单的通知

2010年9月30日　财税〔2010〕69号

各省、自治区、直辖市、计划单列市财政厅（局）、国家税务局、地方税务局、民政厅（局），新疆生产建设兵团财务局、民政局：

根据《财政部　国家税务总局　民政部关于公益性捐赠税前扣除有关问题的通知》（财税〔2008〕160 号）精神，现将经民政部初步审核，财政部、国家税务总局会同民政部联合审核确认的 2009 年度第二批、2010 年度第一批获得公益性捐赠税前扣除资格的公益性社会团体名单，予以公布。

附件：1. 2009 年度第二批获得公益性捐赠税前扣除资格的公益性社会团体名单

2. 2010 年度第一批获得公益性捐赠税前扣除资格的公益性社会团体名单

附件 1：

2009 年度第二批获得公益性捐赠税前扣除资格的公益性社会团体名单

1. 中国红十字基金会
2. 南都公益基金会
3. 华民慈善基金会
4. 中国金融教育发展基金会
5. 中国残疾人福利基金会
6. 中国肝炎防治基金会
7. 詹天佑科学技术发展基金会
8. 中国人口福利基金会
9. 中国健康促进基金会
10. 中国老龄事业发展基金会
11. 友成企业家扶贫基金会
12. 中国华夏文化遗产基金会
13. 中国扶贫基金会
14. 海仓慈善基金会
15. 爱佑华夏慈善基金会
16. 北京大学教育基金会
17. 清华大学教育基金会
18. 中国光华科技基金会
19. 中国古生物化石保护基金会
20. 中国检察官教育基金会
21. 中国华文教育基金会
22. 中国医药卫生事业发展基金会
23. 中国预防性病艾滋病基金会
24. 中国人寿慈善基金会
25. 中国孔子基金会
26. 中国华侨经济文化基金会
27. 中国绿化基金会
28. 万科公益基金会
29. 援助西藏发展基金会
30. 中华环境保护基金会
31. 中国初级卫生保健基金会
32. 人保慈善基金会
33. 中远慈善基金会
34. 中华慈善总会
35. 中华健康快车基金会
36. 中国法律援助基金会
37. 中国癌症基金会
38. 桃源居公益事业发展基金会
39. 腾讯公益慈善基金会
40. 中国西部人才开发基金会
41. 中国教育发展基金会
42. 中国医学基金会
43. 中国儿童少年基金会
44. 中国煤矿尘肺病治疗基金会
45. 香江社会救助基金会
46. 中华思源工程扶贫基金会
47. 凯风公益基金会
48. 北京航空航天大学教育基金会
49. 天诺慈善基金会
50. 中国青少年发展基金会
51. 中国发展研究基金会
52. 心平公益基金会
53. 中国妇女发展基金会
54. 中国光彩事业基金会
55. 中国青年创业就业基金会
56. 中国宋庆龄基金会
57. 中国拥军优属基金会
58. 中国敦煌石窟保护研究基金会

59. 中华社会文化发展基金会
60. 中国国际文化交流基金会
61. 中国交响乐发展基金会
62. 南航“十分”关爱基金会
63. 中华全国体育基金会
64. 中国保护黄河基金会
65. 中国经济改革研究基金会
66. 中国公安民警英烈基金会
67. 浙江大学教育基金会
68. 华阳慈善基金会
69. 中国企业管理科学基金会
70. 中国移动慈善基金会
71. 纺织之光科技教育基金会
72. 中国教师发展基金会
73. 中国航天基金会
74. 中国禁毒基金会
75. 中国友好和平发展基金会
76. 威盛信望爱公益基金会
77. 中国国际战略研究基金会
78. 招商局慈善基金会
79. 中国农业大学教育基金会
80. 中华少年儿童慈善救助基金会
81. 中科院研究生教育基金会
82. 中央财经大学教育基金会
83. 北京交通大学教育基金会
84. 中国社会工作协会
85. 中国对外文化交流协会
86. 中国国际民间组织合作促进会

附件2：

2010年度第一批获得公益性捐赠税前扣除资格的公益性社会团体名单

1. 北京理工大学教育基金会
2. 中国马克思主义研究基金会
3. 中国社会福利教育基金会
4. 王振滔慈善基金会
5. 张学良教育基金会
6. 中国人权发展基金会
7. 中国文学艺术基金会
8. 中华国际医学交流基金会
9. 华润慈善基金会
10. 中国下一代教育基金会

财政部　国家税务总局关于中华全国总工会公益性捐赠税前扣除资格的通知

2010年10月25日　财税〔2010〕97号

各省、自治区、直辖市、计划单列市财政厅（局）、国家税务局、地方税务局，新疆生产建设兵团财务局：

根据《财政部、国家税务总局关于通过公益性群众团体的公益性捐赠税前扣除有关问题的通知》（财税〔2009〕124号）精神，经财政部、国家税务总局联合审核确认，中华全国总工会具有2008年度、2009年度和2010年度公益性捐赠税前扣除的资格。

国家税务总局关于发布《企业境外所得税收抵免操作指南》的公告

2010 年 7 月 2 日 国家税务总局公告 2010 年第 1 号

（注释：条款废止。“22. 我国企业所得税法目前尚未单方面规定税收饶让抵免……经企业主管税务机关确认，可在其申报境外所得税额时视为已缴税额（参见示例六）”中“经企业主管税务机关确认”的内容废止。参见：《国家税务总局关于公布失效废止的税务部门规章和税收规范性文件目录的决定》（国家税务总局令第 42 号）。

政策调整。“企业境外所得适用简易征收和饶让抵免的核准”取消。参见：（1）《国家税务总局关于贯彻落实〈国务院关于第一批取消 62 项中央指定地方实施行政审批事项的决定〉的通知》（税总发〔2015〕141 号）。（2）《国务院关于第一批取消 62 项中央指定地方实施行政审批事项的决定》（国发〔2015〕57 号）。（3）《国家税务总局关于公布已取消的 22 项税务非行政许可审批事项的公告》（国家税务总局公告 2015 年第 58 号）。）

根据《中华人民共和国企业所得税法》（以下简称企业所得税法）、《中华人民共和国企业所得税法实施条例》（以下简称实施条例）及《财政部、国家税务总局关于企业境外所得税收抵免有关问题的通知》（财税〔2009〕125 号，以下简称《通知》）的有关规定，现将《企业境外所得税收抵免操作指南》予以发布，于 2010 年 1 月 1 日起施行。

2008 年、2009 年度尚未进行境外税收抵免处理的，可按本公告计算抵免。

特此公告。

企业境外所得税收抵免操作指南

目 录

第十二条　关于境外所得税抵免时应纳所得税额的计算
第十三条　关于不具有独立纳税地位的定义
第十四条　关于来源于港、澳、台地区的所得
第十五条　关于税收协定优先原则的适用
第十六条　关于执行日期
附件：附示例

第一条　关于适用范围

居民企业以及非居民企业在中国境内设立的机构、场所（以下统称企业）依照企业所得税法第二十三条、第二十四条的有关规定，应在其应纳税额中抵免在境外缴纳的所得税额的，适用本通知。

1. 可以适用境外（包括港澳台地区，以下同）所得税收抵免的纳税人包括两类：

（1）根据企业所得税法第二十三条关于境外税额直接抵免和第二十四条关于境外税额间接抵免的规定，居民企业（包括按境外法律设立但实际管理机构在中国，被判定为中国税收居民的企业）可以就其取得的境外所得直接缴纳和间接负担的境外企业所得税性质的税额进行抵免。

（2）根据企业所得税法第二十三条的规定，非居民企业（外国企业）在中国境内设立的机构（场所）可以就其取得的发生在境外但与其有实际联系的所得直接缴纳的境外企业所得税性质的税额进行抵免。

为缓解由于国家间对所得来源地判定标准的重叠而产生的国际重复征税，我国税法对非居民企业在中国境内分支机构取得的发生于境外的所得所缴纳的境外税额，给予了与居民企业类似的税额抵免待遇。对此类非居民给予的境外税额抵免仅涉及直接抵免。

所谓实际联系是指，据以取得所得的权利、财产或服务活动由非居民企业在中国境内的分支机构拥有、控制或实施，如外国银行在中国境内分行以其可支配的资金向中国境外贷款，境外借款人就该笔贷款向其支付的利息，即属于发生在境外与该分行有实际联系的所得。

2. 境外税额抵免分为直接抵免和间接抵免。

直接抵免是指，企业直接作为纳税人就其境外所得在境外缴纳的所得税额在我国应纳税额中抵免。直接抵免主要适用于企业就来源于境外的营业利润所得在境外所缴纳的企业所得税，以及就来源于或发生于境外的股息、红利等权益性投资所得、利息、租金、特许权使用费、财产转让等所得在境外被源泉扣缴的预提所得税。

间接抵免是指，境外企业就分配股息前的利润缴纳的外国所得税额中由我国居民企业就该项分得的股息性质的所得间接负担的部分，在我国的应纳税额中抵免。例如我国居民企业（母公司）的境外子公司在所在国（地区）缴纳企业所得税后，将税后利润的一部分作为股息、红利分配给该母公司，子公司在境外就其应税所得实际缴纳的企业所得税税额中按母公司所得股息占全部税后利润之比的部分即属于该母公司间接负担的境外企业所得税额。间接抵免的适用范围为居民企业从其符合《通知》第五、六条规定的境外子公司取得的股息、红利等权益性投资收益所得。

第二条 关于境外所得税额抵免计算的基本项目

企业应按照企业所得税法及其实施条例、税收协定以及《通知》的规定，准确计算下列当期与抵免境外所得税有关的项目后，确定当期实际可抵免分国（地区）别的境外所得税税额和抵免限额：

（一）境内所得的应纳税所得额（以下称境内应纳税所得额）和分国（地区）别的境外所得的应纳税所得额（以下称境外应纳税所得额）；

（二）分国（地区）别的可抵免境外所得税税额；

（三）分国（地区）别的境外所得税的抵免限额。

企业不能准确计算上述项目实际可抵免分国（地区）别的境外所得税税额的，在相应国家（地区）缴纳的税收均不得在该企业当期应纳税额中抵免，也不得结转以后年度抵免。

3. 企业取得境外所得，其在中国境外已经实际直接缴纳和间接负担的企业所得税性质的税额，进行境外税额抵免计算的基本项目包括：境内、境外所得分国（地区）别的应纳税所得额、可抵免税额、抵免限额和实际抵免税额。不能按照有关税收法律法规准确计算实际可抵免的境外分国（地区）别的所得税税额的，不应给予税收抵免。

第三条 关于境外应纳税所得额的计算

第三条 第一款

企业应就其按照实施条例第七条规定确定的中国境外所得（境外税前所得），按以下规定计算实施条例第七十八条规定的境外应纳税所得额。

4. 根据实施条例第七条规定确定的境外所得，在计算适用境外税额直接抵免的应纳税所得额时，应为将该项境外所得直接缴纳的境外所得税额还原计算后的境外税前所得；上述直接缴纳税额还原后的所得中属于股息、红利所得的，在计算适用境外税额间接抵免的境外所得时，应再将该项境外所得间接负担的税额还原计算，即该境外股息、红利所得应为境外股息、红利税后净所得与就该项所得直接缴纳和间接负担的税额之和（参见示例七）。

对上述税额还原后的境外税前所得，应再就计算企业应纳税所得总额时已按税法规定扣除的有关成本费用中与境外所得有关的部分进行对应调整扣除后，计算为境外应纳税所得额。

第三条 第一款 第（一）项

（一）居民企业在境外投资设立不具有独立纳税地位的分支机构，其来源于境外的所得，以境外收入总额扣除与取得境外收入有关的各项合理支出后的余额为应纳税所得额。各项收入、支出按企业所得税法及其实施条例的有关规定确定。

居民企业在境外设立不具有独立纳税地位的分支机构取得的各项境外所得，无论是否汇回中国境内，均应计入该企业所属纳税年度的境外应纳税所得额。

5. 本项规定了境外分支机构应纳税所得额的计算。以上所称不具有独立纳税地位含义参见《通知》第十三条规定。

6. 由于分支机构不具有分配利润职能，因此，境外分支机构取得的各项所得，不论是否汇回境内，均应当计入所属年度的企业应纳税所得额。

7. 境外分支机构确认应纳税所得额时的各项收入与支出标准，须符合我国企业所得税法相关规定。

8. 根据实施条例第二十七条规定，确定与取得境外收入有关的合理的支出，应主要考察发生支出的确认和分摊方法是否符合一般经营常规和我国税收法律规定的基本原则。企业已在计算应纳税所得总额时扣除的，但属于应由各分支机构合理分摊的总部管理费等有关成本费用应做出合理的对应调整分摊。

境外分支机构合理支出范围通常包括境外分支机构发生的人员工资、资产折旧、利息、相关税费和应分摊的总机构用于管理分支机构的管理费用等。

第三条 第一款 第（二）项

（二）居民企业应就其来源于境外的股息、红利等权益性投资收益，以及利息、租金、特许权使用费、转让财产等收入，扣除按照企业所得税法及实施条例等规定计算的与取得该项收入有关的各项合理支出后的余额为应纳税所得额。来源于境外的股息、红利等权益性投资收益，应按被投资方作出利润分配决定的日期确认收入实现；来源于境外的利息、租金、特许权使用费、转让财产等收入，应按有关合同约定应付交易对价款的日期确认收入实现。

9. 从境外收到的股息、红利、利息等境外投资性所得一般表现为毛所得，应对在计算企业总所得额时已做统一扣除的成本费用中与境外所得有关的部分，在该境外所得中对应调整扣除后，才能作为计算境外税额抵免限额的境外应纳税所得额（参见示例一）。在就境外所得计算应对应调整扣除的有关成本费用时，应对如下成本费用（但不限于）予以特别注意：

（1）股息、红利，应对应调整扣除与境外投资业务有关的项目研究、融资成本和管理费用；

（2）利息，应对应调整扣除为取得该项利息而发生的相应的融资成本和相关费用；

（3）租金，属于融资租赁业务的，应对应调整扣除其融资成本；属于经营租赁业务的，应对应调整扣除租赁物相应的折旧或折耗；

（4）特许权使用费，应对应调整扣除提供特许使用的资产的研发、摊销等费用；

（5）财产转让，应对应调整扣除被转让财产的成本净值和相关费用。

涉及上述所得应纳税所得额中应包含的已间接负担税额的具体还原计算将在《通知》第五条、第六条项下说明。

10. 企业应根据实施条例第二章第二节中关于收入确认时间的规定确认境外所得的实现年度及其税额抵免年度。

（1）企业来源于境外的股息、红利等权益性投资收益所得，若实际收到所得的日期与境外被投资方作出利润分配决定的日期不在同一纳税年度的，应按被投资方作出利润分配日所在的纳税年度确认境外所得。

企业来源于境外的利息、租金、特许权使用费、转让财产等收入，若未能在合同约定的付款日期当年收到上述所得，仍应按合同约定付款日期所属的纳税年度确认境外所得。

（2）属于企业所得税法第四十五条以及实施条例第一百一十七条和第一百一十八条规定情形的，应按照有关法律法规的规定确定境外所得的实现年度。

（3）企业收到某一纳税年度的境外所得已纳税凭证时，凡是迟于次年5月31日汇算清缴终止日的，可以对该所得境外税额抵免追溯计算。

第三条 第一款第（三）项

（三）非居民企业在境内设立机构、场所的，应就其发生在境外但与境内所设机构、场所有实际联系的各项应税所得，比照上述第（二）项的规定计算相应的应纳税所得额。

11. 非居民企业在中国境内设立机构、场所，在享受境外税额抵免时，也应就其发生在境外但与境内所设机构、场所有实际联系的各项应税所得，按企业所得税法和实施条例及《通知》《指南》等相关税收法规规定计算境外所得的应纳税所得额。

第三条 第一款第（四）项

（四）在计算境外应纳税所得额时，企业为取得境内、外所得而在境内、境外发生的共同支出，与取得境外应税所得有关的、合理的部分，应在境内、境外（分国（地区）别，下同）应税所得之间，按照合理比例进行分摊后扣除。

12. 本项所称共同支出，是指与取得境外所得有关但未直接计入境外所得应纳税所得额的成本费用支出，通常包括未直接计入境外所得的营业费用、管理费用和财务费用等支出。

企业应对在计算总所得额时已统一归集并扣除的共同费用，按境外每一国（地区）别数额占企业全部数额的下列一种比例或几种比例的综合比例，在每一国别的境外所得中对应调整扣除，计算来自每一国别的应纳税所得额。

（1）资产比例；

（2）收入比例；

（3）员工工资支出比例；

（4）其他合理比例。

上述分摊比例确定后应报送主管税务机关备案；无合理原因不得改变。

第三条 第一款第（五）项

（五）在汇总计算境外应纳税所得额时，企业在境外同一国家（地区）设立不具有独立纳税地位的分支机构，按照企业所得税法及实施条例的有关规定计算的亏损，不得抵减其境内或他国（地区）的应纳税所得额，但可以用同一国家（地区）其他项目或以后年度的所得按规定弥补。

13. 本项基于分国不分项计算抵免的原则及其要求，对在不同国家的分支机构发生的亏损不得相互弥补做出了规定，以避免出现同一笔亏损重复弥补或须进行繁复的还原弥补、还原抵免的现象。

14. 企业在同一纳税年度的境内外所得加总为正数的，其境外分支机构发生的亏损，由于上述结转弥补的限制而发生的未予弥补的部分（以下称为非实际亏损额），今后在该分支机构的结转弥补期限不受 5 年期限制（参见示例二），即：

（1）如果企业当期境内外所得盈利额与亏损额加总后和为零或正数，则其当年度境外分支机构的非实际亏损额可无限期向后结转弥补；

（2）如果企业当期境内外所得盈利额与亏损额加总后和为负数，则以境外分支机构的亏损额超过企业盈利额部分的实际亏损额，按企业所得税法第十八条规定的期限进行亏损弥补，未超过企业盈利额部分的非实际亏损额仍可无限期向后结转弥补。

企业应对境外分支机构的实际亏损额与非实际亏损额不同的结转弥补情况做好记录。

第四条 关于可予抵免境外所得税额的确认

可抵免境外所得税税额，是指企业来源于中国境外的所得依照中国境外税收法律以及相关规定应当缴纳并已实际缴纳的企业所得税性质的税款。但不包括：

（一）按照境外所得税法律及相关规定属于错缴或错征的境外所得税税款；

（二）按照税收协定规定不应征收的境外所得税税款；

（三）因少缴或迟缴境外所得税而追加的利息、滞纳金或罚款；

（四）境外所得税纳税人或者其利害关系人从境外征税主体得到实际返还或补偿的境外所得税税款；

（五）按照我国企业所得税法及其实施条例规定，已经免征我国企业所得税的境外所得负担的境外所得税税款；

（六）按照国务院财政、税务主管部门有关规定已经从企业境外应纳税所得额中扣除的境外所得税税款。

15. 可抵免的境外所得税税额的基本条件为：

（1）企业来源于中国境外的所得依照中国境外税收法律以及相关规定计算而缴纳的税额。

（2）缴纳的属于企业所得税性质的税额，而不拘泥于名称。在不同的国家，对于企业所得税的称呼有着不同的表述，如法人所得税、公司所得税等。判定是否属于企业所得税性质的税额，主要看其是否是针对企业净所得征收的税额。

（3）限于企业应当缴纳且已实际缴纳的税额。税收抵免旨在解决重复征税问题，仅限于企业应当缴纳且已实际缴纳的税额（除另有饶让抵免或其他规定外）。

（4）可抵免的企业所得税税额，若是税收协定非适用所得税项目，或来自非协定国家的所得，无法判定是否属于对企业征收的所得税税额的，应层报国家税务总局裁定。

16. 不应作为可抵免境外所得税税额的情形分析：

（1）本条第一项规定是指，属于境外所得税法律及相关规定适用错误而且企业不应缴纳而错缴的税额，企业应向境外税务机关申请予以退还，而不应作为境外已交税额向中国申请抵免企业所得税。

（2）本条第二项规定是指，根据中国政府与其他国家（地区）政府签订的税收协定（或安排）的规定不属于对方国家的应税项目，却被对方国家（地区）就其征收的企业所得税，对此，企业应向征税国家申请退还不应征收的税额；该项税额还应包括，企业就境外所得在来源国纳税时适用税率高于税收协定限定税率所多缴纳的所得税税额。

（3）本条第四项规定是指，如果有关国家为了实现特定目标而规定不同形式和程度的税收优惠，并采取征收后由政府予以返还或补偿方式退还的已缴税额，对此，企业应从其境外所得可抵免税额中剔除该相应部分。

（4）本条第五项规定是指，如果我国税收法律法规做出对某项境外所得给予免税优惠规定，企业取得免征我国企业所得税的境外所得的，该项所得的应纳税所得额及其缴纳的境外所得税额均应从计算境外所得税额抵免的境外应纳税所得额和境外已纳税额中减除。

（5）本条第六项规定是指，如果我国税法规定就一项境外所得的已纳所得税额仅作为费用从该项境外所得额中扣除的，就该项所得及其缴纳的境外所得税额不应再纳入境外税额抵免计算。

17. 企业取得的境外所得已直接缴纳和间接负担的税额为人民币以外货币的，在以人民币计算可予抵免的境外税额时，凡企业记账本位币为人民币的，应按企业就该项境外所得记入账内时使用的人民币汇率进行换算；凡企业以人民币以外其他货币作为记账本位币的，应统一按实现该项境外所得对应的我国纳税年度最后一日的人民币汇率中间价进行换算。

第五条　关于境外所得间接负担税额的计算

居民企业在按照企业所得税法第二十四条规定用境外所得间接负担的税额进行税收抵免时，其取得的境外投资收益实际间接负担的税额，是指根据直接或者间接持股方式合计持股20%以上（含20%，下同）的规定层级的外国企业股份，由此应分得的股息、红利等权益性投资收益中，从最低一层外国企业起逐层计算的属于由上一层企业负担的税额，其计算公式如下：

本层企业所纳税额属于由一家上一层企业负担的税额＝（本层企业就利润和投资收益所实际缴纳的税额＋符合本通知规定的由本层企业间接负担的税额）×本层企业向一家上一层企业分配的股息（红利）÷本层企业所得税后利润额

18. 本条规定了境外所得间接负担的符合《通知》第六条规定条件的下层企业税额的计算方式及公式（参见示例三），公式中：

（1）本层企业是指实际分配股息（红利）的境外被投资企业；

（2）本层企业就利润和投资收益所实际缴纳的税额是指，本层企业按所在国税法就利润缴纳的企业所得税和在被投资方所在国就分得的股息等权益性投资收益被源泉扣缴的预提所得税；

（3）符合《通知》规定的由本层企业间接负担的税额是指该层企业由于从下一层企业分回股息（红利）而间接负担的由下一层企业就其利润缴纳的企业所得税税额；

（4）本层企业向一家上一层企业分配的股息（红利）是指该层企业向上一层企业实际分配的扣缴预提所得税前的股息（红利）数额；

（5）本层企业所得税后利润额是指该层企业实现的利润总额减去就其利润实际缴纳的企业所得税后的余额。

19. 每一层企业从其持股的下一层企业在一个年度中分得的股息（红利），若是由该下一层企业不同年度的税后未分配利润组成，则应按该股息（红利）对应的每一年度未分配利润，分别计算就该项分配利润所间接负担的税额；按各年度计算的间接负担税额之和，即为取得股息（红利）的企业该一个年度中分得的股息（红利）所得所间接负担的所得税额。

20. 境外第二层及以下层级企业归属不同国家的，在计算居民企业负担境外税额时，均以境外第一层企业所在国（地区）为国别划分进行归集计算，而不论该第一层企业的下层企业归属何国（地区）。

第六条　关于适用间接抵免的外国企业持股比例的计算

除国务院财政、税务主管部门另有规定外，按照实施条例第八十条规定由居民企业直接或者间接持有20%以上股份的外国企业，限于符合以下持股方式的三层外国企业：

第一层：单一居民企业直接持有20%以上股份的外国企业；

第二层：单一第一层外国企业直接持有20%以上股份，且由单一居民企业直接持有或通过一个或多个符合本条规定持股条件的外国企业间接持有总和达到20%以上股份的外国企业；

第三层：单一第二层外国企业直接持有20%以上股份，且由单一居民企业直接持有或通过一个或多个符合本条规定持股条件的外国企业间接持有总和达到20%以上股份的外国企业。

21. 本条所述符合规定的“持股条件”是指，各层企业直接持股、间接持股以及为计算居民企业间接持股总和比例的每一个单一持股，均应达到20%的持股比例（参见示例四、五）。

第七条　关于税收饶让抵免的应纳税额的确定

居民企业从与我国政府订立税收协定（或安排）的国家（地区）取得的所得，按照该国（地区）税收法律享受了免税或减税待遇，且该免税或减税的数额按照税收协定规定应视同已缴税额在中国的应纳税额中抵免的，该免税或减税数额可作为企业实际缴纳的境外所得税额用于办理税收抵免。

22. 我国企业所得税法目前尚未单方面规定税收饶让抵免，但我国与有关国家签订的税收协定规定有税收饶让抵免安排，本条对此进行了重申。居民企业从与我国订立税收协定（或安排）的对方国家取得所得，并按该国税收法律享受了免税或减税待遇，且该所得已享受的免税或减税数额按照税收协定（或安排）规定应视同已缴税额在我国应纳税额中抵免的，经企业主管税务机关确认，可在其申报境外所得税额时视为已缴税额（参见示例六）。

23. 税收饶让抵免应区别下列情况进行计算：

（1）税收协定规定定率饶让抵免的，饶让抵免税额为按该定率计算的应纳境外所得税额超过实际缴纳的境外所得税额的数额；

（2）税收协定规定列举一国税收优惠额给予饶让抵免的，饶让抵免税额为按协定国家（地区）税收法律规定税率计算的应纳所得税额超过实际缴纳税额的数额，即实际税收优惠额。

24. 境外所得采用《通知》第十条规定的简易办法计算抵免额的，不适用饶让抵免。

25. 企业取得的境外所得根据来源国税收法律法规不判定为所在国应税所得，而按中国税收法律法规规定属于应税所得的，不属于税收饶让抵免范畴，应全额按中国税收法律法规规定缴纳企业所得税。

第八条　关于抵免限额的计算

企业应按照企业所得税法及其实施条例和本通知的有关规定分国（地区）别计算境外税额的抵免限额。

某国（地区）所得税抵免限额 = 中国境内、境外所得依照企业所得税法及实施条例的规定计算的应纳税总额 × 来源于某国（地区）的应纳税所得额 ÷ 中国境内、境外应纳税所得总额据以计算上述公式中“中国境内、境外所得依照企业所得税法及实施条例的规定计算的应纳税总额”的税率，除国务院财政、税务主管部门另有规定外，应为企业所得税法第四条第一款规定的税率。

企业按照企业所得税法及其实施条例和本通知的有关规定计算的当期境内、境外应纳税所得总额小于零的，应以零计算当期境内、境外应纳税所得总额，其当期境外所得税的抵免限额也为零。

26. 中国境内外所得依照企业所得税法及实施条例的规定计算的应纳税总额的税率是25%，即使企业境内所得按税收法规规定享受企业所得税优惠的，在进行境外所得税额抵免限额计算中的中国境内、外所得应纳税总额所适用的税率也应为25%。今后若国务院财政、税务主管部门规定境外所得与境内所得享受相同企业所得税优惠政策的，应按有关优惠政策的适用税率或税收负担率计算其应纳税总额和抵免限额；简便计算，也可以按该境外应纳税所得额直接乘以其实际适用的税率或税收负担率得出抵免限额（参见示例七）。

27. 若企业境内所得为亏损，境外所得为盈利，且企业已使用同期境外盈利全部或部分弥补了境内亏损，则境内已用境外盈利弥补的亏损不得再用以后年度境内盈利重复弥补。由此，在计算境外所得抵免限额时，形成当期境内、外应纳税所得总额小于零的，应以零计算当期境内、外应纳税所得总额，其当期境外所得税的抵免限额也为零。上述境外盈利在境外已纳的可予抵免但未能抵免的税额可以在以后5个纳税年度内进行结转抵免（参见示例八）。

28. 如果企业境内为亏损，境外盈利分别来自多个国家，则弥补境内亏损时，企业可以自行选择弥补境内亏损的境外所得来源国家（地区）顺序。

第九条　关于实际抵免境外税额的计算

在计算实际应抵免的境外已缴纳和间接负担的所得税税额时，企业在境外一国（地区）当年缴纳和间接负担的符合规定的所得税税额低于所计算的该国（地区）抵免限额的，应以该项税额作为境外所得税抵免额从企业应纳税总额中据实抵免；超过抵免限额的，当年应以抵免限额作为境外所得税抵免额进行抵免，超过抵免限额的余额允许从次年起在连续五个纳税年度内，用每年度抵免限额抵免当年应抵税额后的余额进行抵补。

29. 本条规定了企业在境外一国（地区）当年缴纳和间接负担的符合规定的企业所得税税额的具体抵免方法，即企业每年应分国（地区）别在抵免限额内据实抵免境外所得税额，超过抵免限额的部分可在以后连续5个纳税年度延续抵免；企业当年境外一国（地区）可抵免税额中既有属于当年已直接缴纳或间接负担的境外所得税额，又有以前年度结转的未逾期可抵免税额时，应首先抵免当年已直接缴纳或间接负担的境外所得税额后，抵免限额有余额的，可再抵免以前年度结转的未逾期可抵免税额，仍抵免不足的，继续向以后年度结转（参见示例九）。

30. 企业申报抵免境外所得税收（包括按照《通知》第十条规定的简易办法进行的抵免）时应向其主管税务机关提交如下书面资料：

（1）与境外所得相关的完税证明或纳税凭证（原件或复印件）。

（2）不同类型的境外所得申报税收抵免还需分别提供：

①取得境外分支机构的营业利润所得需提供境外分支机构会计报表；境外分支机构所得

依照中国境内企业所得税法及实施条例的规定计算的应纳税额的计算过程及说明资料；具有资质的机构出具的有关分支机构审计报告等。

②取得境外股息、红利所得需提供集团组织架构图；被投资公司章程复印件；境外企业有权决定利润分配的机构作出的决定书等。

③取得境外利息、租金、特许权使用费、转让财产等所得需提供依照中国境内企业所得税法及实施条例规定计算的应纳税额的资料及计算过程；项目合同复印件等。

（3）申请享受税收饶让抵免的还需提供：

①本企业及其直接或间接控制的外国企业在境外所获免税及减税的依据及证明或有关审计报告披露该企业享受的优惠政策的复印件；

②企业在其直接或间接控制的外国企业的参股比例等情况的证明复印件；

③间接抵免税额或者饶让抵免税额的计算过程；

④由本企业直接或间接控制的外国企业的财务会计资料。

（4）采用简易办法计算抵免限额的还需提供：

①取得境外分支机构的营业利润所得需提供企业申请及有关情况说明；来源国（地区）政府机关核发的具有纳税性质的凭证和证明复印件。

②取得符合境外税额间接抵免条件的股息所得需提供企业申请及有关情况说明；符合企业所得税法第二十四条条件的有关股权证明的文件或凭证复印件。

（5）主管税务机关要求提供的其他资料。

以上提交备案资料使用非中文的，企业应同时提交中文译本复印件。

上述资料已向税务机关提供的，可不再提供；上述资料若有变更的，须重新提供；复印件须注明与原件一致，译本须注明与原本无异义，并加盖企业公章。

31. 税务机关、企业在年度企业所得税汇算清缴时，应对结转以后年度抵免的境外所得税额分国（地区）别建立台账管理，准确填写逐年抵免情况。

台账表式：

境外所得税额结转抵免管理台账

企业名称：

所得来源国别（地区）：

金额单位：人民币（列至角分）

行次	本年度未抵免税额		五年期结转抵扣额及余额									
	税额所属年度	未抵免额	第一年		第二年		第三年		第四年		第五年	
			抵免额	余额	抵免额	余额	抵免额	余额	抵免额	余额	抵免额	不得再结转额
1												
2												
3												
4												
5												

管理台账的编制说明：

填报以前年度境外所得已纳税额未抵免部分的结转、抵扣情况。

①按分国不分项填报结转抵扣额的境外所得税在各年的抵扣情况；

②本年度未抵免税额：填报税额所属年度未抵免结转以后年度抵扣的税额；

③五年结转抵扣额：填报按规定用本期税额扣除限额的余额抵扣以前年度结转的税额及抵扣后的余额。

第十条　关于简易办法计算抵免

（一）企业从境外取得营业利润所得以及符合境外税额间接抵免条件的股息所得，虽有所得来源国（地区）政府机关核发的具有纳税性质的凭证或证明，但因客观原因无法真实、准确地确认应当缴纳并已经实际缴纳的境外所得税税额的，除就该所得直接缴纳及间接负担的税额在所得来源国（地区）的实际有效税率低于我国企业所得税法第四条第一款规定税率 50% 以上的外，可按境外应纳税所得额的 12.5% 作为抵免限额，企业按该国（地区）税务机关或政府机关核发具有纳税性质凭证或证明的金额，其不超过抵免限额的部分，准予抵免；超过的部分不得抵免。

属于本款规定以外的股息、利息、租金、特许权使用费、转让财产等投资性所得，均应按本通知的其他规定计算境外税额抵免。

（二）企业从境外取得营业利润所得以及符合境外税额间接抵免条件的股息所得，凡就该所得缴纳及间接负担的税额在所得来源国（地区）的法定税率且其实际有效税率明显高于我国的，可直接以按本通知规定计算的境外应纳税所得额和我国企业所得税法规定的税率计算的抵免限额作为可抵免的已在境外实际缴纳的企业所得税税额。具体国家（地区）名单见附件。财政部、国家税务总局可根据实际情况适时对名单进行调整。

属于本款规定以外的股息、利息、租金、特许权使用费、转让财产等投资性所得，均应按本通知的其他规定计算境外税额抵免。

32. 采用简易办法也须遵循“分国不分项”原则。

33. 本条第一项中“从所得来源国（地区）政府机关取得具有纳税性质的凭证或证明”是指向境外所在国家政府实际缴纳了具有综合税额（含企业所得税）性质的款项的有效凭证。

34. 本条第二项中“实际有效税率”是指实际缴纳或负担的企业所得税税额与应纳税所得额的比率。

法定税率且实际有效税率明显高于我国（税率）的国家，由财政部和国家税务总局列名单公布；各地税务机关不能自行作出判定，发现名单所列国家抵免异常的，应立即向国家税务总局报告。

35. 本条第一项和第二项中“属于本款规定以外的股息、利息、租金、特许权使用费、转让财产等投资性所得”是指，居民企业从境外未达到直接持股 20% 条件的境外子公司取得的股息所得，以及取得利息、租金、特许权使用费、转让财产等所得，向所得来源国直接缴纳的预提所得税额，应按《通知》有关直接抵免的规定正常计算抵免。

第十一条　关于境外分支机构与我国对应纳税年度的确定

企业在境外投资设立不具有独立纳税地位的分支机构，其计算生产、经营所得的纳税年度与我国规定的纳税年度不一致的，与我国纳税年度当年度相对应的境外纳税年度，应为在我国有关纳税年度中任何一日结束的境外纳税年度。

企业取得上款以外的境外所得实际缴纳或间接负担的境外所得税，应在该项境外所得实现日所在的我国对应纳税年度的应纳税额中计算抵免。

36. 企业就其在境外设立的不具有独立纳税地位的分支机构每一纳税年度的营业利润，计入企业当年度应纳税所得总额时，如果分支机构所在国纳税年度的规定与我国规定的纳税年度不一致的，在确定该分支机构境外某一年度的税额如何对应我国纳税年度进行抵免时，境外分支机构按所在国规定计算生产经营所得的纳税年度与其境内总机构纳税年度相对应的纳税年度，应为该境外分支机构所在国纳税年度结束日所在的我国纳税年度（参见示例十）。

37. 企业取得境外股息所得实现日为被投资方做出利润分配决定的日期，不论该利润分配是否包括以前年度未分配利润，均应作为该股息所得实现日所在的我国纳税年度所得计算抵免（参见示例十一）。

第十二条　关于境外所得税抵免时应纳所得税额的计算

企业抵免境外所得税额后实际应纳所得税额的计算公式为：

企业实际应纳所得税额 = 企业境内外所得应纳税总额 - 企业所得税减免、抵免优惠税额 - 境外所得税抵免额

38. 公式中抵免优惠税额是指按企业所得税法第三十四条规定，企业购置用于环境保护、节能节水、安全生产等专用设备的投资额，可以按一定比例实行税额抵免。

境外所得税抵免额是指按照《通知》和《指南》计算的境外所得税额在抵免限额内实际可以抵免的税额。

第十三条　关于不具有独立纳税地位的定义

本通知所称不具有独立纳税地位，是指根据企业设立地法律不具有独立法人地位或者按照税收协定规定不认定为对方国家（地区）的税收居民。

39. 企业居民身份的判定，一般以国内法为准。如果一个企业同时被中国和其他国家认定为居民（即双重居民），应按中国与该国之间税收协定（或安排）的规定执行。

40. 不具有独立纳税地位的境外分支机构特别包括企业在境外设立的分公司、代表处、办事处、联络处，以及在境外提供劳务、被劳务发生地国家（地区）认定为负有企业所得税纳税义务的营业机构和场所等。

第十四条　关于来源于港、澳、台地区的所得

企业取得来源于中国香港、澳门、台湾地区的应税所得，参照本通知执行。

第十五条　关于税收协定优先原则的适用

中华人民共和国政府同外国政府订立的有关税收的协定与本通知有不同规定的，依照协定的规定办理。

41. 本条所称有关税收的协定包括内地与中国香港、澳门地区等签订的相关税收安排。

第十六条 关于执行日期

本通知自 2008 年 1 月 1 日起执行。

42.《通知》虽然于 2009 年 12 月发布，但仍属于对执行企业所得税法及实施条例的解释，因此，与企业所得税法及实施条例的执行日期一致。

《通知》附件：法定税率明显高于我国的境外所得来源国（地区）名单

美国、阿根廷、布隆迪、喀麦隆、古巴、法国、日本、摩洛哥、巴基斯坦、赞比亚、科威特、孟加拉国、叙利亚、约旦、老挝。

43. 此类国家（地区）名单，由财政部和国家税务总局适时调整。

（示例见二维码 1）

扫描二维码查看附件

二维码 1

国家税务总局关于发布《企业重组业务企业所得税管理办法》的公告

2010 年 7 月 26 日　国家税务总局公告 2010 年第 4 号

（注释：条款废止。第三十六条废止。自 2017 年 12 月 1 日起废止。参见：《国家税务总局关于非居民企业所得税源泉扣缴有关问题的公告》（国家税务总局公告 2017 年第 37 号）。

条款废止。第三条、第七条、第八条、第十六条、第十七条、第十八条、第二十二条、第二十三条、第二十四条、第二十五条、第二十七条、第三十二条废止。参见：《国家税务总局关于企业重组业务企业所得税征收管理若干问题的公告》（国家税务总局公告 2015 年第 48 号）。

政策调整。“企业符合特殊性税务处理规定条件业务的核准”取消。参见：(1)《国家税务总局关于贯彻落实〈国务院关于第一批取消 62 项中央指定地方实施行政审批事项的决定〉的通知》（税总发〔2015〕141 号）。(2)《国务院关于第一批取消 62 项中央指定地方实施行政审批事项的决定》（国发〔2015〕57 号）。(3)《国家税务总局关于贯彻落实〈国务院关于取消非行政许可审批事项的决定〉的通知》（税总发〔2015〕74 号）。(4)《国务院关于取消非行政许可审批事项的决定》（国发〔2015〕27 号）。）

现将《企业重组业务企业所得税管理办法》予以发布，自 2010 年 1 月 1 日起施行。

本办法发布时企业已经完成重组业务的，如适用《财政部、国家税务总局关于企业重组业务企业所得税处理若干问题的通知》（财税〔2009〕59 号）特殊税务处理，企业没有按照本办法要求准备相关资料的，应补备相关资料；需要税务机关确认的，按照本办法要求补充确认。2008、2009 年度企业重组业务尚未进行税务处理的，可按本办法处理。

特此公告。

企业重组业务企业所得税管理办法

第一章 总则及定义

第一条 为规范和加强对企业重组业务的企业所得税管理，根据《中华人民共和国企业所得税法》（以下简称《税法》）及其实施条例（以下简称《实施条例》）、《中华人民共和国税收征收管理法》及其实施细则（以下简称《征管法》）、《财政部、国家税务总局关于企业重组业务企业所得税处理若干问题的通知》（财税〔2009〕59号）（以下简称《通知》）等有关规定，制定本办法。

第二条 本办法所称企业重组业务，是指《通知》第一条所规定的企业法律形式改变、债务重组、股权收购、资产收购、合并、分立等各类重组。

第三条 *企业发生各类重组业务，其当事各方，按重组类型，分别指以下企业：*

（一）债务重组中当事各方，指债务人及债权人。

（二）股权收购中当事各方，指收购方、转让方及被收购企业。

（三）资产收购中当事各方，指转让方、受让方。

（四）合并中当事各方，指合并企业、被合并企业及各方股东。

（五）分立中当事各方，指分立企业、被分立企业及各方股东。

第四条 同一重组业务的当事各方应采取一致税务处理原则，即统一按一般性或特殊性税务处理。

第五条 《通知》第一条第（四）项所称实质经营性资产，是指企业用于从事生产经营活动、与产生经营收入直接相关的资产，包括经营所用各类资产、企业拥有的商业信息和技术、经营活动产生的应收款项、投资资产等。

第六条 《通知》第二条所称控股企业，是指由本企业直接持有股份的企业。

第七条 *《通知》中规定的企业重组，其重组日的确定，按以下规定处理：*

（一）债务重组，以债务重组合同或协议生效日为重组日。

（二）股权收购，以转让协议生效且完成股权变更手续日为重组日。

（三）资产收购，以转让协议生效且完成资产实际交割日为重组日。

（四）企业合并，以合并企业取得被合并企业资产所有权并完成工商登记变更日期为重组日。

（五）企业分立，以分立企业取得被分立企业资产所有权并完成工商登记变更日期为重组日。

第八条 *重组业务完成年度的确定，可以按各当事方适用的会计准则确定，具体参照各当事方经审计的年度财务报告。由于当事方适用的会计准则不同导致重组业务完成年度的判定有差异时，各当事方应协商一致，确定同一个纳税年度作为重组业务完成年度。*

第九条 本办法所称评估机构，是指具有合法资质的中国资产评估机构。

第二章 企业重组一般性税务处理管理

第十条 企业发生《通知》第四条第（一）项规定的由法人转变为个人独资企业、合伙企业等非法人组织，或将登记注册地转移至中华人民共和国境外（包括港、澳、台地区），应按照《财政部、国家税务总局关于企业清算业务企业所得税处理若干问题的通知》（财税〔2009〕60号）规定进行清算。

企业在报送《企业清算所得纳税申报表》时，应附送以下资料：

（一）企业改变法律形式的工商部门或其他政府部门的批准文件；

（二）企业全部资产的计税基础以及评估机构出具的资产评估报告；

（三）企业债权、债务处理或归属情况说明；

（四）主管税务机关要求提供的其他资料证明。

第十一条 企业发生《通知》第四条第（二）项规定的债务重组，应准备以下相关资料，以备税务机关检查。

（一）以非货币资产清偿债务的，应保留当事各方签订的清偿债务的协议或合同，以及非货币资产公允价格确认的合法证据等；

（二）债权转股权的，应保留当事各方签订的债权转股权协议或合同。

第十二条 企业发生《通知》第四条第（三）项规定的股权收购、资产收购重组业务，应准备以下相关资料，以备税务机关检查。

（一）当事各方所签订的股权收购、资产收购业务合同或协议；

（二）相关股权、资产公允价值的合法证据。

第十三条 企业发生《通知》第四条第（四）项规定的合并，应按照财税〔2009〕60号文件规定进行清算。

被合并企业在报送《企业清算所得纳税申报表》时，应附送以下资料：

（一）企业合并的工商部门或其他政府部门的批准文件；

（二）企业全部资产和负债的计税基础以及评估机构出具的资产评估报告；

（三）企业债务处理或归属情况说明；

（四）主管税务机关要求提供的其他资料证明。

第十四条 企业发生《通知》第四条第（五）项规定的分立，被分立企业不再继续存在，应按照财税〔2009〕60号文件规定进行清算。

被分立企业在报送《企业清算所得纳税申报表》时，应附送以下资料：

（一）企业分立的工商部门或其他政府部门的批准文件；

（二）被分立企业全部资产的计税基础以及评估机构出具的资产评估报告；

（三）企业债务处理或归属情况说明；

（四）主管税务机关要求提供的其他资料证明。

第十五条 企业合并或分立，合并各方企业或分立企业涉及享受《税法》第五十七条规定中就企业整体（即全部生产经营所得）享受的税收优惠过渡政策尚未期满的，仅就存续企业未享受完的税收优惠，按照《通知》第九条的规定执行；注销的被合并或被分立企业未享受完的税收优惠，不再由存续企业承继；合并或分立而新设的企业不得再承继或重新享受上述优惠。合并或分立各方企业按照《税法》的税收优惠规定和税收优惠过渡政策中就企业有关生产经营项目的所得享受的税收优惠承继问题，按照《实施条例》第八十九条规定执行。

第三章 企业重组特殊性税务处理管理

第十六条 企业重组业务，符合《通知》规定条件并选择特殊性税务处理的，应按照《通知》第十一条规定进行备案；如企业重组各方需要税务机关确认，可以选择由重组主导方向主管税务机关提出申请，层报省税务机关给予确认。

采取申请确认的，主导方和其他当事方不在同一省（自治区、市）的，主导方省税务机关应将确认文件抄送其他当事方所在地省税务机关。

省税务机关在收到确认申请时，原则上应在当年度企业所得税汇算清缴前完成确认。特殊情况，需要延长的，应将延长理由告知主导方。

第十七条 企业重组主导方，按以下原则确定：

（一）债务重组为债务人；

（二）股权收购为股权转让方；

（三）资产收购为资产转让方；

（四）吸收合并为合并后拟存续的企业，新设合并为合并前资产较大的企业；

（五）分立为被分立的企业或存续企业。

第十八条 企业发生重组业务，按照《通知》第五条第（一）项要求，企业在备案或提交确认申请时，应从以下方面说明企业重组具有合理的商业目的：

（一）重组活动的交易方式。即重组活动采取的具体形式、交易背景、交易时间、在交易之前和之后的运作方式和有关的商业常规；

（二）该项交易的形式及实质。即形式上交易所产生的法律权利和责任，也是该项交易的法律后果。另外，交易实际上或商业上产生的最终结果；

（三）重组活动给交易各方税务状况带来的可能变化；

（四）重组各方从交易中获得的财务状况变化；

（五）重组活动是否给交易各方带来了在市场原则下不会产生的异常经济利益或潜在义务；

（六）非居民企业参与重组活动的情况。

第十九条 《通知》第五条第（三）和第（五）项所称“企业重组后的连续12个月内”，是指自重组日起计算的连续12个月内。

第二十条 《通知》第五条第（五）项规定的原主要股东，是指原持有转让企业或被收购企业20%以上股权的股东。

第二十一条 《通知》第六条第（四）项规定的同一控制，是指参与合并的企业在合并前后均受同一方或相同的多方最终控制，且该控制并非暂时性的。能够对参与合并的企业在合并前后均实施最终控制权的相同多方，是指根据合同或协议的约定，对参与合并企业的财务和经营政策拥有决定控制权的投资者群体。在企业合并前，参与合并各方受最终控制方的控制在12个月以上，企业合并后所形成的主体在最终控制方的控制时间也应达到连续12个月。

第二十二条 企业发生《通知》第六条第（一）项规定的债务重组，根据不同情形，应准备以下资料：

（一）发生债务重组所产生的应纳税所得额占该企业当年应纳税所得额50%以上的，债务重组所得要求在5个纳税年度的期间内，均匀计入各年度应纳税所得额的，应准备以下资料：

1. 当事方的债务重组的总体情况说明（如果采取申请确认的，应为企业的申请，下同），情况说明中应包括债务重组的商业目的；

2. 当事各方所签订的债务重组合同或协议；

3. 债务重组所产生的应纳税所得额、企业当年应纳税所得额情况说明；

4. 税务机关要求提供的其他资料证明。

（二）发生债权转股权业务，债务人对债务清偿业务暂不确认所得或损失，债权人对股权投资的计税基础以原债权的计税基础确定，应准备以下资料：

1. 当事方的债务重组的总体情况说明，情况说明中应包括债务重组的商业目的；

2. 双方所签订的债转股合同或协议；

3. 企业所转换的股权公允价格证明；

4. 工商部门及有关部门核准相关企业股权变更事项证明材料；

5. 税务机关要求提供的其他资料证明。

第二十三条　企业发生《通知》第六条第（二）项规定的股权收购业务，应准备以下资料：

（一）当事方的股权收购业务总体情况说明，情况说明中应包括股权收购的商业目的；

（二）双方或多方所签订的股权收购业务合同或协议；

（三）由评估机构出具的所转让及支付的股权公允价值；

（四）证明重组符合特殊性税务处理条件的资料，包括股权比例，支付对价情况，以及12个月内不改变资产原来的实质性经营活动和原主要股东不转让所取得股权的承诺书等；

（五）工商等相关部门核准相关企业股权变更事项证明材料；

（六）税务机关要求的其他材料。

第二十四条　企业发生《通知》第六条第（三）项规定的资产收购业务，应准备以下资料：

（一）当事方的资产收购业务总体情况说明，情况说明中应包括资产收购的商业目的；

（二）当事各方所签订的资产收购业务合同或协议；

（三）评估机构出具的资产收购所体现的资产评估报告；

（四）受让企业股权的计税基础的有效凭证；

（五）证明重组符合特殊性税务处理条件的资料，包括资产收购比例，支付对价情况，以及12个月内不改变资产原来的实质性经营活动、原主要股东不转让所取得股权的承诺书等；

（六）工商部门核准相关企业股权变更事项证明材料；

（七）税务机关要求提供的其他材料证明。

第二十五条　企业发生《通知》第六条第（四）项规定的合并，应准备以下资料：

（一）当事方企业合并的总体情况说明，情况说明中应包括企业合并的商业目的；

（二）企业合并的政府主管部门的批准文件；

（三）企业合并各方当事人的股权关系说明；

（四）被合并企业的净资产、各单项资产和负债及其账面价值和计税基础等相关资料；

（五）证明重组符合特殊性税务处理条件的资料，包括合并前企业各股东取得股权支付比例情况以及12 个月内不改变资产原来的实质性经营活动、原主要股东不转让所取得股权的承诺书等；

（六）工商部门核准相关企业股权变更事项证明材料；

（七）主管税务机关要求提供的其他资料证明。

第二十六条 《通知》第六条第（四）项所规定的可由合并企业弥补的被合并企业亏损的限额，是指按《税法》规定的剩余结转年限内，每年可由合并企业弥补的被合并企业亏损的限额。

第二十七条 企业发生《通知》第六条第（五）项规定的分立，应准备以下资料：

（一）当事方企业分立的总体情况说明，情况说明中应包括企业分立的商业目的；

（二）企业分立的政府主管部门的批准文件；

（三）被分立企业的净资产、各单项资产和负债账面价值和计税基础等相关资料；

（四）证明重组符合特殊性税务处理条件的资料，包括分立后企业各股东取得股权支付比例情况以及12个月内不改变资产原来的实质性经营活动、原主要股东不转让所取得股权的承诺书等；

（五）工商部门认定的分立和被分立企业股东股权比例证明材料；分立后，分立和被分立企业工商营业执照复印件；分立和被分立企业分立业务账务处理复印件；

（六）税务机关要求提供的其他资料证明。

第二十八条 根据《通知》第六条第（四）项第 2 目规定，被合并企业合并前的相关所得税事项由合并企业承继，以及根据《通知》第六条第（五）项第 2 目规定，企业分立，已分立资产相应的所得税事项由分立企业承继，这些事项包括尚未确认的资产损失、分期确认收入的处理以及尚未享受期满的税收优惠政策承继处理问题等。其中，对税收优惠政策承继处理问题，凡属于依照《税法》第五十七条规定中就企业整体（即全部生产经营所得）享受税收优惠过渡政策的，合并或分立后的企业性质及适用税收优惠条件未发生改变的，可以继续享受合并前各企业或分立前被分立企业剩余期限的税收优惠。合并前各企业剩余的税收优惠年限不一致的，合并后企业每年度的应纳税所得额，应统一按合并日各合并前企业资产占合并后企业总资产的比例进行划分，再分别按相应的剩余优惠计算应纳税额。合并前各企业或分立前被分立企业按照《税法》的税收优惠规定以及税收优惠过渡政策中就有关生产经营项目所得享受的税收优惠承继处理问题，按照《实施条例》第八十九条规定执行。

第二十九条 适用《通知》第五条第（三）项和第（五）项的当事各方应在完成重组业务后的下一年度的企业所得税年度申报时，向主管税务机关提交书面情况说明，以证明企业在重组后的连续 12 个月内，有关符合特殊性税务处理的条件未发生改变。

第三十条 当事方的其中一方在规定时间内发生生产经营业务、公司性质、资产或股权结构等情况变化，致使重组业务不再符合特殊性税务处理条件的，发生变化的当事方应在情况发生变化的 30 天内书面通知其他所有当事方。主导方在接到通知后 30 日内将有关变化通知其主管税务机关。

上款所述情况发生变化后 60 日内，应按照《通知》第四条的规定调整重组业务的税务处理。原交易各方应各自按原交易完成时资产和负债的公允价值计算重组业务的收益或损失，调整交易完成纳税年度的应纳税所得额及相应的资产和负债的计税基础，并向各自主管税务机关申请调整交易完成纳税年度的企业所得税年度申报表。逾期不调整申报的，按照《征管法》的相关规定处理。

第三十一条　各当事方的主管税务机关应当对企业申报或确认适用特殊性税务处理的重组业务进行跟踪监管，了解重组企业的动态变化情况。发现问题，应及时与其他当事方主管税务机关沟通联系，并按照规定给予调整。

第三十二条　根据《通知》第十条规定，若同一项重组业务涉及在连续12个月内分步交易，且跨两个纳税年度，当事各方在第一步交易完成时预计整个交易可以符合特殊性税务处理条件，可以协商一致选择特殊性税务处理的，可在第一步交易完成后，适用特殊性税务处理。主管税务机关在审核有关资料后，符合条件的，可以暂认可适用特殊性税务处理。第二年进行下一步交易后，应按本办法要求，准备相关资料确认适用特殊性税务处理。

第三十三条　上述跨年度分步交易，若当事方在首个纳税年度不能预计整个交易是否符合特殊性税务处理条件，应适用一般性税务处理。在下一纳税年度全部交易完成后，适用特殊性税务处理的，可以调整上一纳税年度的企业所得税年度申报表，涉及多缴税款的，各主管税务机关应退税，或抵缴当年应纳税款。

第三十四条　企业重组的当事各方应该取得并保管与该重组有关的凭证、资料，保管期限按照《征管法》的有关规定执行。

第四章　跨境重组税收管理

第三十五条　发生《通知》第七条规定的重组，凡适用特殊性税务处理规定的，应按照本办法第三章相关规定执行。

第三十六条　发生《通知》第七条第（一）、（二）项规定的重组，适用特殊税务处理的，应按照《国家税务总局关于印发〈非居民企业所得税源泉扣缴管理暂行办法〉的通知》（国税发〔2009〕3号）和《国家税务总局关于加强非居民企业股权转让所得企业所得税管理的通知》（国税函〔2009〕698号）要求，准备资料。

第三十七条　发生《通知》第七条第（三）项规定的重组，居民企业应向其所在地主管税务机关报送以下资料：

1. 当事方的重组情况说明，申请文件中应说明股权转让的商业目的；
2. 双方所签订的股权转让协议；
3. 双方控股情况说明；
4. 由评估机构出具的资产或股权评估报告，报告中应分别列示涉及的各单项被转让资产和负债的公允价值；
5. 证明重组符合特殊性税务处理条件的资料，包括股权或资产转让比例，支付对价情况，以及12个月内不改变资产原来的实质性经营活动、不转让所取得股权的承诺书等。

国家税务总局关于企业股权投资损失所得税处理问题的公告

2010年7月28日 国家税务总局公告2010年第6号

根据《中华人民共和国企业所得税法》第八条及其有关规定，现就企业股权投资损失所得税处理问题公告如下：

一、企业对外进行权益性（以下简称股权）投资所发生的损失，在经确认的损失发生年度，作为企业损失在计算企业应纳税所得额时一次性扣除。

二、本规定自2010年1月1日起执行。本规定发布以前，企业发生的尚未处理的股权投资损失，按照本规定，准予在2010年度一次性扣除。

特此公告。

国家税务总局关于取消合并纳税后以前年度尚未弥补亏损有关企业所得税问题的公告

2010年7月30日 国家税务总局公告2010年第7号

根据《财政部、国家税务总局关于试点企业集团缴纳企业所得税有关问题的通知》（财税〔2008〕119号）规定，自2009年度开始，一些企业集团取消了合并申报缴纳企业所得税。现就取消合并申报缴纳企业所得税后，对汇总在企业集团总部、尚未弥补的累计亏损处理问题，公告如下：

一、企业集团取消了合并申报缴纳企业所得税后，截至2008年年底，企业集团合并计算的累计亏损，属于符合《中华人民共和国企业所得税法》第十八条规定5年结转期限内的，可分配给其合并成员企业（包括企业集团总部）在剩余结转期限内，结转弥补。

二、企业集团应根据各成员企业截至2008年年底的年度所得税申报表中的盈亏情况，凡单独计算是亏损的各成员企业，参与分配第一条所指的可继续弥补的亏损；盈利企业不参与分配。具体分配公式如下：

成员企业分配的亏损额＝（某成员企业单独计算盈亏尚未弥补的亏损额÷各成员企业单独计算盈亏尚未弥补的亏损额之和）×集团公司合并计算累计可继续弥补的亏损额

三、企业集团在按照第二条所规定的方法分配亏损时，应根据集团每年汇总计算中这些亏损发生的实际所属年度，确定各成员企业所分配的亏损额中具体所属年度及剩余结转期限。

四、企业集团按照上述方法分配各成员企业亏损额后，应填写《企业集团公司累计亏损分配表》（见附件）并下发给各成员企业，同时抄送企业集团主管税务机关。

五、本公告自 2009 年 1 月 1 日起执行。

特此公告。

附件：企业集团公司累计亏损分配表

附件：

企业集团公司累计亏损分配表

<table>
<tr><td rowspan="3">企业集团公司情况</td><td rowspan="3">企业集团名称</td><td rowspan="3">所在地</td><td rowspan="2">截至 2008 年底累计可继续结转亏损额</td><td>2008 年</td><td colspan="2">2007 年</td><td colspan="2">2006 年</td><td colspan="2">2005 年</td><td>2004 年</td></tr>
<tr><td>可继续结转亏损额</td><td colspan="2">可继续结转亏损额</td><td colspan="2">可继续结转亏损额</td><td colspan="2">可继续结转亏损额</td><td>可继续结转亏损额</td></tr>
<tr><td>1</td><td>2</td><td colspan="2">3</td><td colspan="2">4</td><td colspan="2">5</td><td>6</td></tr>
<tr><td rowspan="8">成员企业情况</td><td rowspan="3">成员企业名称</td><td rowspan="3">所在地</td><td rowspan="2">截至 2008 年各成员企业单独计算盈亏尚未弥补亏损额</td><td rowspan="2">截至 2008 年各成员企业单独计算盈亏尚未弥补亏损额之和</td><td rowspan="2">各成员企业应分配亏损的比例</td><td rowspan="2">各成员企业应分配的亏损额</td><td colspan="5">各成员企业应分配的各年度可结转弥补的亏损额</td></tr>
<tr><td>2008 年</td><td>2007 年</td><td>2006 年</td><td>2005 年</td><td>2004 年</td></tr>
<tr><td>7</td><td>8</td><td>9 =7/8</td><td>10 = 1×9</td><td>11 = 9×2</td><td>12 = 9×3</td><td>13 = 9×4</td><td>14 = 9×5</td><td>15 = 9×6</td></tr>
<tr><td></td><td></td><td></td><td rowspan="5"></td><td></td><td></td><td></td><td></td><td></td><td></td><td></td></tr>
<tr><td></td><td></td><td></td><td></td><td></td><td></td><td></td><td></td><td></td><td></td></tr>
<tr><td></td><td></td><td></td><td></td><td></td><td></td><td></td><td></td><td></td><td></td></tr>
<tr><td></td><td></td><td></td><td></td><td></td><td></td><td></td><td></td><td></td><td></td></tr>
<tr><td></td><td></td><td></td><td></td><td></td><td></td><td></td><td></td><td></td><td></td></tr>
</table>

填表说明：

1. 第 2 至 6 栏“可继续结转亏损额”是指企业集团公司当年汇总的实际亏损额情况，当年盈利的，可填写零。从 2008 年度开始往前逐年填写，累计亏损额不超过第 1 栏时，当年的亏损额为可继续结转亏损额，直至累计亏损额等于第 1 栏。累计亏损等于第 1 栏后，其余的年度的可继续结转亏损额填写零。
2. 成员企业中盈利企业可在情况说明中表述，不在本表填列。

国家税务总局关于融资性售后回租业务中承租方出售资产行为有关税收问题的公告

2010 年 9 月 8 日　国家税务总局公告 2010 年第 13 号

现就融资性售后回租业务中承租方出售资产行为有关税收问题公告如下：

融资性售后回租业务是指承租方以融资为目的将资产出售给经批准从事融资租赁业务的企业后，又将该项资产从该融资租赁企业租回的行为。融资性售后回租业务中承租方出售资产时，资产所有权以及与资产所有权有关的全部报酬和风险并未完全转移。

一、增值税和营业税

根据现行增值税和营业税有关规定，融资性售后回租业务中承租方出售资产的行为，不属于增值税和营业税征收范围，不征收增值税和营业税。

二、企业所得税

根据现行企业所得税法及有关收入确定规定，融资性售后回租业务中，承租人出售资产的行为，不确认为销售收入，对融资性租赁的资产，仍按承租人出售前原账面价值作为计税基础计提折旧。租赁期间，承租人支付的属于融资利息的部分，作为企业财务费用在税前扣除。

本公告自2010年10月1日起施行。此前因与本公告规定不一致而已征的税款予以退税。

特此公告。

国家税务总局关于企业取得财产转让等所得企业所得税处理问题的公告

2010年10月27日　国家税务总局公告2010年第19号

根据《中华人民共和国企业所得税法实施条例》第二十五条规定，现就企业以不同形式取得财产转让等收入征收企业所得税问题公告如下：

一、企业取得财产（包括各类资产、股权、债权等）转让收入、债务重组收入、接受捐赠收入、无法偿付的应付款收入等，不论是以货币形式还是非货币形式体现，除另有规定外，均应一次性计入确认收入的年度计算缴纳企业所得税。

二、本公告自发布之日起30日后施行。2008年1月1日至本公告施行前，各地就上述收入计算的所得，已分5年平均计入各年度应纳税所得额计算纳税的，在本公告发布后，对尚未计算纳税的应纳税所得额，应一次性作为本年度应纳税所得额计算纳税。

特此公告。

国家税务总局关于查增应纳税所得额弥补以前年度亏损处理问题的公告

2010年10月27日　国家税务总局公告2010年第20号

现就税务机关检查调增的企业应纳税所得额弥补以前年度亏损问题公告如下：

一、根据《中华人民共和国企业所得税法》（以下简称企业所得税法）第五条的规定，税务机关对企业以前年度纳税情况进行检查时调增的应纳税所得额，凡企业以前年度发生亏损，且该亏损属于企业所得税法规定允许弥补的，应允许调增的应纳税所得额弥补该亏损。弥补该亏损后仍有余额的，按照企业所得税法规定计算缴纳企业所得税。对检查调增的应纳税所得额应根据其情节，依照《中华人民共和国税收征收管理法》有关规定进行处理或处罚。

二、本规定自2010年12月1日开始执行。以前（含2008年度之前）没有处理的事项，按本规定执行。

特此公告。

国家税务总局关于工会经费企业所得税税前扣除凭据问题的公告

2010年11月9日　国家税务总局公告2010年第24号

根据《工会法》《中国工会章程》和财政部颁布的《工会会计制度》，以及财政票据管理的有关规定，全国总工会决定从2010年7月1日起，启用财政部统一印制并套印财政部票据监制章的《工会经费收入专用收据》，同时废止《工会经费拨缴款专用收据》。为加强对工会经费企业所得税税前扣除的管理，现就工会经费税前扣除凭据问题公告如下：

一、自2010年7月1日起，企业拨缴的职工工会经费，不超过工资薪金总额2%的部分，凭工会组织开具的《工会经费收入专用收据》在企业所得税税前扣除。

二、《国家税务总局关于工会经费税前扣除问题的通知》（国税函〔2000〕678号）同时废止。

特此公告。

国家税务总局关于贯彻落实企业所得税法若干税收问题的通知

2010年2月22日　国税函〔2010〕79号

各省、自治区、直辖市和计划单列市国家税务局、地方税务局：

根据《中华人民共和国企业所得税法》（以下简称企业所得税法）和《中华人民共和国企业所得税法实施条例》（以下简称《实施条例》）的有关规定，现就贯彻落实企业所得税法过程中若干问题，通知如下：

一、关于租金收入确认问题

根据《实施条例》第十九条的规定，企业提供固定资产、包装物或者其他有形资产的使用权取得的租金收入，应按交易合同或协议规定的承租人应付租金的日期确认收入的实现。其中，如果交易合同或协议中规定租赁期限跨年度，且租金提前一次性支付的，根据《实施条例》第九条规定的收入与费用配比原则，出租人可对上述已确认的收入，在租赁期内，分期均匀计入相关年度收入。

出租方如为在我国境内设有机构场所，且采取据实申报缴纳企业所得的非居民企业，也按本条规定执行。

二、关于债务重组收入确认问题

企业发生债务重组，应在债务重组合同或协议生效时确认收入的实现。

三、关于股权转让所得确认和计算问题

企业转让股权收入，应于转让协议生效、且完成股权变更手续时，确认收入的实现。转让股权收入扣除为取得该股权所发生的成本后，为股权转让所得。企业在计算股权转让所得时，不得扣除被投资企业未分配利润等股东留存收益中按该项股权所可能分配的金额。

四、关于股息、红利等权益性投资收益收入确认问题

企业权益性投资取得股息、红利等收入，应以被投资企业股东会或股东大会作出利润分配或转股决定的日期，确定收入的实现。

被投资企业将股权（票）溢价所形成的资本公积转为股本的，不作为投资方企业的股息、红利收入，投资方企业也不得增加该项长期投资的计税基础。

五、关于固定资产投入使用后计税基础确定问题

企业固定资产投入使用后，由于工程款项尚未结清未取得全额发票的，可暂按合同规定的金额计入固定资产计税基础计提折旧，待发票取得后进行调整。但该项调整应在固定资产投入使用后12个月内进行。

六、关于免税收入所对应的费用扣除问题

根据《实施条例》第二十七条、第二十八条的规定，企业取得的各项免税收入所对应的各项成本费用，除另有规定者外，可以在计算企业应纳税所得额时扣除。

七、企业筹办期间不计算为亏损年度问题

企业自开始生产经营的年度，为开始计算企业损益的年度。企业从事生产经营之前进行筹办活动期间发生筹办费用支出，不得计算为当期的亏损，应按照《国家税务总局关于企业所得税若干税务事项衔接问题的通知》（国税函〔2009〕98号）第九条规定执行。

八、从事股权投资业务的企业业务招待费计算问题

对从事股权投资业务的企业（包括集团公司总部、创业投资企业等），其从被投资企业所分配的股息、红利以及股权转让收入，可以按规定的比例计算业务招待费扣除限额。

财政部 国家税务总局 民政部关于公布2010年度第二批获得公益性捐赠税前扣除资格的公益性社会团体名单的通知

2011年5月24日 财税〔2011〕30号

各省、自治区、直辖市、计划单列市财政厅（局）、国家税务局、地方税务局、民政厅（局），新疆生产建设兵团财务局、民政局：

根据《财政部、国家税务总局、民政部关于公益性捐赠税前扣除有关问题的通知》（财税〔2008〕160号）和《财政部、国家税务总局、民政部关于公益性捐赠税前扣除有关问题的补充通知》（财税〔2010〕45号）精神，现将经民政部初步审核，财政部、国家税务总局会同民政部联合审核确认的2010年度第二批获得公益性捐赠税前扣除资格的公益性社会团体名单，予以公布。

附件：2010年度第二批获得公益性捐赠税前扣除资格的公益性社会团体名单

附件：

2010年度第二批获得公益性捐赠税前扣除资格的公益性社会团体名单

1. 中国红十字基金会
2. 南都公益基金会
3. 华民慈善基金会
4. 中国金融教育发展基金会
5. 中国残疾人福利基金会
6. 中国肝炎防治基金会
7. 詹天佑科学技术发展基金会
8. 中国人口福利基金会
9. 中国健康促进基金会
10. 中国老龄事业发展基金会
11. 友成企业家扶贫基金会
12. 中国华夏文化遗产基金会
13. 中国扶贫基金会
14. 海仓慈善基金会
15. 爱佑华夏慈善基金会
16. 北京大学教育基金会
17. 清华大学教育基金会
18. 中国光华科技基金会
19. 中国古生物化石保护基金会
20. 中国检察官教育基金会
21. 中国华文教育基金会
22. 中国医药卫生事业发展基金会
23. 中国预防性病艾滋病基金会
24. 中国人寿慈善基金会
25. 中国孔子基金会
26. 中国华侨经济文化基金会
27. 中国绿化基金会
28. 万科公益基金会
29. 援助西藏发展基金会
30. 中华环境保护基金会
31. 中国初级卫生保健基金会
32. 人保慈善基金会
33. 中远慈善基金会
34. 中华慈善总会
35. 中华健康快车基金会
36. 中国法律援助基金会
37. 中国癌症基金会
38. 桃源居公益事业发展基金会

39. 腾讯公益慈善基金会
40. 中国西部人才开发基金会
41. 中国教育发展基金会
42. 中国儿童少年基金会
43. 中国煤矿尘肺病治疗基金会
44. 香江社会救助基金会
45. 中华思源工程扶贫基金会
46. 凯风公益基金会
47. 北京航空航天大学教育基金会
48. 天诺慈善基金会
49. 中国青少年发展基金会
50. 中国发展研究基金会
51. 心平公益基金会
52. 中国妇女发展基金会
53. 中国光彩事业基金会
54. 中国青年创业就业基金会
55. 中国宋庆龄基金会
56. 中国拥军优属基金会
57. 中国敦煌石窟保护研究基金会
58. 中华社会文化发展基金会
59. 中国国际文化交流基金会
60. 中国交响乐发展基金会
61. 南航"十分"关爱基金会
62. 中华全国体育基金会
63. 国家电网公益基金会
64. 中国志愿服务基金会
65. 中华社会救助基金会
66. 中国保护黄河基金会
67. 中国经济改革研究基金会
68. 中国公安民警英烈基金会
69. 浙江大学教育基金会
70. 华阳慈善基金会
71. 中国企业管理科学基金会
72. 中国移动慈善基金会
73. 纺织之光科技教育基金会
74. 中国航天基金会
75. 中国禁毒基金会
76. 中国友好和平发展基金会
77. 威盛信望爱公益基金会
78. 中国国际战略研究基金会
79. 招商局慈善基金会
80. 中国农业大学教育基金会
81. 中华少年儿童慈善救助基金会
82. 中科院研究生教育基金会
83. 中央财经大学教育基金会
84. 北京交通大学教育基金会
85. 中国社会工作协会
86. 中国对外文化交流协会
87. 中国国际民间组织合作促进会
88. 中国绿色碳汇基金会
89. 陈香梅公益基金会
90. 比亚迪慈善基金会
91. 神华公益基金会
92. 中国煤矿文化宣传基金会
93. 顶新公益基金会
94. 瀛公益基金会

财政部　国家税务总局　民政部
关于公布2011年度第一批获得公益性捐赠税前
扣除资格的公益性社会团体名单的通知

2011年6月3日　财税〔2011〕45号

各省、自治区、直辖市、计划单列市财政厅（局）、国家税务局、地方税务局、民政厅

（局），新疆生产建设兵团财务局、民政局：

根据《财政部　国家税务总局　民政部关于公益性捐赠税前扣除有关问题的通知》（财税〔2008〕160号）和《财政部　国家税务总局　民政部关于公益性捐赠税前扣除有关问题的补充通知》（财税〔2010〕45号）规定，现将经民政部初步审核，财政部、国家税务总局会同民政部联合审核确认的2011年度第一批获得公益性捐赠税前扣除资格的公益性社会团体名单，予以公布。

附件：2011年度第一批获得公益性捐赠税前扣除资格的公益性社会团体名单

附件：

2011年度第一批获得公益性捐赠税前扣除资格的公益性社会团体名单

1. 泛海公益基金会
2. 安利公益基金会
3. 中南大学教育基金会
4. 中国和平发展基金会
5. 亨通慈善基金会
6. 中社社会工作发展基金会

财政部　国家税务总局
关于专项用途财政性资金企业所得税处理问题的通知

2011年9月7日　财税〔2011〕70号

各省、自治区、直辖市、计划单列市财政厅（局）、国家税务局、地方税务局，新疆生产建设兵团财务局：

根据《中华人民共和国企业所得税法》及《中华人民共和国企业所得税法实施条例》（国务院令第512号，以下简称实施条例）的有关规定，经国务院批准，现就企业取得的专项用途财政性资金企业所得税处理问题通知如下：

一、企业从县级以上各级人民政府财政部门及其他部门取得的应计入收入总额的财政性资金，凡同时符合以下条件的，可以作为不征税收入，在计算应纳税所得额时从收入总额中减除：

（一）企业能够提供规定资金专项用途的资金拨付文件；

（二）财政部门或其他拨付资金的政府部门对该资金有专门的资金管理办法或具体管理要求；

（三）企业对该资金以及以该资金发生的支出单独进行核算。

二、根据实施条例第二十八条的规定，上述不征税收入用于支出所形成的费用，不得在计算应纳税所得额时扣除；用于支出所形成的资产，其计算的折旧、摊销不得在计算应纳税所得额时扣除。

三、企业将符合本通知第一条规定条件的财政性资金作不征税收入处理后，在5年（60个月）内未发生支出且未缴回财政部门或其他拨付资金的政府部门的部分，应计入取得该资金第六年的应税收入总额；计入应税收入总额的财政性资金发生的支出，允许在计算应纳税所得额时扣除。

四、本通知自2011年1月1日起执行。

财政部　国家税务总局　中宣部
关于下发世界知识出版社等35家中央所属
转制文化企业名单的通知

2011年12月31日　财税〔2011〕120号

北京市、河南省财政厅（局）、国家税务局、地方税务局，北京市、河南省党委宣传部：

按照《财政部、国家税务总局、中宣部关于转制文化企业名单及认定问题的通知》（财税〔2009〕105号）的规定，世界知识出版社等35家中央所属文化企业已被认定为转制文化企业，现将名单发给你们，名单所列转制文化企业按照《财政部、国家税务总局关于文化体制改革中经营性文化事业单位转制为企业的若干税收政策问题的通知》（财税〔2009〕34号）的规定享受税收优惠政策。税收优惠政策的执行起始期限按《财政部、国家税务总局、中宣部关于下发红旗出版社有限责任公司等中央所属转制文化企业名单的通知》（财税〔2011〕3号）的规定执行。

特此通知。

附件：中央所属转制文化企业名单

附件：

中央所属转制文化企业名单

世界知识出版社
中国书籍出版社
兵器工业出版社有限责任公司
中国民主法制出版社有限公司
光明日报出版社
煤炭工业出版社
中国物资出版社
中国轻工业出版社
中国金融出版社
中国检察出版社
地质出版社
中国大地出版社
经济日报出版社
人民法院出版社
华龄出版社
中国文史出版社
中国林业出版社
中国质检出版社

石油工业出版社有限公司
中国海关出版社
中国致公出版社
国家行政学院音像出版社
中华工商联合出版社有限责任公司
大众文艺出版社
中国广播电视出版社
国家图书馆出版社
地震出版社
中医古籍出版社
气象出版社
民主与建设出版社
学苑出版社
黄河水利出版社
中国时代经济出版社
中国环境科学出版社
紫禁城出版社

国家税务总局关于公布全文失效废止部分条款失效废止的税收规范性文件目录的公告

2011年1月4日　国家税务总局公告2011年第2号

根据《国务院办公厅关于做好规章清理工作有关问题的通知》（国办发〔2010〕28号），我局对税收规范性文件进行了全面清理。清理结果已经2010年12月7日第17次局长办公会审议通过。现将《全文失效废止、部分条款失效废止的税收规范性文件目录》予以发布。

特此公告。

附件：1. 全文失效废止的税收规范性文件目录（见二维码2）

2. 部分条款失效废止的税收规范性文件目录（见二维码3）

扫描二维码查看附件
二维码2

扫描二维码查看附件
二维码3

国家税务总局关于发布《企业资产损失所得税税前扣除管理办法》的公告

2011年3月31日　国家税务总局公告2011年第25号

（注释：条款失效。“第五十一条　省、自治区、直辖市和计划单列市国家税务局、地方税务局可以根据本办法制定具体实施办法。”修改为“第五十一条　省、自治区、直辖市和计划单列市税务局可以根据本办法制定具体实施办法”。参见：《国家税务总局关于修改部分税收规范性文件的公告》（国家税务总局公告2018年第31号）。

条款废止。第四条、第七条、第八条、第十三条有关资产损失证据资料、会计核算资料、纳税资料等相关资料报送的内容废止。参见：《国家税务总局关于企业所得税资产损失资料留存备查有关事项的公告》（国家税务总局公告2018年第15号）。

条款废止。第十二条废止。参见：《国家税务总局关于企业因国务院决定事项形成的资产损失税前扣除问题的公告》（国家税务总局公告2014年第18号）。

政策调整。“企业因国务院决定事项形成的资产损失税前扣除审批”取消。参见：《国家税务总局关于贯彻落实〈国务院关于取消和下放一批行政审批项目的决定〉的通知》（税总发〔2014〕6号）。）

现将《企业资产损失所得税税前扣除管理办法》予以发布，自2011年1月1日起施行。

特此公告。

企业资产损失所得税税前扣除管理办法

第一章 总 则

第一条 根据《中华人民共和国企业所得税法》（以下简称企业所得税法）及其实施条例、《中华人民共和国税收征收管理法》（以下简称征管法）及其实施细则、《财政部、国家税务总局关于企业资产损失税前扣除政策的通知》（财税〔2009〕57号）（以下简称《通知》）的规定，制定本办法。

第二条 本办法所称资产是指企业拥有或者控制的、用于经营管理活动相关的资产，包括现金、银行存款、应收及预付款项（包括应收票据、各类垫款、企业之间往来款项）等货币性资产，存货、固定资产、无形资产、在建工程、生产性生物资产等非货币性资产，以及债权性投资和股权（权益）性投资。

第三条 准予在企业所得税税前扣除的资产损失，是指企业在实际处置、转让上述资产过程中发生的合理损失（以下简称实际资产损失），以及企业虽未实际处置、转让上述资产，但符合《通知》和本办法规定条件计算确认的损失（以下简称法定资产损失）。

第四条 *企业实际资产损失，应当在其实际发生且会计上已作损失处理的年度申报扣除；法定资产损失，应当在企业向主管税务机关提供证据资料证明该项资产已符合法定资产损失确认条件，且会计上已作损失处理的年度申报扣除。*

第五条 企业发生的资产损失，应按规定的程序和要求向主管税务机关申报后方能在税前扣除。未经申报的损失，不得在税前扣除。

第六条 企业以前年度发生的资产损失未能在当年税前扣除的，可以按照本办法的规定，向税务机关说明并进行专项申报扣除。其中，属于实际资产损失，准予追补至该项损失发生年度扣除，其追补确认期限一般不得超过五年，但因计划经济体制转轨过程中遗留的资产损失、企业重组上市过程中因权属不清出现争议而未能及时扣除的资产损失、因承担国家政策性任务而形成的资产损失以及政策定性不明确而形成资产损失等特殊原因形成的资产损失，其追补确认期限经国家税务总局批准后可适当延长。属于法定资产损失，应在申报年度扣除。

企业因以前年度实际资产损失未在税前扣除而多缴的企业所得税税款，可在追补确认年度企业所得税应纳税款中予以抵扣，不足抵扣的，向以后年度递延抵扣。

企业实际资产损失发生年度扣除追补确认的损失后出现亏损的，应先调整资产损失发生年度的亏损额，再按弥补亏损的原则计算以后年度多缴的企业所得税税款，并按前款办法进行税务处理。

第二章　申报管理

第七条　企业在进行企业所得税年度汇算清缴申报时，可将资产损失申报材料和纳税资料作为企业所得税年度纳税申报表的附件一并向税务机关报送。

第八条　企业资产损失按其申报内容和要求的不同，分为清单申报和专项申报两种申报形式。其中，属于清单申报的资产损失，企业可按会计核算科目进行归类、汇总，然后再将汇总清单报送税务机关，有关会计核算资料和纳税资料留存备查；属于专项申报的资产损失，企业应逐项（或逐笔）报送申请报告，同时附送会计核算资料及其他相关的纳税资料。

企业在申报资产损失税前扣除过程中不符合上述要求的，税务机关应当要求其改正，企业拒绝改正的，税务机关有权不予受理。

第九条　下列资产损失，应以清单申报的方式向税务机关申报扣除：

（一）企业在正常经营管理活动中，按照公允价格销售、转让、变卖非货币资产的损失；

（二）企业各项存货发生的正常损耗；

（三）企业固定资产达到或超过使用年限而正常报废清理的损失；

（四）企业生产性生物资产达到或超过使用年限而正常死亡发生的资产损失；

（五）企业按照市场公平交易原则，通过各种交易场所、市场等买卖债券、股票、期货、基金以及金融衍生产品等发生的损失。

第十条　前条以外的资产损失，应以专项申报的方式向税务机关申报扣除。企业无法准确判别是否属于清单申报扣除的资产损失，可以采取专项申报的形式申报扣除。

第十一条　在中国境内跨地区经营的汇总纳税企业发生的资产损失，应按以下规定申报扣除：

（一）总机构及其分支机构发生的资产损失，除应按专项申报和清单申报的有关规定，各自向当地主管税务机关申报外，各分支机构同时还应上报总机构；

（二）总机构对各分支机构上报的资产损失，除税务机关另有规定外，应以清单申报的形式向当地主管税务机关进行申报；

（三）总机构将跨地区分支机构所属资产捆绑打包转让所发生的资产损失，由总机构向当地主管税务机关进行专项申报。

第十二条　企业因国务院决定事项形成的资产损失，应向国家税务总局提供有关资料。国家税务总局审核有关情况后，将损失情况通知相关税务机关。企业应按本办法的要求进行专项申报。

第十三条　属于专项申报的资产损失，企业因特殊原因不能在规定的时限内报送相关资料的，可以向主管税务机关提出申请，经主管税务机关同意后，可适当延期申报。

第十四条　企业应当建立健全资产损失内部核销管理制度，及时收集、整理、编制、审核、申报、保存资产损失税前扣除证据材料，方便税务机关检查。

第十五条 税务机关应按分项建档、分级管理的原则，建立企业资产损失税前扣除管理台账和纳税档案，及时进行评估。对资产损失金额较大或经评估后发现不符合资产损失税前扣除规定、或存有疑点、异常情况的资产损失，应及时进行核查。对有证据证明申报扣除的资产损失不真实、不合法的，应依法作出税收处理。

第三章 资产损失确认证据

第十六条 企业资产损失相关的证据包括具有法律效力的外部证据和特定事项的企业内部证据。

第十七条 具有法律效力的外部证据，是指司法机关、行政机关、专业技术鉴定部门等依法出具的与本企业资产损失相关的具有法律效力的书面文件，主要包括：

（一）司法机关的判决或者裁定；

（二）公安机关的立案结案证明、回复；

（三）工商部门出具的注销、吊销及停业证明；

（四）企业的破产清算公告或清偿文件；

（五）行政机关的公文；

（六）专业技术部门的鉴定报告；

（七）具有法定资质的中介机构的经济鉴定证明；

（八）仲裁机构的仲裁文书；

（九）保险公司对投保资产出具的出险调查单、理赔计算单等保险单据；

（十）符合法律规定的其他证据。

第十八条 特定事项的企业内部证据，是指会计核算制度健全、内部控制制度完善的企业，对各项资产发生毁损、报废、盘亏、死亡、变质等内部证明或承担责任的声明，主要包括：

（一）有关会计核算资料和原始凭证；

（二）资产盘点表；

（三）相关经济行为的业务合同；

（四）企业内部技术鉴定部门的鉴定文件或资料；

（五）企业内部核批文件及有关情况说明；

（六）对责任人由于经营管理责任造成损失的责任认定及赔偿情况说明；

（七）法定代表人、企业负责人和企业财务负责人对特定事项真实性承担法律责任的声明。

第四章 货币资产损失的确认

第十九条 企业货币资产损失包括现金损失、银行存款损失和应收及预付款项损失等。

第二十条 现金损失应依据以下证据材料确认：

（一）现金保管人确认的现金盘点表（包括倒推至基准日的记录）；

（二）现金保管人对于短缺的说明及相关核准文件；

（三）对责任人由于管理责任造成损失的责任认定及赔偿情况的说明；

（四）涉及刑事犯罪的，应有司法机关出具的相关材料；

（五）金融机构出具的假币收缴证明。

第二十一条 企业因金融机构清算而发生的存款类资产损失应依据以下证据材料确认：

（一）企业存款类资产的原始凭据；

（二）金融机构破产、清算的法律文件；

（三）金融机构清算后剩余资产分配情况资料。

金融机构应清算而未清算超过三年的，企业可将该款项确认为资产损失，但应有法院或破产清算管理人出具的未完成清算证明。

第二十二条 企业应收及预付款项坏账损失应依据以下相关证据材料确认：

（一）相关事项合同、协议或说明；

（二）属于债务人破产清算的，应有人民法院的破产、清算公告；

（三）属于诉讼案件的，应出具人民法院的判决书或裁决书或仲裁机构的仲裁书，或者被法院裁定终（中）止执行的法律文书；

（四）属于债务人停止营业的，应有工商部门注销、吊销营业执照证明；

（五）属于债务人死亡、失踪的，应有公安机关等有关部门对债务人个人的死亡、失踪证明；

（六）属于债务重组的，应有债务重组协议及其债务人重组收益纳税情况说明；

（七）属于自然灾害、战争等不可抗力而无法收回的，应有债务人受灾情况说明以及放弃债权申明。

第二十三条 企业逾期三年以上的应收款项在会计上已作为损失处理的，可以作为坏账损失，但应说明情况，并出具专项报告。

第二十四条 企业逾期一年以上，单笔数额不超过五万元或者不超过企业年度收入总额万分之一的应收款项，会计上已经作为损失处理的，可以作为坏账损失，但应说明情况，并出具专项报告。

第五章 非货币资产损失的确认

第二十五条 企业非货币资产损失包括存货损失、固定资产损失、无形资产损失、在建工程损失、生产性生物资产损失等。

第二十六条 存货盘亏损失，为其盘亏金额扣除责任人赔偿后的余额，应依据以下证据材料确认：

（一）存货计税成本确定依据；

（二）企业内部有关责任认定、责任人赔偿说明和内部核批文件；

（三）存货盘点表；

（四）存货保管人对于盘亏的情况说明。

第二十七条 存货报废、毁损或变质损失，为其计税成本扣除残值及责任人赔偿后的余额，应依据以下证据材料确认：

（一）存货计税成本的确定依据；

（二）企业内部关于存货报废、毁损、变质、残值情况说明及核销资料；

（三）涉及责任人赔偿的，应当有赔偿情况说明；

（四）该项损失数额较大的（指占企业该类资产计税成本10%以上，或减少当年应纳税所得、增加亏损10%以上，下同)，应有专业技术鉴定意见或法定资质中介机构出具的专项报告等。

第二十八条 存货被盗损失，为其计税成本扣除保险理赔以及责任人赔偿后的余额，应依据以下证据材料确认：

（一）存货计税成本的确定依据；

（二）向公安机关的报案记录；

（三）涉及责任人和保险公司赔偿的，应有赔偿情况说明等。

第二十九条 固定资产盘亏、丢失损失，为其账面净值扣除责任人赔偿后的余额，应依据以下证据材料确认：

（一）企业内部有关责任认定和核销资料；

（二）固定资产盘点表；

（三）固定资产的计税基础相关资料；

（四）固定资产盘亏、丢失情况说明；

（五）损失金额较大的，应有专业技术鉴定报告或法定资质中介机构出具的专项报告等。

第三十条 固定资产报废、毁损损失，为其账面净值扣除残值和责任人赔偿后的余额，应依据以下证据材料确认：

（一）固定资产的计税基础相关资料；

（二）企业内部有关责任认定和核销资料；

（三）企业内部有关部门出具的鉴定材料；

（四）涉及责任赔偿的，应当有赔偿情况的说明；

（五）损失金额较大的或自然灾害等不可抗力原因造成固定资产毁损、报废的，应有专业技术鉴定意见或法定资质中介机构出具的专项报告等。

第三十一条 固定资产被盗损失，为其账面净值扣除责任人赔偿后的余额，应依据以下证据材料确认：

（一）固定资产计税基础相关资料；

（二）公安机关的报案记录，公安机关立案、破案和结案的证明材料；

（三）涉及责任赔偿的，应有赔偿责任的认定及赔偿情况的说明等。

第三十二条 在建工程停建、报废损失，为其工程项目投资账面价值扣除残值后的余额，应依据以下证据材料确认：

（一）工程项目投资账面价值确定依据；

（二）工程项目停建原因说明及相关材料；

（三）因质量原因停建、报废的工程项目和因自然灾害和意外事故停建、报废的工程项目，应出具专业技术鉴定意见和责任认定、赔偿情况的说明等。

第三十三条 工程物资发生损失，可比照本办法存货损失的规定确认。

第三十四条 生产性生物资产盘亏损失，为其账面净值扣除责任人赔偿后的余额，应依据以下证据材料确认：

（一）生产性生物资产盘点表；

（二）生产性生物资产盘亏情况说明；

（三）生产性生物资产损失金额较大的，企业应有专业技术鉴定意见和责任认定、赔偿情况的说明等。

第三十五条　因森林病虫害、疫情、死亡而产生的生产性生物资产损失，为其账面净值扣除残值、保险赔偿和责任人赔偿后的余额，应依据以下证据材料确认：

（一）损失情况说明；

（二）责任认定及其赔偿情况的说明；

（三）损失金额较大的，应有专业技术鉴定意见。

第三十六条　对被盗伐、被盗、丢失而产生的生产性生物资产损失，为其账面净值扣除保险赔偿以及责任人赔偿后的余额，应依据以下证据材料确认：

（一）生产性生物资产被盗后，向公安机关的报案记录或公安机关立案、破案和结案的证明材料；

（二）责任认定及其赔偿情况的说明。

第三十七条　企业由于未能按期赎回抵押资产，使抵押资产被拍卖或变卖，其账面净值大于变卖价值的差额，可认定为资产损失，按以下证据材料确认：

（一）抵押合同或协议书；

（二）拍卖或变卖证明、清单；

（三）会计核算资料等其他相关证据材料。

第三十八条　被其他新技术所代替或已经超过法律保护期限，已经丧失使用价值和转让价值，尚未摊销的无形资产损失，应提交以下证据备案：

（一）会计核算资料；

（二）企业内部核批文件及有关情况说明；

（三）技术鉴定意见和企业法定代表人、主要负责人和财务负责人签章证实无形资产已无使用价值或转让价值的书面申明；

（四）无形资产的法律保护期限文件。

第六章　投资损失的确认

第三十九条　企业投资损失包括债权性投资损失和股权（权益）性投资损失。

第四十条　企业债权投资损失应依据投资的原始凭证、合同或协议、会计核算资料等相关证据材料确认。下列情况债权投资损失的，还应出具相关证据材料：

（一）债务人或担保人依法被宣告破产、关闭、被解散或撤销、被吊销营业执照、失踪或者死亡等，应出具资产清偿证明或者遗产清偿证明。无法出具资产清偿证明或者遗产清偿证明，且上述事项超过三年以上的，或债权投资（包括信用卡透支和助学贷款）余额在三百万元以下的，应出具对应的债务人和担保人破产、关闭、解散证明、撤销文件、工商行政管理部门注销证明或查询证明以及追索记录等（包括司法追索、电话追索、信件追索和上门追索等原始记录）。

（二）债务人遭受重大自然灾害或意外事故，企业对其资产进行清偿和对担保人进行追偿后，未能收回的债权，应出具债务人遭受重大自然灾害或意外事故证明、保险赔偿证明、资产清偿证明等。

（三）债务人因承担法律责任，其资产不足归还所借债务，又无其他债务承担者的，应出具法院裁定证明和资产清偿证明。

（四）债务人和担保人不能偿还到期债务，企业提出诉讼或仲裁的，经人民法院对债务人和担保人强制执行，债务人和担保人均无资产可执行，人民法院裁定终结或终止（中止）执行的，应出具人民法院裁定文书。

（五）债务人和担保人不能偿还到期债务，企业提出诉讼后被驳回起诉的、人民法院不予受理或不予支持的，或经仲裁机构裁决免除（或部分免除）债务人责任，经追偿后无法收回的债权，应提交法院驳回起诉的证明，或法院不予受理或不予支持证明，或仲裁机构裁决免除债务人责任的文书。

（六）经国务院专案批准核销的债权，应提供国务院批准文件或经国务院同意后由国务院有关部门批准的文件。

第四十一条 企业股权投资损失应依据以下相关证据材料确认：

（一）股权投资计税基础证明材料；

（二）被投资企业破产公告、破产清偿文件；

（三）工商行政管理部门注销、吊销被投资单位营业执照文件；

（四）政府有关部门对被投资单位的行政处理决定文件；

（五）被投资企业终止经营、停止交易的法律或其他证明文件；

（六）被投资企业资产处置方案、成交及入账材料；

（七）企业法定代表人、主要负责人和财务负责人签章证实有关投资（权益）性损失的书面申明；

（八）会计核算资料等其他相关证据材料。

第四十二条 被投资企业依法宣告破产、关闭、解散或撤销、吊销营业执照、停止生产经营活动、失踪等，应出具资产清偿证明或者遗产清偿证明。

上述事项超过三年以上且未能完成清算的，应出具被投资企业破产、关闭、解散或撤销、吊销等的证明以及不能清算的原因说明。

第四十三条 企业委托金融机构向其他单位贷款，或委托其他经营机构进行理财，到期不能收回贷款或理财款项，按照本办法第六章有关规定进行处理。

第四十四条 企业对外提供与本企业生产经营活动有关的担保，因被担保人不能按期偿还债务而承担连带责任，经追索，被担保人无偿还能力，对无法追回的金额，比照本办法规定的应收款项损失进行处理。

与本企业生产经营活动有关的担保是指企业对外提供的与本企业应税收入、投资、融资、材料采购、产品销售等生产经营活动相关的担保。

第四十五条 企业按独立交易原则向关联企业转让资产而发生的损失，或向关联企业提供借款、担保而形成的债权损失，准予扣除，但企业应作专项说明，同时出具中介机构出具的专项报告及其相关的证明材料。

第四十六条 下列股权和债权不得作为损失在税前扣除：

（一）债务人或者担保人有经济偿还能力，未按期偿还的企业债权；

（二）违反法律、法规的规定，以各种形式、借口逃废或悬空的企业债权；

（三）行政干预逃废或悬空的企业债权；

（四）企业未向债务人和担保人追偿的债权；

（五）企业发生非经营活动的债权；

（六）其他不应当核销的企业债权和股权。

第七章　其他资产损失的确认

第四十七条　企业将不同类别的资产捆绑（打包），以拍卖、询价、竞争性谈判、招标等市场方式出售，其出售价格低于计税成本的差额，可以作为资产损失并准予在税前申报扣除，但应出具资产处置方案、各类资产作价依据、出售过程的情况说明、出售合同或协议、成交及入账证明、资产计税基础等确定依据。

第四十八条　企业正常经营业务因内部控制制度不健全而出现操作不当、不规范或因业务创新但政策不明确、不配套等原因形成的资产损失，应由企业承担的金额，可以作为资产损失并准予在税前申报扣除，但应出具损失原因证明材料或业务监管部门定性证明、损失专项说明。

第四十九条　企业因刑事案件原因形成的损失，应由企业承担的金额，或经公安机关立案侦查两年以上仍未追回的金额，可以作为资产损失并准予在税前申报扣除，但应出具公安机关、人民检察院的立案侦查情况或人民法院的判决书等损失原因证明材料。

第八章　附　　则

第五十条　本办法没有涉及的资产损失事项，只要符合企业所得税法及其实施条例等法律、法规规定的，也可以向税务机关申报扣除。

第五十一条　*省、自治区、直辖市和计划单列市国家税务局、地方税务局可以根据本办法制定具体实施办法。*

第五十二条　本办法自 2011 年 1 月 1 日起施行，《国家税务总局关于印发〈企业资产损失税前扣除管理办法〉的通知》（国税发〔2009〕88 号）、《国家税务总局关于企业以前年度未扣除资产损失企业所得税处理问题的通知》（国税函〔2009〕772 号）、《国家税务总局关于电信企业坏账损失税前扣除问题的通知》（国税函〔2010〕196 号）同时废止。本办法生效之日前尚未进行税务处理的资产损失事项，也应按本办法执行。

国家税务总局关于税务机关代收工会经费企业所得税税前扣除凭据问题的公告

2011 年 5 月 11 日　国家税务总局公告 2011 年第 30 号

为进一步加强对工会经费企业所得税税前扣除的管理，现就税务机关代收工会经费税前扣除凭据问题公告如下：

自 2010 年 1 月 1 日起，在委托税务机关代收工会经费的地区，企业拨缴的工会经费，也可凭合法、有效的工会经费代收凭据依法在税前扣除。

特此公告。

国家税务总局关于企业所得税若干问题的公告

2011 年 6 月 9 日　国家税务总局公告 2011 年第 34 号

根据《中华人民共和国企业所得税法》（以下简称税法）以及《中华人民共和国企业所得税法实施条例》（以下简称《实施条例》）的有关规定，现就企业所得税若干问题公告如下：

一、关于金融企业同期同类贷款利率确定问题

根据《实施条例》第三十八条规定，非金融企业向非金融企业借款的利息支出，不超过按照金融企业同期同类贷款利率计算的数额的部分，准予税前扣除。鉴于目前我国对金融企业利率要求的具体情况，企业在按照合同要求首次支付利息并进行税前扣除时，应提供“金融企业的同期同类贷款利率情况说明”，以证明其利息支出的合理性。

“金融企业的同期同类贷款利率情况说明”中，应包括在签订该借款合同当时，本省任何一家金融企业提供同期同类贷款利率情况。该金融企业应为经政府有关部门批准成立的可以从事贷款业务的企业，包括银行、财务公司、信托公司等金融机构。“同期同类贷款利率”是指在贷款期限、贷款金额、贷款担保以及企业信誉等条件基本相同下，金融企业提供贷款的利率。既可以是金融企业公布的同期同类平均利率，也可以是金融企业对某些企业提供的实际贷款利率。

二、关于企业员工服饰费用支出扣除问题

企业根据其工作性质和特点，由企业统一制作并要求员工工作时统一着装所发生的工作服饰费用，根据《实施条例》第二十七条的规定，可以作为企业合理的支出给予税前扣除。

三、关于航空企业空勤训练费扣除问题

航空企业实际发生的飞行员养成费、飞行训练费、乘务训练费、空中保卫员训练费等空勤训练费用，根据《实施条例》第二十七条规定，可以作为航空企业运输成本在税前扣除。

四、关于房屋、建筑物固定资产改扩建的税务处理问题

企业对房屋、建筑物固定资产在未足额提取折旧前进行改扩建的，如属于推倒重置的，该资产原值减除提取折旧后的净值，应并入重置后的固定资产计税成本，并在该固定资产投入使用后的次月起，按照税法规定的折旧年限，一并计提折旧；如属于提升功能、增加面积的，该固定资产的改扩建支出，并入该固定资产计税基础，并从改扩建完工投入使用后的次月起，重新按税法规定的该固定资产折旧年限计提折旧，如该改扩建后的固定资产尚可使用的年限低于税法规定的最低年限的，可以按尚可使用的年限计提折旧。

五、投资企业撤回或减少投资的税务处理

投资企业从被投资企业撤回或减少投资，其取得的资产中，相当于初始出资的部分，应确认为投资收回；相当于被投资企业累计未分配利润和累计盈余公积按减少实收资本比例计算的部分，应确认为股息所得；其余部分确认为投资资产转让所得。

被投资企业发生的经营亏损，由被投资企业按规定结转弥补；投资企业不得调整减低其

投资成本，也不得将其确认为投资损失。

六、关于企业提供有效凭证时间问题

企业当年度实际发生的相关成本、费用，由于各种原因未能及时取得该成本、费用的有效凭证，企业在预缴季度所得税时，可暂按账面发生金额进行核算；但在汇算清缴时，应补充提供该成本、费用的有效凭证。

七、本公告自 2011 年 7 月 1 日起施行。本公告施行以前，企业发生的相关事项已经按照本公告规定处理的，不再调整；已经处理，但与本公告规定处理不一致的，凡涉及需要按照本公告规定调减应纳税所得额的，应当在本公告施行后相应调减 2011 年度企业应纳税所得额。

特此公告。

国家税务总局关于企业国债投资业务企业所得税处理问题的公告

2011 年 6 月 22 日　国家税务总局公告 2011 年第 36 号

根据《中华人民共和国企业所得税法》（以下简称企业所得税法）及其实施条例的规定，现对企业国债投资业务企业所得税处理问题，公告如下：

一、关于国债利息收入税务处理问题

（一）国债利息收入时间确认

1. 根据企业所得税法实施条例第十八条的规定，企业投资国债从国务院财政部门（以下简称发行者）取得的国债利息收入，应以国债发行时约定应付利息的日期，确认利息收入的实现。

2. 企业转让国债，应在国债转让收入确认时确认利息收入的实现。

（二）国债利息收入计算

企业到期前转让国债，或者从非发行者投资购买的国债，其持有期间尚未兑付的国债利息收入，按以下公式计算确定：

国债利息收入 = 国债金额 ×（适用年利率 ÷365）×持有天数

上述公式中的“国债金额”，按国债发行面值或发行价格确定；“适用年利率”按国债票面年利率或折合年收益率确定；如企业不同时间多次购买同一品种国债的，“持有天数”可按平均持有天数计算确定。

（三）国债利息收入免税问题

根据企业所得税法第二十六条的规定，企业取得的国债利息收入，免征企业所得税。具体按以下规定执行：

1. 企业从发行者直接投资购买的国债持有至到期，其从发行者取得的国债利息收入，全额免征企业所得税。

2. 企业到期前转让国债，或者从非发行者投资购买的国债，其按本公告第一条第（二）

项计算的国债利息收入，免征企业所得税。

二、关于国债转让收入税务处理问题

（一）国债转让收入时间确认

1. 企业转让国债应在转让国债合同、协议生效的日期，或者国债移交时确认转让收入的实现。

2. 企业投资购买国债，到期兑付的，应在国债发行时约定的应付利息的日期，确认国债转让收入的实现。

（二）国债转让收益（损失）计算

企业转让或到期兑付国债取得的价款，减除其购买国债成本，并扣除其持有期间按照本公告第一条计算的国债利息收入以及交易过程中相关税费后的余额，为企业转让国债收益（损失）。

（三）国债转让收益（损失）征税问题

根据企业所得税法实施条例第十六条规定，企业转让国债，应作为转让财产，其取得的收益（损失）应作为企业应纳税所得额计算纳税。

三、关于国债成本确定问题

（一）通过支付现金方式取得的国债，以买入价和支付的相关税费为成本；

（二）通过支付现金以外的方式取得的国债，以该资产的公允价值和支付的相关税费为成本。

四、关于国债成本计算方法问题

企业在不同时间购买同一品种国债的，其转让时的成本计算方法，可在先进先出法、加权平均法、个别计价法中选用一种。计价方法一经选用，不得随意改变。

五、本公告自2011年1月1日起施行。

特此公告。

国家税务总局关于企业转让上市公司限售股有关所得税问题的公告

2011年7月7日　国家税务总局公告2011年第39号

根据《中华人民共和国企业所得税法》（以下简称企业所得税法）及其实施条例的有关规定，现就企业转让上市公司限售股（以下简称限售股）有关所得税问题，公告如下：

一、纳税义务人的范围界定问题

根据企业所得税法第一条及其实施条例第三条的规定，转让限售股取得收入的企业（包括事业单位、社会团体、民办非企业单位等），为企业所得税的纳税义务人。

二、企业转让代个人持有的限售股征税问题

因股权分置改革造成原由个人出资而由企业代持有的限售股，企业在转让时按以下规定处理：

（一）企业转让上述限售股取得的收入，应作为企业应税收入计算纳税。

上述限售股转让收入扣除限售股原值和合理税费后的余额为该限售股转让所得。企业未能提供完整、真实的限售股原值凭证，不能准确计算该限售股原值的，主管税务机关一律按该限售股转让收入的15%，核定为该限售股原值和合理税费。

依照本条规定完成纳税义务后的限售股转让收入余额转付给实际所有人时不再纳税。

（二）依法院判决、裁定等原因，通过证券登记结算公司，企业将其代持的个人限售股直接变更到实际所有人名下的，不视同转让限售股。

三、企业在限售股解禁前转让限售股征税问题

企业在限售股解禁前将其持有的限售股转让给其他企业或个人（以下简称受让方），其企业所得税问题按以下规定处理：

（一）企业应按减持在证券登记结算机构登记的限售股取得的全部收入，计入企业当年度应税收入计算纳税。

（二）企业持有的限售股在解禁前已签订协议转让给受让方，但未变更股权登记、仍由企业持有的，企业实际减持该限售股取得的收入，依照本条第一项规定纳税后，其余额转付给受让方的，受让方不再纳税。

四、本公告自2011年7月1日起执行。本公告生效后尚未处理的纳税事项，按照本公告规定处理；已经处理的纳税事项，不再调整。

特此公告。

国家税务总局关于印发《境外注册中资控股居民企业所得税管理办法（试行）》的公告

2011年7月27日　国家税务总局公告2011年第45号

（注释：条款失效。“第三十一条　本办法由税务总局负责解释。各省、自治区、直辖市和计划单列市国家税务局、地方税务局可根据本办法制定具体操作规程。”修改为：“第三十一条　本办法由税务总局负责解释。各省、自治区、直辖市和计划单列市税务局可根据本办法制定具体操作规程。”参见：《国家税务总局关于修改部分税收规范性文件的公告》（国家税务总局公告2018年第31号）。

条款废止。第二十八条自2016年10月1日起废止。参见：《国家税务总局关于开具〈中国税收居民身份证明〉有关事项的公告》（国家税务总局公告2016年第40号）。

政策调整。“境外注册中资控股居民企业主管税务机关的变更审批”取消。参见：（1）《国家税务总局关于贯彻落实〈国务院关于第一批取消62项中央指定地方实施行政审批事项的决定〉的通知》（税总发〔2015〕141号）。（2）《国务院关于第一批取消62项中央指定地方实施行政审批事项的决定》（国发〔2015〕57号）。（3）《国务院关于取消和调整一批行政审批项目等事项的决定》（国发〔2015〕11号）。

条款失效。第五条修改为：“本办法所称主管税务机关是指境外注册中资控股居民企业

中国境内主要投资者登记注册地主管税务机关。”自 2015 年 6 月 1 日起施行。参见：《国家税务总局关于修改〈非居民企业所得税核定征收管理办法〉等文件的公告》（国家税务总局公告 2015 年第 22 号）。

政策调整。“非境内注册居民企业选择主管税务机关批准”取消。参见：（1）《国家税务总局贯彻落实〈国务院关于第二批取消 152 项中央指定地方实施行政审批事项的决定〉的通知》（税总发〔2016〕23 号）。（2）《国务院关于第二批取消 152 项中央指定地方实施行政审批事项的决定》（国发〔2016〕9 号）。（3）《国务院关于取消和调整一批行政审批项目等事项的决定》（国发〔2015〕11 号）。）

为规范和加强对依据实际管理机构标准被认定为居民企业的境外注册中资控股企业的所得税管理，国家税务总局制定了《境外注册中资控股居民企业所得税管理办法（试行）》，现予以发布，自 2011 年 9 月 1 日起施行。

特此公告。

境外注册中资控股居民企业所得税管理办法（试行）

第一章 总 则

第一条 为规范和加强境外注册中资控股居民企业的所得税税收管理，根据《中华人民共和国企业所得税法》（以下简称企业所得税法）及其实施条例、《中华人民共和国税收征收管理法》（以下简称税收征管法）及其实施细则、中国政府对外签署的避免双重征税协定（含与香港、澳门特别行政区签署的税收安排，以下简称税收协定）、《国家税务总局关于境外注册中资控股企业依据实际管理机构标准认定为居民企业有关问题的通知》（国税发〔2009〕82 号，以下简称《通知》）和其他有关规定，制定本办法。

第二条 本办法所称境外注册中资控股企业（以下简称境外中资企业）是指由中国内地企业或者企业集团作为主要控股投资者，在中国内地以外国家或地区（含香港、澳门、台湾）注册成立的企业。

第三条 本办法所称境外注册中资控股居民企业（以下简称非境内注册居民企业）是指因实际管理机构在中国境内而被认定为中国居民企业的境外注册中资控股企业。

第四条 非境内注册居民企业应当按照企业所得税法及其实施条例和相关管理规定的要求，履行居民企业所得税纳税义务，并在向非居民企业支付企业所得税法第三条第三款规定的款项时，依法代扣代缴企业所得税。

第五条 本办法所称主管税务机关包括：

（一）非境内注册居民企业的实际管理机构所在地与境内主要控股投资者所在地一致的，为境内主要控股投资者的企业所得税主管税务机关。

（二）非境内注册居民企业的实际管理机构所在地与境内主要控股投资者所在地不一致的，为实际管理机构所在地的国税局主管机关；经共同的上级税务机关批准，企业也可以选择境内主要控股投资者的企业所得税主管税务机关为其主管税务机关。

（三）非境内注册居民企业存在多个实际管理机构所在地的，由相关税务机关报共同的

上级税务机关确定。

主管税务机关确定后，不得随意变更；确需变更的，应当层报税务总局批准。

第二章　居民身份认定管理

第六条　境外中资企业居民身份的认定，采用企业自行判定提请税务机关认定和税务机关调查发现予以认定两种形式。

第七条　境外中资企业应当根据生产经营和管理的实际情况，自行判定实际管理机构是否设立在中国境内。如其判定符合《通知》第二条规定的居民企业条件，应当向其主管税务机关书面提出居民身份认定申请，同时提供以下资料：

（一）企业法律身份证明文件；

（二）企业集团组织结构说明及生产经营概况；

（三）企业上一个纳税年度的公证会计师审计报告；

（四）负责企业生产经营等事项的高层管理机构履行职责场所的地址证明；

（五）企业上一年度及当年度董事及高层管理人员在中国境内居住的记录；

（六）企业上一年度及当年度重大事项的董事会决议及会议记录；

（七）主管税务机关要求提供的其他资料。

第八条　主管税务机关发现境外中资企业符合《通知》第二条规定但未申请成为中国居民企业的，可以对该境外中资企业的实际管理机构所在地情况进行调查，并要求境外中资企业提供本办法第七条规定的资料。调查过程中，主管税务机关有权要求该企业的境内投资者提供相关资料。

第九条　主管税务机关依法对企业提供的相关资料进行审核，提出初步认定意见，将据以做出初步认定的相关事实（资料）、认定理由和结果层报税务总局确认。

税务总局认定境外中资企业居民身份的，应当将相关认定结果同时书面告知境内投资者、境内被投资者的主管税务机关。

第十条　非境内注册居民企业的主管税务机关收到税务总局关于境外中资企业居民身份的认定结果后，应当在10日内向该企业下达《境外注册中资控股企业居民身份认定书》（见附件1），通知其从企业居民身份确认年度开始按照我国居民企业所得税管理规定及本办法规定办理有关税收事项。

第十一条　非境内注册居民企业发生下列重大变化情形之一的，应当自变化之日起15日内报告主管税务机关，主管税务机关应当按照本办法规定层报税务总局确定是否取消其居民身份。

（一）企业实际管理机构所在地变更为中国境外的；

（二）中方控股投资者转让企业股权，导致中资控股地位发生变化的。

第十二条　税务总局认定终止非境内注册居民企业居民身份的，应当将相关认定结果同时书面告知境内投资者、境内被投资者的主管税务机关。企业应当自主管税务机关书面告知之日起停止履行中国居民企业的所得税纳税义务与扣缴义务，同时停止享受中国居民企业税收待遇。上述主管税务机关应当依法做好减免税款追缴等后续管理工作。

第三章　税务登记管理

第十三条　非境内注册居民企业应当自收到居民身份认定书之日起30日内向主管税务

机关提供以下资料申报办理税务登记，主管税务机关核发临时税务登记证及副本：

（一）居民身份认定书；

（二）境外注册登记证件；

（三）税务机关要求提供的其他资料。

第十四条 非境内注册居民企业经税务总局确认终止居民身份的，应当自收到主管税务机关书面通知之日起15日内向主管税务机关申报办理注销税务登记。

第十五条 发生本办法第四条扣缴义务的非境内注册居民企业应当自扣缴义务发生之日起30日内，向主管税务机关申报办理扣缴税款登记。

第四章 账簿凭证管理

第十六条 非境内注册居民企业应当按照中国有关法律、法规和国务院财政、税务主管部门的规定，编制财务、会计报表，并在领取税务登记证件之日起15日内将企业的财务、会计制度或者财务会计、处理办法及有关资料报送主管税务机关备案。

第十七条 非境内注册居民企业存放在中国境内的会计账簿和境内税务机关要求提供的报表等资料，应当使用中文。

第十八条 发生扣缴义务的非境内注册居民企业应当设立代扣代缴税款账簿和合同资料档案，准确记录扣缴企业所得税情况。

第十九条 非境内注册居民企业与境内单位或者个人发生交易的，应当按照发票管理办法规定使用发票，发票存根应当保存在中国境内，以备税务机关查验。

第五章 申报征收管理

第二十条 非境内注册居民企业按照分季预缴、年度汇算清缴方法申报缴纳所得税。

第二十一条 非境内注册居民企业发生终止生产经营或者居民身份变化情形的，应当自停止生产经营之日或者税务总局取消其居民企业之日起60日内，向其主管税务机关办理当期企业所得税汇算清缴。

非境内注册居民企业需要申报办理注销税务登记的，应在注销税务登记前，就其清算所得向主管税务机关申报缴纳企业所得税。

第二十二条 非境内注册居民企业应当以人民币计算缴纳企业所得税；所得以人民币以外的货币计算的，应当按照企业所得税法及其实施条例有关规定折合成人民币计算并缴纳企业所得税。

第二十三条 对非境内注册居民企业未依法履行居民企业所得税纳税义务的，主管税务机关应依据税收征管法及其实施细则的有关规定追缴税款、加收滞纳金，并处罚款。

主管税务机关应当在非境内注册居民企业年度申报和汇算清缴结束后两个月内，判定其构成居民身份的条件是否发生实质性变化。对实际管理机构转移至境外或者企业中资控股地位发生变化的，主管税务机关应层报税务总局终止其居民身份。

对于境外中资企业频繁转换企业身份，又无正当理由的，主管税务机关应层报国家税务总局核准后追回其已按居民企业享受的股息免税待遇。

第二十四条 主管税务机关应按季度核查非境内注册居民企业向非居民企业支付股息、利息、租金、特许权使用费、转让财产收入及其他收入依法扣缴企业所得税的情况，发现该企业未依法履行相关扣缴义务的，应按照税收征管法及其实施细则和企业所得税法及其实施条例等有关规定对其进行处罚，并向非居民企业追缴税款。

第六章 特定事项管理

第二十五条 非境内注册居民企业取得来源于中国境内的股息、红利等权益性投资收益和利息、租金、特许权使用费所得、转让财产所得以及其他所得，应当向相关支付方出具本企业的《境外注册中资控股企业居民身份认定书》复印件。

相关支付方凭上述复印件不予履行该所得的税款扣缴义务，并在对外支付上述外汇资金时凭该复印件向主管税务机关申请开具相关税务证明。其中涉及个人所得税、营业税等其他税种纳税事项的，仍按对外支付税务证明开具的有关规定办理。

第二十六条 非居民企业转让非境内注册居民企业股权所得，属于来源于中国境内所得，被转让的非境内注册居民企业应当自股权转让协议签订之日起 30 日内，向其主管税务机关报告并提供股权转让合同及相关资料。

第二十七条 非境内注册居民企业应当按照企业所得税法及其实施条例以及《特别纳税调整实施办法（试行）》（国税发〔2009〕2 号）的相关规定，履行关联申报及同期资料准备等义务。

第二十八条 *非境内注册居民企业同时被我国与其注册所在国家（地区）税务当局确认为税收居民的，应当按照双方签订的税收协定的有关规定确定其居民身份；如经确认为我国税收居民，可适用我国与其他国家（地区）签订的税收协定，并按照有关规定办理享受税收协定优惠待遇手续；需要证明其中国税收居民身份的，可向其主管税务机关申请开具《中国税收居民身份证明》，主管税务机关应在受理申请之日起10 个工作日内办结。*

第二十九条 境外税务当局拒绝给予非境内注册居民企业税收协定待遇，或者将其认定为所在国家（地区）税收居民的，该企业可按有关规定书面申请启动税务相互协商程序。

主管税务机关受理企业提请协商的申请后，应当及时将申请及有关资料层报税务总局，由税务总局与有关国家（地区）税务当局进行协商。

第七章 附 则

第三十条 主管税务机关应当做好非境内注册居民企业所得税管理情况汇总统计工作，于每年 8 月 15 日前向税务总局层报《境外注册中资控股居民企业所得税管理情况汇总表》（见附件 2）。税务总局不定期对各地相关管理工作进行检查，并将检查情况通报各地。

第三十一条 *本办法由税务总局负责解释。各省、自治区、直辖市和计划单列市国家税务局、地方税务局可根据本办法制定具体操作规程。*

第三十二条 本办法自 2011 年 9 月 1 日起施行。此前根据《通知》规定已经被认定为非境内注册居民企业的，适用本办法相关规定处理。

附件：1. 境外注册中资控股企业居民身份认定书

2. 境外注册中资控股居民企业所得税管理情况汇总表

附件1：

境外注册中资控股企业居民身份认定书

××税居告〔 〕号

__________________：

根据《国家税务总局关于确认××公司为境外注册中资控股居民企业的函》（国税函〔 〕号），你公司属于《中华人民共和国企业所得税法》第二条规定的居民企业，应当从__________年度开始，按照我国居民企业所得税管理规定及《境外注册中资控股居民企业所得税管理办法（试行）》的规定办理有关税收事项。

你公司的主管税务机关是________________税务局。

如你公司居民身份认定条件发生变化，应当按照有关规定自变化之日起15日内报告主管税务机关。

联系人：　　　　　　　　　　　联系电话：

税务机关（签章）

年　　月　　日

注：本认定书一式二份，一份送达纳税人，一份由税务机关留存。

附件2：

境外注册中资控股居民企业所得税管理情况汇总表

填报单位（盖章）：　　　　　　　　　　　　　　填报日期：　　年　　月　　日

序号	企业名称	企业所得税缴纳情况		企业所得税扣缴情况		实际管理机构变动情况		居民身份变化情况	
		缴纳金额	是否足额	扣缴金额	是否足额	是否迁至境外	是否报告总局	已终止	已告相关税局
合计									

填表人：　　　　　　审核人：　　　　　　　　　　审核日期：　　年　　月　　日

注：“是否足额”“是否迁至境外”“是否报告总局”列填写“是”或“否”；“缴纳金额”“扣缴金额”填写人民币金额；“已终止”“已告相关税局”根据实际情况填入“√”或“×”。

财政部　国家税务总局　民政部关于公布2011年度第二批获得公益性捐赠税前扣除资格的公益性社会团体名单的通知

2012 年 4 月 20 日　财税〔2012〕26 号

各省、自治区、直辖市、计划单列市财政厅（局）、国家税务局、地方税务局、民政厅（局），新疆生产建设兵团财务局、民政局：

根据《财政部　国家税务总局　民政部关于公益性捐赠税前扣除有关问题的通知》（财税〔2008〕160 号）和《财政部　国家税务总局　民政部关于公益性捐赠税前扣除有关问题的补充通知》（财税〔2010〕45 号）规定，现将财政部、国家税务总局和民政部联合审核确认的 2011 年度第二批获得公益性捐赠税前扣除资格的公益性社会团体名单，予以公布。

附件：2011 年度第二批获得公益性捐赠税前扣除资格的公益性社会团体名单

附件：

2011 年度第二批获得公益性捐赠税前扣除资格的公益性社会团体名单

1. 北京理工大学教育基金会
2. 中国马克思主义研究基金会
3. 中国社会福利基金会
4. 王振滔慈善基金会
5. 张学良教育基金会
6. 中国人权发展基金会
7. 中国文学艺术基金会
8. 中华国际医学交流基金会
9. 华润慈善基金会
10. 中国下一代教育基金会
11. 中国红十字基金会
12. 南都公益基金会
13. 华民慈善基金会
14. 中国金融教育发展基金会
15. 中国残疾人福利基金会
16. 中国肝炎防治基金会
17. 詹天佑科学技术发展基金会
18. 中国人口福利基金会
19. 中国健康促进基金会
20. 中国老龄事业发展基金会
21. 友成企业家扶贫基金会
22. 中国华夏文化遗产基金会
23. 中国扶贫基金会
24. 海仓慈善基金会
25. 爱佑华夏慈善基金会
26. 北京大学教育基金会
27. 清华大学教育基金会
28. 中国光华科技基金会
29. 中国古生物化石保护基金会
30. 中国检察官教育基金会
31. 中国华文教育基金会
32. 中国医药卫生事业发展基金会
33. 中国预防性病艾滋病基金会
34. 中国人寿慈善基金会
35. 中国孔子基金会
36. 中国华侨公益基金会
37. 中国绿化基金会
38. 万科公益基金会
39. 援助西藏发展基金会
40. 中华环境保护基金会

41. 中国初级卫生保健基金会
42. 人保慈善基金会
43. 中远慈善基金会
44. 中华健康快车基金会
45. 中国法律援助基金会
46. 中国癌症基金会
47. 桃源居公益事业发展基金会
48. 腾讯公益慈善基金会
49. 中国西部人才开发基金会
50. 中国教育发展基金会
51. 中国儿童少年基金会
52. 中国煤矿尘肺病治疗基金会
53. 香江社会救助基金会
54. 中华思源工程扶贫基金会
55. 凯风公益基金会
56. 北京航空航天大学教育基金会
57. 天诺慈善基金会
58. 中国青少年发展基金会
59. 中国发展研究基金会
60. 心平公益基金会
61. 中国妇女发展基金会
62. 中国光彩事业基金会
63. 中国青年创业就业基金会
64. 中国宋庆龄基金会
65. 中国敦煌石窟保护研究基金会
66. 中华社会文化发展基金会
67. 中国国际文化交流基金会
68. 中国交响乐发展基金会
69. 南航“十分”关爱基金会
70. 中华全国体育基金会
71. 国家电网公益基金会
72. 中国志愿服务基金会
73. 中华社会救助基金会
74. 中国保护黄河基金会
75. 中国经济改革研究基金会
76. 中国公安民警英烈基金会
77. 浙江大学教育基金会
78. 华阳慈善基金会
79. 中国企业管理科学基金会
80. 中国移动慈善基金会
81. 纺织之光科技教育基金会
82. 中国航天基金会
83. 中国禁毒基金会
84. 中国友好和平发展基金会
85. 威盛信望爱公益基金会
86. 中国国际战略研究基金会
87. 招商局慈善基金会
88. 中国农业大学教育基金会
89. 中华少年儿童慈善救助基金会
90. 中科院研究生教育基金会
91. 中央财经大学教育基金会
92. 北京交通大学教育基金会
93. 中国社会工作协会
94. 中国对外文化交流协会
95. 中国国际民间组织合作促进会
96. 中国绿色碳汇基金会
97. 陈香梅公益基金会
98. 比亚迪慈善基金会
99. 神华公益基金会
100. 中国煤矿文化宣传基金会
101. 顶新公益基金会
102. 瀛公益基金会
103. 中华慈善总会
104. 中国民航科普基金会
105. 西北农林科技大学教育发展基金会
106. 黄奕聪慈善基金会
107. 河南大学教育基金会
108. 四川大学教育基金会
109. 中国生物多样性保护与绿色发展基金会
110. 德康博爱基金会
111. 中国出生缺陷干预救助基金会
112. 济仁慈善基金会
113. 中国社会组织促进会
114. 中国盲人协会

财政部　国家税务总局关于确认中华全国总工会和中国红十字会总会 2011 年度公益性捐赠税前扣除资格的通知

2012 年 5 月 24 日　财税〔2012〕47 号

各省、自治区、直辖市、计划单列市财政厅（局）、国家税务局、地方税务局，新疆生产建设兵团财务局：

根据《财政部、国家税务总局关于通过公益性群众团体的公益性捐赠税前扣除有关问题的通知》（财税〔2009〕124 号）精神，经财政部、国家税务总局联合审核确认，中华全国总工会和中国红十字会总会具有 2011 年度公益性捐赠税前扣除资格，企业（包括企业、事业单位、社会团体以及其他取得收入的组织）或个人 2011 年度通过中华全国总工会和中国红十字会总会进行的公益性捐赠支出，可按规定予以税前扣除。

国家税务总局关于企业所得税应纳税所得额若干税务处理问题的公告

2012 年 4 月 24 日　国家税务总局公告 2012 年第 15 号

（注释：条款废止。第一条有关企业接受外部劳务派遣用工的相关规定废止。参见：《国家税务总局关于企业工资薪金和职工福利费等支出税前扣除问题的公告》（国家税务总局公告 2015 年第 34 号）。）

根据《中华人民共和国企业所得税法》（以下简称《企业所得税法》）及其实施条例（以下简称《实施条例》）以及相关规定，现就企业所得税应纳税所得额若干税务处理问题公告如下：

一、关于季节工、临时工等费用税前扣除问题

企业因雇用季节工、临时工、实习生、返聘离退休人员以及接受外部劳务派遣用工所实际发生的费用，应区分为工资薪金支出和职工福利费支出，并按《企业所得税法》规定在企业所得税前扣除。其中属于工资薪金支出的，准予计入企业工资薪金总额的基数，作为计算其他各项相关费用扣除的依据。

二、关于企业融资费用支出税前扣除问题

企业通过发行债券、取得贷款、吸收保户储金等方式融资而发生的合理的费用支出，符合资本化条件的，应计入相关资产成本；不符合资本化条件的，应作为财务费用，准予在企业所得税前据实扣除。

三、关于从事代理服务企业营业成本税前扣除问题

从事代理服务、主营业务收入为手续费、佣金的企业（如证券、期货、保险代理等企业），其为取得该类收入而实际发生的营业成本（包括手续费及佣金支出），准予在企业所得税前据实扣除。

四、关于电信企业手续费及佣金支出税前扣除问题

电信企业在发展客户、拓展业务等过程中（如委托销售电话入网卡、电话充值卡等），需向经纪人、代办商支付手续费及佣金的，其实际发生的相关手续费及佣金支出，不超过企业当年收入总额5%的部分，准予在企业所得税前据实扣除。

五、关于筹办期业务招待费等费用税前扣除问题

企业在筹建期间，发生的与筹办活动有关的业务招待费支出，可按实际发生额的60%计入企业筹办费，并按有关规定在税前扣除；发生的广告费和业务宣传费，可按实际发生额计入企业筹办费，并按有关规定在税前扣除。

六、关于以前年度发生应扣未扣支出的税务处理问题

根据《中华人民共和国税收征收管理法》的有关规定，对企业发现以前年度实际发生的、按照税收规定应在企业所得税前扣除而未扣除或者少扣除的支出，企业做出专项申报及说明后，准予追补至该项目发生年度计算扣除，但追补确认期限不得超过5年。

企业由于上述原因多缴的企业所得税税款，可以在追补确认年度企业所得税应纳税款中抵扣，不足抵扣的，可以向以后年度递延抵扣或申请退税。

亏损企业追补确认以前年度未在企业所得税前扣除的支出，或盈利企业经过追补确认后出现亏损的，应首先调整该项支出所属年度的亏损额，然后再按照弥补亏损的原则计算以后年度多缴的企业所得税款，并按前款规定处理。

七、关于企业不征税收入管理问题

企业取得的不征税收入，应按照《财政部　国家税务总局关于专项用途财政性资金企业所得税处理问题的通知》（财税〔2011〕70号，以下简称《通知》）的规定进行处理。凡未按照《通知》规定进行管理的，应作为企业应税收入计入应纳税所得额，依法缴纳企业所得税。

八、关于税前扣除规定与企业实际会计处理之间的协调问题

根据《企业所得税法》第二十一条规定，对企业依据财务会计制度规定，并实际在财务会计处理上已确认的支出，凡没有超过《企业所得税法》和有关税收法规规定的税前扣除范围和标准的，可按企业实际会计处理确认的支出，在企业所得税前扣除，计算其应纳税所得额。

九、本公告施行时间

本公告规定适用于2011年度及以后各年度企业应纳税所得额的处理。

特此公告。

国家税务总局关于我国居民企业实行股权激励计划有关企业所得税处理问题的公告

2012 年 5 月 23 日　国家税务总局公告 2012 年第 18 号

为推进我国资本市场改革，促进企业建立健全激励与约束机制，根据国务院证券管理委员会发布的《上市公司股权激励管理办法（试行）》（证监公司字〔2005〕151 号，以下简称《管理办法》）的规定，一些在我国境内上市的居民企业（以下简称上市公司），为其职工建立了股权激励计划。根据《中华人民共和国企业所得税法》及其实施条例（以下简称税法）的有关规定，现就上市公司实施股权激励计划有关企业所得税处理问题，公告如下：

一、本公告所称股权激励，是指《管理办法》中规定的上市公司以本公司股票为标的，对其董事、监事、高级管理人员及其他员工（以下简称激励对象）进行的长期性激励。股权激励实行方式包括授予限制性股票、股票期权以及其他法律法规规定的方式。

限制性股票，是指《管理办法》中规定的激励对象按照股权激励计划规定的条件，从上市公司获得的一定数量的本公司股票。

股票期权，是指《管理办法》中规定的上市公司按照股权激励计划授予激励对象在未来一定期限内，以预先确定的价格和条件购买本公司一定数量股票的权利。

二、上市公司依照《管理办法》要求建立职工股权激励计划，并按我国企业会计准则的有关规定，在股权激励计划授予激励对象时，按照该股票的公允价格及数量，计算确定作为上市公司相关年度的成本或费用，作为换取激励对象提供服务的对价。上述企业建立的职工股权激励计划，其企业所得税的处理，按以下规定执行：

（一）对股权激励计划实行后立即可以行权的，上市公司可以根据实际行权时该股票的公允价格与激励对象实际行权支付价格的差额和数量，计算确定作为当年上市公司工资薪金支出，依照税法规定进行税前扣除。

（二）对股权激励计划实行后，需待一定服务年限或者达到规定业绩条件（以下简称等待期）方可行权的。上市公司等待期内会计上计算确认的相关成本费用，不得在对应年度计算缴纳企业所得税时扣除。在股权激励计划可行权后，上市公司方可根据该股票实际行权时的公允价格与当年激励对象实际行权支付价格的差额及数量，计算确定作为当年上市公司工资薪金支出，依照税法规定进行税前扣除。

（三）本条所指股票实际行权时的公允价格，以实际行权日该股票的收盘价格确定。

三、在我国境外上市的居民企业和非上市公司，凡比照《管理办法》的规定建立职工股权激励计划，且在企业会计处理上，也按我国会计准则的有关规定处理的，其股权激励计划有关企业所得税处理问题，可以按照上述规定执行。

四、本公告自 2012 年 7 月 1 日起施行。

特此公告。

国家税务总局关于发布《企业政策性搬迁所得税管理办法》的公告

2012年8月10日 国家税务总局公告2012年第40号

（注释：条款废止。第二十六条废止。自2012年10月1日起废止。参见：《国家税务总局关于企业政策性搬迁所得税有关问题的公告》（国家税务总局公告2013年第11号）。）

现将《企业政策性搬迁所得税管理办法》予以发布，自2012年10月1日起施行。

特此公告。

企业政策性搬迁所得税管理办法

第一章 总 则

第一条 为规范企业政策性搬迁的所得税征收管理，根据《中华人民共和国企业所得税法》（以下简称《企业所得税法》）及其实施条例的有关规定，制定本办法。

第二条 本办法执行范围仅限于企业政策性搬迁过程中涉及的所得税征收管理事项，不包括企业自行搬迁或商业性搬迁等非政策性搬迁的税务处理事项。

第三条 企业政策性搬迁，是指由于社会公共利益的需要，在政府主导下企业进行整体搬迁或部分搬迁。企业由于下列需要之一，提供相关文件证明资料的，属于政策性搬迁：

（一）国防和外交的需要；

（二）由政府组织实施的能源、交通、水利等基础设施的需要；

（三）由政府组织实施的科技、教育、文化、卫生、体育、环境和资源保护、防灾减灾、文物保护、社会福利、市政公用等公共事业的需要；

（四）由政府组织实施的保障性安居工程建设的需要；

（五）由政府依照《中华人民共和国城乡规划法》有关规定组织实施的对危房集中、基础设施落后等地段进行旧城区改建的需要；

（六）法律、行政法规规定的其他公共利益的需要。

第四条 企业应按本办法的要求，就政策性搬迁过程中涉及的搬迁收入、搬迁支出、搬迁资产税务处理、搬迁所得等所得税征收管理事项，单独进行税务管理和核算。不能单独进行税务管理和核算的，应视为企业自行搬迁或商业性搬迁等非政策性搬迁进行所得税处理，不得执行本办法规定。

第二章 搬迁收入

第五条 企业的搬迁收入，包括搬迁过程中从本企业以外（包括政府或其他单位）取得的搬迁补偿收入，以及本企业搬迁资产处置收入等。

第六条　企业取得的搬迁补偿收入，是指企业由于搬迁取得的货币性和非货币性补偿收入。具体包括：

（一）对被征用资产价值的补偿；

（二）因搬迁、安置而给予的补偿；

（三）对停产停业形成的损失而给予的补偿；

（四）资产搬迁过程中遭到毁损而取得的保险赔款；

（五）其他补偿收入。

第七条　企业搬迁资产处置收入，是指企业由于搬迁而处置企业各类资产所取得的收入。

企业由于搬迁处置存货而取得的收入，应按正常经营活动取得的收入进行所得税处理，不作为企业搬迁收入。

第三章　搬迁支出

第八条　企业的搬迁支出，包括搬迁费用支出以及由于搬迁所发生的企业资产处置支出。

第九条　搬迁费用支出，是指企业搬迁期间所发生的各项费用，包括安置职工实际发生的费用、停工期间支付给职工的工资及福利费、临时存放搬迁资产而发生的费用、各类资产搬迁安装费用以及其他与搬迁相关的费用。

第十条　资产处置支出，是指企业由于搬迁而处置各类资产所发生的支出，包括变卖及处置各类资产的净值、处置过程中所发生的税费等支出。

企业由于搬迁而报废的资产，如无转让价值，其净值作为企业的资产处置支出。

第四章　搬迁资产税务处理

第十一条　企业搬迁的资产，简单安装或不需要安装即可继续使用的，在该项资产重新投入使用后，就其净值按《企业所得税法》及其实施条例规定的该资产尚未折旧或摊销的年限，继续计提折旧或摊销。

第十二条　企业搬迁的资产，需要进行大修理后才能重新使用的，应就该资产的净值，加上大修理过程所发生的支出，为该资产的计税成本。在该项资产重新投入使用后，按该资产尚可使用的年限，计提折旧或摊销。

第十三条　企业搬迁中被征用的土地，采取土地置换的，换入土地的计税成本按被征用土地的净值，以及该换入土地投入使用前所发生的各项费用支出，为该换入土地的计税成本，在该换入土地投入使用后，按《企业所得税法》及其实施条例规定年限摊销。

第十四条　企业搬迁期间新购置的各类资产，应按《企业所得税法》及其实施条例等有关规定，计算确定资产的计税成本及折旧或摊销年限。企业发生的购置资产支出，不得从搬迁收入中扣除。

第五章　应税所得

第十五条　企业在搬迁期间发生的搬迁收入和搬迁支出，可以暂不计入当期应纳税所得额，而在完成搬迁的年度，对搬迁收入和支出进行汇总清算。

第十六条 企业的搬迁收入，扣除搬迁支出后的余额，为企业的搬迁所得。

企业应在搬迁完成年度，将搬迁所得计入当年度企业应纳税所得额计算纳税。

第十七条 下列情形之一的，为搬迁完成年度，企业应进行搬迁清算，计算搬迁所得：

（一）从搬迁开始，5 年内（包括搬迁当年度）任何一年完成搬迁的。

（二）从搬迁开始，搬迁时间满 5 年（包括搬迁当年度）的年度。

第十八条 企业搬迁收入扣除搬迁支出后为负数的，应为搬迁损失。搬迁损失可在下列方法中选择其一进行税务处理：

（一）在搬迁完成年度，一次性作为损失进行扣除。

（二）自搬迁完成年度起分 3 个年度，均匀在税前扣除。

上述方法由企业自行选择，但一经选定，不得改变。

第十九条 企业同时符合下列条件的，视为已经完成搬迁：

（一）搬迁规划已基本完成。

（二）当年生产经营收入占规划搬迁前年度生产经营收入 50% 以上。

第二十条 企业边搬迁、边生产的，搬迁年度应从实际开始搬迁的年度计算。

第二十一条 企业以前年度发生尚未弥补的亏损的，凡企业由于搬迁停止生产经营无所得的，从搬迁年度次年起，至搬迁完成年度前一年度止，可作为停止生产经营活动年度，从法定亏损结转弥补年限中减除；企业边搬迁、边生产的，其亏损结转年度应连续计算。

第六章 征收管理

第二十二条 企业应当自搬迁开始年度，至次年 5 月 31 日前，向主管税务机关（包括迁出地和迁入地）报送政策性搬迁依据、搬迁规划等相关材料。逾期未报的，除特殊原因并经主管税务机关认可外，按非政策性搬迁处理，不得执行本办法的规定。

第二十三条 企业应向主管税务机关报送的政策性搬迁依据、搬迁规划等相关材料，包括：

（一）政府搬迁文件或公告；

（二）搬迁重置总体规划；

（三）拆迁补偿协议；

（四）资产处置计划；

（五）其他与搬迁相关的事项。

第二十四条 企业迁出地和迁入地主管税务机关发生变化的，由迁入地主管税务机关负责企业搬迁清算。

第二十五条 企业搬迁完成当年，其向主管税务机关报送企业所得税年度纳税申报表时，应同时报送《企业政策性搬迁清算损益表》（表样附后）及相关材料。

第二十六条 *企业在本办法生效前尚未完成搬迁的，符合本办法规定的搬迁事项，一律按本办法执行。本办法生效年度以前已经完成搬迁且已按原规定进行税务处理的，不再调整。*

第二十七条 本办法未规定的企业搬迁税务事项，按照《企业所得税法》及其实施条例等相关规定进行税务处理。

第二十八条 本办法施行后，《国家税务总局关于企业政策性搬迁或处置收入有关企业所得税处理问题的通知》（国税函〔2009〕118号）同时废止。

附件：中华人民共和国企业政策性搬迁清算损益表

附件：

中华人民共和国企业政策性搬迁清算损益表

政策性搬迁期间： 年 月 日至 年 月 日

纳税人名称：

纳税人识别号：□□□□□□□□□□□□□□□□□□□ 金额单位： 元（列至角分）

类别	行次	项 目	金额
搬迁收入	1	对被征用资产价值的补偿	
	2	因搬迁、安置而给予的补偿	
	3	对停产停业形成的损失而给予的补偿	
	4	资产搬迁过程中遭到毁损而取得的保险赔款	
	5	搬迁资产处置收入	
	6	其他搬迁收入	
	7	搬迁收入合计（1+2+3+4+5+6）	
搬迁支出	8	安置职工实际发生的费用	
	9	停工期间支付给职工的工资及福利费	
	10	临时存放搬迁资产而发生的费用	
	11	各类资产搬迁安装费用	
	12	资产处置支出	
	13	其他搬迁支出	
	14	搬迁支出合计（8+9+10+11+12+13）	
搬迁所得（或损失）	15	搬迁所得（或损失）（7－14）	

纳税人盖章：	代理申报中介机构盖章：	主管税务机关受理专用章：
经办人签字：	经办人签字及执业证件号码：	受理人签字：
申报日期：	代理申报日期：	受理日期：
年 月 日	年 月 日	年 月 日

财政部　国家税务总局　民政部关于公布获得2012年度公益性捐赠税前扣除资格的公益性社会团体名单的通知

2013年3月8日　财税〔2013〕10号

各省、自治区、直辖市、计划单列市财政厅（局）、国家税务局、地方税务局、民政厅（局），新疆生产建设兵团财务局、民政局：

根据《财政部　国家税务总局　民政部关于公益性捐赠税前扣除有关问题的通知》（财税〔2008〕160号）和《财政部　国家税务总局　民政部关于公益性捐赠税前扣除有关问题的补充通知》（财税〔2010〕45号）规定，现将财政部　国家税务总局和民政部联合审核确认的获得2012年度公益性捐赠税前扣除资格的公益性社会团体名单，予以公布。

附件：获得2012年度公益性捐赠税前扣除资格的公益性社会团体名单

附件：

获得2012年度公益性捐赠税前扣除资格的公益性社会团体名单

1. 泛海公益基金会
2. 安利公益基金会
3. 中南大学教育基金会
4. 中国和平发展基金会
5. 亨通慈善基金会
6. 中社社会工作发展基金会
7. 西北农林科技大学教育发展基金会
8. 黄奕聪慈善基金会
9. 河南大学教育发展基金会
10. 四川大学教育基金会
11. 德康博爱基金会
12. 中国出生缺陷干预救助基金会
13. 中国生物多样性保护与绿色发展基金会
14. 济仁慈善基金会
15. 中国社会组织促进会
16. 中国盲人协会
17. 北京理工大学教育基金会
18. 中国马克思主义研究基金会
19. 中国社会福利基金会
20. 王振滔慈善基金会
21. 张学良教育基金会
22. 中国人权发展基金会
23. 中国文学艺术基金会
24. 中华国际医学交流基金会
25. 华润慈善基金会
26. 中国下一代教育基金会
27. 中国绿色碳汇基金会
28. 陈香梅公益基金会
29. 比亚迪慈善基金会
30. 神华公益基金会
31. 中国煤矿文化宣传基金会
32. 顶新公益基金会
33. 瀛公益基金会
34. 国家电网公益基金会
35. 中华社会救助基金会
36. 中国志愿服务基金会
37. 中国保护黄河基金会
38. 中国经济改革研究基金会
39. 中国公安民警英烈基金会
40. 浙江大学教育基金会
41. 华阳慈善基金会

42. 中国企业管理科学基金会
43. 中国移动慈善基金会
44. 纺织之光科技教育基金会
45. 中国航天基金会
46. 中国禁毒基金会
47. 中国友好和平发展基金会
48. 威盛信望爱公益基金会
49. 中国国际战略研究基金会
50. 招商局慈善基金会
51. 中国农业大学教育基金会
52. 中科院研究生教育基金会
53. 中央财经大学教育基金会
54. 北京交通大学教育基金会
55. 中国社会工作协会
56. 中国对外文化交流协会
57. 中国国际民间组织合作促进会
58. 中国红十字基金会
59. 南都公益基金会
60. 华民慈善基金会
61. 中国金融教育发展基金会
62. 中国残疾人福利基金会
63. 中国肝炎防治基金会
64. 詹天佑科学技术发展基金会
65. 中国人口福利基金会
66. 中国健康促进基金会
67. 中国老龄事业发展基金会
68. 友成企业家扶贫基金会
69. 中国华夏文化遗产基金会
70. 中国扶贫基金会
71. 海仓慈善基金会
72. 爱佑慈善基金会
73. 北京大学教育基金会
74. 清华大学教育基金会
75. 中国光华科技基金会
76. 中国古生物化石保护基金会
77. 中国检察官教育基金会
78. 中国华文教育基金会
79. 中国医药卫生事业发展基金会
80. 中国预防性病艾滋病基金会
81. 中国人寿慈善基金会
82. 中国孔子基金会
83. 中国华侨公益基金会
84. 中国绿化基金会
85. 万科公益基金会
86. 援助西藏发展基金会
87. 中华环境保护基金会
88. 中国初级卫生保健基金会
89. 人保慈善基金会
90. 中远慈善基金会
91. 中华慈善总会
92. 中华健康快车基金会
93. 中国法律援助基金会
94. 中国癌症基金会
95. 桃源居公益事业发展基金会
96. 腾讯公益慈善基金会
97. 中国西部人才开发基金会
98. 中国教育发展基金会
99. 中国儿童少年基金会
100. 中国煤矿尘肺病防治基金会
101. 香江社会救助基金会
102. 中华思源工程扶贫基金会
103. 凯风公益基金会
104. 北京航空航天大学教育基金会
105. 天诺慈善基金会
106. 中国青少年发展基金会
107. 中国发展研究基金会
108. 心平公益基金会
109. 中国妇女发展基金会
110. 中国光彩事业基金会
111. 中国青年创业就业基金会
112. 中国敦煌石窟保护研究基金会
113. 中华社会文化发展基金会
114. 中国国际文化交流基金会
115. 中国交响乐发展基金会
116. 南航“十分”关爱基金会
117. 中华全国体育基金会
118. 中国民航科普基金会
119. 中国医学基金会

120. 中国留学人才发展基金会
121. 慈济慈善事业基金会
122. 陈嘉庚科学奖基金会
123. 中国益民文化建设基金会
124. 中国牙病防治基金会
125. 中国滋根乡村教育与发展促进会
126. 中国青年志愿者协会
127. 阿里巴巴公益基金会
128. 亿利公益基金会
129. 中华同心温暖工程基金会
130. 天合公益基金会
131. 开明慈善基金会
132. 永恒慈善基金会
133. 华鼎国学研究基金会
134. 民福社会福利研究基金会
135. 东风公益基金会
136. 北京科技大学教育发展基金会
137. 太平洋国际交流基金会
138. 刘彪慈善基金会
139. 中国海油海洋环境与生态保护公益基金会
140. 增爱公益基金会
141. 萨马兰奇体育发展基金会
142. 鲁迅文化基金会
143. 思利及人公益基金会
144. 紫金矿业慈善基金会
145. 智善公益基金会
146. 包商银行公益基金会
147. 中华见义勇为基金会
148. 孙冶方经济科学基金会

财政部　国家税务总局　民政部关于确认实事助学基金会2013年度公益性捐赠税前扣除资格的通知

2013年5月21日　财税〔2013〕22号

各省、自治区、直辖市、计划单列市财政厅（局）、国家税务局、地方税务局、民政厅（局），新疆生产建设兵团财务局、民政局：

根据《财政部　国家税务总局　民政部关于公益性捐赠税前扣除有关问题的通知》（财税〔2008〕160号）和《财政部　国家税务总局　民政部关于公益性捐赠税前扣除有关问题的补充通知》（财税〔2010〕45号）规定，经财政部、国家税务总局和民政部联合审核确认，实事助学基金会具有2013年度公益性捐赠税前扣除的资格。

财政部　国家税务总局关于确认中国红十字会总会中华全国总工会和中国宋庆龄基金会2012年度公益性捐赠税前扣除资格的通知

2013年5月2日　财税〔2013〕29号

各省、自治区、直辖市、计划单列市财政厅（局）、国家税务局、地方税务局，新疆生产建

设兵团财务局：

根据《财政部　国家税务总局关于通过公益性群众团体的公益性捐赠税前扣除有关问题的通知》（财税〔2009〕124号）精神，经财政部、国家税务总局联合审核确认，中国红十字会总会、中华全国总工会和中国宋庆龄基金会具有2012年度公益性捐赠税前扣除资格。

财政部　国家税务总局　民政部关于公布获得2012年度第二批公益性捐赠税前扣除资格的公益性社会团体名单的通知

2013年5月30日　财税〔2013〕35号

各省、自治区、直辖市、计划单列市财政厅（局）、国家税务局、地方税务局、民政厅（局），新疆生产建设兵团财务局、民政局：

根据《财政部　国家税务总局　民政部关于公益性捐赠税前扣除有关问题的通知》（财税〔2008〕160号）和《财政部　国家税务总局　民政部关于公益性捐赠税前扣除有关问题的补充通知》（财税〔2010〕45号）规定，现将财政部、国家税务总局和民政部联合审核确认的获得2012年度第二批公益性捐赠税前扣除资格的公益性社会团体名单予以公布。

附件：获得2012年度第二批公益性捐赠税前扣除资格的公益性社会团体名单

附件：

获得2012年度第二批公益性捐赠税前扣除资格的公益性社会团体名单

1. 中国文物保护基金会
2. 中国听力医学发展基金会
3. 中国保护消费者基金会
4. 吴阶平医学基金会
5. 中国法学交流基金会
6. 中国京剧艺术基金会
7. 中国博士后科学基金会
8. 传媒大学教育基金会
9. 宝钢教育基金会

财政部　国家税务总局关于企业参与政府统一组织的棚户区改造有关企业所得税政策问题的通知

2013 年 9 月 30 日　财税〔2013〕65 号

各省、自治区、直辖市、计划单列市财政厅（局）、国家税务局、地方税务局，新疆生产建设兵团财务局：

根据《国务院关于加快棚户区改造工作的意见》（国发〔2013〕25 号）精神，为鼓励企业参与政府统一组织的棚户区（危房）改造工作，帮助解决低收入家庭住房困难，现将企业参与政府统一组织的工矿（含中央下放煤矿）棚户区改造、林区棚户区改造、垦区危房改造有关企业所得税政策问题通知如下：

一、企业参与政府统一组织的工矿（含中央下放煤矿）棚户区改造、林区棚户区改造、垦区危房改造并同时符合一定条件的棚户区改造支出，准予在企业所得税前扣除。

二、本通知所称同时符合一定条件的棚户区改造支出，是指同时满足以下条件的棚户区改造支出：

（一）棚户区位于远离城镇、交通不便，市政公用、教育医疗等社会公共服务缺乏城镇依托的独立矿区、林区或垦区。

（二）该独立矿区、林区或垦区不具备商业性房地产开发条件。

（三）棚户区市政排水、给水、供电、供暖、供气、垃圾处理、绿化、消防等市政服务或公共配套设施不齐全。

（四）棚户区房屋集中连片户数不低于 50 户，其中，实际在该棚户区居住且在本地区无其他住房的职工（含离退休职工）户数占总户数的比例不低于 75%。

（五）棚户区房屋按照《房屋完损等级评定标准》和《危险房屋鉴定标准》评定属于危险房屋、严重损坏房屋的套内面积不低于该片棚户区建筑面积的 25%。

（六）棚户区改造已纳入地方政府保障性安居工程建设规划和年度计划，并由地方政府牵头按照保障性住房标准组织实施；异地建设的，原棚户区土地由地方政府统一规划使用或者按规定实行土地复垦、生态恢复。

三、在企业所得税年度纳税申报时，企业应向主管税务机关提供其棚户区改造支出同时符合本通知第二条规定条件的书面说明材料。

四、本通知自 2013 年 1 月 1 日起施行。2012 年 1 月 10 日财政部与国家税务总局颁布的《关于企业参与政府统一组织的棚户区改造支出企业所得税税前扣除政策有关问题的通知》（财税〔2012〕12 号）同时废止。

财政部　国家税务总局　民政部关于公布获得 2013 年度第一批公益性捐赠税前扣除资格的公益性社会团体名单的通知

2013 年 11 月 11 日　财税〔2013〕69 号

各省、自治区、直辖市、计划单列市财政厅（局）、国家税务局、地方税务局、民政厅（局），新疆生产建设兵团财务局、民政局：

根据《财政部　国家税务总局　民政部关于公益性捐赠税前扣除有关问题的通知》（财税〔2008〕160 号）和《财政部　国家税务总局　民政部关于公益性捐赠税前扣除有关问题的补充通知》（财税〔2010〕45 号）规定，现将财政部、国家税务总局和民政部联合审核确认的获得 2013 年度第一批公益性捐赠税前扣除资格的公益性社会团体名单，予以公布。

附件：获得 2013 年度第一批公益性捐赠税前扣除资格的公益性社会团体名单

附件：

获得 2013 年度第一批公益性捐赠税前扣除资格的公益性社会团体名单

1. 神华公益基金会
2. 爱佑慈善基金会
3. 人保慈善基金会
4. 心平公益基金会
5. 智善公益基金会
6. 桃源居公益事业发展基金会
7. 陈香梅公益基金会
8. 包商银行公益基金会
9. 增爱公益基金会
10. 紫金矿业慈善基金会
11. 东风公益基金会
12. 王振滔慈善基金会
13. 腾讯公益慈善基金会
14. 安利公益基金会
15. 华鼎国学研究基金会
16. 詹天佑科学技术发展基金会
17. 中华同心温暖工程基金会
18. 亿利公益基金会
19. 中华思源工程扶贫基金会
20. 中国红十字基金会
21. 中国益民文化建设基金会
22. 鲁迅文化基金会
23. 中国社会福利基金会
24. 周培源基金会
25. 吴作人国际美术基金会
26. 华侨茶业发展研究基金会
27. 中国拥军优属基金会
28. 中兴通讯公益基金会
29. 重庆大学教育发展基金会
30. 陶行知教育基金会
31. 兰州大学教育发展基金会

财政部　国家税务总局关于确认中国红十字会总会中华全国总工会　中国宋庆龄基金会和中国国际人才交流基金会2013年度公益性捐赠税前扣除资格的通知

2013年10月30日　财税〔2013〕79号

各省、自治区、直辖市、计划单列市财政厅（局）、国家税务局、地方税务局，新疆生产建设兵团财务局：

根据国务院批示和《财政部　国家税务总局关于通过公益性群众团体的公益性捐赠税前扣除有关问题的通知》（财税〔2009〕124号）规定，经财政部、国家税务总局联合审核确认，中国红十字会总会、中华全国总工会、中国宋庆龄基金会和中国国际人才交流基金会具有2013年度公益性捐赠税前扣除的资格。

财政部　国家税务总局关于中国（上海）自由贸易试验区内企业以非货币性资产对外投资等资产重组行为有关企业所得税政策问题的通知

2013年11月15日　财税〔2013〕91号

各省、自治区、直辖市、计划单列市财政厅（局）、国家税务局、地方税务局，新疆生产建设兵团财务局：

根据《国务院关于印发中国（上海）自由贸易试验区总体方案的通知》（国发〔2013〕38号）有关规定，现就中国（上海）自由贸易试验区（简称试验区）非货币性资产投资资产评估增值企业所得税政策通知如下：

一、注册在试验区内的企业，因非货币性资产对外投资等资产重组行为产生资产评估增值，据此确认的非货币性资产转让所得，可在不超过5年期限内，分期均匀计入相应年度的应纳税所得额，按规定计算缴纳企业所得税。

二、企业以非货币性资产对外投资，应于投资协议生效且完成资产实际交割并办理股权登记手续时，确认非货币性资产转让收入的实现。

企业以非货币性资产对外投资，应对非货币性资产进行评估并按评估后的公允价值扣除计税基础后的余额，计算确认非货币性资产转让所得。

三、企业以非货币性资产对外投资，其取得股权的计税基础应以非货币性资产的原计税基础为基础，加上每年计入的非货币性资产转让所得，逐年进行调整。

被投资企业取得非货币性资产的计税基础，可以非货币性资产的公允价值确定。

四、企业在对外投资 5 年内转让上述股权或投资收回的，应停止执行递延纳税政策，并将递延期内尚未计入的非货币性资产转让所得，在转让股权或投资收回当年的企业所得税年度汇算清缴时，一次性计算缴纳企业所得税；企业在计算股权转让所得时，可按本通知第三条第一款规定将股权的计税基础一次调整到位。

企业在对外投资 5 年内注销的，应停止执行递延纳税政策，并将递延期内尚未计入的非货币性资产转让所得，在歇业当年的企业所得税年度汇算清缴时，一次性计算缴纳企业所得税。

五、企业应于投资协议生效且完成资产实际交割并办理股权登记手续 30 日内，持相关资料向主管税务机关办理递延纳税备案登记手续。

主管税务机关应对报送资料进行审核，在规定时间内将备案登记结果回复企业。

六、企业应在确认收入实现的当年，以项目为单位，做好相应台账，准确记录应予确认的非货币性资产转让所得，并在相应年度的企业所得税汇算清缴时对当年计入额及分年结转额的情况做出说明。

主管税务机关应在备案登记结果回复企业的同时，将相关信息纳入系统管理，并及时做好企业申报信息与备案信息的比对工作。

七、主管税务机关在组织开展企业所得税汇算清缴后续管理工作时，应将企业递延纳税的执行情况纳入后续管理体系，并视风险高低情况，适时纳入纳税服务提醒平台或风险监控平台进行管理。

八、本通知所称注册在试验区内的企业，是指在试验区注册并在区内经营，实行查账征收的居民企业。

本通知所称非货币性资产对外投资等资产重组行为，是指以非货币性资产出资设立或注入公司，限于以非货币性资产出资设立新公司和符合《财政部　国家税务总局关于企业重组业务企业所得税处理若干问题的通知》（财税〔2009〕59 号）第一条规定的股权收购、资产收购。

本通知自印发之日起执行。

国家税务总局关于营业税改征增值税试点中非居民企业缴纳企业所得税有关问题的公告

2013 年 2 月 19 日　国家税务总局公告 2013 年第 9 号

现将营业税改征增值税试点中非居民企业缴纳企业所得税有关问题公告如下：

营业税改征增值税试点中的非居民企业，取得《中华人民共和国企业所得税法》第三条第三款规定的所得，在计算缴纳企业所得税时，应以不含增值税的收入全额作为应纳税所得额。

本公告自发布之日起施行。

特此公告。

国家税务总局关于企业政策性搬迁所得税有关问题的公告

2013 年 3 月 12 日　国家税务总局公告 2013 年第 11 号

现就《国家税务总局关于发布〈企业政策性搬迁所得税管理办法〉的公告》（国家税务总局 2012 年第 40 号公告）贯彻落实过程中有关问题，公告如下：

一、凡在国家税务总局 2012 年第 40 号公告生效前已经签订搬迁协议且尚未完成搬迁清算的企业政策性搬迁项目，企业在重建或恢复生产过程中购置的各类资产，可以作为搬迁支出，从搬迁收入中扣除。但购置的各类资产，应剔除该搬迁补偿收入后，作为该资产的计税基础，并按规定计算折旧或费用摊销。凡在国家税务总局 2012 年第 40 号公告生效后签订搬迁协议的政策性搬迁项目，应按国家税务总局 2012 年第 40 号公告有关规定执行。

二、企业政策性搬迁被征用的资产，采取资产置换的，其换入资产的计税成本按被征用资产的净值，加上换入资产所支付的税费（涉及补价，还应加上补价款）计算确定。

三、本公告自 2012 年 10 月 1 日起执行。国家税务总局 2012 年第 40 号公告第二十六条同时废止。

国家税务总局关于企业混合性投资业务企业所得税处理问题的公告

2013 年 7 月 15 日　国家税务总局公告 2013 年第 41 号

根据《中华人民共和国企业所得税法》及其实施条例（以下简称税法）的规定，现就企业混合性投资业务企业所得税处理问题公告如下：

一、企业混合性投资业务，是指兼具权益和债权双重特性的投资业务。同时符合下列条件的混合性投资业务，按本公告进行企业所得税处理：

（一）被投资企业接受投资后，需要按投资合同或协议约定的利率定期支付利息（或定期支付保底利息、固定利润、固定股息，下同）；

（二）有明确的投资期限或特定的投资条件，并在投资期满或者满足特定投资条件后，被投资企业需要赎回投资或偿还本金；

（三）投资企业对被投资企业净资产不拥有所有权；

（四）投资企业不具有选举权和被选举权；

（五）投资企业不参与被投资企业日常生产经营活动。

二、符合本公告第一条规定的混合性投资业务，按下列规定进行企业所得税处理：

（一）对于被投资企业支付的利息，投资企业应于被投资企业应付利息的日期，确认收入的实现并计入当期应纳税所得额；被投资企业应于应付利息的日期，确认利息支出，并按税法和《国家税务总局关于企业所得税若干问题的公告》（2011 年第 34 号）第一条的规定，进行税前扣除。

（二）对于被投资企业赎回的投资，投资双方应于赎回时将赎价与投资成本之间的差额确认为债务重组损益，分别计入当期应纳税所得额。

三、本公告自 2013 年 9 月 1 日起执行。此前发生的已进行税务处理的混合性投资业务，不再进行纳税调整。

特此公告。

国家税务总局关于企业维简费支出企业所得税税前扣除问题的公告

2013 年 11 月 28 日　国家税务总局公告 2013 年第 67 号

根据《中华人民共和国企业所得税法》及其实施条例（以下简称企业所得税法）规定，现就企业维简费支出企业所得税税前扣除问题公告如下：

一、企业实际发生的维简费支出，属于收益性支出的，可作为当期费用税前扣除；属于资本性支出的，应计入有关资产成本，并按企业所得税法规定计提折旧或摊销费用在税前扣除。

企业按照有关规定预提的维简费，不得在当期税前扣除。

二、本公告实施前，企业按照有关规定提取且已在当期税前扣除的维简费，按以下规定处理：

（一）尚未使用的维简费，并未作纳税调整的，可不作纳税调整，应首先抵减 2013 年实际发生的维简费，仍有余额的，继续抵减以后年度实际发生的维简费，至余额为零时，企业方可按照本公告第一条规定执行；已作纳税调整的，不再调回，直接按照本公告第一条规定执行。

（二）已用于资产投资并形成相关资产全部成本的，该资产提取的折旧或费用摊销额，不得税前扣除；已用于资产投资并形成相关资产部分成本的，该资产提取的折旧或费用摊销额中与该部分成本对应的部分，不得税前扣除；已税前扣除的，应调整作为 2013 年度应纳税所得额。

三、本公告自 2013 年 1 月 1 日起施行。

煤矿企业不执行本公告，继续执行《国家税务总局关于煤矿企业维简费和高危行业企业安全生产费用企业所得税税前扣除问题的公告》（国家税务总局公告 2011 年第 26 号）。

特此公告。

国家税务总局关于非居民企业股权转让适用特殊性税务处理有关问题的公告

2013 年 12 月 12 日　国家税务总局公告 2013 年第 72 号

（注释：条款修改。“六、非居民企业发生股权转让属于《通知》第七条第（二）项情形的，应区分以下两种情形予以处理：

（一）受让方和被转让企业在同一省且同属国税机关或地税机关管辖的，按照本公告第五条规定执行。

（二）受让方和被转让企业不在同一省或分别由国税机关和地税机关管辖的，受让方所在地省税务机关收到主管税务机关意见后30日内，应向被转让企业所在地省税务机关发出《非居民企业股权转让适用特殊性税务处理告知函》（见附件2）。”修改为：

“六、非居民企业发生股权转让属于《通知》第七条第（二）项情形的，应区分以下两种情形予以处理：

（一）受让方和被转让企业在同一省的，按照本公告第五条规定执行。

（二）受让方和被转让企业不在同一省的，受让方所在地省税务机关收到主管税务机关意见后30日内，应向被转让企业所在地省税务机关发出《非居民企业股权转让适用特殊性税务处理告知函》（见附件2）。”

“附件2《非居民企业股权转让适用特殊性税务处理告知函》中‘省（市）国家/地方税务局’的内容”修改为“省（市）税务局”。

参见：《国家税务总局关于修改部分税收规范性文件的公告》（国家税务总局公告2018年第31号）。

条款失效。第七条修改为：“非居民企业股权转让适用特殊性税务处理备案后经调查核实不符合条件的，应调整适用一般性税务处理，按照有关规定缴纳企业所得税。非居民企业股权转让适用特殊性税务处理未进行备案的，税务机关应告知其按照本公告第二条、第三条的规定办理备案手续。”自2015年6月1日起施行。参见：《国家税务总局关于修改〈非居民企业所得税核定征收管理办法〉等文件的公告》（国家税务总局公告2015年第22号）。）

为规范和加强非居民企业股权转让适用特殊性税务处理的管理，根据《中华人民共和国企业所得税法》及其实施条例、《财政部　国家税务总局关于企业重组业务企业所得税处理若干问题的通知》（财税〔2009〕59号，以下简称《通知》）的有关规定，现就有关问题公告如下：

一、本公告所称股权转让是指非居民企业发生《通知》第七条第（一）、（二）项规定的情形；其中《通知》第七条第（一）项规定的情形包括因境外企业分立、合并导致中国居民企业股权被转让的情形。

二、非居民企业股权转让选择特殊性税务处理的，应于股权转让合同或协议生效且完成工商变更登记手续30日内进行备案。属于《通知》第七条第（一）项情形的，由转让方向被转让企业所在地所得税主管税务机关备案；属于《通知》第七条第（二）项情形的，由受让方向其所在地所得税主管税务机关备案。

股权转让方或受让方可以委托代理人办理备案事项；代理人在代为办理备案事项时，应向主管税务机关出具备案人的书面授权委托书。

三、股权转让方、受让方或其授权代理人（以下简称备案人）办理备案时应填报以下资料：

（一）《非居民企业股权转让适用特殊性税务处理备案表》（见附件1）；

（二）股权转让业务总体情况说明，应包括股权转让的商业目的、证明股权转让符合特殊性税务处理条件、股权转让前后的公司股权架构图等资料；

（三）股权转让业务合同或协议（外文文本的同时附送中文译本）；

（四）工商等相关部门核准企业股权变更事项证明资料；

（五）截至股权转让时，被转让企业历年的未分配利润资料；

（六）税务机关要求的其他材料。

以上资料已经向主管税务机关报送的，备案人可不再重复报送。其中以复印件向税务机关提交的资料，备案人应在复印件上注明"本复印件与原件一致"字样，并签字后加盖备案人印章；报送中文译本的，应在中文译本上注明"本译文与原文表述内容一致"字样，并签字后加盖备案人印章。

四、主管税务机关应当按规定受理备案，资料齐全的，应当场在《非居民企业股权转让适用特殊性税务处理备案表》上签字盖章，并退1份给备案人；资料不齐全的，不予受理，并告知备案人各应补正事项。

五、非居民企业发生股权转让属于《通知》第七条第（一）项情形的，主管税务机关应当自受理之日起30个工作日内就备案事项进行调查核实、提出处理意见，并将全部备案资料以及处理意见层报省（含自治区、直辖市和计划单列市，下同）税务机关。

税务机关在调查核实时，如发现此种股权转让情形造成以后该项股权转让所得预提税负担变化，包括转让方把股权由应征税的国家或地区转让到不征税或低税率的国家或地区，应不予适用特殊性税务处理。

六、非居民企业发生股权转让属于《通知》第七条第（二）项情形的，应区分以下两种情形予以处理：

（一）受让方和被转让企业在同一省且同属国税机关或地税机关管辖的，按照本公告第五条规定执行。

（二）受让方和被转让企业不在同一省或分别由国税机关和地税机关管辖的，受让方所在地省税务机关收到主管税务机关意见后30日内，应向被转让企业所在地省税务机关发出《非居民企业股权转让适用特殊性税务处理告知函》（见附件2）。

七、非居民企业股权转让未进行特殊性税务处理备案或备案后经调查核实不符合条件的，适用一般性税务处理规定，应按照有关规定缴纳企业所得税。

八、非居民企业发生股权转让属于《通知》第七条第（一）项情形且选择特殊性税务处理的，转让方和受让方不在同一国家或地区的，若被转让企业股权转让前的未分配利润在转让后分配给受让方的，不享受受让方所在国家（地区）与中国签订的税收协定（含税收安排）的股息减税优惠待遇，并由被转让企业按税法相关规定代扣代缴企业所得税，到其所在地所得税主管税务机关申报缴纳。

九、省税务机关应做好辖区内非居民企业股权转让适用特殊性税务处理的管理工作，于年度终了后30日内向国家税务总局报送《非居民企业股权转让适用特殊性税务处理情况统计表》（见附件3）。

十、本公告自发布之日起施行。本公告实施之前发生的非居民企业股权转让适用特殊性税务处理事项尚未处理的，可依据本公告规定办理。《国家税务总局关于加强非居民企业股权转让所得企业所得税管理的通知》（国税函〔2009〕698号）第九条同时废止。

特此公告。

附件：1. 非居民企业股权转让适用特殊性税务处理备案表（略）
2. 非居民企业股权转让适用特殊性税务处理告知函（略）
3. 非居民企业股权转让适用特殊性税务处理情况统计表（略）

财政部　国家税务总局关于2014—2015年铁路建设债券利息收入企业所得税政策的通知

2014年1月29日　财税〔2014〕2号

各省、自治区、直辖市、计划单列市财政厅（局）、国家税务局、地方税务局，新疆生产建设兵团财务局：

根据《研究“十二五”后三年铁路建设总体安排有关问题的会议纪要》（国阅〔2012〕80号）和《国务院关于组建中国铁路总公司有关问题的批复》（国函〔2013〕47号），现就企业取得中国铁路建设债券利息收入有关企业所得税政策通知如下：

一、对企业持有2014年和2015年发行的中国铁路建设债券取得的利息收入，减半征收企业所得税。

二、中国铁路建设债券是指经国家发展改革委核准，以中国铁路总公司为发行和偿还主体的债券。

请遵照执行。

财政部　国家税务总局　中宣部关于发布《中国建材报》社等19家中央所属转制文化企业名单的通知

2014年4月25日　财税〔2014〕9号

北京市财政局、国家税务局、地方税务局，北京市党委宣传部：

按照《财政部　国家税务总局　中宣部关于转制文化企业名单及认定问题的通知》（财税〔2009〕105 号）的规定，《中国建材报》社等 19 家中央所属文化企业已被认定为转制文化企业，现将名单发给你们。名单所列转制文化企业按照《财政部　国家税务总局关于文化体制改革中经营性文化事业单位转制为企业的若干税收政策问题的通知》（财税〔2009〕34 号）的规定享受税收优惠政策。税收优惠政策的起始时间按《财政部　国家税务总局　中宣部关于下发红旗出版社有限责任公司等中央所属转制文化企业名单的通知》（财税〔2011〕3 号）的规定执行。

特此通知。

附件：中央所属转制文化企业名单

附件：

中央所属转制文化企业名单

《中国建材报》社
《中国纺织报》社
《中国服饰报》社
《中国县域经济报》社
《中国花卉报》社
《证券日报》社
《中国企业家》杂志社
《中国经济信息》杂志社
《中国书画》杂志社
《农村金融时报》社
《装修装饰天地》杂志社
《经济》杂志社
文化艺术出版社
人民日报传媒广告有限公司
群众出版社
啄木鸟杂志社
光明网传媒有限公司
中报国际文化传媒（北京）有限公司
《政府采购信息》报社有限公司

财政部　国家税务总局　民政部关于公布获得 2013 年度第二批公益性捐赠税前扣除资格的公益性社会团体名单的通知

2014 年 5 月 7 日　财税〔2014〕36 号

各省、自治区、直辖市、计划单列市财政厅（局）、国家税务局、地方税务局、民政厅（局），新疆生产建设兵团财务局、民政局：

根据《财政部　国家税务总局　民政部关于公益性捐赠税前扣除有关问题的通知》（财税〔2008〕160 号）和《财政部　国家税务总局　民政部关于公益性捐赠税前扣除有关问题的补充通知》（财税〔2010〕45 号）规定，现将财政部、国家税务总局和民政部联合审核确认的获得 2013 年度第二批公益性捐赠税前扣除资格的公益性社会团体名单，予以公布。

附件：获得 2013 年度第二批公益性捐赠税前扣除资格的公益性社会团体名单

附件：

获得2013年度第二批公益性捐赠税前扣除资格的公益性社会团体名单

1. 瀛公益基金会
2. 陈嘉庚科学奖基金会
3. 萨马兰奇体育发展基金会
4. 北京理工大学教育基金会
5. 中南大学教育基金会
6. 中国青少年发展基金会
7. 思利及人公益基金会
8. 北京航空航天大学教育基金会
9. 张学良教育基金会
10. 中央财经大学教育基金会
11. 宝钢教育基金会
12. 中国下一代教育基金会
13. 北京交通大学教育基金会
14. 北京科技大学教育发展基金会
15. 纺织之光科技教育基金会
16. 中国农业大学教育基金会
17. 西北农林科技大学教育发展基金会
18. 河南大学教育发展基金会
19. 中国教育发展基金会
20. 传媒大学教育基金会
21. 中国西部人才开发基金会
22. 中国老龄事业发展基金会
23. 中华社会文化发展基金会
24. 中国华夏文化遗产基金会
25. 中国交响乐发展基金会
26. 中国国际文化交流基金会
27. 中国马克思主义研究基金会
28. 泛海公益基金会
29. 中国留学人才发展基金会
30. 中国残疾人福利基金会
31. 中国航天基金会
32. 中远慈善基金会
33. 阿里巴巴公益基金会
34. 南都公益基金会
35. 中国移动慈善基金会
36. 民福社会福利研究基金会
37. 中国和平发展基金会
38. 中社社会工作发展基金会
39. 中国海油海洋环境与生态保护公益基金会
40. 中国生物多样性保护与绿色发展基金会
41. 开明慈善基金会
42. 中国检察官教育基金会
43. 中国金融教育发展基金会
44. 天合公益基金会
45. 国家电网公益基金会
46. 四川大学教育基金会
47. 中国绿化基金会
48. 孙冶方经济科学基金会
49. 凯风公益基金会
50. 亨通慈善基金会
51. 招商局慈善基金会
52. 华民慈善基金会
53. 海仓慈善基金会
54. 中国国际战略研究基金会
55. 德康博爱基金会
56. 中国友好和平发展基金会
57. 中国民航科普基金会
58. 南航“十分”关爱基金会
59. 万科公益基金会
60. 香江社会救助基金会
61. 刘彪慈善基金会
62. 中国志愿服务基金会
63. 中国文物保护基金会
64. 中国光华科技基金会
65. 中国扶贫基金会
66. 友成企业家扶贫基金会
67. 中国人口福利基金会
68. 中国文学艺术基金会
69. 浙江大学教育基金会
70. 中国青年创业就业基金会

71. 中国发展研究基金会
72. 中国经济改革研究基金会
73. 援助西藏发展基金会
74. 中华慈善总会
75. 中国健康促进基金会
76. 中国医药卫生事业发展基金会
77. 中国癌症基金会
78. 中华国际医学交流基金会
79. 中国初级卫生保健基金会
80. 中国牙病防治基金会
81. 北京大学教育基金会
82. 天诺慈善基金会
83. 中国煤矿尘肺病防治基金会
84. 中华全国体育基金会
85. 中国古生物化石保护基金会
86. 中国禁毒基金会
87. 中国煤矿文化宣传基金会
88. 中华见义勇为基金会
89. 中国敦煌石窟保护研究基金会
90. 中国华文教育基金会
91. 中华环境保护基金会
92. 中国绿色碳汇基金会
93. 中华社会救助基金会
94. 中国法律援助基金会
95. 中华健康快车基金会
96. 中国预防性病艾滋病基金会
97. 吴阶平医学基金会
98. 中国孔子基金会
99. 中国光彩事业基金会
100. 中国妇女发展基金会
101. 中国儿童少年基金会
102. 中国企业管理科学基金会
103. 中国华侨公益基金会
104. 中国法学交流基金会
105. 慈济慈善事业基金会
106. 威盛信望爱公益基金会
107. 华阳慈善基金会
108. 华润慈善基金会
109. 黄奕聪慈善基金会
110. 顶新公益基金会
111. 太平洋国际交流基金会
112. 清华大学教育基金会
113. 中国公安民警英烈基金会
114. 中国人寿慈善基金会
115. 中国肝炎防治基金会
116. 比亚迪慈善基金会
117. 济仁慈善基金会
118. 纪念苏天·横河仪器仪表人才发展基金会
119. 李可染艺术基金会
120. 韬奋基金会
121. 马海德基金会
122. 中国关心下一代健康体育基金会
123. 中国科技馆发展基金会
124. 河仁慈善基金会
125. 李四光地质科学奖基金会
126. 顺丰公益基金会
127. 金龙鱼慈善公益基金会
128. 润慈公益基金会
129. 致福慈善基金会
130. 韩美林艺术基金会
131. 中华艺文基金会
132. 中国社会工作协会
133. 中国对外文化交流协会
134. 中国国际民间组织合作促进会
135. 中国社会组织促进会
136. 中国盲人协会
137. 中国滋根乡村教育与发展促进会
138. 中国青年志愿者协会
139. 中华少年儿童慈善救助基金会

财政部　国家税务总局　人力资源社会保障部关于继续实施支持和促进重点群体创业就业有关税收政策的通知

2014 年 4 月 29 日　财税〔2014〕39 号

各省、自治区、直辖市、计划单列市财政厅（局）、国家税务局、地方税务局、人力资源社会保障厅（局），新疆生产建设兵团财务局、人力资源社会保障局：

1998 年以来，国家对下岗失业人员再就业给予了一系列税收扶持政策，特别是自 2011 年 1 月 1 日起实施了新的支持和促进就业的税收优惠政策，进一步扩大了享受税收优惠政策的人员范围，对于支持重点群体创业就业，促进社会和谐稳定，推动经济发展发挥了重要作用。该政策于 2013 年 12 月 31 日执行到期。根据当前宏观经济形势和就业面临的新情况、新问题，为扩大就业，鼓励以创业带动就业，经国务院批准，现将继续实施支持和促进重点群体创业就业税收政策有关问题通知如下：

一、对持《就业失业登记证》（注明“自主创业税收政策”或附着《高校毕业生自主创业证》）人员从事个体经营的，在 3 年内按每户每年 8000 元为限额依次扣减其当年实际应缴纳的营业税、城市维护建设税、教育费附加、地方教育附加和个人所得税。限额标准最高可上浮 20%，各省、自治区、直辖市人民政府可根据本地区实际情况在此幅度内确定具体限额标准，并报财政部和国家税务总局备案。

纳税人年度应缴纳税款小于上述扣减限额的，以其实际缴纳的税款为限；大于上述扣减限额的，应以上述扣减限额为限。

本条所称持《就业失业登记证》（注明“自主创业税收政策”或附着《高校毕业生自主创业证》）人员是指：（1）在人力资源社会保障部门公共就业服务机构登记失业半年以上的人员；（2）零就业家庭、享受城市居民最低生活保障家庭劳动年龄内的登记失业人员；（3）毕业年度内高校毕业生。高校毕业生是指实施高等学历教育的普通高等学校、成人高等学校毕业的学生；毕业年度是指毕业所在自然年，即 1 月 1 日至 12 月 31 日。

二、对商贸企业、服务型企业、劳动就业服务企业中的加工型企业和街道社区具有加工性质的小型企业实体，在新增加的岗位中，当年新招用在人力资源社会保障部门公共就业服务机构登记失业一年以上且持《就业失业登记证》（注明“企业吸纳税收政策”）人员，与其签订 1 年以上期限劳动合同并依法缴纳社会保险费的，在 3 年内按实际招用人数予以定额依次扣减营业税、城市维护建设税、教育费附加、地方教育附加和企业所得税优惠。定额标准为每人每年 4000 元，最高可上浮 30%，各省、自治区、直辖市人民政府可根据本地区实际情况在此幅度内确定具体定额标准，并报财政部和国家税务总局备案。

按上述标准计算的税收扣减额应在企业当年实际应缴纳的营业税、城市维护建设税、教育费附加、地方教育附加和企业所得税税额中扣减，当年扣减不足的，不得结转下年使用。

本条所称服务型企业是指从事现行营业税“服务业”税目规定经营活动的企业以及按照《民办非企业单位登记管理暂行条例》（国务院令第 251 号）登记成立的民办非企业

单位。

三、享受本通知第一条、第二条优惠政策的人员按以下规定申领《就业失业登记证》《高校毕业生自主创业证》等凭证：

（一）按照《就业服务与就业管理规定》（中华人民共和国劳动和社会保障部令第 28 号）第六十三条的规定，在法定劳动年龄内，有劳动能力，有就业要求，处于无业状态的城镇常住人员，在公共就业服务机构进行失业登记，申领《就业失业登记证》。其中，农村进城务工人员和其他非本地户籍人员在常住地稳定就业满 6 个月的，失业后可以在常住地登记。

（二）零就业家庭凭社区出具的证明，城镇低保家庭凭低保证明，在公共就业服务机构登记失业，申领《就业失业登记证》。

（三）毕业年度内高校毕业生在校期间凭学校出具的相关证明，经学校所在地省级教育行政部门核实认定，取得《高校毕业生自主创业证》（仅在毕业年度适用），并向创业地公共就业服务机构申请取得《就业失业登记证》；高校毕业生离校后直接向创业地公共就业服务机构申领《就业失业登记证》。

（四）上述人员申领相关凭证后，由就业和创业地人力资源社会保障部门对人员范围、就业失业状态、已享受政策情况进行核实，在《就业失业登记证》上注明“自主创业税收政策”或“企业吸纳税收政策”字样，同时符合自主创业和企业吸纳税收政策条件的，可同时加注；主管税务机关在《就业失业登记证》上加盖戳记，注明减免税所属时间。

四、本通知的执行期限为 2014 年 1 月 1 日至 2016 年 12 月 31 日。本通知规定的税收优惠政策按照备案减免税管理，纳税人应向主管税务机关备案。税收优惠政策在 2016 年 12 月 31 日未享受满 3 年的，可继续享受至 3 年期满为止。《财政部　国家税务总局关于支持和促进就业有关税收政策的通知》（财税〔2010〕84 号）所规定的税收优惠政策在 2013 年 12 月 31 日未享受满 3 年的，可继续享受至 3 年期满为止。

五、本通知所述人员不得重复享受税收优惠政策，以前年度已享受各项就业税收优惠政策的人员不得再享受本通知规定的税收优惠政策。如果企业的就业人员既适用本通知规定的税收优惠政策，又适用其他扶持就业的税收优惠政策，企业可选择适用最优惠的政策，但不能重复享受。

六、上述税收政策的具体实施办法由国家税务总局会同财政部、人力资源社会保障部、教育部、民政部另行制定。

各地财政、税务、人力资源社会保障部门要加强领导、周密部署，把大力支持和促进重点群体创业就业工作作为一项重要任务，主动做好政策宣传和解释工作，加强部门间的协调配合，确保政策落实到位。同时，要密切关注税收政策的执行情况，对发现的问题及时逐级向财政部、国家税务总局、人力资源社会保障部反映。

财政部　国家税务总局　民政部关于调整完善扶持自主就业退役士兵创业就业有关税收政策的通知

2014年4月29日　财税〔2014〕42号

各省、自治区、直辖市、计划单列市财政厅（局）、国家税务局、地方税务局、民政厅（局），新疆生产建设兵团财务局、民政局：

自2004年起，国家对城镇退役士兵自谋职业给予税收扶持政策，有力地促进了城镇退役士兵创业就业。2011年10月29日，新修订的《中华人民共和国兵役法》和首次制定的《退役士兵安置条例》公布，城乡一体的退役士兵安置改革正式施行，退役士兵安置工作进入新的历史时期。为贯彻落实中央对扎实做好退役士兵安置工作的新要求，经国务院批准，现就调整完善自主就业退役士兵创业就业税收政策有关问题通知如下：

一、对自主就业退役士兵从事个体经营的，在3年内按每户每年8000元为限额依次扣减其当年实际应缴纳的营业税、城市维护建设税、教育费附加、地方教育附加和个人所得税。限额标准最高可上浮20%，各省、自治区、直辖市人民政府可根据本地区实际情况在此幅度内确定具体限额标准，并报财政部和国家税务总局备案。

纳税人年度应缴纳税款小于上述扣减限额的，以其实际缴纳的税款为限；大于上述扣减限额的，应以上述扣减限额为限。纳税人的实际经营期不足一年的，应当以实际月份换算其减免税限额。换算公式为：减免税限额=年度减免税限额÷12×实际经营月数。

纳税人在享受税收优惠政策的当月，持《中国人民解放军义务兵退出现役证》或《中国人民解放军士官退出现役证》以及税务机关要求的相关材料向主管税务机关备案。

二、对商贸企业、服务型企业、劳动就业服务企业中的加工型企业和街道社区具有加工性质的小型企业实体，在新增加的岗位中，当年新招用自主就业退役士兵，与其签订1年以上期限劳动合同并依法缴纳社会保险费的，在3年内按实际招用人数予以定额依次扣减营业税、城市维护建设税、教育费附加、地方教育附加和企业所得税优惠。定额标准为每人每年4000元，最高可上浮50%，各省、自治区、直辖市人民政府可根据本地区实际情况在此幅度内确定具体定额标准，并报财政部和国家税务总局备案。

本条所称服务型企业是指从事现行营业税“服务业”税目规定经营活动的企业以及按照《民办非企业单位登记管理暂行条例》（国务院令第251号）登记成立的民办非企业单位。

纳税人按企业招用人数和签订的劳动合同时间核定企业减免税总额，在核定减免税总额内每月依次扣减营业税、城市维护建设税、教育费附加和地方教育附加。纳税人实际应缴纳的营业税、城市维护建设税、教育费附加和地方教育附加小于核定减免税总额的，以实际应缴纳的营业税、城市维护建设税、教育费附加和地方教育附加为限；实际应缴纳的营业税、城市维护建设税、教育费附加和地方教育附加大于核定减免税总额的，以核定减免税总额为限。

纳税年度终了，如果企业实际减免的营业税、城市维护建设税、教育费附加和地方教育附加小于核定的减免税总额，企业在企业所得税汇算清缴时扣减企业所得税。当年扣减不足的，不再结转以后年度扣减。

计算公式为：企业减免税总额 = ∑每名自主就业退役士兵本年度在本企业工作月份 ÷ 12 × 定额标准。

企业自招用自主就业退役士兵的次月起享受税收优惠政策，并于享受税收优惠政策的当月，持下列材料向主管税务机关备案：（1）新招用自主就业退役士兵的《中国人民解放军义务兵退出现役证》或《中国人民解放军士官退出现役证》；（2）企业与新招用自主就业退役士兵签订的劳动合同（副本），企业为职工缴纳的社会保险费记录；（3）自主就业退役士兵本年度在企业工作时间表（见附件）；（4）税务机关要求的其他相关材料。

三、本通知所称自主就业退役士兵是指依照《退役士兵安置条例》（国务院、中央军委令第 608 号）的规定退出现役并按自主就业方式安置的退役士兵。

四、本通知的执行期限为 2014 年 1 月 1 日至 2016 年 12 月 31 日。本通知规定的税收优惠政策按照备案减免税管理，纳税人应向主管税务机关备案。税收优惠政策在 2016 年 12 月 31 日未享受满 3 年的，可继续享受至 3 年期满为止。《财政部　国家税务总局关于扶持城镇退役士兵自谋职业有关税收优惠政策的通知》（财税〔2004〕93 号）自 2014 年 1 月 1 日起停止执行，其所规定的税收优惠政策在 2013 年 12 月 31 日未享受满 3 年的，可继续享受至 3 年期满为止。

《财政部　国家税务总局关于将铁路运输和邮政业纳入营业税改征增值税试点的通知》（财税〔2013〕106 号）附件 3 第一条第（十二）项城镇退役士兵就业免征增值税政策，自 2014 年 7 月 1 日起停止执行。在 2014 年 6 月 30 日未享受满 3 年的，可继续享受至 3 年期满为止。

五、如果企业招用的自主就业退役士兵既适用本通知规定的税收优惠政策，又适用其他扶持就业的税收优惠政策，企业可选择适用最优惠的政策，但不能重复享受。

各地财政、税务、民政部门要加强领导、周密部署，把扶持自主就业退役士兵创业就业工作作为一项重要任务，主动做好政策宣传和解释工作，加强部门间的协调配合，确保政策落实到位。同时，要密切关注税收政策的执行情况，对发现的问题及时逐级向财政部、国家税务总局、民政部反映。

附件：自主就业退役士兵本年度在企业工作时间表（样式）

附件：

自主就业退役士兵本年度在企业工作时间表（样式）

企业名称（盖章）：　　　　　　　　　　　　　　　　　　　　　年度：

序号	自主就业退役士兵姓名	《中国人民解放军义务兵退出现役证》或《中国人民解放军士官退出现役证》编号	在本企业工作时间（单位：月）

财政部　国家税务总局　民政部关于公布获得2014年度第一批公益性捐赠税前扣除资格的公益性社会团体名单的通知

2014年11月24日　财税〔2014〕69号

各省、自治区、直辖市、计划单列市财政厅（局）、国家税务局、地方税务局、民政厅（局），新疆生产建设兵团财务局、民政局：

根据《财政部　国家税务总局　民政部关于公益性捐赠税前扣除有关问题的通知》（财税〔2008〕160号）和《财政部　国家税务总局　民政部关于公益性捐赠税前扣除有关问题的补充通知》（财税〔2010〕45号）的规定，财政部、国家税务总局和民政部联合审核确认了获得2014年度第一批公益性捐赠税前扣除资格的公益性社会团体名单，现予以公布。

经财政部、国家税务总局和民政部联合审核确认，中华少年儿童慈善救助基金会具有2012年度公益性捐赠税前扣除的资格、海峡两岸关系协会具有2013年度公益性捐赠税前扣除的资格。

附件：获得2014年度第一批公益性捐赠税前扣除资格的公益性社会团体名单

附件：

获得2014年度第一批公益性捐赠税前扣除资格的公益性社会团体名单

1. 神华公益基金会
2. 爱佑慈善基金会
3. 中国人保公益慈善基金会
4. 陈香梅公益基金会
5. 增爱公益基金会
6. 安利公益基金会
7. 中华同心温暖工程基金会
8. 亿利公益基金会
9. 中华思源工程扶贫基金会
10. 中国红十字基金会
11. 中国社会福利基金会
12. 兰州大学教育发展基金会
13. 陈嘉庚科学奖基金会
14. 张学良教育基金会
15. 宝钢教育基金会
16. 北京交通大学教育基金会
17. 北京科技大学教育发展基金会
18. 西北农林科技大学教育发展基金会
19. 中国教育发展基金会
20. 传媒大学教育基金会
21. 中国西部人才开发基金会
22. 中国华夏文化遗产基金会
23. 中国国际文化交流基金会
24. 中国马克思主义研究基金会
25. 中国留学人才发展基金会
26. 中国残疾人福利基金会
27. 中国航天基金会
28. 南都公益基金会
29. 中国移动慈善基金会
30. 中国海油海洋环境与生态保护公益基金会
31. 中国生物多样性保护与绿色发展基金会
32. 中国检察官教育基金会

33. 四川大学教育基金会
34. 孙冶方经济科学基金会
35. 凯风公益基金会
36. 招商局慈善基金会
37. 华民慈善基金会
38. 中国国际战略研究基金会
39. 中国友好和平发展基金会
40. 中国民航科普基金会
41. 香江社会救助基金会
42. 中国志愿服务基金会
43. 中国人口福利基金会
44. 中国青年创业就业基金会
45. 中国经济改革研究基金会
46. 中华慈善总会
47. 中国癌症基金会
48. 中华国际医学交流基金会
49. 中国初级卫生保健基金会
50. 中华全国体育基金会
51. 中国古生物化石保护基金会
52. 中华环境保护基金会
53. 中国绿色碳汇基金会
54. 中华社会救助基金会
55. 中国法律援助基金会
56. 中华健康快车基金会
57. 吴阶平医学基金会
58. 中国孔子基金会
59. 中国妇女发展基金会
60. 中国华侨公益基金会
61. 中国法学交流基金会
62. 中国公安民警英烈基金会
63. 中国人寿慈善基金会
64. 李可染艺术基金会
65. 马海德基金会
66. 中国科技馆发展基金会
67. 李四光地质科学奖基金会
68. 润慈公益基金会
69. 致福慈善基金会
70. 韩美林艺术基金会
71. 实事助学基金会
72. 爱慕公益基金会
73. 中华文学基金会
74. 中国少数民族文化艺术基金会
75. 中科院研究生教育基金会
76. 中国京剧艺术基金会
77. 中国博士后科学基金会
78. 中国医学基金会
79. 章如庚慈善基金会
80. 慈孝特困老人救助基金会
81. 兴华公益基金会
82. 心平公益基金会
83. 智善公益基金会
84. 包商银行公益基金会
85. 东风公益基金会
86. 王振滔慈善基金会
87. 腾讯公益慈善基金会
88. 华鼎国学研究基金会
89. 詹天佑科学技术发展基金会
90. 中国益民文化建设基金会
91. 鲁迅文化基金会
92. 瀛公益基金会
93. 萨马兰奇体育发展基金会
94. 北京理工大学教育基金会
95. 中南大学教育基金会
96. 中国青少年发展基金会
97. 思利及人公益基金会
98. 北京航空航天大学教育基金会
99. 中国下一代教育基金会
100. 纺织之光科技教育基金会
101. 中国农业大学教育基金会
102. 河南大学教育发展基金会
103. 中国老龄事业发展基金会
104. 中华社会文化发展基金会
105. 中国交响乐发展基金会
106. 泛海公益基金会
107. 中远慈善基金会
108. 阿里巴巴公益基金会
109. 中国和平发展基金会
110. 中社社会工作发展基金会

111. 开明慈善基金会
112. 中国金融教育发展基金会
113. 天合公益基金会
114. 国家电网公益基金会
115. 亨通慈善基金会
116. 海仓慈善基金会
117. 万科公益基金会
118. 中国文物保护基金会
119. 友成企业家扶贫基金会
120. 中国文学艺术基金会
121. 浙江大学教育基金会
122. 中国健康促进基金会
123. 中国医药卫生事业发展基金会
124. 中国牙病防治基金会
125. 北京大学教育基金会
126. 中国煤矿尘肺病防治基金会
127. 中国煤矿文化宣传基金会
128. 中华见义勇为基金会
129. 中国敦煌石窟保护研究基金会
130. 中国预防性病艾滋病基金会
131. 中国光彩事业基金会
132. 中国企业管理科学基金会
133. 济仁慈善基金会
134. 中兴通讯公益基金会
135. 中国拥军优属基金会
136. 华侨茶业发展研究基金会
137. 纪念苏天·横河仪器仪表人才发展基金会
138. 韬奋基金会
139. 陶行知教育基金会
140. 金龙鱼慈善公益基金会
141. 比亚迪慈善基金会
142. 援助西藏发展基金会
143. 中华少年儿童慈善救助基金会
144. 中国肝炎防治基金会
145. 中华艺文基金会
146. 清华大学教育基金会
147. 中国教师发展基金会
148. 中华农业科教基金会
149. 中华志愿者协会

财政部 国家税务总局 证监会关于沪港股票市场交易互联互通机制试点有关税收政策的通知

2014年10月31日 财税〔2014〕81号

各省、自治区、直辖市、计划单列市财政厅（局）、国家税务局、地方税务局，新疆生产建设兵团财务局，上海、深圳证券交易所，中国证券登记结算公司：

经国务院批准，现就沪港股票市场交易互联互通机制试点涉及的有关税收政策问题明确如下：

一、关于内地投资者通过沪港通投资香港联合交易所有限公司（以下简称香港联交所）上市股票的所得税问题

（一）内地个人投资者通过沪港通投资香港联交所上市股票的转让差价所得税。

对内地个人投资者通过沪港通投资香港联交所上市股票取得的转让差价所得，自2014年11月17日起至2017年11月16日止，暂免征收个人所得税。

（二）内地企业投资者通过沪港通投资香港联交所上市股票的转让差价所得税。

对内地企业投资者通过沪港通投资香港联交所上市股票取得的转让差价所得，计入其收

入总额，依法征收企业所得税。

（三）内地个人投资者通过沪港通投资香港联交所上市股票的股息红利所得税。

对内地个人投资者通过沪港通投资香港联交所上市H股取得的股息红利，H股公司应向中国证券登记结算有限责任公司（以下简称中国结算）提出申请，由中国结算向H股公司提供内地个人投资者名册，H股公司按照20%的税率代扣个人所得税。内地个人投资者通过沪港通投资香港联交所上市的非H股取得的股息红利，由中国结算按照20%的税率代扣个人所得税。个人投资者在国外已缴纳的预提税，可持有效扣税凭证到中国结算的主管税务机关申请税收抵免。

对内地证券投资基金通过沪港通投资香港联交所上市股票取得的股息红利所得，按照上述规定计征个人所得税。

（四）内地企业投资者通过沪港通投资香港联交所上市股票的股息红利所得税。

1. 对内地企业投资者通过沪港通投资香港联交所上市股票取得的股息红利所得，计入其收入总额，依法计征企业所得税。其中，内地居民企业连续持有H股满12个月取得的股息红利所得，依法免征企业所得税。

2. 香港联交所上市H股公司应向中国结算提出申请，由中国结算向H股公司提供内地企业投资者名册，H股公司对内地企业投资者不代扣股息红利所得税款，应纳税款由企业自行申报缴纳。

3. 内地企业投资者自行申报缴纳企业所得税时，对香港联交所非H股上市公司已代扣代缴的股息红利所得税，可依法申请税收抵免。

二、关于香港市场投资者通过沪港通投资上海证券交易所（以下简称上交所）上市A股的所得税问题

1. 对香港市场投资者（包括企业和个人）投资上交所上市A股取得的转让差价所得，暂免征收所得税。

2. 对香港市场投资者（包括企业和个人）投资上交所上市A股取得的股息红利所得，在香港中央结算有限公司（以下简称香港结算）不具备向中国结算提供投资者的身份及持股时间等明细数据的条件之前，暂不执行按持股时间实行差别化征税政策，由上市公司按照10%的税率代扣所得税，并向其主管税务机关办理扣缴申报。对于香港投资者中属于其他国家税收居民且其所在国与中国签订的税收协定规定股息红利所得税率低于10%的，企业或个人可以自行或委托代扣代缴义务人，向上市公司主管税务机关提出享受税收协定待遇的申请，主管税务机关审核后，应按已征税款和根据税收协定税率计算的应纳税款的差额予以退税。

三、关于内地和香港市场投资者通过沪港通买卖股票的营业税问题

1. 对香港市场投资者（包括单位和个人）通过沪港通买卖上交所上市A股取得的差价收入，暂免征收营业税。

2. 对内地个人投资者通过沪港通买卖香港联交所上市股票取得的差价收入，按现行政策规定暂免征收营业税。

3. 对内地单位投资者通过沪港通买卖香港联交所上市股票取得的差价收入，按现行政策规定征免营业税。

四、关于内地和香港市场投资者通过沪港通转让股票的证券（股票）交易印花税问题

香港市场投资者通过沪港通买卖、继承、赠与上交所上市A股，按照内地现行税制规定缴纳证券（股票）交易印花税。内地投资者通过沪港通买卖、继承、赠与联交所上市股票，按照香港特别行政区现行税法规定缴纳印花税。

中国结算和香港结算可互相代收上述税款。

五、本通知自2014年11月17日起执行。

财政部　国家税务总局关于延续并完善支持农村金融发展有关税收政策的通知

2014年12月26日　财税〔2014〕102号

各省、自治区、直辖市、计划单列市财政厅（局）、国家税务局、地方税务局，新疆生产建设兵团财务局：

为继续支持农村金融发展，解决农民贷款难问题，经国务院批准，现就农村金融有关税收政策通知如下：

一、自2014年1月1日至2016年12月31日，对金融机构农户小额贷款的利息收入，免征营业税。

二、自2014年1月1日至2016年12月31日，对金融机构农户小额贷款的利息收入，在计算应纳税所得额时，按90%计入收入总额。

三、自2014年1月1日至2016年12月31日，对保险公司为种植业、养殖业提供保险业务取得的保费收入，在计算应纳税所得额时，按90%计入收入总额。

四、本通知所称农户，是指长期（一年以上）居住在乡镇（不包括城关镇）行政管理区域内的住户，还包括长期居住在城关镇所辖行政村范围内的住户和户口不在本地而在本地居住一年以上的住户，国有农场的职工和农村个体工商户。位于乡镇（不包括城关镇）行政管理区域内和在城关镇所辖行政村范围内的国有经济的机关、团体、学校、企事业单位的集体户；有本地户口，但举家外出谋生一年以上的住户，无论是否保留承包耕地均不属于农户。农户以户为统计单位，既可以从事农业生产经营，也可以从事非农业生产经营。农户贷款的判定应以贷款发放时的承贷主体是否属于农户为准。

本通知所称小额贷款，是指单笔且该户贷款余额总额在10万元（含）以下贷款。

本通知所称保费收入，是指原保险保费收入加上分保费收入减去分出保费后的余额。

五、金融机构应对符合条件的农户小额贷款利息收入进行单独核算，不能单独核算的不得适用本通知第一条、第二条规定的优惠政策。

请遵照执行。

财政部　国家税务总局关于促进企业重组有关企业所得税处理问题的通知

2014 年 12 月 25 日　财税〔2014〕109 号

各省、自治区、直辖市、计划单列市财政厅（局）、国家税务局、地方税务局，新疆生产建设兵团财务局：

为贯彻落实《国务院关于进一步优化企业兼并重组市场环境的意见》（国发〔2014〕14 号），根据《中华人民共和国企业所得税法》及其实施条例有关规定，现就企业重组有关企业所得税处理问题明确如下：

一、关于股权收购

将《财政部　国家税务总局关于企业重组业务企业所得税处理若干问题的通知》（财税〔2009〕59 号）第六条第（二）项中有关“股权收购，收购企业购买的股权不低于被收购企业全部股权的 75%”规定调整为“股权收购，收购企业购买的股权不低于被收购企业全部股权的 50%”。

二、关于资产收购

将财税〔2009〕59 号文件第六条第（三）项中有关“资产收购，受让企业收购的资产不低于转让企业全部资产的 75%”规定调整为“资产收购，受让企业收购的资产不低于转让企业全部资产的 50%”。

三、关于股权、资产划转

对 100% 直接控制的居民企业之间，以及受同一或相同多家居民企业 100% 直接控制的居民企业之间按账面净值划转股权或资产，凡具有合理商业目的、不以减少、免除或者推迟缴纳税款为主要目的，股权或资产划转后连续 12 个月内不改变被划转股权或资产原来实质性经营活动，且划出方企业和划入方企业均未在会计上确认损益的，可以选择按以下规定进行特殊性税务处理：

1. 划出方企业和划入方企业均不确认所得。

2. 划入方企业取得被划转股权或资产的计税基础，以被划转股权或资产的原账面净值确定。

3. 划入方企业取得的被划转资产，应按其原账面净值计算折旧扣除。

四、本通知自 2014 年 1 月 1 日起执行。本通知发布前尚未处理的企业重组，符合本通知规定的可按本通知执行。

财政部　国家税务总局关于非货币性资产投资企业所得税政策问题的通知

2014年12月31日　财税〔2014〕116号

各省、自治区、直辖市、计划单列市财政厅（局）、国家税务局、地方税务局，新疆生产建设兵团财务局：

为贯彻落实《国务院关于进一步优化企业兼并重组市场环境的意见》（国发〔2014〕14号），根据《中华人民共和国企业所得税法》及其实施条例有关规定，现就非货币性资产投资涉及的企业所得税政策问题明确如下：

一、居民企业（以下简称企业）以非货币性资产对外投资确认的非货币性资产转让所得，可在不超过5年期限内，分期均匀计入相应年度的应纳税所得额，按规定计算缴纳企业所得税。

二、企业以非货币性资产对外投资，应对非货币性资产进行评估并按评估后的公允价值扣除计税基础后的余额，计算确认非货币性资产转让所得。

企业以非货币性资产对外投资，应于投资协议生效并办理股权登记手续时，确认非货币性资产转让收入的实现。

三、企业以非货币性资产对外投资而取得被投资企业的股权，应以非货币性资产的原计税成本为计税基础，加上每年确认的非货币性资产转让所得，逐年进行调整。

被投资企业取得非货币性资产的计税基础，应按非货币性资产的公允价值确定。

四、企业在对外投资5年内转让上述股权或投资收回的，应停止执行递延纳税政策，并就递延期内尚未确认的非货币性资产转让所得，在转让股权或投资收回当年的企业所得税年度汇算清缴时，一次性计算缴纳企业所得税；企业在计算股权转让所得时，可按本通知第三条第一款规定将股权的计税基础一次调整到位。

企业在对外投资5年内注销的，应停止执行递延纳税政策，并就递延期内尚未确认的非货币性资产转让所得，在注销当年的企业所得税年度汇算清缴时，一次性计算缴纳企业所得税。

五、本通知所称非货币性资产，是指现金、银行存款、应收账款、应收票据以及准备持有至到期的债券投资等货币性资产以外的资产。

本通知所称非货币性资产投资，限于以非货币性资产出资设立新的居民企业，或将非货币性资产注入现存的居民企业。

六、企业发生非货币性资产投资，符合《财政部　国家税务总局关于企业重组业务企业所得税处理若干问题的通知》（财税〔2009〕59号）等文件规定的特殊性税务处理条件的，也可选择按特殊性税务处理规定执行。

七、本通知自2014年1月1日起执行。本通知发布前尚未处理的非货币性资产投资，符合本通知规定的可按本通知执行。

国家税务总局关于商业零售企业存货损失税前扣除问题的公告

2014年1月10日 国家税务总局公告2014年第3号

根据《国家税务总局关于发布〈企业资产损失所得税税前扣除管理办法〉的公告》（国家税务总局公告2011年第25号）有关规定，现对商业零售企业存货损失税前扣除问题公告如下：

一、商业零售企业存货因零星失窃、报废、废弃、过期、破损、腐败、鼠咬、顾客退换货等正常因素形成的损失，为存货正常损失，准予按会计科目进行归类、汇总，然后再将汇总数据以清单的形式进行企业所得税纳税申报，同时出具损失情况分析报告。

二、商业零售企业存货因风、火、雷、震等自然灾害，仓储、运输失事，重大案件等非正常因素形成的损失，为存货非正常损失，应当以专项申报形式进行企业所得税纳税申报。

三、存货单笔（单项）损失超过500万元的，无论何种因素形成的，均应以专项申报方式进行企业所得税纳税申报。

四、本公告适用于2013年度及以后年度企业所得税纳税申报。

特此公告。

国家税务总局关于依据实际管理机构标准实施居民企业认定有关问题的公告

2014年1月29日 国家税务总局公告2014年第9号

为完善依据实际管理机构实施居民企业的认定工作，加强企业所得税征收管理，根据《国务院关于取消和下放一批行政审批项目的决定》（国发〔2013〕44号），国家税务总局对《国家税务总局关于境外注册中资控股企业依据实际管理机构标准认定为居民企业有关问题的通知》（国税发〔2009〕82号，以下简称《通知》）有关条款进行了修订，现公告如下：

一、符合《通知》第二条规定的居民企业认定条件的境外中资企业，须向其中国境内主要投资者登记注册地主管税务机关提出居民企业认定申请，主管税务机关对其居民企业身份进行初步判定后，层报省级税务机关确认。经省级税务机关确认后抄送其境内其他投资地相关省级税务机关。

二、按本公告实施居民企业认定时，经省级税务机关确认后，30日内抄报国家税务总局，由国家税务总局网站统一对外公布。国家税务总局适时开展检查，对不符合条件的，责令其纠正。

三、境外注册中资控股企业自其被认定为居民企业的年度起，从中国境内其他居民企业取得以前年度（限于2008年1月1日以后）的股息、红利等权益性投资收益，应按照《中华人民共和国企业所得税法》第二十六条及其实施条例第十七条、第八十三条的规定处理。

四、境外注册中资控股企业所得税征管的其他事项，仍按照《通知》的相关规定执行。

五、本公告适用于2013年度及以后年度企业所得税申报。

特此公告。

国家税务总局关于企业因国务院决定事项形成的资产损失税前扣除问题的公告

2014年3月17日　国家税务总局公告2014年第18号

为贯彻落实《国务院关于取消和下放一批行政审批项目的决定》（国发〔2013〕44号），现对企业因国务院决定事项形成的资产损失税前扣除问题公告如下：

一、自国发〔2013〕44号文件发布之日起，企业因国务院决定事项形成的资产损失，不再上报国家税务总局审核。国家税务总局公告2011年第25号发布的《企业资产损失所得税税前扣除管理办法》第十二条同时废止。

二、企业因国务院决定事项形成的资产损失，应以专项申报的方式向主管税务机关申报扣除。专项申报扣除的有关事项，按照国家税务总局公告2011年第25号规定执行。

三、本公告适用于2013年度及以后年度企业所得税申报。

特此公告。

国家税务总局关于企业所得税应纳税所得额若干问题的公告

2014年5月23日　国家税务总局公告2014年第29号

根据《中华人民共和国企业所得税法》及其实施条例（以下简称税法）的规定，现将企业所得税应纳税所得额若干问题公告如下：

一、企业接收政府划入资产的企业所得税处理

（一）县级以上人民政府（包括政府有关部门，下同）将国有资产明确以股权投资方式投入企业，企业应作为国家资本金（包括资本公积）处理。该项资产如为非货币性资产，应按政府确定的接收价值确定计税基础。

（二）县级以上人民政府将国有资产无偿划入企业，凡指定专门用途并按《财政部　国家税务总局关于专项用途财政性资金企业所得税处理问题的通知》（财税〔2011〕70号）

规定进行管理的，企业可作为不征税收入进行企业所得税处理。其中，该项资产属于非货币性资产的，应按政府确定的接收价值计算不征税收入。

县级以上人民政府将国有资产无偿划入企业，属于上述（一）、（二）项以外情形的，应按政府确定的接收价值计入当期收入总额计算缴纳企业所得税。政府没有确定接收价值的，按资产的公允价值计算确定应税收入。

二、企业接收股东划入资产的企业所得税处理

（一）企业接收股东划入资产（包括股东赠予资产、上市公司在股权分置改革过程中接收原非流通股股东和新非流通股股东赠予的资产、股东放弃本企业的股权，下同），凡合同、协议约定作为资本金（包括资本公积）且在会计上已做实际处理的，不计入企业的收入总额，企业应按公允价值确定该项资产的计税基础。

（二）企业接收股东划入资产，凡作为收入处理的，应按公允价值计入收入总额，计算缴纳企业所得税，同时按公允价值确定该项资产的计税基础。

三、保险企业准备金支出的企业所得税处理

根据《财政部　国家税务总局关于保险公司准备金支出企业所得税税前扣除有关政策问题的通知》（财税〔2012〕45 号）有关规定，保险企业未到期责任准备金、寿险责任准备金、长期健康险责任准备金、已发生已报告未决赔款准备金和已发生未报告未决赔款准备金应按财政部下发的企业会计有关规定计算扣除。

保险企业在计算扣除上述各项准备金时，凡未执行财政部有关会计规定仍执行中国保险监督管理委员会有关监管规定的，应将两者之间的差额调整当期应纳税所得额。

四、核电厂操纵员培养费的企业所得税处理

核力发电企业为培养核电厂操纵员发生的培养费用，可作为企业的发电成本在税前扣除。企业应将核电厂操纵员培养费与员工的职工教育经费严格区分，单独核算，员工实际发生的职工教育经费支出不得计入核电厂操纵员培养费直接扣。

五、固定资产折旧的企业所得税处理

（一）企业固定资产会计折旧年限如果短于税法规定的最低折旧年限，其按会计折旧年限计提的折旧高于按税法规定的最低折旧年限计提的折旧部分，应调增当期应纳税所得额；企业固定资产会计折旧年限已期满且会计折旧已提足，但税法规定的最低折旧年限尚未到期且税收折旧尚未足额扣除，其未足额扣除的部分准予在剩余的税收折旧年限继续按规定扣除。

（二）企业固定资产会计折旧年限如果长于税法规定的最低折旧年限，其折旧应按会计折旧年限计算扣除，税法另有规定除外。

（三）企业按会计规定提取的固定资产减值准备，不得税前扣除，其折旧仍按税法确定的固定资产计税基础计算扣除。

（四）企业按税法规定实行加速折旧的，其按加速折旧办法计算的折旧额可全额在税前扣除。

（五）石油天然气开采企业在计提油气资产折耗（折旧）时，由于会计与税法规定计算方法不同导致的折耗（折旧）差异，应按税法规定进行纳税调整。

六、施行时间

本公告适用于 2013 年度及以后年度企业所得税汇算清缴。

企业2013年度汇算清缴前接收政府或股东划入资产，尚未进行企业所得税处理的，可按本公告执行。对于手续不齐全、证据不清的，企业应在2014年12月31日前补充完善。企业凡在2014年12月31日前不能补充完善的，一律作为应税收入或计入收入总额进行企业所得税处理。

特此公告。

财政部　国家税务总局关于确认中国红十字会总会　中华全国总工会　中国宋庆龄基金会和中国国际人才交流基金会2014年度公益性捐赠税前扣除资格的通知

2015年1月15日　财税〔2015〕1号

各省、自治区、直辖市、计划单列市财政厅（局）、国家税务局、地方税务局，新疆生产建设兵团财务局：

根据《财政部　国家税务总局关于通过公益性群众团体的公益性捐赠税前扣除有关问题的通知》（财税〔2009〕124号）规定，经财政部、国家税务总局联合审核确认，中国红十字会总会、中华全国总工会、中国宋庆龄基金会和中国国际人才交流基金会具有2014年度公益性捐赠税前扣除的资格。

财政部　税务总局　人力资源社会保障部　教育部关于支持和促进重点群体创业就业税收政策有关问题的补充通知

2015年1月27日　财税〔2015〕18号

各省、自治区、直辖市、计划单列市财政厅（局）、国家税务局、地方税务局、人力资源社会保障厅（局）、教育厅（教委），新疆生产建设兵团财务局、人力资源社会保障局、教育局：

为进一步简化享受税收优惠政策程序，经国务院批准，现对《财政部　国家税务总局　人力资源社会保障部关于继续实施支持和促进重点群体创业就业有关税收政策的通知》（财税〔2014〕39号）补充通知如下：

一、将《就业失业登记证》更名为《就业创业证》，已发放的《就业失业登记证》继续有效，不再统一更换。《就业创业证》的发放、使用、管理等事项按人力资源社会保障部的有关规定执行。各地可印制一批《就业创业证》先向有需求的毕业年度内高校毕业生发放。

二、取消《高校毕业生自主创业证》，毕业年度内高校毕业生从事个体经营的，持《就业创业证》（注明“毕业年度内自主创业税收政策”）享受税收优惠政策。

三、毕业年度内高校毕业生在校期间凭学生证向公共就业服务机构按规定申领《就业创业证》，或委托所在高校就业指导中心向公共就业服务机构按规定代为其申领《就业创业证》；毕业年度内高校毕业生离校后直接向公共就业服务机构按规定申领《就业创业证》。

本通知自发布之日起施行，各地财政、税务、人力资源社会保障、教育部门要认真做好新旧政策的衔接工作，主动做好政策宣传和解释工作，加强部门间的协调配合，确保政策落实到位。

财政部　国家税务总局关于推广中关村国家自主创新示范区税收试点政策有关问题的通知

2015年6月9日　财税〔2015〕62号

各省、自治区、直辖市、计划单列市财政厅（局）、国家税务局、地方税务局，新疆生产建设兵团财务局：

根据国务院决定，中关村国家自主创新示范区有关税收试点政策推广至国家自主创新示范区、合芜蚌自主创新综合试验区和绵阳科技城（以下统称示范地区）实施。现就有关税收政策问题明确如下：

一、关于股权奖励个人所得税政策

1. 对示范地区内的高新技术企业转化科技成果，给予本企业相关技术人员的股权奖励，技术人员一次缴纳税款有困难的，经主管税务机关审核，可分期缴纳个人所得税，但最长不得超过5年。

2. 本通知所称股权奖励，是指企业无偿授予相关技术人员一定份额的股权或一定数量的股份。股权奖励的计税价格参照获得股权时的公平市场价格确定。

3. 本通知所称相关技术人员，具体范围依照《财政部　国家税务总局　科技部关于中关村国家自主创新示范区有关股权奖励个人所得税试点政策的通知》（财税〔2014〕63号）的相关规定执行。

4. 技术人员转让奖励的股权（含奖励股权孳生的送、转股）并取得现金收入的，该现金收入应优先用于缴纳尚未缴清的税款。

5. 技术人员在转让奖励的股权之前企业依法宣告破产，技术人员进行相关权益处置后没有取得收益或资产，或取得的收益和资产不足以缴纳其取得股权尚未缴纳的应纳税款的，经主管税务机关审核，尚未缴纳的个人所得税可不予追征。

二、关于有限合伙制创业投资企业法人合伙人企业所得税政策

1. 注册在示范地区的有限合伙制创业投资企业采取股权投资方式投资于未上市的中小高新技术企业2年（24个月）以上的，该有限合伙制创业投资企业的法人合伙人可按照其

对未上市中小高新技术企业投资额的70%抵扣该法人合伙人从该有限合伙制创业投资企业分得的应纳税所得额，当年不足抵扣的，可以在以后纳税年度结转抵扣。

2. 有限合伙制创业投资企业的法人合伙人对未上市中小高新技术企业的投资额，按照有限合伙制创业投资企业对中小高新技术企业的投资额和合伙协议约定的法人合伙人占有限合伙制创业投资企业的出资比例计算确定。

三、关于技术转让所得企业所得税政策

1. 注册在示范地区的居民企业在一个纳税年度内，转让技术的所有权或5年以上（含5年）许可使用权取得的所得不超过500万元的部分，免征企业所得税；超过500万元的部分，减半征收企业所得税。

2. 本通知所称技术，包括专利（含国防专利）、计算机软件著作权、集成电路布图设计专有权、植物新品种权、生物医药新品种，以及财政部和国家税务总局确定的其他技术。其中，专利是指法律授予独占权的发明、实用新型以及非简单改变产品图案和形状的外观设计。

四、关于企业转增股本个人所得税政策

1. 示范地区内中小高新技术企业，以未分配利润、盈余公积、资本公积向个人股东转增股本时，个人股东应按照"利息、股息、红利所得"项目，适用20%税率征收个人所得税。个人股东一次缴纳个人所得税确有困难的，经主管税务机关审核，可分期缴纳，但最长不得超过5年。

2. 股东转让股权并取得现金收入的，该现金收入应优先用于缴纳尚未缴清的税款。

3. 在股东转让该部分股权之前，企业依法宣告破产，股东进行相关权益处置后没有取得收益或收益小于初始投资额的，经主管税务机关审核，尚未缴纳的个人所得税可不予追征。

4. 本通知所称中小高新技术企业，是指注册在示范地区内实行查账征收的、经认定取得高新技术企业资格，且年销售额和资产总额均不超过2亿元、从业人数不超过500人的企业。

5. 上市中小高新技术企业或在全国中小企业股份转让系统挂牌的中小高新技术企业向个人股东转增股本，股东应纳的个人所得税，继续按照现行有关股息红利差别化个人所得税政策执行，不适用本通知规定的分期纳税政策。

五、本通知自2015年1月1日起执行。实施范围包括中关村等所有国家自主创新示范区、合芜蚌自主创新综合试验区和绵阳科技城。

财政部　国家税务总局关于将国家自主创新示范区有关税收试点政策推广到全国范围实施的通知

2015年10月23日　财税〔2015〕116号

各省、自治区、直辖市、计划单列市财政厅（局）、国家税务局、地方税务局，新疆生产建

设兵团财务局：

根据国务院常务会议决定精神，将国家自主创新示范区试点的四项所得税政策推广至全国范围实施。现就有关税收政策问题明确如下：

一、关于有限合伙制创业投资企业法人合伙人企业所得税政策

1. 自2015年10月1日起，全国范围内的有限合伙制创业投资企业采取股权投资方式投资于未上市的中小高新技术企业满2年（24个月）的，该有限合伙制创业投资企业的法人合伙人可按照其对未上市中小高新技术企业投资额的70%抵扣该法人合伙人从该有限合伙制创业投资企业分得的应纳税所得额，当年不足抵扣的，可以在以后纳税年度结转抵扣。

2. 有限合伙制创业投资企业的法人合伙人对未上市中小高新技术企业的投资额，按照有限合伙制创业投资企业对中小高新技术企业的投资额和合伙协议约定的法人合伙人占有限合伙制创业投资企业的出资比例计算确定。

二、关于技术转让所得企业所得税政策

1. 自2015年10月1日起，全国范围内的居民企业转让5年以上非独占许可使用权取得的技术转让所得，纳入享受企业所得税优惠的技术转让所得范围。居民企业的年度技术转让所得不超过500万元的部分，免征企业所得税；超过500万元的部分，减半征收企业所得税。

2. 本通知所称技术，包括专利（含国防专利）、计算机软件著作权、集成电路布图设计专有权、植物新品种权、生物医药新品种，以及财政部和国家税务总局确定的其他技术。其中，专利是指法律授予独占权的发明、实用新型以及非简单改变产品图案和形状的外观设计。

三、关于企业转增股本个人所得税政策

1. 自2016年1月1日起，全国范围内的中小高新技术企业以未分配利润、盈余公积、资本公积向个人股东转增股本时，个人股东一次缴纳个人所得税确有困难的，可根据实际情况自行制定分期缴税计划，在不超过5个公历年度内（含）分期缴纳，并将有关资料报主管税务机关备案。

2. 个人股东获得转增的股本，应按照“利息、股息、红利所得”项目，适用20%税率征收个人所得税。

3. 股东转让股权并取得现金收入的，该现金收入应优先用于缴纳尚未缴清的税款。

4. 在股东转让该部分股权之前，企业依法宣告破产，股东进行相关权益处置后没有取得收益或收益小于初始投资额的，主管税务机关对其尚未缴纳的个人所得税可不予追征。

5. 本通知所称中小高新技术企业，是指注册在中国境内实行查账征收的、经认定取得高新技术企业资格，且年销售额和资产总额均不超过2亿元、从业人数不超过500人的企业。

6. 上市中小高新技术企业或在全国中小企业股份转让系统挂牌的中小高新技术企业向个人股东转增股本，股东应纳的个人所得税，继续按照现行有关股息红利差别化个人所得税政策执行，不适用本通知规定的分期纳税政策。

四、关于股权奖励个人所得税政策

1. 自2016年1月1日起，全国范围内的高新技术企业转化科技成果，给予本企业相关技术人员的股权奖励，个人一次缴纳税款有困难的，可根据实际情况自行制定分期缴税计

划，在不超过5个公历年度内（含）分期缴纳，并将有关资料报主管税务机关备案。

2. 个人获得股权奖励时，按照“工资薪金所得”项目，参照《财政部 国家税务总局关于个人股票期权所得征收个人所得税问题的通知》（财税〔2005〕35号）有关规定计算确定应纳税额。股权奖励的计税价格参照获得股权时的公平市场价格确定。

3. 技术人员转让奖励的股权（含奖励股权孳生的送、转股）并取得现金收入的，该现金收入应优先用于缴纳尚未缴清的税款。

4. 技术人员在转让奖励的股权之前企业依法宣告破产，技术人员进行相关权益处置后没有取得收益或资产，或取得的收益和资产不足以缴纳其取得股权尚未缴纳的应纳税款的部分，税务机关可不予追征。

5. 本通知所称相关技术人员，是指经公司董事会和股东大会决议批准获得股权奖励的以下两类人员：

（1）对企业科技成果研发和产业化作出突出贡献的技术人员，包括企业内关键职务科技成果的主要完成人、重大开发项目的负责人、对主导产品或者核心技术、工艺流程作出重大创新或者改进的主要技术人员。

（2）对企业发展作出突出贡献的经营管理人员，包括主持企业全面生产经营工作的高级管理人员，负责企业主要产品（服务）生产经营合计占主营业务收入（或者主营业务利润）50%以上的中、高级经营管理人员。

企业面向全体员工实施的股权奖励，不得按本通知规定的税收政策执行。

6. 本通知所称股权奖励，是指企业无偿授予相关技术人员一定份额的股权或一定数量的股份。

7. 本通知所称高新技术企业，是指实行查账征收、经省级高新技术企业认定管理机构认定的高新技术企业。

财政部 国家税务总局 证监会
关于内地与香港基金互认有关税收政策的通知

2015年12月14日 财税〔2015〕125号

各省、自治区、直辖市、计划单列市财政厅（局）、国家税务局、地方税务局，新疆生产建设兵团财务局，上海、深圳证券交易所，中国证券登记结算公司：

经国务院批准，现就内地与香港基金互认涉及的有关税收政策问题明确如下：

一、关于内地投资者通过基金互认买卖香港基金份额的所得税问题

1. 对内地个人投资者通过基金互认买卖香港基金份额取得的转让差价所得，自2015年12月18日起至2018年12月17日止，三年内暂免征收个人所得税。

2. 对内地企业投资者通过基金互认买卖香港基金份额取得的转让差价所得，计入其收入总额，依法征收企业所得税。

3. 内地个人投资者通过基金互认从香港基金分配取得的收益，由该香港基金在内地的

代理人按照 20% 的税率代扣代缴个人所得税。

前款所称代理人是指依法取得中国证监会核准的公募基金管理资格或托管资格，根据香港基金管理人的委托，代为办理该香港基金内地事务的机构。

4. 对内地企业投资者通过基金互认从香港基金分配取得的收益，计入其收入总额，依法征收企业所得税。

二、关于香港市场投资者通过基金互认买卖内地基金份额的所得税问题

1. 对香港市场投资者（包括企业和个人）通过基金互认买卖内地基金份额取得的转让差价所得，暂免征收所得税。

2. 对香港市场投资者（包括企业和个人）通过基金互认从内地基金分配取得的收益，由内地上市公司向该内地基金分配股息红利时，对香港市场投资者按照 10% 的税率代扣所得税；或发行债券的企业向该内地基金分配利息时，对香港市场投资者按照 7% 的税率代扣所得税，并由内地上市公司或发行债券的企业向其主管税务机关办理扣缴申报。该内地基金向投资者分配收益时，不再扣缴所得税。

内地基金管理人应当向相关证券登记结算机构提供内地基金的香港市场投资者的相关信息。

三、关于内地投资者通过基金互认买卖香港基金份额和香港市场投资者买卖内地基金份额的营业税问题

1. 对香港市场投资者（包括单位和个人）通过基金互认买卖内地基金份额取得的差价收入，暂免征收营业税。

2. 对内地个人投资者通过基金互认买卖香港基金份额取得的差价收入，按现行政策规定暂免征收营业税。

3. 对内地单位投资者通过基金互认买卖香港基金份额取得的差价收入，按现行政策规定征免营业税。

四、关于内地投资者通过基金互认买卖香港基金份额和香港市场投资者通过基金互认买卖内地基金份额的印花税问题

1. 对香港市场投资者通过基金互认买卖、继承、赠与内地基金份额，按照内地现行税制规定，暂不征收印花税。

2. 对内地投资者通过基金互认买卖、继承、赠与香港基金份额，按照香港特别行政区现行印花税税法规定执行。

五、财政、税务、证监等部门要加强协调，通力合作，切实做好政策实施的各项工作。

基金管理人、基金代理机构、相关证券登记结算机构以及上市公司和发行债券的企业，应依照法律法规积极配合税务机关做好基金互认税收的扣缴申报、征管及纳税服务工作。

六、本通知所称基金互认，是指内地基金或香港基金经香港证监会认可或中国证监会注册，在双方司法管辖区内向公众销售。所称内地基金，是指中国证监会根据《中华人民共和国证券投资基金法》注册的公开募集证券投资基金。所称香港基金，是指香港证监会根据香港法律认可公开销售的单位信托、互惠基金或者其他形式的集体投资计划。所称买卖基金份额，包括申购与赎回、交易。

本通知自 2015 年 12 月 18 日起执行。

财政部 国家税务总局 民政部
关于公益性捐赠税前扣除资格确认审批有关调整事项的通知

2015 年 12 月 31 日 财税〔2015〕141 号

各省、自治区、直辖市、计划单列市财政厅（局）、国家税务局、地方税务局、民政厅（局）：

按照《国务院关于取消非行政许可审批事项的决定》（国发〔2015〕27 号）精神，“公益性捐赠税前扣除资格确认”作为非行政许可审批事项予以取消。为做好公益性捐赠税前扣除资格后续管理工作，现将有关调整事项通知如下：

一、为简化工作程序、减轻社会组织负担，合理调整公益性社会团体捐赠税前扣除资格确认程序，对社会组织报送捐赠税前扣除资格申请报告和相关材料的环节予以取消，即《财政部 国家税务总局 民政部关于公益性捐赠税前扣除有关问题的通知》（财税〔2008〕160 号）第六条、第七条停止执行，改由财政、税务、民政等部门结合社会组织登记注册、公益活动情况联合确认公益性捐赠税前扣除资格，并以公告形式发布名单。

二、公益性社会团体捐赠税前扣除资格确认程序按以下规定执行：

（一）对在民政部登记设立的社会组织，由民政部在登记注册环节会同财政部、国家税务总局对其公益性进行联合确认，对符合公益性社会团体条件的社会组织，财政部、国家税务总局、民政部联合发布公告，明确其公益性捐赠税前扣除资格。

（二）对在民政部登记注册且已经运行的社会组织，由财政部、国家税务总局和民政部结合社会组织公益活动情况和年度检查、评估等情况，对符合公益性社会团体条件的社会组织联合发布公告，明确其公益性捐赠税前扣除资格。

（三）在省级和省级以下民政部门登记注册的社会组织，由省级相关部门参照本条第一项、第二项执行。

三、按照“放管结合”的要求，财政、税务、民政等部门要加强公益性社会团体的后续管理，建立信息公开制度，加大对公益性社会团体的监督检查及违规处罚的力度。在社会组织监督检查或税务检查中，发现不符合条件的公益性社会团体，取消其公益性捐赠税前扣除资格，并向社会公告；建立公益性社会团体信息公开制度，公益性社会团体必须及时公开接受捐赠收入和支出情况，加强社会监督。

四、各级财政、税务、民政部门应加强沟通合作，建立部门会商、协调机制，切实将取消公益性捐赠税前扣除资格确认审批事项落实到位。

以上通知，请遵照执行。

国家税务总局关于企业工资薪金和职工福利费等支出税前扣除问题的公告

2015年5月8日　国家税务总局公告2015年第34号

根据《中华人民共和国企业所得税法》及其实施条例相关规定，现对企业工资薪金和职工福利费等支出企业所得税税前扣除问题公告如下：

一、企业福利性补贴支出税前扣除问题

列入企业员工工资薪金制度、固定与工资薪金一起发放的福利性补贴，符合《国家税务总局关于企业工资薪金及职工福利费扣除问题的通知》（国税函〔2009〕3号）第一条规定的，可作为企业发生的工资薪金支出，按规定在税前扣除。

不能同时符合上述条件的福利性补贴，应作为国税函〔2009〕3号文件第三条规定的职工福利费，按规定计算限额税前扣除。

二、企业年度汇算清缴结束前支付汇缴年度工资薪金税前扣除问题

企业在年度汇算清缴结束前向员工实际支付的已预提汇缴年度工资薪金，准予在汇缴年度按规定扣除。

三、企业接受外部劳务派遣用工支出税前扣除问题

企业接受外部劳务派遣用工所实际发生的费用，应分两种情况按规定在税前扣除：按照协议（合同）约定直接支付给劳务派遣公司的费用，应作为劳务费支出；直接支付给员工个人的费用，应作为工资薪金支出和职工福利费支出。其中属于工资薪金支出的费用，准予计入企业工资薪金总额的基数，作为计算其他各项相关费用扣除的依据。

四、施行时间

本公告适用于2014年度及以后年度企业所得税汇算清缴。本公告施行前尚未进行税务处理的事项，符合本公告规定的可按本公告执行。

《国家税务总局关于企业所得税应纳税所得额若干税务处理问题的公告》（税务总局公告2012年第15号）第一条有关企业接受外部劳务派遣用工的相关规定同时废止。

特此公告。

财政部　国家税务总局　民政部关于2014年度公益性社会团体捐赠税前扣除资格名单（第二批）公告

2015年12月31日　财政部　国家税务总局　民政部公告2015年第103号

根据企业所得税法及实施条例有关规定，按照《财政部　国家税务总局　民政部关于

公益性捐赠税前扣除资格确认审批有关调整事项的通知》（财税〔2015〕141号）有关要求，现将2014年度第二批公益性社会团体捐赠税前扣除资格有关事项公告如下：

一、2014年度第二批符合公益性捐赠税前扣除资格的公益性社会团体名单

1. 中央财经大学教育基金会
2. 中国光华科技基金会
3. 中国华文教育基金会
4. 中国禁毒基金会
5. 重庆大学教育发展基金会
6. 河仁慈善基金会
7. 吴作人国际美术基金会
8. 中国儿童少年基金会
9. 紫金矿业慈善基金会
10. 德康博爱基金会
11. 桃源居公益事业发展基金会
12. 天诺慈善基金会
13. 中国关心下一代健康体育基金会
14. 中国发展研究基金会
15. 中国绿化基金会
16. 南航“十分”关爱基金会
17. 慈济慈善事业基金会
18. 威盛信望爱公益基金会
19. 华阳慈善基金会
20. 华润慈善基金会
21. 黄奕聪慈善基金会
22. 顶新公益基金会
23. 太平洋国际交流基金会
24. 星云文化教育公益基金会
25. 中国人权发展基金会
26. 中国听力医学发展基金会
27. 中信改革发展研究基金会
28. 中脉道和公益基金会
29. 青山慈善基金会
30. 中国对外文化交流协会
31. 中国国际民间组织合作促进会
32. 中国社会组织促进会
33. 中国盲人协会
34. 中国滋根乡村教育与发展促进会
35. 中国青年志愿者协会
36. 中国狮子联会
37. 海峡两岸关系协会

二、纳税人2014年度通过第二批公益性社会团体发生的符合条件的公益捐赠支出，未在税前扣除的，可向主管税务机关申报扣除，相应调整2014年度纳税申报表。

国家税务总局关于有限合伙制创业投资企业法人合伙人企业所得税有关问题的公告

2015年11月16日　国家税务总局公告2015年第81号

根据《中华人民共和国企业所得税法》及其实施条例、《财政部　国家税务总局关于将国家自主创新示范区有关税收试点政策推广到全国范围实施的通知》（财税〔2015〕116号）规定，现就有限合伙制创业投资企业法人合伙人企业所得税有关问题公告如下：

一、有限合伙制创业投资企业是指依照《中华人民共和国合伙企业法》、《创业投资企业管理暂行办法》（国家发展和改革委员会令第39号）和《外商投资创业投资企业管理规定》（外经贸部、科技部、工商总局、税务总局、外汇管理局令2003年第2号）设立的专门从事创业投资活动的有限合伙企业。

二、有限合伙制创业投资企业的法人合伙人，是指依照《中华人民共和国企业所得税法》及其实施条例以及相关规定，实行查账征收企业所得税的居民企业。

三、有限合伙制创业投资企业采取股权投资方式投资于未上市的中小高新技术企业满 2 年（24 个月，下同）的，其法人合伙人可按照对未上市中小高新技术企业投资额的 70% 抵扣该法人合伙人从该有限合伙制创业投资企业分得的应纳税所得额，当年不足抵扣的，可以在以后纳税年度结转抵扣。

所称满 2 年是指 2015 年 10 月 1 日起，有限合伙制创业投资企业投资于未上市中小高新技术企业的实缴投资满 2 年，同时，法人合伙人对该有限合伙制创业投资企业的实缴出资也应满 2 年。

如果法人合伙人投资于多个符合条件的有限合伙制创业投资企业，可合并计算其可抵扣的投资额和应分得的应纳税所得额。当年不足抵扣的，可结转以后纳税年度继续抵扣；当年抵扣后有结余的，应按照企业所得税法的规定计算缴纳企业所得税。

四、有限合伙制创业投资企业的法人合伙人对未上市中小高新技术企业的投资额，按照有限合伙制创业投资企业对中小高新技术企业的投资额和合伙协议约定的法人合伙人占有限合伙制创业投资企业的出资比例计算确定。其中，有限合伙制创业投资企业对中小高新技术企业的投资额按实缴投资额计算；法人合伙人占有限合伙制创业投资企业的出资比例按法人合伙人对有限合伙制创业投资企业的实缴出资额占该有限合伙制创业投资企业的全部实缴出资额的比例计算。

五、有限合伙制创业投资企业应纳税所得额的确定及分配，按照《财政部　国家税务总局关于合伙企业合伙人所得税问题的通知》（财税〔2008〕159 号）相关规定执行。

六、有限合伙制创业投资企业法人合伙人符合享受优惠条件的，应在符合条件的年度终了后 3 个月内向其主管税务机关报送《有限合伙制创业投资企业法人合伙人应纳税所得额分配情况明细表》（附件 1）。

七、法人合伙人向其所在地主管税务机关备案享受投资抵扣应纳税所得额时，应提交《法人合伙人应纳税所得额抵扣情况明细表》（附件 2）以及有限合伙制创业投资企业所在地主管税务机关受理后的《有限合伙制创业投资企业法人合伙人应纳税所得额分配情况明细表》，同时将《国家税务总局关于实施创业投资企业所得税优惠问题的通知》（国税发〔2009〕87 号）规定报送的备案资料留存备查。

八、本公告自 2015 年 10 月 1 日起执行。2015 年度符合优惠条件的企业，可统一在 2015 年度汇算清缴时办理相关手续。《国家税务总局关于苏州工业园区有限合伙制创业投资企业法人合伙人企业所得税政策试点有关征收管理问题的公告》（国家税务总局公告 2013 年第 25 号）同时废止。

特此公告。

附件：1. 有限合伙制创业投资企业法人合伙人应纳税所得额分配情况明细表

2. 法人合伙人应纳税所得额抵扣情况明细表

附件1：

有限合伙制创业投资企业法人合伙人应纳税所得额分配情况明细表

所属期间：　　年　月　日至　　年　月　日　　　　　　　　　　单位：元

创投企业纳税人识别号	创投企业名称	主管税务机关	本期新增符合优惠条件的投资额合计（a）	本期应纳税所得额（b）

法人合伙人纳税人识别号	法人合伙人企业名称	主管税务机关	实缴出资额	投资持有时间	实缴出资额占全部实缴出资额比例	本期新增符合优惠条件的投资额	本期新增可抵扣的投资额	应纳税所得额的分配比例	法人合伙人应分得的应纳税所得额
					1	2 = a × 1	3 = 2 × 70%	4	5 = b × 4

被投资高新技术企业纳税人识别号	高新技术企业名称	投资日期	投资额	投资持有时间	投资年度职工人数	投资年度年销售（营业）额	投资年度资产总额	认定高新技术企业年度	是否已上市	上市日期	是否符合优惠条件

企业声明		税务机关回执	
企业声明	我单位已知悉本事项全部相关政策和管理要求。此表是根据《中华人民共和国企业所得税法》及其实施条例和国家税收规定填报的，是真实、完整的，提交的资料真实、合法、有效。 （企业公章） 财务负责人： 执行事务合伙人：　　　年　月　日	税务机关回执	您单位于　　年　月　日向我机关提交本表及相关资料。我机关意见：＿＿＿＿＿。特此告知。 （税务机关印章） 经办人：　　　年　月　日

填表说明：

1. “所属期间”填报公历当年1月1日至12月31日。

2. “创投企业纳税人识别号”“创投企业名称”和“主管税务机关”填写有限合伙制创业投资企业的税号、名称和主管税务机关。

3. “本期新增符合优惠条件的实缴投资额合计”填写有限合伙制创业投资企业本期新增符合财税〔2015〕116号文件和国税发〔2009〕87号文件规定优惠条件的（本期新增满足投资于未上市的中小高新技术企业满2年的条件的）投资额，不是本期新增的对外投资额，也不包括本期不符合优惠条件的投资额。

4. “本期应纳税所得额”填写有限合伙制创业投资企业本期按规定计算并亏损弥补后的应纳税所得额。

5. “法人合伙人纳税人识别号”“法人合伙人企业名称”和“主管税务机关”填写有限合伙制创业投资企业的法人

合伙人的税号、名称和企业所得税主管税务机关。

6. “实缴出资额”“实缴出资额占全部实缴出资额比例”填写法人合伙人投资有限合伙制创业投资企业的实缴出资额和其占全部实缴出资额的比例。“投资持有时间”填写法人合伙人对有限合伙制创业投资企业的投资持有时间，填至月数。

7. “本期新增符合优惠条件的投资额”填写“本期新增符合优惠条件的投资额合计”×“出资比例”计算得到的金额。

8. “本期新增可抵扣的投资额”填写“本期新增符合优惠条件的投资额”×70%计算得到的金额。

9. “应纳税所得额的分配比例”填写有限合伙制创业投资企业对本期应纳税所得额的分配比例。

10. “法人合伙人应分得的应纳税所得额”填写“本期应纳税所得额”×“应纳税所得额的分配比例”计算得到的金额。

11. “被投资中小高新技术企业纳税人识别号”“高新技术企业名称”填写该有限合伙制创业投资企业通过股权投资方式投资满 2 年的中小高新技术企业的税号和名称。

12. “投资日期”填写被投资企业接受投资、完成工商变更登记的日期。

13. “投资持有时间”填写有限合伙制创业投资企业持有中小高新技术企业股权的累计时间，填至月份。

14. “投资年度职工人数”“投资年度销售额”和“投资年度资产总额”均填写被投资中小高新技术企业获得有限合伙制创业投资企业股权投资当年期末的数据。

15. “认定高新技术企业年度”填写被投资企业获得高新技术企业证书的年度。

16. “是否已上市”“上市日期”填写被投资企业是否已在公开证券市场上市和具体的上市日期，如未上市，则上市日期不需填写。

17. “是否符合优惠条件”填写是否符合国税发〔2009〕87 号文件规定的优惠条件，填写“是”或“否”。

18. 本表一式四份（可根据法人合伙人数量递增），有限合伙制创业投资企业、法人合伙人、创投企业和法人合伙人主管税务机关各执一份。

附件 2：

法人合伙人应纳税所得额抵扣情况明细表

法人合伙人纳税人识别号：　　　　　　法人合伙人企业名称：

所属期间：　　年　月　日至　　年　月　日　　　　　　　　　　　　　　　　单位：元

创投企业纳税人识别号	创投企业名称	主管税务机关	本期新增的可抵扣投资额	本期应分得的应纳税所得额	上期结转的可抵扣投资额	本期实际可抵扣投资额	结转下期可抵扣投资额
			1	2	3	4（若 $1+3<2$，则 $4=1+3$；若 $1+3>2$，则 $4=2$）	$5=1+3-4$
					—	—	—
					—	—	—
					—	—	—
合　计							

企业声明	我单位已知悉本事项全部相关政策和管理要求。此表是根据《中华人民共和国企业所得税法》及其实施条例和国家税收规定填报的，是真实、完整的，提交的资料真实、合法、有效。 （企业公章） 财务负责人：　　　　法定代表人（负责人）：　　年　月　日
税务机关回执	您单位于　　年　月　日向我机关提交本表及相关资料。我机关意见：________。 特此告知。 经办人：　　　　年　月　日

填表说明

1. “所属期间”填报公历当年1月1日至12月31日。

2. “创投企业纳税人识别号”“创投企业名称”和“主管税务机关”填写法人合伙人投资的有限合伙制创业投资企业的税号、名称和主管税务机关。

3. “本期新增的可抵扣投资额”填写《有限合伙制创业投资企业法人合伙人应纳税所得额分配情况明细表》中归属于该法人合伙人的新增可抵扣投资额。

4. “本期应分得的应纳税所得额”填写《有限合伙制创业投资企业法人合伙人应纳税所得额分配情况明细表》中分配的归属于该法人合伙人的应纳税所得额。

5. “上期结转的可抵扣投资额”填写法人合伙人上年度结转以后年度的可抵扣投资额。

6. “本期实际可抵扣投资额”填写本期法人合伙人享受优惠可以抵扣的投资额，如“本期新增的可抵扣投资额”+“上期结转的可抵扣投资额”<“本期应分得的应纳税所得额”，则填写“本期新增的可抵扣投资额”+“上期结转的可抵扣投资额”计算得到的金额；如“本期新增的可抵扣投资额”+“上期结转的可抵扣投资额”>“本期应分得的应纳税所得额”，则填写“本期应分得的应纳税所得额”的金额。

7. “结转下期可抵扣投资额”按“本期新增的可抵扣投资额”+“上期结转的可抵扣投资额”-“本期实际可抵扣投资额”计算得到的金额填列。

国家发展和改革委员会关于印发国家规划布局内重点软件和集成电路设计领域的通知

2016年5月16日　发改高技〔2016〕1056号

各省、自治区、直辖市及计划单列市发展改革委、工业和信息化主管部门、财政厅（局）、国家税务局、地方税务局：

为贯彻落实《国务院关于印发进一步鼓励软件产业和集成电路产业发展若干政策的通知》（国发〔2011〕4号），按照《财政部　国家税务总局　发展改革委工业和信息化部关于软件和集成电路产业企业所得税优惠政策有关问题的通知》（财税〔2016〕49号）要求，现就国家规划布局内重点软件和集成电路设计领域有关事项通知如下：

一、重点软件领域

（一）基础软件：操作系统、数据库、中间件。

（二）工业软件和服务：研发设计类、经营管理类和生产控制类产品和服务。

（三）信息安全软件产品研发应用及工业控制系统咨询设计、集成实施和运行维护等服务。

（四）数据分析处理软件和数据获取、分析、处理、存储服务。

（五）移动互联网：移动支付、地图导航、浏览器、数字创意、移动应用开发工具及环境类软件。

（六）嵌入式软件（软件收入比例不低于50%）。

（七）高技术服务软件：研发设计、知识产权、检验检测和生物技术服务软件。

（八）语言文字信息处理软件：汉语和少数民族语言相关文字编辑处理、语音识别/合成、机器翻译软件。

（九）云计算：大型公有云IaaS、PaaS服务。

二、重点集成电路设计领域

（一）高性能处理器和 FPGA 芯片。

（二）存储器芯片。

（三）物联网和信息安全芯片。

（四）EDA、IP 及设计服务。

（五）工业芯片。

三、符合财税〔2016〕49 号文件第五条第（二）项、第六条第（二）项条件的企业，如业务范围涉及多个领域，仅选择其中一个领域向税务机关备案。选择领域的销售（营业）收入占本企业软件产品开发销售（营业）收入或集成电路设计销售（营业）收入的比例不低于 20%。

四、国家发展改革委、工业和信息化部会同财政部、税务总局，根据国家产业政策规划和布局，对上述领域实行动态调整。

五、本通知自 2015 年 1 月 1 日起执行。

特此通知。

财政部　国家税务总局关于公益股权捐赠企业所得税政策问题的通知

2016 年 4 月 20 日　财税〔2016〕45 号

各省、自治区、直辖市、计划单列市财政厅（局）、国家税务局、地方税务局，新疆生产建设兵团财务局：

为支持和鼓励公益事业发展，根据《中华人民共和国企业所得税法》及其实施条例有关规定，经国务院批准，现将股权捐赠企业所得税政策问题通知如下：

一、企业向公益性社会团体实施的股权捐赠，应按规定视同转让股权，股权转让收入额以企业所捐赠股权取得时的历史成本确定。

前款所称的股权，是指企业持有的其他企业的股权、上市公司股票等。

二、企业实施股权捐赠后，以其股权历史成本为依据确定捐赠额，并依此按照企业所得税法有关规定在所得税前予以扣除。公益性社会团体接受股权捐赠后，应按照捐赠企业提供的股权历史成本开具捐赠票据。

三、本通知所称公益性社会团体，是指注册在中华人民共和国境内，以发展公益事业为宗旨且不以营利为目的，并经确定为具有接受捐赠税前扣除资格的基金会、慈善组织等公益性社会团体。

四、本通知所称股权捐赠行为，是指企业向中华人民共和国境内公益性社会团体实施的股权捐赠行为。企业向中华人民共和国境外的社会组织或团体实施的股权捐赠行为不适用本通知规定。

五、本通知自 2016 年 1 月 1 日起执行。

本通知发布前企业尚未进行税收处理的股权捐赠行为，符合本通知规定条件的可比照本通知执行，已经进行相关税收处理的不再进行税收调整。

请遵照执行。

财政部 国家税务总局关于科技企业孵化器税收政策的通知

2016年8月11日 财税〔2016〕89号

各省、自治区、直辖市、计划单列市财政厅（局）、国家税务局、地方税务局，新疆生产建设兵团财务局：

经国务院批准，现就科技企业孵化器（含众创空间，以下简称孵化器）有关税收政策通知如下：

一、自2016年1月1日至2018年12月31日，对符合条件的孵化器自用以及无偿或通过出租等方式提供给孵化企业使用的房产、土地，免征房产税和城镇土地使用税；自2016年1月1日至2016年4月30日，对其向孵化企业出租场地、房屋以及提供孵化服务的收入，免征营业税；在营业税改征增值税试点期间，对其向孵化企业出租场地、房屋以及提供孵化服务的收入，免征增值税。

二、符合非营利组织条件的孵化器的收入，按照企业所得税法及其实施条例和有关税收政策规定享受企业所得税优惠政策。

三、享受本通知规定的房产税、城镇土地使用税以及营业税、增值税优惠政策的孵化器，应同时符合以下条件：

（一）孵化器需符合国家级科技企业孵化器条件。国务院科技行政主管部门负责发布国家级科技企业孵化器名单。

（二）孵化器应将面向孵化企业出租场地、房屋以及提供孵化服务的业务收入在财务上单独核算。

（三）孵化器提供给孵化企业使用的场地面积（含公共服务场地）应占孵化器可自主支配场地面积的75%以上（含75%）。孵化企业数量应占孵化器内企业总数量的75%以上（含75%）。

公共服务场地是指孵化器提供给孵化企业共享的活动场所，包括公共餐厅、接待室、会议室、展示室、活动室、技术检测室和图书馆等非盈利性配套服务场地。

四、本通知所称“孵化企业”应当同时符合以下条件：

（一）企业注册地和主要研发、办公场所必须在孵化器的孵化场地内。

（二）新注册企业或申请进入孵化器前企业成立时间不超过2年。

（三）企业在孵化器内孵化的时间不超过48个月。纳入“创新人才推进计划”及“海外高层次人才引进计划”的人才或从事生物医药、集成电路设计、现代农业等特殊领域的创业企业，孵化时间不超过60个月。

（四）符合《中小企业划型标准规定》所规定的小型、微型企业划型标准。

（五）单一在孵企业入驻时使用的孵化场地面积不大于1000 平方米。从事航空航天等特殊领域的在孵企业，不大于3000 平方米。

（六）企业产品（服务）属于科学技术部、财政部、国家税务总局印发的《国家重点支持的高新技术领域》规定的范围。

五、本通知所称“孵化服务”是指为孵化企业提供的属于营业税“服务业”税目中“代理业”“租赁业”和“其他服务业”中的咨询和技术服务范围内的服务，改征增值税后是指为孵化企业提供的“经纪代理”“经营租赁”“研发和技术”“信息技术”和“鉴证咨询”等服务。

六、省级科技行政主管部门负责定期核实孵化器是否符合本通知规定的各项条件，并报国务院科技行政主管部门审核确认。国务院科技行政主管部门审核确认后向纳税人出具证明材料，列明用于孵化的房产和土地的地址、范围、面积等具体信息，并发送给国务院税务主管部门。

纳税人持相应证明材料向主管税务机关备案，主管税务机关按照《税收减免管理办法》等有关规定，以及国务院科技行政主管部门发布的符合本通知规定条件的孵化器名单信息，办理税收减免。

请遵照执行。

财政部　国家税务总局关于国家大学科技园税收政策的通知

2016 年 9 月 5 日　财税〔2016〕98 号

各省、自治区、直辖市、计划单列市财政厅（局）、国家税务局、地方税务局，新疆生产建设兵团财务局：

经国务院批准，现就国家大学科技园（以下简称科技园）有关税收政策通知如下：

一、自 2016 年 1 月 1 日至 2018 年 12 月 31 日，对符合条件的科技园自用以及无偿或通过出租等方式提供给孵化企业使用的房产、土地，免征房产税和城镇土地使用税；自 2016 年 1 月 1 日至 2016 年 4 月 30 日，对其向孵化企业出租场地、房屋以及提供孵化服务的收入，免征营业税；在营业税改征增值税试点期间，对其向孵化企业出租场地、房屋以及提供孵化服务的收入，免征增值税。

二、符合非营利组织条件的科技园的收入，按照企业所得税法及其实施条例和有关税收政策规定享受企业所得税优惠政策。

三、享受本通知规定的房产税、城镇土地使用税以及营业税、增值税优惠政策的科技园，应当同时符合以下条件：

（一）科技园符合国家大学科技园条件。国务院科技和教育行政主管部门负责发布国家大学科技园名单。

（二）科技园将面向孵化企业出租场地、房屋以及提供孵化服务的业务收入在财务上单独核算。

（三）科技园提供给孵化企业使用的场地面积（含公共服务场地）占科技园可自主支配场地面积的60%以上（含60%），孵化企业数量占科技园内企业总数量的75%以上（含75%）。

公共服务场地是指科技园提供给孵化企业共享的活动场所，包括公共餐厅、接待室、会议室、展示室、活动室、技术检测室和图书馆等非营利性配套服务场地。

四、本通知所称“孵化企业”应当同时符合以下条件：

（一）企业注册地及主要研发、办公场所在科技园的工作场地内。

（二）新注册企业或申请进入科技园前企业成立时间不超过3年。

（三）企业在科技园内孵化的时间不超过48个月。海外高层次创业人才或从事生物医药、集成电路设计等特殊领域的创业企业，孵化时间不超过60个月。

（四）符合《中小企业划型标准规定》所规定的小型、微型企业划型标准。

（五）单一在孵企业使用的孵化场地面积不超过1000平方米。从事航空航天、现代农业等特殊领域的单一在孵企业，不超过3000平方米。

（六）企业产品（服务）属于科学技术部、财政部、国家税务总局印发的《国家重点支持的高新技术领域》规定的范围。

五、本通知所称“孵化服务”是指为孵化企业提供的属于营业税“服务业”税目中“代理业”“租赁业”和“其他服务业”中的咨询和技术服务范围内的服务，改征增值税后是指为孵化企业提供的“经纪代理”“经营租赁”“研发和技术”“信息技术”和“鉴证咨询”等服务。

六、国务院科技和教育行政主管部门负责组织对科技园是否符合本通知规定的各项条件定期进行审核确认，并向纳税人出具证明材料，列明纳税人用于孵化的房产和土地的地址、范围、面积等具体信息，并发送给国务院税务主管部门。

纳税人持相应证明材料向主管税务机关备案，主管税务机关按照《税收减免管理办法》等有关规定，以及国务院科技和教育行政主管部门发布的符合本通知规定条件的科技园名单信息，办理税收减免。

财政部　国家税务总局
关于完善股权激励和技术入股有关所得税政策的通知

2016年9月20日　财税〔2016〕101号

各省、自治区、直辖市、计划单列市财政厅（局）、国家税务局、地方税务局，新疆生产建设兵团财务局：

为支持国家大众创业、万众创新战略的实施，促进我国经济结构转型升级，经国务院批准，现就完善股权激励和技术入股有关所得税政策通知如下：

一、对符合条件的非上市公司股票期权、股权期权、限制性股票和股权奖励实行递延纳税政策

（一）非上市公司授予本公司员工的股票期权、股权期权、限制性股票和股权奖励，符合规定条件的，经向主管税务机关备案，可实行递延纳税政策，即员工在取得股权激励时可暂不纳税，递延至转让该股权时纳税；股权转让时，按照股权转让收入减除股权取得成本以及合理税费后的差额，适用“财产转让所得”项目，按照20%的税率计算缴纳个人所得税。

股权转让时，股票（权）期权取得成本按行权价确定，限制性股票取得成本按实际出资额确定，股权奖励取得成本为零。

（二）享受递延纳税政策的非上市公司股权激励（包括股票期权、股权期权、限制性股票和股权奖励，下同）须同时满足以下条件：

1. 属于境内居民企业的股权激励计划。

2. 股权激励计划经公司董事会、股东（大）会审议通过。未设股东（大）会的国有单位，经上级主管部门审核批准。股权激励计划应列明激励目的、对象、标的、有效期、各类价格的确定方法、激励对象获取权益的条件、程序等。

3. 激励标的应为境内居民企业的本公司股权。股权奖励的标的可以是技术成果投资入股到其他境内居民企业所取得的股权。激励标的股票（权）包括通过增发、大股东直接让渡以及法律法规允许的其他合理方式授予激励对象的股票（权）。

4. 激励对象应为公司董事会或股东（大）会决定的技术骨干和高级管理人员，激励对象人数累计不得超过本公司最近6个月在职职工平均人数的30%。

5. 股票（权）期权自授予日起应持有满3年，且自行权日起持有满1年；限制性股票自授予日起应持有满3年，且解禁后持有满1年；股权奖励自获得奖励之日起应持有满3年。上述时间条件须在股权激励计划中列明。

6. 股票（权）期权自授予日至行权日的时间不得超过10年。

7. 实施股权奖励的公司及其奖励股权标的公司所属行业均不属于《股权奖励税收优惠政策限制性行业目录》范围（见附件）。公司所属行业按公司上一纳税年度主营业务收入占比最高的行业确定。

（三）本通知所称股票（权）期权是指公司给予激励对象在一定期限内以事先约定的价格购买本公司股票（权）的权利；所称限制性股票是指公司按照预先确定的条件授予激励对象一定数量的本公司股权，激励对象只有工作年限或业绩目标符合股权激励计划规定条件的才可以处置该股权；所称股权奖励是指企业无偿授予激励对象一定份额的股权或一定数量的股份。

（四）股权激励计划所列内容不同时满足第一条第（二）款规定的全部条件，或递延纳税期间公司情况发生变化，不再符合第一条第（二）款第4至6项条件的，不得享受递延纳税优惠，应按规定计算缴纳个人所得税。

二、对上市公司股票期权、限制性股票和股权奖励适当延长纳税期限

（一）上市公司授予个人的股票期权、限制性股票和股权奖励，经向主管税务机关备案，个人可自股票期权行权、限制性股票解禁或取得股权奖励之日起，在不超过12个月的期限内缴纳个人所得税。《财政部　国家税务总局关于上市公司高管人员股票期权所得缴纳个人所得税有关问题的通知》（财税〔2009〕40号）自本通知施行之日起废止。

（二）上市公司股票期权、限制性股票应纳税款的计算，继续按照《财政部　国家税务总局关于个人股票期权所得征收个人所得税问题的通知》（财税〔2005〕35号）、《财政部

国家税务总局关于股票增值权所得和限制性股票所得征收个人所得税有关问题的通知》（财税〔2009〕5号）、《国家税务总局关于股权激励有关个人所得税问题的通知》（国税函〔2009〕461号）等相关规定执行。股权奖励应纳税款的计算比照上述规定执行。

三、对技术成果投资入股实施选择性税收优惠政策

（一）企业或个人以技术成果投资入股到境内居民企业，被投资企业支付的对价全部为股票（权）的，企业或个人可选择继续按现行有关税收政策执行，也可选择适用递延纳税优惠政策。

选择技术成果投资入股递延纳税政策的，经向主管税务机关备案，投资入股当期可暂不纳税，允许递延至转让股权时，按股权转让收入减去技术成果原值和合理税费后的差额计算缴纳所得税。

（二）企业或个人选择适用上述任一项政策，均允许被投资企业按技术成果投资入股时的评估值入账并在企业所得税前摊销扣除。

（三）技术成果是指专利技术（含国防专利）、计算机软件著作权、集成电路布图设计专有权、植物新品种权、生物医药新品种，以及科技部、财政部、国家税务总局确定的其他技术成果。

（四）技术成果投资入股，是指纳税人将技术成果所有权让渡给被投资企业、取得该企业股票（权）的行为。

四、相关政策

（一）个人从任职受雇企业以低于公平市场价格取得股票（权）的，凡不符合递延纳税条件，应在获得股票（权）时，对实际出资额低于公平市场价格的差额，按照“工资、薪金所得”项目，参照《财政部　国家税务总局关于个人股票期权所得征收个人所得税问题的通知》（财税〔2005〕35号）有关规定计算缴纳个人所得税。

（二）个人因股权激励、技术成果投资入股取得股权后，非上市公司在境内上市的，处置递延纳税的股权时，按照现行限售股有关征税规定执行。

（三）个人转让股权时，视同享受递延纳税优惠政策的股权优先转让。递延纳税的股权成本按照加权平均法计算，不与其他方式取得的股权成本合并计算。

（四）持有递延纳税的股权期间，因该股权产生的转增股本收入，以及以该递延纳税的股权再进行非货币性资产投资的，应在当期缴纳税款。

（五）全国中小企业股份转让系统挂牌公司按照本通知第一条规定执行。

适用本通知第二条规定的上市公司是指其股票在上海证券交易所、深圳证券交易所上市交易的股份有限公司。

五、配套管理措施

（一）对股权激励或技术成果投资入股选择适用递延纳税政策的，企业应在规定期限内到主管税务机关办理备案手续。未办理备案手续的，不得享受本通知规定的递延纳税优惠政策。

（二）企业实施股权激励或个人以技术成果投资入股，以实施股权激励或取得技术成果的企业为个人所得税扣缴义务人。递延纳税期间，扣缴义务人应在每个纳税年度终了后向主管税务机关报告递延纳税有关情况。

（三）工商部门应将企业股权变更信息及时与税务部门共享，暂不具备联网实时共享信

息条件的，工商部门应在股权变更登记3个工作日内将信息与税务部门共享。

六、本通知自2016年9月1日起施行。

中关村国家自主创新示范区2016年1月1日至8月31日之间发生的尚未纳税的股权奖励事项，符合本通知规定的相关条件的，可按本通知有关政策执行。

附件：股权奖励税收优惠政策限制性行业目录

附件：

股权奖励税收优惠政策限制性行业目录

门类代码	类别名称
A（农、林、牧、渔业）	（1）03　畜牧业（科学研究、籽种繁育性质项目除外） （2）04　渔业（科学研究、籽种繁育性质项目除外）
B（采矿业）	（3）采矿业（除第11类开采辅助活动）
C（制造业）	（4）16　烟草制品业 （5）17　纺织业（除第178类非家用纺织制成品制造） （6）19　皮革、毛皮、羽毛及其制品和制鞋业 （7）20　木材加工和木、竹、藤、棕、草制品业 （8）22　造纸和纸制品业（除第223类纸制品制造） （9）31　黑色金属冶炼和压延加工业（除第314类钢压延加工）
F（批发和零售业）	（10）批发和零售业
G（交通运输、仓储和邮政业）	（11）交通运输、仓储和邮政业
H（住宿和餐饮业）	（12）住宿和餐饮业
J（金融业）	（13）66　货币金融服务 （14）68　保险业
K（房地产业）	（15）房地产业
L（租赁和商务服务业）	（16）租赁和商务服务业
O（居民服务、修理和其他服务业）	（17）79　居民服务业
Q（卫生和社会工作）	（18）84　社会工作
R（文化、体育和娱乐业）	（19）88　体育 （20）89　娱乐业
S（公共管理、社会保障和社会组织）	（21）公共管理、社会保障和社会组织（除第9421类专业性团体和9422类行业性团体）
T（国际组织）	（22）国际组织

说明：以上目录按照《国民经济行业分类》（GB/T 4754—2011）编制。

财政部　国家税务总局　证监会关于深港股票市场交易互联互通机制试点有关税收政策的通知

2016年11月5日　财税〔2016〕127号

各省、自治区、直辖市、计划单列市财政厅（局）、国家税务局、地方税务局，新疆生产建设兵团财务局，上海、深圳证券交易所，中国证券登记结算公司：

经国务院批准，现就深港股票市场交易互联互通机制试点（以下简称深港通）涉及的有关税收政策问题明确如下：

一、关于内地投资者通过深港通投资香港联合交易所有限公司（以下简称香港联交所）上市股票的所得税问题

（一）内地个人投资者通过深港通投资香港联交所上市股票的转让差价所得税。

对内地个人投资者通过深港通投资香港联交所上市股票取得的转让差价所得，自2016年12月5日起至2019年12月4日止，暂免征收个人所得税。

（二）内地企业投资者通过深港通投资香港联交所上市股票的转让差价所得税。

对内地企业投资者通过深港通投资香港联交所上市股票取得的转让差价所得，计入其收入总额，依法征收企业所得税。

（三）内地个人投资者通过深港通投资香港联交所上市股票的股息红利所得税。

对内地个人投资者通过深港通投资香港联交所上市H股取得的股息红利，H股公司应向中国证券登记结算有限责任公司（以下简称中国结算）提出申请，由中国结算向H股公司提供内地个人投资者名册，H股公司按照20%的税率代扣个人所得税。内地个人投资者通过深港通投资香港联交所上市的非H股取得的股息红利，由中国结算按照20%的税率代扣个人所得税。个人投资者在国外已缴纳的预提税，可持有效扣税凭证到中国结算的主管税务机关申请税收抵免。

对内地证券投资基金通过深港通投资香港联交所上市股票取得的股息红利所得，按照上述规定计征个人所得税。

（四）内地企业投资者通过深港通投资香港联交所上市股票的股息红利所得税。

1. 对内地企业投资者通过深港通投资香港联交所上市股票取得的股息红利所得，计入其收入总额，依法计征企业所得税。其中，内地居民企业连续持有H股满12个月取得的股息红利所得，依法免征企业所得税。

2. 香港联交所上市H股公司应向中国结算提出申请，由中国结算向H股公司提供内地企业投资者名册，H股公司对内地企业投资者不代扣股息红利所得税款，应纳税款由企业自行申报缴纳。

3. 内地企业投资者自行申报缴纳企业所得税时，对香港联交所非H股上市公司已代扣代缴的股息红利所得税，可依法申请税收抵免。

二、关于香港市场投资者通过深港通投资深圳证券交易所（以下简称深交所）上市A

股的所得税问题

1. 对香港市场投资者（包括企业和个人）投资深交所上市 A 股取得的转让差价所得，暂免征收所得税。

2. 对香港市场投资者（包括企业和个人）投资深交所上市 A 股取得的股息红利所得，在香港中央结算有限公司（以下简称香港结算）不具备向中国结算提供投资者的身份及持股时间等明细数据的条件之前，暂不执行按持股时间实行差别化征税政策，由上市公司按照 10% 的税率代扣所得税，并向其主管税务机关办理扣缴申报。对于香港投资者中属于其他国家税收居民且其所在国与中国签订的税收协定规定股息红利所得税率低于 10% 的，企业或个人可以自行或委托代扣代缴义务人，向上市公司主管税务机关提出享受税收协定待遇退还多缴税款的申请，主管税务机关查实后，对符合退税条件的，应按已征税款和根据税收协定税率计算的应纳税款的差额予以退税。

三、关于内地和香港市场投资者通过深港通买卖股票的增值税问题

1. 对香港市场投资者（包括单位和个人）通过深港通买卖深交所上市 A 股取得的差价收入，在营改增试点期间免征增值税。

2. 对内地个人投资者通过深港通买卖香港联交所上市股票取得的差价收入，在营改增试点期间免征增值税。

3. 对内地单位投资者通过深港通买卖香港联交所上市股票取得的差价收入，在营改增试点期间按现行政策规定征免增值税。

四、关于内地和香港市场投资者通过深港通转让股票的证券（股票）交易印花税问题

香港市场投资者通过深港通买卖、继承、赠与深交所上市 A 股，按照内地现行税制规定缴纳证券（股票）交易印花税。内地投资者通过深港通买卖、继承、赠与香港联交所上市股票，按照香港特别行政区现行税法规定缴纳印花税。

中国结算和香港结算可互相代收上述税款。

五、关于香港市场投资者通过沪股通和深股通参与股票担保卖空的证券（股票）交易印花税问题

对香港市场投资者通过沪股通和深股通参与股票担保卖空涉及的股票借入、归还，暂免征收证券（股票）交易印花税。

六、本通知自 2016 年 12 月 5 日起执行。

财政部　国家税务总局　民政部关于 2015 年度公益性社会团体捐赠税前扣除资格名单的公告

2016 年 12 月 14 日　财政部　国家税务总局　民政部公告 2016 年第 155 号

根据《中华人民共和国企业所得税法》及《中华人民共和国企业所得税法实施条例》的有关规定，按照《财政部　国家税务总局　民政部关于公益性捐赠税前扣除资格确认审批有关调整事项的通知》（财税〔2015〕141 号）有关要求，现将 2015 年度符合公益性捐

赠税前扣除资格的公益性社会团体名单公告如下：

1. 神华公益基金会
2. 爱佑慈善基金会
3. 中国人保公益慈善基金会
4. 陈香梅公益基金会
5. 增爱公益基金会
6. 安利公益基金会
7. 中华同心温暖工程基金会
8. 中华思源工程扶贫基金会
9. 中国红十字基金会
10. 中国社会福利基金会
11. 兰州大学教育发展基金会
12. 陈嘉庚科学奖基金会
13. 张学良教育基金会
14. 宝钢教育基金
15. 北京交通大学教育基金会
16. 北京科技大学教育发展基金会
17. 西北农林科技大学教育发展基金会
18. 中国教育发展基金会
19. 传媒大学教育基金会
20. 中国西部人才开发基金会
21. 中国华夏文化遗产基金会
22. 中国国际文化交流基金会
23. 中国马克思主义研究基金会
24. 中国留学人才发展基金会
25. 中国残疾人福利基金会
26. 中国航天基金会
27. 南都公益基金会
28. 中国移动慈善基金会
29. 中国海油海洋环境与生态保护公益基金会
30. 中国生物多样性保护与绿色发展基金会
31. 中国检察官教育基金会
32. 四川大学教育基金会
33. 孙冶方经济科学基金会
34. 凯风公益基金会
35. 招商局慈善基金会
36. 华民慈善基金会
37. 中国国际战略研究基金会
38. 中国友好和平发展基金会
39. 中国民航科普基金会
40. 香江社会救助基金会
41. 中国志愿服务基金会
42. 中国人口福利基金会
43. 中国青年创业就业基金会
44. 中国经济改革研究基金会
45. 中华慈善总会
46. 中国癌症基金会
47. 中华国际医学交流基金会
48. 中国初级卫生保健基金会
49. 中华全国体育基金会
50. 中国古生物化石保护基金会
51. 中华环境保护基金会
52. 中国绿色碳汇基金会
53. 中华社会救助基金会
54. 中国法律援助基金会
55. 中华健康快车基金会
56. 吴阶平医学基金会
57. 中国孔子基金会
58. 中国妇女发展基金会
59. 中国华侨公益基金会
60. 中国法学交流基金会
61. 中国公安民警英烈基金会
62. 中国人寿慈善基金会
63. 李可染艺术基金会
64. 马海德基金会
65. 中国科技馆发展基金会
66. 李四光地质科学奖基金会
67. 润慈公益基金会
68. 致福慈善基金会
69. 韩美林艺术基金会
70. 实事助学基金会
71. 爱慕公益基金会
72. 中国民族文化艺术基金会
73. 中国科学院大学教育基金会
74. 中国京剧艺术基金会

75. 中国博士后科学基金会
76. 中国医学基金会
77. 章如庚慈善基金会
78. 兴华公益基金会
79. 心平公益基金会
80. 智善公益基金会
81. 包商银行公益基金会
82. 东风公益基金会
83. 王振滔慈善基金会
84. 腾讯公益慈善基金会
85. 华鼎国学研究基金会
86. 詹天佑科学技术发展基金会
87. 中国益民文化建设基金会
88. 鲁迅文化基金会
89. 萨马兰奇体育发展基金会
90. 北京理工大学教育基金会
91. 中南大学教育基金会
92. 中国青少年发展基金会
93. 思利及人公益基金会
94. 北京航空航天大学教育基金会
95. 中国下一代教育基金会
96. 纺织之光科技教育基金会
97. 中国农业大学教育基金会
98. 河南大学教育发展基金会
99. 中国老龄事业发展基金会
100. 中华社会文化发展基金会
101. 中国交响乐发展基金会
102. 泛海公益基金会
103. 中远慈善基金会
104. 阿里巴巴公益基金会
105. 中国和平发展基金会
106. 中社社会工作发展基金会
107. 开明慈善基金会
108. 中国金融教育发展基金会
109. 国家电网公益基金会
110. 万科公益基金会
111. 中国文物保护基金会
112. 友成企业家扶贫基金会
113. 中国文学艺术基金会
114. 浙江大学教育基金会
115. 中国健康促进基金会
116. 中国医药卫生事业发展基金会
117. 中国牙病防治基金会
118. 北京大学教育基金会
119. 中国煤矿尘肺病防治基金会
120. 中国煤矿文化宣传基金会
121. 中华见义勇为基金会
122. 中国敦煌石窟保护研究基金会
123. 中国预防性病艾滋病基金会
124. 中国光彩事业基金会
125. 中国企业管理科学基金会
126. 济仁慈善基金会
127. 中兴通讯公益基金会
128. 中国拥军优属基金会
129. 华侨茶业发展研究基金会
130. 纪念苏天·横河仪器仪表人才发展基金会
131. 韬奋基金会
132. 陶行知教育基金会
133. 金龙鱼慈善公益基金会
134. 比亚迪慈善基金会
135. 援助西藏发展基金会
136. 中华少年儿童慈善救助基金会
137. 中国肝炎防治基金会
138. 中华艺文基金会
139. 清华大学教育基金会
140. 中国教师发展基金会
141. 中央财经大学教育基金会
142. 中国光华科技基金会
143. 中国华文教育基金会
144. 中国禁毒基金会
145. 重庆大学教育发展基金会
146. 吴作人国际美术基金会
147. 中国儿童少年基金会
148. 紫金矿业慈善基金会
149. 德康博爱基金会
150. 桃源居公益事业发展基金会
151. 天诺慈善基金会

152. 中国发展研究基金会
153. 中国绿化基金会
154. 南航“十分”关爱基金会
155. 慈济慈善事业基金会
156. 威盛信望爱公益基金会
157. 华阳慈善基金会
158. 华润慈善基金会
159. 黄奕聪慈善基金会
160. 顶新公益基金会
161. 太平洋国际交流基金会
162. 星云文化教育公益基金会
163. 中国人权发展基金会
164. 中国听力医学发展基金会
165. 中信改革发展研究基金会
166. 中脉道和公益基金会
167. 青山慈善基金会
168. 中国对外文化交流协会
169. 中国国际民间组织合作促进会
170. 中国社会组织促进会
171. 中国盲人协会
172. 中国滋根乡村教育与发展促进会
173. 中国青年志愿者协会
174. 中国狮子联会
175. 中华志愿者协会
176. 张伯驹潘素文化发展基金会
177. 中国海洋发展基金会
178. 民生人寿保险公益基金会
179. 白求恩公益基金会
180. 东润公益基金会
181. 中国互联网发展基金会
182. 光华工程科技奖励基金会
183. 华盛绿色工业基金会
184. 中天爱心慈善基金会
185. 杏林医疗救助基金会
186. 启明公益基金会
187. 周大福慈善基金会
188. 华中农业大学教育发展基金会
189. 中国职工发展基金会
190. 中国国际问题研究基金会
191. 田汉基金会
192. 周培源基金会
193. 中国少年儿童文化艺术基金会
194. 中国出生缺陷干预救助基金会
195. 余彭年慈善基金会
196. 中国保护消费者基金会
197. 亿利公益基金会
198. 中华文学基金会
199. 亨通慈善基金会
200. 河仁慈善基金会

国家税务总局关于企业所得税有关问题的公告

2016年12月9日　国家税务总局公告2016年第80号

根据《中华人民共和国企业所得税法》及其实施条例有关规定，现对企业所得税有关问题公告如下：

一、关于企业差旅费中人身意外保险费支出税前扣除问题

企业职工因公出差乘坐交通工具发生的人身意外保险费支出，准予企业在计算应纳税所得额时扣除。

二、企业移送资产所得税处理问题

企业发生《国家税务总局关于企业处置资产所得税处理问题的通知》（国税函〔2008〕828号）第二条规定情形的，除另有规定外，应按照被移送资产的公允价值确定销售收入。

三、施行时间

本公告适用于2016年度及以后年度企业所得税汇算清缴。

《国家税务总局关于企业处置资产所得税处理问题的通知》（国税函〔2008〕828号）第三条同时废止。

特此公告。

国家税务总局关于修订企业所得税2个规范性文件的公告

2016年12月29日 国家税务总局公告2016年第88号

根据《国务院关于取消和调整一批行政审批项目等事项的决定》（国发〔2014〕50号）以及税务总局关于享受小型微利企业所得税优惠政策的企业包括核定征收企业的相关规定，为做好政策衔接工作，现对企业所得税有关规范性文件修订问题公告如下：

一、关于收入全额归属中央的企业分支机构名单管理问题

《国家税务总局关于中国工商银行股份有限公司等企业企业所得税有关征管问题的通知》（国税函〔2010〕184号）第二、三条废止。收入全额归属中央的企业所属二级及二级以下分支机构，发生资产损失的，按照《国家税务总局关于发布〈企业资产损失所得税税前扣除管理办法〉的公告》（国家税务总局公告2011年第25号）的规定办理；发生名单变化的，按照《国家税务总局关于3项企业所得税事项取消审批后加强后续管理的公告》（国家税务总局公告2015年第6号）第二条的规定办理。

二、关于核定征收的小型微利企业享受优惠问题

《国家税务总局关于企业所得税核定征收若干问题的通知》（国税函〔2009〕377号）第一条第（一）项修订为：享受《中华人民共和国企业所得税法》及其实施条例和国务院规定的一项或几项企业所得税优惠政策的企业（不包括仅享受《中华人民共和国企业所得税法》第二十六条规定免税收入优惠政策的企业、第二十八条规定的符合条件的小型微利企业）。

三、施行时间

本公告第一条根据涉及的事项分别按照国家税务总局2011年第25号公告和国家税务总局2015年第6号公告施行时间执行；第二条适用于2016年度及以后年度企业所得税汇算清缴。

特此公告。

财政部　国家税务总局关于2015年度　2016年度中国红十字会总会等群众团体捐赠税前扣除资格名单的公告

2017年3月7日　财政部　国家税务总局公告2017年第39号

根据《中华人民共和国企业所得税法》及《中华人民共和国企业所得税法实施条例》的有关规定，现将2015年度、2016年度符合公益性捐赠税前扣除资格的公益性群众团体名单公告如下：

1. 中国红十字会总会
2. 中华全国总工会
3. 中国宋庆龄基金会
4. 中国国际人才交流基金会

财政部　税务总局关于广告费和业务宣传费支出税前扣除政策的通知

2017年5月27日　财税〔2017〕41号

各省、自治区、直辖市、计划单列市财政厅（局）、国家税务局、地方税务局，新疆生产建设兵团财务局：

根据《中华人民共和国企业所得税法实施条例》（国务院令第512号）第四十四条规定，现就有关广告费和业务宣传费支出税前扣除政策通知如下：

一、对化妆品制造或销售、医药制造和饮料制造（不含酒类制造）企业发生的广告费和业务宣传费支出，不超过当年销售（营业）收入30%的部分，准予扣除；超过部分，准予在以后纳税年度结转扣除。

二、对签订广告费和业务宣传费分摊协议（以下简称分摊协议）的关联企业，其中一方发生的不超过当年销售（营业）收入税前扣除限额比例内的广告费和业务宣传费支出可以在本企业扣除，也可以将其中的部分或全部按照分摊协议归集至另一方扣除。另一方在计算本企业广告费和业务宣传费支出企业所得税税前扣除限额时，可将按照上述办法归集至本企业的广告费和业务宣传费不计算在内。

三、烟草企业的烟草广告费和业务宣传费支出，一律不得在计算应纳税所得额时扣除。

四、本通知自2016年1月1日起至2020年12月31日止执行。

财政部　税务总局关于完善企业境外所得税收抵免政策问题的通知

2017 年 12 月 28 日　财税〔2017〕84 号

各省、自治区、直辖市、计划单列市财政厅（局）、国家税务局、地方税务局，新疆生产建设兵团财务局：

根据《中华人民共和国企业所得税法》及其实施条例和《财政部　国家税务总局关于企业境外所得税收抵免有关问题的通知》（财税〔2009〕125 号）的有关规定，现就完善我国企业境外所得税收抵免政策问题通知如下：

一、企业可以选择按国（地区）别分别计算（即“分国（地区）不分项”），或者不按国（地区）别汇总计算（即“不分国（地区）不分项”）其来源于境外的应纳税所得额，并按照财税〔2009〕125 号文件第八条规定的税率，分别计算其可抵免境外所得税税额和抵免限额。上述方式一经选择，5 年内不得改变。

企业选择采用不同于以前年度的方式（以下简称新方式）计算可抵免境外所得税税额和抵免限额时，对该企业以前年度按照财税〔2009〕125 号文件规定没有抵免完的余额，可在税法规定结转的剩余年限内，按新方式计算的抵免限额中继续结转抵免。

二、企业在境外取得的股息所得，在按规定计算该企业境外股息所得的可抵免所得税额和抵免限额时，由该企业直接或者间接持有 20% 以上股份的外国企业，限于按照财税〔2009〕125 号文件第六条规定的持股方式确定的五层外国企业，即：

第一层：企业直接持有 20% 以上股份的外国企业；

第二层至第五层：单一上一层外国企业直接持有 20% 以上股份，且由该企业直接持有或通过一个或多个符合财税〔2009〕125 号文件第六条规定持股方式的外国企业间接持有总和达到 20% 以上股份的外国企业。

三、企业境外所得税收抵免的其他事项，按照财税〔2009〕125 号文件的有关规定执行。

四、本通知自 2017 年 1 月 1 日起执行。

国家税务总局关于全民所有制企业　公司制改制企业所得税处理问题的公告

2017 年 9 月 22 日　国家税务总局公告 2017 年第 34 号

为贯彻落实《中共中央　国务院关于深化国有企业改革的指导意见》和《国务院办公

厅关于印发中央企业公司制改制工作实施方案的通知》（国办发〔2017〕69 号），根据《财政部　国家税务总局关于企业重组业务企业所得税处理若干问题的通知》（财税〔2009〕59 号）有关规定，现就全民所有制企业公司制改制企业所得税处理问题公告如下：

一、全民所有制企业改制为国有独资公司或者国有全资子公司，属于财税〔2009〕59 号文件第四条规定的“企业发生其他法律形式简单改变”的，可依照以下规定进行企业所得税处理：

改制中资产评估增值不计入应纳税所得额；资产的计税基础按其原有计税基础确定；资产增值部分的折旧或者摊销不得在税前扣除。

二、全民所有制企业资产评估增值相关材料应由改制后的企业留存备查。

三、本公告适用于 2017 年度及以后年度企业所得税汇算清缴。此前发生的全民所有制企业公司制改制，尚未进行企业所得税处理的，可依照本公告执行。

特此公告。

国家税务总局关于企业境外承包工程税收抵免凭证有关问题的公告

2017 年 11 月 21 日　国家税务总局公告 2017 年第 41 号

根据《中华人民共和国企业所得税法》及其实施条例、《财政部　国家税务总局关于企业境外所得税收抵免有关问题的通知》（财税〔2009〕125 号）和《国家税务总局关于发布〈企业境外所得税收抵免操作指南〉的公告》（国家税务总局公告 2010 年第 1 号）的有关规定，现就企业境外承包工程税收抵免凭证有关问题公告如下：

一、企业以总分包或联合体方式在境外实施工程项目（包括但不限于工程建设、基础设施建设等项目，下同），其来源于境外所得已在境外缴纳的企业所得税税额，可按本公告规定以总承包企业或联合体主导方企业开具的《境外承包工程项目完税凭证分割单（总分包方式）》（附件 1，以下简称《分割单（总分包方式）》）或《境外承包工程项目完税凭证分割单（联合体方式）》（附件 2，以下简称《分割单（联合体方式）》）作为境外所得完税证明或纳税凭证进行税收抵免。

二、企业以总分包方式在境外承包工程，除总承包企业自行施工的部分外，发生分包（再分包，下同）的，其分包部分来源于境外所得已由总承包企业在境外缴纳的企业所得税税额，总承包企业可按实际取得的收入、工作量等因素确定的合理比例进行分配，开具《分割单（总分包方式）》，并将《分割单（总分包方式）》复印件提供给分包企业，分包企业据此申报抵免。总承包企业按分配后的余额申报抵免。同一项目分配方法应当一致，且在项目存续期内不得改变。

三、企业以联合体方式中标境外工程，该联合体在境外缴纳的企业所得税税额可由主导方企业按实际取得的收入、工作量等因素确定的合理比例进行分配，开具《分割单（联合体方式）》，并将《分割单（联合体方式）》复印件提供给联合体各方企业，联合体各方企业据此申报抵免。

联合体主导方可按合同收入占比孰高原则或事先约定进行确定。

四、总承包企业作为境外纳税主体，应就其在境外缴纳的企业所得税税额，填制《分割单（总分包方式）》后提交主管税务机关备案，并将以下资料留存备查：

1. 总承包企业与境外发包方签订的总承包合同；

2. 总承包企业与分包企业签订的分包合同，如建设项目再分包的，还需留存备查分包企业与再分包企业签订的再分包合同；

3. 总承包企业境外所得相关完税证明或纳税凭证；

4. 境外所得缴纳的企业所得税税额按收入、工作量等因素确定的合理比例分配的计算过程及相关说明。

五、联合体作为境外纳税主体，应就其在境外缴纳的企业所得税税额，由主导方企业填制《分割单（联合体方式）》后提交主管税务机关备案，并将以下资料留存备查：

1. 联合体与境外发包方签订的工程承包合同；

2. 各方企业组建联合体合同或协议；

3. 联合体境外所得相关完税证明或纳税凭证；

4. 境外所得缴纳的企业所得税税额按收入、工作量等因素确定的合理比例分配的计算过程及相关说明。

六、总承包企业或联合体主导方企业应按项目分别建立分割单台账，准确记录境外所得缴纳税额分配情况。

七、分包企业或联合体各方企业申报抵免时，应将《分割单（总分包方式）》或《分割单（联合体方式）》复印件提交主管税务机关备案。主管税务机关对企业有关境外所得抵免有异议的，可以向总承包企业或联合体主导方企业的主管税务机关提出书面复核建议，总承包企业或联合体主导方企业的主管税务机关在收到复核建议后30日内函复复核结果。

八、总承包企业、分包企业及联合体各方企业主管税务机关在后续管理过程中发现企业存在多抵免税款情况的，应及时将信息告知相关各方企业的主管税务机关。

九、本公告适用于2017年度及以后年度企业所得税汇算清缴。以前年度尚未进行境外税收抵免处理的，可按本公告规定执行。

特此公告。

附件：1. 境外承包工程项目完税凭证分割单（总分包方式）

2. 境外承包工程项目完税凭证分割单（联合体方式）

附件 1：

境外承包工程项目完税凭证分割单（总分包方式）

备案年度：________年　　　　税款所属年度：________年

总承包企业及项目基本情况											
总承包企业名称	纳税人统一社会信用代码（纳税人识别号）	主管税务机关	项目名称	项目编号	项目所在国家（地区）	合同金额	项目起止时间	总承包企业境外所得当年度缴纳企业所得税税额（综合税额）		总承包企业境外所得累计缴纳企业所得税税额（综合税额）	
								外币	折合人民币	外币	折合人民币

完税凭证号码 □单一所得税凭证 □综合性税收凭证	总承包企业当年度可抵免企业所得税税额（综合税额）	总承包企业当年度分割的企业所得税税额（综合税额）	总承包企业累计分割的企业所得税税额（综合税额）	分配说明

分包企业分配、再分配基本情况							再分包企业分配基本情况				
分包企业名称	纳税人统一社会信用代码（纳税人识别号）	主管税务机关	分配比例	分配税额	本企业抵免税额	分配给再分包企业税额	再分包企业名称	纳税人统一社会信用代码（纳税人识别号）	主管税务机关	分配比例	分配税额
（分包企业 1）							（再分包企业 1.1）				
							（再分包企业 1.2）				
							……				
							小计				
（分包企业 2）							（再分包企业 2.1）				
							（再分包企业 2.2）				
							……				
							小计				
……											
合计			—				—	—	—	—	

续表

谨声明：本表是根据《中华人民共和国企业所得税法》《中华人民共和国企业所得税法实施条例》及企业所得税相关规定填报的，是真实的、准确的、完整的。 纳税人名称：（盖章） 年　月　日	主管税务机关受理专用章： 受理人： 受理日期：　年　月　日

填报说明：

1. 本表由总承包企业填制并提交其主管税务机关备案。主管税务机关接收备案资料后需在本表加盖受理专用章。
2. 除特别说明外，本表相关金额应折合成人民币，单位为元，且保留至小数点后两位。
3. 本表中“总承包企业名称”“分包企业名称”“再分包企业名称”，必须填写单位名称全称，不得填写简称。
4. 本表中“项目名称”，填写总承包方与境外发包方签订的总承包合同上的项目名称。
5. “总承包企业境外所得当年度缴纳所得税税额（综合税额）”应等于“总承包企业当年度可抵免所得税税额（综合税额）”与“总承包企业当年度分割的所得税税额（综合税额）”之和；“总承包企业当年度可抵免所得税税额（综合税额）”是指总承包企业自行施工的部分来源于境外所得已由总承包企业在境外缴纳的所得税税额。
6. “分配说明”填写将分包部分来源于境外所得已由总承包企业在境外缴纳的所得税税额，按实际取得的收入、工作量等因素确定的合理比例，分配至分包企业予以抵免的情况。
7. 分包企业及再分包企业“分配比例”“分配税额”“本企业抵免税额”“分配给再分包企业税额”均填写税款所属年度数据。
8. 分包企业“分配税额”应等于“本企业抵免税额”与“分配给再分包企业税额”之和，且分包企业“分配税额”合计数应等于“总承包企业当年度分割的所得税税额（综合税额）”。
9. 同一分包企业对应的再分包企业“分配税额”之和应等于分包企业“分配给再分包企业税额”。
10. 本表一式两份。一份由税务机关留存，一份交付总承包企业作为提交备案的证明留存。同时，总承包企业应将复印件加盖本公司公章后提供给分包（再分包）企业作为境外所得完税证明或纳税凭证进行税收抵免。

附件 2：

境外承包工程项目完税凭证分割单（联合体方式）

备案年度：________年　　　　税款所属年度：________年

总承包企业及项目基本情况											
主导方企业名称	纳税人统一社会信用代码（纳税人识别号）	主管税务机关	项目名称	项目编号	项目所在国家（地区）	合同金额	项目起止时间	联合体企业境外所得当年度缴纳所得税税额（综合税额）		联合体企业境外所得累计缴纳所得税税额（综合税额）	
								外币	折合人民币	外币	折合人民币

完税凭证号码 ☐单一所得税凭证 ☐综合性税收凭证	联合体企业当年度分割的所得税税额（综合税额）	联合体企业累计分割的所得税税额（综合税额）	分配说明
联合体各方企业分配基本情况			

续表

<table>
<tr><th>序号</th><th>联合体各方
企业名称</th><th>纳税人统一
社会信用代码
（纳税人识别号）</th><th>主管税务机关</th><th>分配比例</th><th>分配税额</th></tr>
<tr><td></td><td></td><td></td><td></td><td></td><td></td></tr>
<tr><td></td><td></td><td></td><td></td><td></td><td></td></tr>
<tr><td colspan="6">……</td></tr>
<tr><td colspan="4">合计</td><td>—</td><td></td></tr>
<tr><td colspan="3">谨声明：本表是根据《中华人民共和国企业所得税法》《中华人民共和国企业所得税法实施条例》及企业所得税相关规定填报的，是真实的、可靠的、完整的。

纳税人名称：（盖章）
年 月 日</td><td colspan="3">主管税务机关受理专用章：

受理人：

受理日期： 年 月 日</td></tr>
</table>

填报说明：

1. 本表由主导方企业填制并提交其主管税务机关备案。主管税务机关接收备案资料后需在本表加盖受理专用章。
2. 除特别说明外，本表相关金额应折合成人民币，单位为元，且保留至小数点后两位。
3. 本表中“主导方企业名称”“联合体各方企业名称”必须填写单位名称全称，不得填写简称。
4. 本表中“项目名称”，填写联合体与境外发包方签订的承包合同上的项目名称。
5. “分配说明”填写将该联合体在境外缴纳的所得税税额由主导方企业按实际取得的收入、工作量等因素确定的合理比例，分配至联合体各方企业予以抵免的情况。
6. 联合体各方企业“分配比例”“分配税额”均填写税款所属年度数据。
7. 本表一式两份。一份由税务机关留存，一份交付主导方企业作为提交备案的证明留存。同时，主导方企业应将复印件加盖本公司公章后提供给各方企业作为境外所得完税证明或纳税凭证进行税收抵免。

财政部　税务总局关于非营利组织免税资格认定管理有关问题的通知

2018 年 2 月 7 日　财税〔2018〕13 号

各省、自治区、直辖市、计划单列市财政厅（局）、国家税务局、地方税务局，新疆生产建设兵团财政局：

根据《中华人民共和国企业所得税法》第二十六条及《中华人民共和国企业所得税法实施条例》第八十四条的规定，现对非营利组织免税资格认定管理有关问题明确如下：

一、依据本通知认定的符合条件的非营利组织，必须同时满足以下条件：

（一）依照国家有关法律法规设立或登记的事业单位、社会团体、基金会、社会服务机构、宗教活动场所、宗教院校以及财政部、税务总局认定的其他非营利组织；

（二）从事公益性或者非营利性活动；

（三）取得的收入除用于与该组织有关的、合理的支出外，全部用于登记核定或者章程规定的公益性或者非营利性事业；

（四）财产及其孳息不用于分配，但不包括合理的工资薪金支出；

（五）按照登记核定或者章程规定，该组织注销后的剩余财产用于公益性或者非营利性目的，或者由登记管理机关采取转赠给与该组织性质、宗旨相同的组织等处置方式，并向社会公告；

（六）投入人对投入该组织的财产不保留或者享有任何财产权利，本款所称投入人是指除各级人民政府及其部门外的法人、自然人和其他组织；

（七）工作人员工资福利开支控制在规定的比例内，不变相分配该组织的财产，其中：工作人员平均工资薪金水平不得超过税务登记所在地的地市级（含地市级）以上地区的同行业同类组织平均工资水平的两倍，工作人员福利按照国家有关规定执行；

（八）对取得的应纳税收入及其有关的成本、费用、损失应与免税收入及其有关的成本、费用、损失分别核算。

二、经省级（含省级）以上登记管理机关批准设立或登记的非营利组织，凡符合规定条件的，应向其所在地省级税务主管机关提出免税资格申请，并提供本通知规定的相关材料；经地市级或县级登记管理机关批准设立或登记的非营利组织，凡符合规定条件的，分别向其所在地的地市级或县级税务主管机关提出免税资格申请，并提供本通知规定的相关材料。

财政、税务部门按照上述管理权限，对非营利组织享受免税的资格联合进行审核确认，并定期予以公布。

三、申请享受免税资格的非营利组织，需报送以下材料：

（一）申请报告；

（二）事业单位、社会团体、基金会、社会服务机构的组织章程或宗教活动场所、宗教院校的管理制度；

（三）非营利组织注册登记证件的复印件；

（四）上一年度的资金来源及使用情况、公益活动和非营利活动的明细情况；

（五）上一年度的工资薪金情况专项报告，包括薪酬制度、工作人员整体平均工资薪金水平、工资福利占总支出比例、重要人员工资薪金信息（至少包括工资薪金水平排名前 10 的人员）；

（六）具有资质的中介机构鉴证的上一年度财务报表和审计报告；

（七）登记管理机关出具的事业单位、社会团体、基金会、社会服务机构、宗教活动场所、宗教院校上一年度符合相关法律法规和国家政策的事业发展情况或非营利活动的材料；

（八）财政、税务部门要求提供的其他材料。

当年新设立或登记的非营利组织需提供本条第（一）项至第（三）项规定的材料及本条第（四）项、第（五）项规定的申请当年的材料，不需提供本条第（六）项、第（七）项规定的材料。

四、非营利组织免税优惠资格的有效期为五年。非营利组织应在免税优惠资格期满后六个月内提出复审申请，不提出复审申请或复审不合格的，其享受免税优惠的资格到期自动失效。

非营利组织免税资格复审，按照初次申请免税优惠资格的规定办理。

五、非营利组织必须按照《中华人民共和国税收征收管理法》及《中华人民共和国税收征收管理法实施细则》等有关规定，办理税务登记，按期进行纳税申报。取得免税资格的非营利组织应按照规定向主管税务机关办理免税手续，免税条件发生变化的，应当自发生变化之日起十五日内向主管税务机关报告；不再符合免税条件的，应当依法履行纳税义务；未依法纳税的，主管税务机关应当予以追缴。取得免税资格的非营利组织注销时，剩余财产处置违反本通知第一条第五项规定的，主管税务机关应追缴其应纳企业所得税款。

有关部门在日常管理过程中，发现非营利组织享受优惠年度不符合本通知规定的免税条件的，应提请核准该非营利组织免税资格的财政、税务部门，由其进行复核。

核准非营利组织免税资格的财政、税务部门根据本通知规定的管理权限，对非营利组织的免税优惠资格进行复核，复核不合格的，相应年度不得享受税收优惠政策。

六、已认定的享受免税优惠政策的非营利组织有下述情形之一的，应自该情形发生年度起取消其资格：

（一）登记管理机关在后续管理中发现非营利组织不符合相关法律法规和国家政策的；

（二）在申请认定过程中提供虚假信息的；

（三）纳税信用等级为税务部门评定的C级或D级的；

（四）通过关联交易或非关联交易和服务活动，变相转移、隐匿、分配该组织财产的；

（五）被登记管理机关列入严重违法失信名单的；

（六）从事非法政治活动的。

因上述第（一）项至第（五）项规定的情形被取消免税优惠资格的非营利组织，财政、税务部门自其被取消资格的次年起一年内不再受理该组织的认定申请；因上述第（六）项规定的情形被取消免税优惠资格的非营利组织，财政、税务部门将不再受理该组织的认定申请。

被取消免税优惠资格的非营利组织，应当依法履行纳税义务；未依法纳税的，主管税务机关应当自其存在取消免税优惠资格情形的当年起予以追缴。

七、各级财政、税务部门及其工作人员在认定非营利组织免税资格工作中，存在违法违纪行为的，按照《公务员法》《行政监察法》等国家有关规定追究相应责任；涉嫌犯罪的，移送司法机关处理。

八、本通知自2018年1月1日起执行。《财政部　国家税务总局关于非营利组织免税资格认定管理有关问题的通知》（财税〔2014〕13号）同时废止。

财政部　税务总局关于公益性捐赠支出企业所得税税前结转扣除有关政策的通知

2018年2月11日　财税〔2018〕15号

各省、自治区、直辖市、计划单列市财政厅（局）、国家税务局、地方税务局，新疆生产建

设兵团财政局：

根据《中华人民共和国企业所得税法》和《中华人民共和国企业所得税法实施条例》的有关规定，现就公益性捐赠支出企业所得税税前结转扣除有关政策通知如下：

一、企业通过公益性社会组织或者县级（含县级）以上人民政府及其组成部门和直属机构，用于慈善活动、公益事业的捐赠支出，在年度利润总额12%以内的部分，准予在计算应纳税所得额时扣除；超过年度利润总额12%的部分，准予结转以后三年内在计算应纳税所得额时扣除。

本条所称公益性社会组织，应当依法取得公益性捐赠税前扣除资格。

本条所称年度利润总额，是指企业依照国家统一会计制度的规定计算的大于零的数额。

二、企业当年发生及以前年度结转的公益性捐赠支出，准予在当年税前扣除的部分，不能超过企业当年年度利润总额的12%。

三、企业发生的公益性捐赠支出未在当年税前扣除的部分，准予向以后年度结转扣除，但结转年限自捐赠发生年度的次年起计算最长不得超过三年。

四、企业在对公益性捐赠支出计算扣除时，应先扣除以前年度结转的捐赠支出，再扣除当年发生的捐赠支出。

五、本通知自2017年1月1日起执行。2016年9月1日至2016年12月31日发生的公益性捐赠支出未在2016年税前扣除的部分，可按本通知执行。

财政部　税务总局关于企业职工教育经费税前扣除政策的通知

2018年5月7日　财税〔2018〕51号

各省、自治区、直辖市、计划单列市财政厅（局）、国家税务局、地方税务局，新疆生产建设兵团财政局：

为鼓励企业加大职工教育投入，现就企业职工教育经费税前扣除政策通知如下：

一、企业发生的职工教育经费支出，不超过工资薪金总额8%的部分，准予在计算企业所得税应纳税所得额时扣除；超过部分，准予在以后纳税年度结转扣除。

二、本通知自2018年1月1日起执行。

财政部　税务总局关于全国社会保障基金有关投资业务税收政策的通知

2018年9月10日　财税〔2018〕94号

各省、自治区、直辖市、计划单列市财政厅（局），国家税务总局各省、自治区、直辖市、计划单列市税务局，新疆生产建设兵团财政局：

现将全国社会保障基金理事会（以下简称社保基金会）管理的全国社会保障基金（以下简称社保基金）有关投资业务税收政策通知如下：

一、对社保基金会、社保基金投资管理人在运用社保基金投资过程中，提供贷款服务取得的全部利息及利息性质的收入和金融商品转让收入，免征增值税。

二、对社保基金取得的直接股权投资收益、股权投资基金收益，作为企业所得税不征税收入。

三、对社保基金会、社保基金投资管理人管理的社保基金转让非上市公司股权，免征社保基金会、社保基金投资管理人应缴纳的印花税。

四、本通知自发布之日起执行。通知发布前发生的社保基金有关投资业务，符合本通知规定且未缴纳相关税款的，按本通知执行；已缴纳的相关税款，不再退还。

财政部　税务总局关于基本养老保险基金有关投资业务税收政策的通知

2018 年 9 月 20 日　财税〔2018〕95 号

各省、自治区、直辖市、计划单列市财政厅（局），国家税务总局各省、自治区、直辖市、计划单列市税务局，新疆生产建设兵团财政局：

现将全国社会保障基金理事会（以下简称社保基金会）受托投资的基本养老保险基金（以下简称养老基金）有关投资业务税收政策通知如下：

一、对社保基金会及养老基金投资管理机构在国务院批准的投资范围内，运用养老基金投资过程中，提供贷款服务取得的全部利息及利息性质的收入和金融商品转让收入，免征增值税。

二、对社保基金会及养老基金投资管理机构在国务院批准的投资范围内，运用养老基金投资取得的归属于养老基金的投资收入，作为企业所得税不征税收入；对养老基金投资管理机构、养老基金托管机构从事养老基金管理活动取得的收入，依照税法规定征收企业所得税。

三、对社保基金会及养老基金投资管理机构运用养老基金买卖证券应缴纳的印花税实行先征后返；养老基金持有的证券，在养老基金证券账户之间的划拨过户，不属于印花税的征收范围，不征收印花税。对社保基金会及养老基金投资管理机构管理的养老基金转让非上市公司股权，免征社保基金会及养老基金投资管理机构应缴纳的印花税。

四、本通知自发布之日起执行。本通知发布前发生的养老基金有关投资业务，符合本通知规定且未缴纳相关税款的，按本通知执行；已缴纳的相关税款，不再退还。

财政部　税务总局　民政部关于公益性捐赠税前扣除资格有关问题的补充通知

2018年9月29日　财税〔2018〕110号

各省、自治区、直辖市、计划单列市财政厅（局）、民政厅（局），国家税务总局各省、自治区、直辖市、计划单列市税务局，新疆生产建设兵团财政局、民政局：

为进一步规范对公益性捐赠税前扣除资格的管理，现就公益性捐赠税前扣除资格相关的行政处罚问题补充通知如下：

一、《财政部　国家税务总局　民政部关于公益性捐赠税前扣除有关问题的通知》（财税〔2008〕160号）和《财政部　国家税务总局关于通过公益性群众团体的公益性捐赠税前扣除有关问题的通知》（财税〔2009〕124号）中的“行政处罚”，是指税务机关和登记管理机关给予的行政处罚（警告或单次1万元以下罚款除外）。

二、本通知自发布之日起执行。本通知执行前未确认公益性捐赠税前扣除资格的公益性社会团体，按本通知规定执行。

国家税务总局关于企业所得税资产损失资料留存备查有关事项的公告

2018年4月10日　国家税务总局公告2018年第15号

为了进一步深化税务系统“放管服”改革，简化企业纳税申报资料报送，减轻企业办税负担，现就企业所得税资产损失资料留存备查有关事项公告如下：

一、企业向税务机关申报扣除资产损失，仅需填报企业所得税年度纳税申报表《资产损失税前扣除及纳税调整明细表》，不再报送资产损失相关资料。相关资料由企业留存备查。

二、企业应当完整保存资产损失相关资料，保证资料的真实性、合法性。

三、本公告规定适用于2017年度及以后年度企业所得税汇算清缴。《国家税务总局关于发布〈企业资产损失所得税税前扣除管理办法〉的公告》（国家税务总局公告2011年第25号）第四条、第七条、第八条、第十三条有关资产损失证据资料、会计核算资料、纳税资料等相关资料报送的内容同时废止。

特此公告。

国家税务总局关于发布《企业所得税税前扣除凭证管理办法》的公告

2018 年 6 月 6 日　国家税务总局公告 2018 年第 28 号

为加强企业所得税税前扣除凭证管理，规范税收执法，优化营商环境，国家税务总局制定了《企业所得税税前扣除凭证管理办法》，现予以发布。

特此公告

企业所得税税前扣除凭证管理办法

第一条　为规范企业所得税税前扣除凭证（以下简称“税前扣除凭证”）管理，根据《中华人民共和国企业所得税法》（以下简称“企业所得税法”）及其实施条例、《中华人民共和国税收征收管理法》及其实施细则、《中华人民共和国发票管理办法》及其实施细则等规定，制定本办法。

第二条　本办法所称税前扣除凭证，是指企业在计算企业所得税应纳税所得额时，证明与取得收入有关的、合理的支出实际发生，并据以税前扣除的各类凭证。

第三条　本办法所称企业是指企业所得税法及其实施条例规定的居民企业和非居民企业。

第四条　税前扣除凭证在管理中遵循真实性、合法性、关联性原则。真实性是指税前扣除凭证反映的经济业务真实，且支出已经实际发生；合法性是指税前扣除凭证的形式、来源符合国家法律、法规等相关规定；关联性是指税前扣除凭证与其反映的支出相关联且有证明力。

第五条　企业发生支出，应取得税前扣除凭证，作为计算企业所得税应纳税所得额时扣除相关支出的依据。

第六条　企业应在当年度企业所得税法规定的汇算清缴期结束前取得税前扣除凭证。

第七条　企业应将与税前扣除凭证相关的资料，包括合同协议、支出依据、付款凭证等留存备查，以证实税前扣除凭证的真实性。

第八条　税前扣除凭证按照来源分为内部凭证和外部凭证。

内部凭证是指企业自制用于成本、费用、损失和其他支出核算的会计原始凭证。内部凭证的填制和使用应当符合国家会计法律、法规等相关规定。

外部凭证是指企业发生经营活动和其他事项时，从其他单位、个人取得的用于证明其支出发生的凭证，包括但不限于发票（包括纸质发票和电子发票）、财政票据、完税凭证、收款凭证、分割单等。

第九条　企业在境内发生的支出项目属于增值税应税项目（以下简称“应税项目”）的，对方为已办理税务登记的增值税纳税人，其支出以发票（包括按照规定由税务机关代开的发票）作为税前扣除凭证；对方为依法无需办理税务登记的单位或者从事小额零星经营业务的个人，其支出以税务机关代开的发票或者收款凭证及内部凭证作为税前扣除凭证，收款凭证应载明收款单位名称、个人姓名及身份证号、支出项目、收款金额等相关信息。

小额零星经营业务的判断标准是个人从事应税项目经营业务的销售额不超过增值税相关政策规定的起征点。

税务总局对应税项目开具发票另有规定的，以规定的发票或者票据作为税前扣除凭证。

第十条　企业在境内发生的支出项目不属于应税项目的，对方为单位的，以对方开具的发票以外的其他外部凭证作为税前扣除凭证；对方为个人的，以内部凭证作为税前扣除凭证。

企业在境内发生的支出项目虽不属于应税项目，但按税务总局规定可以开具发票的，可以发票作为税前扣除凭证。

第十一条　企业从境外购进货物或者劳务发生的支出，以对方开具的发票或者具有发票性质的收款凭证、相关税费缴纳凭证作为税前扣除凭证。

第十二条　企业取得私自印制、伪造、变造、作废、开票方非法取得、虚开、填写不规范等不符合规定的发票（以下简称“不合规发票”），以及取得不符合国家法律、法规等相关规定的其他外部凭证（以下简称“不合规其他外部凭证”），不得作为税前扣除凭证。

第十三条　企业应当取得而未取得发票、其他外部凭证或者取得不合规发票、不合规其他外部凭证的，若支出真实且已实际发生，应当在当年度汇算清缴期结束前，要求对方补开、换开发票、其他外部凭证。补开、换开后的发票、其他外部凭证符合规定的，可以作为税前扣除凭证。

第十四条　企业在补开、换开发票、其他外部凭证过程中，因对方注销、撤销、依法被吊销营业执照、被税务机关认定为非正常户等特殊原因无法补开、换开发票、其他外部凭证的，可凭以下资料证实支出真实性后，其支出允许税前扣除：

（一）无法补开、换开发票、其他外部凭证原因的证明资料（包括工商注销、机构撤销、列入非正常经营户、破产公告等证明资料）；

（二）相关业务活动的合同或者协议；

（三）采用非现金方式支付的付款凭证；

（四）货物运输的证明资料；

（五）货物入库、出库内部凭证；

（六）企业会计核算记录以及其他资料。

前款第一项至第三项为必备资料。

第十五条　汇算清缴期结束后，税务机关发现企业应当取得而未取得发票、其他外部凭证或者取得不合规发票、不合规其他外部凭证并且告知企业的，企业应当自被告知之日起 60 日内补开、换开符合规定的发票、其他外部凭证。其中，因对方特殊原因无法补开、换开发票、其他外部凭证的，企业应当按照本办法第十四条的规定，自被告知之日起 60 日内提供可以证实其支出真实性的相关资料。

第十六条　企业在规定的期限未能补开、换开符合规定的发票、其他外部凭证，并且未能按照本办法第十四条的规定提供相关资料证实其支出真实性的，相应支出不得在发生年度税前扣除。

第十七条 除发生本办法第十五条规定的情形外，企业以前年度应当取得而未取得发票、其他外部凭证，且相应支出在该年度没有税前扣除的，在以后年度取得符合规定的发票、其他外部凭证或者按照本办法第十四条的规定提供可以证实其支出真实性的相关资料，相应支出可以追补至该支出发生年度税前扣除，但追补年限不得超过五年。

第十八条 企业与其他企业（包括关联企业）、个人在境内共同接受应纳增值税劳务（以下简称“应税劳务”）发生的支出，采取分摊方式的，应当按照独立交易原则进行分摊，企业以发票和分割单作为税前扣除凭证，共同接受应税劳务的其他企业以企业开具的分割单作为税前扣除凭证。

企业与其他企业、个人在境内共同接受非应税劳务发生的支出，采取分摊方式的，企业以发票外的其他外部凭证和分割单作为税前扣除凭证，共同接受非应税劳务的其他企业以企业开具的分割单作为税前扣除凭证。

第十九条 企业租用（包括企业作为单一承租方租用）办公、生产用房等资产发生的水、电、燃气、冷气、暖气、通讯线路、有线电视、网络等费用，出租方作为应税项目开具发票的，企业以发票作为税前扣除凭证；出租方采取分摊方式的，企业以出租方开具的其他外部凭证作为税前扣除凭证。

第二十条 本办法自2018年7月1日起施行。

国家税务总局关于责任保险费企业所得税税前扣除有关问题的公告

2018年10月31日 国家税务总局公告2018年第52号

根据《中华人民共和国企业所得税法》和《中华人民共和国企业所得税法实施条例》有关规定，现就雇主责任险、公众责任险等责任保险有关税务处理问题公告如下：

企业参加雇主责任险、公众责任险等责任保险，按照规定缴纳的保险费，准予在企业所得税税前扣除。

本公告适用于2018年度及以后年度企业所得税汇算清缴。

特此公告。

财政部 税务总局 民政部关于2017年度第一批公益性社会团体捐赠税前扣除资格名单的公告

2018年5月2日 财政部 税务总局 民政部公告2018年第60号

根据《中华人民共和国企业所得税法》及《中华人民共和国企业所得税法实施条例》

有关规定，按照《财政部 国家税务总局 民政部关于公益性捐赠税前扣除资格确认审批有关调整事项的通知》（财税〔2015〕141 号）有关要求，现将 2017 年度（第一批）符合公益性捐赠税前扣除资格的公益性社会团体名单公告如下：

1. 神华公益基金会
2. 爱佑慈善基金会
3. 陈香梅公益基金会
4. 安利公益基金会
5. 中国红十字基金会
6. 中国社会福利基金会
7. 中国教育发展基金会
8. 中国国际文化交流基金会
9. 中国马克思主义研究基金会
10. 中国留学人才发展基金会
11. 中国残疾人福利基金会
12. 中国航天基金会
13. 南都公益基金会
14. 中国移动慈善基金会
15. 中国海油海洋环境与生态保护公益基金会
16. 凯风公益基金会
17. 中国友好和平发展基金会
18. 中国民航科普基金会
19. 香江社会救助基金会
20. 中国人口福利基金会
21. 中国癌症基金会
22. 中国绿色碳汇基金会
23. 中华健康快车基金会
24. 吴阶平医学基金会
25. 中国华侨公益基金会
26. 中国人寿慈善基金会
27. 韩美林艺术基金会
28. 爱慕公益基金会
29. 中国医学基金会
30. 兴华公益基金会
31. 心和公益基金会（原心平公益基金会）
32. 智善公益基金会
33. 包商银行公益基金会
34. 王振滔慈善基金会
35. 腾讯公益慈善基金会
36. 詹天佑科学技术发展基金会
37. 萨马兰奇体育发展基金会
38. 中国青少年发展基金会
39. 北京航空航天大学教育基金会
40. 中国下一代教育基金会
41. 河南大学教育发展基金会
42. 中国老龄事业发展基金会
43. 中远海运慈善基金会（原中远慈善基金会）
44. 中国和平发展基金会
45. 开明慈善基金会
46. 国家电网公益基金会
47. 友成企业家扶贫基金会
48. 中国文学艺术基金会
49. 中国预防性病艾滋病基金会
50. 中兴通讯公益基金会
51. 中华少年儿童慈善救助基金会
52. 中国肝炎防治基金会
53. 中华艺文基金会
54. 中国光华科技基金会
55. 重庆大学教育发展基金会
56. 吴作人国际美术基金会
57. 波司登公益基金会（原德康博爱基金会）
58. 中国发展研究基金会
59. 南航“十分”关爱基金会
60. 慈济慈善事业基金会
61. 威盛信望爱公益基金会
62. 华阳慈善基金会
63. 华润慈善基金会
64. 黄奕聪慈善基金会
65. 顶新公益基金会
66. 太平洋国际交流基金会
67. 星云文化教育公益基金会
68. 中国听力医学发展基金会

69. 中信改革发展研究基金会
70. 中国国际民间组织合作促进会
71. 中国社会组织促进会
72. 中国滋根乡村教育与发展促进会
73. 中国青年志愿者协会
74. 中华志愿者协会
75. 白求恩公益基金会
76. 东润公益基金会
77. 中国互联网发展基金会
78. 光华工程科技奖励基金会
79. 华盛绿色工业基金会
80. 中天爱心慈善基金会
81. 周大福慈善基金会
82. 田汉基金会
83. 中国出生缺陷干预救助基金会
84. 余彭年慈善基金会
85. 顺丰公益基金会
86. 中国电影基金会
87. 健坤慈善基金会
88. 善小公益基金会
89. 中山博爱基金会
90. 三峡集团公益基金会
91. 新华人寿保险公益基金会
92. 中国人保公益慈善基金会
93. 增爱公益基金会
94. 中华思源工程扶贫基金会
95. 兰州大学教育发展基金会
96. 张学良教育基金会
97. 宝钢教育基金会
98. 北京科技大学教育发展基金会
99. 西北农林科技大学教育发展基金会
100. 中国西部人才开发基金会
101. 中国华夏文化遗产基金会
102. 四川大学教育基金会
103. 孙冶方经济科学基金会
104. 招商局慈善基金会
105. 中国国际战略研究基金会
106. 中国志愿服务基金会
107. 中国青年创业就业基金会
108. 中国经济改革研究基金会
109. 中华慈善总会
110. 中华国际医学交流基金会
111. 中国初级卫生保健基金会
112. 中华全国体育基金会
113. 中国古生物化石保护基金会
114. 中华环境保护基金会
115. 中华社会救助基金会
116. 中国法律援助基金会
117. 中国孔子基金会
118. 中国公安民警英烈基金会
119. 中国科技馆发展基金会
120. 致福慈善基金会
121. 中国科学院大学教育基金会
122. 北京理工大学教育基金会
123. 中南大学教育基金会
124. 思利及人公益基金会
125. 纺织之光科技教育基金会
126. 中国农业大学教育基金会
127. 中华社会文化发展基金会
128. 泛海公益基金会
129. 阿里巴巴公益基金会
130. 中社社会工作发展基金会
131. 中国金融教育发展基金会
132. 万科公益基金会
133. 中国文物保护基金会
134. 浙江大学教育基金会
135. 中国健康促进基金会
136. 中国医药卫生事业发展基金会
137. 中国牙病防治基金会
138. 北京大学教育基金会
139. 中国煤矿尘肺病防治基金会
140. 中华见义勇为基金会
141. 中国光彩事业基金会
142. 中国企业管理科学基金会
143. 华侨茶业发展研究基金会
144. 韬奋基金会
145. 金龙鱼慈善公益基金会
146. 比亚迪慈善基金会

147. 援助西藏发展基金会
148. 清华大学教育基金会
149. 中国教师发展基金会
150. 中央财经大学教育基金会
151. 中国华文教育基金会
152. 中国儿童少年基金会
153. 桃源居公益事业发展基金会
154. 中国绿化基金会
155. 中国人权发展基金会
156. 中国海洋发展基金会
157. 民生人寿保险公益基金会
158. 杏林医疗救助基金会
159. 启明公益基金会
160. 周培源基金会
161. 中国少年儿童文化艺术基金会
162. 中国保护消费者基金会
163. 青山慈善基金会
164. 中国扶贫基金会
165. 北京交通大学教育基金会
166. 巨人慈善基金会
167. 中国保护黄河基金会
168. 中国器官移植发展基金会
169. 中华诗词发展基金会
170. 中国足球发展基金会

财政部　税务总局　国务院扶贫办
关于企业扶贫捐赠所得税税前扣除政策的公告

2019 年 4 月 2 日　财政部　税务总局　国务院扶贫办公告 2019 年第 49 号

为支持脱贫攻坚，现就企业扶贫捐赠支出的所得税税前扣除政策公告如下：

一、自 2019 年 1 月 1 日至 2022 年 12 月 31 日，企业通过公益性社会组织或者县级（含县级）以上人民政府及其组成部门和直属机构，用于目标脱贫地区的扶贫捐赠支出，准予在计算企业所得税应纳税所得额时据实扣除。在政策执行期限内，目标脱贫地区实现脱贫的，可继续适用上述政策。

“目标脱贫地区”包括 832 个国家扶贫开发工作重点县、集中连片特困地区县（新疆阿克苏地区 6 县 1 市享受片区政策）和建档立卡贫困村。

二、企业同时发生扶贫捐赠支出和其他公益性捐赠支出，在计算公益性捐赠支出年度扣除限额时，符合上述条件的扶贫捐赠支出不计算在内。

三、企业在 2015 年 1 月 1 日至 2018 年 12 月 31 日期间已发生的符合上述条件的扶贫捐赠支出，尚未在计算企业所得税应纳税所得额时扣除的部分，可执行上述企业所得税政策。

特此公告。

财政部　税务总局　证监会
关于创新企业境内发行存托凭证试点阶段有关税收政策的公告

2019 年 4 月 3 日　财政部　税务总局　证监会公告 2019 年第 52 号

为支持实施创新驱动发展战略，现将创新企业境内发行存托凭证（以下称创新企业 CDR）试点阶段涉及的有关税收政策公告如下：

一、个人所得税政策

1. 自试点开始之日起，对个人投资者转让创新企业 CDR 取得的差价所得，三年（36 个月，下同）内暂免征收个人所得税。

2. 自试点开始之日起，对个人投资者持有创新企业 CDR 取得的股息红利所得，三年内实施股息红利差别化个人所得税政策，具体参照《财政部　国家税务总局　证监会关于实施上市公司股息红利差别化个人所得税政策有关问题的通知》（财税〔2012〕85 号）、《财政部　国家税务总局　证监会关于上市公司股息红利差别化个人所得税政策有关问题的通知》（财税〔2015〕101 号）的相关规定执行，由创新企业在其境内的存托机构代扣代缴税款，并向存托机构所在地税务机关办理全员全额明细申报。对于个人投资者取得的股息红利在境外已缴纳的税款，可按照个人所得税法以及双边税收协定（安排）的相关规定予以抵免。

二、企业所得税政策

1. 对企业投资者转让创新企业 CDR 取得的差价所得和持有创新企业 CDR 取得的股息红利所得，按转让股票差价所得和持有股票的股息红利所得政策规定征免企业所得税。

2. 对公募证券投资基金（封闭式证券投资基金、开放式证券投资基金）转让创新企业 CDR 取得的差价所得和持有创新企业 CDR 取得的股息红利所得，按公募证券投资基金税收政策规定暂不征收企业所得税。

3. 对合格境外机构投资者（QFII）、人民币合格境外机构投资者（RQFII）转让创新企业 CDR 取得的差价所得和持有创新企业 CDR 取得的股息红利所得，视同转让或持有据以发行创新企业 CDR 的基础股票取得的权益性资产转让所得和股息红利所得征免企业所得税。

三、增值税政策

1. 对个人投资者转让创新企业 CDR 取得的差价收入，暂免征收增值税。

2. 对单位投资者转让创新企业 CDR 取得的差价收入，按金融商品转让政策规定征免增值税。

3. 自试点开始之日起，对公募证券投资基金（封闭式证券投资基金、开放式证券投资基金）管理人运营基金过程中转让创新企业 CDR 取得的差价收入，三年内暂免征收增值税。

4. 对合格境外机构投资者（QFII）、人民币合格境外机构投资者（RQFII）委托境内公司转让创新企业 CDR 取得的差价收入，暂免征收增值税。

四、印花税政策

自试点开始之日起三年内，在上海证券交易所、深圳证券交易所转让创新企业 CDR，按照实际成交金额，由出让方按 1‰的税率缴纳证券交易印花税。

五、其他相关事项

1. 本公告所称创新企业 CDR，是指符合《国务院办公厅转发证监会关于开展创新企业境内发行股票或存托凭证试点若干意见的通知》（国办发〔2018〕21 号）规定的试点企业，以境外股票为基础证券，由存托人签发并在中国境内发行，代表境外基础证券权益的证券。

2. 本公告所称试点开始之日，是指首只创新企业 CDR 取得国务院证券监督管理机构的发行批文之日。

特此公告。

财政部　税务总局关于 2017 年度　2018 年度中国红十字会总会等公益性群众团体捐赠税前扣除资格名单的公告

2019 年 3 月 11 日　财政部　税务总局 2019 年第 37 号

根据《中华人民共和国企业所得税法》及《中华人民共和国企业所得税法实施条例》的有关规定，现将 2017 年度、2018 年度符合公益性捐赠税前扣除资格的公益性群众团体名单公告如下：

1. 中国红十字会总会
2. 中华全国总工会
3. 中国宋庆龄基金会
4. 中国国际人才交流基金会

财政部　税务总局　民政部关于 2017 年度第二批和 2018 年度第一批公益性社会团体捐赠税前扣除资格名单的公告

2019 年 5 月 21 日　财政部　税务总局　民政部公告 2019 年第 69 号

根据《中华人民共和国企业所得税法》及《中华人民共和国企业所得税法实施条例》有关规定，按照《财政部　国家税务总局　民政部关于公益性捐赠税前扣除资格确认审批有关调整事项的通知》（财税〔2015〕141 号）有关要求，现将 2017 年度第二批及 2018 年度第一批符合公益性捐赠税前扣除资格的公益性社会团体名单公告如下：

一、2017 年度第二批符合公益性捐赠税前扣除资格的公益性社会团体名单

1. 中国妇女发展基金会
2. 实事助学基金会
3. 章如庚慈善基金会

4. 中脉公益基金会（原中脉道和公益基金会）
5. 亿利公益基金会
6. 华中农业大学教育发展基金会
7. 中华国际科学交流基金会

二、2018 年度第一批符合公益性捐赠税前扣除资格的公益性社会团体名单

1. 国家能源集团公益基金会（原神华公益基金会）
2. 爱佑慈善基金会
3. 陈香梅公益基金会
4. 安利公益基金会
5. 中国红十字基金会
6. 中国社会福利基金会
7. 中国教育发展基金会
8. 中国马克思主义研究基金会
9. 中国留学人才发展基金会
10. 中国航天基金会
11. 南都公益基金会
12. 中国移动慈善基金会
13. 中国海油海洋环境与生态保护公益基金会
14. 凯风公益基金会
15. 中国友好和平发展基金会
16. 中国民航科普基金会
17. 中国人口福利基金会
18. 中国癌症基金会
19. 中国绿色碳汇基金会
20. 中华健康快车基金会
21. 吴阶平医学基金会
22. 中国华侨公益基金会
23. 中国人寿慈善基金会
24. 韩美林艺术基金会
25. 爱慕公益基金会
26. 中国医学基金会
27. 兴华公益基金会
28. 心和公益基金会
29. 智善公益基金会
30. 包商银行公益基金会
31. 王振滔慈善基金会
32. 腾讯公益慈善基金会
33. 詹天佑科学技术发展基金会
34. 萨马兰奇体育发展基金会
35. 中国青少年发展基金会
36. 北京航空航天大学教育基金会
37. 中国下一代教育基金会
38. 河南大学教育发展基金会
39. 中远海运慈善基金会
40. 中国和平发展基金会
41. 开明慈善基金会
42. 国家电网公益基金会
43. 友成企业家扶贫基金会
44. 中国文学艺术基金会
45. 中国预防性病艾滋病基金会
46. 中兴通讯公益基金会
47. 中华少年儿童慈善救助基金会
48. 中国肝炎防治基金会
49. 中华艺文基金会
50. 重庆大学教育发展基金会
51. 吴作人国际美术基金会
52. 波司登公益基金会
53. 中国发展研究基金会
54. 慈济慈善事业基金会
55. 威盛信望爱公益基金会
56. 华阳慈善基金会
57. 华润慈善基金会
58. 黄奕聪慈善基金会
59. 顶新公益基金会
60. 太平洋国际交流基金会
61. 星云文化教育公益基金会
62. 中国听力医学发展基金会
63. 中信改革发展研究基金会
64. 中国国际民间组织合作促进会
65. 中国社会组织促进会
66. 中国滋根乡村教育与发展促进会

67. 中国青年志愿者协会
68. 中华志愿者协会
69. 东润公益基金会
70. 中国互联网发展基金会
71. 光华工程科技奖励基金会
72. 中天爱心慈善基金会
73. 田汉基金会
74. 中国出生缺陷干预救助基金会
75. 余彭年慈善基金会
76. 顺丰公益基金会
77. 中国电影基金会
78. 健坤慈善基金会
79. 善小公益基金会
80. 中山博爱基金会
81. 三峡集团公益基金会
82. 新华人寿保险公益基金会
83. 中国人保公益慈善基金会
84. 中华思源工程扶贫基金会
85. 兰州大学教育发展基金会
86. 张学良教育基金会
87. 宝钢教育基金会
88. 北京科技大学教育发展基金会
89. 西北农林科技大学教育发展基金会
90. 中国西部人才开发基金会
91. 中国华夏文化遗产基金会
92. 四川大学教育基金会
93. 孙冶方经济科学基金会
94. 招商局慈善基金会
95. 中国志愿服务基金会
96. 中国青年创业就业基金会
97. 中国经济改革研究基金会
98. 中华慈善总会
99. 中华国际医学交流基金会
100. 中国初级卫生保健基金会
101. 中华全国体育基金会
102. 中国古生物化石保护基金会
103. 中华环境保护基金会
104. 中华社会救助基金会
105. 中国法律援助基金会
106. 中国孔子基金会
107. 中国科技馆发展基金会
108. 致福慈善基金会
109. 中国科学院大学教育基金会
110. 北京理工大学教育基金会
111. 中南大学教育基金会
112. 思利及人公益基金会
113. 纺织之光科技教育基金会
114. 中国农业大学教育基金会
115. 中华社会文化发展基金会
116. 泛海公益基金会
117. 阿里巴巴公益基金会
118. 中社社会工作发展基金会
119. 中国金融教育发展基金会
120. 万科公益基金会
121. 中国文物保护基金会
122. 浙江大学教育基金会
123. 中国健康促进基金会
124. 中国医药卫生事业发展基金会
125. 中国牙病防治基金会
126. 中国煤矿尘肺病防治基金会
127. 中华见义勇为基金会
128. 中国光彩事业基金会
129. 韬奋基金会
130. 金龙鱼慈善公益基金会
131. 比亚迪慈善基金会
132. 援助西藏发展基金会
133. 中国教师发展基金会
134. 中央财经大学教育基金会
135. 中国华文教育基金会
136. 中国儿童少年基金会
137. 桃源居公益事业发展基金会
138. 中国绿化基金会
139. 中国人权发展基金会
140. 中国海洋发展基金会
141. 民生人寿保险公益基金会
142. 启明公益基金会
143. 周培源基金会
144. 中国少年儿童文化艺术基金会

145. 青山慈善基金会
146. 北京交通大学教育基金会
147. 中国扶贫基金会
148. 中国器官移植发展基金会
149. 中华诗词发展基金会
150. 中国足球发展基金会
151. 中国妇女发展基金会
152. 实事助学基金会
153. 章如庚慈善基金会
154. 中脉公益基金会
155. 亿利公益基金会
156. 华中农业大学教育发展基金会
157. 中华国际科学交流基金会
158. 陶行知教育基金会
159. 传媒大学教育基金会
160. 中华同心温暖工程基金会
161. 东风公益基金会
162. 润慈公益基金会
163. 中国煤矿文化宣传基金会
164. 中国敦煌石窟保护研究基金会
165. 李四光地质科学奖基金会
166. 陈嘉庚科学奖基金会
167. 李可染艺术基金会
168. 中国博士后科学基金会
169. 河仁慈善基金会
170. 天诺慈善基金会
171. 亨通慈善基金会
172. 中国交响乐发展基金会
173. 中国禁毒基金会
174. 中国法学交流基金会
175. 中华农业科教基金会

关于上海国际能源交易中心有关风险准备金和期货投资者保障基金支出企业所得税税前扣除政策问题的通知

2019 年 3 月 29 日　财税〔2019〕32 号

各省、自治区、直辖市、计划单列市财政厅（局），国家税务总局各省、自治区、直辖市、计划单列市税务局，新疆生产建设兵团财政局：

根据《中华人民共和国企业所得税法》和《中华人民共和国企业所得税法实施条例》的有关规定，现就上海国际能源交易中心股份有限公司（以下称上海国际能源交易中心）风险准备金和期货投资者保障基金支出企业所得税税前扣除有关政策问题明确如下：

一、上海国际能源交易中心依据《期货交易管理条例》《期货交易所管理办法》和《商品期货交易财务管理暂行规定》的有关规定，按其向会员收取手续费收入的 20% 计提的风险准备金，在风险准备金余额达到有关规定的额度内，准予在企业所得税税前扣除。

二、上海国际能源交易中心依据《期货投资者保障基金管理办法》和《关于明确期货投资者保障基金缴纳比例有关事项的规定》的有关规定，按其向期货公司会员收取的交易手续费的 2% 缴纳的期货投资者保障基金，在基金总额达到有关规定的额度内，准予在企业所得税税前扣除。

三、上述准备金如发生清算、退还，应按规定补征企业所得税。

四、本通知自 2019 年 1 月 1 日起至 2020 年 12 月 31 日止执行。上海国际能源交易中心于 2018 年 3 月上市交易后提取的符合本通知规定的风险准备金和期货投资者保障基金，可按本通知规定执行。

财政部　税务总局关于确认中国红十字会总会等群众团体2019 年度公益性捐赠税前扣除资格的公告

2019 年 10 月 18 日　财政部　税务总局公告 2019 年第 89 号

根据《中华人民共和国企业所得税法》及《中华人民共和国企业所得税法实施条例》的有关规定，现将 2019 年度符合公益性捐赠税前扣除资格的群众团体名单公告如下：

1. 中国红十字会总会
2. 中华全国总工会
3. 中国宋庆龄基金会
4. 中国国际人才交流基金会

三、优惠类政策

财政部　国家税务总局关于企业所得税若干优惠政策的通知

2008 年 2 月 22 日　财税〔2008〕1 号

（注释：条款失效。第一条第（一）项至第（九）项失效。参见：《财政部　国家税务总局关于进一步鼓励软件产业和集成电路产业发展企业所得税政策的通知》（财税〔2012〕27 号）。）

各省、自治区、直辖市，计划单列市财政厅（局）、国家税务局、地方税务局，新疆生产建设兵团财务局：

根据《中华人民共和国企业所得税法》第三十六条的规定，经国务院批准，现将有关企业所得税优惠政策问题通知如下：

一、关于鼓励软件产业和集成电路产业发展的优惠政策

（一）软件生产企业实行增值税即征即退政策所退还的税款，由企业用于研究开发软件产品和扩大再生产，不作为企业所得税应税收入，不予征收企业所得税。

（二）我国境内新办软件生产企业经认定后，自获利年度起，第一年和第二年免征企业所得税，第三年至第五年减半征收企业所得税。

（三）国家规划布局内的重点软件生产企业，如当年未享受免税优惠的，减按10% 的税率征收企业所得税。

（四）软件生产企业的职工培训费用，可按实际发生额在计算应纳税所得额时扣除。

（五）企事业单位购进软件，凡符合固定资产或无形资产确认条件的，可以按照固定资产或无形资产进行核算，经主管税务机关核准，其折旧或摊销年限可以适当缩短，最短可为2 年。

（六）集成电路设计企业视同软件企业，享受上述软件企业的有关企业所得税政策。

（七）集成电路生产企业的生产性设备，经主管税务机关核准，其折旧年限可以适当缩短，最短可为3 年。

（八）投资额超过80 亿元人民币或集成电路线宽小于0.25 微米的集成电路生产企业，可以减按15% 的税率缴纳企业所得税，其中，经营期在15 年以上的，从开始获利的年度

起，第一年至第五年免征企业所得税，第六年至第十年减半征收企业所得税。

（九）对生产线宽小于0.8 微米（含）集成电路产品的生产企业，经认定后，自获利年度起，第一年和第二年免征企业所得税，第三年至第五年减半征收企业所得税。

已经享受自获利年度起企业所得税“两免三减半”政策的企业，不再重复执行本条规定。

（十）自 2008 年 1 月 1 日起至 2010 年底，对集成电路生产企业、封装企业的投资者，以其取得的缴纳企业所得税后的利润，直接投资于本企业增加注册资本，或作为资本投资开办其他集成电路生产企业、封装企业，经营期不少于 5 年的，按 40% 的比例退还其再投资部分已缴纳的企业所得税税款。再投资不满 5 年撤出该项投资的，追缴已退的企业所得税税款，自 2008 年 1 月 1 日起至 2010 年底，对国内外经济组织作为投资者，以其在境内取得的缴纳企业所得税后的利润，作为资本投资于西部地区开办集成电路生产企业、封装企业或软件产品生产企业，经营期不少于 5 年的，按 80% 的比例退还其再投资部分已缴纳的企业所得税税款。再投资不满 5 年撤出该项投资的，追缴已退的企业所得税税款。

二、关于鼓励证券投资基金发展的优惠政策

（一）对证券投资基金从证券市场中取得的收入，包括买卖股票、债券的差价收入，股权的股息、红利收入，债券的利息收入及其他收入，暂不征收企业所得税。

（二）对投资者从证券投资基金分配中取得的收入，暂不征收企业所得税。

（三）对证券投资基金管理人运用基金买卖股票、债券的差价收入，暂不征收企业所得税。

三、关于其他有关行业、企业的优惠政策

为保证部分行业、企业税收优惠政策执行的连续性，对原有关就业再就业，奥运会和世博会，社会公益，债转股、清产核资、重组、改制、转制等企业改革，涉农和国家储备，其他单项优惠政策共 6 类定期企业所得税优惠政策（见附件），自 2008 年 1 月 1 日起，继续按原优惠政策规定的办法和时间执行到期。

四、关于外国投资者从外商投资企业取得利润的优惠政策

2008 年 1 月 1 日之前外商投资企业形成的累积未分配利润，在 2008 年以后分配给外国投资者的，免征企业所得税；2008 年及以后年度外商投资企业新增利润分配给外国投资者的，依法缴纳企业所得税。

五、除《中华人民共和国企业所得税法》《中华人民共和国企业所得税法实施条例》《国务院关于实施企业所得税过渡优惠政策的通知》（国发〔2007〕39 号），《国务院关于经济特区和上海浦东新区新设立高新技术企业实行过渡性税收优惠的通知》（国发〔2007〕40 号）及本通知规定的优惠政策以外，2008 年 1 月 1 日之前实施的其他企业所得税优惠政策一律废止。各地区、各部门一律不得越权制定企业所得税的优惠政策。

附件：执行到期的企业所得税优惠政策表

附件：

执行到期的企业所得税优惠政策表

类别	序号	文件名称	备注
一、就业再就业政策	1	财政部　国家税务总局关于下岗失业人员再就业有关税收政策问题的通知（财税〔2002〕208号）	对2005年底之前核准享受再就业减免税政策的企业，在剩余期限内享受至期满
	2	财政部　国家税务总局关于下岗失业人员再就业有关税收政策问题的通知（财税〔2005〕186号）	政策审批时间截止到2008年底
二、奥运会和世博会政策	3	财政部　国家税务总局海关总署关于第29届奥运会税收政策问题的通知（财税〔2003〕10号）	奥运会结束并北京奥组委财务清算完结后停止执行
		财政部　国家税务总局关于第29届奥运会补充税收政策的通知（财税〔2006〕128号）	
	4	财政部　国家税务总局关于2010年上海世博会有关税收政策问题的通知（财税〔2005〕180号）	世博会结束并上海世博局财务清算完结后停止执行
		财政部　国家税务总局关于增补上海世博运营有限公司享受上海世博会有关税收优惠政策的批复（财税〔2006〕155号）	
三、社会公益政策	5	财政部　国家税务总局关于延长生产和装配伤残人员专门用品企业免征所得税执行期限的通知（财税〔2006〕148号）	
四、债转股、清产核资、重组、改制、转制等企业改革政策	6	财政部　国家税务总局关于债转股企业有关税收政策的通知（财税〔2005〕29号）	
	7	财政部　国家税务总局关于中央企业清产核资有关税务处理问题的通知（财税〔2006〕18号）	
	8	财政部　国家税务总局关于延长转制科研机构有关税收政策执行期限的通知（财税〔2005〕14号）	
	9	财政部　海关总署　国家税务总局关于文化体制改革中经营性文化事业单位转制后企业的若干税收政策问题的通知（财税〔2005〕1号）	
		财政部　海关总署　国家税务总局关于文化体制改革试点中支持文化产业发展若干税收政策问题的通知（财税〔2005〕2号）	
五、涉农和国家储备政策	10	财政部　国家税务总局关于促进农产品连锁经营试点税收优惠政策的通知（财税〔2007〕10号）	
	11	财政部　国家税务总局关于广播电视村村通税收政策的通知（财税〔2007〕17号）	
	12	财政部　国家税务总局关于部分国家储备商品有关税收政策的通知（财税〔2006〕105号）	

续表

类别	序号	文件名称	备注
六、单项优惠政策	13	财政部　国家税务总局关于股权分置试点改革有关税收政策问题的通知（财税〔2005〕103号）	执行到股权分置试点改革结束
	14	财政部　国家税务总局关于中国证券投资者保护基金有限责任公司有关税收问题的通知（财税〔2006〕169号）	
	15	财政部　国家税务总局关于延长试点地区农村信用社有关税收政策期限的通知（财税〔2006〕46号）	
	16	财政部　国家税务总局关于海南省改革试点的农村信用社税收政策的通知（财税〔2007〕18号）	
		财政部　国家税务总局关于继续执行监狱劳教企业有关税收政策的通知（财税〔2006〕123号）	

财政部　国家税务总局关于贯彻落实国务院关于实施企业所得税过渡优惠政策有关问题的通知

2008年2月13日　财税〔2008〕21号

各省、自治区、直辖市、计划单列市财政厅（局）、国家税务局、地方税务局，新疆生产建设兵团财务局：

为贯彻落实《国务院关于实施企业所得税过渡优惠政策的通知》（国发〔2007〕39号）和《国务院关于经济特区和上海浦东新区新设立高新技术企业实行过渡性税收优惠的通知》（国发〔2007〕40号）（以下简称过渡优惠政策通知），现将有关事项通知如下：

一、各级财政、税务部门要密切配合，严格按照国务院过渡优惠政策通知的有关规定，抓紧做好新旧企业所得税优惠政策的过渡衔接工作。对过渡优惠政策要加强规范管理，不得超越权限擅自扩大过渡优惠政策执行范围。同时，要及时跟踪、了解过渡优惠政策的执行情况，对发现的新问题及时反映，确保国务院过渡优惠政策通知落实到位。

二、对按照国发〔2007〕39号文件有关规定适用15%企业所得税率并享受企业所得税定期减半优惠过渡的企业，应一律按照国发〔2007〕39号文件第一条第二款规定的过渡税率计算的应纳税额实行减半征税，即2008年按18%税率计算的应纳税额实行减半征税，2009年按20%税率计算的应纳税额实行减半征税，2010年按22%税率计算的应纳税额实行减半征税，2011年按24%税率计算的应纳税额实行减半征税，2012年及以后年度按25%税率计算的应纳税额实行减半征税。

对原适用24%或33%企业所得税率并享受国发〔2007〕39号文件规定企业所得税定期减半优惠过渡的企业，2008年及以后年度一律按25%税率计算的应纳税额实行减半征税。

三、根据《中华人民共和国企业所得税法》（以下称新税法）第二十九条有关“民族自治地方的自治机关对本民族自治地方的企业应缴纳的企业所得税中属于地方分享的部分，可以决定减征或者免征”的规定，对2008年1月1日后民族自治地方批准享受减免税的企业，一律按新税法第二十九条的规定执行，即对民族自治地方的企业减免企业所得税，仅限于减免企业所得税中属于地方分享的部分，不得减免属于中央分享的部分。民族自治地方在新税法实施前已经按照《财政部国家税务总局海关总署总关于西部大开发税收优惠政策问题的通知》（财税〔2001〕202号）第二条第2款有关减免税规定批准享受减免企业所得税（包括减免中央分享企业所得税的部分）的，自2008年1月1日起计算，对减免税期限在5年以内（含5年）的，继续执行至期满后停止；对减免税期限超过5年的，从第六年起按新税法第二十九条规定执行。

财政部　国家税务总局关于廉租住房　经济适用住房和住房租赁有关税收政策的通知

2008年3月3日　财税〔2008〕24号

（注释：条款废止。通知中有关廉租住房税收政策的规定废止。参见：《财政部　国家税务总局关于促进公共租赁住房发展有关税收优惠政策的通知》（财税〔2014〕52号）。）

各省、自治区、直辖市、计划单列市财政厅（局）、国家税务局、地方税务局，新疆生产建设兵团财务局：

为贯彻落实《国务院关于解决城市低收入家庭住房困难的若干意见》（国发〔2007〕24号）精神，促进廉租住房、经济适用住房制度建设和住房租赁市场的健康发展，经国务院批准，现将有关税收政策通知如下：

一、支持廉租住房、经济适用住房建设的税收政策

（一）对廉租住房经营管理单位按照政府规定价格、向规定保障对象出租廉租住房的租金收入，免征营业税、房产税。

（二）对廉租住房、经济适用住房建设用地以及廉租住房经营管理单位按照政府规定价格、向规定保障对象出租的廉租住房用地，免征城镇土地使用税。

开发商在经济适用住房、商品住房项目中配套建造廉租住房，在商品住房项目中配套建造经济适用住房，如能提供政府部门出具的相关材料，可按廉租住房、经济适用住房建筑面积占总建筑面积的比例免征开发商应缴纳的城镇土地使用税。

（三）企事业单位、社会团体以及其他组织转让旧房作为廉租住房、经济适用住房房源且增值额未超过扣除项目金额20%的，免征土地增值税。

（四）对廉租住房、经济适用住房经营管理单位与廉租住房、经济适用住房相关的印花税以及廉租住房承租人、经济适用住房购买人涉及的印花税予以免征。

开发商在经济适用住房、商品住房项目中配套建造廉租住房，在商品住房项目中配套建造经济适用住房，如能提供政府部门出具的相关材料，可按廉租住房、经济适用住房建筑面

积占总建筑面积的比例免征开发商应缴纳的印花税。

（五）对廉租住房经营管理单位购买住房作为廉租住房、经济适用住房经营管理单位回购经济适用住房继续作为经济适用住房房源的，免征契税。

（六）对个人购买经济适用住房，在法定税率基础上减半征收契税。

（七）对个人按《廉租住房保障办法》（建设部等 9 部委令第 162 号）规定取得的廉租住房货币补贴，免征个人所得税；对于所在单位以廉租住房名义发放的不符合规定的补贴，应征收个人所得税。

（八）企事业单位、社会团体以及其他组织于 2008 年 1 月 1 日前捐赠住房作为廉租住房的，按《中华人民共和国企业所得税暂行条例》（国务院令第 137 号）、《中华人民共和国外商投资企业和外国企业所得税法》有关公益性捐赠政策执行；2008 年 1 月 1 日后捐赠的，按《中华人民共和国企业所得税法》有关公益性捐赠政策执行。个人捐赠住房作为廉租住房的，捐赠额未超过其申报的应纳税所得额 30% 的部分，准予从其应纳税所得额中扣除。

廉租住房、经济适用住房、廉租住房承租人、经济适用住房购买人以及廉租住房租金、货币补贴标准等须符合国发〔2007〕24 号文件及《廉租住房保障办法》（建设部等 9 部委令第 162 号）、《经济适用住房管理办法》（建住房〔2007〕258 号）的规定；廉租住房、经济适用住房经营管理单位为县级以上人民政府主办或确定的单位。

二、支持住房租赁市场发展的税收政策

（一）对个人出租住房取得的所得减按 10% 的税率征收个人所得税。

（二）对个人出租、承租住房签订的租赁合同，免征印花税。

（三）对个人出租住房，不区分用途，在 3% 税率的基础上减半征收营业税，按 4% 的税率征收房产税，免征城镇土地使用税。

（四）对企事业单位、社会团体以及其他组织按市场价格向个人出租用于居住的住房，减按 4% 的税率征收房产税。

上述与廉租住房、经济适用住房相关的新的优惠政策自 2007 年 8 月 1 日起执行，文到之日前已征税款在以后应缴税款中抵减。与住房租赁相关的新的优惠政策自 2008 年 3 月 1 日起执行。其他政策仍按现行规定继续执行。

各地要严格执行税收政策，加强管理，对执行过程中发现的问题，及时上报财政部、国家税务总局。

特此通知。

财政部　国家税务总局关于执行公共基础设施项目企业所得税优惠目录有关问题的通知

2008 年 9 月 23 日　财税〔2008〕46 号

各省、自治区、直辖市、计划单列市财政厅（局）、国家税务局、地方税务局，新疆生产建设兵团财务局：

根据《中华人民共和国企业所得税法》（以下简称企业所得税法）和《中华人民共和国企业所得税法实施条例》（国务院令第512号）的有关规定，经国务院批准，财政部 税务总局发展改革委公布了《公共基础设施项目企业所得税优惠目录》（以下简称《目录》）。现将执行《目录》的有关问题通知如下：

一、企业从事《目录》内符合相关条件和技术标准及国家投资管理相关规定、于2008年1月1日后经批准的公共基础设施项目，其投资经营的所得，自该项目取得第一笔生产经营收入所属纳税年度起，第一年至第三年免征企业所得税，第四年至第六年减半征收企业所得税。

第一笔生产经营收入，是指公共基础设施项目已建成并投入运营后所取得的第一笔收入。

二、企业同时从事不在《目录》范围内的项目取得的所得，应与享受优惠的公共基础设施项目所得分开核算，并合理分摊期间费用，没有分开核算的，不得享受上述企业所得税优惠政策。

三、企业承包经营、承包建设和内部自建自用公共基础设施项目，不得享受上述企业所得税优惠。

四、根据经济社会发展需要及企业所得税优惠政策实施情况，国务院财政、税务主管部门会同国家发展改革委等有关部门适时对《目录》内的项目进行调整和修订，并在报国务院批准后对《目录》进行更新。

财政部 国家税务总局关于执行资源综合利用企业所得税优惠目录有关问题的通知

2008年9月23日 财税〔2008〕47号

各省、自治区、直辖市、计划单列市财政厅（局）、国家税务局、地方税务局，新疆生产建设兵团财务局：

根据《中华人民共和国企业所得税法》和《中华人民共和国企业所得税法实施条例》（国务院令第512号，以下简称实施条例）有关规定，经国务院批准，财政部、税务总局、发展改革委公布了《资源综合利用企业所得税优惠目录》（以下简称《目录》）。现将执行《目录》的有关问题通知如下：

一、企业自2008年1月1日起以《目录》中所列资源为主要原材料，生产《目录》内符合国家或行业相关标准的产品取得的收入，在计算应纳税所得额时，减按90%计入当年收入总额。享受上述税收优惠时，《目录》内所列资源占产品原料的比例应符合《目录》规定的技术标准。

二、企业同时从事其他项目而取得的非资源综合利用收入，应与资源综合利用收入分开核算，没有分开核算的，不得享受优惠政策。

三、企业从事不符合实施条例和《目录》规定范围、条件和技术标准的项目，不得享受资源综合利用企业所得税优惠政策。

四、根据经济社会发展需要及企业所得税优惠政策实施情况，国务院财政、税务主管部门会同国家发展改革委等有关部门适时对《目录》内的项目进行调整和修订，并在报国务院批准后对《目录》进行更新。

财政部　国家税务总局关于执行环境保护专用设备企业所得税优惠目录 节能节水专用设备企业所得税优惠目录和安全生产专用设备企业所得税优惠目录有关问题的通知

2008 年 9 月 23 日　财税〔2008〕48 号

（注释：政策调整。“企业购置用于环境保护、节能节水、安全生产的专用设备的投资额享受所得税优惠的备案核准”取消。参见：(1)《国家税务总局贯彻落实〈国务院关于第二批取消 152 项中央指定地方实施行政审批事项的决定〉的通知》（税总发〔2016〕23 号）。(2)《国务院关于第二批取消 152 项中央指定地方实施行政审批事项的决定》（国发〔2016〕9 号）。(3)《国家税务总局关于公布已取消的 22 项税务非行政许可审批事项的公告》（国家税务总局公告 2015 年第 58 号）。）

各省、自治区、直辖市、计划单列市财政厅（局）、国家税务局、地方税务局，新疆生产建设兵团财务局：

根据《中华人民共和国企业所得税法》（以下简称企业所得税法）和《中华人民共和国企业所得税法实施条例》（国务院令第 512 号）有关规定，经国务院批准，财政部、税务总局、发展改革委公布了《环境保护专用设备企业所得税优惠目录》、《节能节水专用设备企业所得税优惠目录》，财政部、税务总局、安监总局公布了《安全生产专用设备企业所得税优惠目录》（以下统称《目录》）。现将执行《目录》的有关问题通知如下：

一、企业自 2008 年 1 月 1 日起购置并实际使用列入《目录》范围内的环境保护、节能节水和安全生产专用设备，可以按专用设备投资额的 10% 抵免当年企业所得税应纳税额；企业当年应纳税额不足抵免的，可以向以后年度结转，但结转期不得超过 5 个纳税年度。

二、专用设备投资额，是指购买专用设备发票价税合计价格，但不包括按有关规定退还的增值税税款以及设备运输、安装和调试等费用。

三、当年应纳税额，是指企业当年的应纳税所得额乘以适用税率，扣除依照企业所得税法和国务院有关税收优惠规定以及税收过渡优惠规定减征、免征税额后的余额。

四、企业利用自筹资金和银行贷款购置专用设备的投资额，可以按企业所得税法的规定抵免企业应纳所得税额；企业利用财政拨款购置专用设备的投资额，不得抵免企业应纳所得税额。

五、企业购置并实际投入适用、已开始享受税收优惠的专用设备，如从购置之日起 5 个纳税年度内转让、出租的，应在该专用设备停止使用当月停止享受企业所得税优惠，并补缴已经抵免的企业所得税税款。转让的受让方可以按照该专用设备投资额的10%抵免当年企业所得税应纳税额；当年应纳税额不足抵免的，可以在以后5个纳税年度结转抵免。

六、根据经济社会发展需要及企业所得税优惠政策实施情况，国务院财政、税务主管部门会同国家发展改革委、安监总局等有关部门适时对《目录》内的项目进行调整和修订，并在报国务院批准后对《目录》进行更新。

财政部　国家税务总局关于认真落实抗震救灾及灾后重建税收政策问题的通知

2008年5月19日　财税〔2008〕62号

各省、自治区、直辖市、计划单列市财政厅（局）、国家税务局、地方税务局：

随着抗震救灾工作的不断深入，灾后重建工作也将陆续展开。为贯彻落实好党中央、国务院关于抗震救灾工作的重要指示精神，积极支持受灾地区做好抗震救灾及灾后重建工作，现就有关税收政策问题通知如下：

各级财政税务机关要将支持抗震救灾和灾后重建工作作为当前一项十分紧迫的重要任务，采取有效措施，认真贯彻落实好现行税收法律、法规中可以适用于抗震救灾及灾后重建的有关税收优惠政策。主要包括：

一、企业所得税

（一）企业实际发生的因地震灾害造成的财产损失，准予在计算应纳税所得额时扣除。

（二）企业发生的公益性捐赠支出，按企业所得税法及其实施条例的规定在计算应纳税所得额时扣除。

二、个人所得税

（一）因地震灾害造成重大损失的个人，可减征个人所得税。具体减征幅度和期限由受灾地区省、自治区、直辖市人民政府确定。

（二）对受灾地区个人取得的抚恤金、救济金，免征个人所得税。

（三）个人将其所得向地震灾区的捐赠，按照个人所得税法的有关规定从应纳税所得中扣除。

三、房产税

（一）经有关部门鉴定，对毁损不堪居住和使用的房屋和危险房屋，在停止使用后，可免征房产税。

（二）房屋大修停用在半年以上的，在大修期间免征房产税，免征税额由纳税人在申报缴纳房产税时自行计算扣除，并在申报表附表或备注栏中作相应说明。

四、契税

因地震灾害灭失住房而重新购买住房的，准予减征或者免征契税，具体的减免办法由受灾地区省级人民政府制定。

五、资源税

纳税人开采或者生产应税产品过程中，因地震灾害遭受重大损失的，由受灾地区省、自治区、直辖市人民政府决定减征或免征资源税。

六、城镇土地使用税

纳税人因地震灾害造成严重损失，缴纳确有困难的，可依法申请定期减免城镇土地使用税。

七、车船税

已完税的车船因地震灾害报废、灭失的，纳税人可申请退还自报废、灭失月份起至本年度终了期间的税款。

八、进出口税收

对外国政府、民间团体、企业、个人等向我国境内受灾地区捐赠的物资，包括食品、生活必需品、药品、抢救工具等，免征进口环节税收。

九、现行税收法律、法规中适用于抗震救灾及灾后重建的其他税收政策。

财政部　国家税务总局　国家发展改革委关于公布公共基础设施项目企业所得税优惠目录（2008 年版）的通知

2008 年 9 月 8 日　财税〔2008〕116 号

各省、自治区、直辖市、计划单列市财政厅（局）、国家税务局、地方税务局、发展改革委、经贸委（经委），新疆生产建设兵团财务局：

《公共基础设施项目企业所得税优惠目录（2008 年版）》已经国务院批准，现予以公布，自 2008 年 1 月 1 日起施行。

附件：公共基础设施项目企业所得税优惠目录（2008 年版）

附件：

公共基础设施项目企业所得税优惠目录（2008 年版）

序号	类别	项目	范围、条件及技术标准
1	港口码头	码头、泊位、通航建筑物新建项目	由省级以上政府投资主管部门核准的沿海港口万吨级及以上泊位、内河千吨级及以上泊位、滚装泊位、内河航运枢纽新建项目
2	机场	民用机场新建项目	由国务院核准的民用机场新建项目，包括民用机场迁建、军航机场军民合用改造项目
3	铁路	铁路新线建设项目	由省级以上政府投资主管部门或国务院行业主管部门核准的客运专线、城际轨道交通和Ⅲ级及以上铁路建设项目
4		既有线路改造项目	由省级以上政府投资主管部门或国务院行业主管部门核准的铁路电气化改造、增建二线项目以及其他改造投入达到项目固定资产账面原值 75% 以上的改造项目
5	公路	公路新建项目	由省级以上政府投资主管部门核准的一级以上的公路建设项目

续表

序号	类别	项目	范围、条件及技术标准
6	城市公共交通	城市快速轨道交通新建项目	由国务院核准的城市地铁、轻轨新建项目
7	电力	水力发电新建项目（包括控制性水利枢纽工程）	由国务院投资主管部门核准的在主要河流上新建的水电项目，总装机容量在25万千瓦及以上的新建水电项目，以及抽水蓄能电站项目
8		核电站新建项目	由国务院核准的核电站新建项目
9		电网（输变电设施）新建项目	由国务院投资主管部门核准的330kV及以上跨省及长度超过200km的交流输变电新建项目，500kV及以上直流输变电新建项目；由省级以上政府投资主管部门核准的革命老区、老少边穷地区电网新建工程项目；农网输变电新建项目
10		风力发电新建项目	由政府投资主管部门核准的风力发电新建项目
11		海洋能发电新建项目	由省级以上政府投资主管部门核准的海洋能发电新建项目
12		太阳能发电新建项目	由政府投资主管部门核准的太阳能发电新建项目
13		地热发电新建项目	由政府投资主管部门核准的地热发电新建项目
14	水利	灌区配套设施及农业节水灌溉工程新建项目	由政府投资主管部门核准的灌区水源工程、灌排系统工程、节水工程
15		地表水水源工程新建项目	由政府投资主管部门核准的水库、塘堰、水窖及配套工程
16		调水工程新建项目	由政府投资主管部门核准的取水、输水、配水工程
17		农村人畜饮水工程新建项目	由政府投资主管部门核准的农村人畜饮水工程中取水、输水、净化水、配水工程
18		牧区水利工程新建项目	由政府投资主管部门核准的牧区水利工程中的取水、输配水、节水灌溉及配套工程

财政部　国家税务总局　国家发展改革委关于公布资源综合利用企业所得税优惠目录（2008年版）的通知

2008年8月20日　财税〔2008〕117号

各省、自治区、直辖市、计划单列市财政厅（局）、国家税务局、地方税务局、发展改革委、经贸委（经委），新疆生产建设兵团财务局：

《资源综合利用企业所得税优惠目录（2008年版）》，已经国务院批准，现予以公布，自2008年1月1日起施行。2004年1月12日国家发展改革委、财政部、国家税务总局发布的《资源综合利用目录（2003年修订）》同时废止。

附件：资源综合利用企业所得税优惠目录（2008年版）

附件：

资源综合利用企业所得税优惠目录（2008年版）

类别	序号	综合利用的资源	生产的产品	技术标准
一、共生、伴生矿产资料	1	煤系共生、伴生矿产资源、瓦斯	高岭岩、铝钒土、膨润土、电力、热力及燃气	1. 产品原料100%来自所列资源煤炭开发中的废弃物 2. 产品符合国家和行业标准
二、废水（液）、废气、废渣	2	煤矸石、石煤、粉煤灰、采矿和选矿废渣、冶炼废渣、工业炉渣、脱硫石膏、磷石膏、江河（渠）道的清淤（淤沙）、风积沙、建筑垃圾、生活垃圾焚烧余渣、化工废渣、工业废渣	砖（瓦）、砌块、墙板类产品，石膏类制品以及商品粉煤灰	产品原料70%以上来自所列资源
	3	转炉渣、电炉渣、铁合金炉渣、氧化铝赤泥、化工废渣、工业废渣	铁、铁合金料、精矿粉、稀土	产品原料100%来自所列资源
	4	化工、纺织、造纸工业废液及废渣	银、盐、锌、纤维、碱、羊毛脂、聚乙烯醇、硫化钠、亚硫酸钠、硫氰酸钠、硝酸、铁盐、铬盐、木质素磺酸盐、乙酸、乙二酸、乙酸钠、盐酸、黏合剂、酒精、香兰素、饮料酵母、肥料、甘油、乙氰	产品原料70%以上来自所列资源
	5	制盐液（苦卤）及硼酸废液	氯化钾、硝酸钾、溴素、氯化镁、氢氧化镁、无水硝、石膏、硫酸镁、硫酸钾、肥料	产品原料70%以上来自所列资源
	6	工矿废水、城市污水	再生水	1. 产品原料100%来自所列资源 2. 达到国家有关标准
	7	废生物质油、废弃润滑油	生物柴油及工业油料	产品原料100%来自所列资源
	8	焦炉煤气，化工、石油（炼油）化工废气，发酵废气，火炬气，炭黑尾气	硫黄、硫酸、磷铵、硫铵、脱硫石膏、可燃气、轻烃、氢气、硫酸亚铁、有色金属、二氧化碳、干冰、甲醇、合成氨	

续表

类别	序号	综合利用的资源	生产的产品	技术标准
二、废水（液）、废气、废渣	9	转炉煤气、高炉煤气、火炬气以及除焦炉煤气以外的工业炉气，工业过程中的余热、余压	电力、热力	
三、再生资源	10	废旧电池、电子电器产品	金属（包括稀贵金属）、非金属	产品原料100%来自所列资源
	11	废感光材料、废灯泡（管）	有色（稀贵）金属及其产品	产品原料100%来自所列资源
	12	锯末、树皮、枝丫材	人造及其制品	1. 符合产品标准 2. 产品原料100%来自所列资源
	13	废塑料	塑料制品	产品原料100%来自所列资源
	14	废、旧轮胎	翻新轮胎、胶粉	1. 产品符合GB/T9037和GB/T14646标准 2. 产品原料100%来自所列资源 3. 符合GB/T19208等标准规定的性能指标
	15	废弃天然纤维、化学纤维及其制品	造纸原料、纤维纱及织物、无纺布、毡、黏合剂、再生聚酯	产品原料100%来自所列资源
	16	农作物秸秆及壳皮（包括粮食作物秸秆、农业经济作物秸秆、粮食壳皮、玉米芯）	代木产品，电力、热力及燃气	产品原料70%以上来自所列资源

财政部　国家税务总局关于发布享受企业所得税优惠政策的农产品初加工范围（试行）的通知

2008年11月20日　财税〔2008〕149号

各省、自治区、直辖市、计划单列市财政厅（局）、国家税务局、地方税务局，新疆生产建设兵团财务局：

根据《中华人民共和国企业所得税法》及其实施条例的规定，为贯彻落实农、林、牧、渔业项目企业所得税优惠政策，现将《享受企业所得税优惠政策的农产品初加工范围（试行）》印发给你们，自2008年1月1日起执行。

各地财政、税务机关对《享受企业所得税优惠政策的农产品初加工范围（试行）》执行中发现的新情况、新问题应及时向国务院财政、税务主管部门反馈，国务院财政、税务主管部门会同有关部门将根据经济社会发展需要，适时对《享受企业所得税优惠政策的农产品初加工范围（试行）》内的项目进行调整和修订。

附件：享受企业所得税优惠政策的农产品初加工范围（试行）（2008 年版）（见二维码 4）

扫描二维码查看附件

二维码 4

国家税务总局关于外商投资企业和外国企业原有若干税收优惠政策取消后有关事项处理的通知

2008 年 2 月 27 日　国税发〔2008〕23 号

各省、自治区、直辖市和计划单列市国家税务局，广东、海南省地方税务局，深圳市地方税务局：

根据《中华人民共和国企业所得税法》及其实施条例、《中华人民共和国税收征收管理法》及其实施细则和《国务院关于实施企业所得税过渡优惠政策的通知》（国发〔2007〕39 号）的有关规定，现就外商投资企业和外国企业原执行的若干税收优惠政策取消后的税务处理问题通知如下：

一、关于原外商投资企业的外国投资者再投资退税政策的处理

外国投资者从外商投资企业取得的税后利润直接再投资本企业增加注册资本，或者作为资本投资开办其他外商投资企业，凡在 2007 年底以前完成再投资事项，并在国家工商管理部门完成变更或注册登记的，可以按照《中华人民共和国外商投资企业和外国企业所得税法》及其有关规定，给予办理再投资退税。对在 2007 年底以前用 2007 年度预分配利润进行再投资的，不给予退税。

二、关于外国企业从我国取得的利息、特许权使用费等所得免征企业所得税的处理

外国企业向我国转让专有技术或提供贷款等取得所得，凡上述事项所涉及的合同是在 2007 年底以前签订，且符合《中华人民共和国外商投资企业和外国企业所得税法》规定免税条件，经税务机关批准给予免税的，在合同有效期内可继续给予免税，但不包括延期、补充合同或扩大的条款。各主管税务机关应做好合同执行跟踪管理工作，及时开具完税证明。

三、关于享受定期减免税优惠的外商投资企业在 2008 年后条件发生变化的处理

外商投资企业按照《中华人民共和国外商投资企业和外国企业所得税法》规定享受定期减免税优惠，2008 年后，企业生产经营业务性质或经营期发生变化，导致其不符合《中华人民共和国外商投资企业和外国企业所得税法》规定条件的，仍应依据《中华人民共和国外商投资企业和外国企业所得税法》规定补缴其此前（包括在优惠过渡期内）已经享受的定期减免税税款。各主管税务机关在每年对这类企业进行汇算清缴时，应对其经营业务内容和经营期限等变化情况进行审核。

国家税务总局关于非居民企业不享受小型微利企业所得税优惠政策问题的通知

2008 年 7 月 3 日　国税函〔2008〕650 号

各省、自治区、直辖市和计划单列市国家税务局、地方税务局：

关于非居民企业是否享受企业所得税法规定的对小型微利企业的税收优惠政策问题，现明确如下：

企业所得税法第二十八条规定的小型微利企业是指企业的全部生产经营活动产生的所得均负有我国企业所得税纳税义务的企业。因此，仅就来源于我国所得负有我国纳税义务的非居民企业，不适用该条规定的对符合条件的小型微利企业减按 20% 税率征收企业所得税的政策。

国家税务总局关于贯彻落实从事农、林、牧、渔业项目企业所得税优惠政策有关事项的通知

2008 年 10 月 17 日　国税函〔2008〕850 号

（注释：条款失效废止。第三条失效废止。参见：《国家税务总局关于公布全文失效废止和部分条款失效废止的税收规范性文件目录的公告》（国家税务总局公告 2018 年第 33 号）。）

各省、自治区、直辖市和计划单列市国家税务局、地方税务局：

为更好地贯彻落实《中华人民共和国企业所得税法》及其实施条例规定的从事农、林、牧、渔业项目的企业所得税优惠政策，现将有关事项通知如下：

一、《中华人民共和国企业所得税法实施条例》第八十六条规定的农、林、牧、渔业项目企业所得税优惠政策，各地可直接贯彻执行。对属已明确的免税项目，如有征税的，要及时退还税款。

农、林、牧、渔业项目中尚需进一步细化规定的农产品初加工等少数项目，税务总局正与相关部门抓紧研究，拟于近期下发执行。对从事此类项目的企业，因有特殊困难，不能按期缴纳企业所得税税款的，可按《中华人民共和国税收征收管理法》及其实施细则的相关规定，申请延期缴纳税款。

二、各地可暂按《国家税务总局关于印发〈税收减免管理办法（试行）〉的通知》（国税发〔2005〕129 号）规定的程序，办理《中华人民共和国企业所得税法》及其实施条例

规定的从事农、林、牧、渔业项目的企业所得税优惠政策事宜。

三、各级国税局、地税局要密切配合，确保从事农、林、牧、渔业项目的企业所得税优惠政策执行口径一致。各地对执行中发现的新情况和新问题要及时向税务总局（所得税司）反映，确保政策落实到位。

国家税务总局关于中国居民企业向境外H股非居民企业股东派发股息代扣代缴企业所得税有关问题的通知

2008年11月6日　国税函〔2008〕897号

各省、自治区、直辖市和计划单列市国家税务局、地方税务局：

根据《中华人民共和国企业所得税法》及其实施条例的规定，现就中国居民企业向境外H股非居民企业股东派发股息代扣代缴企业所得税的有关问题通知如下：

一、中国居民企业向境外H股非居民企业股东派发2008年及以后年度股息时，统一按10%的税率代扣代缴企业所得税。

二、非居民企业股东在获得股息之后，可以自行或通过委托代理人或代扣代缴义务人，向主管税务机关提出享受税收协定（安排）待遇的申请，提供证明自己为符合税收协定（安排）规定的实际受益所有人的资料。主管税务机关审核无误后，应就已征税款和根据税收协定（安排）规定税率计算的应纳税款的差额予以退税。

三、各地应加强对我国境外上市企业派发股息情况的了解，并发挥售付汇凭证的作用，确保代扣代缴税款及时足额入库。

国家税务总局关于加强非居民企业来源于我国利息所得扣缴企业所得税工作的通知

2008年11月24日　国税函〔2008〕955号

（注释：条款废止。第二条自2015年7月19日起废止。参见：《国家税务总局关于境内机构向我国银行的境外分行支付利息扣缴企业所得税有关问题的公告》（国家税务总局公告2015年第47号）。）

各省、自治区、直辖市和计划单列市国家税务局，广东省和深圳市地方税务局：

根据《中华人民共和国企业所得税法》及其实施条例的有关规定，现就加强非居民企业取得来源于我国境内利息所得扣缴企业所得税的有关问题通知如下：

一、自2008年1月1日起，我国金融机构向境外外国银行支付贷款利息、我国境内外资金融机构向境外支付贷款利息，应按照企业所得税法及其实施条例规定代扣代缴企业所得税。

二、我国境内机构向我国银行的境外分行支付的贷款利息，应按照企业所得税法及其实施条例规定代扣代缴企业所得税。

三、各地应建立健全非居民企业利息所得源泉扣缴企业所得税监控机制，确保及时足额扣缴税款。

财政部　国家税务总局关于执行企业所得税优惠政策若干问题的通知

2009年4月24日　财税〔2009〕69号

（注释：条款失效。第七条停止执行。参见：《财政部　国家税务总局关于小型微利企业所得税优惠政策的通知》（财税〔2015〕34号）。）

条款废止。第八条废止。参见：《国家税务总局关于扩大小型微利企业减半征收企业所得税范围有关问题的公告》（国家税务总局公告2014年第23号）。）

各省、自治区、直辖市、计划单列市财政厅（局）、国家税务局、地方税务局，新疆生产建设兵团财务局：

根据《中华人民共和国企业所得税法》（以下简称企业所得税法）及《中华人民共和国企业所得税法实施条例》（国务院令第512号，以下简称实施条例）的有关规定，现就企业所得税优惠政策执行中有关问题通知如下：

一、执行《国务院关于实施企业所得税过渡优惠政策的通知》（国发〔2007〕39号）规定的过渡优惠政策及西部大开发优惠政策的企业，在定期减免税的减半期内，可以按照企业适用税率计算的应纳税额减半征税。其他各类情形的定期减免税，均应按照企业所得税25%的法定税率计算的应纳税额减半征税。

二、《国务院关于实施企业所得税过渡优惠政策的通知》（国发〔2007〕39号）第三条所称不得叠加享受，且一经选择，不得改变的税收优惠情形，限于企业所得税过渡优惠政策与企业所得税法及其实施条例中规定的定期减免税和减低税率类的税收优惠。

企业所得税法及其实施条例中规定的各项税收优惠，凡企业符合规定条件的，可以同时享受。

三、企业在享受过渡税收优惠过程中发生合并、分立、重组等情形的，按照《财政部　国家税务总局关于企业重组业务企业所得税处理若干问题的通知》（财税〔2009〕59号）的统一规定执行。

四、2008 年 1 月 1 日以后，居民企业之间分配属于 2007 年度及以前年度的累积未分配利润而形成的股息、红利等权益性投资收益，均应按照企业所得税法第二十六条及实施条例第十七条、第八十三条的规定处理。

五、企业在 2007 年 3 月 16 日之前设立的分支机构单独依据原内、外资企业所得税法的优惠规定已享受有关税收优惠的，凡符合《国务院关于实施企业所得税过渡优惠政策的通知》（国发〔2007〕39 号）所列政策条件的，该分支机构可以单独享受国发〔2007〕39 号规定的企业所得税过渡优惠政策。

六、实施条例第九十一条第（二）项所称国际金融组织，包括国际货币基金组织、世界银行、亚洲开发银行、国际开发协会、国际农业发展基金、欧洲投资银行以及财政部和国家税务总局确定的其他国际金融组织；所称优惠贷款，是指低于金融企业同期同类贷款利率水平的贷款。

七、实施条例第九十二条第（一）项和第（二）项所称从业人数，是指与企业建立劳动关系的职工人数和企业接受的劳务派遣用工人数之和；从业人数和资产总额指标，按企业全年月平均值确定，具体计算公式如下：

月平均值=（月初值+月末值）÷2

全年月平均值=全年各月平均值之和÷12

年度中间开业或者终止经营活动的，以其实际经营期作为一个纳税年度确定上述相关指标。

八、企业所得税法第二十八条规定的小型微利企业待遇，应适用于具备建账核算自身应纳税所得额条件的企业，按照《企业所得税核定征收办法》（国税发〔2008〕30 号）缴纳企业所得税的企业，在不具备准确核算应纳税所得额条件前，暂不适用小型微利企业适用税率。

九、2007 年底前设立的软件生产企业和集成电路生产企业，经认定后可以按《财政部、国家税务总局关于企业所得税若干优惠政策的通知》（财税〔2008〕1 号）的规定享受企业所得税定期减免税优惠政策。在 2007 年度或以前年度已获利并开始享受定期减免税优惠政策的，可自 2008 年度起继续享受至期满为止。

十、实施条例第一百条规定的购置并实际使用的环境保护、节能节水和安全生产专用设备，包括承租方企业以融资租赁方式租入的，并在融资租赁合同中约定租赁期届满时租赁设备所有权转移给承租方企业，且符合规定条件的上述专用设备。凡融资租赁期届满后租赁设备所有权未转移至承租方企业的，承租方企业应停止享受抵免企业所得税优惠，并补缴已经抵免的企业所得税税款。

十一、实施条例第九十七条所称投资于未上市的中小高新技术企业 2 年以上的，包括发生在 2008 年 1 月 1 日以前满 2 年的投资；所称中小高新技术企业是指按照《高新技术企业认定管理办法》（国科发火〔2008〕172 号）和《高新技术企业认定管理工作指引》（国科发火〔2008〕362 号）取得高新技术企业资格，且年销售额和资产总额均不超过 2 亿元、从业人数不超过 500 人的企业，其中 2007 年底前已取得高新技术企业资格的，在其规定有效期内不需重新认定。

十二、本通知自 2008 年 1 月 1 日起执行。

财政部 国家税务总局关于安置残疾人员就业有关企业所得税优惠政策问题的通知

2009 年 4 月 30 日 财税〔2009〕70 号

（注释：政策调整。取消“安置残疾人员和国家鼓励安置的其他就业人员所支付工资的加计扣除的核准”。参见：(1)《国家税务总局贯彻落实〈国务院关于第二批取消152项中央指定地方实施行政审批事项的决定〉的通知》（税总发〔2016〕23号）。(2)《国务院关于第二批取消152项中央指定地方实施行政审批事项的决定》（国发〔2016〕9号）。(3)《国家税务总局关于公布已取消的22项税务非行政许可审批事项的公告》（国家税务总局公告2015年第58号）。）

各省、自治区、直辖市、计划单列市财政厅（局）、国家税务局、地方税务局，新疆生产建设兵团财务局：

根据《中华人民共和国企业所得税法》和《中华人民共和国企业所得税法实施条例》（国务院令第512号）的有关规定，现就企业安置残疾人员就业有关企业所得税优惠政策问题，通知如下：

一、企业安置残疾人员的，在按照支付给残疾职工工资据实扣除的基础上，可以在计算应纳税所得额时按照支付给残疾职工工资的100%加计扣除。

企业就支付给残疾职工的工资，在进行企业所得税预缴申报时，允许据实计算扣除；在年度终了进行企业所得税年度申报和汇算清缴时，再依照本条第一款的规定计算加计扣除。

二、残疾人员的范围适用《中华人民共和国残疾人保障法》的有关规定。

三、企业享受安置残疾职工工资100%加计扣除应同时具备如下条件：

（一）依法与安置的每位残疾人签订了1年以上（含1年）的劳动合同或服务协议，并且安置的每位残疾人在企业实际上岗工作。

（二）为安置的每位残疾人按月足额缴纳了企业所在区县人民政府根据国家政策规定的基本养老保险、基本医疗保险、失业保险和工伤保险等社会保险。

（三）定期通过银行等金融机构向安置的每位残疾人实际支付了不低于企业所在区县适用的经省级人民政府批准的最低工资标准的工资。

（四）具备安置残疾人上岗工作的基本设施。

四、企业应在年度终了进行企业所得税年度申报和汇算清缴时，向主管税务机关报送本通知第四条规定的相关资料、已安置残疾职工名单及其《中华人民共和国残疾人证》或《中华人民共和国残疾军人证（1至8级）》复印件和主管税务机关要求提供的其他资料，办理享受企业所得税加计扣除优惠的备案手续。

五、在企业汇算清缴结束后，主管税务机关在对企业进行日常管理、纳税评估和纳税检查时，应对安置残疾人员企业所得税加计扣除优惠的情况进行核实。

六、本通知自2008年1月1日起执行。

财政部　国家税务总局关于非营利组织企业所得税免税收入问题的通知

2009年11月11日　财税〔2009〕122号

（注释：政策调整。取消“符合条件的非营利组织享受免税收入优惠的备案核准”。参见：(1)《国家税务总局关于贯彻落实〈国务院关于第一批取消62项中央指定地方实施行政审批事项的决定〉的通知》（税总发〔2015〕141号）。(2)《国务院关于第一批取消62项中央指定地方实施行政审批事项的决定》（国发〔2015〕57号）。(3)《国家税务总局关于公布已取消的22项税务非行政许可审批事项的公告》（国家税务总局公告2015年第58号）。）

各省、自治区、直辖市、计划单列市财政厅（局）、国家税务局、地方税务局，新疆生产建设兵团财务局：

根据《中华人民共和国企业所得税法》第二十六条及《中华人民共和国企业所得税法实施条例》（国务院令第512号）第八十五条的规定，现将符合条件的非营利组织企业所得税免税收入范围明确如下：

一、非营利组织的下列收入为免税收入：

（一）接受其他单位或者个人捐赠的收入；

（二）除《中华人民共和国企业所得税法》第七条规定的财政拨款以外的其他政府补助收入，但不包括因政府购买服务取得的收入；

（三）按照省级以上民政、财政部门规定收取的会费；

（四）不征税收入和免税收入孳生的银行存款利息收入；

（五）财政部、国家税务总局规定的其他收入。

二、本通知从2008年1月1日起执行。

财政部　国家税务总局　国家发展改革委关于公布环境保护、节能节水项目企业所得税优惠目录（试行）的通知

2009年12月31日　财税〔2009〕166号

（注释：政策调整。取消“企业符合条件的环境保护、节能节水项目的所得享受所得税

优惠的备案核准”。参见：(1)《国家税务总局关于贯彻落实〈国务院关于第一批取消62项中央指定地方实施行政审批事项的决定〉的通知》(税总发〔2015〕141号)。(2)《国务院关于第一批取消62项中央指定地方实施行政审批事项的决定》(国发〔2015〕57号)。(3)《国家税务总局关于公布已取消的22项税务非行政许可审批事项的公告》(国家税务总局公告2015年第58号)。)

各省、自治区、直辖市、计划单列市财政厅（局）、国家税务局、地方税务局、发展改革委、经贸委（经委）、新疆生产建设兵团财务局：

《环境保护、节能节水项目企业所得税优惠目录（试行）》，已经国务院批准，现予以公布，自2008年1月1日起施行。

附件：环境保护、节能节水项目企业所得税优惠目录（试行）

附件：

环境保护、节能节水项目企业所得税优惠目录（试行）

序号	类别	项目	条件
1	公共污水处理	城镇污水处理项目	1. 根据全国城镇污水处理设施建设规划等全国性规划设立； 2. 专门从事城镇污水的收集、贮存、运输、处置以及污泥处置（含符合国家产业政策和准入条件的水泥窑协同处置）； 3. 根据国家规定获得污水处理特许经营权，或符合环境保护行政主管部门规定的生活污水类污染治理设施运营资质条件； 4. 项目设计、施工和运行管理人员具备国家相应职业资格； 5. 项目按照国家法律法规要求，通过相关验收； 6. 项目经设区的市或者市级以上环境保护行政主管部门总量核查； 7. 排放水符合国家及地方规定的水污染物排放标准和重点水污染物排放总量控制指标； 8. 国务院财政、税务主管部门规定的其他条件
		工业废水处理项目	1. 根据全国重点流域水污染防治规划等全国性规划设立，但按照国家规定作为企业必备配套设施的自用的污水处理项目除外； 2. 专门从事工业污水的收集、贮存、运输、处置以及污泥处置（含符合国家产业政策和准入条件的水泥窑协同处置）； 3. 符合环境保护行政主管部门规定的工业废水类污染治理设施运营资质条件； 4. 项目设计、施工和运行管理人员具备国家相应职业资格； 5. 项目按照国家法律法规要求，通过相关验收； 6. 项目经设区的市或者市级以上环境保护行政主管部门总量核查； 7. 排放水符合国家及地方规定的水污染物排放标准和重点水污染物排放总量控制指标； 8. 国务院财政、税务主管部门规定的其他条件

续表

<table>
<tr><th>序号</th><th>类别</th><th>项　　目</th><th>条　　件</th></tr>
<tr><td rowspan="3">2</td><td rowspan="3">公共垃圾处理</td><td>生活垃圾处理项目</td><td>1. 根据全国城镇垃圾处理设施建设规划等全国性规划设立；
2. 专门从事生活垃圾的收集、贮存、运输、处置；
3. 采用符合国家规定标准的卫生填埋、焚烧、热解、堆肥、水泥窑协同处置等工艺，其中：水泥窑协同处置要符合国家产业政策和准入条件；
4. 根据国家规定获得垃圾处理特许经营权，或符合环境保护行政主管部门规定的生活垃圾类污染治理设施运营资质条件；
5. 项目设计、施工和运行管理人员具备国家相应职业资格；
6. 按照国家法律法规要求，通过相关验收；
7. 项目经设区的市或者市级以上环境保护行政主管部门总量核查；
8. 国务院财政、税务主管部门规定的其他条件</td></tr>
<tr><td>工业固体废物处理项目</td><td rowspan="2">1. 根据全国危险废物处置设施建设规划等全国性规划设立，但按照国家规定作为企业必备配套设施的自用的废弃物处理项目除外；
2. 专门从事工业固体废物或危险废物的收集、贮存、运输、处置；
3. 采用符合国家规定标准的卫生填埋、焚烧、热解、堆肥、水泥窑协同处置等工艺，其中：水泥窑协同处置要符合国家产业政策和准入条件；
4. 工业固体废物处理项目符合环境保护行政主管部门规定的工业固体废物类污染治理设施运营资质条件，危险废物处理项目取得县级以上人民政府环境保护行政主管部门颁发的危险废物经营许可证；
5. 项目设计、施工和运行管理人员具备国家相应职业资格；
6. 按照国家法律法规要求，通过相关验收；
7. 项目经设区的市或者市级以上环境保护行政主管部门总量核查；
8. 国务院财政、税务主管部门规定的其他条件</td></tr>
<tr><td>危险废物处理项目</td></tr>
<tr><td>3</td><td>沼气综合开发利用</td><td>畜禽养殖场和养殖小区沼气工程项目</td><td>1. 单体装置容积不小于 300 立方米，年平均日产沼气量不低于 300 立方米/天，且符合国家有关沼气工程技术规范的项目；
2. 废水排放、废渣处置、沼气利用符合国家和地方有关标准，不产生二次污染；
3. 项目包括完整的发酵原料的预处理设施、沼渣和沼液的综合利用或进一步处理系统，沼气净化、储存、输配和利用系统；
4. 项目设计、施工和运行管理人员具备国家相应职业资格；
5. 项目按照国家法律法规要求，通过相关验收；
6. 国务院财政、税务主管部门规定的其他条件</td></tr>
</table>

续表

序号	类别	项目	条件
4	节能减排技术改造	1. 既有高能耗建筑节能改造项目	1. 具有独立法人资质，且注册资金不低于100万元的节能减排技术服务公司以合同能源管理的形式，通过以节省能源费用或节能量来支付项目成本的节能减排技术改造项目； 2. 项目应符合国家产业政策，并达到国家有关节能和环境标准； 3. 经建筑能效测评机构检测，既有高能耗建筑节能改造和北方既有居住建筑供热计量及节能改造达到现行节能强制性标准要求，既有建筑太阳能光热、光电建筑一体化技术或浅层地能热泵技术改造后达到现行国家有关标准要求； 4. 经省级节能节水主管部门验收，工业锅炉、工业窑炉技术改造和电机系统节能、能量系统优化技术改造项目年节能量折算后不小于1 000吨标准煤，煤炭工业复合式干法选煤技术改造、钢铁行业干式除尘技术改造和有色金属行业干式除尘净化技术改造项目年节水量不小于200万立方米； 5. 项目应纳税所得额的计算应符合独立交易原则； 6. 国务院财政、税务主管部门规定的其他条件
		2. 既有建筑太阳能光热、光电建筑一体化技术或浅层地能热泵技术改造项目	
		3. 既有居住建筑供热计量及节能改造项目	
		4. 工业锅炉、工业窑炉节能技术改造项目	
		5. 电机系统节能、能量系统优化技术改造项目	
		6. 煤炭工业复合式干法选煤技术改造项目	
		7. 钢铁行业干式除尘技术改造项目	
		8. 有色金属行业干式除尘净化技术改造项目	
		9. 燃煤电厂烟气脱硫技术改造项目	1. 按照国家有关法律法规设立的，具有独立法人资质，且注册资金不低于500万元的专门从事脱硫服务的公司从事的符合规定的脱硫技术改造项目； 2. 改造后，采用干法或半干法脱硫的项目脱硫效率应高于85%，采用湿法或其他方法脱硫的项目脱硫效率应高于98%； 3. 项目改造后经国家有关部门评估，综合效益良好； 4. 设施能够稳定运行，达到环境保护行政主管部门对二氧化硫的排放总量及浓度控制要求； 5. 项目应纳税所得额的计算应符合独立交易原则； 6. 国务院财政、税务主管部门规定的其他条件
5	海水淡化	用作工业、生活用水的海水淡化项目	1. 符合《海水利用专项规划》中规定的发展重点以及区域布局等要求； 2. 规模不小于淡水产量10 000吨/日； 3. 热法海水淡化项目的物能消耗指标为吨水耗电量小于1.8千瓦时/吨、造水比大于8，膜法海水淡化项目的能耗指标为吨水耗电量小于4.0千瓦时/吨； 4. 国务院财政、税务主管部门规定的其他条件
		用作海岛军民饮用水的海水淡化项目	1. 符合《海水利用专项规划》中规定的发展重点以及区域布局等要求； 2. 热法海水淡化项目的物能消耗指标为吨水耗电量小于1.8千瓦时/吨、造水比大于8，膜法海水淡化项目的能耗指标为吨水耗电量小于4.0千瓦时/吨； 3. 国务院财政、税务主管部门规定的其他条件

国家税务总局关于实施国家重点扶持的公共基础设施项目企业所得税优惠问题的通知

2009年4月16日　国税发〔2009〕80号

（注释：条款废止。第七条废止。参见：《国家税务总局关于公布失效废止的税务部门规章和税收规范性文件目录的决定》（国家税务总局令第42号）。

政策调整。取消“企业从事国家重点扶持的公共基础设施项目投资经营的所得享受所得税优惠的备案核准”。参见：(1)《国家税务总局关于贯彻落实〈国务院关于第一批取消62项中央指定地方实施行政审批事项的决定〉的通知》（税总发〔2015〕141号）。(2)《国务院关于第一批取消62项中央指定地方实施行政审批事项的决定》（国发〔2015〕57号）。(3)《国家税务总局关于公布已取消的22项税务非行政许可审批事项的公告》（国家税务总局公告2015年第58号）。）

各省、自治区、直辖市和计划单列市国家税务局、地方税务局：

为贯彻落实《中华人民共和国企业所得税法》及其实施条例关于国家重点扶持的公共基础设施项目企业所得税优惠政策，促进国家重点扶持的公共基础设施项目建设，现将实施该项优惠政策的有关问题通知如下：

一、对居民企业（以下简称企业）经有关部门批准，从事符合《公共基础设施项目企业所得税优惠目录》（以下简称《目录》）规定范围、条件和标准的公共基础设施项目的投资经营所得，自该项目取得第一笔生产经营收入所属纳税年度起，第一年至第三年免征企业所得税，第四年至第六年减半征收企业所得税。

企业从事承包经营、承包建设和内部自建自用《目录》规定项目的所得，不得享受前款规定的企业所得税优惠。

二、本通知所称第一笔生产经营收入，是指公共基础设施项目建成并投入运营（包括试运营）后所取得的第一笔主营业务收入。

三、本通知所称承包经营，是指与从事该项目经营的法人主体相独立的另一法人经营主体，通过承包该项目的经营管理而取得劳务性收益的经营活动。

四、本通知所称承包建设，是指与从事该项目经营的法人主体相独立的另一法人经营主体，通过承包该项目的工程建设而取得建筑劳务收益的经营活动。

五、本通知所称内部自建自用，是指项目的建设仅作为本企业主体经营业务的设施，满足本企业自身的生产经营活动需要，而不属于向他人提供公共服务业务的公共基础设施建设项目。

六、企业同时从事不在《目录》范围的生产经营项目取得的所得，应与享受优惠的公共基础设施项目经营所得分开核算，并合理分摊企业的期间共同费用；没有单独核算的，不得享受上述企业所得税优惠。

期间共同费用的合理分摊比例可以按照投资额、销售收入、资产额、人员工资等参数确定。上述比例一经确定，不得随意变更。凡特殊情况需要改变的，需报主管税务机关核准。

七、从事《目录》范围项目投资的居民企业应于从该项目取得的第一笔生产经营收入后15 日内向主管税务机关备案并报送如下材料后，方可享受有关企业所得税优惠：

（一）有关部门批准该项目文件复印件；

（二）该项目完工验收报告复印件；

（三）该项目投资额验资报告复印件；

（四）税务机关要求提供的其他资料。

八、企业因生产经营发生变化或因《目录》调整，不再符合本办法规定减免税条件的，企业应当自发生变化15 日内向主管税务机关提交书面报告并停止享受优惠，依法缴纳企业所得税。

九、企业在减免税期限内转让所享受减免税优惠的项目，受让方承续经营该项目的，可自受让之日起，在剩余优惠期限内享受规定的减免税优惠；减免税期限届满后转让的，受让方不得就该项目重复享受减免税优惠。

十、税务机关应结合纳税检查、执法检查或其他专项检查，每年定期对企业享受公共基础设施项目企业所得税减免税款事项进行核查，核查的主要内容包括：

（一）企业是否继续符合减免所得税的资格条件，所提供的有关情况证明材料是否真实。

（二）企业享受减免企业所得税的条件发生变化时，是否及时将变化情况报送税务机关，并根据本办法规定对适用优惠进行了调整。

十一、企业实际经营情况不符合企业所得税减免税规定条件的或采取虚假申报等手段获取减免税的、享受减免税条件发生变化未及时向税务机关报告的，以及未按本办法规定程序报送备案资料而自行减免税的，企业主管税务机关应按照税收征管法有关规定进行处理。

十二、本通知自2008 年1 月1 日起执行。

国家税务总局关于企业固定资产加速折旧所得税处理有关问题的通知

2009 年4 月16 日　国税发〔2009〕81 号

（注释：条款废止。第五条废止。参见：《国家税务总局关于公布全文失效废止和部分条款废止的税收规范性文件目录的公告》（国家税务总局公告2016 年第34 号）。

政策调整。取消“企业享受符合条件的固定资产加速折旧或缩短折旧年限所得税优惠的核准”。参见：（1）《国家税务总局关于贯彻落实〈国务院关于第一批取消62 项中央指定地方实施行政审批事项的决定〉的通知》（税总发〔2015〕141 号）。（2）《国务院关于第一批取消62 项中央指定地方实施行政审批事项的决定》（国发〔2015〕57 号）。（3）《国家税务总局关于贯彻落实〈国务院关于取消非行政许可审批事项的决定〉的通知》（税总发

〔2015〕74 号）。（4）《国务院关于取消非行政许可审批事项的决定》（国发〔2015〕27 号）。）

各省、自治区、直辖市和计划单列市国家税务局、地方税务局：

根据《中华人民共和国企业所得税法》（以下简称《企业所得税法》）及《中华人民共和国企业所得税法实施条例》（以下简称《实施条例》）的有关规定，现就企业固定资产实行加速折旧的所得税处理问题通知如下：

一、根据《企业所得税法》第三十二条及《实施条例》第九十八条的相关规定，企业拥有并用于生产经营的主要或关键的固定资产，由于以下原因确需加速折旧的，可以缩短折旧年限或者采取加速折旧的方法：

（一）由于技术进步，产品更新换代较快的；

（二）常年处于强震动、高腐蚀状态的。

二、企业拥有并使用的固定资产符合本通知第一条规定的，可按以下情况分别处理：

（一）企业过去没有使用过与该项固定资产功能相同或类似的固定资产，但有充分的证据证明该固定资产的预计使用年限短于《实施条例》规定的计算折旧最低年限的，企业可根据该固定资产的预计使用年限和本通知的规定，对该固定资产采取缩短折旧年限或者加速折旧的方法。

（二）企业在原有的固定资产未达到《实施条例》规定的最低折旧年限前，使用功能相同或类似的新固定资产替代旧固定资产的，企业可根据旧固定资产的实际使用年限和本通知的规定，对新替代的固定资产采取缩短折旧年限或者加速折旧的方法。

三、企业采取缩短折旧年限方法的，对其购置的新固定资产，最低折旧年限不得低于《实施条例》第六十条规定的折旧年限的60%；若为购置已使用过的固定资产，其最低折旧年限不得低于《实施条例》规定的最低折旧年限减去已使用年限后剩余年限的60%。最低折旧年限一经确定，一般不得变更。

四、企业拥有并使用符合本通知第一条规定条件的固定资产采取加速折旧方法的，可以采用双倍余额递减法或者年数总和法。加速折旧方法一经确定，一般不得变更。

（一）双倍余额递减法，是指在不考虑固定资产预计净残值的情况下，根据每期期初固定资产原值减去累计折旧后的金额和双倍的直线法折旧率计算固定资产折旧的一种方法。应用这种方法计算折旧额时，由于每年年初固定资产净值没有减去预计净残值，所以在计算固定资产折旧额时，应在其折旧年限到期前的两年期间，将固定资产净值减去预计净残值后的余额平均摊销。计算公式如下：

年折旧率＝2÷预计使用寿命（年）×100%

月折旧率＝年折旧率÷12

月折旧额＝月初固定资产账面净值×月折旧率

（二）年数总和法，又称年限合计法，是指将固定资产的原值减去预计净残值后的余额，乘以一个以固定资产尚可使用寿命为分子、以预计使用寿命逐年数字之和为分母的逐年递减的分数计算每年的折旧额。计算公式如下：

年折旧率＝尚可使用年限÷预计使用寿命的年数总和×100%

月折旧率＝年折旧率÷12

月折旧额＝（固定资产原值－预计净残值）×月折旧率

五、企业确需对固定资产采取缩短折旧年限或者加速折旧方法的，应在取得该固定资产后一个月内，向其企业所得税主管税务机关（以下简称主管税务机关）备案，并报送以下资料：

（一）固定资产的功能、预计使用年限短于《实施条例》规定计算折旧的最低年限的理由、证明资料及有关情况的说明；

（二）被替代的旧固定资产的功能、使用及处置等情况的说明；

（三）固定资产加速折旧拟采用的方法和折旧额的说明；

（四）主管税务机关要求报送的其他资料。

企业主管税务机关应在企业所得税年度纳税评估时，对企业采取加速折旧的固定资产的使用环境及状况进行实地核查。对不符合加速折旧规定条件的，主管税务机关有权要求企业停止该项固定资产加速折旧。

六、对于采取缩短折旧年限的固定资产，足额计提折旧后继续使用而未进行处置（包括报废等情形）超过12个月的，今后对其更新替代、改造改建后形成的功能相同或者类似的固定资产，不得再采取缩短折旧年限的方法。

七、对于企业采取缩短折旧年限或者采取加速折旧方法的，主管税务机关应设立相应的税收管理台账，并加强监督，实施跟踪管理。对发现不符合《实施条例》第九十八条及本通知规定的，主管税务机关要及时责令企业进行纳税调整。

八、适用总、分机构汇总纳税的企业，对其所属分支机构使用的符合《实施条例》第九十八条及本通知规定情形的固定资产采取缩短折旧年限或者采取加速折旧方法的，由其总机构向其所在地主管税务机关备案。分支机构所在地主管税务机关应负责配合总机构所在地主管税务机关实施跟踪管理。

九、本通知自2008年1月1日起执行。

国家税务总局关于实施高新技术企业所得税优惠有关问题的通知

2009年4月22日　国税函〔2009〕203号

各省、自治区、直辖市和计划单列市国家税务局、地方税务局：

为贯彻落实高新技术企业所得税优惠及其过渡性优惠政策，根据《中华人民共和国企业所得税法》（以下简称企业所得税法）及《中华人民共和国企业所得税法实施条例》（以下简称实施条例）以及相关税收规定，现对有关问题通知如下：

一、当年可减按15%的税率征收企业所得税或按照《国务院关于经济特区和上海浦东新区新设立高新技术企业实行过渡性税收优惠的通知》（国发〔2007〕40号）享受过渡性税收优惠的高新技术企业，在实际实施有关税收优惠的当年，减免税条件发生变化的，应按《科学技术部、财政部、国家税务总局关于印发〈高新技术企业认定管理办法〉的通知》

（国科发火〔2008〕172号）第九条第二款的规定处理。

二、原依法享受企业所得税定期减免税优惠尚未期满同时符合本通知第一条规定条件的高新技术企业，根据《高新技术企业认定管理办法》以及《科学技术部、财政部、国家税务总局关于印发〈高新技术企业认定管理工作指引〉的通知》（国科发火〔2008〕362号）的相关规定，在按照新标准取得认定机构颁发的高新技术企业资格证书之后，可以在2008年1月1日后，享受对尚未到期的定期减免税优惠执行到期满的过渡政策。

三、2006年1月1日至2007年3月16日期间成立，截止到2007年底仍未获利（弥补完以前年度亏损后应纳税所得额为零）的高新技术企业，根据《高新技术企业认定管理办法》以及《高新技术企业认定管理工作指引》的相关规定，按照新标准取得认定机构颁发的高新技术企业证书后，可依据企业所得税法第五十七条的规定，免税期限自2008年1月1日起计算。

四、认定（复审）合格的高新技术企业，自认定（复审）批准的有效期当年开始，可申请享受企业所得税优惠。企业取得省、自治区、直辖市、计划单列市高新技术企业认定管理机构颁发的高新技术企业证书后，可持"高新技术企业证书"及其复印件和有关资料，向主管税务机关申请办理减免税手续。手续办理完毕后，高新技术企业可按15%的税率进行所得税预缴申报或享受过渡性税收优惠。

五、纳税年度终了后至报送年度纳税申报表以前，已办理减免税手续的企业应向主管税务机关备案以下资料：

（一）产品（服务）属于《国家重点支持的高新技术领域》规定的范围的说明；

（二）企业年度研究开发费用结构明细表（见附件）；

（三）企业当年高新技术产品（服务）收入占企业总收入的比例说明；

（四）企业具有大学专科以上学历的科技人员占企业当年职工总数的比例说明、研发人员占企业当年职工总数的比例说明。

以上资料的计算、填报口径参照《高新技术企业认定管理工作指引》的有关规定执行。

六、未取得高新技术企业资格、或虽取得高新技术企业资格但不符合企业所得税法及实施条例以及本通知有关规定条件的企业，不得享受高新技术企业的优惠；已享受优惠的，应追缴其已减免的企业所得税税款。

七、本通知自2008年1月1日起执行。

附件：企业年度研究开发费用结构明细表

附件：

企业年度研究开发费用结构明细表

年度　　　　　　　　　　　　　　　　　　　　　　　　　　　　单位：万元

研发项目编号 / 累计发生额 / 科目	RD01	RD02	RD03	…	RD…	合计
内部研究开发投入额						
其中：人员人工						

续表

研发项目编号 / 累计发生额 / 科目	RD01	RD02	RD03	…	RD…	合计
直接投入						
折旧费用与长期费用摊销						
设计费						
设备调试费						
无形资产摊销						
其他费用						
委托外部研究开发投入额						
其中：境内的外部研发投入额						
研究开发投入额（内、外部）小计						

企业负责人签字（公章）：　　　　　　中介机构签字（公章）：

日期：　　　　　　日期：

国家税务总局关于技术转让所得减免企业所得税有关问题的通知

2009年4月24日　国税函〔2009〕212号

（注释：条款废止。第四条废止。参见：《国家税务总局关于公布失效废止的税务部门规章和税收规范性文件目录的决定》（国家税务总局令第42号）。

政策调整。取消“企业取得的符合条件的技术转让所得享受所得税优惠核准”。参见：(1)《国家税务总局关于贯彻落实〈国务院关于第一批取消62项中央指定地方实施行政审批事项的决定〉的通知》（税总发〔2015〕141号）。(2)《国务院关于第一批取消62项中央指定地方实施行政审批事项的决定》（国发〔2015〕57号）。(3)《国家税务总局关于公布已取消的22项税务非行政许可审批事项的公告》（国家税务总局公告2015年第58号）。）

各省、自治区、直辖市和计划单列市国家税务局、地方税务局：

根据《中华人民共和国企业所得税法》（以下简称企业所得税法）及其实施条例和相关规定，现就符合条件的技术转让所得减免企业所得税有关问题通知如下：

一、根据企业所得税法第二十七条第（四）项规定，享受减免企业所得税优惠的技术转让应符合以下条件：

（一）享受优惠的技术转让主体是企业所得税法规定的居民企业；

（二）技术转让属于财政部、国家税务总局规定的范围；

（三）境内技术转让经省级以上科技部门认定；

（四）向境外转让技术经省级以上商务部门认定；

（五）国务院税务主管部门规定的其他条件。

二、符合条件的技术转让所得应按以下方法计算：

技术转让所得 = 技术转让收入 - 技术转让成本 - 相关税费

技术转让收入是指当事人履行技术转让合同后获得的价款，不包括销售或转让设备、仪器、零部件、原材料等非技术性收入。不属于与技术转让项目密不可分的技术咨询、技术服务、技术培训等收入，不得计入技术转让收入。

技术转让成本是指转让的无形资产的净值，即该无形资产的计税基础减除在资产使用期间按照规定计算的摊销扣除额后的余额。

相关税费是指技术转让过程中实际发生的有关税费，包括除企业所得税和允许抵扣的增值税以外的各项税金及其附加、合同签订费用、律师费等相关费用及其他支出。

三、享受技术转让所得减免企业所得税优惠的企业，应单独计算技术转让所得，并合理分摊企业的期间费用；没有单独计算的，不得享受技术转让所得企业所得税优惠。

四、企业发生技术转让，应在纳税年度终了后至报送年度纳税申报表以前，向主管税务机关办理减免税备案手续。

（一）企业发生境内技术转让，向主管税务机关备案时应报送以下资料：

1. 技术转让合同（副本）；

2. 省级以上科技部门出具的技术合同登记证明；

3. 技术转让所得归集、分摊、计算的相关资料；

4. 实际缴纳相关税费的证明资料；

5. 主管税务机关要求提供的其他资料。

（二）企业向境外转让技术，向主管税务机关备案时应报送以下资料：

1. 技术出口合同（副本）；

2. 省级以上商务部门出具的技术出口合同登记证书或技术出口许可证；

3. 技术出口合同数据表；

4. 技术转让所得归集、分摊、计算的相关资料；

5. 实际缴纳相关税费的证明资料；

6. 主管税务机关要求提供的其他资料。

五、本通知自 2008 年 1 月 1 日起执行。

国家税务总局关于西部大开发企业所得税优惠政策适用目录问题的批复

2009 年 7 月 27 日　国税函〔2009〕399 号

甘肃省国家税务局：

你局《关于外商投资产业指导目录有关税收问题的请示》（甘国税发〔2009〕97 号）

收悉。根据《国务院关于实施企业所得税过渡优惠政策的通知》（国发〔2007〕39号）文件规定，《财政部、国家税务总局、海关总署关于西部大开发税收优惠政策问题的通知》（财税〔2001〕202号）规定的西部大开发企业所得税优惠政策继续执行到期。经研究，现将《中华人民共和国企业所得税法》实施后，西部大开发企业所得税优惠政策适用目录问题批复如下：

一、享受西部大开发企业所得税优惠政策的国家鼓励类产业内资企业适用目录及衔接问题，继续按照《财政部、国家税务总局关于西部大开发税收优惠政策适用目录变更问题的通知》（财税〔2006〕165号）的规定执行。

二、享受西部大开发企业所得税优惠政策的国家鼓励类产业外商投资企业适用目录及衔接问题，按以下原则执行：

（一）自2008年1月1日起，财税〔2001〕202号文件中《外商投资产业指导目录》按国家发展和改革委员会公布的《外商投资产业指导目录（2007年修订）》执行。自2009年1月1日起，财税〔2001〕202号文件中《中西部地区外商投资优势产业目录》（第18号令）按国家发展和改革委员会与商务部发布的《中西部地区优势产业目录（2008年修订）》执行。

（二）在相关目录变更前，已按财税〔2001〕202号文件规定的目录标准审核享受企业所得税优惠政策的外商投资企业，除属于《外商投资产业指导目录（2007年修订）》中限制外商投资产业目录、禁止外商投资产业目录外，可继续执行到期满为止；对属于《外商投资产业指导目录（2007年修订）》中限制外商投资产业目录、禁止外商投资产业目录的企业，应自执行新目录的年度起，停止执行西部大开发企业所得税优惠政策。

对符合新目录鼓励类标准但不符合原目录标准的企业，应自执行新目录的年度起，就其按照西部大开发有关企业所得税优惠政策规定计算的税收优惠期的剩余优惠年限享受优惠。

国家税务总局关于执行西部大开发税收优惠政策有关问题的批复

2009年7月31日　国税函〔2009〕411号

广西壮族自治区国家税务局：

你局《关于执行西部大开发税收优惠政策有关问题的请示》（桂国税发〔2009〕140号）收悉。经研究，批复如下：

《财政部、国家税务总局、海关总署关于西部大开发税收优惠政策问题的通知》（财税〔2001〕202号）第二条第三款规定“新办交通企业是指投资新办从事公路、铁路、航空、港口、码头运营和管道运输的企业”中的交通企业，是指投资于上述设施建设项目并运营该项目取得经营收入的企业。

国家税务总局关于资源综合利用有关企业所得税优惠问题的批复

2009年10月10日　国税函〔2009〕567号

江西省地方税务局：

你局《关于资源综合利用企业享受企业所得税税收优惠政策问题的请示》（赣地税发〔2009〕131号）收悉。经研究，批复如下：

江西泰和玉华水泥有限公司旋窑余热利用电厂利用该公司旋窑水泥生产过程中产生的余热发电，其生产活动虽符合《资源综合利用企业所得税优惠目录（2008年版）》的规定范围，但由于旋窑余热利用电厂属于江西泰和玉华水泥有限公司的内设非法人分支机构，不构成企业所得税纳税人，且其余热发电产品直接供给所属公司使用，不计入企业收入，因此，旋窑余热利用电厂利用该公司旋窑水泥生产过程中产生的余热发电业务不能享受资源综合利用减计收入的企业所得税优惠政策。

财政部　国家税务总局关于促进节能服务产业发展增值税、营业税和企业所得税政策问题的通知

2010年12月30日　财税〔2010〕110号

（注释：政策调整。取消“节能服务公司实施合同能源管理项目享受所得税优惠的备案核准”。参见：(1)《国家税务总局关于贯彻落实〈国务院关于第一批取消62项中央指定地方实施行政审批事项的决定〉的通知》（税总发〔2015〕141号）。(2)《国务院关于第一批取消62项中央指定地方实施行政审批事项的决定》（国发〔2015〕57号）。(3)《国家税务总局关于公布已取消的22项税务非行政许可审批事项的公告》（国家税务总局公告2015年第58号）。）

各省、自治区、直辖市、计划单列市财政厅（局）、国家税务局、地方税务局，新疆生产建设兵团财务局：

为鼓励企业运用合同能源管理机制，加大节能减排技术改造工作力度，根据税收法律、法规有关规定和《国务院办公厅转发发展改革委等部门关于加快推进合同能源管理促进节能服务产业发展意见的通知》（国办发〔2010〕25号）精神，现将节能服务公司实施合同能源管理项目涉及的增值税、营业税和企业所得税政策问题通知如下：

一、关于增值税、营业税政策问题

（一）对符合条件的节能服务公司实施合同能源管理项目，取得的营业税应税收入，暂免征收营业税。

（二）节能服务公司实施符合条件的合同能源管理项目，将项目中的增值税应税货物转让给用能企业，暂免征收增值税。

（三）本条所称“符合条件”是指同时满足以下条件：

1. 节能服务公司实施合同能源管理项目相关技术应符合国家质量监督检验检疫总局和国家标准化管理委员会发布的《合同能源管理技术通则》（GB/T24915—2010）规定的技术要求；

2. 节能服务公司与用能企业签订《节能效益分享型》合同，其合同格式和内容，符合《合同法》和国家质量监督检验检疫总局和国家标准化管理委员会发布的《合同能源管理技术通则》（GB/T24915—2010）等规定。

二、关于企业所得税政策问题

（一）对符合条件的节能服务公司实施合同能源管理项目，符合企业所得税税法有关规定的，自项目取得第一笔生产经营收入所属纳税年度起，第一年至第三年免征企业所得税，第四年至第六年按照25%的法定税率减半征收企业所得税。

（二）对符合条件的节能服务公司，以及与其签订节能效益分享型合同的用能企业，实施合同能源管理项目有关资产的企业所得税税务处理按以下规定执行：

1. 用能企业按照能源管理合同实际支付给节能服务公司的合理支出，均可以在计算当期应纳税所得额时扣除，不再区分服务费用和资产价款进行税务处理；

2. 能源管理合同期满后，节能服务公司转让给用能企业的因实施合同能源管理项目形成的资产，按折旧或摊销期满的资产进行税务处理，用能企业从节能服务公司接受有关资产的计税基础也应按折旧或摊销期满的资产进行税务处理；

3. 能源管理合同期满后，节能服务公司与用能企业办理有关资产的权属转移时，用能企业已支付的资产价款，不再另行计入节能服务公司的收入。

（三）本条所称“符合条件”是指同时满足以下条件：

1. 具有独立法人资格，注册资金不低于100万元，且能够单独提供用能状况诊断、节能项目设计、融资、改造（包括施工、设备安装、调试、验收等）、运行管理、人员培训等服务的专业化节能服务公司；

2. 节能服务公司实施合同能源管理项目相关技术应符合国家质量监督检验检疫总局和国家标准化管理委员会发布的《合同能源管理技术通则》（GB/T24915—2010）规定的技术要求；

3. 节能服务公司与用能企业签订《节能效益分享型》合同，其合同格式和内容，符合《合同法》和国家质量监督检验检疫总局和国家标准化管理委员会发布的《合同能源管理技术通则》（GB/T24915—2010）等规定；

4. 节能服务公司实施合同能源管理的项目符合《财政部　国家税务总局　国家发展改革委关于公布环境保护节能节水项目企业所得税优惠目录（试行）的通知》（财税〔2009〕166号）“4. 节能减排技术改造”类中第一项至第八项规定的项目和条件；

5. 节能服务公司投资额不低于实施合同能源管理项目投资总额的70%；

6. 节能服务公司拥有匹配的专职技术人员和合同能源管理人才，具有保障项目顺利实施和稳定运行的能力。

（四）节能服务公司与用能企业之间的业务往来，应当按照独立企业之间的业务往来收取或者支付价款、费用。不按照独立企业之间的业务往来收取或者支付价款、费用，而减少其应纳税所得额的，税务机关有权进行合理调整。

（五）用能企业对从节能服务公司取得的与实施合同能源管理项目有关的资产，应与企业其他资产分开核算，并建立辅助账或明细账。

（六）节能服务公司同时从事适用不同税收政策待遇项目的，其享受税收优惠项目应当单独计算收入、扣除，并合理分摊企业的期间费用；没有单独计算的，不得享受税收优惠政策。

三、本通知自2011年1月1日起执行。

财政部　国家税务总局关于居民企业技术转让有关企业所得税政策问题的通知

2010年12月31日　财税〔2010〕111号

各省、自治区、直辖市、计划单列市财政厅（局）、国家税务局、地方税务局，新疆生产建设兵团财务局：

根据《中华人民共和国企业所得税法》（以下简称企业所得税法）及《中华人民共和国企业所得税法实施条例》（国务院令第512号，以下简称实施条例）的有关规定，现就符合条件的技术转让所得减免企业所得税有关问题通知如下：

一、技术转让的范围，包括居民企业转让专利技术、计算机软件著作权、集成电路布图设计权、植物新品种、生物医药新品种，以及财政部和国家税务总局确定的其他技术。

其中：专利技术，是指法律授予独占权的发明、实用新型和非简单改变产品图案的外观设计。

二、本通知所称技术转让，是指居民企业转让其拥有符合本通知第一条规定技术的所有权或5年以上（含5年）全球独占许可使用权的行为。

三、技术转让应签订技术转让合同。其中，境内的技术转让须经省级以上（含省级）科技部门认定登记，跨境的技术转让须经省级以上（含省级）商务部门认定登记，涉及财政经费支持产生技术的转让，需省级以上（含省级）科技部门审批。

居民企业技术出口应由有关部门按照商务部、科技部发布的《中国禁止出口限制出口技术目录》（商务部、科技部令2008年第12号）进行审查。居民企业取得禁止出口和限制出口技术转让所得，不享受技术转让减免企业所得税优惠政策。

四、居民企业从直接或间接持有股权之和达到100%的关联方取得的技术转让所得，不享受技术转让减免企业所得税优惠政策。

五、本通知自2008年1月1日起执行。

国家税务总局关于“公司+农户”经营模式企业所得税优惠问题的公告

2010年7月9日 国家税务总局公告2010年第2号

现就有关“公司+农户”模式企业所得税优惠问题公告如下：

目前，一些企业采取“公司+农户”经营模式从事牲畜、家禽的饲养，即公司与农户签订委托养殖合同，向农户提供畜禽苗、饲料、兽药及疫苗等（所有权〈产权〉仍属于公司），农户将畜禽养大成为成品后交付公司回收。鉴于采取“公司+农户”经营模式的企业，虽不直接从事畜禽的养殖，但系委托农户饲养，并承担诸如市场、管理、采购、销售等经营职责及绝大部分经营管理风险，公司和农户是劳务外包关系。为此，对此类以“公司+农户”经营模式从事农、林、牧、渔业项目生产的企业，可以按照《中华人民共和国企业所得税法实施条例》第十六条的有关规定，享受减免企业所得税优惠政策。

本公告自2010年1月1日起施行。

国家税务总局关于进一步明确企业所得税过渡期优惠政策执行口径问题的通知

2010年4月21日 国税函〔2010〕157号

各省、自治区、直辖市和计划单列市国家税务局、地方税务局：

根据《财政部、国家税务总局关于执行企业所得税优惠政策若干问题的通知》（财税〔2009〕69号）的有关规定，现就执行企业所得税过渡期优惠政策问题进一步明确如下：

一、关于居民企业选择适用税率及减半征税的具体界定问题

（一）居民企业被认定为高新技术企业，同时又处于《国务院关于实施企业所得税过渡优惠政策的通知》（国发〔2007〕39号）第一条第三款规定享受企业所得税“两免三减半”“五免五减半”等定期减免税优惠过渡期的，该居民企业的所得税适用税率可以选择依照过渡期适用税率并适用减半征税至期满，或者选择适用高新技术企业的15%税率，但不能享受15%税率的减半征税。

（二）居民企业被认定为高新技术企业，同时又符合软件生产企业和集成电路生产企业定期减半征收企业所得税优惠条件的，该居民企业的所得税适用税率可以选择适用高新技术企业的15%税率，也可以选择依照25%的法定税率减半征税，但不能享受15%税率的减半征税。

（三）居民企业取得《中华人民共和国企业所得税法实施条例》第八十六条、第八十七

条、第八十八条和第九十条规定可减半征收企业所得税的所得，是指居民企业应就该部分所得单独核算并依照 25% 的法定税率减半缴纳企业所得税。

（四）高新技术企业减低税率优惠属于变更适用条件的延续政策而未列入过渡政策，因此，凡居民企业经税务机关核准 2007 年度及以前享受高新技术企业或新技术企业所得税优惠，2008 年及以后年度未被认定为高新技术企业的，自 2008 年起不得适用高新技术企业的 15% 税率，也不适用《国务院实施企业所得税过渡优惠政策的通知》（国发〔2007〕39 号）第一条第二款规定的过渡税率，而应自 2008 年度起适用 25% 的法定税率。

二、关于居民企业总分机构的过渡期税率执行问题

居民企业经税务机关核准 2007 年度以前依照《国家税务总局关于外商投资企业分支机构适用所得税税率问题的通知》（国税发〔1997〕49 号）规定，其处于不同税率地区的分支机构可以单独享受所得税减低税率优惠的，仍可继续单独适用减低税率优惠过渡政策；优惠过渡期结束后，统一依照《国家税务总局关于印发〈跨地区经营汇总纳税企业所得税征收管理暂行办法〉的通知》（国税发〔2008〕28 号）第十六条的规定执行。

国家税务总局关于环境保护、节能节水、安全生产等专用设备投资抵免企业所得税有关问题的通知

2010 年 6 月 2 日　国税函〔2010〕256 号

各省、自治区、直辖市和计划单列市国家税务局、地方税务局：

现就环境保护、节能节水、安全生产等专用设备投资抵免企业所得税的有关问题通知如下：

根据《财政部、国家税务总局关于全国实施增值税转型改革若干问题的通知》（财税〔2008〕170 号）规定，自 2009 年 1 月 1 日起，增值税一般纳税人购进固定资产发生的进项税额可从其销项税额中抵扣，因此，自 2009 年 1 月 1 日起，纳税人购进并实际使用《环境保护专用设备企业所得税优惠目录》《节能节水专用设备企业所得税优惠目录》《安全生产专用设备企业所得税优惠目录》范围内的专用设备并取得增值税专用发票的，在按照《财政部、国家税务总局关于执行环境保护专用设备企业所得税优惠目录、节能节水专用设备企业所得税优惠目录和安全生产专用设备企业所得税优惠目录有关问题的通知》（财税〔2008〕48 号）第二条规定进行税额抵免时，如增值税进项税额允许抵扣，其专用设备投资额不再包括增值税进项税额；如增值税进项税额不允许抵扣，其专用设备投资额应为增值税专用发票上注明的价税合计金额。企业购买专用设备取得普通发票的，其专用设备投资额为普通发票上注明的金额。

国家税务总局关于境外分行取得来源于境内利息所得扣缴企业所得税问题的通知

2010 年 6 月 2 日　国税函〔2010〕266 号

各省、自治区、直辖市和计划单列市国家税务局、地方税务局：

关于对境外分行取得来源于境内利息所得扣缴企业所得税有关问题，现通知如下：

一、税收协定列名的免税外国金融机构设在第三国的非法人分支机构与其总机构属于同一法人，除税收协定中明确规定只有列名金融机构的总机构可以享受免税待遇情况外，该分支机构取得的利息可以享受中国与其总机构所在国签订的税收协定中规定的免税待遇。在执行上述规定时，应严格按《国家税务总局关于印发〈非居民享受税收协定待遇管理办法（试行）〉的通知》（国税发〔2009〕124 号）有关规定办理审批手续。

二、属于中国居民企业的银行在境外设立的非法人分支机构同样是中国的居民，该分支机构取得的来源于中国的利息，不论是由中国居民还是外国居民设在中国的常设机构支付，均不适用我国与该分支机构所在国签订的税收协定，应适用我国国内法的相关规定，即按照《国家税务总局关于加强非居民企业来源于我国利息所得扣缴企业所得税工作的通知》（国税函〔2008〕955 号）文件办理。

国家发展改革委　科学技术部　财政部　海关总署　国家税务总局公告

2010 年 11 月 11 日　国家发展改革委　科学技术部　财政部　海关总署
国家税务总局公告 2010 年第 30 号

根据《国家认定企业技术中心管理办法》，经审定，现将第十七批享受优惠政策的企业（集团）技术中心名单公告如下：

确认中国华电工程（集团）总公司等 93 家企业技术中心和南通中远船务工程有限公司等 4 家分技术中心为第十七批享受优惠政策的企业（集团）技术中心。请享受优惠政策的企业（集团）技术中心按照《海关总署 2007 年第 13 号公告》的规定，向单位所在地直属海关申请办理减免税备案、审批等有关手续。

特此公告。

附件：1. 第十七批国家认定企业（集团）技术中心及分中心名单（略）

2. 国家认定企业技术中心名单（略）

财政部 国家税务总局关于享受企业所得税优惠的农产品初加工有关范围的补充通知

2011 年 5 月 11 日 财税〔2011〕26 号

（注释：政策调整。取消“企业从事农林牧渔业项目所得享受所得税优惠的备案核准”。参见：(1)《国家税务总局关于贯彻落实〈国务院关于第一批取消 62 项中央指定地方实施行政审批事项的决定〉的通知》（税总发〔2015〕141 号）。(2)《国务院关于第一批取消 62 项中央指定地方实施行政审批事项的决定》（国发〔2015〕57 号）。(3)《国家税务总局关于贯彻落实〈国务院关于取消非行政许可审批事项的决定〉的通知》（税总发〔2015〕74 号）。(4)《国务院关于取消非行政许可审批事项的决定》（国发〔2015〕27 号）。）

各省、自治区、直辖市、计划单列市财政厅（局）、国家税务局、地方税务局，新疆生产建设兵团财务局：

为进一步规范农产品初加工企业所得税优惠政策，现就《财政部、国家税务总局关于发布享受企业所得税优惠政策的农产品初加工范围（试行）的通知》（财税〔2008〕149 号，以下简称《范围》）涉及的有关事项细化如下（以下序数对应《范围》中的序数）：

一、种植业类

（一）粮食初加工。

1. 小麦初加工。

《范围》规定的小麦初加工产品还包括麸皮、麦糠、麦仁。

2. 稻米初加工。

《范围》规定的稻米初加工产品还包括稻糠（砻糠、米糠和统糠）。

4. 薯类初加工。

《范围》规定的薯类初加工产品还包括变性淀粉以外的薯类淀粉。

薯类淀粉生产企业需达到国家环保标准，且年产量在一万吨以上。

6. 其他类粮食初加工。

《范围》规定的杂粮还包括大麦、糯米、青稞、芝麻、核桃；相应的初加工产品还包括大麦芽、糯米粉、青稞粉、芝麻粉、核桃粉。

（三）园艺植物初加工。

2. 水果初加工。

《范围》规定的新鲜水果包括番茄。

（四）油料植物初加工。

《范围》规定的粮食副产品还包括玉米胚芽、小麦胚芽。

（五）糖料植物初加工。

《范围》规定的甜菊又名甜叶菊。

（八）纤维植物初加工。

2. 麻类初加工。

《范围》规定的麻类作物还包括芦苇。

3. 蚕茧初加工。

《范围》规定的蚕包括蚕茧，生丝包括厂丝。

二、畜牧业类

（一）畜禽类初加工。

1. 肉类初加工。

《范围》规定的肉类初加工产品还包括火腿等风干肉、猪牛羊杂骨。

三、本通知自2010年1月1日起执行。

财政部　国家税务总局关于高新技术企业境外所得适用税率及税收抵免问题的通知

2011年5月31日　财税〔2011〕47号

各省、自治区、直辖市、计划单列市财政厅（局）、国家税务局、地方税务局，新疆生产建设兵团财务局：

根据《中华人民共和国企业所得税法》及其实施条例，以及《财政部、国家税务总局关于企业境外所得税收抵免有关问题的通知》（财税〔2009〕125号）的有关规定，现就高新技术企业境外所得适用税率及税收抵免有关问题补充明确如下：

一、以境内、境外全部生产经营活动有关的研究开发费用总额、总收入、销售收入总额、高新技术产品（服务）收入等指标申请并经认定的高新技术企业，其来源于境外的所得可以享受高新技术企业所得税优惠政策，即对其来源于境外所得可以按照15%的优惠税率缴纳企业所得税，在计算境外抵免限额时，可按照15%的优惠税率计算境内外应纳税总额。

二、上述高新技术企业境外所得税收抵免的其他事项，仍按照财税〔2009〕125号文件的有关规定执行。

三、本通知所称高新技术企业，是指依照《中华人民共和国企业所得税法》及其实施条例规定，经认定机构按照《高新技术企业认定管理办法》（国科发火〔2008〕172号）和《高新技术企业认定管理工作指引》（国科发火〔2008〕362号）认定取得高新技术企业证书并正在享受企业所得税15%税率优惠的企业。

四、本通知自2010年1月1日起执行。

财政部　国家税务总局关于新疆困难地区新办企业所得税优惠政策的通知

2011年6月17日　财税〔2011〕53号

（注释：政策调整。取消“企业享受新疆喀什、霍尔果斯两个特殊经济开发区、新疆困难地区新办企业所得税优惠的核准”。参见：(1)《国家税务总局贯彻落实〈国务院关于第二批取消152项中央指定地方实施行政审批事项的决定〉的通知》（税总发〔2016〕23号）。(2)《国务院关于第二批取消152项中央指定地方实施行政审批事项的决定》（国发〔2016〕9号）。(3)《国家税务总局关于公布已取消的22项税务非行政许可审批事项的公告》（国家税务总局公告2015年第58号）。）

新疆维吾尔自治区财政厅、国家税务局、地方税务局，新疆生产建设兵团财务局：

为推进新疆跨越式发展和长治久安，根据中共中央、国务院关于支持新疆经济社会发展的指示精神，现就新疆困难地区有关企业所得税优惠政策通知如下：

一、2010年1月1日至2020年12月31日，对在新疆困难地区新办的属于《新疆困难地区重点鼓励发展产业企业所得税优惠目录》（以下简称《目录》）范围内的企业，自取得第一笔生产经营收入所属纳税年度起，第一年至第二年免征企业所得税，第三年至第五年减半征收企业所得税。

二、新疆困难地区包括南疆三地州、其他国家扶贫开发重点县和边境县市。

三、属于《目录》范围内的企业是指以《目录》中规定的产业项目为主营业务，其主营业务收入占企业收入总额70%以上的企业。

四、第一笔生产经营收入，是指新疆困难地区重点鼓励发展产业项目已建成并投入运营后所取得的第一笔收入。

五、按照本通知规定享受企业所得税定期减免税政策的企业，在减半期内，按照企业所得税25%的法定税率计算的应纳税额减半征税。

六、财政部、国家税务总局会同有关部门研究制订《目录》，经国务院批准后公布实施，并根据新疆经济社会发展需要及企业所得税优惠政策实施情况适时调整。

七、对难以界定是否属于《目录》范围的项目，税务机关应当要求企业提供省级以上（含省级）有关行业主管部门出具的证明文件，并结合其他相关材料进行认定。

财政部 海关总署 国家税务总局
关于深入实施西部大开发战略有关税收政策问题的通知

2011年7月27日 财税〔2011〕58号

（注释：政策调整。取消“西部大开发税收优惠政策审批”。参见：(1)《国家税务总局关于贯彻落实〈国务院关于第一批取消62项中央指定地方实施行政审批事项的决定〉的通知》（税总发〔2015〕141号）。(2)《国务院关于第一批取消62项中央指定地方实施行政审批事项的决定》（国发〔2015〕57号）。(3)《国家税务总局关于公布已取消的22项税务非行政许可审批事项的公告》（国家税务总局公告2015年第58号）。）

各省、自治区、直辖市、计划单列市财政厅（局）、国家税务局、地方税务局，新疆生产建设兵团财务局，海关总署广东分署、各直属海关：

为贯彻落实党中央、国务院关于深入实施西部大开发战略的精神，进一步支持西部大开发，现将有关税收政策问题通知如下：

一、对西部地区内资鼓励类产业、外商投资鼓励类产业及优势产业的项目在投资总额内进口的自用设备，在政策规定范围内免征关税。

二、自2011年1月1日至2020年12月31日，对设在西部地区的鼓励类产业企业减按15%的税率征收企业所得税。

上述鼓励类产业企业是指以《西部地区鼓励类产业目录》中规定的产业项目为主营业务，且其主营业务收入占企业收入总额70%以上的企业。《西部地区鼓励类产业目录》另行发布。

三、对西部地区2010年12月31日前新办的、根据《财政部、国家税务总局、海关总署关于西部大开发税收优惠政策问题的通知》（财税〔2001〕202号）第二条第三款规定可以享受企业所得税“两免三减半”优惠的交通、电力、水利、邮政、广播电视企业，其享受的企业所得税“两免三减半”优惠可以继续享受到期满为止。

四、本通知所称西部地区包括重庆市、四川省、贵州省、云南省、西藏自治区、陕西省、甘肃省、宁夏回族自治区、青海省、新疆维吾尔自治区、新疆生产建设兵团、内蒙古自治区和广西壮族自治区。湖南省湘西土家族苗族自治州、湖北省恩施土家族苗族自治州、吉林省延边朝鲜族自治州，可以比照西部地区的税收政策执行。

五、本通知自2011年1月1日起执行。《财政部、国家税务总局、海关总署关于西部大开发税收优惠政策问题的通知》（财税〔2001〕202号）、《国家税务总局关于落实西部大开发有关税收政策具体实施意见的通知》（国税发〔2002〕47号）、《财政部、国家税务总局关于西部大开发税收优惠政策适用目录变更问题的通知》（财税〔2006〕165号）、《财政部、国家税务总局关于将西部地区旅游景点和景区经营纳入西部大开发税收优惠政策范围的通知》（财税〔2007〕65号）自2011年1月1日起停止执行。

财政部　国家税务总局　国家发展改革委　工业和信息化部关于公布新疆困难地区重点鼓励发展产业企业所得税优惠目录（试行）的通知

2011 年 8 月 26 日　财税〔2011〕60 号

新疆维吾尔自治区财政厅、国家税务局、地方税务局、发展和改革委员会、经济和信息化委员会，新疆生产建设兵团财务局、发展和改革委员会、信息化工作办公室：

《新疆困难地区重点鼓励发展产业企业所得税优惠目录（试行）》（以下简称《目录》）已经国务院批准，现予以公布，并将有关事项通知如下：

一、申请享受新疆困难地区重点鼓励发展产业企业所得税优惠政策的企业，涉及外商投资的，应符合现行外商投资产业政策。

二、新疆困难地区各级财政、税务机关应根据《财政部、国家税务总局关于新疆困难地区新办企业所得税优惠政策的通知》（财税〔2011〕53 号）和《目录》的规定，认真落实相关企业所得税优惠政策，对执行中发现的新情况、新问题要及时向上级财政、税务主管部门反映。

三、本通知自 2010 年 1 月 1 日起施行。

附件：新疆困难地区重点鼓励发展产业企业所得税优惠目录（试行）（见二维码 5）

扫描二维码查看附件

二维码 5

财政部　国家税务总局关于地方政府债券利息所得免征所得税问题的通知

2011 年 8 月 26 日　财税〔2011〕76 号

各省、自治区、直辖市、计划单列市财政厅（局）、国家税务局、地方税务局，新疆生产建设兵团财务局：

经国务院批准，现就地方政府债券利息所得有关所得税政策通知如下：

一、对企业和个人取得的 2009 年、2010 年和 2011 年发行的地方政府债券利息所得，免征企业所得税和个人所得税。

二、地方政府债券是指经国务院批准，以省、自治区、直辖市和计划单列市政府为发行和偿还主体的债券。

财政部 国家税务总局关于铁路建设债券利息收入企业所得税政策的通知

2011 年 10 月 10 日 财税〔2011〕99 号

各省、自治区、直辖市、计划单列市财政厅（局）、国家税务局、地方税务局，新疆生产建设兵团财务局：

经国务院批准，现就企业取得中国铁路建设债券利息收入有关企业所得税政策通知如下：

一、对企业持有 2011—2013 年发行的中国铁路建设债券取得的利息收入，减半征收企业所得税。

二、中国铁路建设债券是指经国家发展改革委核准，以铁道部为发行和偿还主体的债券。

请遵照执行。

财政部 国家税务总局关于新疆喀什 霍尔果斯两个特殊经济开发区企业所得税优惠政策的通知

2011 年 11 月 29 日 财税〔2011〕112 号

（注释：政策调整。取消“企业享受新疆喀什、霍尔果斯两个特殊经济开发区、新疆困难地区新办企业所得税优惠的核准”。参见：(1)《国家税务总局贯彻落实〈国务院关于第二批取消 152 项中央指定地方实施行政审批事项的决定〉的通知》（税总发〔2016〕23 号）。(2)《国务院关于第二批取消 152 项中央指定地方实施行政审批事项的决定》（国发〔2016〕9 号）。(3)《国家税务总局关于公布已取消的 22 项税务非行政许可审批事项的公告》（国家税务总局公告 2015 年第 58 号）。）

新疆维吾尔自治区财政厅、国家税务局、地方税务局，新疆生产建设兵团财务局：

为推进新疆跨越式发展和长治久安，贯彻落实《中共中央、国务院关于推进新疆跨越式发展和长治久安的意见》和《国务院关于支持喀什、霍尔果斯经济开发区建设的若干意见》（国发〔2011〕33 号）精神，现就新疆喀什、霍尔果斯两个特殊经济开发区有关企业所得税优惠政策通知如下：

一、2010 年 1 月 1 日至 2020 年 12 月 31 日，对在新疆喀什、霍尔果斯两个特殊经济开发区内新办的属于《新疆困难地区重点鼓励发展产业企业所得税优惠目录》（以下简称《目录》）范围内的企业，自取得第一笔生产经营收入所属纳税年度起，五年内免征企业所得税。

第一笔生产经营收入，是指产业项目已建成并投入运营后所取得的第一笔收入。

二、属于《目录》范围内的企业是指以《目录》中规定的产业项目为主营业务，其主营业务收入占企业收入总额70%以上的企业。

三、对难以界定是否属于《目录》范围的项目，税务机关应当要求企业提供省级以上（含省级）有关行业主管部门出具的证明文件，并结合其他相关材料进行认定。

国家发展改革委　科学技术部　财政部　海关总署　国家税务总局关于第十八批享受优惠政策的企业（集团）技术中心名单、撤销和调整的国家认定企业技术中心名单的公告

2011年11月4日　国家发展改革委　科学技术部　财政部
海关总署　国家税务总局公告2011年第29号

根据《国家认定企业技术中心管理办法》，经审定，现将第十八批享受优惠政策的企业（集团）技术中心名单、撤销和调整的国家认定企业技术中心名单公告如下：

一、确认北京神州泰岳软件股份有限公司等83家技术中心和中国石油集团济柴动力总厂等5家分中心为第十八批享受优惠政策的企业（集团）技术中心。请享受优惠政策的企业（集团）技术中心按照《海关总署2007年第13号公告》的规定，向单位所在地直属海关申请办理减免税备案、审批等有关手续。

二、在2011年的评价中，江西铜业集团公司等10家企业技术中心评价为不合格，上海广电（集团）有限公司等6家企业技术中心未上报评价材料，新疆天山水泥股份有限公司连续两次评价得分在65分至60分之间，撤销上述17家国家认定企业技术中心资格。

三、将华北制药集团有限责任公司、际华三五四二纺织有限公司等2家企业国家认定企业技术中心调整为其母公司国家认定企业技术中心的分中心。

四、湖北京山轻工机械股份有限公司因涉税违法行为，受到税务行政处罚，停止享受科技开发用品免征进口税收优惠政策一年（从发布本公告之日算起）。

特此公告。

附件：1. 第十八批国家认定企业（集团）技术中心及分中心名单（略）

2. 撤销、调整和处罚的国家认定企业技术中心名单（略）

3. 国家认定企业技术中心名单（略）

国家税务总局关于实施农、林、牧、渔业项目企业所得税优惠问题的公告

2011 年 9 月 13 日　国家税务总局公告 2011 年第 48 号

（注释：政策调整。取消“企业从事农林牧渔业项目所得享受所得税优惠的备案核准”。参见：(1)《国家税务总局关于贯彻落实〈国务院关于第一批取消 62 项中央指定地方实施行政审批事项的决定〉的通知》（税总发〔2015〕141 号）。(2)《国务院关于第一批取消 62 项中央指定地方实施行政审批事项的决定》（国发〔2015〕57 号）。(3)《国家税务总局关于贯彻落实〈国务院关于取消非行政许可审批事项的决定〉的通知》（税总发〔2015〕74 号）。(4)《国务院关于取消非行政许可审批事项的决定》（国发〔2015〕27 号）。）

根据《中华人民共和国企业所得税法》（以下简称企业所得税法）及《中华人民共和国企业所得税法实施条例》（以下简称实施条例）的规定，现对企业（含企业性质的农民专业合作社，下同）从事农、林、牧、渔业项目的所得，实施企业所得税优惠政策和征收管理中的有关事项公告如下：

一、企业从事实施条例第八十六条规定的享受税收优惠的农、林、牧、渔业项目，除另有规定外，参照《国民经济行业分类》（GB/T4754—2002）的规定标准执行。

企业从事农、林、牧、渔业项目，凡属于《产业结构调整指导目录（2011 年版）》（国家发展和改革委员会令第 9 号）中限制和淘汰类的项目，不得享受实施条例第八十六条规定的优惠政策。

二、企业从事农作物新品种选育的免税所得，是指企业对农作物进行品种和育种材料选育形成的成果，以及由这些成果形成的种子（苗）等繁殖材料的生产、初加工、销售一体化取得的所得。

三、企业从事林木的培育和种植的免税所得，是指企业对树木、竹子的育种和育苗、抚育和管理以及规模造林活动取得的所得，包括企业通过拍卖或收购方式取得林木所有权并经过一定的生长周期，对林木进行再培育取得的所得。

四、企业从事下列项目所得的税务处理

（一）猪、兔的饲养，按“牲畜、家禽的饲养”项目处理；

（二）饲养牲畜、家禽产生的分泌物、排泄物，按“牲畜、家禽的饲养”项目处理；

（三）观赏性作物的种植，按“花卉、茶及其他饮料作物和香料作物的种植”项目处理；

（四）“牲畜、家禽的饲养”以外的生物养殖项目，按“海水养殖、内陆养殖”项目处理。

五、农产品初加工相关事项的税务处理

（一）企业根据委托合同，受托对符合《财政部、国家税务总局关于发布享受企业所得

税优惠政策的农产品初加工范围（试行）的通知》（财税〔2008〕149号）和《财政部、国家税务总局关于享受企业所得税优惠的农产品初加工有关范围的补充通知》（财税〔2011〕26号）规定的农产品进行初加工服务，其所收取的加工费，可以按照农产品初加工的免税项目处理。

（二）财税〔2008〕149号文件规定的“油料植物初加工”工序包括“冷却、过滤”等；“糖料植物初加工”工序包括“过滤、吸附、解析、碳脱、浓缩、干燥”等，其适用时间按照财税〔2011〕26号文件规定执行。

（三）企业从事实施条例第八十六条第（二）项适用企业所得税减半优惠的种植、养殖项目，并直接进行初加工且符合农产品初加工目录范围的，企业应合理划分不同项目的各项成本、费用支出，分别核算种植、养殖项目和初加工项目的所得，并各按适用的政策享受税收优惠。

（四）企业对外购茶叶进行筛选、分装、包装后进行销售的所得，不享受农产品初加工的优惠政策。

六、对取得农业部颁发的“远洋渔业企业资格证书”并在有效期内的远洋渔业企业，从事远洋捕捞业务取得的所得免征企业所得税。

七、购入农产品进行再种植、养殖的税务处理

企业将购入的农、林、牧、渔产品，在自有或租用的场地进行育肥、育秧等再种植、养殖，经过一定的生长周期，使其生物形态发生变化，且并非由于本环节对农产品进行加工而明显增加了产品的使用价值的，可视为农产品的种植、养殖项目享受相应的税收优惠。

主管税务机关对企业进行农产品的再种植、养殖是否符合上述条件难以确定的，可要求企业提供县级以上农、林、牧、渔业政府主管部门的确认意见。

八、企业同时从事适用不同企业所得税政策规定项目的，应分别核算，单独计算优惠项目的计税依据及优惠数额；分别核算不清的，可由主管税务机关按照比例分摊法或其他合理方法进行核定。

九、企业委托其他企业或个人从事实施条例第八十六条规定农、林、牧、渔业项目取得的所得，可享受相应的税收优惠政策。

企业受托从事实施条例第八十六条规定农、林、牧、渔业项目取得的收入，比照委托方享受相应的税收优惠政策。

十、企业购买农产品后直接进行销售的贸易活动产生的所得，不能享受农、林、牧、渔业项目的税收优惠政策。

十一、除本公告第五条第二项的特别规定外，公告自2011年1月1日起执行。

特此公告。

财政部　国家税务总局关于公共基础设施项目和环境保护节能节水项目企业所得税优惠政策问题的通知

2012 年 1 月 5 日　财税〔2012〕10 号

各省、自治区、直辖市、计划单列市财政厅（局）、国家税务局、地方税务局，新疆生产建设兵团财务局：

根据《中华人民共和国企业所得税法》（以下简称新税法）和《中华人民共和国企业所得税法实施条例》（国务院令第 512 号）的有关规定，现就企业享受公共基础设施项目和环境保护、节能节水项目企业所得税优惠政策问题通知如下：

一、企业从事符合《公共基础设施项目企业所得税优惠目录》规定，于 2007 年 12 月 31 日前已经批准的公共基础设施项目投资经营的所得，以及从事符合《环境保护、节能节水项目企业所得税优惠目录》规定，于 2007 年 12 月 31 日前已经批准的环境保护、节能节水项目的所得，可在该项目取得第一笔生产经营收入所属纳税年度起，按新税法规定计算的企业所得税“三免三减半”优惠期间内，自 2008 年 1 月 1 日起享受其剩余年限的减免企业所得税优惠。

二、如企业既符合享受上述税收优惠政策的条件，又符合享受《国务院关于实施企业所得税过渡优惠政策的通知》（国发〔2007〕39 号）第一条规定的企业所得税过渡优惠政策的条件，由企业选择最优惠的政策执行，不得叠加享受。

财政部　国家税务总局关于进一步鼓励软件产业和集成电路产业发展企业所得税政策的通知

2012 年 4 月 20 日　财税〔2012〕27 号

（注释：条款失效。第九条、第十条、第十一条、第十三条、第十七条、第十八条、第十九条和第二十条停止执行。参见：《财政部　国家税务总局　发展改革委　工业和信息化部关于软件和集成电路产业企业所得税优惠政策有关问题的通知》（财税〔2016〕49 号）。

政策调整。取消“软件、集成电路企业享受所得税优惠的备案核准”。参见：(1)《国家税务总局关于贯彻落实〈国务院关于第一批取消 62 项中央指定地方实施行政审批事项的决定〉的通知》（税总发〔2015〕141 号）。(2)《国务院关于第一批取消 62 项中央指定地方实施行政审批事项的决定》（国发〔2015〕57 号）。(3)《国家税务总局关于公布已取消的 22 项税务非行政许可审批事项的公告》（国家税务总局公告 2015 年第 58 号）。）

各省、自治区、直辖市、计划单列市财政厅（局）、国家税务局、地方税务局：

根据《中华人民共和国企业所得税法》及其实施条例和《国务院关于印发进一步鼓励软件产业和集成电路产业发展若干政策的通知》（国发〔2011〕4 号）精神，为进一步推动科技创新和产业结构升级，促进信息技术产业发展，现将鼓励软件产业和集成电路产业发展的企业所得税政策通知如下：

一、集成电路线宽小于 0.8 微米（含）的集成电路生产企业，经认定后，在 2017 年 12 月 31 日前自获利年度起计算优惠期，第一年至第二年免征企业所得税，第三年至第五年按照 25% 的法定税率减半征收企业所得税，并享受至期满为止。

二、集成电路线宽小于 0.25 微米或投资额超过 80 亿元的集成电路生产企业，经认定后，减按 15% 的税率征收企业所得税，其中经营期在 15 年以上的，在 2017 年 12 月 31 日前自获利年度起计算优惠期，第一年至第五年免征企业所得税，第六年至第十年按照 25% 的法定税率减半征收企业所得税，并享受至期满为止。

三、我国境内新办的集成电路设计企业和符合条件的软件企业，经认定后，在 2017 年 12 月 31 日前自获利年度起计算优惠期，第一年至第二年免征企业所得税，第三年至第五年按照 25% 的法定税率减半征收企业所得税，并享受至期满为止。

四、国家规划布局内的重点软件企业和集成电路设计企业，如当年未享受免税优惠的，可减按 10% 的税率征收企业所得税。

五、符合条件的软件企业按照《财政部　国家税务总局关于软件产品增值税政策的通知》（财税〔2011〕100 号）规定取得的即征即退增值税款，由企业专项用于软件产品研发和扩大再生产并单独进行核算，可以作为不征税收入，在计算应纳税所得额时从收入总额中减除。

六、集成电路设计企业和符合条件软件企业的职工培训费用，应单独进行核算并按实际发生额在计算应纳税所得额时扣除。

七、企业外购的软件，凡符合固定资产或无形资产确认条件的，可以按照固定资产或无形资产进行核算，其折旧或摊销年限可以适当缩短，最短可为 2 年（含）。

八、集成电路生产企业的生产设备，其折旧年限可以适当缩短，最短可为 3 年（含）。

九、本通知所称集成电路生产企业，是指以单片集成电路、多芯片集成电路、混合集成电路制造为主营业务并同时符合下列条件的企业：

（一）依法在中国境内成立并经认定取得集成电路生产企业资质的法人企业；

（二）签订劳动合同关系且具有大学专科以上学历的职工人数占企业当年月平均职工总人数的比例不低于40%，其中研究开发人员占企业当年月平均职工总数的比例不低于20%；

（三）拥有核心关键技术，并以此为基础开展经营活动，且当年度的研究开发费用总额占企业销售（营业）收入（主营业务收入与其他业务收入之和，下同）总额的比例不低于5%；其中，企业在中国境内发生的研究开发费用金额占研究开发费用总额的比例不低于60%；

（四）集成电路制造销售（营业）收入占企业收入总额的比例不低于60%；

（五）具有保证产品生产的手段和能力，并获得有关资质认证（包括ISO 质量体系认证、人力资源能力认证等）；

（六）具有与集成电路生产相适应的经营场所、软硬件设施等基本条件。

《集成电路生产企业认定管理办法》由发展改革委、工业和信息化部、财政部、税务总局会同有关部门另行制定。

十、本通知所称集成电路设计企业或符合条件的软件企业，是指以集成电路设计或软件产品开发为主营业务并同时符合下列条件的企业：

（一）2011 年1 月1 日后依法在中国境内成立并经认定取得集成电路设计企业资质或软件企业资质的法人企业；

（二）签订劳动合同关系且具有大学专科以上学历的职工人数占企业当年月平均职工总人数的比例不低于40%，其中研究开发人员占企业当年月平均职工总数的比例不低于20%；

（三）拥有核心关键技术，并以此为基础开展经营活动，且当年度的研究开发费用总额占企业销售（营业）收入总额的比例不低于6%；其中，企业在中国境内发生的研究开发费用金额占研究开发费用总额的比例不低于60%；

（四）集成电路设计企业的集成电路设计销售（营业）收入占企业收入总额的比例不低于60%，其中集成电路自主设计销售（营业）收入占企业收入总额的比例不低于50%；软件企业的软件产品开发销售（营业）收入占企业收入总额的比例一般不低于50%（嵌入式软件产品和信息系统集成产品开发销售（营业）收入占企业收入总额的比例不低于40%），其中软件产品自主开发销售（营业）收入占企业收入总额的比例一般不低于40%（嵌入式软件产品和信息系统集成产品开发销售（营业）收入占企业收入总额的比例不低于30%）；

（五）主营业务拥有自主知识产权，其中软件产品拥有省级软件产业主管部门认可的软件检测机构出具的检测证明材料和软件产业主管部门颁发的《软件产品登记证书》；

（六）具有保证设计产品质量的手段和能力，并建立符合集成电路或软件工程要求的质量管理体系并提供有效运行的过程文档记录；

（七）具有与集成电路设计或者软件开发相适应的生产经营场所、软硬件设施等开发环境（如EDA 工具、合法的开发工具等），以及与所提供服务相关的技术支撑环境；

《集成电路设计企业认定管理办法》、《软件企业认定管理办法》由工业和信息化部、发展改革委、财政部、税务总局会同有关部门另行制定。

十一、国家规划布局内重点软件企业和集成电路设计企业在满足本通知第十条规定条件的基础上，由发展改革委、工业和信息化部、财政部、税务总局等部门根据国家规划布局支持领域的要求，结合企业年度集成电路设计销售（营业）收入或软件产品开发销售（营业）收入、盈利等情况进行综合评比，实行总量控制、择优认定。

《国家规划布局内重点软件企业和集成电路设计企业认定管理办法》由发展改革委、工业和信息化部、财政部、税务总局会同有关部门另行制定。

十二、本通知所称新办企业认定标准按照《财政部　国家税务总局关于享受企业所得税优惠政策的新办企业认定标准的通知》（财税〔2006〕1 号）规定执行。

十三、本通知所称研究开发费用政策口径按照《国家税务总局关于印发〈企业研究开发费用税前扣除管理办法（试行）〉的通知》（国税发〔2008〕116 号）规定执行。

十四、本通知所称获利年度，是指该企业当年应纳税所得额大于零的纳税年度。

十五、本通知所称集成电路设计销售（营业）收入，是指集成电路企业从事集成电路（IC）功能研发、设计并销售的收入。

十六、本通知所称软件产品开发销售（营业）收入，是指软件企业从事计算机软件、信息系统或嵌入式软件等软件产品开发并销售的收入，以及信息系统集成服务、信息技术咨询服务、数据处理和存储服务等技术服务收入。

十七、符合本通知规定须经认定后享受税收优惠的企业，应在获利年度当年或次年的企业所得税汇算清缴之前取得相关认定资质。如果在获利年度次年的企业所得税汇算清缴之前取得相关认定资质，该企业可从获利年度起享受相应的定期减免税优惠；如果在获利年度次年的企业所得税汇算清缴之后取得相关认定资质，该企业应在取得相关认定资质起，就其从获利年度起计算的优惠期的剩余年限享受相应的定期减免优惠。

十八、符合本通知规定条件的企业，应在年度终了之日起4个月内，按照本通知及《国家税务总局关于企业所得税减免税管理问题的通知》（国税发〔2008〕111号）的规定，向主管税务机关办理减免税手续。在办理减免税手续时，企业应提供具有法律效力的证明材料。

十九、享受上述税收优惠的企业有下述情况之一的，应取消其享受税收优惠的资格，并补缴已减免的企业所得税税款：

（一）在申请认定过程中提供虚假信息的；

（二）有偷、骗税等行为的；

（三）发生重大安全、质量事故的；

（四）有环境等违法、违规行为，受到有关部门处罚的。

二十、享受税收优惠的企业，其税收优惠条件发生变化的，应当自发生变化之日起15日内向主管税务机关报告；不再符合税收优惠条件的，应当依法履行纳税义务；未依法纳税的，主管税务机关应当予以追缴。同时，主管税务机关在执行税收优惠政策过程中，发现企业不符合享受税收优惠条件的，可暂停企业享受的相关税收优惠。

二十一、在2010年12月31日前，依照《财政部　国家税务总局关于企业所得税若干优惠政策的通知》（财税〔2008〕1号）第一条规定，经认定并可享受原定期减免税优惠的企业，可在本通知施行后继续享受到期满为止。

二十二、集成电路生产企业、集成电路设计企业、软件企业等依照本通知规定可以享受的企业所得税优惠政策与企业所得税其他相同方式优惠政策存在交叉的，由企业选择一项最优惠政策执行，不叠加享受。

二十三、本通知自2011年1月1日起执行。《财政部　国家税务总局关于企业所得税若干优惠政策的通知》（财税〔2008〕1号）第一条第（一）项至第（九）项自2011年1月1日起停止执行

财政部　国家税务总局关于支持农村饮水安全工程建设运营税收政策的通知

2012年4月24日　财税〔2012〕30号

各省、自治区、直辖市、计划单列市财政厅（局）、国家税务局、地方税务局，新疆生产建

设兵团财务局：

为贯彻落实《中共中央、国务院关于加快水利改革发展的决定》精神，改善农村人居环境，提高农村生活质量，支持农村饮水安全工程（以下简称饮水工程）的建设、运营，经国务院批准，现将有关税收政策通知如下：

一、对饮水工程运营管理单位为建设饮水工程而承受土地使用权，免征契税。

二、对饮水工程运营管理单位为建设饮水工程取得土地使用权而签订的产权转移书据，以及与施工单位签订的建设工程承包合同免征印花税。

三、对饮水工程运营管理单位自用的生产、办公用房产、土地，免征房产税、城镇土地使用税。

四、对饮水工程运营管理单位向农村居民提供生活用水取得的自来水销售收入，免征增值税。

五、对饮水工程运营管理单位从事《公共基础设施项目企业所得税优惠目录》规定的饮水工程新建项目投资经营的所得，自项目取得第一笔生产经营收入所属纳税年度起，第一年至第三年免征企业所得税，第四年至第六年减半征收企业所得税。

本文所称饮水工程，是指为农村居民提供生活用水而建设的供水工程设施。本文所称饮水工程运营管理单位是指负责农村饮水安全工程运营管理的自来水公司、供水公司、供水（总）站（厂、中心）、村集体、在民政部门注册登记的用水户协会等单位。对于既向城镇居民供水，又向农村居民供水的饮水工程运营管理单位，依据向农村居民供水收入占总供水收入的比例免征增值税；依据向农村居民供水量占总供水量的比例免征契税、印花税、房产税和城镇土地使用税。无法提供具体比例或所提供数据不实的，不得享受上述税收优惠政策。

上述政策（第五条除外）的执行期限暂定为2011年1月1日至2015年12月31日。自2011年1月1日至本文发布之日期间应予免征的税款（不包括印花税），可在以后应纳的相应税款中抵减或予以退税。

国家税务总局关于深入实施西部大开发战略有关企业所得税问题的公告

2012年4月6日　国家税务总局公告2012年第12号

（注释：条款废止。第一条中“经企业申请，主管税务机关审核确认后”废止。参见：《国家税务总局关于公布全文失效废止和部分条款废止的税收规范性文件目录的公告》（国家税务总局公告2016年第34号）。

条款失效。第三条中有关重新计算申报的规定停止执行。参见：《国家税务总局关于执行〈西部地区鼓励类产业目录〉有关企业所得税问题的公告》（国家税务总局公告2015年第14号）。）

根据《中华人民共和国企业所得税法》（以下简称《企业所得税法》）及其实施条例和《财政部、国家税务总局、海关总署关于深入实施西部大开发战略有关税收政策问题的通知》（财税〔2011〕58号）的规定，现将深入实施西部大开发战略有关企业所得税问题公告如下：

一、自2011年1月1日至2020年12月31日，对设在西部地区以《西部地区鼓励类产业目录》中规定的产业项目为主营业务，且其当年度主营业务收入占企业收入总额70%以上的企业，*经企业申请，主管税务机关审核确认后，*可减按15%税率缴纳企业所得税。

上述所称收入总额，是指《企业所得税法》第六条规定的收入总额。

二、企业应当在年度汇算清缴前向主管税务机关提出书面申请并附送相关资料。第一年须报主管税务机关审核确认，第二年及以后年度实行备案管理。各省、自治区、直辖市和计划单列市税务机关可结合本地实际制定具体审核、备案管理办法，并报国家税务总局（所得税司）备案。

凡对企业主营业务是否属于《西部地区鼓励类产业目录》难以界定的，税务机关应要求企业提供省级（含副省级）政府有关行政主管部门或其授权的下一级行政主管部门出具的证明文件。

企业主营业务属于《西部地区鼓励类产业目录》范围的，经主管税务机关确认，可按照15%税率预缴企业所得税。年度汇算清缴时，其当年度主营业务收入占企业总收入的比例达不到规定标准的，应按税法规定的税率计算申报并进行汇算清缴。

三、在《西部地区鼓励类产业目录》公布前，企业符合《产业结构调整指导目录（2005年版）》、《产业结构调整指导目录（2011年版）》、《外商投资产业指导目录（2007年修订）》和《中西部地区优势产业目录（2008年修订）》范围的，经税务机关确认后，其企业所得税可按照15%税率缴纳。《西部地区鼓励类产业目录》公布后，已按15%税率进行企业所得税汇算清缴的企业，若不符合本公告第一条规定的条件，可在履行相关程序后，按税法规定的适用税率重新计算申报。

四、2010年12月31日前新办的交通、电力、水利、邮政、广播电视企业，凡已经按照《国家税务总局关于落实西部大开发有关税收政策具体实施意见的通知》（国税发〔2002〕47号）第二条第二款规定，取得税务机关审核批准的，其享受的企业所得税“两免三减半”优惠可以继续享受到期满为止；凡符合享受原西部大开发税收优惠规定条件，但由于尚未取得收入或尚未进入获利年度等原因，2010年12月31日前尚未按照国税发〔2002〕47号第二条规定完成税务机关审核确认手续的，可按照本公告的规定，履行相关手续后享受原税收优惠。

五、根据《财政部、国家税务总局关于执行企业所得税优惠政策若干问题的通知》（财税〔2009〕69号）第一条及第二条的规定，企业既符合西部大开发15%优惠税率条件，又符合《企业所得税法》及其实施条例和国务院规定的各项税收优惠条件的，可以同时享受。在涉及定期减免税的减半期内，可以按照企业适用税率计算的应纳税额减半征税。

六、在优惠地区内外分别设有机构的企业享受西部大开发优惠税率问题。

（一）总机构设在西部大开发税收优惠地区的企业，仅就设在优惠地区的总机构和分支机构（不含优惠地区外设立的二级分支机构在优惠地区内设立的三级以下分支机构）的所得确定适用15%优惠税率。在确定该企业是否符合优惠条件时，以该企业设在优惠地区的总机构和分支机构的主营业务是否符合《西部地区鼓励类产业目录》及其主营业务收入占其收入总额的比重加以确定，不考虑该企业设在优惠地区以外分支机构的因素。该企业应纳所得税额的计算和所得税缴纳，按照《国家税务总局关于印发〈跨地区经营汇总纳税企业所得税征收管理暂行办法〉的通知》（国税发〔2008〕28号）第十六条和《国家税务总局关于跨地区经营汇总纳税企业所得税征收管理若干问题的通知》（国税函〔2009〕221号）第二条的规定执行。有关审核、备案手续向总机构主管税务机关申请办理。

（二）总机构设在西部大开发税收优惠地区外的企业，其在优惠地区内设立的分支机构（不含仅在优惠地区内设立的三级以下分支机构），仅就该分支机构所得确定适用15%优惠税率。在确定该分支机构是否符合优惠条件时，仅以该分支机构的主营业务是否符合《西部地区鼓励类产业目录》及其主营业务收入占其收入总额的比重加以确定。该企业应纳所得税额的计算和所得税缴纳，按照国税发〔2008〕28号第十六条和国税函〔2009〕221号第二条的规定执行。有关审核、备案手续向分支机构主管税务机关申请办理，分支机构主管税务机关需将该分支机构享受西部大开发税收优惠情况及时函告总机构所在地主管税务机关。

七、本公告自2011年1月1日起施行。

特此公告。

财政部　国家税务总局关于地方政府债券利息免征所得税问题的通知

2013年2月6日　财税〔2013〕5号

各省、自治区、直辖市、计划单列市财政厅（局）、国家税务局、地方税务局，新疆生产建设兵团财务局：

经国务院批准，现就地方政府债券利息有关所得税政策通知如下：

一、对企业和个人取得的2012年及以后年度发行的地方政府债券利息收入，免征企业所得税和个人所得税。

二、地方政府债券是指经国务院批准同意，以省、自治区、直辖市和计划单列市政府为发行和偿还主体的债券。

财政部　国家税务总局关于科技企业孵化器税收政策的通知

2013年12月31日　财税〔2013〕117号

（注释：政策调整。参见：《财政部　国家税务总局关于科技企业孵化器税收政策的通知》（财税〔2016〕89 号）。）

各省、自治区、直辖市、计划单列市财政厅（局）、国家税务局、地方税务局，新疆生产建设兵团财务局：

为贯彻落实《国务院关于印发实施〈国家中长期科学和技术发展规划纲要（2006—2020 年）〉若干配套政策的通知》（国发〔2006〕6 号）、《中共中央 国务院关于深化科技体制改革 加快国家创新体系建设的意见》和《国务院关于进一步支持小微企业健康发展的意见》（国发〔2012〕14 号）等有关文件精神，经国务院批准，现就符合条件的科技企业孵化器（高新技术创业服务中心）有关税收政策通知如下：

一、科技企业孵化器（也称高新技术创业服务中心，以下简称孵化器）是以促进科技成果转化、培养高新技术企业和企业家为宗旨的科技创业服务载体。孵化器是国家创新体系的重要组成部分，是创新创业人才培养的基地，是区域创新体系的重要内容。自 2013 年 1 月 1 日至 2015 年 12 月 31 日，对符合条件的孵化器自用以及无偿或通过出租等方式提供给孵化企业使用的房产、土地，免征房产税和城镇土地使用税；对其向孵化企业出租场地、房屋以及提供孵化服务的收入，免征营业税。营业税改征增值税（以下简称营改增）后的营业税优惠政策处理问题由营改增试点过渡政策另行规定。

二、符合非营利组织条件的孵化器的收入，按照企业所得税法及其实施条例和有关税收政策规定享受企业所得税优惠政策。

三、享受本通知规定的房产税、城镇土地使用税和营业税优惠政策的孵化器，应同时符合以下条件：

（一）孵化器的成立和运行符合国务院科技行政主管部门发布的认定和管理办法，经国务院科技行政管理部门认定，并取得国家级孵化器资格。

（二）孵化器应将面向孵化企业出租场地、房屋以及提供孵化服务的业务收入在财务上单独核算。

（三）孵化器提供给孵化企业使用的场地面积（含公共服务场地）应占孵化器可自主支配场地面积的 75% 以上（含 75%），孵化企业数量应占孵化器内企业总数量的 75% 以上（含 75%）。

公共服务场地是指孵化器提供给孵化企业共享的活动场所，包括公共餐厅、接待室、会议室、展示室、活动室、技术检测室和图书馆等非盈利性配套服务场地。

四、本通知所称“孵化企业”应当同时符合以下条件：

（一）企业注册地和主要研发、办公场所必须在孵化器的孵化场地内。

（二）属新注册企业或申请进入孵化器前企业成立时间不超过 24 个月。

（三）企业在孵化器内孵化的时间不超过 42 个月。纳入“创新人才推进计划”及“海外高层次人才引进计划”的人才或从事生物医药、集成电路设计、现代农业等特殊领域的创业企业，孵化时间不超过 60 个月。

（四）符合《中小企业划型标准规定》所规定的小型、微型企业划型标准。

（五）属迁入企业的，上年营业收入不超过 500 万元。

（六）单一在孵企业入驻时使用的孵化场地面积不大于 1 000 平方米。从事航空航天等特殊领域的在孵企业，不大于 3 000 平方米。

（七）企业产品（服务）属于科学技术部、财政部、国家税务总局印发的《国家重点支持的高新技术领域》规定的范围，且研究开发费用总额占销售收入总额的比例不低于4%。

五、本通知所称“孵化服务”是指为孵化企业提供的属于营业税“服务业”税目中“代理业”“租赁业”和“其他服务业”中的咨询和技术服务范围内的服务。

六、国务院科技行政主管部门负责组织对孵化器是否符合本通知规定的各项条件定期进行审核确认，并出具相应的证明材料，列明纳税人用于孵化的房产和土地的地址、范围、面积等具体信息。

七、本通知规定的房产税、城镇土地使用税和营业税优惠政策按照备案类减免税管理，纳税人应向主管税务机关提出备案申请。凡纳税人骗取本通知规定的税收优惠政策的，除根据现行规定进行处罚外，自发生上述违法违规行为年度起取消其享受本通知规定的税收优惠政策的资格，2年内不得再次申请。

各主管税务机关要严格执行税收政策，按照税收减免管理办法的有关规定为符合条件的孵化器办理税收减免，加强对孵化器的日常税收管理和服务。同时，要密切关注税收政策的执行情况，对发现的问题及时逐级向财政部、国家税务总局反映。

请遵照执行。

财政部　国家税务总局关于国家大学科技园税收政策的通知

2013年12月31日　财税〔2013〕118号

各省、自治区、直辖市、计划单列市财政厅（局）、国家税务局、地方税务局，新疆生产建设兵团财务局：

为贯彻落实《国务院关于印发实施〈国家中长期科学和技术发展规划纲要（2006—2020年）〉若干配套政策的通知》（国发〔2006〕6号）、《中共中央　国务院关于深化科技体制改革　加快国家创新体系建设的意见》和《国务院关于进一步支持小微企业健康发展的意见》（国发〔2012〕14号）等有关文件精神，经国务院批准，现就符合条件的国家大学科技园有关税收政策通知如下：

一、国家大学科技园（以下简称科技园）是以具有较强科研实力的大学为依托，将大学的综合智力资源优势与其他社会优势资源相组合，为高等学校科技成果转化、高新技术企业孵化、创新创业人才培养、产学研结合提供支撑的平台和服务的机构。自2013年1月1日至2015年12月31日，对符合条件的科技园自用以及无偿或通过出租等方式提供给孵化企业使用的房产、土地，免征房产税和城镇土地使用税；对其向孵化企业出租场地、房屋以及提供孵化服务的收入，免征营业税。营业税改征增值税（以下简称营改增）后的营业税优惠政策处理问题由营改增试点过渡政策另行规定。

二、符合非营利组织条件的科技园的收入，按照企业所得税法及其实施条例和有关税收政策规定享受企业所得税优惠政策。

三、享受本通知规定的房产税、城镇土地使用税以及营业税优惠政策的科技园，应同时符合以下条件：

（一）科技园的成立和运行符合国务院科技和教育行政主管部门公布的认定和管理办法，经国务院科技和教育行政管理部门认定，并取得国家大学科技园资格。

（二）科技园应将面向孵化企业出租场地、房屋以及提供孵化服务的业务收入在财务上单独核算。

（三）科技园提供给孵化企业使用的场地面积（含公共服务场地）应占科技园可自主支配场地面积的60%以上（含60%），孵化企业数量应占科技园内企业总数量的75%以上（含75%）。

公共服务场地是指科技园提供给孵化企业共享的活动场所，包括公共餐厅、接待室、会议室、展示室、活动室、技术检测室和图书馆等非盈利性配套服务场地。

四、本通知所称“孵化企业”应当同时符合以下条件：

（一）企业注册地及主要研发、办公场所必须在科技园工作场地内。

（二）属新注册企业或申请进入科技园前企业成立时间不超过3年。

（三）企业在科技园的孵化时间不超过42个月。海外高层次创业人才或从事生物医药、集成电路设计等特殊领域的创业企业，孵化时间不超过60个月。

（四）符合《中小企业划型标准规定》所规定的小型、微型企业划型标准。

（五）迁入的企业，上年营业收入不超过500万元。

（六）单一在孵企业使用的孵化场地面积不大于1000平方米。从事航空航天、现代农业等特殊领域的单一在孵企业，不大于3000平方米。

（七）企业产品（服务）属于科学技术部、财政部、国家税务总局印发的《国家重点支持的高新技术领域》规定的范围，且研究开发费用总额占销售收入总额的比例不低于4%。

五、本通知所称“孵化服务”是指为孵化企业提供的属于营业税“服务业”税目中“代理业”“租赁业”和“其他服务业”中的咨询和技术服务范围内的服务。

六、国务院科技和教育行政主管部门负责组织对科技园是否符合本通知规定的各项条件定期进行审核确认，并出具相应的证明材料，列明纳税人用于孵化的房产和土地的地址、范围、面积等具体信息。

七、本通知规定的房产税、城镇土地使用税和营业税优惠政策按照备案类减免税管理，纳税人应向主管税务机关提出备案申请。凡纳税人骗取本通知规定的税收优惠政策的，除根据现行规定进行处罚外，自发生上述违法违规行为年度起取消其享受本通知规定的税收优惠政策的资格，2年内不得再次申请。

各主管税务机关要严格执行税收政策，按照税收减免管理办法的有关规定为符合条件的科技园办理税收减免，加强对科技园的日常税收管理和服务。同时，要密切关注税收政策的执行情况，对发现的问题及时逐级向财政部、国家税务总局反映。

请遵照执行。

国家税务总局　国家发展改革委关于落实节能服务企业合同能源管理项目企业所得税优惠政策有关征收管理问题的公告

2013 年 12 月 17 日　国家税务总局　国家发展改革委公告 2013 年第 77 号

（注释：条款废止。依据《国家税务总局关于公布失效废止的税务部门规章和税收规范性文件目录的决定》（国家税务总局令第 42 号），本法规第六条废止。）

为鼓励企业采用合同能源管理模式开展节能服务，规范合同能源管理项目企业所得税管理，根据《中华人民共和国企业所得税法》及其实施条例（以下简称企业所得税法）、《国务院办公厅转发发展改革委等部门关于加快推行合同能源管理促进节能服务产业发展意见的通知》（国办发〔2010〕25 号）、《财政部　国家税务总局关于促进节能服务产业发展增值税、营业税和企业所得税政策问题的通知》（财税〔2010〕110 号）和《国家税务总局关于进一步做好税收促进节能减排工作的通知》（国税函〔2010〕180 号）的有关规定，现就落实合同能源管理项目企业所得税优惠政策有关征收管理问题公告如下：

一、对实施节能效益分享型合同能源管理项目（以下简称项目）的节能服务企业，凡实行查账征收所得税的居民企业并符合企业所得税法和本公告有关规定的，该项目可享受财税〔2010〕110 号规定的企业所得税"三免三减半"优惠政策。如节能服务企业的分享型合同约定的效益分享期短于 6 年的，按实际分享期享受优惠。

二、节能服务企业享受"三免三减半"项目的优惠期限，应连续计算。对在优惠期限内转让所享受优惠的项目给其他符合条件的节能服务企业，受让企业承续经营该项目的，可自项目受让之日起，在剩余期限内享受规定的优惠；优惠期限届满后转让的，受让企业不得就该项目重复享受优惠。

三、节能服务企业投资项目所发生的支出，应按税法规定作资本化或费用化处理。形成的固定资产或无形资产，应按合同约定的效益分享期计提折旧或摊销。

节能服务企业应分别核算各项目的成本费用支出额。对在合同约定的效益分享期内发生的期间费用划分不清的，应合理进行分摊，期间费用的分摊应按照项目投资额和销售（营业）收入额两个因素计算分摊比例，两个因素的权重各为 50%。

四、节能服务企业、节能效益分享型能源管理合同和合同能源管理项目应符合财税〔2010〕110 号第二条第（三）项所规定的条件。

五、享受企业所得税优惠政策的项目应属于《财政部　国家税务总局　国家发展改革委关于公布环境保护节能节水项目企业所得税优惠目录（试行）的通知》（财税〔2009〕166 号）规定的节能减排技术改造项目，包括余热余压利用、绿色照明等节能效益分享型合同能源管理项目。

六、合同能源管理项目优惠实行事前备案管理。节能服务企业享受合同能源管理项目企业所得税优惠的，应向主管税务机关备案。涉及多个项目优惠的，应按各项目分别进行备

案。节能服务企业应在项目取得第一笔收入的次年4 个月内，完成项目享受优惠备案。办理备案手续时需提供以下资料：

（一）减免税备案申请；

（二）能源管理合同复印件；

（三）国家发展改革委、财政部公布的第三方机构出具的《合同能源管理项目情况确认表》（附件1），或者政府节能主管部门出具的合同能源管理项目确认意见；

（四）《合同能源管理项目应纳税所得额计算表》（附件2）；

（五）项目第一笔收入的发票复印件；

（六）合同能源管理项目发生转让的，受让节能服务企业除提供上述材料外，还需提供项目转让合同、项目原享受优惠的备案文件。

七、企业享受优惠条件发生变化的，应当自发生变化之日起 15 日内向主管税务机关书面报告。如不再符合享受优惠条件的，应停止享受优惠，并依法缴纳企业所得税。对节能服务企业采取虚假手段获取税收优惠的、享受优惠条件发生变化而未及时向主管税务机关报告的以及未按本公告规定报送备案资料而自行减免税的，主管税务机关应按照税收征管法等有关规定进行处理。税务部门应设立节能服务企业项目管理台账和统计制度，并会同节能主管部门建立监管机制。

八、合同能源管理项目确认由国家发展改革委、财政部公布的第三方节能量审核机构负责，并出具《合同能源管理项目情况确认表》，或者由政府节能主管部门出具合同能源管理项目确认意见。第三方机构在合同能源管理项目确认过程中应严格按照国家有关要求认真审核把关，确保审核结果客观、真实。对在审核过程中把关不严、弄虚作假的第三方机构，一经查实，将取消其审核资质，并按相关法律规定追究责任。

九、本公告自 2013 年 1 月 1 日起施行。本公告发布前，已按有关规定享受税收优惠政策的，仍按原规定继续执行；尚未享受的，按本公告规定执行。

特此公告。

附件：1. 合同能源管理项目情况确认表

　　　2. 合同能源管理项目应纳税所得额计算表

附件 1：

合同能源管理项目情况确认表

<table>
<tr><td rowspan="3">节能服务企业情况</td><td>企业名称</td><td colspan="3"></td><td>注册资金（万元）</td><td></td></tr>
<tr><td rowspan="2">项目负责人</td><td>姓　名</td><td></td><td rowspan="2">联系方式</td><td>手　机</td><td></td></tr>
<tr><td>职　务</td><td></td><td>固　话</td><td></td></tr>
<tr><td rowspan="4">用能单位情况</td><td colspan="2">单位名称</td><td colspan="4"></td></tr>
<tr><td colspan="3">改造前年综合能源消费量（吨标准煤）</td><td colspan="3"></td></tr>
<tr><td rowspan="2">项目负责人</td><td>姓　名</td><td></td><td rowspan="2">联系方式</td><td>手　机</td><td></td></tr>
<tr><td>职　务</td><td></td><td>固　话</td><td></td></tr>
</table>

续表

<table>
<tr><td rowspan="7">项目情况</td><td colspan="2">项目名称</td><td colspan="4"></td></tr>
<tr><td colspan="2" rowspan="2">项目总投资（万元）</td><td rowspan="2"></td><td colspan="2">节能服务企业投资（万元）</td><td></td></tr>
<tr><td colspan="2">节能服务企业投资比例（%）</td><td></td></tr>
<tr><td>合同签订日期</td><td></td><td>项目开工日期</td><td></td><td>项目完工日期</td><td></td></tr>
<tr><td colspan="2">项目年综合节能量（能力）
（吨标准煤）</td><td></td><td colspan="2">预计年节能效益
（万元）</td><td></td></tr>
<tr><td colspan="2">效益分享期限</td><td colspan="4">年 月 日至 年 月 日</td></tr>
<tr><td colspan="6">项目改造内容（改造内容应全面、具体，包括采购主要设备、服务清单等，可另附页并在附页加盖第三方审核机构印章）</td></tr>
<tr><td colspan="3">本企业确认以上情况属实，并承担相关法律责任。
节能服务企业名称（印章）</td><td colspan="4">本企业确认以上情况属实，并承担相关法律责任。
用能单位名称（印章）</td></tr>
<tr><td rowspan="2">审核人员情况</td><td>现场审核日期</td><td></td><td>现场审核
人员名单</td><td colspan="3"></td></tr>
<tr><td>审核负责人</td><td></td><td>手机</td><td></td><td>固话</td><td></td></tr>
<tr><td>审核结论</td><td colspan="6">经审核，该项目属于节能效益分享型合同能源管理项目，节能服务企业条件、项目年节能量、项目投资比例等符合财税〔2010〕110号等文件规定的减免税条件。
本机构对审核结论的真实性负责，并承担相关法律责任。
第三方机构名称（印章）
年 月 日</td></tr>
</table>

本表一式四份，第三方机构、税务部门、节能服务企业及用能单位各留存一份。

附件2：

合同能源管理项目应纳税所得额计算表

所属年度：　　　　年

企业名称（盖章）：　　　　税务登记证号：　　　　金额单位：元（角分）

项　目			行次
项目名称			0
项目收入额			1
项目成本额			2
项目期间费用额			3
项目期间费用分摊比例			4
项目期间费用分摊额			5
相关费用调整额			6

续表

项　　目			行次
调整后项目应纳税所得额			7=1-2-（3或5）±6

企业法人签名：　　　　经办人签名：　　　　日期：

填报说明：

1. 本表适用于实行查账征收企业所得税的居民纳税人填报。
2. 第0行“项目名称”：填报纳税人投资经营合同能源管理项目的名称。
3. 第1行“项目收入额”：填报纳税人投资经营合同能源管理项目的收入额。
4. 第2行“项目成本额”：填报纳税人投资经营合同能源管理项目的成本额。
5. 第3行“项目期间费用额”：填报纳税人投资经营合同能源管理项目发生的期间费用。
6. 第4行“项目期间费用分摊比例”：本行由不能准确核算合同能源管理项目发生的期间费用的纳税人填报。分摊比例按照享受合同能源管理项目的投资额和收入额二因素进行确定。
7. 第5行“项目期间费用分摊额”：本行按分摊比例计算由合同能源管理项目分摊的期间费用。
8. 第6行“相关费用调整额”：填报纳税人需要调整合同能源管理项目费用的金额。调整减少的费用以负数填报。
9. 第7行“调整后项目应纳税所得额”：填报纳税人合同能源管理项目实际应纳税所得额。

国家税务总局关于执行软件企业所得税优惠政策有关问题的公告

2013年7月25日　国家税务总局公告2013年第43号

（注释：条款废止。第一条“经认定并”及“所称经认定，是指经国家规定的软件企业认定机构按照软件企业认定管理的有关规定进行认定并取得软件企业认定证书”的内容废止，第四条、第五条废止。参见：《国家税务总局关于公布失效废止的税务部门规章和税收规范性文件目录的决定》（国家税务总局令第42号）。）

根据《中华人民共和国企业所得税法》及其实施条例、《国务院关于印发进一步鼓励软件产业和集成电路产业发展若干政策的通知》（国发〔2011〕4号）、《财政部　国家税务总局关于进一步鼓励软件产业和集成电路产业发展企业所得税政策的通知》（财税〔2012〕27号）、《国家税务总局关于软件和集成电路企业认定管理有关问题的公告》（国家税务总局公告2012年第19号）以及《软件企业认定管理办法》（工信部联软〔2013〕64号）的规定，经商财政部，现将贯彻落实软件企业所得税优惠政策有关问题公告如下：

一、软件企业所得税优惠政策适用于*经认定并*实行查账征收方式的软件企业。*所称经认定，是指经国家规定的软件企业认定机构按照软件企业认定管理的有关规定进行认定并取得软件企业认定证书。*

二、软件企业的收入总额，是指《企业所得税法》第六条规定的收入总额。

三、软件企业的获利年度，是指软件企业开始生产经营后，第一个应纳税所得额大于零的纳税年度，包括对企业所得税实行核定征收方式的纳税年度。

软件企业享受定期减免税优惠的期限应当连续计算，不得因中间发生亏损或其他原因而间断。

四、除国家另有政策规定（包括对国家自主创新示范区的规定）外，软件企业研发费用的计算口径按照《国家税务总局关于印发〈企业研究开发费用税前扣除管理办法（试行）〉的通知》（国税发〔2008〕116 号）规定执行。

五、2010 年12月31 日以前依法在中国境内成立但尚未认定的软件企业，仍按照《财政部　国家税务总局关于企业所得税若干优惠政策的通知》（财税〔2008〕1 号）第一条的规定以及《软件企业认定标准及管理办法（试行）》（信部联产〔2000〕968 号）的认定条件，办理相关手续，并继续享受到期满为止。优惠期间内，亦按照信部联产〔2000〕968 号的认定条件进行年审。

六、本公告自 2011 年 1 月 1 日起执行。其中，2011 年 1 月 1 日以后依法在中国境内成立的软件企业认定管理的衔接问题仍按照国家税务总局公告 2012 年第 19 号的规定执行；2010 年 12 月 31 日以前依法在中国境内成立的软件企业的政策及认定管理衔接问题按本公告第五条的规定执行。集成电路生产企业、集成电路设计企业认定和优惠管理涉及的上述事项按本公告执行。

特此公告。

国家税务总局关于技术转让所得减免企业所得税有关问题的公告

2013 年 10 月 21 日　国家税务总局公告 2013 年第 62 号

为加强技术转让所得减免企业所得税的征收管理，现将《国家税务总局关于技术转让所得减免企业所得税有关问题的通知》（国税函〔2009〕212 号）中技术转让收入计算的有关问题，公告如下：

一、可以计入技术转让收入的技术咨询、技术服务、技术培训收入，是指转让方为使受让方掌握所转让的技术投入使用、实现产业化而提供的必要的技术咨询、技术服务、技术培训所产生的收入，并应同时符合以下条件：

（一）在技术转让合同中约定的与该技术转让相关的技术咨询、技术服务、技术培训；

（二）技术咨询、技术服务、技术培训收入与该技术转让项目收入一并收取价款。

二、本公告自 2013 年 11 月 1 日起施行。此前已进行企业所得税处理的相关业务，不作纳税调整。

国家税务总局关于促进残疾人就业税收优惠政策有关问题的公告

2013年12月30日 国家税务总局公告2013年第78号

为进一步增强促进残疾人就业税收优惠政策的实施效果，保障和维护残疾人职工的合法权益，现将促进残疾人就业税收优惠政策有关问题公告如下：

《财政部 国家税务总局关于促进残疾人就业税收优惠政策的通知》（财税〔2007〕92号）第五条第（三）款规定的“基本养老保险”和“基本医疗保险”是指“职工基本养老保险”和“职工基本医疗保险”，不含“城镇居民社会养老保险”“新型农村社会养老保险”“城镇居民基本医疗保险”和“新型农村合作医疗”。

本公告自2014年1月1日起施行。

特此公告。

财政部 国家税务总局关于广东横琴新区 福建平潭综合实验区 深圳前海深港现代服务业合作区企业所得税优惠政策及优惠目录的通知

2014年3月25日 财税〔2014〕26号

广东省、福建省、深圳市财政厅（委）、国家税务局、地方税务局：

根据国务院有关批复精神，现将广东横琴新区、福建平潭综合实验区和深圳前海深港现代服务业合作区企业所得税优惠目录予以公布，并就有关企业所得税政策通知如下：

一、对设在横琴新区、平潭综合实验区和前海深港现代服务业合作区的鼓励类产业企业减按15%的税率征收企业所得税。

上述鼓励类产业企业是指以所在区域《企业所得税优惠目录》（见附件）中规定的产业项目为主营业务，且其主营业务收入占企业收入总额70%以上的企业。

上述所称收入总额，是指《中华人民共和国企业所得税法》第六条规定的收入总额。

二、企业在优惠区域内、外分别设有机构的，仅就其设在优惠区域内的机构的所得确定适用15%的企业所得税优惠税率。在确定区域内机构是否符合优惠条件时，根据设在优惠区域内机构本身的有关指标是否符合本通知第一条规定的条件加以确定，不考虑设在优惠区域外机构的因素。

三、企业既符合本通知规定的减按15%税率征收企业所得税优惠条件，又符合《中华人民共和国企业所得税法》及其实施条例和国务院规定的其他各项税收优惠条件的，可以同时享受；其中符合其他税率优惠条件的，可以选择最优惠的税率执行；涉及定期减免税的减半优惠的，应按照25%的法定税率计算的应纳税额减半征收企业所得税。

四、本通知第一条所称横琴新区，是指国务院2009年8月批复的《横琴总体发展规划》规划的横琴岛范围；所称平潭综合实验区，是指国务院2011年11月批复的《平潭综合实验区总体发展规划》规划的平潭综合实验区范围；所称前海深港现代服务业合作区，是指国务院2010年8月批复的《前海深港现代服务业合作区总体发展规划》规划的前海深港现代服务业合作区范围。

五、税务机关对企业主营业务是否属于《企业所得税优惠目录》难以界定的，可要求企业提供省级（含副省级）政府有关行政主管部门或其授权的下一级行政主管部门出具的证明文件。

六、本通知自2014年1月1日起至2020年12月31日止执行。

扫描二维码查看附件　　扫描二维码查看附件　　扫描二维码查看附件

二维码6　　二维码7　　二维码8

附件：1. 横琴新区企业所得税优惠目录（见二维码6）

2. 平潭综合实验区企业所得税优惠目录（见二维码7）

3. 前海深港现代服务业合作区企业所得税优惠目录（见二维码8）

财政部　国家税务总局
关于小型微利企业所得税优惠政策有关问题的通知

2014年4月8日　财税〔2014〕34号

（注释：政策调整。“自2015年1月1日至2017年12月31日，对年应纳税所得额低于20万元（含20万元）的小型微利企业，其所得减按50%计入应纳税所得额，按20%的税率缴纳企业所得税”。参见：《财政部　国家税务总局关于小型微利企业所得税优惠政策的通知》（财税〔2015〕34号）。）

各省、自治区、直辖市、计划单列市财政厅（局）、国家税务局、地方税务局，新疆生产建设兵团财务局：

为了进一步支持小型微利企业发展，经国务院批准，现就小型微利企业所得税政策通知如下：

一、自2014年1月1日至2016年12月31日，对年应纳税所得额低于10万元（含10万元）的小型微利企业，其所得减按50%计入应纳税所得额，按20%的税率缴纳企业所得税。

二、本通知所称小型微利企业，是指符合《中华人民共和国企业所得税法》及其实施条例以及相关税收政策规定的小型微利企业。

请遵照执行。

财政部 国家税务总局关于公共基础设施项目享受企业所得税优惠政策问题的补充通知

2014 年 7 月 4 日 财税〔2014〕55 号

各省、自治区、直辖市、计划单列市财政厅（局）、国家税务局、地方税务局，新疆生产建设兵团财务局：

根据《中华人民共和国企业所得税法》和《中华人民共和国企业所得税法实施条例》（国务院令第 512 号）的有关规定，现就企业享受公共基础设施项目企业所得税优惠政策有关问题补充通知如下：

一、企业投资经营符合《公共基础设施项目企业所得税优惠目录》规定条件和标准的公共基础设施项目，采用一次核准、分批次（如码头、泊位、航站楼、跑道、路段、发电机组等）建设的，凡同时符合以下条件的，可按每一批次为单位计算所得，并享受企业所得税“三免三减半”优惠：

（一）不同批次在空间上相互独立；

（二）每一批次自身具备取得收入的功能；

（三）以每一批次为单位进行会计核算，单独计算所得，并合理分摊期间费用。

二、公共基础设施项目企业所得税“三免三减半”优惠的其他问题，继续按《财政部 国家税务总局关于执行公共基础设施项目企业所得税优惠目录有关问题的通知》（财税〔2008〕46 号）、《国家税务总局关于实施国家重点扶持的公共基础设施项目企业所得税优惠问题的通知》（国税发〔2009〕80 号）、《财政部 国家税务总局关于公共基础设施项目和环境保护 节能节水项目企业所得税优惠政策问题的通知》（财税〔2012〕10 号）的规定执行。

请遵照执行。

财政部 国家税务总局关于完善固定资产加速折旧企业所得税政策的通知

2014 年 10 月 20 日 财税〔2014〕75 号

各省、自治区、直辖市、计划单列市财政厅（局）、国家税务局、地方税务局，新疆生产建设兵团财务局：

为贯彻落实国务院完善固定资产加速折旧政策精神，现就有关固定资产加速折旧企业所得税政策问题通知如下：

一、对生物药品制造业，专用设备制造业，铁路、船舶、航空航天和其他运输设备制造业，计算机、通信和其他电子设备制造业，仪器仪表制造业，信息传输、软件和信息技术服务业等6个行业的企业2014年1月1日后新购进的固定资产，可缩短折旧年限或采取加速折旧的方法。

对上述6个行业的小型微利企业2014年1月1日后新购进的研发和生产经营共用的仪器、设备，单位价值不超过100万元的，允许一次性计入当期成本费用在计算应纳税所得额时扣除，不再分年度计算折旧；单位价值超过100万元的，可缩短折旧年限或采取加速折旧的方法。

二、对所有行业企业2014年1月1日后新购进的专门用于研发的仪器、设备，单位价值不超过100万元的，允许一次性计入当期成本费用在计算应纳税所得额时扣除，不再分年度计算折旧；单位价值超过100万元的，可缩短折旧年限或采取加速折旧的方法。

三、对所有行业企业持有的单位价值不超过5000元的固定资产，允许一次性计入当期成本费用在计算应纳税所得额时扣除，不再分年度计算折旧。

四、企业按本通知第一条、第二条规定缩短折旧年限的，最低折旧年限不得低于企业所得税法实施条例第六十条规定折旧年限的60%；采取加速折旧方法的，可采取双倍余额递减法或者年数总和法。本通知第一至三条规定之外的企业固定资产加速折旧所得税处理问题，继续按照企业所得税法及其实施条例和现行税收政策规定执行。

五、本通知自2014年1月1日起执行。

财政部　国家税务总局　证监会关于QFII和RQFII取得中国境内的股票等权益性投资资产转让所得暂免征收企业所得税问题的通知

2014年10月31日　财税〔2014〕79号

各省、自治区、直辖市、计划单列市财政厅（局）、国家税务局、地方税务局，新疆生产建设兵团财务局，中国证券登记结算公司：

经国务院批准，从2014年11月17日起，对合格境外机构投资者（简称QFII）、人民币合格境外机构投资者（简称RQFII）取得来源于中国境内的股票等权益性投资资产转让所得，暂免征收企业所得税。在2014年11月17日之前QFII和RQFII取得的上述所得应依法征收企业所得税。

本通知适用于在中国境内未设立机构、场所，或者在中国境内虽设立机构、场所，但取得的上述所得与其所设机构、场所没有实际联系的QFII、RQFII。

国家税务总局关于固定资产加速折旧税收政策有关问题的公告

2014 年 11 月 14 日 国家税务总局公告 2014 年第 64 号

（注释：条款废止。第七条第一款废止。参见：《国家税务总局关于公布全文失效废止和部分条款废止的税收规范性文件目录的公告》（国家税务总局公告 2016 年第 34 号）。

条款废止。附件《固定资产加速折旧预缴情况统计表》及其填报说明废止。自 2015 年 7 月 1 日起废止。参见：《国家税务总局关于发布〈中华人民共和国企业所得税月（季）度预缴纳税申报表（2015 年版）等报表〉的公告》（国家税务总局公告 2015 年第 31 号）。）

为落实国务院完善固定资产加速折旧政策，促进企业技术改造，支持创业创新，根据《中华人民共和国企业所得税法》（以下简称企业所得税法）及其实施条例、《财政部国家税务总局关于完善固定资产加速折旧企业所得税政策的通知》（财税〔2014〕75 号）规定，现就落实完善固定资产加速折旧企业所得税政策有关问题公告如下：

一、对生物药品制造业，专用设备制造业，铁路、船舶、航空航天和其他运输设备制造业，计算机、通信和其他电子设备制造业，仪器仪表制造业，信息传输、软件和信息技术服务业等行业企业（以下简称六大行业），2014 年 1 月 1 日后购进的固定资产（包括自行建造），允许按不低于企业所得税法规定折旧年限的 60% 缩短折旧年限，或选择采取双倍余额递减法或年数总和法进行加速折旧。

六大行业按照国家统计局《国民经济行业分类与代码（GB/4754－2011）》确定。今后国家有关部门更新国民经济行业分类与代码，从其规定。

六大行业企业是指以上述行业业务为主营业务，其固定资产投入使用当年主营业务收入占企业收入总额 50%（不含）以上的企业。所称收入总额，是指企业所得税法第六条规定的收入总额。

二、企业在 2014 年 1 月 1 日后购进并专门用于研发活动的仪器、设备，单位价值不超过 100 万元的，可以一次性在计算应纳税所得额时扣除；单位价值超过 100 万元的，允许按不低于企业所得税法规定折旧年限的 60% 缩短折旧年限，或选择采取双倍余额递减法或年数总和法进行加速折旧。

用于研发活动的仪器、设备范围口径，按照《国家税务总局关于印发（企业研究开发费用税前扣除管理办法（试行））的通知》（国税发〔2008〕116 号）或《科学技术部财政部 国家税务总局关于印发（高新技术企业认定管理工作指引）的通知》（国科发火〔2008〕362 号）规定执行。

企业专门用于研发活动的仪器、设备已享受上述优惠政策的，在享受研发费加计扣除时，按照《国家税务总局关于印发（企业研发费用税前扣除管理办法（试行））的通知》（国税发〔2008〕116 号）、《财政部 国家税务总局关于研究开发费用税前加计扣除有关政策问题的通知》（财税〔2013〕70号）的规定，就已经进行会计处理的折旧、费用等金额进行加计扣除。

六大行业中的小型微利企业研发和生产经营共用的仪器、设备，可以执行本条第一、二款的规定。所称小型微利企业，是指企业所得税法第二十八条规定的小型微利企业。

三、企业持有的固定资产，单位价值不超过5000元的，可以一次性在计算应纳税所得额时扣除。企业在2013年12月31日前持有的单位价值不超过5000元的固定资产，其折余价值部分，2014年1月1日以后可以一次性在计算应纳税所得额时扣除。

四、企业采取缩短折旧年限方法的，对其购置的新固定资产，最低折旧年限不得低于企业所得税法实施条例第六十条规定的折旧年限的60%；企业购置已使用过的固定资产，其最低折旧年限不得低于实施条例规定的最低折旧年限减去已使用年限后剩余年限的60%．最低折旧年限一经确定，一般不得变更。

五、企业的固定资产采取加速折旧方法的，可以采用双倍余额递减法或者年数总和法。加速折旧方法一经确定，一般不得变更。

所称双倍余额递减法或者年数总和法，按照《国家税务总局关于企业固定资产加速折旧所得税处理有关问题的通知》（国税发〔2009〕81号）第四条的规定执行。

六、企业的固定资产既符合本公告优惠政策条件，同时又符合《国家税务总局关于企业固定资产加速折旧所得税处理有关问题的通知》（国税发〔2009〕81号）、《财政部　国家税务总局关于进一步鼓励软件产业和集成电路产业发展企业所得税政策的通知》（财税〔2012〕27号）中相关加速折旧政策条件的，可由企业选择其中最优惠的政策执行，且一经选择，不得改变。

七、*企业固定资产采取一次性税前扣除、缩短折旧年限或加速折旧方法的，预缴申报时，须同时报送《固定资产加速折旧（扣除）预缴情况统计表》（见附件1），年度申报时，实行事后备案管理，并按要求报送相关资料。*

企业应将购进固定资产的发票、记账凭证等有关凭证、凭据（购入已使用过的固定资产，应提供已使用年限的相关说明）等资料留存备查，并应建立台账，准确核算税法与会计差异情况。

主管税务机关应对适用本公告规定优惠政策的企业加强后续管理，对预缴申报时享受了优惠政策的企业，年终汇算清缴时应对企业全年主营业务收入占企业收入总额的比例进行重点审核。

八、本公告适用于2014年及以后纳税年度。

特此公告。

附件：固定资产加速折旧（扣除）预缴情况统计表（已废止）

附件：

固定资产加速折旧（扣除）预缴情况统计表

所属时间：　　年　月　日至　　年　月　日

纳税人识别号：　　　　纳税人名称：　　　　所属行业

行次	项目	房屋、建筑物			机器设备和其他固定资产			合计				
		原值	本期折旧（扣除）额	累计折旧（扣除）额	原值	本期折旧（扣除）额	累计折旧（扣除）额	原值	本期折旧（扣除）额		累计折旧（扣除）额	
									正常折旧额	加速折旧额	正常折旧额	加速折旧额
1	一、六大行业固定资产											
2	（一）生物药品制造业											
3	（二）专用设备制造业											
4	（三）铁路、船舶、航空航天和其他运输设备制造业											
5	（四）计算机、通信和其他电子设备制造业											
6	（五）仪器仪表制造业											
7	（六）信息传输、软件和信息技术服务业											
8	（七）其他行业											
9	二、允许一次性扣除的固定资产											
10	（一）单位价值不超过100万元的研发仪器、设备											
11	其中：六大行业小型微利企业研发和生产经营共用的仪器、设备											

续表

行次	项　目	房屋、建筑物			机器设备和其他固定资产			合计				
		原值	本期折旧（扣除）额	累计折旧（扣除）额	原值	本期折旧（扣除）额	累计折旧（扣除）额	原值	本期折旧（扣除）额		累计折旧（扣除）额	
									正常折旧额	加速折旧额	正常折旧额	加速折旧额
12	（二）单位价值不超过5 000元的固定资产											
13	总　计											

法人代表：（签章）　　　　填表人：

填报说明：

一、本表适用于符合《财政部　国家税务总局关于完善固定资产加速折旧税收政策有关问题的通知》（财税〔2014〕75号）和本公告规定的企业，填报享受固定资产加速折旧和一次性扣除优惠政策的统计情况，不作为纳税申报表格。企业月（季）度预缴企业所得税时，作为附报资料，随同纳税申报表一并报送。年度申报时，在企业所得税年度纳税申报表中统一填报，不单独填报本表。

企业享受《国家税务总局关于企业固定资产加速折旧所得税处理有关问题的通知》（国税发〔2009〕81号）规定的固定资产加速折旧优惠政策的，不填报本表。

二、为统计加速折旧（扣除）政策的优惠数据，固定资产填报按以下情况掌握：

（一）会计处理采取正常折旧方法，税法规定采取缩短年限方法的，按税法规定折旧完毕后，该项固定资产不再填写本表；

（二）会计处理采取正常折旧方法，税法规定采取年数总和法、双倍余额递减法方法的，从按税法规定折旧金额小于按会计处理折旧金额的月（季）度起，该项固定资产不再填写本表；

（三）会计处理、税法规定均采取加速折旧方法的，合计栏项下“正常折旧额”，按该类固定资产税法最低折旧年限和直线法估算“正常折旧额”后，与税法规定的“加速折旧额”比较，计算加速折旧金额。

税法规定采取缩短年限方法的，在折旧完毕后，该项固定资产不再填写本表。税法规定采取年数总和法、双倍余额递减法的，加速折旧额小于会计处理折旧额（或正常折旧额）的月份、季度起，该项固定资产不再填写本表。

三、有关项目填报说明。

（一）表头项目。

1. 所属时间：填报本年度固定资产加速折旧或一次性扣除的起始时间至本月份、季度申报的截止时间。

2. 所属行业：六大行业企业按照本表项目栏纵向对应的实际从事行业填写；六大行业以外的其他行业，不填写。

（二）行次填报。

1. 六大行业按照本公告规定确定的六大行业，分别填报本表第2行至第7行。

第 8 行“其他行业”：由单位价值超过 100 万元的研发仪器、设备采取缩短折旧年限或加速折旧方法的六大行业之外的其他企业填写。

2. 允许一次性扣除的固定资产，按照单位价值不超过 100 万元的研发仪器、设备等和单位价值不超过 5000 元的情况，分别填写。小微企业研发与经营活动共用的仪器、设备一次扣除，同时填写本表第 10 行、第 11 行。

（三）列次填报。

1. 原值：填写固定资产实际购置价值。自行建造固定资产，按照会计入账价值确定。

2. 本期折旧（扣除）额：预缴申报时填报当月（季）度税法口径的折旧（扣除）额。

3. 累计折旧（扣除）额：预缴申报时填报本年度 1 月 1 日截止当月（季）度税法口径的折旧（扣除）额。

4. 合计栏“本期折旧（扣除）额”中的“加速折旧额”－“正常折旧额”的差额，反映本月、本季度加速折旧或一次性扣除政策导致应纳税所得额减少的金额。

“累计折旧（扣除）额”中的“加速折旧额”－“正常折旧额”的差额，反映本年度 1 月 1 日截止当月（季）度，加速折旧或一次性扣除政策导致应纳税所得税额减少的金额。

正常折旧额：会计上未采取加速折旧方法的，按照会计账册反映的折旧额填报。

会计上采取缩短年限法的，按照不短于税法上该类固定资产最低折旧年限和直线法计算的折旧额填报；会计上采取年数总和法、双倍余额递减法的，按照直线法换算的折旧额填报。当会计折旧额小于税法加速折旧额时，该类固定资产不再填报本表。

加速折旧额：填报固定资产缩短折旧年限法、年数总和法、双倍余额递减法、一次性扣除等，在本月、季度实际计入应纳税所得额的数额。

财政部 国家税务总局 发展改革委 工业和信息化部关于进一步鼓励集成电路产业发展企业所得税政策的通知

2015年3月2日 财税〔2015〕6号

各省、自治区、直辖市、计划单列市财政厅（局）、国家税务局、地方税务局、发展改革委、工业和信息化主管部门：

根据《中华人民共和国企业所得税法》及其实施条例和《国务院关于印发进一步鼓励软件产业和集成电路产业发展若干政策的通知》（国发〔2011〕4号）、《国家集成电路产业发展推进纲要》精神，为进一步推动科技创新和产业结构升级，促进信息技术产业发展，现将进一步鼓励集成电路产业发展的企业所得税政策通知如下：

一、符合条件的集成电路封装、测试企业以及集成电路关键专用材料生产企业、集成电路专用设备生产企业，在2017年（含2017年）前实现获利的，自获利年度起，第一年至第二年免征企业所得税，第三年至第五年按照25%的法定税率减半征收企业所得税，并享受至期满为止；2017年前未实现获利的，自2017年起计算优惠期，享受至期满为止。

二、本通知所称符合条件的集成电路封装、测试企业，必须同时满足以下条件：

1. 2014年1月1日后依法在中国境内成立的法人企业；

2. 签订劳动合同关系且具有大学专科以上学历的职工人数占企业当年月平均职工总人数的比例不低于40%，其中，研究开发人员占企业当年月平均职工总数的比例不低于20%；

3. 拥有核心关键技术，并以此为基础开展经营活动，且当年度的研究开发费用总额占企业销售（营业）收入（主营业务收入与其他业务收入之和，下同）总额的比例不低于3.5%，其中，企业在中国境内发生的研究开发费用金额占研究开发费用总额的比例不低于60%；

4. 集成电路封装、测试销售（营业）收入占企业收入总额的比例不低于60%；

5. 具有保证产品生产的手段和能力，并获得有关资质认证（包括150质量体系认证、人力资源能力认证等）；

6. 具有与集成电路封装、测试相适应的经营场所、软硬件设施等基本条件。

三、本通知所称符合条件的集成电路关键专用材料生产企业或集成电路专用设备生产企业，必须同时满足以下条件：

1. 2014年1月1日后依法在中国境内成立的法人企业；

2. 签订劳动合同关系且具有大学专科以上学历的职工人数占企业当年月平均职工总人数的比例不低于40%，其中，研究开发人员占企业当年月平均职工总数的比例不低于20%；

3. 拥有核心关键技术，并以此为基础开展经营活动，且当年度的研究开发费用总额占企业销售（营业）收入总额的比例不低于5%，其中，企业在中国境内发生的研究开发费用金额占研究开发费用总额的比例不低于60%；

4. 集成电路关键专用材料或专用设备销售收入占企业销售（营业）收入总额的比例不

低于 30%；

5. 具有保证集成电路关键专用材料或专用设备产品生产的手段和能力，并获得有关资质认证（包括 150 质量体系认证、人力资源能力认证等）；

6. 具有与集成电路关键专用材料或专用设备生产相适应的经营场所、软硬件设施等基本条件。

集成电路关键专用材料或专用设备的范围，分别按照《集成电路关键专用材料企业所得税优惠目录》（附件 1）、《集成电路专用设备企业所得税优惠目录》（附件 2）的规定执行。

四、符合本通知规定条件的企业，应在年度终了之日起 4 个月内，按照本通知及企业所得税相关税收优惠政策管理的规定，凭省级相关部门出具的证明向主管税务机关办理减免税手续。省级相关部门证明出具办法，由各省（自治区、直辖市、计划单列市）发展改革委、工业和信息化主管部门会同财政、税务等部门研究确定。

五、享受上述税收优惠的企业有下述情况之一的，应取消其享受税收优惠的资格，并补缴存在以下行为所属年度已减免的企业所得税税款：

1. 在申请认定过程中提供虚假信息的；

2. 有偷、骗税等行为的；

3. 发生重大安全、质量事故的；

4. 有环境等违法、违规行为，受到有关部门处罚的。

六、享受税收优惠的企业，其税收优惠条件发生变化的，应当自发生变化之日起七日内向主管税务机关报告；不再符合税收优惠条件的，应当依法履行纳税义务；未依法纳税的，主管税务机关应当予以追缴。同时，主管税务机关在执行税收优惠政策过程中，发现企业不符合享受税收优惠条件的，可暂停企业享受的相关税收优惠，并提请相关部门进行有关条件复核。

七、集成电路封装、测试企业以及集成电路关键专用材料生产企业、集成电路专用设备生产企业等依照本通知规定可以享受的企业所得税优惠政策与其他定期减免税优惠政策存在交叉的，由企业选择一项最优惠政策执行，不叠加享受。

八、本通知自 2014 年 1 月 1 日起执行。

财政部　国家税务总局关于高新技术企业职工教育经费税前扣除政策的通知

2015 年 6 月 9 日　财税〔2015〕63 号

各省、自治区、直辖市、计划单列市财政厅（局）、国家税务局、地方税务局，新疆生产建设兵团财务局：

经国务院批准，现就高新技术企业职工教育经费税前扣除政策通知如下：

一、高新技术企业发生的职工教育经费支出，不超过工资薪金总额 8% 的部分，准予在计算企业所得税应纳税所得额时扣除；超过部分，准予在以后纳税年度结转扣除。

二、本通知所称高新技术企业，是指注册在中国境内、实行查账征收、经认定的高新技术企业。

三、本通知自2015年1月1日起执行。

财政部　国家税务总局　人力资源社会保障部关于扩大企业吸纳就业税收优惠适用人员范围的通知

2015年7月10日　财税〔2015〕77号

各省、自治区、直辖市、计划单列市财政厅（局）、国家税务局、地方税务局、人力资源社会保障厅（局），新疆生产建设兵团财务局、人力资源社会保障局：

为进一步做好新形势下促进就业工作，根据国务院决定，现对《财政部　国家税务总局　人力资源社会保障部关于继续实施支持和促进重点群体创业就业有关税收政策的通知》（财税〔2014〕39号）中企业吸纳就业税收优惠适用人员范围作如下调整：

将财税〔2014〕39号文件中“当年新招用在人力资源社会保障部门公共就业服务机构登记失业一年以上”的内容调整为“当年新招用在人力资源社会保障部门公共就业服务机构登记失业半年以上”，其他政策内容和具体实施办法不变。

本通知自2015年5月1日起施行。各地财政、税务、人力资源社会保障部门要认真做好新旧政策的衔接工作，主动做好政策宣传工作，确保政策落实到位。

财政部　国家税务总局关于进一步完善固定资产加速折旧企业所得税政策的通知

2015年9月17日　财税〔2015〕106号

各省、自治区、直辖市、计划单列市财政厅（局）、国家税务局、地方税务局，新疆生产建设兵团财务局：

根据国务院常务会议的有关决定精神，现就有关固定资产加速折旧企业所得税政策问题通知如下：

一、对轻工、纺织、机械、汽车等四个领域重点行业（具体范围见附件）的企业2015年1月1日后新购进的固定资产，可由企业选择缩短折旧年限或采取加速折旧的方法。

二、对上述行业的小型微利企业2015年1月1日后新购进的研发和生产经营共用的仪器、设备，单位价值不超过100万元的，允许一次性计入当期成本费用在计算应纳税所得额时扣除，不再分年度计算折旧；单位价值超过100万元的，可由企业选择缩短折旧年限或采取加速折旧的方法。

三、企业按本通知第一条、第二条规定缩短折旧年限的，最低折旧年限不得低于企业所得税法实施条例第六十条规定折旧年限的60%；采取加速折旧方法的，可采取双倍余额递减法或者年数总和法。

按照企业所得税法及其实施条例有关规定，企业根据自身生产经营需要，也可选择不实行加速折旧政策。

四、本通知自2015年1月1日起执行。2015年前3季度按本通知规定未能计算办理的，统一在2015年第4季度预缴申报时享受优惠或2015年度汇算清缴时办理。

附件：轻工、纺织、机械、汽车四个领域重点行业范围

附件：

轻工、纺织、机械、汽车四个领域重点行业范围

代码			类别名称	备注
大类	中类	小类		
	268		日用化学产品制造	轻工
		2681	肥皂及合成洗涤剂制造	
		2682	化妆品制造	
		2683	口腔清洁用品制造	
		2684	香料、香精制造	
		2689	其他日用化学产品制造	
27			医药制造业	轻工
	271		化学药品原料药制造	
	272		化学药品制剂制造	
	273		中药饮片加工	
	274		中成药生产	
	275		兽用药品制造	
	277		卫生材料及医药用品制造	
13			农副食品加工业	轻工
	131		谷物磨制	
	132		饲料加工	
	133		植物油加工	
	134		制糖业	
	135		屠宰及肉类加工	
	136		水产品加工	
	137		蔬菜、水果和坚果加工	
	139		其他农副食品加工	
14			食品制造业	轻工
	141		焙烤食品制造	
	142		糖果、巧克力及蜜饯制造	
	143		方便食品制造	

续表

代码			类别名称	备注
大类	中类	小类		
	144		乳制品制造	
	145		罐头食品制造	
	146		调味品、发酵制品制造	
	149		其他食品制造	
17			纺织业	纺织
	171		棉纺织及印染精加工	
	172		毛纺织及染整精加工	
	173		麻纺织及染整精加工	
	174		丝绢纺织及印染精加工	
	175		化纤织造及印染精加工	
	176		针织或钩针编织物及其制品制造	
	177		家用纺织制成品制造	
	178		非家用纺织制成品制造	
18			纺织服装、服饰业	纺织
	181		机织服装制造	
	182		针织或钩针编织服装制造	
	183		服饰制造	
19			皮革、毛皮、羽毛及其制品和制鞋业	轻工
	191		皮革鞣制加工	
	192		皮革制品制造	
	193		毛皮鞣制及制品加工	
	194		羽毛（绒）加工及制品制造	
	195		制鞋业	
20			木材加工和木、竹、藤、棕、草制品业	轻工
	201		木材加工	
	202		人造板制造	
	203		木制品制造	
	204		竹、藤、棕、草等制品制造	
21			家具制造业	轻工
	211		木质家具制造	
	212		竹、藤家具制造	
	213		金属家具制造	
	214		塑料家具制造	
	219		其他家具制造	
22			造纸和纸制品业	轻工
	221		纸浆制造	
	222		造纸	
	223		纸制品制造	
23			印刷和记录媒介复制业	轻工

续表

代码			类别名称	备注
大类	中类	小类		
	231		印刷	
	232		装订及印刷相关服务	
	233		记录媒介复制	
24			文教、工美、体育和娱乐用品制造业	轻工
	241		文教办公用品制造	
	242		乐器制造	
	243		工艺美术品制造	
	244		体育用品制造	
	245		玩具制造	
28			化学纤维制造业	纺织
	281		纤维素纤维原料及纤维制造	
	282		合成纤维制造	
	292		塑料制品业	轻工
		2921	塑料薄膜制造	
		2922	塑料板、管、型材制造	
		2923	塑料丝、绳及编织品制造	
		2924	泡沫塑料制造	
		2925	塑料人造革、合成革制造	
		2926	塑料包装箱及容器制造	
		2927	日用塑料制品制造	
		2928	塑料零件制造	
		2929	其他塑料制品制造	
33			金属制品业	机械
	331		结构性金属制品制造	
	332		金属工具制造	
	333		集装箱及金属包装容器制造	
	334		金属丝绳及其制品制造	
	335		建筑、安全用金属制品制造	
	336		金属表面处理及热处理加工	
	337		搪瓷制品制造	
	338		金属制日用品制造	
	339		其他金属制品制造	
34			通用设备制造业	机械
	341		锅炉及原动设备制造	
	342		金属加工机械制造	
	343		物料搬运设备制造	
	344		泵、阀门、压缩机及类似机械制造	
	345		轴承、齿轮和传动部件制造	
	346		烘炉、风机、衡器、包装等设备制造	

续表

代码			类别名称	备注
大类	中类	小类		
	347		文化、办公用机械制造	
	348		通用零部件制造	
	349		其他通用设备制造业	
36			汽车制造业	汽车
	361		汽车整车制造	
	362		改装汽车制造	
	363		低速载货汽车制造	
	364		电车制造	
	365		汽车车身、挂车制造	
	366		汽车零部件及配件制造	
38			电气机械和器材制造业	机械
	381		电机制造	
	382		输配电及控制设备制造	
	383		电线、电缆、光缆及电工器材制造	
	384		电池制造	
	385		家用电力器具制造	
	386		非电力家用器具制造	
	387		照明器具制造	
	389		其他电气机械及器材制造	

注：以上代码和类别名称来自《国民经济行业分类（GB/T 4754－2011）》。

财政部　国家税务总局　科技部关于完善研究开发费用税前加计扣除政策的通知

2015 年 11 月 2 日　财税〔2015〕119 号

（注释：条款废止。第二条中“企业委托境外机构或个人进行研发活动所发生的费用，不得加计扣除”的规定废止。自 2018 年 1 月 1 日起废止。参见：《财政部　税务总局　科技部关于企业委托境外研究开发费用税前加计扣除有关政策问题的通知》（财税〔2018〕64 号）。）

各省、自治区、直辖市、计划单列市财政厅（局）、国家税务局、地方税务局、科技厅（局），新疆生产建设兵团财务局、科技局：

根据《中华人民共和国企业所得税法》及其实施条例有关规定，为进一步贯彻落实《中共中央　国务院关于深化体制机制改革加快实施创新驱动发展战略的若干意见》精神，更好地鼓励企业开展研究开发活动（以下简称研发活动）和规范企业研究开发费用（以下简称研发费用）加计扣除优惠政策执行，现就企业研发费用税前加计扣除有关问题通知如下：

一、研发活动及研发费用归集范围

本通知所称研发活动，是指企业为获得科学与技术新知识，创造性运用科学技术新知识，或实质性改进技术、产品（服务）、工艺而持续进行的具有明确目标的系统性活动。

（一）允许加计扣除的研发费用。

企业开展研发活动中实际发生的研发费用，未形成无形资产计入当期损益的，在按规定据实扣除的基础上，按照本年度实际发生额的50%，从本年度应纳税所得额中扣除；形成无形资产的，按照无形资产成本的150%在税前摊销。研发费用的具体范围包括：

1. 人员人工费用。

直接从事研发活动人员的工资薪金、基本养老保险费、基本医疗保险费、失业保险费、工伤保险费、生育保险费和住房公积金，以及外聘研发人员的劳务费用。

2. 直接投入费用。

（1）研发活动直接消耗的材料、燃料和动力费用。

（2）用于中间试验和产品试制的模具、工艺装备开发及制造费，不构成固定资产的样品、样机及一般测试手段购置费，试制产品的检验费。

（3）用于研发活动的仪器、设备的运行维护、调整、检验、维修等费用，以及通过经营租赁方式租入的用于研发活动的仪器、设备租赁费。

3. 折旧费用。

用于研发活动的仪器、设备的折旧费。

4. 无形资产摊销。

用于研发活动的软件、专利权、非专利技术（包括许可证、专有技术、设计和计算方法等）的摊销费用。

5. 新产品设计费、新工艺规程制定费、新药研制的临床试验费、勘探开发技术的现场试验费。

6. 其他相关费用。

与研发活动直接相关的其他费用，如技术图书资料费、资料翻译费、专家咨询费、高新科技研发保险费，研发成果的检索、分析、评议、论证、鉴定、评审、评估、验收费用，知识产权的申请费、注册费、代理费，差旅费、会议费等。此项费用总额不得超过可加计扣除研发费用总额的10%。

7. 财政部和国家税务总局规定的其他费用。

（二）下列活动不适用税前加计扣除政策。

1. 企业产品（服务）的常规性升级。

2. 对某项科研成果的直接应用，如直接采用公开的新工艺、材料、装置、产品、服务或知识等。

3. 企业在商品化后为顾客提供的技术支持活动。

4. 对现存产品、服务、技术、材料或工艺流程进行的重复或简单改变。

5. 市场调查研究、效率调查或管理研究。

6. 作为工业（服务）流程环节或常规的质量控制、测试分析、维修维护。

7. 社会科学、艺术或人文学方面的研究。

二、特别事项的处理

1. 企业委托外部机构或个人进行研发活动所发生的费用，按照费用实际发生额的80%计入委托方研发费用并计算加计扣除，受托方不得再进行加计扣除。委托外部研究开发费用实际发生额应按照独立交易原则确定。

委托方与受托方存在关联关系的，受托方应向委托方提供研发项目费用支出明细情况。

企业委托境外机构或个人进行研发活动所发生的费用，不得加计扣除。

2. 企业共同合作开发的项目，由合作各方就自身实际承担的研发费用分别计算加计扣除。

3. 企业集团根据生产经营和科技开发的实际情况，对技术要求高、投资数额大，需要集中研发的项目，其实际发生的研发费用，可以按照权利和义务相一致、费用支出和收益分享相配比的原则，合理确定研发费用的分摊方法，在受益成员企业间进行分摊，由相关成员企业分别计算加计扣除。

4. 企业为获得创新性、创意性、突破性的产品进行创意设计活动而发生的相关费用，可按照本通知规定进行税前加计扣除。

创意设计活动是指多媒体软件、动漫游戏软件开发，数字动漫、游戏设计制作；房屋建筑工程设计（绿色建筑评价标准为三星）、风景园林工程专项设计；工业设计、多媒体设计、动漫及衍生产品设计、模型设计等。

三、会计核算与管理

1. 企业应按照国家财务会计制度要求，对研发支出进行会计处理；同时，对享受加计扣除的研发费用按研发项目设置辅助账，准确归集核算当年可加计扣除的各项研发费用实际发生额。企业在一个纳税年度内进行多项研发活动的，应按照不同研发项目分别归集可加计扣除的研发费用。

2. 企业应对研发费用和生产经营费用分别核算，准确、合理归集各项费用支出，对划分不清的，不得实行加计扣除。

四、不适用税前加计扣除政策的行业

1. 烟草制造业。

2. 住宿和餐饮业。

3. 批发和零售业。

4. 房地产业。

5. 租赁和商务服务业。

6. 娱乐业。

7. 财政部和国家税务总局规定的其他行业。

上述行业以《国民经济行业分类与代码（GB/4754 －2011）》为准，并随之更新。

五、管理事项及征管要求

1. 本通知适用于会计核算健全、实行查账征收并能够准确归集研发费用的居民企业。

2. 企业研发费用各项目的实际发生额归集不准确、汇总额计算不准确的，税务机关有权对其税前扣除额或加计扣除额进行合理调整。

3. 税务机关对企业享受加计扣除优惠的研发项目有异议的，可以转请地市级（含）以上科技行政主管部门出具鉴定意见，科技部门应及时回复意见。企业承担省部级（含）以上科研项目的，以及以前年度已鉴定的跨年度研发项目，不再需要鉴定。

4. 企业符合本通知规定的研发费用加计扣除条件而在2016年1月1日以后未及时享受该项税收优惠的，可以追溯享受并履行备案手续，追溯期限最长为3年。

5. 税务部门应加强研发费用加计扣除优惠政策的后续管理，定期开展核查，年度核查面不得低于20%。

六、执行时间

本通知自2016年1月1日起执行。《国家税务总局关于印发〈企业研究开发费用税前扣除管理办法（试行）〉的通知》（国税发〔2008〕116号）和《财政部　国家税务总局关于研究开发费用税前加计扣除有关政策问题的通知》（财税〔2013〕70号）同时废止。

国家税务总局　财政部　人力资源社会保障部　教育部　民政部关于支持和促进重点群体创业就业有关税收政策具体实施问题的补充公告

2015年2月13日　国家税务总局　财政部　人力资源社会保障部
教育部　民政部公告2015年第12号

为贯彻落实《财政部　国家税务总局　人力资源社会保障部　教育部关于支持和促进重点群体创业就业税收政策有关问题的补充通知》（财税〔2015〕18号）精神，现对《国家税务总局　财政部　人力资源社会保障部　教育部　民政部关于支持和促进重点群体创业就业有关税收政策具体实施问题的公告》（2014年第34号）有关内容补充公告如下：

一、《就业失业登记证》更名为《就业创业证》，已发放的《就业失业登记证》继续有效。

二、取消《高校毕业生自主创业证》后，毕业年度内高校毕业生在校期间从事个体经营享受税收优惠政策的，按规定凭学生证到公共就业服务机构申领《就业创业证》，或委托所在高校就业指导中心向公共就业服务机构代为其申领《就业创业证》；毕业年度内高校毕业生离校后从事个体经营享受税收优惠政策的，按规定直接向公共就业服务机构申领《就业创业证》。公共就业服务机构在《就业创业证》上注明“毕业年度内自主创业税收政策”。

本补充公告自发布之日起施行。

特此公告。

国家税务总局关于执行《西部地区鼓励类产业目录》有关企业所得税问题的公告

2015 年 3 月 10 日　国家税务总局公告 2015 年第 14 号

为深入实施西部大开发战略，促进西部地区产业结构调整和特色优势产业发展，经国务院批准，发展改革委发布了《西部地区鼓励类产业目录》（中华人民共和国国家发展和改革委员会令第 15 号），自 2014 年 10 月 1 日起施行。现就执行《西部地区鼓励类产业目录》有关企业所得税问题，公告如下：

一、对设在西部地区以《西部地区鼓励类产业目录》中新增鼓励类产业项目为主营业务，且其当年度主营业务收入占企业收入总额 70% 以上的企业，自 2014 年 10 月 1 日起，可减按 15% 税率缴纳企业所得税。

二、已按照《国家税务总局关于深入实施西部大开发战略有关企业所得税问题的公告》（国家税务总局公告 2012 年第 12 号）第三条规定享受企业所得税优惠政策的企业，其主营业务如不再属于《西部地区鼓励类产业目录》中国家鼓励类产业项目的，自 2014 年 10 月 1 日起，停止执行减按 15% 税率缴纳企业所得税。

三、凡对企业主营业务是否属于《西部地区鼓励类产业目录》中国家鼓励类产业项目难以界定的，税务机关可以要求企业提供省级（含副省级）发展改革部门或其授权部门出具的证明文件。证明文件需明确列示主营业务的具体项目及符合《西部地区鼓励类产业目录》中的对应条款项目。

四、本公告自 2014 年 10 月 1 日起施行，《国家税务总局关于深入实施西部大开发战略有关企业所得税问题的公告》（国家税务总局公告 2012 年第 12 号）第三条中有关重新计算申报的规定停止执行。

特此公告。

国家税务总局关于贯彻落实扩大小型微利企业减半征收企业所得税范围有关问题的公告

2015 年 3 月 18 日　国家税务总局公告 2015 年第 17 号

（注释：条款废止。第五条自 2015 年 7 月 1 日起废止。参见：《国家税务总局关于发布〈中华人民共和国企业所得税月（季）度预缴纳税申报表（2015 年版）等报表〉的公告》（国家税务总局公告 2015 年第 31 号）。）

为落实国务院第83次常务会议关于扩大小型微利企业减半征收企业所得税优惠政策实施范围的决定，根据《中华人民共和国企业所得税法》及其实施条例、《财政部 国家税务总局关于小型微利企业所得税优惠政策的通知》（财税〔2015〕34号）规定，对落实小型微利企业所得税优惠政策问题公告如下：

一、符合规定条件的小型微利企业，无论采取查账征收还是核定征收方式，均可享受小型微利企业所得税优惠政策。

小型微利企业所得税优惠政策，包括企业所得税减按20%税率征收（以下简称减低税率政策），以及财税〔2015〕34号文件规定的优惠政策（以下简称减半征税政策）。

二、符合规定条件的小型微利企业，在季度、月份预缴企业所得税时，可以自行享受小型微利企业所得税优惠政策，无须税务机关审核批准。

小型微利企业在预缴和汇算清缴时通过填写企业所得税纳税申报表“从业人数、资产总额”等栏次履行备案手续，不再另行专门备案。在2015年企业所得税预缴纳税申报表修订之前，小型微利企业预缴申报时，暂不需提供“从业人数、资产总额”情况。

三、小型微利企业预缴时享受企业所得税优惠政策，按照以下规定执行：

（一）查账征收的小型微利企业。上一纳税年度符合小型微利企业条件，且年度应纳税所得额不超过20万元（含）的，分别按照以下情况处理：

1. 本年度按照实际利润额预缴企业所得税的，预缴时累计实际利润额不超过20万元的，可以享受小型微利企业所得税减半征税政策；超过20万元的，应当停止享受减半征税政策。

2. 本年度按照上年度应纳税所得额的季度（或月份）平均额预缴企业所得税的，可以享受小型微利企业减半征税政策。

（二）定率征税的小型微利企业。上一纳税年度符合小型微利企业条件，且年度应纳税所得额不超过20万元（含）的，本年度预缴企业所得税时，累计应纳税所得额不超过20万元的，可以享受减半征税政策；超过20万元的，不享受减半征税政策。

（三）定额征税的小型微利企业，由主管税务机关根据优惠政策规定相应调减定额后，按照原办法征收。

（四）本年度新办的小型微利企业预缴企业所得税时，凡累计实际利润额或应纳税所得额不超过20万元的，可以享受减半征税政策；超过20万元的，停止享受减半征税政策。

（五）企业根据本年度生产经营情况，预计本年度符合小型微利企业条件的，季度、月份预缴企业所得税时，可以享受小型微利企业所得税优惠政策。

四、企业预缴时享受了小型微利企业优惠政策，但年度汇算清缴超过规定标准的，应按规定补缴税款。

五、《国家税务总局关于发布〈中华人民共和国企业所得税月（季）度预缴纳税申报表（2014年版）等报表〉的公告》（国家税务总局公告2014年第28号）附件2、附件4涉及以下相关行次的填报说明中，原10万元统一修改为20万元：

（一）附件2《中华人民共和国企业所得税月（季）度预缴纳税申报表（A类，2014年版）》填报说明第五条第（一）项之13. 第14行的填报说明。

（二）附件2《中华人民共和国企业所得税月（季）度预缴纳税申报表（A类，2014年版）》填报说明第五条第（二）项之5. 第25行的填报说明。

(三) 附件4《中华人民共和国企业所得税月(季)度和年度纳税申报表(B类,2014年版)》填报说明第三条第(三)项之1.第12行的填报说明。

六、本公告适用于2015年至2017年度小型微利企业申报缴纳企业所得税。本公告发布之日起,《国家税务总局关于扩大小型微利企业减半征收企业所得税范围有关问题的公告》(国家税务总局公告2014年第23号)废止。

特此公告。

国家税务总局关于促进残疾人就业税收优惠政策相关问题的公告

2015年7月31日　国家税务总局公告2015年第55号

现将促进残疾人就业税收优惠政策相关问题公告如下:

一、以劳务派遣形式就业的残疾人,属于劳务派遣单位的职工。劳务派遣单位可按照《财政部　国家税务总局关于促进残疾人就业税收优惠政策的通知》(财税〔2007〕92号,以下简称《通知》)规定,享受相关税收优惠政策。

二、安置残疾人的机关事业单位以及由机关事业单位改制后的企业,为残疾人缴纳的机关事业单位养老保险,属于《通知》第五条第(三)款规定的"基本养老保险"范畴,可按规定享受相关税收优惠政策。

本公告自2015年9月1日起施行。此前未处理的事项,按照本公告规定执行。

特此公告。

国家税务总局关于进一步完善固定资产加速折旧企业所得税政策有关问题的公告

2015年9月25日　国家税务总局公告2015年第68号

为落实国务院扩大固定资产加速折旧优惠范围的决定,根据《中华人民共和国企业所得税法》(以下简称企业所得税法)及其实施条例(以下简称实施条例)、《财政部　国家税务总局关于进一步完善固定资产加速折旧企业所得税政策的通知》(财税〔2015〕106号)规定,现就进一步完善固定资产加速折旧企业所得税政策有关问题公告如下:

一、对轻工、纺织、机械、汽车等四个领域重点行业(以下简称四个领域重点行业)企业2015年1月1日后新购进的固定资产(包括自行建造,下同),允许缩短折旧年限或采取加速折旧方法。

四个领域重点行业按照财税〔2015〕106号附件"轻工、纺织、机械、汽车四个领域重点行业范围”确定。今后国家有关部门更新国民经济行业分类与代码，从其规定。

四个领域重点行业企业是指以上述行业业务为主营业务，其固定资产投入使用当年的主营业务收入占企业收入总额50%（不含）以上的企业。所称收入总额，是指企业所得税法第六条规定的收入总额。

二、对四个领域重点行业小型微利企业2015年1月1日后新购进的研发和生产经营共用的仪器、设备，单位价值不超过100万元（含）的，允许在计算应纳税所得额时一次性全额扣除；单位价值超过100万元的，允许缩短折旧年限或采取加速折旧方法。

用于研发活动的仪器、设备范围口径，按照《国家税务总局关于印发〈企业研究开发费用税前扣除管理办法（试行）〉的通知》（国税发〔2008〕116号）或《科学技术部　财政部　国家税务总局关于印发〈高新技术企业认定管理工作指引〉的通知》（国科发火〔2008〕362号）规定执行。

小型微利企业，是指企业所得税法第二十八条规定的小型微利企业。

三、企业按本公告第一条、第二条规定缩短折旧年限的，对其购置的新固定资产，最低折旧年限不得低于实施条例第六十条规定的折旧年限的60%；对其购置的已使用过的固定资产，最低折旧年限不得低于实施条例规定的最低折旧年限减去已使用年限后剩余年限的60%。最低折旧年限一经确定，不得改变。

四、企业按本公告第一条、第二条规定采取加速折旧方法的，可以采用双倍余额递减法或者年数总和法。加速折旧方法一经确定，不得改变。

双倍余额递减法或者年数总和法，按照《国家税务总局关于固定资产加速折旧所得税处理有关问题的通知》（国税发〔2009〕81号）第四条的规定执行。

五、企业的固定资产既符合本公告优惠政策条件，又符合《国家税务总局关于企业固定资产加速折旧所得税处理有关问题的通知》（国税发〔2009〕81号）、《财政部　国家税务总局关于进一步鼓励软件产业和集成电路产业发展企业所得税政策的通知》（财税〔2012〕27号）中有关加速折旧优惠政策条件，可由企业选择其中一项加速折旧优惠政策执行，且一经选择，不得改变。

六、企业应将购进固定资产的发票、记账凭证等有关资料留存备查，并建立台账，准确反映税法与会计差异情况。

七、本公告适用于2015年及以后纳税年度。企业2015年前3季度按本公告规定未能享受加速折旧优惠的，可将前3季度应享受的加速折旧部分，在2015年第4季度企业所得税预缴申报时享受，或者在2015年度企业所得税汇算清缴时统一享受。

特此公告。

国家税务总局关于许可使用权技术转让所得企业所得税有关问题的公告

2015 年 11 月 16 日　国家税务总局公告 2015 年第 82 号

根据《中华人民共和国企业所得税法》及其实施条例、《财政部　国家税务总局关于将国家自主创新示范区有关税收试点政策推广到全国范围实施的通知》（财税〔2015〕116号）规定，现就许可使用权技术转让所得企业所得税有关问题公告如下：

一、自 2015 年 10 月 1 日起，全国范围内的居民企业转让 5 年（含，下同）以上非独占许可使用权取得的技术转让所得，纳入享受企业所得税优惠的技术转让所得范围。居民企业的年度技术转让所得不超过 500 万元的部分，免征企业所得税；超过 500 万元的部分，减半征收企业所得税。

所称技术包括专利（含国防专利）、计算机软件著作权、集成电路布图设计专有权、植物新品种权、生物医药新品种，以及财政部和国家税务总局确定的其他技术。其中，专利是指法律授予独占权的发明、实用新型以及非简单改变产品图案和形状的外观设计。

二、企业转让符合条件的 5 年以上非独占许可使用权的技术，限于其拥有所有权的技术。技术所有权的权属由国务院行政主管部门确定。其中，专利由国家知识产权局确定权属；国防专利由总装备部确定权属；计算机软件著作权由国家版权局确定权属；集成电路布图设计专有权由国家知识产权局确定权属；植物新品种权由农业部确定权属；生物医药新品种由国家食品药品监督管理总局确定权属。

三、符合条件的 5 年以上非独占许可使用权技术转让所得应按以下方法计算：

技术转让所得 = 技术转让收入 - 无形资产摊销费用 - 相关税费 - 应分摊期间费用

技术转让收入是指转让方履行技术转让合同后获得的价款，不包括销售或转让设备、仪器、零部件、原材料等非技术性收入。不属于与技术转让项目密不可分的技术咨询、服务、培训等收入，不得计入技术转让收入。技术许可使用权转让收入，应按转让协议约定的许可使用权人应付许可使用权使用费的日期确认收入的实现。

无形资产摊销费用是指该无形资产按税法规定当年计算摊销的费用。涉及自用和对外许可使用的，应按照受益原则合理划分。

相关税费是指技术转让过程中实际发生的有关税费，包括除企业所得税和允许抵扣的增值税以外的各项税金及其附加、合同签订费用、律师费等相关费用。

应分摊期间费用（不含无形资产摊销费用和相关税费）是指技术转让按照当年销售收入占比分摊的期间费用。

四、企业享受技术转让所得企业所得税优惠的其他相关问题，仍按照《国家税务总局关于技术转让所得减免企业所得税有关问题的通知》（国税函〔2009〕212 号）、《财政部　国家税务总局关于居民企业技术转让有关企业所得税政策问题的通知》（财税〔2010〕111号）、《国家税务总局关于技术转让所得减免企业所得税有关问题的公告》（国家税务总局公告2013年第62号）规定执行。

五、本公告自2015年10月1日起施行。本公告实施之日起，企业转让5年以上非独占许可使用权确认的技术转让收入，按本公告执行。

特此公告。

国家税务总局关于企业研究开发费用税前加计扣除政策有关问题的公告

2015年12月29日　国家税务总局公告2015年第97号

（注释：条款废止。第一条，第二条第（一）项、第（二）项、第（四）项，第六条第（一）项，第五条中“并在报送《年度财务会计报告》的同时随附注一并报送主管税务机关”，附件6《研发项目可以加计扣除研究开发费用情况归集表》废止。参见：《国家税务总局关于研发费用税前加计扣除归集范围有关问题的公告》（国家税务总局公告2017年第40号）、《国家税务总局关于修订企业所得税年度纳税申报表有关问题的公告》（国家税务总局公告2019年第41号）。）

根据《中华人民共和国企业所得税法》及其实施条例（以下简称税法）、《财政部　国家税务总局　科技部关于完善研究开发费用税前加计扣除政策的通知》（财税〔2015〕119号，以下简称《通知》）规定，现就落实完善研究开发费用（以下简称研发费用）税前加计扣除政策有关问题公告如下：

一、研究开发人员范围

企业直接从事研发活动人员包括研究人员、技术人员、辅助人员。研究人员是指主要从事研究开发项目的专业人员；技术人员是指具有工程技术、自然科学和生命科学中一个或一个以上领域的技术知识和经验，在研究人员指导下参与研发工作的人员；辅助人员是指参与研究开发活动的技工。

企业外聘研发人员是指与本企业签订劳务用工协议（合同）和临时聘用的研究人员、技术人员、辅助人员。

二、研发费用归集

（一）加速折旧费用的归集

企业用于研发活动的仪器、设备，符合税法规定且选择加速折旧优惠政策的，在享受研发费用税前加计扣除时，就已经进行会计处理计算的折旧、费用的部分加计扣除，但不得超过按税法规定计算的金额。

（二）多用途对象费用的归集

企业从事研发活动的人员和用于研发活动的仪器、设备、无形资产，同时从事或用于非研发活动的，应对其人员活动及仪器设备、无形资产使用情况做必要记录，并将其实际发生的相关费用按实际工时占比等合理方法在研发费用和生产经营费用间分配，未分配的不得加

计扣除。

（三）其他相关费用的归集与限额计算

企业在一个纳税年度内进行多项研发活动的，应按照不同研发项目分别归集可加计扣除的研发费用。在计算每个项目其他相关费用的限额时应当按照以下公式计算：

其他相关费用限额 = 《通知》第一条第一项允许加计扣除的研发费用中的第1项至第5项的费用之和 ×10%／（1 －10%）

当其他相关费用实际发生数小于限额时，按实际发生数计算税前加计扣除数额；当其他相关费用实际发生数大于限额时，按限额计算税前加计扣除数额。

（四）特殊收入的扣减

企业在计算加计扣除的研发费用时，应扣减已按《通知》规定归集计入研发费用，但在当期取得的研发过程中形成的下脚料、残次品、中间试制品等特殊收入；不足扣减的，允许加计扣除的研发费用按零计算。

企业研发活动直接形成产品或作为组成部分形成的产品对外销售的，研发费用中对应的材料费用不得加计扣除。

（五）财政性资金的处理

企业取得作为不征税收入处理的财政性资金用于研发活动所形成的费用或无形资产，不得计算加计扣除或摊销。

（六）不允许加计扣除的费用

法律、行政法规和国务院财税主管部门规定不允许企业所得税前扣除的费用和支出项目不得计算加计扣除。

已计入无形资产但不属于《通知》中允许加计扣除研发费用范围的，企业摊销时不得计算加计扣除。

三、委托研发

企业委托外部机构或个人开展研发活动发生的费用，可按规定税前扣除；加计扣除时按照研发活动发生费用的80%作为加计扣除基数。委托个人研发的，应凭个人出具的发票等合法有效凭证在税前加计扣除。

企业委托境外研发所发生的费用不得加计扣除，其中受托研发的境外机构是指依照外国和地区（含港澳台）法律成立的企业和其他取得收入的组织。受托研发的境外个人是指外籍（含港澳台）个人。

四、不适用加计扣除政策行业的判定

《通知》中不适用税前加计扣除政策行业的企业，是指以《通知》所列行业业务为主营业务，其研发费用发生当年的主营业务收入占企业按税法第六条规定计算的收入总额减除不征税收入和投资收益的余额50%（不含）以上的企业。

五、核算要求

企业应按照国家财务会计制度要求，对研发支出进行会计处理。研发项目立项时应设置研发支出辅助账，由企业留存备查；年末汇总分析填报研发支出辅助账汇总表，并在报送《年度财务会计报告》的同时随附注一并报送主管税务机关。研发支出辅助账、研发支出辅助账汇总表可参照本公告所附样式（见附件）编制。

六、申报及备案管理

（一）企业年度纳税申报时，根据研发支出辅助账汇总表填报研发项目可加计扣除研发费用情况归集表（见附件），在年度纳税申报时随申报表一并报送。

（二）研发费用加计扣除实行备案管理，除“备案资料”和“主要留存备查资料”按照本公告规定执行外，其他备案管理要求按照《国家税务总局关于发布〈企业所得税优惠政策事项办理办法〉的公告》（国家税务总局公告 2015 年第 76 号）的规定执行。

（三）企业应当不迟于年度汇算清缴纳税申报时，向税务机关报送《企业所得税优惠事项备案表》和研发项目文件完成备案，并将下列资料留存备查：

1. 自主、委托、合作研究开发项目计划书和企业有权部门关于自主、委托、合作研究开发项目立项的决议文件；

2. 自主、委托、合作研究开发专门机构或项目组的编制情况和研发人员名单；

3. 经科技行政主管部门登记的委托、合作研究开发项目的合同；

4. 从事研发活动的人员和用于研发活动的仪器、设备、无形资产的费用分配说明（包括工作使用情况记录）；

5. 集中研发项目研发费决算表、集中研发项目费用分摊明细情况表和实际分享收益比例等资料；

6. “研发支出”辅助账；

7. 企业如果已取得地市级（含）以上科技行政主管部门出具的鉴定意见，应作为资料留存备查；

8. 省税务机关规定的其他资料。

七、后续管理与核查

税务机关应加强对享受研发费用加计扣除优惠企业的后续管理和监督检查。每年汇算清缴期结束后应开展核查，核查面不得低于享受该优惠企业户数的 20%。省级税务机关可根据实际情况制订具体核查办法或工作措施。

八、执行时间

本公告适用于 2016 年度及以后年度企业所得税汇算清缴。

特此公告。

扫描二维码查看附件　扫描二维码查看附件　扫描二维码查看附件　扫描二维码查看附件　扫描二维码查看附件　扫描二维码查看附件

二维码 9　二维码 10　二维码 11　二维码 12　二维码 13　二维码 14

附件：1. 自主研发“研发支出”辅助账（见二维码 9）

2. 委托研发“研发支出”辅助账（见二维码 10）

3. 合作研发“研发支出”辅助账（见二维码 11）

4. 集中研发“研发支出”辅助账（见二维码 12）

5. “研发支出”辅助账汇总表（见二维码 13）

6. 研发项目可加计扣除研究开发费用情况归集表（见二维码 14）

财政部　国家税务总局关于继续实行农村饮水安全工程建设运营税收优惠政策的通知

2016 年 2 月 25 日　财税〔2016〕19 号

各省、自治区、直辖市、计划单列市财政厅（局）、国家税务局、地方税务局，新疆生产建设兵团财务局：

为支持农村饮水安全工程（以下简称饮水工程）巩固提升，经国务院批准，继续对饮水工程的建设、运营给予税收优惠。现将有关政策通知如下：

一、对饮水工程运营管理单位为建设饮水工程而承受土地使用权，免征契税。

二、对饮水工程运营管理单位为建设饮水工程取得土地使用权而签订的产权转移书据，以及与施工单位签订的建设工程承包合同免征印花税。

三、对饮水工程运营管理单位自用的生产、办公用房产、土地，免征房产税、城镇土地使用税。

四、对饮水工程运营管理单位向农村居民提供生活用水取得的自来水销售收入，免征增值税。

五、对饮水工程运营管理单位从事《公共基础设施项目企业所得税优惠目录》规定的饮水工程新建项目投资经营的所得，自项目取得第一笔生产经营收入所属纳税年度起，第一年至第三年免征企业所得税，第四年至第六年减半征收企业所得税。

六、本文所称饮水工程，是指为农村居民提供生活用水而建设的供水工程设施。本文所称饮水工程运营管理单位，是指负责饮水工程运营管理的自来水公司、供水公司、供水（总）站（厂、中心）、村集体、农民用水合作组织等单位。

对于既向城镇居民供水，又向农村居民供水的饮水工程运营管理单位，依据向农村居民供水收入占总供水收入的比例免征增值税；依据向农村居民供水量占总供水量的比例免征契税、印花税、房产税和城镇土地使用税。无法提供具体比例或所提供数据不实的，不得享受上述税收优惠政策。

七、符合上述减免税条件的饮水工程运营管理单位需持相关材料向主管税务机关办理备案手续。

八、上述政策（第五条除外）自 2016 年 1 月 1 日至 2018 年 12 月 31 日执行。

财政部　国家税务总局关于铁路债券利息收入所得税政策问题的通知

2016 年 3 月 10 日　财税〔2016〕30 号

各省、自治区、直辖市、计划单列市财政厅（局）、国家税务局、地方税务局，新疆生产建设兵团财务局：

经国务院批准，现就投资者取得中国铁路总公司发行的铁路债券利息收入有关所得税政策通知如下：

一、对企业投资者持有 2016—2018 年发行的铁路债券取得的利息收入，减半征收企业所得税。

二、对个人投资者持有 2016—2018 年发行的铁路债券取得的利息收入，减按 50% 计入应纳税所得额计算征收个人所得税。税款由兑付机构在向个人投资者兑付利息时代扣代缴。

三、铁路债券是指以中国铁路总公司为发行和偿还主体的债券，包括中国铁路建设债券、中期票据、短期融资券等债务融资工具。

请遵照执行。

科技部　财政部　国家税务总局关于修订印发《高新技术企业认定管理办法》的通知

2016 年 1 月 29 日　国科发火〔2016〕32 号

各省、自治区、直辖市及计划单列市科技厅（委、局）、财政厅（局）、国家税务局、地方税务局：

根据《中华人民共和国企业所得税法》及其实施条例有关规定，为加大对科技型企业特别是中小企业的政策扶持，有力推动大众创业、万众创新，培育创造新技术、新业态和提供新供给的生力军，促进经济升级发展，科技部、财政部、国家税务总局对《高新技术企业认定管理办法》进行了修订完善。经国务院批准，现将新修订的《高新技术企业认定管理办法》印发给你们，请遵照执行。

高新技术企业认定管理办法

第一章　总　则

第一条　为扶持和鼓励高新技术企业发展，根据《中华人民共和国企业所得税法》（以下称《企业所得税法》)、《中华人民共和国企业所得税法实施条例》(以下称《实施条例》)有关规定，特制定本办法。

第二条 本办法所称的高新技术企业是指：在《国家重点支持的高新技术领域》内，持续进行研究开发与技术成果转化，形成企业核心自主知识产权，并以此为基础开展经营活动，在中国境内（不包括港、澳、台地区）注册的居民企业。

第三条 高新技术企业认定管理工作应遵循突出企业主体、鼓励技术创新、实施动态管理、坚持公平公正的原则。

第四条 依据本办法认定的高新技术企业，可依照《企业所得税法》及其《实施条例》《中华人民共和国税收征收管理法》（以下称《税收征管法》）及《中华人民共和国税收征收管理法实施细则》（以下称《实施细则》）等有关规定，申报享受税收优惠政策。

第五条 科技部、财政部、税务总局负责全国高新技术企业认定工作的指导、管理和监督。

第二章 组织与实施

第六条 科技部、财政部、税务总局组成全国高新技术企业认定管理工作领导小组（以下称“领导小组”），其主要职责为：

（一）确定全国高新技术企业认定管理工作方向，审议高新技术企业认定管理工作报告；

（二）协调、解决认定管理及相关政策落实中的重大问题；

（三）裁决高新技术企业认定管理事项中的重大争议，监督、检查各地区认定管理工作，对发现的问题指导整改。

第七条 领导小组下设办公室，由科技部、财政部、税务总局相关人员组成，办公室设在科技部，其主要职责为：

（一）提交高新技术企业认定管理工作报告，研究提出政策完善建议；

（二）指导各地区高新技术企业认定管理工作，组织开展对高新技术企业认定管理工作的监督检查，对发现的问题提出整改处理建议；

（三）负责各地区高新技术企业认定工作的备案管理，公布认定的高新技术企业名单，核发高新技术企业证书编号；

（四）建设并管理“高新技术企业认定管理工作网”；

（五）完成领导小组交办的其他工作。

第八条 各省、自治区、直辖市、计划单列市科技行政管理部门同本级财政、税务部门组成本地区高新技术企业认定管理机构（以下称“认定机构”）。认定机构下设办公室，由省级、计划单列市科技、财政、税务部门相关人员组成，办公室设在省级、计划单列市科技行政主管部门。认定机构主要职责为：

（一）负责本行政区域内的高新技术企业认定工作，每年向领导小组办公室提交本地区高新技术企业认定管理工作报告；

（二）负责将认定后的高新技术企业按要求报领导小组办公室备案，对通过备案的企业颁发高新技术企业证书；

（三）负责遴选参与认定工作的评审专家（包括技术专家和财务专家），并加强监督管理；

（四）负责对已认定企业进行监督检查，受理、核实并处理复核申请及有关举报等事项，落实领导小组及其办公室提出的整改建议；

（五）完成领导小组办公室交办的其他工作。

第九条 通过认定的高新技术企业，其资格自颁发证书之日起有效期为三年。

第十条 企业获得高新技术企业资格后，自高新技术企业证书颁发之日所在年度起享受税收优惠，可依照本办法第四条的规定到主管税务机关办理税收优惠手续。

第三章 认定条件与程序

第十一条 认定为高新技术企业须同时满足以下条件：

（一）企业申请认定时须注册成立一年以上；

（二）企业通过自主研发、受让、受赠、并购等方式，获得对其主要产品（服务）在技术上发挥核心支持作用的知识产权的所有权；

（三）对企业主要产品（服务）发挥核心支持作用的技术属于《国家重点支持的高新技术领域》规定的范围；

（四）企业从事研发和相关技术创新活动的科技人员占企业当年职工总数的比例不低于10%；

（五）企业近三个会计年度（实际经营期不满三年的按实际经营时间计算，下同）的研究开发费用总额占同期销售收入总额的比例符合如下要求：

1. 最近一年销售收入小于5 000万元（含）的企业，比例不低于5%；

2. 最近一年销售收入在5 000万元至2亿元（含）的企业，比例不低于4%；

3. 最近一年销售收入在2亿元以上的企业，比例不低于3%。

其中，企业在中国境内发生的研究开发费用总额占全部研究开发费用总额的比例不低于60%；

（六）近一年高新技术产品（服务）收入占企业同期总收入的比例不低于60%；

（七）企业创新能力评价应达到相应要求；

（八）企业申请认定前一年内未发生重大安全、重大质量事故或严重环境违法行为。

第十二条 高新技术企业认定程序如下：

（一）企业申请

企业对照本办法进行自我评价。认为符合认定条件的在“高新技术企业认定管理工作网”注册登记，向认定机构提出认定申请。申请时提交下列材料：

1. 高新技术企业认定申请书；

2. 证明企业依法成立的相关注册登记证件；

3. 知识产权相关材料、科研项目立项证明、科技成果转化、研究开发的组织管理等相关材料；

4. 企业高新技术产品（服务）的关键技术和技术指标、生产批文、认证认可和相关资质证书、产品质量检验报告等相关材料；

5. 企业职工和科技人员情况说明材料；

6. 经具有资质的中介机构出具的企业近三个会计年度研究开发费用和近一个会计年度

高新技术产品（服务）收入专项审计或鉴证报告，并附研究开发活动说明材料；

7. 经具有资质的中介机构鉴证的企业近三个会计年度的财务会计报告（包括会计报表、会计报表附注和财务情况说明书）；

8. 近三个会计年度企业所得税年度纳税申报表。

（二）专家评审

认定机构应在符合评审要求的专家中，随机抽取组成专家组。专家组对企业申报材料进行评审，提出评审意见。

（三）审查认定

认定机构结合专家组评审意见，对申请企业进行综合审查，提出认定意见并报领导小组办公室。认定企业由领导小组办公室在“高新技术企业认定管理工作网”公示10个工作日，无异议的，予以备案，并在“高新技术企业认定管理工作网”公告，由认定机构向企业颁发统一印制的“高新技术企业证书”；有异议的，由认定机构进行核实处理。

第十三条 企业获得高新技术企业资格后，应每年5月底前在“高新技术企业认定管理工作网”填报上一年度知识产权、科技人员、研发费用、经营收入等年度发展情况报表。

第十四条 对于涉密企业，按照国家有关保密工作规定，在确保涉密信息安全的前提下，按认定工作程序组织认定。

第四章　监督管理

第十五条 科技部、财政部、税务总局建立随机抽查和重点检查机制，加强对各地高新技术企业认定管理工作的监督检查。对存在问题的认定机构提出整改意见并限期改正，问题严重的给予通报批评，逾期不改的暂停其认定管理工作。

第十六条 对已认定的高新技术企业，有关部门在日常管理过程中发现其不符合认定条件的，应提请认定机构复核。复核后确认不符合认定条件的，由认定机构取消其高新技术企业资格，并通知税务机关追缴其不符合认定条件年度起已享受的税收优惠。

第十七条 高新技术企业发生更名或与认定条件有关的重大变化（如分立、合并、重组以及经营业务发生变化等）应在三个月内向认定机构报告。经认定机构审核符合认定条件的，其高新技术企业资格不变，对于企业更名的，重新核发认定证书，编号与有效期不变；不符合认定条件的，自更名或条件变化年度起取消其高新技术企业资格。

第十八条 跨认定机构管理区域整体迁移的高新技术企业，在其高新技术企业资格有效期内完成迁移的，其资格继续有效；跨认定机构管理区域部分搬迁的，由迁入地认定机构按照本办法重新认定。

第十九条 已认定的高新技术企业有下列行为之一的，由认定机构取消其高新技术企业资格：

（一）在申请认定过程中存在严重弄虚作假行为的；

（二）发生重大安全、重大质量事故或有严重环境违法行为的；

（三）未按期报告与认定条件有关重大变化情况，或累计两年未填报年度发展情况报表的。

对被取消高新技术企业资格的企业，由认定机构通知税务机关按《税收征管法》及有关规定，追缴其自发生上述行为之日所属年度起已享受的高新技术企业税收优惠。

第二十条　参与高新技术企业认定工作的各类机构和人员对所承担的有关工作负有诚信、合规、保密义务。违反高新技术企业认定工作相关要求和纪律的，给予相应处理。

第五章　附　则

第二十一条　科技部、财政部、税务总局根据本办法另行制定《高新技术企业认定管理工作指引》。

第二十二条　本办法由科技部、财政部、税务总局负责解释。

第二十三条　本办法自2016年1月1日起实施。原《高新技术企业认定管理办法》（国科发火〔2008〕172号）同时废止。

附件：国家重点支持的高新技术领域（见二维码15）

扫描二维码查看附件

二维码15

科技部　财政部　国家税务总局关于修订印发《高新技术企业认定管理工作指引》的通知

2016年6月22日　国科发火〔2016〕195号

各省、自治区、直辖市及计划单列市科技厅（委、局）、财政厅（局）、国家税务局、地方税务局：

根据《高新技术企业认定管理办法》（国科发火〔2016〕32号，以下称《认定办法》）第二十一条的规定，现将《高新技术企业认定管理工作指引》（以下称《工作指引》）印发给你们，并就有关事项通知如下：

一、2016年1月1日前已按《高新技术企业认定管理办法》（国科发火〔2008〕172号，以下称2008版《认定办法》）认定的仍在有效期内的高新技术企业，其资格依然有效，可依照《企业所得税法》及其实施条例等有关规定享受企业所得税优惠政策。

二、按2008版《认定办法》认定的高新技术企业，在2015年12月31日前发生2008版《认定办法》第十五条规定情况，且有关部门在2015年12月31日前已经做出处罚决定的，仍按2008版《认定办法》相关规定进行处理，认定机构5年内不再受理企业认定申请的处罚执行至2015年12月31日止。

三、本指引自2016年1月1日起实施。原《高新技术企业认定管理工作指引》（国科发火〔2008〕362号）、《关于高新技术企业更名和复审等有关事项的通知》（国科火字〔2011〕123号）同时废止。

高新技术企业认定管理工作指引

一、组织与实施

二、认定程序

三、认定条件

四、享受税收优惠

五、监督管理

六、高新技术企业认定管理工作网功能及操作提要

七、附件

根据《高新技术企业认定管理办法》(国科发火〔2016〕32号,以下称《认定办法》)的规定,制定本工作指引。

一、组织与实施

(一)领导小组办公室

全国高新技术企业认定管理工作领导小组办公室设在科技部火炬高技术产业开发中心,由科技部、财政部、税务总局相关人员组成,负责处理日常工作。

(二)认定机构

各省、自治区、直辖市、计划单列市科技行政管理部门同本级财政、税务部门组成本地区高新技术企业认定管理机构(以下称"认定机构")。认定机构下设办公室,办公室设在省级、计划单列市科技行政主管部门,由省级、计划单列市科技、财政、税务部门相关人员组成。

认定机构组成部门应协同配合、认真负责地开展高新技术企业认定管理工作。

(三)中介机构

专项审计报告或鉴证报告(以下统称"专项报告")应由符合以下条件的中介机构出具。企业可自行选择符合以下条件的中介机构。

1. 中介机构条件

(1)具备独立执业资格,成立三年以上,近三年内无不良记录。

(2)承担认定工作当年的注册会计师或税务师人数占职工全年月平均人数的比例不低于30%,全年月平均在职职工人数在20人以上。

(3)相关人员应具有良好的职业道德,了解国家科技、经济及产业政策,熟悉高新技术企业认定工作有关要求。

2. 中介机构职责

接受企业委托,委派具备资格的相关人员,依据《认定办法》和《工作指引》客观公正地对企业的研究开发费用和高新技术产品(服务)收入进行专项审计或鉴证,出具专项报告。

3. 中介机构纪律

中介机构及相关人员应坚持原则,办事公正,据实出具专项报告,对工作中出现严重失误或弄虚作假等行为的,由认定机构在"高新技术企业认定管理工作网"上公告,自公告之日起3年内不得参与高新技术企业认定相关工作。

(四)专家

1. 专家条件

(1)具有中华人民共和国公民资格,并在中国大陆境内居住和工作。

(2)技术专家应具有高级技术职称,并具有《技术领域》内相关专业背景和实践经验,对该技术领域的发展及市场状况有较全面的了解。财务专家应具有相关高级技术职称,或具有注册会计师或税务师资格且从事财税工作10年以上。

(3)具有良好的职业道德,坚持原则,办事公正。

(4)了解国家科技、经济及产业政策,熟悉高新技术企业认定工作有关要求。

2. 专家库及专家选取办法

（1）认定机构应建立专家库（包括技术专家和财务专家），实行专家聘任制和动态管理，备选专家应不少于评审专家的3倍。

（2）认定机构根据企业主营产品（服务）的核心技术所属技术领域随机抽取专家，组成专家组，并指定1名技术专家担任专家组组长，开展认定评审工作。

3. 专家职责

（1）审查企业的研究开发活动（项目）、年度财务会计报告和专项报告等是否符合《认定办法》及《工作指引》的要求。

（2）按照《认定办法》及《工作指引》的规定，评审专家对企业申报信息进行独立评价。技术专家应主要侧重对企业知识产权、研究开发活动、主营业务、成果转化及高新技术产品（服务）等情况进行评价打分；财务专家应参照中介机构提交的专项报告、企业的财务会计报告和纳税申报表等进行评价打分。

（3）在各评审专家独立评价的基础上，由专家组进行综合评价。

4. 专家纪律

（1）应按照《认定办法》、《工作指引》的要求，独立、客观、公正地对企业进行评价，并签订承诺书。

（2）评审与其有利益关系的企业时，应主动申明并回避。

（3）不得披露、使用申请企业的技术经济信息和商业秘密，不得复制保留或向他人扩散评审材料，不得泄露评审结果。

（4）不得利用其特殊身份和影响，采取非正常手段为申请企业认定提供便利。

（5）认定评审期间，未经认定机构许可不得擅自与企业联系或进入企业调查。

（6）不得收受申请企业给予的好处和利益。

一经发现违反上述规定，由认定机构取消其参与高新技术企业认定工作资格。

二、认定程序

（一）自我评价

企业应对照《认定办法》和本《工作指引》进行自我评价。

（二）注册登记

企业登录“高新技术企业认定管理工作网”（网址：www. innocom. gov. cn），按要求填写《企业注册登记表》（附件1），并通过网络系统提交至认定机构。认定机构核对企业注册信息，在网络系统上确认激活后，企业可以开展后续申报工作。

（三）提交材料

企业登录“高新技术企业认定管理工作网”，按要求填写《高新技术企业认定申请书》（附件2），通过网络系统提交至认定机构，并向认定机构提交下列书面材料：

1.《高新技术企业认定申请书》（在线打印并签名、加盖企业公章）；

2. 证明企业依法成立的《营业执照》等相关注册登记证件的复印件；

3. 知识产权相关材料（知识产权证书及反映技术水平的证明材料、参与制定标准情况等）、科研项目立项证明（已验收或结题项目需附验收或结题报告）、科技成果转化（总体情况与转化形式、应用成效的逐项说明）、研究开发组织管理（总体情况与四项指标符合情况的具体说明）等相关材料；

4. 企业高新技术产品（服务）的关键技术和技术指标的具体说明，相关的生产批文、认证认可和资质证书、产品质量检验报告等材料；

5. 企业职工和科技人员情况说明材料，包括在职、兼职和临时聘用人员人数、人员学历结构、科技人员名单及其工作岗位等；

6. 经具有资质并符合本《工作指引》相关条件的中介机构出具的企业近三个会计年度（实际年限不足三年的按实际经营年限，下同）研究开发费用、近一个会计年度高新技术产品（服务）收入专项审计或鉴证报告，并附研究开发活动说明材料；

7. 经具有资质的中介机构鉴证的企业近三个会计年度的财务会计报告（包括会计报表、会计报表附注和财务情况说明书）；

8. 近三个会计年度企业所得税年度纳税申报表（包括主表及附表）。

对涉密企业，须将申请认定高新技术企业的申报材料做脱密处理，确保涉密信息安全。

（四）专家评审

认定机构收到企业申请材料后，根据企业主营产品（服务）的核心技术所属技术领域在符合评审要求的专家中，随机抽取专家组成专家组，对每个企业的评审专家不少于5人（其中技术专家不少于60%，并至少有1名财务专家）。每名技术专家单独填写《高新技术企业认定技术专家评价表》（附件3），每名财务专家单独填写《高新技术企业认定财务专家评价表》（附件4），专家组长汇总各位专家分数，按分数平均值填写《高新技术企业认定专家组综合评价表》（附件5）。具备条件的地区可进行网络评审。

（五）认定报备

认定机构结合专家组评审意见，对申请企业申报材料进行综合审查（可视情况对部分企业进行实地核查），提出认定意见，确定认定高新技术企业名单，报领导小组办公室备案，报送时间不得晚于每年11月底。

（六）公示公告

经认定报备的企业名单，由领导小组办公室在"高新技术企业认定管理工作网"公示10个工作日。无异议的，予以备案，认定时间以公示时间为准，核发证书编号，并在"高新技术企业认定管理工作网"上公告企业名单，由认定机构向企业颁发统一印制的"高新技术企业证书"（加盖认定机构科技、财政、税务部门公章）；有异议的，须以书面形式实名向领导小组办公室提出，由认定机构核实处理。

领导小组办公室对报备企业可进行随机抽查，对存在问题的企业交由认定机构核实情况并提出处理建议。

认定流程如下图所示：

三、认定条件

（一）年限

《认定办法》第十一条"须注册成立一年以上"是指企业须注册成立365个日历天数以上；"当年"、"最近一年"和"近一年"都是指企业申报前1个会计年度；"近三个会计年度"是指企业申报前的连续3个会计年度（不含申报年）；"申请认定前一年内"是指申请前的365天之内（含申报年）。

（二）知识产权

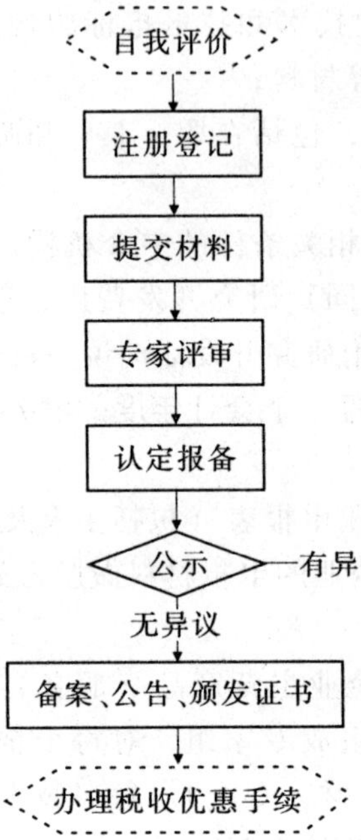

1. 高新技术企业认定所指的知识产权须在中国境内授权或审批审定，并在中国法律的有效保护期内。知识产权权属人应为申请企业。

2. 不具备知识产权的企业不能认定为高新技术企业。

3. 高新技术企业认定中，对企业知识产权情况采用分类评价方式，其中：发明专利（含国防专利）、植物新品种、国家级农作物品种、国家新药、国家一级中药保护品种、集成电路布图设计专有权等按Ⅰ类评价；实用新型专利、外观设计专利、软件著作权等（不含商标）按Ⅱ类评价。

4. 按Ⅱ类评价的知识产权在申请高新技术企业时，仅限使用一次。

5. 在申请高新技术企业及高新技术企业资格存续期内，知识产权有多个权属人时，只能由一个权属人在申请时使用。

6. 申请认定时专利的有效性以企业申请认定前获得授权证书或授权通知书并能提供缴费收据为准。

7. 发明、实用新型、外观设计、集成电路布图设计专有权可在国家知识产权局网站（http：//www.sipo.gov.cn）查询专利标记和专利号；国防专利须提供国家知识产权局授予的国防专利证书；植物新品种可在农业部植物新品种保护办公室网站（http：//www.cnpvp.cn）和国家林业局植物新品种保护办公室网站（http：//www.cnpvp.net）查询；国家级农作物品种是指农业部国家农作物品种审定委员会审定公告的农作物品种；国家新药须提供国家食品药品监督管理局签发的新药证书；国家一级中药保护品种须提供国家食品药品监督管理局签发的中药保护品种证书；软件著作权可在国家版权局中国版权保护中心网站（http：//www.ccopyright.com.cn）查询软件著作权标记（亦称版权标记）。

（三）高新技术产品（服务）与主要产品（服务）

高新技术产品（服务）是指对其发挥核心支持作用的技术属于《国家重点支持的高新技术领域》规定范围的产品（服务）。

主要产品（服务）是指高新技术产品（服务）中，拥有在技术上发挥核心支持作用的知识产权的所有权，且收入之和在企业同期高新技术产品（服务）收入中超过50%的产品（服务）。

（四）高新技术产品（服务）收入占比

高新技术产品（服务）收入占比是指高新技术产品（服务）收入与同期总收入的比值。

1. 高新技术产品（服务）收入

高新技术产品（服务）收入是指企业通过研发和相关技术创新活动，取得的产品（服务）收入与技术性收入的总和。对企业取得上述收入发挥核心支持作用的技术应属于《技术领域》规定的范围。其中，技术性收入包括：

（1）技术转让收入：指企业技术创新成果通过技术贸易、技术转让所获得的收入；

（2）技术服务收入：指企业利用自己的人力、物力和数据系统等为社会和本企业外的用户提供技术资料、技术咨询与市场评估、工程技术项目设计、数据处理、测试分析及其他类型的服务所获得的收入；

（3）接受委托研究开发收入：指企业承担社会各方面委托研究开发、中间试验及新产品开发所获得的收入。

企业应正确计算高新技术产品（服务）收入，由具有资质并符合本《工作指引》相关条件的中介机构进行专项审计或鉴证。

2. 总收入

总收入是指收入总额减去不征税收入。

收入总额与不征税收入按照《中华人民共和国企业所得税法》（以下称《企业所得税法》）及《中华人民共和国企业所得税法实施条例》（以下称《实施条例》）的规定计算。

（五）企业科技人员占比

企业科技人员占比是企业科技人员数与职工总数的比值。

1. 科技人员

企业科技人员是指直接从事研发和相关技术创新活动，以及专门从事上述活动的管理和提供直接技术服务的，累计实际工作时间在183天以上的人员，包括在职、兼职和临时聘用人员。

2. 职工总数

企业职工总数包括企业在职、兼职和临时聘用人员。在职人员可以通过企业是否签订了劳动合同或缴纳社会保险费来鉴别；兼职、临时聘用人员全年须在企业累计工作183天以上。

3. 统计方法

企业当年职工总数、科技人员数均按照全年月平均数计算。

月平均数 =（月初数 + 月末数）÷2

全年月平均数 = 全年各月平均数之和 ÷12

年度中间开业或者终止经营活动的，以其实际经营期作为一个纳税年度确定上述相关指标。

（六）企业研究开发费用占比

企业研究开发费用占比是企业近三个会计年度的研究开发费用总额占同期销售收入总额

的比值。

1. 企业研究开发活动确定

研究开发活动是指，为获得科学与技术（不包括社会科学、艺术或人文学）新知识，创造性运用科学技术新知识，或实质性改进技术、产品（服务）、工艺而持续进行的具有明确目标的活动。不包括企业对产品（服务）的常规性升级或对某项科研成果直接应用等活动（如直接采用新的材料、装置、产品、服务、工艺或知识等）。

企业应按照研究开发活动的定义填写附件2《高新技术企业认定申请书》中的“四、企业研究开发活动情况表”。

专家评价过程中可参考如下方法判断：

——行业标准判断法。若国家有关部门、全国（世界）性行业协会等具备相应资质的机构提供了测定科技“新知识”、“创造性运用科学技术新知识”或“具有实质性改进的技术、产品（服务）、工艺”等技术参数（标准），则优先按此参数（标准）来判断企业所进行项目是否为研究开发活动。

——专家判断法。如果企业所在行业中没有发布公认的研发活动测度标准，则通过本行业专家进行判断。获得新知识、创造性运用新知识以及技术的实质改进，应当是取得被同行业专家认可的、有价值的创新成果，对本地区相关行业的技术进步具有推动作用。

——目标或结果判定法。在采用行业标准判断法和专家判断法不易判断企业是否发生了研发活动时，以本方法作为辅助。重点了解研发活动的目的、创新性、投入资源（预算），以及是否取得了最终成果或中间成果（如专利等知识产权或其他形式的科技成果）。

2. 研究开发费用的归集范围

（1）人员人工费用

包括企业科技人员的工资薪金、基本养老保险费、基本医疗保险费、失业保险费、工伤保险费、生育保险费和住房公积金，以及外聘科技人员的劳务费用。

（2）直接投入费用

直接投入费用是指企业为实施研究开发活动而实际发生的相关支出。包括：

——直接消耗的材料、燃料和动力费用；

——用于中间试验和产品试制的模具、工艺装备开发及制造费，不构成固定资产的样品、样机及一般测试手段购置费，试制产品的检验费；

——用于研究开发活动的仪器、设备的运行维护、调整、检验、检测、维修等费用，以及通过经营租赁方式租入的用于研发活动的固定资产租赁费。

（3）折旧费用与长期待摊费用

折旧费用是指用于研究开发活动的仪器、设备和在用建筑物的折旧费。

长期待摊费用是指研发设施的改建、改装、装修和修理过程中发生的长期待摊费用。

（4）无形资产摊销费用

无形资产摊销费用是指用于研究开发活动的软件、知识产权、非专利技术（专有技术、许可证、设计和计算方法等）的摊销费用。

（5）设计费用

设计费用是指为新产品和新工艺进行构思、开发和制造，进行工序、技术规范、规程制定、操作特性方面的设计等发生的费用。包括为获得创新性、创意性、突破性产品进行的创意设计活动发生的相关费用。

（6）装备调试费用与试验费用

装备调试费用是指工装准备过程中研究开发活动所发生的费用，包括研制特殊、专用的生产机器，改变生产和质量控制程序，或制定新方法及标准等活动所发生的费用。

为大规模批量化和商业化生产所进行的常规性工装准备和工业工程发生的费用不能计入归集范围。

试验费用包括新药研制的临床试验费、勘探开发技术的现场试验费、田间试验费等。

（7）委托外部研究开发费用

委托外部研究开发费用是指企业委托境内外其他机构或个人进行研究开发活动所发生的费用（研究开发活动成果为委托方企业拥有，且与该企业的主要经营业务紧密相关）。委托外部研究开发费用的实际发生额应按照独立交易原则确定，按照实际发生额的80%计入委托方研发费用总额。

（8）其他费用

其他费用是指上述费用之外与研究开发活动直接相关的其他费用，包括技术图书资料费、资料翻译费、专家咨询费、高新科技研发保险费，研发成果的检索、论证、评审、鉴定、验收费用，知识产权的申请费、注册费、代理费，会议费、差旅费、通讯费等。此项费用一般不得超过研究开发总费用的20%，另有规定的除外。

3. 企业在中国境内发生的研究开发费用

企业在中国境内发生的研究开发费用，是指企业内部研究开发活动实际支出的全部费用与委托境内其他机构或个人进行的研究开发活动所支出的费用之和，不包括委托境外机构或个人完成的研究开发活动所发生的费用。受托研发的境外机构是指依照外国和地区（含港澳台）法律成立的企业和其他取得收入的组织；受托研发的境外个人是指外籍（含港澳台）个人。

4. 企业研究开发费用归集办法

企业应正确归集研发费用，由具有资质并符合本《工作指引》相关条件的中介机构进行专项审计或鉴证。

企业的研究开发费用是以单个研发活动为基本单位分别进行测度并加总计算的。企业应对包括直接研究开发活动和可以计入的间接研究开发活动所发生的费用进行归集，并填写附件2《高新技术企业认定申请书》中的“企业年度研究开发费用结构明细表”。

企业应按照“企业年度研究开发费用结构明细表”设置高新技术企业认定专用研究开发费用辅助核算账目，提供相关凭证及明细表，并按本《工作指引》要求进行核算。

5. 销售收入

销售收入为主营业务收入与其他业务收入之和。

主营业务收入与其他业务收入按照企业所得税年度纳税申报表的口径计算。

（七）企业创新能力评价

企业创新能力主要从知识产权、科技成果转化能力、研究开发组织管理水平、企业成长性等四项指标进行评价。各级指标均按整数打分，满分为100分，综合得分达到70分以上（不含70分）为符合认定要求。四项指标分值结构详见下表。

序号	指　标	分值
1	知识产权	≤30
2	科技成果转化能力	≤30
3	研究开发组织管理水平	≤20
4	企业成长性	≤20

1. 知识产权（≤30分）

由技术专家对企业申报的知识产权是否符合《认定办法》和《工作指引》要求，进行定性与定量结合的评价。

序号	知识产权相关评价指标	分值
1	技术的先进程度	≤8
2	对主要产品（服务）在技术上发挥核心支持作用	≤8
3	知识产权数量	≤8
4	知识产权获得方式	≤6
5	（作为参考条件，最多加2分） 企业参与编制国家标准、行业标准、检测方法、技术规范的情况	≤2

（1）技术的先进程度

A. 高（7—8分）　　B. 较高（5—6分）

C. 一般（3—4分）　　D. 较低（1—2分）

E. 无（0分）

（2）对主要产品（服务）在技术上发挥核心支持作用

A. 强（7—8分）　　B. 较强（5—6分）

C. 一般（3—4分）　　D. 较弱（1—2分）

E. 无（0分）

（3）知识产权数量

A. 1项及以上（Ⅰ类）（7—8分）

B. 5项及以上（Ⅱ类）（5—6分）

C. 3—4项（Ⅱ类）（3—4分）

D. 1—2项（Ⅱ类）（1—2分）

E. 0项（0分）

（4）知识产权获得方式

A. 有自主研发（1—6分）

B. 仅有受让、受赠和并购等（1—3分）

（5）企业参与编制国家标准、行业标准、检测方法、技术规范的情况（此项为加分项，加分后“知识产权”总分不超过30分。相关标准、方法和规范须经国家有关部门认证认可）

A. 是（1—2分）　　B. 否（0分）

2. 科技成果转化能力（≤30分）

依照《促进科技成果转化法》，科技成果是指通过科学研究与技术开发所产生的具有实用价值的成果（专利、版权、集成电路布图设计等）。科技成果转化是指为提高生产力水平而对科技成果进行的后续试验、开发、应用、推广直至形成新产品、新工艺、新材料，发展新产业等活动。

科技成果转化形式包括：自行投资实施转化；向他人转让该技术成果；许可他人使用该科技成果；以该科技成果作为合作条件，与他人共同实施转化；以该科技成果作价投资、折算股份或者出资比例；以及其他协商确定的方式。

由技术专家根据企业科技成果转化总体情况和近3年内科技成果转化的年平均数进行综合评价。同一科技成果分别在国内外转化的，或转化为多个产品、服务、工艺、样品、样机等的，只计为一项。

A. 转化能力强，≥5项（25—30分）

B. 转化能力较强，≥4项（19—24分）

C. 转化能力一般，≥3项（13—18分）

D. 转化能力较弱，≥2项（7—12分）

E. 转化能力弱，≥1项（1—6分）

F. 转化能力无，0项（0分）

3. 研究开发组织管理水平（≤20分）

由技术专家根据企业研究开发与技术创新组织管理的总体情况，结合以下几项评价，进行综合打分。

（1）制定了企业研究开发的组织管理制度，建立了研发投入核算体系，编制了研发费用辅助账；（≤6分）

（2）设立了内部科学技术研究开发机构并具备相应的科研条件，与国内外研究开发机构开展多种形式产学研合作；（≤6分）

（3）建立了科技成果转化的组织实施与激励奖励制度，建立开放式的创新创业平台；（≤4分）

（4）建立了科技人员的培养进修、职工技能培训、优秀人才引进，以及人才绩效评价奖励制度。（≤4分）

4. 企业成长性（≤20分）

由财务专家选取企业净资产增长率、销售收入增长率等指标对企业成长性进行评价。企业实际经营期不满三年的按实际经营时间计算。计算方法如下：

（1）净资产增长率。

净资产增长率＝1/2×（第二年末净资产÷第一年末净资产＋第三年末净资产÷第二年末净资产）－1

净资产 ＝ 资产总额 － 负债总额

资产总额、负债总额应以具有资质的中介机构鉴证的企业会计报表期末数为准。

（2）销售收入增长率。

销售收入增长率＝1/2×（第二年销售收入÷第一年销售收入＋第三年销售收入÷第二年销售收入）－1

企业净资产增长率或销售收入增长率为负的，按0分计算。第一年末净资产或销售收入为0的，按后两年计算；第二年末净资产或销售收入为0的，按0分计算。

以上两个指标分别对照下表评价档次（ABCDEF）得出分值，两项得分相加计算出企业成长性指标综合得分。

成长性得分	指标赋值	分数					
		≥35%	≥25%	≥15%	≥5%	＞0	≤0
≤20 分	净资产增长率赋值≤10 分	A 9—10 分	B 7—8 分	C 5—6 分	D 3—4 分	E 1—2 分	F 0 分
	分销售收入增长率赋值≤10 分						

四、享受税收优惠

1. 自认定当年起，企业可持“高新技术企业”证书及其复印件，按照《企业所得税法》及《实施条例》、《中华人民共和国税收征收管理法》（以下称《税收征管法》）、《中华人民共和国税收征收管理法实施细则》（以下称《实施细则》）、《认定办法》和本《工作指引》等有关规定，到主管税务机关办理相关手续，享受税收优惠。

2. 未取得高新技术企业资格或不符合《企业所得税法》及其《实施条例》、《税收征管法》及其《实施细则》，以及《认定办法》等有关规定条件的企业，不得享受高新技术企业税收优惠。

3. 高新技术企业资格期满当年内，在通过重新认定前，其企业所得税暂按 15% 的税率预缴，在年度汇算清缴前未取得高新技术企业资格的，应按规定补缴税款。

五、监督管理

（一）重点检查

根据认定管理工作需要，科技部、财政部、税务总局按照《认定办法》的要求，可组织专家对各地高新技术企业认定管理工作进行重点检查，对存在问题的视情况给予相应处理。

（二）企业年报

企业获得高新技术企业资格后，在其资格有效期内应每年 5 月底前通过“高新技术企业认定管理工作网”，报送上一年度知识产权、科技人员、研发费用、经营收入等年度发展情况报表（附件 6）；在同一高新技术企业资格有效期内，企业累计两年未按规定时限报送年度发展情况报表的，由认定机构取消其高新技术企业资格，在“高新技术企业认定管理工作网”上公告。

认定机构应提醒、督促企业及时填报年度发展情况报表，并协助企业处理填报过程中的相关问题。

（三）复核

对已认定的高新技术企业，有关部门在日常管理过程中发现其不符合认定条件的，应以书面形式提请认定机构复核。复核后确认不符合认定条件的，由认定机构取消其高新技术企业资格，并通知税务机关追缴其不符合认定条件年度起已享受的税收优惠。

属于对是否符合《认定办法》第十一条（除（五）款外）、第十七条、第十八条和第十九条情况的企业，按《认定办法》规定办理；属于对是否符合《认定办法》第十一条（五）款产生异议的，应以问题所属年度和前两个会计年度（实际经营不满三年的按实际经营时间计算）的研究开发费用总额与同期销售收入总额之比是否符合《认定办法》第十一条（五）款规定进行复核。

（四）更名及重大变化事项

高新技术企业发生名称变更或与认定条件有关的重大变化（如分立、合并、重组以及经营业务发生变化等），应在发生之日起三个月内向认定机构报告，在“高新技术企业认定管理工作网”上提交《高新技术企业名称变更申请表》（附件7），并将打印出的《高新技术企业名称变更申请表》与相关证明材料报认定机构，由认定机构负责审核企业是否仍符合高新技术企业条件。

企业仅发生名称变更，不涉及重大变化，符合高新技术企业认定条件的，由认定机构在本地区公示10个工作日，无异议的，由认定机构重新核发认定证书，编号与有效期不变，并在“高新技术企业认定管理工作网”上公告；有异议的或有重大变化的（无论名称变更与否），由认定机构按《认定办法》第十一条进行核实处理，不符合认定条件的，自更名或条件变化年度起取消其高新技术企业资格，并在“高新技术企业认定管理工作网”上公告。

（五）异地搬迁

1.《认定办法》第十八条中整体迁移是指符合《中华人民共和国公司登记管理条例》第二十九条所述情况。

2. 跨认定机构管理区域整体迁移的高新技术企业须向迁入地认定机构提交有效期内的《高新技术企业证书》及迁入地工商等登记管理机关核发的完成迁入的相关证明材料。

3. 完成整体迁移的，其高新技术企业资格和《高新技术企业证书》继续有效，编号与有效期不变。由迁入地认定机构给企业出具证明材料，并在“高新技术企业认定管理工作网”上公告。

（六）其他

1. 有《认定办法》第十九条所列三种行为之一的企业，自行为发生之日所属年度起取消其高新技术企业资格，并在“高新技术企业认定管理工作网”上公告。

2. 认定机构应依据有关部门根据相关法律法规出具的意见对“重大安全、重大质量事故或有严重环境违法行为”进行判定处理。

3. 已认定的高新技术企业，无论何种原因被取消高新技术企业资格的，当年不得再次申请高新技术企业认定。

六、高新技术企业认定管理工作网功能及操作提要

“高新技术企业认定管理工作网”是根据《认定办法》建设的高新技术企业认定管理工作的信息化平台，由高新技术企业认定管理工作门户网站（以下简称“门户网站”）和高新技术企业认定管理系统（以下简称“管理系统”）构成。

（一）门户网站主要功能

门户网站（www. innocom. gov. cn）的主要功能包括：发布高新技术企业政策、工作动态、公示文件，公告备案、更名、异地搬迁、撤销资格、问题中介机构名单等信息，以及提供管理系统的登录入口。

（二）管理系统主要功能

管理系统由企业申报系统、认定机构管理系统和领导小组办公室管理系统三个子系统组成。

1. 企业申报系统主要功能

（1）企业注册　　　　　　　　（2）企业信息变更

（3）企业名称变更　　　　　　（4）认定申报

（5）年度发展情况报表　　　　（6）查询

（7）密码找回

2. 认定机构管理系统主要功能

（1）企业注册管理　　　　　　（2）认定申报管理

（3）撤销企业高企证书管理　　（4）异地搬迁企业管理

（5）查询与统计

3. 领导小组办公室管理系统主要功能

（1）高企备案管理　　　　　　（2）撤销企业高企证书管理

（3）异地搬迁企业管理　　　　（4）查询与统计

七、附件

附件 1：

企业注册登记表

<table>
<tr><td>企业名称</td><td colspan="2"></td><td colspan="2">注册时间</td><td colspan="2"></td></tr>
<tr><td>注册类型</td><td colspan="2"></td><td colspan="2">外资来源地</td><td colspan="2"></td></tr>
<tr><td>注册资金</td><td colspan="2"></td><td colspan="2">所属行业</td><td colspan="2"></td></tr>
<tr><td>企业规模</td><td colspan="2"></td><td colspan="2">行政区域</td><td colspan="2"></td></tr>
<tr><td>组织机构代码/
统一社会信用代码</td><td colspan="2"></td><td colspan="2">税务登记号/
统一社会信用代码</td><td colspan="2"></td></tr>
<tr><td>企业所得税
主管税务机关</td><td colspan="2">□国税　□地税</td><td colspan="2">企业所得税
征收方式</td><td colspan="2">□查账征收　□核定征收</td></tr>
<tr><td>通信地址</td><td colspan="4"></td><td>邮政编码</td><td></td></tr>
<tr><td rowspan="2">企业法定
代表人</td><td>姓名</td><td></td><td>手机</td><td></td><td>身份证号/
护照号</td><td></td></tr>
<tr><td>电话</td><td></td><td>传真</td><td></td><td>E - mail</td><td></td></tr>
<tr><td rowspan="2">联系人</td><td>姓名</td><td></td><td>手机</td><td colspan="3"></td></tr>
<tr><td>电话</td><td></td><td>传真</td><td></td><td>E - mail</td><td></td></tr>
<tr><td colspan="2">企业是否上市</td><td>□是　□否</td><td colspan="2">上市时间</td><td colspan="2"></td></tr>
<tr><td colspan="2">股权结构</td><td></td><td colspan="2">上市类型</td><td colspan="2"></td></tr>
<tr><td colspan="2">是否属于国家级
高新区内企业</td><td>□是　□否</td><td colspan="2">高新区名称</td><td colspan="2"></td></tr>
</table>

系统填报号：＿＿＿＿＿＿＿＿＿＿

附件2：

高新技术企业认定申请书

企业名称：______________________________

企业所在地区：________省________市（区、自治州）

认定机构：______________________________

申请日期：____________年______月______日

声明：本申请书上填写的有关内容和提交的资料均准确、真实、合法、有效、无涉密信息，本企业愿为此承担有关法律责任。

法定代表人（签名）：　　　　　　（企业公章）

科技部、财政部、国家税务总局编制

二〇一六年六月

填报说明：

企业应参照《高新技术企业认定管理办法》、《国家重点支持的高新技术领域》（国科发火〔2016〕32号）和《高新技术企业认定管理工作指引》（国科发火〔2016〕195号）的要求填报。

本表内的所有财务数据须出自专项报告、财务会计报告或纳税申报表。

1. 企业应如实填报所附各表。要求文字简洁，数据准确、详实。

2. 各栏目不得空缺，无内容填写“0”；数据有小数时，保留小数点后2位。

3. 对企业知识产权情况采用分类评价方式，其中：发明专利（含国防专利）、植物新品种、国家级农作物品种、国家新药、国家一级中药保护品种、集成电路布图设计专有权等按Ⅰ类评价；实用新型专利、外观设计专利、软件著作权等（不含商标）按Ⅱ类评价。

4. “基础研究投入费用总额”是指：企业研究开发费用总额中，为获得科学与技术（不包括社会科学、艺术或人文学）新知识等基础研究活动支出的费用总额。

5. 销售收入 = 主营业务收入 + 其他业务收入

企业总收入 = 收入总额 - 不征税收入

净资产 = 资产总额 - 负债总额

6. “近三年”、“近一年”和“申请认定前一年内”：详见《工作指引》三（一）“年限”中的说明，“近三年”即“年限”中的“近三个会计年度”。

7. “研发活动”：详见《工作指引》三（六）1中“研究开发活动确定”。

8. “高新技术产品（服务）收入”：详见《工作指引》三（四）1中“高新技术产品（服务）收入”的定义。

9. IP代表知识产权编号；RD代表研究开发活动编号；PS代表高新技术产品（服务）编号。IP、RD、PS后取两位数（01、02、……）。

一、主要情况

技术领域				
获得知识产权数量（件）	Ⅰ类		Ⅱ类	
人力资源情况（人）	职工总数		科技人员数	
近三年经营情况（万元）	种类 / 年度	净资产	销售收入	利润总额
	第一年			
	第二年			
	第三年			
近三年研究开发费用总额（万元）		其中	在中国境内研发费用总额（万元）	
			基础研究投入费用总额（万元）	
近一年企业总收入（万元）				
近一年高新技术产品（服务）收入（万元）				
申请认定前一年内是否发生过重大安全、重大质量事故或严重环境违法行为		□是　　□否		

二、知识产权汇总表

获得知识产权数量（件）	发明专利		其中：国防专利	
	植物新品种		国家级农作物品种	
	国家新药		国家一级中药保护品种	
	集成电路布图设计专有权		实用新型	
	外观设计		软件著作权	

知识产权编号	知识产权名称	类别	授权日期	授权号	获得方式
IP…					

三、人力资源情况表

（一）总体情况		
	企业职工	科技人员
总　数（人）		
其中：在职人员		
兼职人员		
临时聘用人员		
外籍人员		
留学归国人员		
千人计划人员		

（二）全体人员结构				
学　历	博　士	硕　士	本　科	大专及以下
人　数				
职　称	高级职称	中级职称	初级职称	高级技工
人　数				
年　龄	30及以下	31—40	41—50	51及以上
人　数				

四、企业研究开发活动情况表（近三年执行的活动，按单一活动填报）

研发活动编号：RD…

<table>
<tr><td>研发活动名称</td><td colspan="2"></td><td colspan="2">起止时间</td><td colspan="2"></td></tr>
<tr><td>技术领域</td><td colspan="6"></td></tr>
<tr><td>技术来源</td><td colspan="2"></td><td colspan="2">知识产权编号</td><td colspan="2"></td></tr>
<tr><td rowspan="3">研发经费
总预算
（万元）</td><td rowspan="3"></td><td rowspan="3">研发经费
近三年总支出
（万元）</td><td rowspan="3"></td><td rowspan="3">其中</td><td>第一年</td><td></td></tr>
<tr><td>第二年</td><td></td></tr>
<tr><td>第三年</td><td></td></tr>
<tr><td>目的及组织实施方式
（限400字）</td><td colspan="6"></td></tr>
<tr><td>核心技术及
创新点
（限400字）</td><td colspan="6"></td></tr>
<tr><td>取得的阶段性成果
（限400字）</td><td colspan="6"></td></tr>
</table>

五、企业年度研究开发费用结构明细表（按近三年每年分别填报）

______年度　　　　　　　　　　　　　　　　　　　　单位：万元

研发项目编号 / 累计发生额 / 科目	RD01	RD02	RD03	…	RD…	合计
内部研究开发费用						
其中：人员人工费用						
直接投入费用						
折旧费用与长期待摊费用						
无形资产摊销费用						
设计费用						
装备调试费用与试验费用						
其他费用						
委托外部研究开发费用						
其中：境内的外部研发费用						
研究开发投入额（内、外部）小计						

企业填报人签字：　　　　　　　　　　　　　　　　日　期：

六、上年度高新技术产品（服务）情况表（按单一产品（服务）填报）

编号：PS…

产品（服务）名称			
技术领域			
技术来源		上年度销售收入（万元）	
是否主要产品（服务）	□是　　□否	知识产权编号	
关键技术及主要技术指标（限 400 字）			
与同类产品（服务）的竞争优势（限 400 字）			
知识产权获得情况及其对产品（服务）在技术上发挥的支持作用（限 400 字）			

七、企业创新能力

知识产权对企业竞争力的作用（限400字）	
科技成果转化情况（限400字）	
研究开发与技术创新组织管理情况（限400字）	
管理与科技人员情况（限400字）	

八、（加分项）企业参与国家标准或行业标准制定情况汇总表

序号	标准名称	标准级别	标准编号	参与方式
		□国家　□行业		□主持　□参与
		□国家　□行业		□主持　□参与
		□国家　□行业		□主持　□参与

附件 3：

高新技术企业认定技术专家评价表

企业名称				
企业提交的资料是否符合要求	□是　□否			
企业是否注册成立一年以上	□是　□否			
企业是否获得符合条件的知识产权	□是　□否			
核心技术是否属于《技术领域》规定的范围	□是　□否 （若“是”，请填写 3 级技术领域标题或编号）			
科技人员占比是否符合要求	□是　□否			
近三年研发费用	研发活动核定数		核除研发活动编号	
	核定总额（万元）		其中：境内核定总额（万元）	
近一年高新技术产品（服务）收入	产品（服务）核定数		核除产品（服务）编号	
	收入核定总额（万元）			

1. 知识产权（≤30 分）	得分：
技术的先进程度（≤8 分） □A. 高　（7—8 分）　□B. 较高（5—6 分） □C. 一般（3—4 分）　□D. 较低（1—2 分） □E. 无　（0 分）	得分：
对主要产品（服务）在技术上发挥核心支持作用（≤8 分） □A. 强　（7—8 分）　□B. 较强（5—6 分） □C. 一般（3—4 分）　□D. 较弱（1—2 分） □E. 无　（0 分）	得分：
知识产权数量（≤8 分） □A. 1 项及以上（Ⅰ类）（7—8 分） □B. 5 项及以上（Ⅱ类）（5—6 分） □C. 3—4 项（Ⅱ类）（3—4 分） □D. 1—2 项（Ⅱ类）（1—2 分） □E. 0 项（0 分）	得分：
知识产权获得方式（≤6 分） □A. 有自主研发（1—6 分） □B. 仅有受让、受赠和并购等（1—3 分）	得分：
（加分项，≤2 分）企业是否参与编制国家标准、行业标准、检测方法、技术规范的情况 □A. 是（1—2 分）　□B. 否（0 分）	得分：
2. 科技成果转化能力（≤30 分）	得分：

续表

企业名称	
□A. 转化能力强， ≥5 项（25—30 分） □B. 转化能力较强，≥4 项（19—24 分） □C. 转化能力一般，≥3 项（13—18 分） □D. 转化能力较弱，≥2 项（7—12 分） □E. 转化能力弱， ≥1 项（1—6 分） □F. 转化能力无， 0 项（0 分）	
3. 研究开发组织管理水平（≤20 分）	得分：
制定了企业研究开发的组织管理制度，建立了研发投入核算体系，编制了研发费用辅助账（≤6 分）	得分：
设立了内部科学技术研究开发机构并具备相应的科研条件，与国内外研究开发机构开展多种形式的产学研合作（≤6 分）	得分：
建立了科技成果转化的组织实施与激励奖励制度，建立开放式的创新创业平台（≤4 分）	得分：
建立了科技人员的培养进修、职工技能培训、优秀人才引进，以及人才绩效评价奖励制度（≤4 分）	得分：

对企业技术创新能力的综合评价		
合计得分		专家签名： 年 月 日

注：各项均按整数打分。

附件 4：

高新技术企业认定财务专家评价表

企业名称					
企业提交的财务资料是否符合要求			□是 □否		
中介机构资质是否符合要求		□是 □否	中介机构出具的审计（鉴证）报告是否符合要求		□是 □否
近三年研究开发费用归集是否符合要求		□是 □否	近一年高新技术产品（服务）收入归集是否符合要求		□是 □否
近三年销售收入（万元）	第一年		近三年净资产（万元）	第一年	
	第二年			第二年	
	第三年			第三年	
企业成长性（≤20 分）					合计：
净资产增长率（≤10 分） □A. ≥35%（9—10 分） □B. ≥25%（7—8 分） □C. ≥15%（5—6 分） □D. >5%（3—4 分） □E. >0（1—2 分） □F. ≤0（0 分）					得分：

续表

<table>
<tr><td>企业名称</td><td colspan="2"></td></tr>
<tr><td colspan="2">销售收入增长率（≤10分）
□A. ≥35%（9—10分）
□B. ≥25%（7—8分）
□C. ≥15%（5—6分）
□D. >5%（3—4分）
□E. >0（1—2分）
□F. ≤0（0分）</td><td>得分：</td></tr>
<tr><td>对企业财务状况的
综合评价</td><td colspan="2"></td></tr>
<tr><td colspan="3">专家签名：　　　　　　　　　　　　　　年　　月　　日</td></tr>
</table>

附件5：

高新技术企业认定专家组综合评价表

<table>
<tr><td colspan="3">企业名称</td><td colspan="3"></td></tr>
<tr><td colspan="3">企业是否注册成立一年以上</td><td colspan="3">□是　□否</td></tr>
<tr><td colspan="3">企业是否获得符合条件的
知识产权</td><td colspan="3">□是　□否</td></tr>
<tr><td colspan="3">核心技术是否属于《技术领域》
规定的范围</td><td colspan="3">□是　□否
（若“是”，请填写3级技术领域标题或编号）</td></tr>
<tr><td colspan="3">科技人员占企业职工总数的比例（%）</td><td></td><td rowspan="4">是否
符合
条件</td><td>□是　□否</td></tr>
<tr><td colspan="3">近三年研究开发费用总额占同期销售收入总额比例（%）</td><td></td><td>□是　□否</td></tr>
<tr><td colspan="3">近三年在中国境内研发费用总额占全部研发费用总额比例（%）</td><td></td><td>□是　□否</td></tr>
<tr><td colspan="3">近一年高新技术产品（服务）收入占同期总收入比例（%）</td><td></td><td>□是　□否</td></tr>
<tr><td rowspan="8">创新能力
评价总分</td><td>1. 知识产权得分</td><td></td><td colspan="2">3. 研究开发组织管理水平得分</td><td></td></tr>
<tr><td>技术先进程度</td><td></td><td colspan="2">组织管理制度</td><td></td></tr>
<tr><td>核心支持作用</td><td></td><td colspan="2">研发机构</td><td></td></tr>
<tr><td>知识产权数量</td><td></td><td colspan="2">成果转化奖励制度</td><td></td></tr>
<tr><td>知识产权获得方式</td><td></td><td colspan="2">人才绩效制度</td><td></td></tr>
<tr><td>（加分）参与标准制定</td><td></td><td colspan="2">4. 成长指标得分</td><td></td></tr>
<tr><td rowspan="2">2. 科技成果转化能力得分</td><td rowspan="2"></td><td colspan="2">净资产增长率</td><td></td></tr>
<tr><td colspan="2">销售收入增长率</td><td></td></tr>
<tr><td colspan="6">综合评价是否符合认定条件：　　□是　　　　□否</td></tr>
<tr><td colspan="6">否（简述理由）</td></tr>
<tr><td colspan="6">专家组长签字：　　　　　　　　　　　　　　年　　月　　日</td></tr>
</table>

附件 6：

________年度高新技术企业发展情况报表

企业名称				
组织机构代码/统一社会信用代码			所属地区	
高新技术企业认定证书编号			高新技术企业认定时间	
企业联系人			联系电话	
本年度获得的知识产权数（件）	发明专利		其中：国防专利	
	植物新品种		国家级农作物品种	
	国家新药		国家一级中药保护品种	
	集成电路布图设计专有权		实用新型	
	外观设计		软件著作权	
本年度人员情况（人）	职工总数		科技人员数	
	新增就业人数		其中：吸纳高校应届毕业生人数	
企业本年度财务状况（万元）	总收入		销售收入	
	净资产		高新技术产品（服务）收入	
	纳税总额		企业所得税减免额	
	利润总额		出口创汇总额（万美元）	
	研究开发费用额		其中：在中国境内研发费用额	
			其中：基础研究投入费用总额	
企业是否上市	□是	□否	上市时间	
股票代码			上市类型	

注：以上信息应按《高新技术企业认定管理办法》和《高新技术企业认定管理工作指引》的规定填报。

附件 7：

高新技术企业名称变更申请表

企业名称	变更前			
	变更后			
高新技术企业证书编号			发证日期	
联系人			联系电话	
企业名称历史变更情况（认定高新技术企业后）				
序号	变更时间	变更内容		
企业更名原因（限 100 字内）				

续表

承 诺：以上填报内容及附件信息属实。 法人签字： 申请企业（盖章）： 年 月 日

附件8：

专家承诺书

我承诺，按照《高新技术企业认定管理办法》和《高新技术企业认定管理工作指引》的要求，履行评审专家职责，遵守评审专家纪律，做到：

1. 独立、客观、公正地对申请企业材料进行评价。
2. 评审与自身有利益关系的企业时，主动申明并回避。
3. 不披露、使用申请企业的技术经济信息和商业秘密，不复制保留或向他人扩散评审材料，不泄露评审结果。
4. 不利用特殊身份和影响，采取非正常手段为申请企业认定提供便利。
5. 认定评审期间，未经认定机构许可不擅自与企业联系或进入企业调查。
6. 不收受申请企业给予的任何好处和利益。

承诺专家：

日 期：

财政部 国家税务总局 发展改革委 工业和信息化部
关于软件和集成电路产业企业所得税优惠政策有关问题的通知

2016年5月4日 财税〔2016〕49号

各省、自治区、直辖市、计划单列市财政厅（局）、国家税务局、地方税务局、发展改革委、工业和信息化主管部门：

按照《国务院关于取消和调整一批行政审批项目等事项的决定》（国发〔2015〕11号）和《国务院关于取消非行政许可审批事项的决定》（国发〔2015〕27号）规定，集成电路生产企业、集成电路设计企业、软件企业、国家规划布局内的重点软件企业和集成电路设计企业（以下统称软件、集成电路企业）的税收优惠资格认定等非行政许可审批已经取消。为做好《财政部 国家税务总局关于进一步鼓励软件产业和集成电路产业发展企业所得税政策的通知》（财税〔2012〕27号）规定的企业所得税优惠政策落实工作，现将有关问题通知如下：

一、享受财税〔2012〕27号文件规定的税收优惠政策的软件、集成电路企业，每年汇算清缴时应按照《国家税务总局关于发布〈企业所得税优惠政策事项办理办法〉的公告》（国家税务总局公告2015年第76号）规定向税务机关备案，同时提交《享受企业所得税优惠政策的软件和集成电路企业备案资料明细表》（见附件）规定的备案资料。

为切实加强优惠资格认定取消后的管理工作，在软件、集成电路企业享受优惠政策后，税务部门转请发展改革、工业和信息化部门进行核查。对经核查不符合软件、集成电路企业条件的，由税务部门追缴其已经享受的企业所得税优惠，并按照税收征管法的规定进行处理。

二、财税〔2012〕27号文件所称集成电路生产企业，是指以单片集成电路、多芯片集成电路、混合集成电路制造为主营业务并同时符合下列条件的企业：

（一）在中国境内（不包括港、澳、台地区）依法注册并在发展改革、工业和信息化部门备案的居民企业；

（二）汇算清缴年度具有劳动合同关系且具有大学专科以上学历职工人数占企业月平均职工总人数的比例不低于40%，其中研究开发人员占企业月平均职工总数的比例不低于20%；

（三）拥有核心关键技术，并以此为基础开展经营活动，且汇算清缴年度研究开发费用总额占企业销售（营业）收入（主营业务收入与其他业务收入之和，下同）总额的比例不低于5%；其中，企业在中国境内发生的研究开发费用金额占研究开发费用总额的比例不低于60%；

（四）汇算清缴年度集成电路制造销售（营业）收入占企业收入总额的比例不低于60%；

（五）具有保证产品生产的手段和能力，并获得有关资质认证（包括ISO质量体系认证）；

（六）汇算清缴年度未发生重大安全、重大质量事故或严重环境违法行为。

三、财税〔2012〕27号文件所称集成电路设计企业是指以集成电路设计为主营业务并同时符合下列条件的企业：

（一）在中国境内（不包括港、澳、台地区）依法注册的居民企业；

（二）汇算清缴年度具有劳动合同关系且具有大学专科以上学历的职工人数占企业月平均职工总人数的比例不低40%，其中研究开发人员占企业月平均职工总数的比例不低于20%；

（三）拥有核心关键技术，并以此为基础开展经营活动，且汇算清缴年度研究开发费用总额占企业销售（营业）收入总额的比例不低于6%；其中，企业在中国境内发生的研究开发费用金额占研究开发费用总额的比例不低于60%；

（四）汇算清缴年度集成电路设计销售（营业）收入占企业收入总额的比例不低于60%，其中集成电路自主设计销售（营业）收入占企业收入总额的比例不低于50%；

（五）主营业务拥有自主知识产权；

（六）具有与集成电路设计相适应的软硬件设施等开发环境（如EDA工具、服务器或工作站等）；

（七）汇算清缴年度未发生重大安全、重大质量事故或严重环境违法行为。

四、财税〔2012〕27号文件所称软件企业是指以软件产品开发销售（营业）为主营业务并同时符合下列条件的企业：

（一）在中国境内（不包括港、澳、台地区）依法注册的居民企业；

（二）汇算清缴年度具有劳动合同关系且具有大学专科以上学历的职工人数占企业月平均职工总人数的比例不低于40%，其中研究开发人员占企业月平均职工总数的比例不低于20%；

（三）拥有核心关键技术，并以此为基础开展经营活动，且汇算清缴年度研究开发费用总额占企业销售（营业）收入总额的比例不低于6%；其中，企业在中国境内发生的研究开发费用金额占研究开发费用总额的比例不低于60%；

（四）汇算清缴年度软件产品开发销售（营业）收入占企业收入总额的比例不低于50%（嵌入式软件产品和信息系统集成产品开发销售（营业）收入占企业收入总额的比例不低于40%），其中：软件产品自主开发销售（营业）收入占企业收入总额的比例不低于40%（嵌入式软件产品和信息系统集成产品开发销售（营业）收入占企业收入总额的比例不低于30%）；

（五）主营业务拥有自主知识产权；

（六）具有与软件开发相适应软硬件设施等开发环境（如合法的开发工具等）；

（七）汇算清缴年度未发生重大安全、重大质量事故或严重环境违法行为。

五、财税〔2012〕27号文件所称国家规划布局内重点集成电路设计企业除符合本通知第三条规定，还应至少符合下列条件中的一项：

（一）汇算清缴年度集成电路设计销售（营业）收入不低于2亿元，年应纳税所得额不低于1000万元，研究开发人员占月平均职工总数的比例不低于25%；

（二）在国家规定的重点集成电路设计领域内，汇算清缴年度集成电路设计销售（营业）收入不低于2000万元，应纳税所得额不低于250万元，研究开发人员占月平均职工总数的比例不低于35%，企业在中国境内发生的研发开发费用金额占研究开发费用总额的比例不低于70%。

六、财税〔2012〕27号文件所称国家规划布局内重点软件企业是除符合本通知第四条规定，还应至少符合下列条件中的一项：

（一）汇算清缴年度软件产品开发销售（营业）收入不低于2亿元，应纳税所得额不低于1000万元，研究开发人员占企业月平均职工总数的比例不低于25%；

（二）在国家规定的重点软件领域内，汇算清缴年度软件产品开发销售（营业）收入不低于5000万元，应纳税所得额不低于250万元，研究开发人员占企业月平均职工总数的比例不低于25%，企业在中国境内发生的研究开发费用金额占研究开发费用总额的比例不低于70%；

（三）汇算清缴年度软件出口收入总额不低于800万美元，软件出口收入总额占本企业年度收入总额比例不低于50%，研究开发人员占企业月平均职工总数的比例不低于25%。

七、国家规定的重点软件领域及重点集成电路设计领域，由国家发展改革委、工业和信息化部会同财政部、税务总局根据国家产业规划和布局确定，并实行动态调整。

八、软件、集成电路企业规定条件中所称研究开发费用政策口径，2015年度仍按《国家税务总局关于印发〈企业研究开发费用税前扣除管理办法（试行）〉的通知》（国税发〔2008〕116号）和《财政部　国家税务总局关于研究开发费用税前加计扣除有关政策的通知》（财税〔2013〕70号）的规定执行，2016年及以后年度按照《财政部　国家税务总局　科技部关于完善研究开发费用税前加计扣除政策的通知》（财税〔2015〕119号）的规定执行。

九、软件、集成电路企业应从企业的获利年度起计算定期减免税优惠期。如获利年度不符合优惠条件的，应自首次符合软件、集成电路企业条件的年度起，在其优惠期的剩余年限内享受相应的减免税优惠。

十、省级（自治区、直辖市、计划单列市，下同）财政、税务、发展改革和工业和信息化部门应密切配合，通过建立核查机制并有效运用核查结果，切实加强对软件、集成电路企业的后续管理工作。

（一）省级税务部门应在每年3月20日前和6月20日前分两批将汇算清缴年度已申报享受软件、集成电路企业税收优惠政策的企业名单及其备案资料提交省级发展改革、工业和信息化部门。其中，享受软件企业、集成电路设计企业税收优惠政策的名单及备案资料提交给省级工业和信息化部门，省级工业和信息化部门组织专家或者委托第三方机构对名单内企业是否符合条件进行核查；享受其他优惠政策的名单及备案资料提交给省级发展改革部门，省级发展改革部门会同工业和信息化部门共同组织专家或者委托第三方机构对名单内企业是否符合条件进行核查。

2015年度享受优惠政策的企业名单和备案资料，省级税务部门可在2016年6月20日前一次性提交给省级发展改革、工业和信息化部门。

（二）省级发展改革、工业和信息化部门应在收到享受优惠政策的企业名单和备案资料两个月内将复核结果反馈省级税务部门（第一批名单复核结果应在汇算清缴期结束前反馈）。

（三）每年10月底前，省级财政、税务、发展改革、工业和信息化部门应将核查结果及税收优惠落实情况联合汇总上报财政部、税务总局、国家发展改革委、工业和信息化部。

如遇特殊情况汇算清缴延期的，上述期限可相应顺延。

（四）省级财政、税务、发展改革、工业和信息化部门可以根据本通知规定，结合当地实际，制定具体操作管理办法，并报财政部、税务总局、发展改革委、工业和信息化部备案。

十一、国家税务总局公告2015年第76号所附《企业所得税优惠事项备案管理目录（2015年版）》第38、41、42、43、46项软件、集成电路企业优惠政策不再作为“定期减免税优惠备案管理事项”管理，本通知执行前已经履行备案等相关手续的，在享受税收优惠的年度仍应按照本通知的规定办理备案手续。

十二、本通知自2015年1月1日起执行。《财政部　国家税务总局关于进一步鼓励软件产业和集成电路产业发展企业所得税政策的通知》（财税〔2012〕27号）第九条、第十条、第十一条、第十三条、第十七条、第十八条、第十九条和第二十条停止执行。国家税务总局公告2015年第76号所附《企业所得税优惠事项备案管理目录（2015年版）》第38项至43项及第46至48项软件、集成电路企业优惠政策的“备案资料”、“主要留存备查资料”规定停止执行。

附件：享受企业所得税优惠政策的软件和集成电路企业备案资料明细表

附件：

享受企业所得税优惠政策的软件和集成电路企业备案资料明细表

企业类型	备案资料（复印件须加盖企业公章）
集成电路生产企业	1. 在发展改革或工业和信息化部门立项的备案文件（应注明总投资额、工艺线宽标准）复印件以及企业取得的其他相关资质证书复印件等； 2. 企业职工人数、学历结构、研究开发人员情况及其占企业职工总数的比例说明，以及汇算清缴年度最后一个月社会保险缴纳证明等相关证明材料； 3. 加工集成电路产品主要列表及国家知识产权局（或国外知识产权相关主管机构）出具的企业自主开发或拥有的一至两份代表性知识产权（如专利、布图设计登记、软件著作权等）的证明材料； 4. 经具有资质的中介机构鉴证的企业财务会计报告（包括会计报表、会计报表附注和财务情况说明书）以及集成电路制造销售（营业）收入、研究开发费用、境内研究开发费用等情况说明； 5. 与主要客户签订的一至两份代表性销售合同复印件； 6. 保证产品质量的相关证明材料（如质量管理认证证书复印件等）； 7. 税务机关要求出具的其他材料
集成电路设计企业	1. 企业职工人数、学历结构、研究开发人员情况及其占企业职工总数的比例说明，以及汇算清缴年度最后一个月社会保险缴纳证明等相关证明材料； 2. 企业开发销售的主要集成电路产品列表，以及国家知识产权局（或国外知识产权相关主管机构）出具的企业自主开发或拥有的一至两份代表性知识产权（如专利、布图设计登记、软件著作权等）的证明材料； 3. 经具有资质的中介机构鉴证的企业财务会计报告（包括会计报表、会计报表附注和财务情况说明书）以及集成电路设计销售（营业）收入、集成电路自主设计销售（营业）收入、研究开发费用、境内研究开发费用等情况表； 4. 第三方检测机构提供的集成电路产品测试报告或用户报告，以及与主要客户签订的一至两份代表性销售合同复印件； 5. 企业开发环境等相关证明材料； 6. 税务机关要求出具的其他材料
软件企业	1. 企业开发销售的主要软件产品列表或技术服务列表； 2. 主营业务为软件产品开发的企业，提供至少 1 个主要产品的软件著作权或专利权等自主知识产权的有效证明文件，以及第三方检测机构提供的软件产品测试报告；主营业务仅为技术服务的企业提供核心技术说明； 3. 企业职工人数、学历结构、研究开发人员及其占企业职工总数的比例说明，以及汇算清缴年度最后一个月社会保险缴纳证明等相关证明材料； 4. 经具有资质的中介机构鉴证的企业财务会计报告（包括会计报表、会计报表附注和财务情况说明书）以及软件产品开发销售（营业）收入、软件产品自主开发销售（营业）收入、研究开发费用、境内研究开发费用等情况说明； 5. 与主要客户签订的一至两份代表性的软件产品销售合同或技术服务合同复印件； 6. 企业开发环境相关证明材料； 7. 税务机关要求出具的其他材料
国家规划布局内重点软件企业	1. 企业享受软件企业所得税优惠政策需要报送的备案资料； 2. 符合第二类条件的，应提供在国家规定的重点软件领域内销售（营业）情况说明； 3. 符合第三类条件的，应提供商务主管部门核发的软件出口合同登记证书，以及有效出口合同和结汇证明等材料； 4. 税务机关要求提供的其他材料

续表

企业类型	备案资料（复印件须加盖企业公章）
国家规划布局内重点集成电路设计企业	1. 企业享受集成电路设计企业所得税优惠政策需要报送的备案资料； 2. 符合第二类条件的，应提供在国家规定的重点集成电路设计领域内销售（营业）情况说明； 3. 税务机关要求提供的其他材料

财政部　国家税务总局　民政部关于生产和装配伤残人员专门用品企业免征企业所得税的通知

2016 年 10 月 24 日　财税〔2016〕111 号

各省、自治区、直辖市、计划单列市财政厅（局）、国家税务局、地方税务局、民政厅（局），新疆生产建设兵团财务局、民政局：

经国务院批准，现对生产和装配伤残人员专门用品的企业征免企业所得税政策明确如下：

一、自 2016 年 1 月 1 日至 2020 年 12 月 31 日期间，对符合下列条件的居民企业，免征企业所得税：

1. 生产和装配伤残人员专门用品，且在民政部发布的《中国伤残人员专门用品目录》范围之内。

2. 以销售本企业生产或者装配的伤残人员专门用品为主，其所取得的年度伤残人员专门用品销售收入（不含出口取得的收入）占企业收入总额 60% 以上。

3. 企业账证健全，能够准确、完整地向主管税务机关提供纳税资料，且本企业生产或者装配的伤残人员专门用品所取得的收入能够单独、准确核算。

4. 企业拥有假肢制作师、矫形器制作师资格证书的专业技术人员不得少于 1 人；其企业生产人员如超过 20 人，则其拥有假肢制作师、矫形器制作师资格证书的专业技术人员不得少于全部生产人员的 1/6。

5. 具有与业务相适应的测量取型、模型加工、接受腔成型、打磨、对线组装、功能训练等生产装配专用设备和工具。

6. 具有独立的接待室、假肢或者矫形器（辅助器具）制作室和假肢功能训练室，使用面积不少于 115 平方米。

二、享受本通知税收优惠的企业，应当按照《国家税务总局关于发布〈企业所得税优惠政策事项办理办法〉的公告》（国家税务总局公告 2015 年第 76 号）规定向税务机关履行备案手续，妥善保管留存备查资料。

附件：中国伤残人员专门用品目录（略）

财政部　国家税务总局　商务部　科技部　国家发展改革委关于在服务贸易创新发展试点地区推广技术先进型服务企业所得税优惠政策的通知

2016 年 11 月 10 日　财税〔2016〕122 号

天津、上海、海南、深圳、浙江、湖北、广东、四川、江苏、山东、黑龙江、重庆、贵州、陕西省（直辖市、计划单列市）财政厅（局）、国家税务局、地方税务局、商务主管部门、科技厅（委、局）、发展改革委：

为加快服务贸易发展，进一步推进外贸结构优化，根据国务院有关决定精神，现就在服务贸易创新发展试点地区推广技术先进型服务企业所得税优惠政策通知如下：

一、自 2016 年 1 月 1 日起至 2017 年 12 月 31 日止，在天津、上海、海南、深圳、杭州、武汉、广州、成都、苏州、威海和哈尔滨新区、江北新区、两江新区、贵安新区、西咸新区等 15 个服务贸易创新发展试点地区（以下简称试点地区）实行以下企业所得税优惠政策：

1. 符合条件的技术先进型服务企业减按 15% 的税率征收企业所得税。

2. 符合条件的技术先进型服务企业实际发生的职工教育经费支出，不超过工资薪金总额 8% 的部分，准予在计算应纳税所得额时扣除；超过部分准予在以后纳税年度结转扣除。

二、本通知所称技术先进型服务企业须满足的条件及有关管理事项，按照《财政部　国家税务总局　商务部　科技部　国家发展改革委关于完善技术先进型服务企业有关企业所得税政策问题的通知》（财税〔2014〕59 号）的相关规定执行。其中，企业须满足的技术先进型服务业务领域范围按照本通知所附《技术先进型服务业务领域范围（服务贸易类）》执行。

三、试点地区人民政府（管委会）财政、税务、商务、科技和发展改革部门应加强沟通与协作，发现新情况、新问题及时上报财政部、国家税务总局、商务部、科技部和发展改革委。

四、《财政部　国家税务总局　商务部　科技部　国家发展改革委关于完善技术先进型服务企业有关企业所得税政策问题的通知》（财税〔2014〕59 号）继续有效。

附件：技术先进型服务业务领域范围（服务贸易类）

附件：

技术先进型服务业务领域范围（服务贸易类）

类　别	适用范围
一、计算机和信息服务	
1. 信息系统集成服务	系统集成咨询服务；系统集成工程服务；提供硬件设备现场组装、软件安装与调试及相关运营维护支撑服务；系统运营维护服务，包括系统运行检测监控、故障定位与排除、性能管理、优化升级等
2. 数据服务	数据存储管理服务，提供数据规划、评估、审计、咨询、清洗、整理、应用服务，数据增值服务，提供其他未分类数据处理服务
二、研究开发和技术服务	
3. 研究和实验开发服务	物理学、化学、生物学、基因学、工程学、医学、农业科学、环境科学、人类地理科学、经济学和人文科学等领域的研究和实验开发服务
4. 工业设计服务	对产品的材料、结构、机理、形状、颜色和表面处理的设计与选择；对产品进行的综合设计服务，即产品外观的设计、机械结构和电路设计等服务
5. 知识产权跨境许可与转让	以专利、版权、商标等为载体的技术贸易。知识产权跨境许可是指授权境外机构有偿使用专利、版权和商标等；知识产权跨境转让是指将专利、版权和商标等知识产权售卖给境外机构
三、文化技术服务	
6. 文化产品数字制作及相关服务	采用数字技术对舞台剧目、音乐、美术、文物、非物质文化遗产、文献资源等文化内容以及各种出版物进行数字化转化和开发，为各种显示终端提供内容，以及采用数字技术传播、经营文化产品等相关服务
7. 文化产品的对外翻译、配音及制作服务	将本国文化产品翻译或配音成其他国家语言，将其他国家文化产品翻译或配音成本国语言以及与其相关的制作服务
四、中医药医疗服务	
8. 中医药医疗保健及相关服务	与中医药相关的远程医疗保健、教育培训、文化交流等服务

财政部　国家税务总局　国家发展改革委
关于垃圾填埋沼气发电列入《环境保护、节能节水项目企业所得税优惠目录（试行）》的通知

2016 年 12 月 1 日　财税〔2016〕131 号

各省、自治区、直辖市、计划单列市财政厅（局）、国家税务局、地方税务局、发展改革委，新疆生产建设兵团财务局、发展改革委：

按照国务院促进民间投资健康发展的有关决定精神，落实垃圾填埋沼气发电项目所得税政策，现将有关问题通知如下：

一、将垃圾填埋沼气发电项目列入《财政部 国家税务总局 国家发展改革委关于公布环境保护节能节水项目企业所得税优惠目录（试行）的通知》（财税〔2009〕166号）规定的“沼气综合开发利用”范围。

二、企业从事垃圾填埋沼气发电项目取得的所得，符合《环境保护、节能节水项目企业所得税优惠目录（试行）》规定优惠政策条件的，可依照规定享受企业所得税优惠。

本通知自2016年1月1日起执行。

国家税务总局关于民政福利企业税收优惠政策适用问题的批复

2016年11月15日 税总函〔2016〕609号

重庆市国家税务局：

你局《关于民政福利企业税收优惠政策适用问题的请示》（渝国税发〔2016〕149号）收悉。经研究，批复如下：

《财政部 国家税务总局关于促进残疾人就业税收优惠政策的通知》（财税〔2007〕92号）和《财政部 国家税务总局关于促进残疾人就业增值税优惠政策的通知》（财税〔2016〕52号）的实质要求是一致的。

重庆驰成金属冶炼有限公司享受税收优惠政策，应对报送资料的真实性和合法性负责。

无论适用财税〔2007〕92号文件还是财税〔2016〕52号文件，如税务机关发现该企业存在“挂名未上岗”或其他情形导致不符合促进残疾人就业税收优惠政策适用条件的，应将其发生相应违法违规行为年度内实际享受到的减（退）税款全额追缴入库。

科技部 财政部 国家税务总局关于印发《科技型中小企业评价办法》的通知

2017年5月3日 国科发政〔2017〕115号

各省、自治区、直辖市及计划单列市科技厅（委、局）、财政厅（局）、国家税务局、地方税务局，新疆生产建设兵团科技局、财务局：

为贯彻落实《国家创新驱动发展战略纲要》，推动大众创业万众创新，加大对科技型中小企业的精准支持力度，按照《深化科技体制改革实施方案》要求，科技部、财政部、国家税务总局研究制定了《科技型中小企业评价办法》，现印发给你们，请遵照执行。

科技型中小企业评价办法

第一章　总　则

第一条　为贯彻落实《国家创新驱动发展战略纲要》，推动大众创业万众创新，加速科技成果产业化，加大对科技型中小企业的精准支持力度，壮大科技型中小企业群体，培育新的经济增长点，根据《深化科技体制改革实施方案》要求，制定本办法。

第二条　本办法所称的科技型中小企业是指依托一定数量的科技人员从事科学技术研究开发活动，取得自主知识产权并将其转化为高新技术产品或服务，从而实现可持续发展的中小企业。

第三条　科技型中小企业评价工作采取企业自主评价、省级科技管理部门组织实施、科技部服务监督的工作模式，坚持服务引领、放管结合、公开透明的原则。

第四条　科技部负责建设"全国科技型中小企业信息服务平台"（以下简称"服务平台"）和"全国科技型中小企业信息库"（以下简称"信息库"）。科技部火炬高技术产业开发中心负责服务平台和信息库建设与运行的日常工作。

企业可根据本办法进行自主评价，并按照自愿原则到服务平台填报企业信息，经公示无异议的，纳入信息库。

第五条　各有关部门和各级人民政府应当对纳入信息库的科技型中小企业提供精准支持和精准服务，制定的支持企业技术创新的政策措施应优先支持纳入信息库的企业。

第二章　评价指标

第六条　科技型中小企业须同时满足以下条件：

（一）在中国境内（不包括港、澳、台地区）注册的居民企业。

（二）职工总数不超过500人、年销售收入不超过2亿元、资产总额不超过2亿元。

（三）企业提供的产品和服务不属于国家规定的禁止、限制和淘汰类。

（四）企业在填报上一年及当年内未发生重大安全、重大质量事故和严重环境违法、科研严重失信行为，且企业未列入经营异常名录和严重违法失信企业名单。

（五）企业根据科技型中小企业评价指标进行综合评价所得分值不低于60分，且科技人员指标得分不得为0分。

第七条　科技型中小企业评价指标具体包括科技人员、研发投入、科技成果三类，满分100分。

1. 科技人员指标（满分20分）。按科技人员数占企业职工总数的比例分档评价。

A. 30%（含）以上（20分）　　B. 25%（含）—30%（16分）

C. 20%（含）—25%（12分）　　D. 15%（含）—20%（8分）

E. 10%（含）—15%（4分）　　F. 10%以下（0分）

2. 研发投入指标（满分50分）。企业从（1）、（2）两项指标中选择一个指标进行评分。

（1）按企业研发费用总额占销售收入总额的比例分档评价。

A. 6%（含）以上（50分） B. 5%（含）—6%（40分）
C. 4%（含）—5%（30分） D. 3%（含）—4%（20分）
E. 2%（含）—3%（10分） F. 2%以下（0分）

（2）按企业研发费用总额占成本费用支出总额的比例分档评价。

A. 30%（含）以上（50分） B. 25%（含）—30%（40分）
C. 20%（含）—25%（30分） D. 15%（含）—20%（20分）
E. 10%（含）—15%（10分） F. 10%以下（0分）

3. 科技成果指标（满分30分）。按企业拥有的在有效期内的与主要产品（或服务）相关的知识产权类别和数量（知识产权应没有争议或纠纷）分档评价。

A. 1项及以上Ⅰ类知识产权（30分） B. 4项及以上Ⅱ类知识产权（24分）
C. 3项Ⅱ类知识产权（18分） D. 2项Ⅱ类知识产权（12分）
E. 1项Ⅱ类知识产权（6分） F. 没有知识产权（0分）

第八条 符合第六条第（一）—（四）项条件的企业，若同时符合下列条件中的一项，则可直接确认符合科技型中小企业条件：

（一）企业拥有有效期内高新技术企业资格证书；

（二）企业近五年内获得过国家级科技奖励，并在获奖单位中排在前三名；

（三）企业拥有经认定的省部级以上研发机构；

（四）企业近五年内主导制定过国际标准、国家标准或行业标准。

第九条 科技型中小企业评价指标的说明：

（一）企业科技人员是指企业直接从事研发和相关技术创新活动，以及专门从事上述活动管理和提供直接服务的人员，包括在职、兼职和临时聘用人员，兼职、临时聘用人员全年须在企业累计工作6个月以上。

（二）企业职工总数包括企业在职、兼职和临时聘用人员。在职人员通过企业是否签订了劳动合同或缴纳社会保险费来鉴别，兼职、临时聘用人员全年须在企业累计工作6个月以上。

（三）企业研发费用是指企业研发活动中发生的相关费用，具体按照财政部 国家税务总局 科技部《关于完善研究开发费用税前加计扣除政策的通知》（财税〔2015〕119号）有关规定进行归集。

（四）企业销售收入为主营业务与其他业务收入之和。

（五）知识产权采用分类评价，其中：发明专利、植物新品种、国家级农作物品种、国家新药、国家一级中药保护品种、集成电路布图设计专有权按Ⅰ类评价；实用新型专利、外观设计专利、软件著作权按Ⅱ类评价。

（六）企业主导制定国际标准、国家标准或行业标准是指企业在国家标准化委员会、工业和信息化部、国际标准化组织等主管部门的相关文件中排名起草单位前五名。

（七）省部级以上研发机构包括国家（省、部）重点实验室、国家（省、部）工程技术研究中心、国家（省、部）工程实验室、国家（省、部）工程研究中心、国家（省、部）企业技术中心、国家（省、部）国际联合研究中心等。

第三章 信息填报与登记入库

第十条 企业可对照本办法自主评价是否符合科技型中小企业条件，认为符合条件的，可自愿在服务平台上注册登记企业基本信息，在线填报《科技型中小企业信息表》（附件）。

各省级科技管理部门组织有关单位对企业填报的《科技型中小企业信息表》内容是否完整进行确认。内容不完整的，在服务平台上通知企业补正。信息完整且符合条件的，由省级科技管理部门在服务平台公示10个工作日。

公示无异议的企业，纳入信息库并在服务平台公告；有异议的，由省级科技管理部门组织有关单位进行核实处理。

第十一条 省级科技管理部门为入库企业赋予科技型中小企业入库登记编号（以下简称“登记编号”）。

有关单位可通过服务平台查验企业的登记编号。

第十二条 已入库企业应在每年3月底前通过服务平台对《科技型中小企业信息表》中的信息进行更新，并对本企业是否仍符合科技型中小企业条件进行自主评价，仍符合条件的，由省级科技管理部门按本办法第十条和第十一条规定程序办理。

第十三条 已入库企业发生更名或与第二章规定的条件有关的重大变化的，应在三个月内通过服务平台填报变化情况。

第十四条 已入库企业有下列行为之一的，由省级科技管理部门撤销其行为发生年度登记编号并在服务平台上公告：

（一）企业发生重大变化，不再符合第二章规定条件的；

（二）存在严重弄虚作假行为的；

（三）发生科研严重失信行为的；

（四）发生重大安全、重大质量事故或有严重环境违法行为的；

（五）被列入经营异常名录和严重违法失信企业名单的；

（六）未按期更新《科技型中小企业信息表》信息的。

第十五条 科技部根据工作需要对省级科技管理部门管理工作进行监督检查。省级科技管理部门对已入库企业进行抽查，对经抽查或审核企业确认不符合条件的，由省级科技管理部门按照第十四条规定处理。

第四章 附 则

第十六条 本办法由科技部、财政部、国家税务总局负责解释。

各省级科技管理部门、财政部门、税务部门可根据本地区情况制定实施细则。

第十七条 本办法自发布之日起实施。

附件：科技型中小企业信息表

附件：

系统填报号：22 位

科技型中小企业信息表

企业名称：______________________

统一社会信用代码：________________

企业注册地区：______省______市（区）

企业注册类型：____________________

企业所属行业：____________________

填写日期：__________年________月______日

声明：本表中填写的有关内容和提交的资料均准确、真实、合法、有效、无涉密信息，本企业愿为此承担有关法律责任。

法定代表人（签名）：　　　　　（企业公章）

科学技术部

二〇一　年　月

填报说明：

1. 企业应如实填报所附各表。要求文字简洁，数据准确、详实。

2. 各栏目不得空缺，无内容填写“0”；数据有小数时，保留小数点后 2 位。

3. 资产总额应以企业上一年度会计报表期末数为准。

4. 科技人员和研发投入指标，采用上一会计年度财务数据和统计数据进行评价。

5. 企业科技人员是指企业直接从事研发和相关技术创新活动，以及专门从事上述活动管理和提供直接服务的人员，包括在职、兼职和临时聘用人员，兼职、临时聘用人员全年须在企业累计工作 6 个月以上。

6. 企业职工总数包括企业在职、兼职和临时聘用人员。在职人员通过企业是否签订了劳动合同或缴纳社会保险费来鉴别，兼职、临时聘用人员全年须在企业累计工作 6 个月以上。

7. 企业职工总数、科技人员数均按照全年季平均数计算。

季平均数 =（季初数 + 季末数）÷2

全年季平均数 = 全年各季平均数之和 ÷4

8. 企业研发费用是指企业研发活动中发生的相关费用，具体按照财政部、国家税务总局、科技部《关于完善研究开发费用税前加计扣除政策的通知》（财税〔2015〕119 号）有关规定进行归集。

9. 企业销售收入为主营业务与其他业务收入之和。

10. 当年注册的企业，以其实际经营期作为一个会计年度确定相关指标。

11. 知识产权采用分类评价，其中：发明专利、植物新品种、国家级农作物品种、国家新药、国家一级中药保护品种、集成电路布图设计专有权按Ⅰ类评价；实用新型专利、外观设计专利、软件著作权按Ⅱ类评价。

12. 近五年包括填报当年。

13. 企业主导制定国际标准、国家标准或行业标准是指企业在国家标准化委员会、工业和信息化部、国际标准化组织等主管部门的相关文件中排名起草单位前五名。

14. 省部级以上研发机构包括国家（省、部）重点实验室、国家（省、部）工程技术研究中心、国家（省、部）工程实验室、国家（省、部）工程研究中心、国家（省、部）企业技术中心、国家（省、部）国际联合研究中心等。

一、企业自评表（必填）

企业名称		
一、基本准入条件判定（需同时符合指标1—4）		企业自评
指标1：注册地	企业为在中国境内（不包括港、澳、台地区）注册的居民企业	□ 符合 □ 不符合
指标2：企业规模	企业职工总数不超过500人、年销售收入不超过2亿元、资产总额不超过2亿元	□ 符合 □ 不符合
指标3：产品及服务范围	企业提供的产品和服务不属于国家规定的禁止、限制和淘汰类	□ 符合 □ 不符合
指标4：企业信用	企业在填报上一年及当年内未发生重大安全、重大质量事故和严重环境违法、科研严重失信行为，且企业未列入经营异常名录和严重违法失信企业名单	□ 符合 □ 不符合
二、相关重要条件判定（指标5—8）		企业自评
指标5：高新技术企业	企业拥有有效期内高新技术企业资格证书	□ 是 □ 否
指标6：研发机构	企业拥有经认定的省部级以上研发机构	□ 是 □ 否
指标7：科技奖励	企业近五年内获得过国家级科技奖励，并在获奖单位中排在前三名	□ 是 □ 否
指标8：制定标准	企业近五年内主导制定过国际标准、国家标准、或行业标准	□ 是 □ 否

企业科技活动评分（满分100分）（指标9—11）		企业自评
指标9：科技人员（满分20分）	上一会计年度企业科技人员占企业职工总数的比例	□30%（含）以上（20分）□25%（含）—30%（16分） □20%（含）—25%（12分）□15%（含）—20%（8分） □10%（含）—15%（4分）□10%以下（0分） 该项指标所对应的比例（%）：________
指标10：研发投入（满分50分） 企业从（1）、（2）两项指标中选择一个指标进行评分	（1）上一会计年度企业研发费用总额占销售收入总额的比例	□6%（含）以上（50分）□5%（含）—6%（40分） □4%（含）—5%（30分）□3%（含）—4%（20分） □2%（含）—3%（10分）□2%以下（0分） 该项指标所对应的比例（%）：________
	（2）上一会计年度企业研发费用总额占成本费用支出总额的比例	□30%（含）以上（50分）□25%（含）—30%（40分） □20%（含）—25%（30分）□15%（含）—20%（20分） □10%（含）—15%（10分）□10%以下（0分） 该项指标所对应的比例（%）：________

续表

企业科技活动评分（满分100分）（指标9—11）		企业自评
指标11：科技成果（满分30分）	企业拥有的在有效期内的与主要产品（或服务）相关的知识产权类别和数量（知识产权应没有争议或纠纷）	□1项及以上Ⅰ类知识产权（30分） □4项及以上Ⅱ类知识产权（24分） □3项Ⅱ类知识产权（18分） □2项Ⅱ类知识产权（12分） □1项Ⅱ类知识产权（6分） □没有知识产权（0分） 该项指标所对应的类别和数量： Ⅰ类知识产权________；Ⅱ类知识产权__________
以上科技活动企业自评得分：________分		
企业自评结果： □符合科技型中小企业条件　　　　□不符合科技型中小企业条件		

二、企业主要数据表（必填）

企业名称				
所属行业			行业代码	
上一会计年度企业数据	资产总额（万元）		销售收入（万元）	
	职工总数（人）		科技人员数（人）	
	研发费用总额（万元）		成本费用总额（万元）	

三、企业知识产权情况表（必填）

企业拥有的在有效期内的知识产权数量（件）	发明专利			
	植物新品种		国家级农作物品种	
	国家新药		国家一级中药保护品种	
	集成电路布图设计专有权		实用新型	
	外观设计		软件著作权	

序号	知识产权名称	种类	授权日期	授权号	获得方式

四、企业人力资源情况表（必填）

（一）总体情况		
	企业职工	科技人员
总　数（人）		
其中：在职人员		
兼职人员		
临时人员		

（二）人员结构				
学　历	博　士	硕　士	本　科	大专及以下
人　数				
职　称	高级职称	中级职称	初级职称	高级技工
人　数				
年　龄	20—30	30—40	40—50	50 以上
人　数				

五、企业近五年内主导制定国际标准、国家标准、或行业标准情况（没有可不填写）

序号	标准名称	标准级别	标准编号	起草单位中排名
		□国际　□国家　□行业		第___名
		□国际　□国家　□行业		第___名

注：请附证明文件。

六、企业拥有省部级以上研发机构情况表（没有可不填写）

序号	研发机构名称	研发机构级别	证明文件名称
		□国家级　□省部级	
		□国家级　□省部级	

注：请附证明文件。

七、企业近五年内获得国家级科技奖励情况表（没有可不填写）

序号	奖励成果名称	排　名	证明文件名称
		第___名	
		第___名	

注：请附证明文件。

八、其他

科技部　财政部　国家税务总局关于进一步做好企业研发费用加计扣除政策落实工作的通知

2017 年 7 月 21 日　国科发政〔2017〕211 号

各省、自治区、直辖市和计划单列市科技厅（委、局）、财政厅（局）、国家税务局、地方税务局，新疆生产建设兵团科技局、财务局：

为贯彻落实国务院关于“简政放权、放管结合、优化服务”要求，强化政策服务，降低纳税人风险，增强企业获得感，根据《关于完善研究开发费用税前加计扣除政策的通知》（财税〔2015〕119 号）的有关规定，现就进一步做好企业研发费用加计扣除政策落实工作通知如下：

一、建立协同工作机制

地方各级人民政府科技、财政和税务主管部门要建立工作协调机制，加强工作衔接，形成工作合力。要切实加强对企业的事前事中事后管理和服务，以多种形式开展政策宣讲，引导企业规范研发项目管理和费用归集，确保政策落实、落细、落地。

二、事中异议项目鉴定

1. 税务部门对企业享受加计扣除优惠的研发项目有异议的，应及时通过县（区）级科技部门将项目资料送地市级（含）以上科技部门进行鉴定；由省直接管理的县/市，可直接由县级科技部门进行鉴定（以下统称“鉴定部门”）。

2. 鉴定部门在收到税务部门的鉴定需求后，应及时组织专家进行鉴定，并在规定时间内通过原渠道将鉴定意见反馈税务部门。鉴定时，应由 3 名以上相关领域的产业、技术、管理等专家参加。

3. 税务部门对鉴定部门的鉴定意见有异议的，可转请省级人民政府科技行政管理部门出具鉴定意见。

4. 对企业承担的省部级（含）以上科研项目，以及以前年度已鉴定的跨年度研发项目，税务部门不再要求进行鉴定。

三、事后核查异议项目鉴定

税务部门在对企业享受的研发费用加计扣除优惠开展事后核查中，对企业研发项目有异议的，可按照本通知第二条的规定送科技部门鉴定。

四、有关要求

1. 开展企业研发项目鉴定，不得向企业收取任何费用，所需要的工作经费应纳入部门经费预算给予保障。

2. 有条件的地方可建立信息化服务平台，为企业提供自我评价、材料提交、工作流转与信息传递等服务，提高工作效率，降低企业成本。

3. 各地方可根据本通知精神，制定实施细则，进一步明确职责分工、工作程序、办理时限等。

各地方在落实企业研发费用加计扣除政策过程中出现的问题以及意见和建议，要及时报科技部政策法规与监督司、财政部税政司和税务总局所得税司。

财政部　税务总局　科技部关于提高科技型中小企业研究开发费用税前加计扣除比例的通知

2017年5月2日　财税〔2017〕34号

各省、自治区、直辖市、计划单列市财政厅（局）、国家税务局、地方税务局、科技厅（局），新疆生产建设兵团财务局、科技局：

为进一步激励中小企业加大研发投入，支持科技创新，现就提高科技型中小企业研究开发费用（以下简称研发费用）税前加计扣除比例有关问题通知如下：

一、科技型中小企业开展研发活动中实际发生的研发费用，未形成无形资产计入当期损益的，在按规定据实扣除的基础上，在2017年1月1日至2019年12月31日期间，再按照实际发生额的75%在税前加计扣除；形成无形资产的，在上述期间按照无形资产成本的175%在税前摊销。

二、科技型中小企业享受研发费用税前加计扣除政策的其他政策口径按照《财政部　国家税务总局　科技部关于完善研究开发费用税前加计扣除政策的通知》（财税〔2015〕119号）规定执行。

三、科技型中小企业条件和管理办法由科技部、财政部和国家税务总局另行发布。科技、财政和税务部门应建立信息共享机制，及时共享科技型中小企业的相关信息，加强协调配合，保障优惠政策落实到位。

财政部　税务总局　人力资源社会保障部关于继续实施支持和促进重点群体创业就业有关税收政策的通知

2017年6月12日　财税〔2017〕49号

各省、自治区、直辖市、计划单列市财政厅（局）、国家税务局、地方税务局、人力资源社会保障厅（局），新疆生产建设兵团财务局、人力资源社会保障局：

为支持和促进重点群体创业就业，现将有关税收政策通知如下：

一、对持《就业创业证》（注明“自主创业税收政策”或“毕业年度内自主创业税收政策”）或《就业失业登记证》（注明“自主创业税收政策”或附着《高校毕业生自主创业证》）的人员从事个体经营的，在3年内按每户每年8000元为限额依次扣减其当年实际应缴纳的增值税、城市维护建设税、教育费附加、地方教育附加和个人所得税。限额标准最高可上浮20%，各省、自治区、直辖市人民政府可根据本地区实际情况在此幅度内确定具体限额标准，并报财政部和税务总局备案。

纳税人年度应缴纳税款小于上述扣减限额的，以其实际缴纳的税款为限；大于上述扣减限额的，以上述扣减限额为限。

上述人员是指：（1）在人力资源社会保障部门公共就业服务机构登记失业半年以上的人员；（2）零就业家庭、享受城市居民最低生活保障家庭劳动年龄内的登记失业人员；（3）毕业年度内高校毕业生。高校毕业生是指实施高等学历教育的普通高等学校、成人高等学校应届毕业的学生；毕业年度是指毕业所在自然年，即1月1日至12月31日。

二、对商贸企业、服务型企业、劳动就业服务企业中的加工型企业和街道社区具有加工性质的小型企业实体，在新增加的岗位中，当年新招用在人力资源社会保障部门公共就业服务机构登记失业半年以上且持《就业创业证》或《就业失业登记证》（注明“企业吸纳税收政策”）人员，与其签订1年以上期限劳动合同并依法缴纳社会保险费的，在3年内按实际招用人数予以定额依次扣减增值税、城市维护建设税、教育费附加、地方教育附加和企业所得税优惠。定额标准为每人每年4000元，最高可上浮30%，各省、自治区、直辖市人民政府可根据本地区实际情况在此幅度内确定具体定额标准，并报财政部和税务总局备案。

按上述标准计算的税收扣减额应在企业当年实际应缴纳的增值税、城市维护建设税、教育费附加、地方教育附加和企业所得税税额中扣减，当年扣减不完的，不得结转下年使用。

本条所称服务型企业，是指从事《销售服务、无形资产、不动产注释》（《财政部 国家税务总局关于全面推开营业税改征增值税试点的通知》——财税〔2016〕36号附件）中“不动产租赁服务”、“商务辅助服务”（不含货物运输代理和代理报关服务）、“生活服务”（不含文化体育服务）范围内业务活动的企业以及按照《民办非企业单位登记管理暂行条例》（国务院令第251号）登记成立的民办非企业单位。

三、享受上述优惠政策的人员按以下规定申领《就业创业证》：

（一）按照《就业服务与就业管理规定》（人力资源社会保障部令第24号）第六十三条的规定，在法定劳动年龄内，有劳动能力，有就业要求，处于无业状态的城镇常住人员，在公共就业服务机构进行失业登记，申领《就业创业证》。对其中的零就业家庭、城市低保家庭的登记失业人员，公共就业服务机构应在其《就业创业证》上予以注明。

（二）毕业年度内高校毕业生在校期间凭学生证向公共就业服务机构按规定申领《就业创业证》，或委托所在高校就业指导中心向公共就业服务机构按规定代为其申领《就业创业证》；毕业年度内高校毕业生离校后直接向公共就业服务机构按规定申领《就业创业证》。

（三）上述人员申领相关凭证后，由就业和创业地人力资源社会保障部门对人员范围、就业失业状态、已享受政策情况进行核实，在《就业创业证》上注明“自主创业税收政策”、“毕业年度内自主创业税收政策”或“企业吸纳税收政策”字样，同时符合自主创业和企业吸纳税收政策条件的，可同时加注；主管税务机关在《就业创业证》上加盖戳记，注明减免税所属时间。

四、本通知的执行期限为2017年1月1日至2019年12月31日。本通知规定的税收优惠政策按照备案减免税管理，纳税人应向主管税务机关备案。税收优惠政策在2019年12月31日未享受满3年的，可继续享受至3年期满为止。

对《财政部 国家税务总局关于全面推开营业税改征增值税试点的通知》（财税

〔2016〕36号）文件附件3第三条第（二）项政策，纳税人在2016年12月31日未享受满3年的，可按现行政策继续享受至3年期满为止。

五、本通知所述人员不得重复享受税收优惠政策，以前年度已享受扶持就业的专项税收优惠政策的人员不得再享受本通知规定的税收优惠政策。如果企业的就业人员既适用本通知规定的税收优惠政策，又适用其他扶持就业的专项税收优惠政策，企业可选择适用最优惠的政策，但不能重复享受。

六、上述税收政策的具体实施办法由税务总局会同财政部、人力资源社会保障部、教育部、民政部另行制定。

各地财政、税务、人力资源社会保障部门要加强领导、周密部署，把大力支持和促进重点群体创业就业工作作为一项重要任务，主动做好政策宣传和解释工作，加强部门间的协调配合，确保政策落实到位。同时，要密切关注税收政策的执行情况，对发现的问题及时逐级向财政部、税务总局、人力资源社会保障部反映。

财政部　税务总局　国家发展改革委　工业和信息化部　环境保护部关于印发节能节水和环境保护专用设备企业所得税优惠目录（2017年版）的通知

2017年9月6日　财税〔2017〕71号

各省、自治区、直辖市、计划单列市财政厅（局）、国家税务局、地方税务局、发展改革委、工业和信息化主管部门、环境保护厅（局），新疆生产建设兵团财务局、发展改革委、工业和信息化委员会、环境保护局：

经国务院同意，现就节能节水和环境保护专用设备企业所得税优惠目录调整完善事项及有关政策问题通知如下：

一、对企业购置并实际使用节能节水和环境保护专用设备享受企业所得税抵免优惠政策的适用目录进行适当调整，统一按《节能节水专用设备企业所得税优惠目录（2017年版）》（附件1）和《环境保护专用设备企业所得税优惠目录（2017年版）》（附件2）执行。

二、按照国务院关于简化行政审批的要求，进一步优化优惠管理机制，实行企业自行申报并直接享受优惠、税务部门强化后续管理的机制。企业购置节能节水和环境保护专用设备，应自行判断是否符合税收优惠政策规定条件，按规定向税务部门履行企业所得税优惠备案手续后直接享受税收优惠，税务部门采取税收风险管理、稽查、纳税评估等方式强化后续管理。

三、建立部门协调配合机制，切实落实节能节水和环境保护专用设备税收抵免优惠政策。税务部门在执行税收优惠政策过程中，不能准确判定企业购置的专用设备是否符合相关技术指标等税收优惠政策规定条件的，可提请地市级（含）以上发展改革、工业和信息化、环境保护等部门，由其委托专业机构出具技术鉴定意见，相关部门应积极配合。对不符合税收优惠政策规定条件的，由税务机关按《税收征管法》及有关规定进行相应处理。

四、本通知所称税收优惠政策规定条件，是指《节能节水专用设备企业所得税优惠目录（2017 年版）》和《环境保护专用设备企业所得税优惠目录（2017 年版）》所规定的设备类别、设备名称、性能参数、应用领域和执行标准。

五、本通知自 2017 年 1 月 1 日起施行。《节能节水专用设备企业所得税优惠目录（2008 年版）》和《环境保护专用设备企业所得税优惠目录（2008 年版）》自 2017 年 10 月 1 日起废止，企业在 2017 年 1 月 1 日至 2017 年 9 月 30 日购置的专用设备符合 2008 年版优惠目录规定的，也可享受税收优惠。

附件 1：节能节水专用设备企业所得税优惠目录（2017 年版）

附件 2：环境保护专用设备企业所得税优惠目录（2017 年版）

附件 1：

节能节水专用设备企业所得税优惠目录（2017 年版）

序号	设备类别	设备名称	性能参数	应用领域	执行标准
（一）节能设备					
1	电动机	中小型三相异步电动机	符合执行标准范围和要求，且优于 1 级能效水平	电力拖动	GB 18613—2012
2	电动机	永磁同步电动机	符合执行标准范围和要求，且优于 1 级能效水平	电力拖动	GB 30253—2013
3	电动机	高压三相笼型异步电动机	符合执行标准范围和要求，且优于 1 级能效水平	电力拖动	GB 30254—2013
4	空气调节设备	多联式空调（热泵）机组	符合执行标准范围和要求，能效比达到能效等级 1 级指 标基础上再提高 10% 的要求	制冷（热）	GB 21454—2008
5	空气调节设备	冷水机组	符合执行标准范围和要求，且优于 1 级能效水平	制冷（热）	GB 19577—2015，电机驱动压缩机冷水机组 GB 29540—2013，溴化锂吸收式
6	空气调节设备	房间空气调节器	符合执行标准范围和要求，且优于 1 级能效水平	制冷（热）	GB 12021.3—2010，定频 GB 21455—2013，变频
7	空气调节设备	水（地）源热泵机组	符合执行标准范围和要求，且优于 1 级能效水平	制冷（热）	GB 30721—2014
8	风机	通风机	符合执行标准范围和要求，且优于 1 级能效水平	通风	GB 19761—2009
9	风机	离心鼓风机	符合执行标准范围和要求，且优于节能评价值水平	鼓风	GB 28381—2012
10	水泵	清水离心泵	符合执行标准范围和要求，且优于节能评价值水平	输送液体	GB 19762—2007
11	水泵	石油化工离心泵	符合执行标准范围和要求，且优于 1 级能效水平	输送液体	GB 32284—2015

续表

序号	设备类别	设备名称	性能参数	应用领域	执行标准
12	压缩机	容积式空气压缩机	符合执行标准范围和要求，且优于1级能效水平	压缩空气	GB 19153—2009
13	变频器	1kV及以下通用变频调速设备	符合执行标准范围及技术要求	变频调速	GB/T 30844.1—2014 GB/T 21056—2007
14		1kV以上不超过35kV通用变频调速设备	符合执行标准范围及技术要求		GB/T 30843.1—2014
15	变压器	三相配电变压器	符合执行标准范围和要求，且优于1级能效水平	电力输配	GB 20052—2013
16		电力变压器	符合执行标准范围和要求，且优于1级能效水平	电力输配	GB 24790—2009
17	电焊机	电弧焊机	符合执行标准范围和要求，且优于1级能效水平	电焊	GB 28736—2012
18	锅炉	工业锅炉	(1)能效等级达到TSG G0002《锅炉节能技术监督管理规程》中热效率指标的目标值要求；(2)工业锅炉大气污染物排放浓度值符合GB 13271—2014《锅炉大气污染物排放标准》要求，电站锅炉大气污染物排放浓度值符合GB 13223—2011《火电厂大气污染物排放标准》要求；(3)燃煤锅炉额定蒸发量（或额定热功率）应当大于10t/h（或7MW），天然气锅炉不限	输出蒸汽、热水等介质提供热能	TSG G0002《锅炉节能技术监督管理规程》
19	换热器	热交换器	能效等级达到TSG R001《热交换器能效测试与评价规则》中的目标值要求	不同流体之间热量传递	TSG R0010《热交换器能效测试与评价规则》
20	LED照明	LED路灯、LED隧道灯/工矿灯	电压220V，频率50Hz，规格光通量3000lm/5400lm/9000lm/14000lm，功率因数不低于0.95，初始光效不低于130lm/W，显色指数不低于70，寿命不低于30000小时	道路、隧道、工矿照明	
21		LED管灯	电压220V，频率50Hz，规格T8/T5，600mm/1200mm，功率因数不低于0.9，显色指数不低于85，寿命不低于25000小时；色温为6500k/5000k/4 000k时，初始光效不 低于120lm/W；色温为3500k/3000k/2700k时，初始光效不低于110lm/W	商用照明，单次订购量应在5 000只以上	

续表

序号	设备类别	设备名称	性能参数	应用领域	执行标准
22	发电设备	汽轮机	1000MW 级超超临界机组，28MPa/600℃/620℃/4.9kPa 一次再热＋湿冷＋汽泵：热耗率≤7 220kJ/kWh 1000MW 级超超临界机组，31MPa/600℃/620℃/620℃/4.9kPa，二次再热＋湿冷＋汽泵：热耗率≤7 050kJ/kWh 1000MW 级超超临界机组，28MPa/600℃/620℃/11kPa 一次再热＋空冷＋汽泵：热耗率≤7 480kJ/kWh	发电	
23	时效处理仪	频谱谐波时效仪	最大激振力 80kN；循环选择频率，同时具备加速度延时 保护功能；振动参数除激振力调节保证有两个最大振动加速度在 30—70m/s²，参数选择由振动设备自动完成，以保证处理效果	机械制造	
24	通信用铅酸蓄电池	通信用耐高温型阀控式密封铅酸蓄电池	35℃工作环境温度，设计浮充寿命≥10年；电池最高可承受工作环境温度：75℃；55℃工作环境温度，80% DOD 循环寿命大于 12 次大循环每次大循环包含 11 次 80% DOD 放电循环	通信基站，数据中心	YD/T 2657—2013
（二）节水设备					
25	洗涤设备	工业洗衣机	用水量≤18L/kg，洗净率＞35%	织物洗涤	QB/T 2323—2004
26	冷却设备	空冷式换热器	耐压、气密性、运转试验符合 NB/T 47007—2010 的要求	发电、化工、冶金、机械制造	NB/T 47007—2010
27	冷却设备	机械通风开式冷却塔	循环水量≤1000m³/h 的中小型塔：飘水率≤0.006%；耗电比≤0.035kW/（m³/h）；冷却能力≥95% 循环水量＞1000m³/h 的大型塔：飘水率≤0.001%；耗电比≤0.045kW/（m³/h）；冷却能力≥95%	空调制冷、冷冻、化工、发电	GB/T 18870—2011

续表

序号	设备类别	设备名称	性能参数	应用领域	执行标准
28	滴灌设备	喷灌机	大型喷灌机：水量分布均匀系数、同步性能应符合 JB/T6280—2013 的要求	农业、园林灌溉	JB/T 6280—2013
			轻小型喷灌机：喷洒均匀性、燃油消耗率、喷灌机效率 管路系统密封性应符合 GB/T 25406—2010 的要求		GB/T 25406—2010
29		滴灌带（管）	流量一致性、流量和进水口压力之间关系、耐静水压、耐拉拔应符合 GB/T 17187—2009 的要求	适用于棉花、蔬菜、果树等经济作物的滴灌	GB/T 17187—2009
30	水处理及回用设备	反渗透淡化装置	水回收率≥75%，脱盐率≥95%	含盐量低于 10000mg/L 的苦咸水淡化或农村分散地区的饮用水处理	GB/T 19249—2003
31		中空纤维超滤水处理设备	截留率≥90%；产水量≥额定产水量	水处理净化	HY/T 060—2002 CJ/T 170—2002
32	水处理及回用设备	海水/苦咸水淡化反渗透膜元件	苦咸水淡化反渗透膜：水通量≥$4.5\times10^{-2}m^3/(m^2\cdot h)$；脱盐率≥99.0%	海水、苦咸水淡化	HY/T 107－2008
			海水淡化反渗透膜：水通量≥$3.8\times10^{-2}m^3/(m^2\cdot h)$；脱盐率≥99.4%		

附件 2：

环境保护专用设备企业所得税优惠目录（2017 年版）

序号	设备类别	设备名称	性能参数	应用领域
1	水污染防治设备	膜生物反应器	膜通量≥$10L/(m^2\cdot h)$；出口水质达到地表水环境质量Ⅳ类标准	生活污水和工业废水处理
2		污泥脱水机	滤饼含水率≤50%	生活和工业污泥处理
3		超磁分离水体净化设备	出口水质：悬浮物去除率≥90%；SS≤20mg/L；TP 在 0.05mg/L—0.5mg/L，TP 去除率 80%—90%；油≤5mg/L；藻类去除率 80%—85%；非溶解态 COD 去除率＞80%	工业废水处理、重金属废水处理、黑臭水体处理（进口水质：SS≤500mg/L；TP 在 1mg/L—4mg/L 之间；油≤50mg/L）
4		一体化污水处理设备	出口水质：COD≤30mg/L；氨氮≤5mg/L；TP≤0.3mg/L；SS≤5mg/L	生活污水处理（进口水质：COD≤450mg/L；氨氮≤50mg/L；TP≤4mg/L；SS≤200mg/L）

续表

序号	设备类别	设备名称	性能参数	应用领域
5	大气污染防治设备	袋式除尘器	出口烟尘排放浓度≤10mg/Nm^3；烟气排放达到林格曼一级；进出口压差≤1200Pa；出口温度≤120℃；漏风率≤2%；耐压强度≥5kPa	燃煤发电行业除外的烟尘处理
6		电袋复合除尘器	出口烟尘排放浓度≤30mg/Nm^3；烟气排放达到林格曼一级；进出口压差≤1000Pa；设备阻力＜900Pa；漏风率＜2%	燃煤发电行业除外的烟尘处理
7		选择性催化还原（SCR）脱硝设备	脱硝效率＞80%；系统氨逃逸质量浓度≤2.5mg/m^3；SO_2转化率＜1%	燃煤发电行业除外的脱硝
8		VOCs 吸附回收装置	净化率＞90%	喷涂、石油、化工、包装印刷、油气回收、涂布、制革等行业的 VOCs 治理
9		生物治理 VOCs 设备	生物降解净化效率＞85%；恶臭异味和 VOCs 排放浓度达到有关行业环保标准要求	生活污水厂、石化或化工污水处理、垃圾处理厂、发酵堆肥行业、制药行业、饲料和肥料行业、食品加工行业、皮革加工行业等产生的有机废气、异味处理
10		VOCs 燃烧装置	燃烧净化效率＞95%；VOCs 排放浓度达到有关行业环保标准要求	石油、化工、喷涂、电线电缆、制药等行业的 VOCs 治理
11		连续自动再生式柴油车黑烟净化过滤器	CO 的起燃温度＜195℃；HC 的起燃温度＜205℃；黑烟颗粒 PM 的去除效果＞90%（在所有的工况下）；黑烟颗粒的再生：开始再生温度为 200℃，全部烧完为 500℃，所需时间≤10min	柴油车尾气处理
12	土壤污染防治设备	污染土壤检测修复一体机	掘进速度≥9m/h；最大掘进深度 20m；取样量≥7×10^{-3} m^3/h；注药量≥90L/min；注药半径≥1m	污染土壤修复
13	固体废物处置设备	餐厨垃圾自动分选制浆机	处理对象：餐厨垃圾或分类的厨余垃圾；可实现有机物与其他杂物如轻质塑料、织物和金属等的有效分离，实现接收垃圾中有机质的浆化处理；处理后有机物损失＜3%；杂物去除率≥95%；处理量≥10t/h	餐厨垃圾处理
14		废金属破碎分选机	主机功率：450—7500kW；处理能力 30—420t/h；送料宽度达 1500—3000mm；磁力分选率≥97%；有色金属涡流分选或有色光选分辨率≥98%；危险废物回收率≥95%	金属废物处理

续表

序号	设备类别	设备名称	性能参数	应用领域
15	固体废物处置设备	电子废物、报废汽车破碎分选机	处理对象：废弃电器电子产品，报废汽车；可实现铁、有色金属、塑料和其他杂质的有效分离，危险废物的安全回收；铁、有色金属回收率及纯净度≥95%，塑料回收率及纯净度≥90%；制冷剂、废油等危险废物回收率≥95%；报废汽车处理能力≥10t/h；废弃电器电子产品处理能力≥1 000kg/h	电子垃圾、报废汽车处理
16		新能源汽车废旧动力蓄电池处理设备	废旧动力蓄电池在物理环节的模组分离装备自动化拆解效率≥2kg/min；单体单机分离装备自动化拆解效率≥3kg/min；在湿法冶炼条件下，镍、钴、锰的综合回收率≥98%；在火法冶炼条件下，镍、稀土的综合回收率应≥97%	新能源汽车废旧动力蓄电池处理
17		危险废弃物焚烧炉	处理量≥20t/d；焚烧温度：一般危险废物≥1 100℃，持久性有机污染物废物≥1200℃，医疗废物≥850℃；烟气停留时间＞2s；残渣热灼减率≤5%	医疗、工业领域危险废物处理
18		机械炉排炉	处理量≥200t/d；焚烧温度≥850℃；烟气停留时间≥2s；残渣热灼减率≤5%	生活垃圾处理
19	环境监测专用仪器仪表	烟气排放连续监测仪	可测量以下一种或几种参数：SO_2、NO_X、CO、Hg、HCl、HF、H_2S、颗粒物、流速；颗粒物零点漂移±2%，量程漂移±2%；气态污染物响应时间≤200s，零点漂移±2. 5%，量程漂移±2.5%，线性误差≤±5%；流速测量范围0—30m/s，流速测量精度±12%；温度示值偏差≤±3℃	污染源废气监测（火电厂超低排放），垃圾焚烧电厂废气在线监测
20		氨逃逸激光在线分析仪	检测下限：0.1mg/L；重复性：1.0%F.S；线性误差：1.0%F.S；取样流量：10L/min—20L/min；环境温度：-20—45℃	烟气脱硝氨逃逸检测
21		挥发性有机物VOCs分析仪	可测量以下一种或几种气态有机污染物成分：甲烷/非甲烷总烃、总挥发性有机物、半挥发性有机物、苯系物或其他特征有机污染物；最低检测限：（1）C2—C5：1，3-丁二烯或者丁烯≤0.15ppb，其他≤0.5ppb；（2）C6—C12：苯≤0.05ppb，其他≤0.5ppb；重现性：（1）C2—C5：＜10% 4ppb（1，3-丁二烯或者丁烯）；（2）C6—C12：＜10% 4ppb（苯）	有机废气排放监测、厂界及周边无组织排放监测
22		重金属水质自动分析仪	可测量以下一种或几种参数：汞、铬、镉、铅和砷；六价铬水质监测设备：精密度≤5%，准确度±5%，零点漂移±5%，量程漂移±5%；汞、镉、铅、砷水质监测设备：示值误差±5%，精密度≤5%，零点漂移±5%，量程漂移±10%	污染源废水监测

续表

序号	设备类别	设备名称	性能参数	应用领域
23	噪声与振动控制	阵列式消声器	吸声体平均吸声系数≥0.9；基准长度消声器的全压损失系数 ξ≤0.7	通风空调系统管道、机房进出风口、空气动力性设备等的消声降噪
24		阻尼弹簧浮置板隔振器	隔振效果≥18dB；阻尼比≥0.08；轨面动态下沉量≤4mm	高铁及城市轨道交通噪声控制

财政部　税务总局关于平潭综合实验区企业所得税优惠目录增列有关旅游产业项目的通知

2017 年 9 月 29 日　财税〔2017〕75 号

福建省财政厅、国家税务局、地方税务局：

根据国务院批复的《平潭国际旅游岛建设方案》有关要求，为进一步推动平潭国际旅游岛建设，现对平潭综合实验区企业所得税优惠目录增列有关旅游产业项目问题通知如下：

一、在平潭综合实验区企业所得税优惠目录中增列有关旅游产业项目，平潭综合实验区内享受减按 15% 税率征收企业所得税优惠政策的鼓励类产业企业，统一按《平潭综合实验区企业所得税优惠目录（2017 版）》执行。

二、平潭综合实验区内鼓励类产业企业减按 15% 税率征收企业所得税政策其他有关操作事项，继续按照《财政部　国家税务总局关于广东横琴新区　福建平潭综合实验区　深圳前海深港现代服务业合作区企业所得税优惠政策及优惠目录的通知》（财税〔2014〕26 号）的相关规定执行。

三、本通知自 2017 年 1 月 1 日起至 2020 年 12 月 31 日止执行。

附件：平潭综合实验区企业所得税优惠目录（2017 版）（见二维码 16）

扫描二维码查看附件

二维码 16

财政部　税务总局　商务部　科技部　国家发展改革委关于将技术先进型服务企业所得税政策推广至全国实施的通知

2017 年 11 月 2 日　财税〔2017〕79 号

各省、自治区、直辖市、计划单列市财政厅（局）、国家税务局、地方税务局、商务主管部门、科技厅（委、局）、发展改革委，新疆生产建设兵团财务局、商务局、科技局、发展改革委：

为贯彻落实《国务院关于促进外资增长若干措施的通知》（国发〔2017〕39 号）要求，发挥外资对优化服务贸易结构的积极作用，引导外资更多投向高技术、高附加值服务业，促进企业技术创新和技术服务能力的提升，增强我国服务业的综合竞争力，现就技术先进型服务企业有关企业所得税政策问题通知如下：

一、自 2017 年 1 月 1 日起，在全国范围内实行以下企业所得税优惠政策：

1. 对经认定的技术先进型服务企业，减按 15% 的税率征收企业所得税。

2. 经认定的技术先进型服务企业发生的职工教育经费支出，不超过工资薪金总额 8% 的部分，准予在计算应纳税所得额时扣除；超过部分，准予在以后纳税年度结转扣除。

二、享受本通知第一条规定的企业所得税优惠政策的技术先进型服务企业必须同时符合以下条件：

1. 在中国境内（不包括港、澳、台地区）注册的法人企业；

2. 从事《技术先进型服务业务认定范围（试行）》（详见附件）中的一种或多种技术先进型服务业务，采用先进技术或具备较强的研发能力；

3. 具有大专以上学历的员工占企业职工总数的 50% 以上；

4. 从事《技术先进型服务业务认定范围（试行）》中的技术先进型服务业务取得的收入占企业当年总收入的 50% 以上；

5. 从事离岸服务外包业务取得的收入不低于企业当年总收入的 35%。

从事离岸服务外包业务取得的收入，是指企业根据境外单位与其签订的委托合同，由本企业或其直接转包的企业为境外单位提供《技术先进型服务业务认定范围（试行）》中所规定的信息技术外包服务（ITO）、技术性业务流程外包服务（BPO）和技术性知识流程外包服务（KPO），而从上述境外单位取得的收入。

三、技术先进型服务企业的认定管理

1. 省级科技部门会同本级商务、财政、税务和发展改革部门根据本通知规定制定本省（自治区、直辖市、计划单列市）技术先进型服务企业认定管理办法，并负责本地区技术先进型服务企业的认定管理工作。各省（自治区、直辖市、计划单列市）技术先进型服务企业认定管理办法应报科技部、商务部、财政部、税务总局和国家发展改革委备案。

2. 符合条件的技术先进型服务企业应向所在省级科技部门提出申请，由省级科技部门会同本级商务、财政、税务和发展改革部门联合评审后发文认定，并将认定企业名单及有关情况通过科技部“全国技术先进型服务企业业务办理管理平台”备案，科技部与商务部、财政部、税务总局和国家发展改革委共享备案信息。符合条件的技术先进型服务企业须在商务部“服务贸易统计监测管理信息系统（服务外包信息管理应用）”中填报企业基本信息，按时报送数据。

3. 经认定的技术先进型服务企业，持相关认定文件向所在地主管税务机关办理享受本通知第一条规定的企业所得税优惠政策事宜。享受企业所得税优惠的技术先进型服务企业条件发生变化的，应当自发生变化之日起 15 日内向主管税务机关报告；不再符合享受税收优惠条件的，应当依法履行纳税义务。主管税务机关在执行税收优惠政策过程中，发现企业不具备技术先进型服务企业资格的，应提请认定机构复核。复核后确认不符合认定条件的，应取消企业享受税收优惠政策的资格。

4. 省级科技、商务、财政、税务和发展改革部门对经认定并享受税收优惠政策的技术先进型服务企业应做好跟踪管理，对变更经营范围、合并、分立、转业、迁移的企业，如不再符合认定条件，应及时取消其享受税收优惠政策的资格。

5. 省级财政、税务、商务、科技和发展改革部门要认真贯彻落实本通知的各项规定，在认定工作中对内外资企业一视同仁，平等对待，切实做好沟通与协作工作。在政策实施过程中发现问题，要及时反映上报财政部、税务总局、商务部、科技部和国家发展改革委。

6. 省级科技、商务、财政、税务和发展改革部门及其工作人员在认定技术先进型服务企业工作中，存在违法违纪行为的，按照《公务员法》《行政监察法》等国家有关规定追究相应责任；涉嫌犯罪的，移送司法机关处理。

7. 本通知印发后，各地应按照本通知规定于 2017 年 12 月 31 日前出台本省（自治区、直辖市、计划单列市）技术先进型服务企业认定管理办法并据此开展认定工作。现有 31 个中国服务外包示范城市已认定的 2017 年度技术先进型服务企业继续有效。从 2018 年 1 月 1 日起，中国服务外包示范城市技术先进型服务企业认定管理工作依照所在省（自治区、直辖市、计划单列市）制定的管理办法实施。

附件：技术先进型服务业务认定范围（试行）

附件：

技术先进型服务业务认定范围（试行）

一、信息技术外包服务（ITO）

（一）软件研发及外包

类　别	适用范围
软件研发及开发服务	用于金融、政府、教育、制造业、零售、服务、能源、物流、交通、媒体、电信、公共事业和医疗卫生等部门和企业，为用户的运营/生产/供应链/客户关系/人力资源和财务管理、计算机辅助设计/工程等业务进行软件开发，包括定制软件开发，嵌入式软件、套装软件开发，系统软件开发、软件测试等
软件技术服务	软件咨询、维护、培训、测试等技术性服务

（二）信息技术研发服务外包

类　别	适用范围
集成电路和电子电路设计	集成电路和电子电路产品设计以及相关技术支持服务等
测试平台	为软件、集成电路和电子电路的开发运用提供测试平台

（三）信息系统运营维护外包

类　别	适用范围
信息系统运营和维护服务	客户内部信息系统集成、网络管理、桌面管理与维护服务；信息工程、地理信息系统、远程维护等信息系统应用服务
基础信息技术服务	基础信息技术管理平台整合、IT 基础设施管理、数据中心、托管中心、安全服务、通讯服务等基础信息技术服务

二、技术性业务流程外包服务（BPO）

类别	适用范围
企业业务流程设计服务	为客户企业提供内部管理、业务运作等流程设计服务
企业内部管理服务	为客户企业提供后台管理、人力资源管理、财务、审计与税务管理、金融支付服务、医疗数据及其他内部管理业务的数据分析、数据挖掘、数据管理、数据使用的服务；承接客户专业数据处理、分析和整合服务
企业运营服务	为客户企业提供技术研发服务、为企业经营、销售、产品售后服务提供的应用客户分析、数据库管理等服务。主要包括金融服务业务、政务与教育业务、制造业务和生命科学、零售和批发与运输业务、卫生保健业务、通讯与公共事业业务、呼叫中心、电子商务平台等
企业供应链管理服务	为客户企业提供采购、物流的整体方案设计及数据库服务

三、技术性知识流程外包服务（KPO）

适用范围
知识产权研究、医药和生物技术研发和测试、产品技术研发、工业设计、分析学和数据挖掘、动漫及网游设计研发、教育课件研发、工程设计等领域

国家税务总局关于提高科技型中小企业研究开发费用税前加计扣除比例有关问题的公告

2017年5月22日　国家税务总局公告2017年第18号

根据《中华人民共和国企业所得税法》及其实施条例、《财政部　税务总局　科技部关于提高科技型中小企业研究开发费用税前加计扣除比例的通知》（财税〔2017〕34号，以下简称《通知》）和《科技部　财政部　国家税务总局关于印发〈科技型中小企业评价办法〉的通知》（国科发政〔2017〕115号，以下简称《评价办法》）的规定，现就提高科技型中小企业研究开发费用（以下简称“研发费用”）税前加计扣除比例有关问题公告如下：

一、科技型中小企业开展研发活动实际发生的研发费用，在2019年12月31日以前形成的无形资产，在2017年1月1日至2019年12月31日期间发生的摊销费用，可适用《通知》规定的优惠政策。

二、企业在汇算清缴期内按照《评价办法》第十条、第十一条、第十二条规定取得科技型中小企业登记编号的，其汇算清缴年度可享受《通知》规定的优惠政策。企业按《评价办法》第十二条规定更新信息后不再符合条件的，其汇算清缴年度不得享受《通知》规定的优惠政策。

三、科技型中小企业办理税收优惠备案时，应将按照《评价办法》取得的相应年度登记编号填入《企业所得税优惠事项备案表》“具有相关资格的批准文件（证书）及文号

（编号）”栏次。

四、因不符合科技型中小企业条件而被科技部门撤销登记编号的企业，相应年度不得享受《通知》规定的优惠政策，已享受的应补缴相应年度的税款。

五、科技型中小企业享受研发费用税前加计扣除政策的其他政策口径和管理事项仍按照《国家税务总局关于企业研究开发费用税前加计扣除政策有关问题的公告》（国家税务总局公告 2015 年第 97 号）和《国家税务总局关于发布〈企业所得税优惠政策事项办理办法〉的公告》（国家税务总局公告 2015 年第 76 号）的规定执行。

六、本公告适用于 2017—2019 年度企业所得税汇算清缴。

特此公告。

国家税务总局关于贯彻落实扩大小型微利企业所得税优惠政策范围有关征管问题的公告

2017 年 6 月 7 日　国家税务总局公告 2017 年第 23 号

根据《中华人民共和国企业所得税法实施条例》（以下简称《企业所得税法实施条例》）、《财政部　税务总局关于扩大小型微利企业所得税优惠政策范围的通知》（财税〔2017〕43 号）等规定，现就小型微利企业所得税优惠政策有关征管问题公告如下：

一、自 2017 年 1 月 1 日至 2019 年 12 月 31 日，符合条件的小型微利企业，无论采取查账征收方式还是核定征收方式，其年应纳税所得额低于 50 万元（含 50 万元，下同）的，均可以享受财税〔2017〕43 号文件规定的其所得减按 50% 计入应纳税所得额，按 20% 的税率缴纳企业所得税的政策（以下简称“减半征税政策”）。

前款所述符合条件的小型微利企业是指符合《企业所得税法实施条例》第九十二条或者财税〔2017〕43 号文件规定条件的企业。

企业本年度第 1 季度预缴企业所得税时，如未完成上一纳税年度汇算清缴，无法判断上一纳税年度是否符合小型微利企业条件的，可暂按企业上一纳税年度第 4 季度的预缴申报情况判别。

二、符合条件的小型微利企业，在预缴和年度汇算清缴企业所得税时，通过填写纳税申报表的相关内容，即可享受减半征税政策，无需进行专项备案。

三、符合条件的小型微利企业，统一实行按季度预缴企业所得税。

四、本年度企业预缴企业所得税时，按照以下规定享受减半征税政策：

（一）查账征收企业。上一纳税年度为符合条件的小型微利企业，分别按照以下规定处理：

1. 按照实际利润额预缴的，预缴时累计实际利润不超过 50 万元的，可以享受减半征税政策；

2. 按照上一纳税年度应纳税所得额平均额预缴的，预缴时可以享受减半征税政策。

（二）定率征收企业。上一纳税年度为符合条件的小型微利企业，预缴时累计应纳税所得额不超过50万元的，可以享受减半征税政策。

（三）定额征收企业。根据减半征税政策规定需要调减定额的，由主管税务机关按照程序调整，依照原办法征收。

（四）上一纳税年度为不符合小型微利企业条件的企业，预计本年度符合条件的，预缴时累计实际利润或应纳税所得额不超过50万元的，可以享受减半征税政策。

（五）本年度新成立的企业，预计本年度符合小型微利企业条件的，预缴时累计实际利润或应纳税所得额不超过50万元的，可以享受减半征税政策。

五、企业预缴时享受了减半征税政策，年度汇算清缴时不符合小型微利企业条件的，应当按照规定补缴税款。

六、按照本公告规定小型微利企业2017年度第1季度预缴时应享受未享受减半征税政策而多预缴的企业所得税，在以后季度应预缴的企业所得税税款中抵减。

七、《国家税务总局关于发布〈中华人民共和国企业所得税月（季）度预缴纳税申报表（2015年版）等报表〉的公告》（国家税务总局公告2015年第31号）附件2《中华人民共和国企业所得税月（季）度和年度预缴纳税申报表（B类，2015年版）》填报说明第三条第（五）项中“核定定额征收纳税人，换算应纳税所得额大于30万元的填‘否’”修改为“核定定额征收纳税人，换算应纳税所得额大于50万元的填‘否’”。

八、《国家税务总局关于贯彻落实进一步扩大小型微利企业减半征收企业所得税范围有关问题的公告》（国家税务总局公告2015年第61号）在2016年度企业所得税汇算清缴结束后废止。

特此公告。

国家税务总局关于实施高新技术企业所得税优惠政策有关问题的公告

2017年6月19日　国家税务总局公告2017年第24号

为贯彻落实高新技术企业所得税优惠政策，根据《科技部　财政部　国家税务总局关于修订印发〈高新技术企业认定管理办法〉的通知》（国科发火〔2016〕32号，以下简称《认定办法》）及《科技部　财政部　国家税务总局关于修订印发〈高新技术企业认定管理工作指引〉的通知》（国科发火〔2016〕195号，以下简称《工作指引》）以及相关税收规定，现就实施高新技术企业所得税优惠政策有关问题公告如下：

一、企业获得高新技术企业资格后，自高新技术企业证书注明的发证时间所在年度起申报享受税收优惠，并按规定向主管税务机关办理备案手续。

企业的高新技术企业资格期满当年，在通过重新认定前，其企业所得税暂按15%的税率预缴，在年底前仍未取得高新技术企业资格的，应按规定补缴相应期间的税款。

二、对取得高新技术企业资格且享受税收优惠的高新技术企业，税务部门如在日常管理过程中发现其在高新技术企业认定过程中或享受优惠期间不符合《认定办法》第十一条规定的认定条件的，应提请认定机构复核。复核后确认不符合认定条件的，由认定机构取消其高新技术企业资格，并通知税务机关追缴其证书有效期内自不符合认定条件年度起已享受的税收优惠。

三、享受税收优惠的高新技术企业，每年汇算清缴时应按照《国家税务总局关于发布〈企业所得税优惠政策事项办理办法〉的公告》（国家税务总局公告2015年第76号）规定向税务机关提交企业所得税优惠事项备案表、高新技术企业资格证书履行备案手续，同时妥善保管以下资料留存备查：

1. 高新技术企业资格证书；

2. 高新技术企业认定资料；

3. 知识产权相关材料；

4. 年度主要产品（服务）发挥核心支持作用的技术属于《国家重点支持的高新技术领域》规定范围的说明，高新技术产品（服务）及对应收入资料；

5. 年度职工和科技人员情况证明材料；

6. 当年和前两个会计年度研发费用总额及占同期销售收入比例、研发费用管理资料以及研发费用辅助账，研发费用结构明细表（具体格式见《工作指引》附件2）；

7. 省税务机关规定的其他资料。

四、本公告适用于2017年度及以后年度企业所得税汇算清缴。2016年1月1日以后按《认定办法》认定的高新技术企业按本公告规定执行。2016年1月1日前按《科技部　财政部　国家税务总局关于印发〈高新技术企业认定管理办法〉的通知》（国科发火〔2008〕172号）认定的高新技术企业，仍按《国家税务总局关于实施高新技术企业所得税优惠有关问题的通知》（国税函〔2009〕203号）和国家税务总局公告2015年第76号的规定执行。

《国家税务总局关于高新技术企业资格复审期间企业所得税预缴问题的公告》（国家税务总局公告2011年第4号）同时废止。

特此公告。

国家税务总局关于研发费用税前加计扣除归集范围有关问题的公告

2017年11月8日　国家税务总局公告2017年第40号

为进一步做好研发费用税前加计扣除优惠政策的贯彻落实工作，切实解决政策落实过程中存在的问题，根据《财政部　国家税务总局　科技部关于完善研究开发费用税前加计扣除政策的通知》（财税〔2015〕119号）及《国家税务总局关于企业研究开发费用税前加计扣除政策有关问题的公告》（国家税务总局公告2015年第97号）等文件的规定，现就研发费用税前加计扣除归集范围有关问题公告如下：

一、人员人工费用

指直接从事研发活动人员的工资薪金、基本养老保险费、基本医疗保险费、失业保险费、工伤保险费、生育保险费和住房公积金，以及外聘研发人员的劳务费用。

（一）直接从事研发活动人员包括研究人员、技术人员、辅助人员。研究人员是指主要从事研究开发项目的专业人员；技术人员是指具有工程技术、自然科学和生命科学中一个或一个以上领域的技术知识和经验，在研究人员指导下参与研发工作的人员；辅助人员是指参与研究开发活动的技工。外聘研发人员是指与本企业或劳务派遣企业签订劳务用工协议（合同）和临时聘用的研究人员、技术人员、辅助人员。

接受劳务派遣的企业按照协议（合同）约定支付给劳务派遣企业，且由劳务派遣企业实际支付给外聘研发人员的工资薪金等费用，属于外聘研发人员的劳务费用。

（二）工资薪金包括按规定可以在税前扣除的对研发人员股权激励的支出。

（三）直接从事研发活动的人员、外聘研发人员同时从事非研发活动的，企业应对其人员活动情况做必要记录，并将其实际发生的相关费用按实际工时占比等合理方法在研发费用和生产经营费用间分配，未分配的不得加计扣除。

二、直接投入费用

指研发活动直接消耗的材料、燃料和动力费用；用于中间试验和产品试制的模具、工艺装备开发及制造费，不构成固定资产的样品、样机及一般测试手段购置费，试制产品的检验费；用于研发活动的仪器、设备的运行维护、调整、检验、维修等费用，以及通过经营租赁方式租入的用于研发活动的仪器、设备租赁费。

（一）以经营租赁方式租入的用于研发活动的仪器、设备，同时用于非研发活动的，企业应对其仪器设备使用情况做必要记录，并将其实际发生的租赁费按实际工时占比等合理方法在研发费用和生产经营费用间分配，未分配的不得加计扣除。

（二）企业研发活动直接形成产品或作为组成部分形成的产品对外销售的，研发费用中对应的材料费用不得加计扣除。

产品销售与对应的材料费用发生在不同纳税年度且材料费用已计入研发费用的，可在销售当年以对应的材料费用发生额直接冲减当年的研发费用，不足冲减的，结转以后年度继续冲减。

三、折旧费用

指用于研发活动的仪器、设备的折旧费。

（一）用于研发活动的仪器、设备，同时用于非研发活动的，企业应对其仪器设备使用情况做必要记录，并将其实际发生的折旧费按实际工时占比等合理方法在研发费用和生产经营费用间分配，未分配的不得加计扣除。

（二）企业用于研发活动的仪器、设备，符合税法规定且选择加速折旧优惠政策的，在享受研发费用税前加计扣除政策时，就税前扣除的折旧部分计算加计扣除。

四、无形资产摊销费用

指用于研发活动的软件、专利权、非专利技术（包括许可证、专有技术、设计和计算方法等）的摊销费用。

（一）用于研发活动的无形资产，同时用于非研发活动的，企业应对其无形资产使用情况做必要记录，并将其实际发生的摊销费按实际工时占比等合理方法在研发费用和生产经营费用间分配，未分配的不得加计扣除。

（二）用于研发活动的无形资产，符合税法规定且选择缩短摊销年限的，在享受研发费用税前加计扣除政策时，就税前扣除的摊销部分计算加计扣除。

五、新产品设计费、新工艺规程制定费、新药研制的临床试验费、勘探开发技术的现场试验费

指企业在新产品设计、新工艺规程制定、新药研制的临床试验、勘探开发技术的现场试验过程中发生的与开展该项活动有关的各类费用。

六、其他相关费用

指与研发活动直接相关的其他费用，如技术图书资料费、资料翻译费、专家咨询费、高新科技研发保险费，研发成果的检索、分析、评议、论证、鉴定、评审、评估、验收费用，知识产权的申请费、注册费、代理费，差旅费、会议费，职工福利费、补充养老保险费、补充医疗保险费。

此类费用总额不得超过可加计扣除研发费用总额的 10%。

七、其他事项

（一）企业取得的政府补助，会计处理时采用直接冲减研发费用方法且税务处理时未将其确认为应税收入的，应按冲减后的余额计算加计扣除金额。

（二）企业取得研发过程中形成的下脚料、残次品、中间试制品等特殊收入，在计算确认收入当年的加计扣除研发费用时，应从已归集研发费用中扣减该特殊收入，不足扣减的，加计扣除研发费用按零计算。

（三）企业开展研发活动中实际发生的研发费用形成无形资产的，其资本化的时点与会计处理保持一致。

（四）失败的研发活动所发生的研发费用可享受税前加计扣除政策。

（五）国家税务总局公告 2015 年第 97 号第三条所称“研发活动发生费用”是指委托方实际支付给受托方的费用。无论委托方是否享受研发费用税前加计扣除政策，受托方均不得加计扣除。

委托方委托关联方开展研发活动的，受托方需向委托方提供研发过程中实际发生的研发项目费用支出明细情况。

八、执行时间和适用对象

本公告适用于 2017 年度及以后年度汇算清缴。以前年度已经进行税务处理的不再调整。涉及追溯享受优惠政策情形的，按照本公告的规定执行。科技型中小企业研发费用加计扣除事项按照本公告执行。

国家税务总局公告 2015 年第 97 号第一条、第二条第（一）项、第二条第（二）项、第二条第（四）项同时废止。

财政部　税务总局　国家发展改革委　工业和信息化部关于集成电路生产企业有关企业所得税政策问题的通知

2018年3月28日　财税〔2018〕27号

各省、自治区、直辖市、计划单列市财政厅（局）、国家税务局、地方税务局、发展改革委、工业和信息化主管部门，新疆生产建设兵团财政局、发展改革委、工业和信息化委员会：

为进一步支持集成电路产业发展，现就有关企业所得税政策问题通知如下：

一、2018年1月1日后投资新设的集成电路线宽小于130纳米，且经营期在10年以上的集成电路生产企业或项目，第一年至第二年免征企业所得税，第三年至第五年按照25%的法定税率减半征收企业所得税，并享受至期满为止。

二、2018年1月1日后投资新设的集成电路线宽小于65纳米或投资额超过150亿元，且经营期在15年以上的集成电路生产企业或项目，第一年至第五年免征企业所得税，第六年至第十年按照25%的法定税率减半征收企业所得税，并享受至期满为止。

三、对于按照集成电路生产企业享受本通知第一条、第二条税收优惠政策的，优惠期自企业获利年度起计算；对于按照集成电路生产项目享受上述优惠的，优惠期自项目取得第一笔生产经营收入所属纳税年度起计算。

四、享受本通知第一条、第二条税收优惠政策的集成电路生产项目，其主体企业应符合集成电路生产企业条件，且能够对该项目单独进行会计核算、计算所得，并合理分摊期间费用。

五、2017年12月31日前设立但未获利的集成电路线宽小于0.25微米或投资额超过80亿元，且经营期在15年以上的集成电路生产企业，自获利年度起第一年至第五年免征企业所得税，第六年至第十年按照25%的法定税率减半征收企业所得税，并享受至期满为止。

六、2017年12月31日前设立但未获利的集成电路线宽小于0.8微米（含）的集成电路生产企业，自获利年度起第一年至第二年免征企业所得税，第三年至第五年按照25%的法定税率减半征收企业所得税，并享受至期满为止。

七、享受本通知规定税收优惠政策的集成电路生产企业的范围和条件，按照《财政部　国家税务总局　发展改革委　工业和信息化部关于软件和集成电路产业企业所得税优惠政策有关问题的通知》（财税〔2016〕49号）第二条执行；财税〔2016〕49号文件第二条第（二）项中“具有劳动合同关系”调整为“具有劳动合同关系或劳务派遣、聘用关系”，第（三）项中汇算清缴年度研究开发费用总额占企业销售（营业）收入总额（主营业务收入与其他业务收入之和）的比例由“不低于5%”调整为“不低于2%”，同时企业应持续加强研发活动，不断提高研发能力。

八、集成电路生产企业或项目享受上述企业所得税优惠的有关管理问题，按照财税

〔2016〕49号文件和税务总局关于办理企业所得税优惠政策事项的相关规定执行。

九、本通知自2018年1月1日起执行。

财政部　税务总局　商务部　科技部 国家发展改革委关于将服务贸易创新发展试点地区技术先进型服务企业所得税政策推广至全国实施的通知

2018年5月19日　财税〔2018〕44号

各省、自治区、直辖市、计划单列市财政厅（局）、国家税务局、地方税务局、商务主管部门、科技厅（委、局）、发展改革委，新疆生产建设兵团财政局、商务局、科技局、发展改革委：

为进一步推动服务贸易创新发展、优化外贸结构，现就服务贸易类技术先进型服务企业所得税优惠政策通知如下：

一、自2018年1月1日起，对经认定的技术先进型服务企业（服务贸易类），减按15%的税率征收企业所得税。

二、本通知所称技术先进型服务企业（服务贸易类）须符合的条件及认定管理事项，按照《财政部　税务总局　商务部　科技部　国家发展改革委关于将技术先进型服务企业所得税政策推广至全国实施的通知》（财税〔2017〕79号）的相关规定执行。其中，企业须满足的技术先进型服务业务领域范围按照本通知所附《技术先进型服务业务领域范围（服务贸易类）》执行。

三、省级科技部门应会同本级商务、财政、税务和发展改革部门及时将《技术先进型服务业务领域范围（服务贸易类）》增补入本地区技术先进型服务企业认定管理办法，并据此开展认定管理工作。省级人民政府财政、税务、商务、科技和发展改革部门应加强沟通与协作，发现新情况、新问题及时上报财政部、税务总局、商务部、科技部和国家发展改革委。

四、省级科技、商务、财政、税务和发展改革部门及其工作人员在认定技术先进型服务企业工作中，存在违法违纪行为的，按照《公务员法》《行政监察法》等国家有关规定追究相应责任；涉嫌犯罪的，移送司法机关处理。

附件：技术先进型服务业务领域范围（服务贸易类）

附件：

技术先进型服务业务领域范围（服务贸易类）

类　别	适用范围
一、计算机和信息服务	
1. 信息系统集成服务	系统集成咨询服务；系统集成工程服务；提供硬件设备现场组装、软件安装与调试及相关运营维护支撑服务；系统运营维护服务，包括系统运行检测监控、故障定位与排除、性能管理、优化升级等
2. 数据服务	数据存储管理服务，提供数据规划、评估、审计、咨询、清洗、整理、应用服务，数据增值服务，提供其他未分类数据处理服务
二、研究开发和技术服务	
3. 研究和实验开发服务	物理学、化学、生物学、基因学、工程学、医学、农业科学、环境科学、人类地理科学、经济学和人文科学等领域的研究和实验开发服务
4. 工业设计服务	对产品的材料、结构、机理、形状、颜色和表面处理的设计与选择；对产品进行的综合设计服务，即产品外观的设计、机械结构和电路设计等服务
5. 知识产权跨境许可与转让	以专利、版权、商标等为载体的技术贸易。知识产权跨境许可是指授权境外机构有偿使用专利、版权和商标等；知识产权跨境转让是指将专利、版权和商标等知识产权售卖给境外机构
三、文化技术服务	
6. 文化产品数字制作及相关服务	采用数字技术对舞台剧目、音乐、美术、文物、非物质文化遗产、文献资源等文化内容以及各种出版物进行数字化转化和开发，为各种显示终端提供内容，以及采用数字技术传播、经营文化产品等相关服务
7. 文化产品的对外翻译、配音及制作服务	将本国文化产品翻译或配音成其他国家语言，将其他国家文化产品翻译或配音成本国语言以及与其相关的制作服务
四、中医药医疗服务	
8. 中医药医疗保健及相关服务	与中医药相关的远程医疗保健、教育培训、文化交流等服务

财政部　税务总局关于设备、器具扣除有关企业所得税政策的通知

2018 年 5 月 7 日　财税〔2018〕54 号

各省、自治区、直辖市、计划单列市财政厅（局）、国家税务局、地方税务局，新疆生产建设兵团财政局：

为引导企业加大设备、器具投资力度，现就有关企业所得税政策通知如下：

一、企业在 2018 年 1 月 1 日至 2020 年 12 月 31 日期间新购进的设备、器具，单位价值不超过 500 万元的，允许一次性计入当期成本费用在计算应纳税所得额时扣除，不再分年度

计算折旧；单位价值超过500万元的，仍按企业所得税法实施条例、《财政部 国家税务总局关于完善固定资产加速折旧企业所得税政策的通知》（财税〔2014〕75号）、《财政部 国家税务总局关于进一步完善固定资产加速折旧企业所得税政策的通知》（财税〔2015〕106号）等相关规定执行。

二、本通知所称设备、器具，是指除房屋、建筑物以外的固定资产。

财政部 税务总局关于创业投资企业和天使投资个人有关税收政策的通知

2018年5月14日 财税〔2018〕55号

（注释：部分调整。第二条第（一）项关于初创科技型企业条件中的“从业人数不超过200人”调整为“从业人数不超过300人”，“资产总额和年销售收入均不超过3000万元”调整为“资产总额和年销售收入均不超过5000万元”。详细参见：《财政部 税务总局关于实施小微企业普惠性税收减免政策的通知》（财税〔2019〕13号）。）

各省、自治区、直辖市、计划单列市财政厅（局）、国家税务局、地方税务局，新疆生产建设兵团财政局：

为进一步支持创业投资发展，现就创业投资企业和天使投资个人有关税收政策问题通知如下：

一、税收政策内容

（一）公司制创业投资企业采取股权投资方式直接投资于种子期、初创期科技型企业（以下简称初创科技型企业）满2年（24个月，下同）的，可以按照投资额的70%在股权持有满2年的当年抵扣该公司制创业投资企业的应纳税所得额；当年不足抵扣的，可以在以后纳税年度结转抵扣。

（二）有限合伙制创业投资企业（以下简称合伙创投企业）采取股权投资方式直接投资于初创科技型企业满2年的，该合伙创投企业的合伙人分别按以下方式处理：

1. 法人合伙人可以按照对初创科技型企业投资额的70%抵扣法人合伙人从合伙创投企业分得的所得；当年不足抵扣的，可以在以后纳税年度结转抵扣；

2. 个人合伙人可以按照对初创科技型企业投资额的70%抵扣个人合伙人从合伙创投企业分得的经营所得；当年不足抵扣的，可以在以后纳税年度结转抵扣。

（三）天使投资个人采取股权投资方式直接投资于初创科技型企业满2年的，可以按照投资额的70%抵扣转让该初创科技型企业股权取得的应纳税所得额；当期不足抵扣的，可以在以后取得转让该初创科技型企业股权的应纳税所得额时结转抵扣。

天使投资个人投资多个初创科技型企业的，对其中办理注销清算的初创科技型企业，天使投资个人对其投资额的70%尚未抵扣完的，可自注销清算之日起36个月内抵扣天使投资个人转让其他初创科技型企业股权取得的应纳税所得额。

二、相关政策条件

（一）本通知所称初创科技型企业，应同时符合以下条件：

1. 在中国境内（不包括港、澳、台地区）注册成立、实行查账征收的居民企业；

2. 接受投资时，从业人数不超过200 人，其中具有大学本科以上学历的从业人数不低于30%；资产总额和年销售收入均不超过3000 万元；

3. 接受投资时设立时间不超过5年（60个月）；

4. 接受投资时以及接受投资后2年内未在境内外证券交易所上市；

5. 接受投资当年及下一纳税年度，研发费用总额占成本费用支出的比例不低于20%。

（二）享受本通知规定税收政策的创业投资企业，应同时符合以下条件：

1. 在中国境内（不含港、澳、台地区）注册成立、实行查账征收的居民企业或合伙创投企业，且不属于被投资初创科技型企业的发起人；

2. 符合《创业投资企业管理暂行办法》（发展改革委等10部门令第39号）规定或者《私募投资基金监督管理暂行办法》（证监会令第105号）关于创业投资基金的特别规定，按照上述规定完成备案且规范运作；

3. 投资后2年内，创业投资企业及其关联方持有被投资初创科技型企业的股权比例合计应低于50%。

（三）享受本通知规定的税收政策的天使投资个人，应同时符合以下条件：

1. 不属于被投资初创科技型企业的发起人、雇员或其亲属（包括配偶、父母、子女、祖父母、外祖父母、孙子女、外孙子女、兄弟姐妹，下同），且与被投资初创科技型企业不存在劳务派遣等关系；

2. 投资后2年内，本人及其亲属持有被投资初创科技型企业股权比例合计应低于50%。

（四）享受本通知规定的税收政策的投资，仅限于通过向被投资初创科技型企业直接支付现金方式取得的股权投资，不包括受让其他股东的存量股权。

三、管理事项及管理要求

（一）本通知所称研发费用口径，按照《财政部　国家税务总局　科技部关于完善研究开发费用税前加计扣除政策的通知》（财税〔2015〕119号）等规定执行。

（二）本通知所称从业人数，包括与企业建立劳动关系的职工人员及企业接受的劳务派遣人员。从业人数和资产总额指标，按照企业接受投资前连续12个月的平均数计算，不足12个月的，按实际月数平均计算。

本通知所称销售收入，包括主营业务收入与其他业务收入；年销售收入指标，按照企业接受投资前连续12个月的累计数计算，不足12个月的，按实际月数累计计算。

本通知所称成本费用，包括主营业务成本、其他业务成本、销售费用、管理费用、财务费用。

（三）本通知所称投资额，按照创业投资企业或天使投资个人对初创科技型企业的实缴投资额确定。

合伙创投企业的合伙人对初创科技型企业的投资额，按照合伙创投企业对初创科技型企业的实缴投资额和合伙协议约定的合伙人占合伙创投企业的出资比例计算确定。合伙人从合伙创投企业分得的所得，按照《财政部　国家税务总局关于合伙企业合伙人所得税问题的通知》（财税〔2008〕159号）规定计算。

（四）天使投资个人、公司制创业投资企业、合伙创投企业、合伙创投企业法人合伙人、被投资初创科技型企业应按规定办理优惠手续。

（五）初创科技型企业接受天使投资个人投资满 2 年，在上海证券交易所、深圳证券交易所上市的，天使投资个人转让该企业股票时，按照现行限售股有关规定执行，其尚未抵扣的投资额，在税款清算时一并计算抵扣。

（六）享受本通知规定的税收政策的纳税人，其主管税务机关对被投资企业是否符合初创科技型企业条件有异议的，可以转请被投资企业主管税务机关提供相关材料。对纳税人提供虚假资料，违规享受税收政策的，应按税收征管法相关规定处理，并将其列入失信纳税人名单，按规定实施联合惩戒措施。

四、执行时间

本通知规定的天使投资个人所得税政策自 2018 年 7 月 1 日起执行，其他各项政策自 2018 年 1 月 1 日起执行。执行日期前 2 年内发生的投资，在执行日期后投资满 2 年，且符合本通知规定的其他条件的，可以适用本通知规定的税收政策。

《财政部　税务总局关于创业投资企业和天使投资个人有关税收试点政策的通知》（财税〔2017〕38 号）自 2018 年 7 月 1 日起废止，符合试点政策条件的投资额可按本通知的规定继续抵扣。

财政部　税务总局　科技部关于企业委托境外研究开发费用税前加计扣除有关政策问题的通知

2018 年 6 月 25 日　财税〔2018〕64 号

各省、自治区、直辖市、计划单列市财政厅（局）、科技厅（局），国家税务总局各省、自治区、直辖市、计划单列市税务局，新疆生产建设兵团财政局、科技局：

为进一步激励企业加大研发投入，加强创新能力开放合作，现就企业委托境外进行研发活动发生的研究开发费用（以下简称研发费用）企业所得税前加计扣除有关政策问题通知如下：

一、委托境外进行研发活动所发生的费用，按照费用实际发生额的 80% 计入委托方的委托境外研发费用。委托境外研发费用不超过境内符合条件的研发费用三分之二的部分，可以按规定在企业所得税前加计扣除。

上述费用实际发生额应按照独立交易原则确定。委托方与受托方存在关联关系的，受托方应向委托方提供研发项目费用支出明细情况。

二、委托境外进行研发活动应签订技术开发合同，并由委托方到科技行政主管部门进行登记。相关事项按技术合同认定登记管理办法及技术合同认定规则执行。

三、企业应在年度申报享受优惠时，按照《国家税务总局关于发布修订后的〈企业所得税优惠政策事项办理办法〉的公告》（国家税务总局公告 2018 年第 23 号）的规定办理有关手续，并留存备查以下资料：

（一）企业委托研发项目计划书和企业有权部门立项的决议文件；

（二）委托研究开发专门机构或项目组的编制情况和研发人员名单；

（三）经科技行政主管部门登记的委托境外研发合同；

（四）"研发支出"辅助账及汇总表；

（五）委托境外研发银行支付凭证和受托方开具的收款凭据；

（六）当年委托研发项目的进展情况等资料。

企业如果已取得地市级（含）以上科技行政主管部门出具的鉴定意见，应作为资料留存备查。

四、企业对委托境外研发费用以及留存备查资料的真实性、合法性承担法律责任。

五、委托境外研发费用加计扣除其他政策口径和管理要求按照《财政部　国家税务总局　科技部关于完善研究开发费用税前加计扣除政策的通知》（财税〔2015〕119号）、《财政部　税务总局　科技部关于提高科技型中小企业研究开发费用税前加计扣除比例的通知》（财税〔2017〕34号）、《国家税务总局关于企业研究开发费用税前加计扣除政策有关问题的公告》（国家税务总局公告2015年第97号）等文件规定执行。

六、本通知所称委托境外进行研发活动不包括委托境外个人进行的研发活动。

七、本通知自2018年1月1日起执行。财税〔2015〕119号文件第二条中"企业委托境外机构或个人进行研发活动所发生的费用，不得加计扣除"的规定同时废止。

财政部　税务总局关于延长高新技术企业和科技型中小企业亏损结转年限的通知

2018年7月11日　财税〔2018〕76号

各省、自治区、直辖市、计划单列市财政厅（局），国家税务总局各省、自治区、直辖市、计划单列市税务局，新疆生产建设兵团财政局：

为支持高新技术企业和科技型中小企业发展，现就高新技术企业和科技型中小企业亏损结转年限政策通知如下：

一、自2018年1月1日起，当年具备高新技术企业或科技型中小企业资格（以下统称资格）的企业，其具备资格年度之前5个年度发生的尚未弥补完的亏损，准予结转以后年度弥补，最长结转年限由5年延长至10年。

二、本通知所称高新技术企业，是指按照《科技部　财政部　国家税务总局关于修订印发〈高新技术企业认定管理办法〉的通知》（国科发火〔2016〕32号）规定认定的高新技术企业；所称科技型中小企业，是指按照《科技部　财政部　国家税务总局关于印发〈科技型中小企业评价办法〉的通知》（国科发政〔2017〕115号）规定取得科技型中小企业登记编号的企业。

三、本通知自2018年1月1日开始执行。

财政部　国家税务总局　应急管理部关于印发《安全生产专用设备企业所得税优惠目录（2018年版）》的通知

2018年8月15日　财税〔2018〕84号

各省、自治区、直辖市、计划单列市财政厅（局）、应急管理部门，国家税务总局各省、自治区、直辖市、计划单列市税务局，新疆生产建设兵团财政局、应急管理部门，各省级煤矿安全监察局：

经国务院同意，现就安全生产专用设备企业所得税优惠目录（以下简称优惠目录）调整完善事项及有关政策问题通知如下：

一、对企业购置并实际使用安全生产专用设备享受企业所得税抵免优惠政策的适用目录进行适当调整，统一按《安全生产专用设备企业所得税优惠目录（2018年版）》（见附件）执行。

二、企业购置安全生产专用设备，自行判断其是否符合税收优惠政策规定条件，自行申报享受税收优惠，相关资料留存备查，税务部门依法加强后续管理。

三、建立部门协调配合机制，切实落实安全生产专用设备税收抵免优惠政策。税务部门在执行税收优惠政策过程中，不能准确判定企业购置的专用设备是否符合相关技术指标等税收优惠政策规定条件的，可提请地方应急管理部门和驻地煤矿安全监察部门报请应急管理部，由应急管理部会同有关行业部门委托专业机构出具技术鉴定意见，相关部门应积极配合。对不符合税收优惠政策规定条件的，由税务部门按税收征收管理法及有关规定进行相应处理。

四、本通知所称税收优惠政策规定条件，是指2018年版优惠目录所规定的设备名称、性能参数和执行标准。

五、本通知自2018年1月1日起施行，《安全生产专用设备企业所得税优惠目录（2008年版）》同时废止。企业在2018年1月1日至2018年8月31日期间购置的安全生产专用设备，符合2008年版优惠目录规定的，仍可享受税收优惠。

附件：安全生产专用设备企业所得税优惠目录（2018年版）

附件：

安全生产专用设备企业所得税优惠目录（2018年版）

序号	设备名称	性能参数	应用领域	执行标准
一、煤矿				
1	瓦斯含量、压力测试设备	煤层瓦斯含量快速测定仪：测定时间≤30min，误差＜10%。井下瓦斯解析仪：量程0—3000g，精度±0.1%，测试范围50—120kPa。煤层瓦斯压力测量记录仪：精确度0.5级，分辨率≥0.001MPa	井工煤矿、穿煤层隧道掘进	GB/T 23250、AQ 1080、MT 393、MT/T 856、MT/T 752
2	瓦斯突出预测预报设备	突出危险预报仪：测量涌出初速度0—50L/min，钻孔瓦斯涌出衰减指标0—1.0，解吸压力0—0.4MPa，测量误差±4%。瓦斯突出参数仪：测定钻屑 K_1、钻屑量等突出预报指标，测量范围0—10kPa、误差±1.5%F.S、分度值10Pa。防突动态信息管理系统：在线采集 K_1、Δh_2 等突出预报指标，防突预测表单自动生成及远程审批、查询，表单自动生成时间＜30s	井工煤矿	MA依据标准
3	瓦斯抽放监测设备	瓦斯抽采多参数传感器：实时监测抽采管道内瓦斯流量、压力、温度及环境参数，可测最低流速0.3m/s，测量精度等级1.5级；测压范围20—200kPa，测温范围-10—50℃，测量CO范围0—1 000ppm。管道用激光甲烷传感器：测量范围0%—100% CH_4，基本误差：0.01%—1.00% CH_4，±0.07%；1.00%—100% CH_4，真值±7%。瓦斯抽采监测（控）系统：对瓦斯抽采管道内压力、流量、温度、气体浓度等进行实时监测，对抽采量进行计量	井工煤矿	MT 1035、AQ 6211、MT/T 1126、MT/T 642
4	矿井井下超前探测设备	矿用分布式槽波地震仪：采用无缆分布节点式，可探测煤层地质构造、煤厚变化、夹层夹矸等，探测深度＞200m。巷道超前探测地震仪：采用有缆集中式，可探测巷道前端各类地质构造，超前探测距离≥100m。矿用瞬变电磁仪：可探测井下含水体，超前探测距离≥80m。矿用无线电波透视仪：可探测瓦斯富集区、断距0.3m以上断层、直径7m以上陷落柱，接收灵敏度优于0.05μV/m，频率≥300kHz，透视距离≥250m	井工煤矿	MT/T 693、MT/T 898、MT 470、MT 471、MT/T 1145、MA依据标准
5	矿山人员精确定位监测设备	煤矿人员管理（位置监测定位）系统：实时监测井下人员位置，检测标识卡状态及唯一性，并发识别数量≥80，定位精度≤1m。井口唯一性检测装置：具备人脸识别、标识卡唯一性快速检测等功能，人员通过速率≥1000人/h	井工煤矿	AQ 6210、MT/T 1005、MT/T 1103
6	安全监测监控设备	矿用激光甲烷传感器：测量浓度0—100% CH_4，基本误差0.01%—1.00% CH_4，±0.06%；1.00%—100% CH_4，真值±6%，调校周期≥6个月。煤矿安全监控系统：监测监控与预测预警、传输数字化、抗电磁干扰，支持多网融合，系统巡检周期≤20s异地断电时间≤40s。煤矿图像监视系统：具备人员越界、区域入侵等监视功能，图像质量≥四级，分辨灰度≥8级；分辨率≥1 920×1 080	井工煤矿	AQ 6211、AQ 6201、MT/T 1112

续表

序号	设备名称	性能参数	应用领域	执行标准
7	顶底板灾害监测设备	煤矿顶板动态监测系统：实时监测顶板位移、离层等，实时采集、动态显示、超限报警；基本测量误差 ±2% F.S。 声发射监测系统：实时在线监测煤岩体内部的声发射信号，最高采样率≥51.2ks/s，采集通道≥8，信号有效传输距离＞10km。 微震监测系统：实时采集煤岩震动信号，监测煤岩体稳定性。水平定位误差＜±20m，垂直定位误差＜±50m；监测范围＞1km；灵敏度＞28V/（m/s）	井工煤矿	MT/T 1004、MT/T 1059、MT 1109、MA 依据标准
8	矿井水文监测设备	煤矿水文监测系统：具备在线水质分析及导通水源识别功能，富水性监测范围＞50m，水源特征离子识别种类＞30 种，传输距离≥10km。 矿用本安型水质分析仪：具有快速识别水质、精确判断矿井突水水源种类等功能，测量化学指标种类＞40	井工煤矿	MT/T 894、MA 依据标准
9	车辆安全管控设备	煤矿轨道运输监控系统：矿井轨道机车运输的实时监控和自动调度，监控容量≥64 台分站 矿用无轨胶轮车调度管理系统：实时跟踪井下车辆位置信息和车辆交通智能调度，定位精度≥±5m	各类煤矿	GB 50388、MT/T 1113、MA 依据标准
10	粉尘监测仪表及降尘设备	粉尘浓度传感器：零点自动校准、免维护，可测量瞬时或平均粉尘浓度，测量范围 0.1—1 000mg/m^3；测量误差≤±15%。 矿用气动湿式孔口除尘器：除尘效率≥97%，负载能力≥1 000Pa；耗气量≥0.75m^3/min。 矿用采煤机尘源跟踪喷雾降尘系统：智能跟踪采煤机滚筒，根据粉尘浓度自动调整喷雾参数，开启时间≤1s，关闭时间≤2s，喷雾压力≥4.0MPa，联控容量≥200 台。 综掘工作面控除尘系统：与掘进机同步运行，处理风量 120—550m^3/min，总粉尘降尘效率≥90%，呼吸性粉尘降尘效率≥85%	井工煤矿	GB/T 20964、GB/T 15187、MT/T 1102、MT 159、MT 503—MT 505
11	矿井火灾预测预报及防灭火设备	矿井束管监测系统：监测采空区 CO、CO_2、CH_4、C_2H_4、C_2H_6、C_2H_2、N_2、O_2 等气体，并具备自动分析和存储功能。 矿用分布式光纤测温系统（装置）：连续自动监测温度、CO、CH_4、O_2 等，火灾报警与关联控制灭火。 矿用区域自动喷粉灭火装置：火焰传感器响应时间≤1ms，控制器不少于 8 路输入、4 路输出，有效灭火时间≥2min，单灭火器控制区域≥15m^3	井工煤矿	MT/T 757、GB 16280、AQ 1079
12	提升安全监测与保护设备	立井提升过卷、过放防护缓冲托罐装置：防止提升容器过卷或过放，并能将过卷过放容器或配重托住，过放最大下落距离＜0.5m。钢丝绳无损探伤仪：利用强磁原理对钢丝绳损伤快速非接触探测、诊断，断丝检测准确度≥99%，检测灵敏度重复性误差≤±0.05%	井工煤矿	MA 依据标准
13	带式输送机安全保护设备	带式输送机综合保护装置：具备输送带打滑、堆煤、跑偏、洒水、烟雾、撕裂、急停等保护及语音通信功能。 矿用钢绳芯输送带 X 射线探伤装置：对输送带钢绳芯断绳、锈蚀、劈丝、接头抽动及带面损伤等无损检测及定位，定位精度≥1m。 带式输送机用断带抓捕装置：响应时间≤1s，最大额定抓捕力≥400kN，适用带宽可调	井工及露天煤矿、非煤矿山	MT 872、MA 依据标准

续表

序号	设备名称	性能参数	应用领域	执行标准
14	井下通信设备	矿用无线通信系统：具备通信和定位功能，覆盖范围≥400m。 矿用调度通信系统：地面远程供电、矿用本质安全型，通信距离≥10km。 矿用广播通信系统：多节目同时传输，支持物理链路＞5 路；可按区域或逻辑分组、分区域广播；井下音 响远程可寻址到点控制；支持与安全监控系统、调度通信系统有机融合；传输距离＞10km	井工煤矿	MT 401、 MT/T 1115、 MA 依据标准
15	瓦斯抽采设备	履带式全液压定向钻机：具备定向钻进和随钻测量功能，扭矩＞4000Nm，钻进深度＞400m。 水环真空泵；吸气量＞100m³/min，极限真空度≥－81kPa。 抑爆装置：矿用本质安全型，火焰传感器响应时间＜5ms，控制器响应时间＜15ms，喷射完成时间 150ms。 移动式瓦斯抽放泵站：吸气量＞50m³/min，极限真空度≥－81kPa。 高压水射流割缝增透装备：割缝工作压力＞50MPa，煤层内形成割缝半径＞2.0m	井工煤矿	MT/T 790、 JB/T 7255、 AQ 1079、 GB/T 18154、 MT/T 987、 MA 依据标准
16	抽排水设备	矿用隔爆型潜水电泵：扬程≥220m、流量≥160m³/h、允许潜没深度＞5m。 煤矿排水监控系统：对水泵成套设备就地自动控制、集中控制、地面远程控制，控制响应时间≤2s	井工煤矿	JB/T 6762、 MT/T 671、 MT/T 1128
17	矿井降温设备	矿用防爆制冷装置：名义制冷量≥1500kW，具备压力、断油、温度等保护功能	井工煤矿	GB 9237、 MT/T 1136
18	供电安全监测与保护装置	煤矿供电监控系统：可地面远程实时监测井下变电所各开关输出电力参数，对井下供电系统“五遥”（遥测、遥信、遥控、遥调和遥视），实现防越级跳闸功能	井工煤矿	MT/T 1114
二、非煤矿山				
19	采空区三维激光扫描仪	激光扫描距离：150m；精度：±2cm；扫描速度：250 点/s；防水防尘：IP65	地下矿山采空区探测	CHZ 3017
20	自动全站仪	测量精度：2mm 以内；测距：＞2km	尾矿库、露天采场	GB/T 27663
21	边坡雷达	全天候大范围远距离高精度遥测边坡位移，监测距离：＞4km；监测精度：±0.1mm；单帧变形数据获取 时间：1—10min；防护等级：IP65	矿山等各类边坡工程	SJ 2584
22	层析扫描成像超前预报系 统	前方地质体三维立体成像，超前预报最小距离大于 100m	地下矿山采掘作业	Q/CR 9217
23	微震监测仪	8 通道以上，能够对 200J 以上震动事件进行响应，定位精度 10m 以内，有效距离 250m	地下矿山	AQ 2031
24	尾矿库坝面位移北斗卫星定位高精度接收机	水平监测精度小于 5mm；防水防尘等级 IP67	尾矿库、露天采场	GB 51108

续表

序号	设备名称	性能参数	应用领域	执行标准
25	撬毛台车	撬毛高度不低于 5m，最大爬坡能力不低于 40%（坡度角 25°），车身宽度≤1.8m，自动湿式除尘	地下矿山	JB/T 10844
26	湿式制动井下无轨运输车	柴油机功率：>50 kW；额定负载最高行驶速度：30km/h；爬坡能力：>10°	地下矿山	GB 21500
27	深锥膏体浓密机和充填工业泵	深锥膏体浓密机：底流浓度达 70% 以上，溢流水质量达到国家排放标准。 充填工业泵：泵送压力 15MPa 以上，输送能力 $100m^3/h$ 以上	矿山采空区充填尾矿膏体排放	GB/T 10605、GB 8978、GB/T 13333、JB/T 8098、JB/T 8097
三、石油及危险化学品				
28	作业环境气体检测报警仪	检测作业环境中 CO、O_2、NO_2、SO_2、H_2S、Cl_2、NH_3、光气等有毒可燃气体浓度，并具有声、光报警功能	含有毒性、可燃气体或密闭空间作业环境	GB 12358、GB 15322、GB 50493
29	井控防喷装置	防喷器（组）：通径 180mm，工作压力≥35MPa。 地面防喷器控制装置；电缆井口防喷控制装置；石油钻井作业施工常规井控设备节流和压井系统，井口装置和采油树，液气分离器装置，地面压力分流控制装置；钻柱内防喷装置。 海上井控防喷装置压力等级：≥10000psi 级别，并满足 API 标准要求	石油钻井、修井、测井作业、石油射孔作业	GB/T 25429、SY/T 5053.1、SY/T 5053.2、SY/T 53234、SY/T 5127、SY/T 0515、SY/T 5964、SY/T 5525
30	大型石油储罐主动安全防护系统	单套设备保护罐数量：≥4 个；分区额定供气流量：$200Nm^3/h$；气体浓度分析响应时间：≤30s；主动防护响应时间：≤5s；单罐惰化完成时间：≤20min；氧气检测量程：0—21%；可燃气体检测量程：0—100%；样气巡检通道：8 路	港口、码头、石油储备基地等石油储罐	GB/T 25844、AQ 3035、AQ 3036
31	水下井口及控制系统	水下井口：额定工作压力≥34MPa 水下采油（气）树类型：直立型和水平型 脐带缆：电缆、光缆、金属管群、高压软管等组成，有外护套或铠装保护壳 水下生产控制系统：全液压控制系统、电液控制系统，包括安装在水面和水下的控制系统设备、控制流体	海洋石油天然气开采	GB/T 21412.1、GB/T 21412.4、GB/T 21412.5、GB/T 21412.6
32	阻隔防爆运油车	与所运介质有良好的相容性，对罐体有效容积降低率不大于 6%；振动试验后，单位容积碎屑质量≤1.3mg/L 防爆性能：防爆增压值≤0.14MPa	危险品专用运输	GB 50156、AQ 3001、AQ 3002、JT/T 1046

续表

序号	设备名称	性能参数	应用领域	执行标准
33	腐蚀在线监测设备	电感腐蚀监测点及 PH 监测；测试腐蚀电流、介质电阻、腐蚀速率，进行数据采集、传送	存在腐蚀风险的设备、密闭管道等	API RP 571、GB/T 23258、GB 3836
34	管道泄漏检测设备	采用波敏法（负压波法），并通过其调用泄漏检测模块、定位分析模块共同组成。直接读取下位机系统的数据，包括站场、阀室的进、出站压力信号、流量信号、温度信号、密度信号、输油泵运行状态等。系统信号精度为 0.001MPa，且当压力下降 2% 时能够自动报警	埋地管道	SY/T 6826
35	氮气水击泄压阀	阀门形式：轴流式；阀门开启方式：氮气；阀门公称直径：6″、8″、10″；阀门泄放量：820m^3/h、1500m^3/h、400m^3/h、710m^3/h；阀门设定压力：1.9MPa、7.9MPa、8.4MPa；上下游接管材质：L415、20#；进出口压力等级：Class 150、400、600；法兰面执行标准：RTJ	埋地管道站场	API Std 526、API Std 527、API RP 520、API RP 521
36	大型石油储罐感温光栅	罐区感温感烟光栅：i Smart－TMS	石油化工生产企业	GB 50160
四、民爆及烟花爆竹				
37	烟火药安全性能检测仪	静电火花感度仪：高压电源：0.4—50kV 连续可调 30min 内漂移应为 5%；静电电压表：Q3－V 型，最大 30kV；电容：500pF/30kV，精度 5%；电阻：5kΩ/168kΩ；上、下电极同轴度≤Φ3.0mm；电极间隙调节范围≤4mm	烟花爆竹安全检测	QB/T 1941.4
		撞击感度测试仪：导轨滑动表面对重力线（铅垂线）的偏离或对水平面的垂直度＞1.0mm/m；钢砧倾斜度≤0.20mm/m；落锤重量：2.000±0.002kg，10.000±0.010kg；落锤自由下落时，锤头中心对撞击装置中心的同轴度为 Φ3.0mm；落锤仪导轨装有落高值的刻度尺，刻度尺最小分度值 1mm	烟花爆竹安全检测	QB/T 1941.2
		摩擦感度测试仪：摆锤质量：1500±5g；摆锤提升和定位：0—180°可调，精度≤1°；试验压强：0.5—6MPa 连续可调，分辨率 0.01MPa；摆长：760±1mm；最大允许试验药量：0.03g；摆锤与击杆中心偏离≤1.5mm；滑柱位移量：1.5—2.0mm；压力恒定（加压至 6MPa，稳定 5min）：压力波动≤0.1MPa	烟花爆竹安全检测	QB/T 1941.3
		火焰感度测试仪：药柱模中心线对托盘试样座中心线的不同轴度≤0.5mm；两柱对底座上平面的不垂直度在 630mm 内≤0.25mm；底座上平面与顶盖上平面的不平行度≤0.15 mm，其不平行度由平行度调整垫调整；最大试验高度 550mm	烟花爆竹安全检测	QB/T 1941.6
		爆发点测定仪：控温范围：0—650℃；温度分辨率：0.1℃；时间分辨率：0.01s；功耗：≤2kW；测温元件：进口热电阻；定位精度：1mm；合金浴尺寸：直径 62mm，深度 60mm（可定制）	烟花爆竹安全检测	QB/T 1941.1

续表

序号	设备名称	性能参数	应用领域	执行标准
38	民爆产品检测测试仪器仪表	工业炸药爆速测试仪：测量范围：0—10000m/s	民用爆炸物品安全检测	GB/T 13228
		工业雷管延期时间测试仪：分辨率不小于0.1ms		GB/T 13225
		数码电子雷管检测及起爆系统：延期时间设定范围满足数码电子雷管性能要求，时间间隔1ms，在线注册或非电注册，单台起爆能力大于200发，组网起爆能力大于4000发		WJ 9085
		电雷管测试仪：输出电流≤30mA，最大输出电流≤2mA，精度0.01Ω		GB 6722
39	民用爆炸物品危险作业场所监控系统	工业炸药及其制品制药安全生产控制系统：主要工艺参数（如电流、温度、压力、流量等）自动采集、故障自诊断、自动存储，关键指标超标自动报警、超限自动安全联锁；自动控制系统人机界面良好，视频监控系统符合行业标准要求	工业炸药及其制品制药安全生产	GB 50089、WJ 9065
		工业炸药及其制品装药安全控制系统：对自动装药机各工艺参数进行自控和安全联锁，故障自诊断和报警、自动停机，自动控制系统人机界面良好，视频监控系统符合行业标准要求	工业炸药及其制品装药安全作业	
		工业炸药及其制品包装、装车安全控制系统：对包装、装车过程各工艺参数进行自控和安全连锁，故障自诊断和报警、自动停机，自动控制系统人机界面良好，视频监控系统符合行业标准要求	工业炸药及其制品包装安全作业	
		工业雷管火工药剂制药安全控制系统：主要工艺参数（如电流、温度、压力、流量等）自动采集、故障自诊断、自动存储，关键指标超标自动报警、超限自动安全联锁；自动控制系统人机界面良好，视频监控系统符合行业标准要求	工业雷管火工药剂制药安全生产	
		基础雷管制造安全生产控制系统：对生产过程主要工艺参数（如电流、数量等）自动采集、故障自诊断、自动存储，关键指标超标自动报警、超限自动安全联锁；自动控制系统人机界面良好，视频监控系统符合行业标准要求	基础雷管制造安全生产	
		成品工业雷管制造安全控制系统：对生产过程主要工艺参数（如电流、数量等）自动采集、故障自诊断、自动存储，关键指标超标自动报警、超限自动安全联锁；自动控制系统人机界面良好，视频监控系统符合行业标准要求	成品工业雷管制造安全生产	
		起爆具自动化安全控制系统：对炸药计量及输送、熔混药等主要工艺参数（如电流、温度等）进行自控和安全联锁，故障自诊断和报警、自动停机，自动控制系统人机界面良好，视频监控系统符合行业标准要求	起爆具自动化安全生产	
		石油射孔弹自动化安全控制系统：对生产线设备各机械动作进行自控和安全互锁，具有参数设置、故障自诊断和报警、自动停机功能，自动控制系统人机界面良好，视频监控系统符合行业标准要求	石油射孔弹安全生产	

续表

序号	设备名称	性能参数	应用领域	执行标准
39	民用爆炸物品危险作业场所监控系统	现场混装炸药生产安全控制系统：对制药系统的水相、油相溶液、硝酸铵等材料配比及输送，乳胶基质制备，乳胶基质冷却及输送等主要工艺参数（如电流、温度、压力、流量等）进行自控和安全联锁，故障自诊断和报警、自动停机，控制系统具备良好人机界面，视频监控系统符合行业标准要求	现场混装乳化炸药的乳胶基质制备	GB 50089、WJ 9065
		索类火工品制造安全控制系统：对生产过程主要工艺参数（如装药量、数量等）自动采集、故障自诊断、自动存储，关键指标超标自动报警、超限自动安全联锁，自动控制系统人机界面良好，视频监控系统符合行业标准要求	导爆索、高强度塑料导爆管自动化安全生产	
		爆破作业安全监控设备与系统：视频输入：一路高清视频，兼容 CVBS、AHD1.0 和 AHD2.0 自动识别；分辨率：960H、D1、4CIF、CIF、VGA、720P、1080P；制式：支持 GPS 和北斗双模定位；帧率：1—25 帧可调	爆破作业安全生产	GB 6722、GA 991
40	爆破测震仪	具有国家计量器具生产许可证（CMC 证书），量程 0.001—35.47cm/s，分辨率≥0.0001cm/s	爆破作业安全生产	GB 6722
41	乳化炸药现场混装车	汽车底盘、乳胶基质储存及其输送系统、敏化剂储存及其输送系统、履带式送管器、输药管卷筒、液压系统和动态监控信息系统	爆破作业安全生产	JB 8432.3、GA 991
五、交通运输				
（一）公路行业				
42	隧道超前探测设备	地质雷达：100MHz 天线，天线频带带宽 30—150MHz；红外探测仪：分辨率 H 档为：0.05mV/cm^2，M 档为：0.07mV/cm^2；地震波法超前地质预报设备：TGP/TSP/TST/TRT 等设备	隧道施工安全预报预警	JTG F60、TG F90、TB 10304
43	架桥机安全监控系统	架桥机运行状态的全方位检测	桥梁架设施工	GB/T 28264
44	隧道施工人员识别定位设备	分区域定位和精确定位，精确定位精度可达 5 米；具有考勤/提醒和报警/消警功能；设备电压：220V	隧道等空间的人员安全行为监控	JTG F60
45	桥梁检测设备	桥梁检测车：桥梁下部结构检测，包括梁体、墩柱混凝土裂缝宽度长度及深度，混凝土破损面积，桥梁支座检查，支座垫石完整性等	桥梁检测	QC/T 826
		桥梁 CT 扫描系统：无损检测桥梁混凝土裂缝，波纹管内灌浆密实度，钢筋及斜拉索、悬索探伤		

续表

序号	设备名称	性能参数	应用领域	执行标准
46	商用车主动安全系统	倒车辅助系统：具有倒车后视影像、倒车过程障碍物距离测量、倒车障碍物报警功能，探测距离不小于2m，最高工作速度不小于10km/h	营运客车和危险品运输车辆	QC/T 549
		疲劳及瞌睡监测警告系统：具有驾驶员疲劳状态检测功能，对疲劳的驾驶员进行声音、光或震动报警，同时将行为发生时刻前后10秒的视频上传网络平台，报警准确率不低于90%		GB/T 19056、JT/T 794、JT/T 808、JT/T 809
		前撞预警（FCW）系统：具备探测前车相关距离，相对速度功能，探测距离不小于100m，可提供声音、光或震动报警，最低起作用车速不大于30km/h		ISO 15623
		自动紧急刹车系统（AEB）：具备探测前车相关距离，相对速度功能，探测距离不小于100m，可提供声音、光或震动报警。车辆有碰撞危险时，可实现自动刹车，避免发生车、车碰撞，避免碰撞最低车速不小于30km/h		ISO 22839
		电子控制制动系统（EBS）：具有缩短制动响应时间、优化制动力分配、协调车桥间的制动力、平衡各车轮摩擦片磨损等功能		GB 7258
		车载监控终端及管理平台：定位精度≤15m，速度记录误差≤±1km/h；事故疑点记录：应能以0.2s的间隔记录并存储形式结束前20s行驶状态数据；位置信息记录：能以1min的间隔记录并存储位置数据；超时驾驶记录：记录次数不少于100条；管理平台接收终端信息时间间隔：行驶状态下最小间隔≤5s，最大间隔≥60s		GB/T 19056、JT/T 794、JT/T 808
		侧后方盲区警告系统：具备探测盲区车辆功能、探测邻车道快速靠近车辆功能，探测距离不小于30m，盲区有车辆具有报警功能		LCDAS、ISO 17387
		车道偏离预警（LDW）：具备探测车道线功能，对非主动的变道或压线，能够进行声音、光或震动报警，报警准确率不低于90%，最迟报警距离不大于0.8m		GB/T 26773
		电子稳定控制系统（ESC）：具备车道保持能力和防侧翻控制能力。车辆以32—64km/h进行J-转向时，车辆应保持在车道		GB/T 30677、JT/T 1094
		爆胎应急安全装置：具备当车辆轮胎爆裂失压时，安全装置应能立刻抑制该轮产生行驶距离不小于1km		JT/T 782、JT/T 1094
（二）铁路行业				

续表

序号	设备名称	性能参数	应用领域	执行标准
47	车辆运行安全监控系统探测设备	车辆轴温智能探测系统（THDS）：适应列车运行速度 5—160km/h，自动计轴计辆，计轴误差 $<3\times10^{-6}$，计辆误差 3×10^{-5}；热轴故障预报兑现率：区间探测站：>60%；系统可维护性：机械部分 <10 min，电气部分 <3min，适应温湿度工作条件，室外设备环温 -40℃—60℃，室内相对湿度 <95%，室外相对湿度 <85%	车辆热轴	Q/CR 319
		车辆运行故障图像检测系统：适应车速 5—250（140、160）km/h，自动计轴计辆，计轴误差 $<3\times10^{-6}$，计辆误差 $<3\times10^{-5}$，故障信息存储容量≥两年（一个段修期），图像传输速率 ≤2min/百辆，摄像机分辨率 ≥640×480，抓拍速率 ≥50 帧/s，补偿光源开启关闭响应时间≤1s，保护门开启、关闭反应时间≤2s，室外设备适应温度 -40℃—70℃	动车组、客车、货车	Q/CR 351、TJ/CL 255A、TJ/CL 255、TJ/CL 399、TJ/CL 401
		铁道车辆运行品质轨旁动态监测系统（TPDS）：适应列车速度：动车组 30—350 km/h、客车 30—160 km/h、货车 30—120 km/h；适应车辆轴重：≤30t；自动计轴、计辆、测速；轮轨垂向力和横向力连续测量，动车组测区长度≥9.0 m、客车测区长度≥6.0 m、货车测区长度≥4.8m；自动识别车辆运行品质不良、超载、偏载和车轮踏面损伤；轮轨力检测准确度：列车以 40km/h 及以下速度通过时垂向力测量最大允许误差 ±5‰，40—60km/h 速度通过时垂向力测量最大允许误差 ±1%，60km/h 以上垂向力测量最大允许误差 ±3%；横向力测量最大允许误差 ±3%；识别车轮失圆、多边形和踏面擦伤、剥离、碾堆等踏面损伤兑现率：>95%；运行品质不良按脱轨系数和轮重减载率进行联网评判、报警；车辆标签及车辆端位识别率：≥99.9%	动车组、客车、货车	Q/CR 349、TJ/CL 438
		铁道车辆车轮故障在线检测系统：适用车速：8—12 km/h。车轮外形几何尺寸检测误差范围：踏面磨耗：±0.2mm；轮缘厚度：0.2mm；QR：±0.4mm；车轮直径：±0.5mm；轮对内距：±0.6mm。踏面擦伤深度检测误差：±0.2mm。车轮探伤范围：轮毂部位径向裂纹；距轮毂内侧面 60mm 至 100mm 区域内轮毂周向裂纹；轮缘顶部至根部径向裂纹；轮毂周向裂纹：长轴 40mm、短轴 30mm 的平底椭圆当量缺陷。轮缘顶部径向 5mm 深刻槽当量缺陷	动车组、客车	TJ/CL 256、TJ/CL 405
		车辆滚动轴承早期故障轨边声学诊断系统（TADS）：预报等级：3 级，适应车速：30—110km/h，检测精度：预报准确率 >97%，数据传输速率：不低于 9600bit/s，传输接口协议：CCITT 及我国铁路通信的有关规定，传输校验方式：文件传输协议（FTP）	动车组、客车、货车	Q/CR 350

续表

序号	设备名称	性能参数	应用领域	执行标准
48	轨道设施检测设备	钢轨探伤车：最高探伤速度80km/h；超声波对钢轨的最小扫查间距为0.8mm，最大扫查间距为5.6mm；超声波覆盖钢轨区域：轨头、轨腰、位于轨腰投影区的轨底部分；探伤灵敏度：钢轨头部横向裂纹≥直径8mm平底孔当量；钢轨头部及腰部纵向水平裂纹≥10mm×15mm；螺栓孔裂纹，裂纹深度≥8mm	钢轨无损检测	GB/T 28426
		轨道检测系统：适用速度15—350km/h；检测轨道的轨距、轨向、高低、水平、三角坑、超高、曲率、车体垂向和横向振动加速度等项目，具有轨道几何偏差编辑、轨道几何波形输出、报表打印等功能	轨道状态检测	TJ/GW 126
		钢轨轮廓及磨耗检测系统：适用速度160km/h；可按照1m、2m、3m、5m间隔等间距采样；磨耗分辨力0.1mm；检测精度0.2mm	轨道状态检测	TJ/GW 127
		轨道状态巡检系统：适用速度160km/h；图像分辨率为横向1mm，纵向1.6mm；可智能识别15mm×15mm以上钢轨表面擦伤及剥离掉块；可智能识别扣件缺失、弹条断裂、弹条移位等异常	轨道状态检测	TJ/GW 127
		线路限界检测系统：适用速度160km/h；测量间距0—450mm；测量精度±15mm；测量范围：轨面上方10m、线路中心线两侧各10m的范围内	轨道状态检测	TJ/GW 127
49	铁路供电安全检测监测系统（6C系统）	高速弓网综合检测装置（1C）：适用车速350km/h，监控分辨率≥1024×1024，帧率≥100fps，弓网接触力分辨率1N，接触线和拉出值测量分辨率1mm 接触网安全巡检装置（2C）：适用车速350km/h，图像分辨率≥1024×1024 车载接触网运行状态检测装置（3C）：适用车速350km/h，燃弧持续时间精度2ms，接触网温度测量精度2℃，弓网视频分辨率≥1024×1024，帧率≥25fps 接触网悬挂状态检测监测装置（4C）：适用车速160km/h，接触线测量精度10mm，拉出值测量精度25mm，关键区域检测图像像素≥5000万 受电弓滑板监测装置（5C）：适应车速350km/h，图像分辨率≥2448×2048 接触网及供电设备地面监测装置（6C）：接触线索张力测量精度0.1kN，温度测量精度1℃。6C综合数据处理中心：数据传输通道带宽≥2Mbps，主备机自动切换时间≤30s，主要节点CPU负载≤50%，局域网平均负载≤30%	铁路牵引供电设备	《高速铁路供电安全检测监测系统（6C系统）总体技术规范》（铁运〔2012〕136号）；1C技术条件：TJ/GD 007；2C技术条件：TJ/GD 004；3C技术条件：TJ/GD 005；4C技术条件：TJ/GD 006；5C技术条件：TJ/GD 008；6C技术条件：TJ/GD 009；6C综合数据处理中心技术条件：TJ/GD 010

续表

序号	设备名称	性能参数	应用领域	执行标准
50	列车运行监控装置（LKJ）	适应自动闭塞和半闭塞的 UM71、ZPW－2000、移频、交流计数等信号制式；制动控制计算符合 TB/T 1407	机车、动车组	TJ/DW 070、TJ/DW 169、TJ/DW 170、TJ/DW 173、TJ/DW 174
51	机车车载安全防护系统（6A系统）	包括：中央处理平台、机车空气制动安全监测子系统、机车防火监测子系统、机车高压绝缘检测子系统、机车列车供电监测子系统、机车走行部故障监测子系统、机车自动视频监控及记录子系统，工作温度－40℃—70℃，持续滚动存储数据 30 天，持续滚动存储视频 15 天，报警响应时间 1s	内燃、电力机车	TJ/JW 001、TJ/JW 001A、TJ/JW 001B、TJ/JW 001C、TJ/JW 001D、TJ/JW 001E、TJ/JW 001F、TJ/JW 001G
52	列车尾部安全防护装置	LD 2006－1 型、LD 2006－2 型、LD 2009－1 型、HBTL－11（S）型、LD 2006－11a 型。主机反光标志正常天气目测显示距离不小于 400m；适应列车制动主管定压 500kPa 和 600kPa 的要求；排风口径 6—8mm；软管连接器符合 TB/T 60 的规定；天线技术符合 TB/T 1875 要求；质量不大于 11kg	在铁路上运行的货物列车	TB/T 2973、TJ/CW 004、TJ/CW 005、TJ/DW 009、TJ/DW 179、TJ/DW 180
53	列控车载设备（ATP）	系统的所有安全部件的设计可确保按 SIL4 级安全要求运行。系统的开发遵循 CENELEC 标准 EN 50126、EN 50128 和 EN 50129 规定的质量和安全管理的要求，最大列车速度 350km/h	动车组	TJ/DW 061、TJ/DW 139B、TJ/DW 152、TJ/DW 152A
54	轨道车运行控制设备（GYK）	GYK 电源工作范围：DC18V—36V；测速测距误差：－2%—+2%；GYK 系统时钟精度：误差 <90s/月；整机平均无故障工作时间 MTBF 应不低于 6000h	自轮运转特种设备	TJ/DW 046
（三）水运行业				
55	电子海图显示与信息系统（ECDIS）	支持显示由政府授权的航道组织颁布发行的安全高效航行所必须的海图信息；支持在线或离线更新；支持 AIS、GNSS、测深、雷达等设备接入及显示；支持航线设计、航线检测、船位标绘、雷达跟踪、海图物标属性查询等功能；长江电子航道图显示与信息系统：支持显示由政府授权的航道组织颁布发行的安全高效航行所必须的海图信息；支持在线或离线更新；支持 AIS、GNSS、测深、雷达等设备接入及显示；支持航线设计、航线检测、船位标绘、雷达跟踪、航道图物标属性查询等功能	船舶	IHO S52、IHO S57、IHO S61、IHO S63、IHO S64、IEC、IMO、MSC、CJ52、CJ57、CJ58、CJ63 以及国内船舶设备相关标准

续表

序号	设备名称	性能参数	应用领域	执行标准
56	海上导航和无线电通信设备	海上通信设施；海洋气象设施 船用紧急无线电示位标（EPIRB）：工作频率：406MHz；寻位频率：21.5MHz/243MHz；定位模式：GMDSS；启动方式：人工启动、自动启动	水上船舶、海洋石油生产作业	《固定平台安全规则》（国经贸安全〔2000〕944 号）、IMO 和 IEC 相关标准以及国内船舶设备相关标准
		AIS 船台：工作频率：161.975MHz、162.025MHz；定位模式：GPS、北斗、GMDSS；通信模式：SOTDMA；发射功率：1W、2W、12.5W	船舶	GB/T 20068、ITU/R M.1371－5
		AIS 岸台：工作频率：161.975MHz、162.025MHz；定位模式：GPS、北斗、GMDSS；通信模式：SOTDMA；发射功率：12.5W	沿岸	IEC 62320－2、ITU/R M.1371－5
57	船岸紧急切断系统（ESD）	紧急切断阀：采取自动、遥控和手动等组合设计，具备遥控和就地操作功能	石油化工码头	GB/T24918、GB/T22653、JB/T9094
		紧急切断控制系统：独立于过程控制系统（DCS），具备检测元件、逻辑运算器和执行元件，可对紧急切断阀进行应急关断并在控制柜进行指示和声光报警，具有故障安全、冗余容错等技术	石油化工码头	SHB－Z06
（四）民航行业				
58	火警探测器	发动机火警探测，技术指标达到美国民航规章 FAR23 标准，设备型号：473581/473581—1/473583/ 473583—1/473583—3/473583—2/473582/474188—1/474189—1/474190—1/473597—5/473955—1/475571—2/902864/PU90—499R3/902018—01/PU90—471WR1/2119835—6/2119835—7/PPA1103—00/PPA1204—00/PPC1100—00/PPC1200—00/RAI2800M0706/GPA1102—00/GPA1103—00/PPA1203—00/PPA1204—00/PPA2100—00/PPA2101—00/RAI2811M0106/FSD9480—00/GMC1102—02/PMC1102—02/PMC1103—03/474449—5/7011200H01/504643—9/8920—10/904653—10/904655—10/904656—10/474435/474436/474437/474438/474439/474443—2/8918—01/8919—01/472583/472584/5421—14/904807—03/（3601—155—565/19）；APU 及发动机火警过热控制组件：901950—02；过热探测控制组件：35008—307/20—035008—300；火警控制面板：69—37307—300/69—37307—153/411000—001；发动机火警线：325—027—302—0/325—027—303—0/325—027—402—0/325—027—403—0/325—027—404—0/325—027—505—0；发动机吊架火警探测元件：474443—2	飞机灭火系统	美国民航规章标准 FAR 23

续表

序号	设备名称	性能参数	应用领域	执行标准
59	卫星通讯系统	增强了飞机远距离通讯的能力，弥补了高频通讯易受环境干扰的不足，防止飞机失联。设备型号：822—2556—102/701—10300—00/710100—2/500644—6/288E5733—00/822—1785—401/7516118—X7145/822—2909—050/RD—NB2501—01/RD—NB2111—02/RD—KA1003—04/RD—AA903194—02/RD—AA903194—01/RD—AA903463—01； 82158A31—000/822—2558—101/418E5733—00；82155D33—032/822—2556—102/228E5733—00/7516100—20050/7516118—27010/82155D33—032/7516118—27010/822—2023—101/822—3057—101/883E5910—04/7516118—47145/7516118—47141/7516118—27140/7516118—27020/822—1785—402/822—1785—401/7520061—34010/7520061—34016/7520000—20140/710617—2/7520033—901； M0DREF472285/804—10—0015/002W0129—3/002W0129—4/002W0129—3/100—602198—001/M0DREF376715/M0DREF418185/M0DREF457619/513738—513/284W3009—1/284W3009—2/866—5015—101/009E5733—00/4141—89—99	飞机导航系统	《国际民用航空组织附件10》ICAO Annex 10
60	自动相关监控系统	提供飞机空中交通管制相关信息（例如飞机位置、高度、航向、速度、垂直速度），防止飞机空中飞行冲突。设备型号：7517800—10004/7517800—11005/7517800—11006/7517800—11009/822—1338—002/822—1338—003/066—01127—1601/066—01127—1602/822—1338—005/822—1338—205/822—1338—225/066—01127—1402/066—01127—1101/066—01212—0101/9008000—10000/822—1338—205/066—01212—0301/066—01212—0101/7517800—12401/822—2120—101/822—2911—002/822—1293—332/822—1338—021/066—01127—1402/9005000—10204/7517800—12401/7517800—10100/822—1821—002/69001757—000/822—1821—430	飞机导航系统	《国际民用航空组织附件10》ICAO Annex 10
61	飞行数据及语音记录系统	记录飞机发动机操作系统等关键系统的参数，及驾驶舱语音记录，用于事故预防和事故调查。设备型号：1605—01—00/1605—00—00/866—0084—102/866—0084—101；980—6020—001/980—6022—001/980—6032—001/980—6032—023/980—6032—020/2100—1020—00/2100—1925—22/2100—1020—02/2100—1025—22/2100—1226—02/2100—1025—02/2100—1227—02；980—4700—042/980—4750—003/980—4750—002/980—4750—009/980—4700—003/2100—4043—00/2100—4945—22/2100—4045—22/2100—4245—00/2100—4045—00；2243800—73/2243800—364； HL2.776.036/800—180—001/800—180—002/01—830—180—010/880—180—600—002	飞机导航系统	美国民航规章标准FAR 23/31

续表

序号	设备名称	性能参数	应用领域	执行标准
62	防冰控制系统温度控制设备	防冰控制系统温度控制器：发动机防冰控制器组件：810503—10，2915—5/733474—3—5 防冰控制系统温度控制面板：233W、233N、69、233A系列 防冰面板：机翼防冰保护系统区域控制卡003CM00—0200，233N3204—1019 防冰活门：发动机整流罩防冰活门3215618—5/3215618—4/3215618—3；机翼防冰活门67—2906—002；发动机防冰压力调节关断活门7011101H02 防冰控制系统结冰探测器：0871HT3/0871DL6/1001844—3/0871DP5—1/0877B1 防冰控制系统窗温控制器：风挡加热控制组件：83000—05605/83000—05604ATS/83000—27901/S283T007—3/785897—2/785897—3/624066—3/624066—5/774767—1—1；风挡加温保护组件：7002576H02	民航飞行器	美国民航监督管理标准FAA TSO—C13，C24
63	机载防相撞系统	空中防撞，探测范围：飞机上下8700英尺，最远80海里。工作频率，发射1030MHz信号，接收1030MHz信号。根据入侵机距离分为：其他飞机：6海里外，或6海里内且相对高度大于1200英尺，且没有RA和TA警告；接近的飞机：相对高度小于1200英尺，距离6海里内，没有达到RA和TA级别警告。交通咨询（TA）和避让警告（RA）：根据TAU和CPA具体确定，设备型号：9005000—11203/ 066—50000—2220/066—50000—2221/940—0300—001/066—50008—0405/4066010—910/4066010—913/622—8971—022/622—8971—522/822—1293—003/7517900—10004/7517900—10020/9003500—10903/7517900—10006/7517900—10012/7517900—55003/822—1293—002/822—2911—001/9003500—10905/9003500—55905/940—0351—001/965—1694—001/822—2120—101/071—50001—8104/7514081—911/7514081—912/071—50001—8107/673Z5011—4106/673Z5011—4108/822—0020—101/673Z5011—8107/673Z5011—4105/622—8973—001/7514081—901/071—50001—8102/7514081—903/G6990—4	飞机导航系统	美国民航监督管理标准FAA TSO—C13，C38，C39
64	增强型近地警告系统	近地警告，达到美国民航监督管理标准FAA TSO—C13，C16，设备型号：965—1690—052/965—1690—055/BCREF78944/69000940—102/69000940—104/69000940—106/BCREF17394/BCREF49033/BCREF50601/BCREF68842/69000940—101/822—2120—101/965—1676—001/965—1676—002/965—1676—003/9650976003206/69000942—151/965—1676—006/522—2998—011/7028419—1904/9000000—11111/965—1694—001	飞机导航系统	美国民航监督管理标准FAA TSO—C13，C16

续表

序号	设备名称	性能参数	应用领域	执行标准
65	飞行警告系统	当飞机系统出现故障或错误操作时，提供语音和可视警告，提醒机组采取纠正措施，使飞机恢复安全运行状态。设备型号：350E053021212/350E053021414/350E053021717/350E053021818/350E053021919/ 65—54499—18/69—78214—1/39—78214—3/69—78214—4/285W0015—101/285W0015—102/LA2E20202T30000/ LA2E20202T40000/LA2E20202T50000/LA2E20202T70000	飞机导航系统	美国民航规章标准 FAR 31
66	飞机中央油箱惰性气体阻燃系统（FTIS）	防止点火源：European Interim policy 25/12、USA SFAR 88；降低可燃性：将中央油箱内氧气含量降低到 12% 以下。空气分离组件：2050067—101/2030157—102/2060017—102/2060017—103/PPC1200—00/7012014H05/2060032—101/；气滤：2040025—104/2040025—105/2040025—106/；气滤压差电门：2040061—103/；热交换器：2341924—2/7012011H01/；臭氧转换器：2341926—2/；冲压空气活门：3291828—1/；氧气传感器：3522W000—001/7012040H01/2040081—101/；双流量关断活门：2040029—104/；惰性气体隔离活门：2040031—102/3957A0000—02/；惰性气体控制组件：367—359—005/；惰性气体旁通活门：3958A0000—01/；NGS 冲压进气门作动筒：2741686—1/；再预冷器：2342176—1/	飞机中央油箱	European Interim policy 25/12、USA SFAR 88、FAA - 2005 - 22997 - 5、EASAED Decision 2014/024/R
六、电力				
67	SF_6 泄漏报警装置	SF_6 检测范围：50—5000ppm；超限报警点：1000ppm，精度 <5% F · S；O_2 浓度检测范围：1%—25%，缺氧报警点：18%，精度 <1% F · S；风机启动：氧含量≤19.6% 时或 SF_6 气体浓度 >1000ppm 时，自动启动风机每次启动时间 15min 或自定义，可手动控制或强制启动风机	变电站、开关站 SF_6 配电装置室	GB/T 8905、DL/T 846.6
68	测温式电气火灾监控探测器	报警值：55℃—140℃；报警时间：温度达到报警设定值时，探测器 40s 内发出报警信号	电力隧道、变电站、开关站、发电厂	GB 14287.3、GB 50116、GB 50166
69	电力线路杆塔作业防坠落装置	导轨载荷：不小于 100kg；锁止距离：不大于 0.2m；导轨型式：T 型导轨、槽型导轨、钢绞线	输电线路杆塔	DL/T 1147
70	绝缘检修作业平台	绝缘电压等级：10—1000kV、± 800kV；抱杆梯、梯具、梯台、过桥、拆卸型检修平台、升降型检修平台工作载荷不小于 100kg；复合材料快装脚手架单层额定工作载荷不小于 200kg	变电站、开关站、发电厂、输电线路	DL/T 1209

续表

序号	设备名称	性能参数	应用领域	执行标准
71	带电作业车	绝缘等级 10—110kV，工作斗载荷：200kg（2 人）	架空电力线路	GB/T 9465、GB/T 18037、DL/T 972
72	超声波局放检测仪	灵敏度：峰值灵敏度一般不小于 60dB（V/（m/s）），均值灵敏度一般不小于 40dB（V/（m/s））；检测频带：用于 SF_6 气体绝缘电力设备的超声波检测仪，一般在 20—80kHz 范围内；对于充油电力设备的超声波检测仪，一般在 80—200kHz 范围内；对于非接触方式的超声波检测仪，一般在 20—60kHz 范围内；线性度误差：不大于 ±20%；稳定性：局部放电超声波检测仪连续工作 1 小时后，注入恒定幅值的脉冲信号时，其响应值的变化不应超过 ±20%	变电站、开关站、输电线路、发电厂	DL/T 250、DL/T 1416
七、建筑施工				
73	附着升降脚手架全金属安全防护装置	全金属网架安全防护屏，随作业面同步升降的相邻提升点间高差≤30mm，防坠落制动距离≤80mm。架体高度＜5 倍楼层高；架体宽度＜1.2m；直线布置的架体支承跨度＜7m，折线或曲线布置的架体，相邻两主框架支撑点处的架体外侧距离＜5.4m；架体的水平悬挑长度＜2m，且＜跨度的 1/2；架体全高与支承跨度的乘积＜$110m^2$	建筑主体施工与外装饰工程的整体或分片、分段提升的附着升降脚手架安全作业防护与控制	JGJ 202、JGJ 59、JGJ 130
	附着升降脚手架防倾覆装置	在升降和使用两种工况下，最上和最下两个导向件间的最小间距不得小于 2.8m 或架体高度的 1/4；具有防止竖向主框架倾斜的功能；采用螺栓与附墙支座连接，其装置与导轨之间的间隙＜5mm		
	附着升降脚手架防坠落装置	每一升降点不少于 1 个防坠落装置，在使用和升降工况下均须起作用；除应满足承载能力要求外，整体式脚手架制动距离≤80mm，单片式脚手架制动距离≤150mm。采用钢吊杆式防坠落装置，钢吊杆规格由计算确定，且不应小于 Φ25mm。采用丝杠丝母传动防坠落装置，丝杠外径为 40mm，须承受 670kN 的荷载		
	附着升降脚手架同步升降控制安全装置	当水平支承桁架两端高差达到 30mm 时，自动停机；控制精度在 5% 以内，具有显示各提升点的实际升高和超高的数据，有记忆和储存功能		
74	集成式爬模防坠落装置	爬模支座内设有防止导轨提升时坠落的装置，架体与结构内设有防止架体提升时坠落的装置	建筑施工的爬模安全作业控制	JGJ 202、JGJ 59、JGJ 195
	集成式爬模防倾覆装置	爬模提升系统的每机位设置不少于 2 个附着支座，导轨长度不低于 2 个楼层		
	集成式爬模同步升降控制安全装置	当机位荷载变化 15% 以上的，报警提示；变化 30% 以上的，报警并自动停机		

续表

序号	设备名称	性能参数	应用领域	执行标准
75	施工升降机防坠落安全装置	施工升降机额定提升速度 v≤0.65m/s 时，安全制动距离为 0.15—1.40m，额定提升速度 0.65m/s < v≤1.00m/s 时，安全制动距离为 0.25—1.60m，额定提升速度 1.00m/s < v≤1.33m/s 时，安全制动距离为 0.35—1.80m，额定提升速度 > 1.33m/s 时，安全制动距离 0.55—2.00m。钢丝绳式施工升降机应有停层防坠落装置，该装置应在吊笼达到工作面后人员进入吊笼之前起作用，使吊笼固定在导轨架上。卷扬机传动的施工升降机应设防松绳和断绳保护安全装置	施工升降机安全作业控制	GB 26557、GB/T 10054、GB/T 10055、TSG Q 7008、JG 121
	施工升降机安全监控系统	当载荷达到额定载重量的 90% 时，发出报警信号；达到额定载重量的 110% 前，中止吊笼启动。在吊笼到达行程终点时，自动切断控制电路；超越行程终点时，自动切断总电源。自动记录施工升降机运行的实时状态数据，记录存储量 >7000 条；报警为蜂鸣器鸣音、指示灯显示		
76	高处作业吊篮安全锁装置	当高处作业吊篮的悬吊平台运行速度达到额定锁绳速度时，能够自动锁住安全钢丝绳，制停距离≤200mm；在悬吊平台纵向倾斜角度不大于 8°时，自动锁住安全钢丝绳并停止悬吊平台运行，防止悬吊束发生坠落	建筑施工用高处作业吊篮安全作业控制	GB19155、JGJ202、JGJ59
77	塔式起重机安全监控系统	当吊重力矩达到控制值 90% 时，发出断续报警并黄灯闪烁；达到 100% 时，发出持续报警并红灯闪烁，自动切断吊钩上升高速和小车往臂端行高速接触器；达到 110% 时，红灯闪烁并自动切断吊钩上升低速和小车往臂端行低速接触器，不允许吊钩起吊。自动记录塔式起重机运行时的回转角度、小车位移、吊钩高度、日期、风速等实时状态数据，存储时间≥48h，工作循环记录储存次数≥16 000 条，系统综合误差≤5%，环境温度 -20℃—60℃	施工现场单台或多台塔式起重机的安全作业控制	GB/T 5031、GB 12602、GB/T 3811、GB/T 28264
78	升降式作业平台安全防护及门控系统	升降式作业平台安全防护系统：当平台与墙面水平距离为 0.3—0.5m 时，应不低于 1.1m，平台外侧防护高度应不低于 1.1m，安全防护系统应设高度不低于 0.15m 的护脚板，及距离顶部横杆或护脚板均不大于 0.5m 的中间横杆，以防止平台上作业人员发生高空坠落。 升降式作业平台门控系统：保证作业平台的入口门不得向外侧开启，并采用电控方式进行互锁，以防止在入口门开启时，发生作业平台升降运行的危险动作	建筑施工外装修施工、既有建筑改造用作业平台及物料运送平台	GB/T27547、JCJ202
八、应急救援设备				

续表

序号	设备名称	性能参数	应用领域	执行标准
79	呼吸防护器	正压式空气呼吸器：具有耐高温、抗热老化、耐辐射热、阻燃、防水、重量轻、气密性好、电气元件防爆等性能，背架应为高强度的非金属材料制成，面罩防结雾，具有他救、压力平视显示、应急救援用快速充气等功能	在浓烟、有毒气体或严重缺氧环境中进行呼吸防护	GA 124
		正压氧气呼吸器：防护时间 1h 以上，氧浓度不得低于 21%； 正压式消防氧气呼吸器：重型劳动强度下防护时间 1h 以上，吸气中氧气浓度不得低于 21%，吸气中二氧化碳浓度不得高于 1%，吸气温度不得高于 38℃	煤矿井下，在高原、地下、隧道以及高层建筑等场所长时间作业时进行呼吸保护	MT 86、GA 632
		全防型滤毒罐：对有毒气体和蒸汽、有毒颗粒及放射性粒子、细菌具有良好的过滤性能，NBC 防护标准，储存期限不低于 5 年	危险场所呼吸保护与防毒面罩配套使用	GB/T 2892
		压缩氧自救器：具有防爆合格证和 MA 标志定量供氧量 1.2—1.6L/min、通气阻力 196Pa、吸气温度 45℃、手动补给 60 L/min、二氧化碳吸收剂用量 350g、氧气瓶额定充气压力 20MPa、排气阀开启压力 200—400Pa	煤矿井下发生缺氧或在有毒有害气体环境中矿工逃生用	MT 711
		送风式长管呼吸器：正压送风，防止作业环境气体被劳动者吸入	有毒有害物质作业和救援场所	GB 6220、GA 1261
80	核放射探测仪	可自动声光报警、显示所检测射线的强度持续工作时间不少于 70h	有 α、β、γ 射线污染源的作业环境	GB 10257
81	矿山救护指挥车	具有高底盘、功率大、起步快、越野性能好等特点。汽车性能应达到：爬坡度在 30% 以上；最小离地间隙在 220mm 以上；行车速度在 120km/h 以上；配有无线通信系统、卫星定位系统和警灯警报装置	矿山事故抢险的救援指挥	GB 50313、QC/T 457、GA 14

续表

序号	设备名称	性能参数	应用领域	执行标准
82	消防车	水罐消防车、泡沫消防车、高倍泡沫消防车、供水消防车、供液消防车：配备消防泵（或供液泵），部分配备水罐（或泡沫液罐、泡沫比例混合器）、高倍数泡沫发生器、消防炮等灭火设备	灭火救援及危险化学品应急处置、灭火现场供给泡沫液	GB 7956.1、GB 7956.2、GB 7956.3、GA 39
		举高类消防车（含云梯消防车、登高平台消防车、举高喷射消防车）：配备举高臂架（直臂、曲臂、直曲臂）或梯架（伸缩或组合）、回转机构，部分配备滑车、消防泵、水罐（或泡沫液罐、泡沫比例混合器）、消防炮、工作斗、破拆装置等	储罐、塔釜、框架设备、高层建筑场所灭火救援及危险化学品应急处置及高空人员救援	GB 7956.1、GB 7956.12
		干粉/干粉水联用/干粉泡沫联用消防车：配备干粉灭火剂罐、减压装置、氮气瓶组、干粉喷射装置，部分配备消防泵、水罐（或泡沫液罐、泡沫比例混合器）、消防炮等设备	可燃液体、可燃气体、带电设备、遇水燃烧物质等场所灭火救援、危险化学品应急处置	GB 7956.1、GA 39
		抢险救援消防车、化学救援消防车：配备抢险救援器材（涉及侦检类、破拆类、堵漏类、防护类、洗消类、警戒类等）、随车吊或具有起吊功能的随车叉车、绞盘和照明系统、化学事故处置装置等	危险化学品泄漏、着火，工程抢险、自然灾害等事件灭火救援应急处置	GB 7956.1、GB 7956.14、GA 39
		供气消防车：配备高压空气压缩机、高压气瓶组、防爆充气箱等装置，部分配备照明系统	为空气呼吸器瓶充气、气动工具供气	GB 7956.1、GA 39
		照明消防车：配备固定照明灯、移动照明等、发电机	灾害现场照明	GB 7956.1、GA 39
		排烟消防车：配备固定排烟送风装置及辅助设备	灾害现场排烟、通风	GB 7956.1、GA 39

续表

序号	设备名称	性能参数	应用领域	执行标准
83	机场消防业务车辆	快速调动车：发动机不用预热；气温在7℃以上时，满载状态下静止加速到80km/h以上不超过25s；全轮驱动；喷射率不小于4500L/min；一次性泡沫混合液喷射量不低于5 000L；最大车速大于105km/h；在水泵全功率工作状态下车辆行驶速度不小于40km/h；专用越野底盘（非商用越野底盘）；具备3C证书	预防及扑救飞机火灾	《机场服务手册——第一部分救援与消防》（ICAO Doc 9137 - AN898）、GB 7956.1、GA 39、MH/T 7002，并参考 NFPA 414、FAA NO. 150/5220
		主力泡沫车：满载状态下由静止加速到80km/h以上不超过40s；最大车速大于100km/h；喷射率不小于4 500L/min；一次性泡沫混合液喷射量不低于10 000L；在水泵全功率工作状态下车辆行驶速度不小于40km/h；专用越野底盘（非商用越野底盘）；具备3C证书		《机场服务手册——第一部分救援与消防》（ICAO Doc 9137 - AN 898）、GB 7956.1、GA 39、MH/T 7002，并参考 NFPA 414、FAA NO. 150/5220
		重型泡沫车：最大载重量大于8 000kg；设电控消防炮，并符合《消防炮通用技术条件》（GB 19156）要求；越野底盘；具备3C证书		GB 7956.1、GB 7956.3、GA 39、MH/T 7002
		中型泡沫车：最大载重量小于或等于8 000kg；设电控消防炮，并符合《消防炮通用技术条件》（GB 19156）要求；越野底盘；具备3C证书		GB 7956.1、GB 7956.3、GA 39、MH/T 7002
		升降救援车：救援梯采用防腐金属材质伸缩型，高度：最低位≥3.0m，最高位≥8.0m；台阶两边设置不低于0.7m的护栏，台阶的底部应尽量靠近地面。顶部救援平台：宽度：>2.0m；深度：>2.0m；左右两边设置不低于0.7m的护栏；前部设有可移动式的保护装置。中、顶部平台应始终保持水平状态，顶部平台载重量>300kg；驱动形式：4×4或6×4驱动；发动机功率：>300kW，轴距：≤4 500mm；使用车辆发动机经过驱动系统驱动液压泵向系统提供液压，液压阀门为电动控制，紧急情况下也可手动控制		《机场服务手册——第一部分救援与消防》（ICAO Doc 9137-AN898）、MH/T7002，并参考 NFPA 414、FAA（No. 150/5220）
84	应急电源（发电）车	发电功率200—500kW	事故、灾害救援现场，保电现场	GB/T 21225、GB 50052、GB/T 2819

续表

序号	设备名称	性能参数	应用领域	执行标准
85	溢油回收设备	收油机：最大收油速率为 10—200m³/h，最大收油效率为 98%，黏度范围为 1—1 000 000cSt	海上井喷、火灾爆炸事故造成的溢油回收	JT/T 863
		围油栏：总高大于 400mm，最小总抗拉强度 55kN，最大抗波高 1.8m，最大抗风速 15m/s，最大抗流速 3kn	海上溢油应急处置	JT/T 465
		防火围油栏：耐热温度：1 000℃，总高大于 800mm，最小总抗拉强度 80kN，最大抗波高 1.8m，最大抗风速 15m/s，最大抗流速 3kn	海上溢油应急处置	JT/T 465
		吸油拖栏：最大吃水深度为 150mm，最大抗拉强度为 18kN，吸附倍率大于 10 倍，吸水量为自重的 10%	海上溢油应急处置	JT/T 864
86	管道带压开孔封堵设备	带压开孔设备：能够实现 PN10MPa，DN1 200mm 管道的开孔作业	油气长输管道、市政管道的不停输抢维修	GB/T 28055、SY/T 6150.1、SY 6554
		带压封堵设备：能够实现 PN10MPa，DN1 200mm 管道的封堵作业		
		管道带压开孔封堵专用阀门：用于配合开孔封堵设备使用实现 PN10MPa，DN1 200mm 管道开孔封堵作业		
		管道带压开孔封堵对开管件：用于配合开孔封堵设备使用实现 PN10MPa，DN1 200mm 管道开孔封堵作业		
87	矿山应急救援设备	地面大直径钻机：可移动式，最大钻进孔径≥600mm，钻深≥500m。 井下轻型救灾钻机：模块化设计，最大拆分模块重量<60kg；钻孔深度≥100m，终孔直径≥75mm。 多功能快速水平钻机：发动机功率 135kW，钻孔口径最大可达 165mm，具备套管作业、止水止浆、超前地质预报等功能。 矿用雷达生命探测仪：探测距离>10m，探测张角>100°，探测精度≥±20cm。 井下快速成套支护装备：支撑高度范围 1—4m，初撑力≥100kN，静态支撑力≥400kN。 矿用逃生救援补给站：具备防护、供给和通信功能，自救器存储量≥30 台，允许同时补给人数≥4 人。 矿用救灾多媒体通信系统：无线语音、视频及环境参数实时传输、持机人员定位，通信距离≥20km，定位精度≥±5m	井工煤矿救援	MT/T 1129、MA 依据标准

续表

序号	设备名称	性能参数	应用领域	执行标准
88	破拆工具车	箱式货车功率 221kW，具备照明、连接市电等功能，配置荷马特破拆支护类工具（手动多功能剪扩钳、钢缆剪切钳、便携机动泵、液压扩张钳、单向液压千斤顶、机械撑杆、延伸管 250mm/500mm 等）	隧道救援中破拆和支护	JTGF 60
89	消防机器人	灭火机器人：以消防炮等灭火装置为主要机载设备，在高温、浓烟、强热辐射、爆炸等危险场所执行灭火、冷却剂化学污染场所洗消等作业	危险场所灭火救援	GA 892.1
		排烟机器人：以排烟机为主要机载设备，对消防车辆及人员无法靠近的灾害现场进行正压送风、排烟、水雾灭火、冷却等作业		
		侦察机器人：具有防爆性能，以气体侦检仪等传感器为主要机载设备，对室内外危险灾害现场进行现场探测、侦察，并可将采集到的信息（数据、图像、语音）进行实时处理和无线传输。 用于化学事故现场的视频采集及危险气体、液体的侦察与检测		

注：表内安全设备按照行业列示，对于可在不同行业中通用的专用设备，不受该专用设备所处行业和所列应用领域的限制。

财政部　税务总局　科技部
关于提高研究开发费用税前加计扣除比例的通知

2018 年 9 月 20 日　财税〔2018〕99 号

各省、自治区、直辖市、计划单列市财政厅（局）、科技厅（局），国家税务总局各省、自治区、直辖市、计划单列市税务局，新疆生产建设兵团财政局、科技局：

为进一步激励企业加大研发投入，支持科技创新，现就提高企业研究开发费用（以下简称研发费用）税前加计扣除比例有关问题通知如下：

一、企业开展研发活动中实际发生的研发费用，未形成无形资产计入当期损益的，在按规定据实扣除的基础上，在 2018 年 1 月 1 日至 2020 年 12 月 31 日期间，再按照实际发生额的 75% 在税前加计扣除；形成无形资产的，在上述期间按照无形资产成本的 175% 在税前摊销。

二、企业享受研发费用税前加计扣除政策的其他政策口径和管理要求按照《财政部　国家税务总局　科技部关于完善研究开发费用税前加计扣除政策的通知》（财税〔2015〕119 号）、《财政部　税务总局　科技部关于企业委托境外研究开发费用税前加计扣除有关政策问题的通知》（财税〔2018〕64 号）、《国家税务总局关于企业研究开发费用税前加计扣除政策有关问题的公告》（国家税务总局公告 2015 年第 97 号）等文件规定执行。

国家税务总局关于创业投资企业和天使投资个人税收政策有关问题的公告

2018 年 7 月 30 日　国家税务总局公告 2018 年第 43 号

为贯彻落实《财政部　税务总局关于创业投资企业和天使投资个人有关税收政策的通知》（财税〔2018〕55 号，以下简称《通知》），现就创业投资企业和天使投资个人税收政策有关问题公告如下：

一、相关政策执行口径

（一）《通知》第一条所称满 2 年是指公司制创业投资企业（以下简称“公司制创投企业”）、有限合伙制创业投资企业（以下简称“合伙创投企业”）和天使投资个人投资于种子期、初创期科技型企业（以下简称“初创科技型企业”）的实缴投资满 2 年，投资时间从初创科技型企业接受投资并完成工商变更登记的日期算起。

（二）《通知》第二条第（一）项所称研发费用总额占成本费用支出的比例，是指企业接受投资当年及下一纳税年度的研发费用总额合计占同期成本费用总额合计的比例。

（三）《通知》第三条第（三）项所称出资比例，按投资满 2 年当年年末各合伙人对合伙创投企业的实缴出资额占所有合伙人全部实缴出资额的比例计算。

（四）《通知》所称从业人数及资产总额指标，按照初创科技型企业接受投资前连续 12 个月的平均数计算，不足 12 个月的，按实际月数平均计算。具体计算公式如下：

月平均数 =（月初数 + 月末数）÷2

接受投资前连续 12 个月平均数 = 接受投资前连续 12 个月平均数之和 ÷12

（五）法人合伙人投资于多个符合条件的合伙创投企业，可合并计算其可抵扣的投资额和分得的所得。当年不足抵扣的，可结转以后纳税年度继续抵扣；当年抵扣后有结余的，应按照企业所得税法的规定计算缴纳企业所得税。

所称符合条件的合伙创投企业既包括符合《通知》规定条件的合伙创投企业，也包括符合《国家税务总局关于有限合伙制创业投资企业法人合伙人企业所得税有关问题的公告》（国家税务总局公告 2015 年第 81 号）规定条件的合伙创投企业。

二、办理程序和资料

（一）企业所得税

1. 公司制创投企业和合伙创投企业法人合伙人在年度申报享受优惠时，按照《国家税务总局关于发布修订后的〈企业所得税优惠政策事项办理办法〉的公告》（国家税务总局公告 2018 年第 23 号）的规定办理有关手续。

2. 合伙创投企业的法人合伙人符合享受优惠条件的，合伙创投企业应在投资初创科技型企业满 2 年的年度以及分配所得的年度终了后及时向法人合伙人提供《合伙创投企业法人合伙人所得分配情况明细表》（附件 1）。

（二）个人所得税

1. 合伙创投企业个人合伙人。

（1）合伙创投企业的个人合伙人符合享受优惠条件的，合伙创投企业应在投资初创科技型企业满2年的年度终了后3个月内，向合伙创投企业主管税务机关办理备案手续，备案时应报送《合伙创投企业个人所得税投资抵扣备案表》（附件2），同时将有关资料留存备查（备查资料同公司制创投企业）。合伙企业多次投资同一初创科技型企业的，应按年度分别备案。

（2）合伙创投企业应在投资初创科技型企业满2年后的每个年度终了后3个月内，向合伙创投企业主管税务机关报送《合伙创投企业个人所得税投资抵扣情况表》（附件3）。

（3）个人合伙人在个人所得税年度申报时，应将当年允许抵扣的投资额填至《个人所得税生产经营所得纳税申报表（B表）》"允许扣除的其他费用"栏，并同时标明"投资抵扣"字样。

2. 天使投资个人

（1）投资抵扣备案

天使投资个人应在投资初创科技型企业满24个月的次月15日内，与初创科技型企业共同向初创科技型企业主管税务机关办理备案手续。备案时应报送《天使投资个人所得税投资抵扣备案表》（附件4）。被投资企业符合初创科技型企业条件的有关资料留存企业备查，备查资料包括初创科技型企业接受现金投资时的投资合同（协议）、章程、实际出资的相关证明材料，以及被投资企业符合初创科技型企业条件的有关资料。多次投资同一初创科技型企业的，应分次备案。

（2）投资抵扣申报

①天使投资个人转让未上市的初创科技型企业股权，按照《通知》规定享受投资抵扣税收优惠时，应于股权转让次月15日内，向主管税务机关报送《天使投资个人所得税投资抵扣情况表》（附件5）。同时，天使投资个人还应一并提供投资初创科技型企业后税务机关受理的《天使投资个人所得税投资抵扣备案表》。

其中，天使投资个人转让初创科技型企业股权需同时抵扣前36个月内投资其他注销清算初创科技型企业尚未抵扣完毕的投资额的，申报时应一并提供注销清算企业主管税务机关受理并注明注销清算等情况的《天使投资个人所得税投资抵扣备案表》，以及前期享受投资抵扣政策后税务机关受理的《天使投资个人所得税投资抵扣情况表》。

接受投资的初创科技型企业，应在天使投资个人转让股权纳税申报时，向扣缴义务人提供相关信息。

②天使投资个人投资初创科技型企业满足投资抵扣税收优惠条件后，初创科技型企业在上海证券交易所、深圳证券交易所上市的，天使投资个人在转让初创科技型企业股票时，有尚未抵扣完毕的投资额的，应向证券机构所在地主管税务机关办理限售股转让税款清算，抵扣尚未抵扣完毕的投资额。清算时，应提供投资初创科技型企业后税务机关受理的《天使投资个人所得税投资抵扣备案表》和《天使投资个人所得税投资抵扣情况表》。

（3）被投资企业发生个人股东变动或者个人股东所持股权变动的，应在次月15日内向主管税务机关报送含有股东变动信息的《个人所得税基础信息表（A表）》。对天使投资个人，应在备注栏标明"天使投资个人"字样。

（4）天使投资个人转让股权时，扣缴义务人、天使投资个人应将当年允许抵扣的投资额填至《扣缴个人所得税报告表》或《个人所得税自行纳税申报表（A表）》“税前扣除项目”的“其他”栏，并同时标明“投资抵扣”字样。

（5）天使投资个人投资的初创科技型企业注销清算的，应及时持《天使投资个人所得税投资抵扣备案表》到主管税务机关办理情况登记。

三、其他事项

（一）税务机关在公司制创投企业、合伙创投企业合伙人享受优惠政策后续管理中，对初创科技型企业是否符合规定条件有异议的，可以转请初创科技型企业主管税务机关提供相关资料，主管税务机关应积极配合。

（二）创业投资企业、合伙创投企业合伙人、天使投资个人、初创科技型企业提供虚假情况、故意隐瞒已投资抵扣情况或采取其他手段骗取投资抵扣，不缴或者少缴应纳税款的，按税收征管法有关规定处理。

四、施行时间

本公告天使投资个人所得税有关规定自2018年7月1日起施行，其他所得税规定自2018年1月1日起施行。施行日期前2年内发生的投资，适用《通知》规定的税收政策的，按本公告规定执行。

《国家税务总局关于创业投资企业和天使投资个人税收试点政策有关问题的公告》（国家税务总局公告2017年第20号）自2018年7月1日起废止，符合试点政策条件的投资额可按本公告规定继续办理抵扣。

特此公告。

附件：1. 合伙创投企业法人合伙人所得分配情况明细表
2. 合伙创投企业个人所得税投资抵扣备案表
3. 合伙创投企业个人所得税投资抵扣情况表
4. 天使投资个人所得税投资抵扣备案表
5. 天使投资个人所得税投资抵扣情况表

附件1：

合伙创投企业法人合伙人所得分配情况明细表

所属期间：　　年　月　日至　　年　月　日　　　　　　单位：%，人民币元（列至角分）

<table>
<tr><td>创投企业统一社会信用代码（纳税人识别号）</td><td>创投企业名称</td><td>主管税务机关</td><td colspan="5">本期新增符合优惠条件的实缴投资额合计（a）</td><td colspan="5">本期所得（b）</td></tr>
<tr><td></td><td></td><td></td><td colspan="5"></td><td colspan="5"></td></tr>
<tr><td rowspan="2">法人合伙人统一社会信用代码（纳税人识别号）</td><td rowspan="2">法人合伙人企业名称</td><td rowspan="2">主管税务机关</td><td rowspan="2">实缴出资额</td><td rowspan="2">投资时间</td><td>实缴出资额占全部实缴出资额比例</td><td colspan="2">本期新增符合优惠条件的投资额</td><td>本期新增可抵扣的投资额</td><td colspan="2">所得的分配比例</td><td colspan="2">法人合伙人应分得的所得</td></tr>
<tr><td>1</td><td colspan="2">2 = a × 1</td><td>3 = 2 × 70%</td><td colspan="2">4</td><td colspan="2">5 = b × 4</td></tr>
<tr><td></td><td></td><td></td><td></td><td></td><td></td><td colspan="2"></td><td></td><td colspan="2"></td><td colspan="2"></td></tr>
<tr><td></td><td></td><td></td><td></td><td></td><td></td><td colspan="2"></td><td></td><td colspan="2"></td><td colspan="2"></td></tr>
<tr><td></td><td></td><td></td><td></td><td></td><td></td><td colspan="2"></td><td></td><td colspan="2"></td><td colspan="2"></td></tr>
<tr><td>初创科技型企业统一社会信用代码（纳税人识别号）</td><td>初创科技型企业名称</td><td>主管税务机关</td><td>成立日期</td><td>接受投资日期</td><td>接受创业投资额</td><td>从业人数</td><td>具有大学本科以上学历的从业人数所占比例</td><td>资产总额</td><td>年销售收入</td><td>研发费用占成本费用比例</td><td>是否已上市</td><td>征收方式</td></tr>
<tr><td></td><td></td><td></td><td></td><td></td><td></td><td></td><td></td><td></td><td></td><td></td><td></td><td></td></tr>
<tr><td></td><td></td><td></td><td></td><td></td><td></td><td></td><td></td><td></td><td></td><td></td><td></td><td></td></tr>
<tr><td></td><td></td><td></td><td></td><td></td><td></td><td></td><td></td><td></td><td></td><td></td><td></td><td></td></tr>
<tr><td>企业声明</td><td colspan="12">我单位已知悉本事项全部相关政策和管理要求。此表是根据《中华人民共和国企业所得税法》及其实施条例和国家税收规定填报的，是真实、完整的，提供的资料真实、合法、有效。
（企业公章）
财务负责人：　　　　执行事务合伙人：　　　　　年　月　日</td></tr>
</table>

填报说明：

1. “所属期间”填报公历当年1月1日至12月31日。

2. “创投企业统一社会信用代码（纳税人识别号）”“创投企业名称”和“主管税务机关”填写合伙创投企业的统一社会信用代码或纳税人识别号、名称和主管税务机关。

3. “本期新增符合优惠条件的实缴投资额合计”填写合伙创投企业本期新增的符合财税〔2018〕55号文件优惠条件的投资额。

4. “本期所得”填写合伙创投企业本期按规定计算并弥补亏损后的所得。

5. “法人合伙人统一社会信用代码（纳税人识别号）”“法人合伙人企业名称”和“主管税务机关”填写合伙创投企业法人合伙人的统一社会信用代码或纳税人识别号、名称和企业所得税主管税务机关。

6. “实缴出资额”“实缴出资额占全部实缴出资额比例”填写满足投资满2年当年年末法人合伙人投资合伙创投企业的实缴出资额和其占全部实缴出资额的比例。“投资时间”填写法人合伙人对合伙创投企业的实缴出资时间。

7. “本期新增符合优惠条件的投资额”填写“本期新增符合优惠条件的实缴投资额合计”×“出资比例”计算得到的金额。

8. “本期新增可抵扣的投资额”填写“本期新增符合优惠条件的投资额”×70%计算得到的金额。

9. “所得的分配比例”填写法人合伙人对应的本期所得的分配比例。

10. “法人合伙人应分得的所得”填写“本期所得”×“所得的分配比例”计算得到的金额。

11. “初创科技型企业统一社会信用代码（纳税人识别号）”“初创科技型企业名称”和“主管税务机关”填写初创科技型企业的统一社会信用代码或纳税人识别号、名称和企业所得税主管税务机关。

12. “成立日期”填写初创科技型企业营业执照注明的成立日期；“接受投资日期”填写初创科技型企业接受投资并完成工商变更登记的日期。

13. “从业人数”“具有大学本科以上学历的从业人数所占比例”“资产总额”和“年销售收入”填写按财税〔2018〕55号及本公告计算的初创科技型企业接受合伙创投企业投资时的数据。

14. “研发费用占成本费用比例”填写初创科技型企业接受投资当年及下一纳税年度的研发费用总额合计占同期成本费用总额合计的比例。

15. “是否已上市”填写初创科技型企业接受投资时以及接受投资后2年内是否在境内外证券交易所上市，填写“是”或“否”。

16. “征收方式”根据初创科技型企业实际企业所得税征收方式填写“查账征收”或“核定征收”。

17. 合伙创投企业应在投资初创科技型企业满2年的年度以及分配所得的年度终了后及时向法人合伙人提供本表作为留存备查资料。

附件 2：

合伙创投企业个人所得税投资抵扣备案表

（________年度）

备案编号（主管税务机关填写）：　　　　单位：%，人民币元（列至角分）

合伙创投企业基本情况			
企业名称		纳税人识别号（统一社会信用代码）	
备案管理部门		备案时间	
联系人		联系电话	

对初创科技型企业投资情况

初创科技型企业名称	纳税人识别号	注册地	设立时间	投资日期	从业人数	本科以上学历人数占比	资产总额	年销售收入	研发费用总额占成本费用支出的比例	投资后2年内与关联方合计持股比例是否超50%	投资额

谨声明：本人（单位）知悉并保证本表填报内容及所附证明材料真实、完整，并承担因资料虚假而产生的法律责任。

合伙创投企业印章：　　　　合伙创投企业负责人签章：　　　　年　　月　　日

代理机构印章： 联系人： 填报日期：	主管税务机关印章： 受理人： 受理日期：

国家税务总局监制

填报说明：

一、适用范围

本表适用于有限合伙制创业投资企业（以下简称“合伙创投企业”）投资境内种子期、初创期科技型企业（以下简称“初创科技型企业”），就符合投资抵扣税收优惠条件的投资，向主管税务机关办理投资情况备案。

二、报送期限

合伙创投企业应于投资满2年的年度终了后3个月内，向其注册地主管税务机关报送本表。

三、表内各栏

（一）合伙创投企业基本情况

1. 企业名称：填写合伙创投企业名称全称。

2. 纳税人识别号（统一社会信用代码）：填写合伙创投企业的纳税人识别号或统一社会信用代码。

3. 备案管理部门：填写合伙创投企业根据《创业投资企业管理暂行办法》或《私募投资基金监督管理暂行办法》等规定，办理备案的主管部门名称全称。

4. 备案时间：填写合伙创投企业向备案管理部门完成备案的时间。

5. 联系人：填写合伙创投企业联系人姓名。

6. 联系电话：填写合伙创投企业联系人的联系电话。

（二）对初创科技型企业投资情况

合伙创投企业投资多个初创科技型企业或对同一家初创科技型企业有多轮投资的，均需就每次投资情况分行填写。

1. 初创科技型企业名称：填写初创科技型企业名称全称。

2. 纳税人识别号：填写初创科技型企业的纳税人识别号或统一社会信用代码。

3. 注册地：填写初创科技型企业注册登记的具体地址。

4. 设立时间：填写初创科技型企业设立登记的具体日期。

5. 投资日期：填写初创科技型企业接受合伙创投企业投资并完成工商变更登记的日期。

6. 从业人数：填写与初创科技型企业建立劳动关系的职工及企业接受的劳务派遣人员人数。具体按照初创科技型企业接受投资前连续12个月的平均数填写，不足12个月的按实际月数平均计算填写。

7. 本科以上学历人数占比：填写初创科技型企业接受投资时本科以上学历人数占企业从业人数的比例。

8. 资产总额：填写初创科技型企业的资产总额。具体按照初创科技型企业接受投资前连续12个月的平均数填写，不足12个月的按实际月数平均计算填写。

9. 年销售收入：填写初创科技型企业的年销售收入。具体按照初创科技型企业接受投资前连续12个月的累计数填写，不足12个月的按实际月数累计计算填写。

10. 研发费用总额占成本费用支出的比例：填写企业接受投资当年及下一年两个纳税年度的研发费用总额合计占同期成本费用总额合计的比例。

11. 投资后2年内与关联方合计持股比例是否超50%：填写“是”或“否”。

12. 投资额：填写合伙创投企业以现金形式对初创科技型企业的实缴出资额。

四、本表一式两份。主管税务机关受理后，由合伙创投企业和主管税务机关分别留存。

附件 3：

合伙创投企业个人所得税投资抵扣情况表

（______年度）

备案编号（主管税务机关填写）：　　　　　　　　　　　　　　单位：%，人民币元（列至角分）

合伙创投企业情况			
企业名称		纳税人识别号（统一社会信用代码）	
投资情况备案编号			
当年新增符合条件的投资额合计		新增可抵扣投资额	

个人合伙人相关情况

姓名	身份证件类型	身份证件号码	出资额	出资比例	分配比例	当年度分配的经营所得	结转上年可抵扣投资额	当年新增可抵扣投资额	当年实际抵扣投资额	结转抵扣投资额

谨声明：本人（单位）知悉并保证本表填报内容及所附证明材料真实、完整，并承担因资料虚假而产生的法律责任。

合伙创投企业印章：　　　　合伙创投企业负责人签章：　　　　年　　月　　日

代理机构印章： 联系人： 填报日期：	主管税务机关印章： 受理人： 受理日期：

国家税务总局监制

填报说明：

一、适用范围

本表适用于有限合伙制创业投资企业（以下简称“合伙创投企业”）投资境内种子期、初创期科技型企业（以下简称“初创科技型企业”），在符合投资抵扣税收优惠年度及以后年度，向主管税务机关报告有关情况并办理投资抵扣手续。

二、报送期限

合伙创投企业自符合投资抵扣税收优惠年度起，每个年度终了3个月内，向其注册地主管税务机关报送本表。

三、表内各栏

（一）合伙创投企业情况

1. 企业名称：填写合伙创投企业名称全称。

2. 纳税人识别号（统一社会信用代码）：填写合伙创投企业的纳税人识别号或统一社会信用代码。

3. 投资情况备案编号：填写合伙创投企业办理投资情况备案时，税务机关受理其填报的《合伙创投企业个人所得税投资抵扣备案表》赋予的备案编号。

4. 当年新增符合条件的投资额合计：填写当年《合伙创投企业个人所得税投资抵扣备案表》投资额合计。若当年无新增符合投资抵扣税收优惠条件的投资，则无需填写。

5. 新增可抵扣投资额：新增可抵扣投资额 = 当年新增符合条件的投资额合计 ×70%。

（二）个人合伙人相关情况

本栏填报个人合伙人报告年度实际投资抵扣的有关情况。

1. 姓名：填写个人合伙人姓名。

2. 身份证件类型：填写个人合伙人办理个人所得税年度申报时使用的身份证件类型。

3. 身份证件号码：填写个人合伙人办理个人所得税年度申报时使用的身份证件号码。

4. 出资额：填写个人合伙人在投资满两年当年年末，对合伙创投企业的实缴出资额。

5. 出资比例：填写报告年度年末各合伙人对合伙创投企业的实缴出资额占所有合伙人全部实缴出资额的比例。

6. 分配比例：填写个人合伙人办理个人所得税年度申报时填报的分配比例。

7. 当年度分配的经营所得：填写报告年度个人合伙人按其分配比例自合伙创投企业计算分得的经营所得。

8. 结转上年可抵扣投资额：填写上年度此表“结转抵扣投资额”，上年无结转抵扣投资额的填“0”。

9. 当年新增可抵扣投资额：当年新增可抵扣投资额 = 新增可抵扣投资额 × 出资比例。

10. 当年实际抵扣投资额：区别以下情况计算填写。

（1）当年度分配的经营所得 < 结转上年可抵扣投资额 + 当年新增可抵扣投资额时，当年实际抵扣投资额 = 当年度分配的经营所得；

（2）当年度分配的经营所得 ≥ 结转上年可抵扣投资额 + 当年新增可抵扣投资额时，当年实际抵扣投资额 = 当年新增可抵扣投资额 + 结转上年可抵扣投资额。

11. 结转抵扣投资额：结转抵扣投资额 = 结转上年可抵扣投资额 + 当年新增可抵扣投资额 - 当年实际抵扣投资额。

四、本表一式两份。主管税务机关受理后，由合伙创投企业和主管税务机关分别留存。

附件 4：

天使投资个人所得税投资抵扣备案表

备案编号（主管税务机关填写）： 单位：%，人民币元（列至角分）

<table>
<tr><td colspan="6">天使投资个人基本情况</td></tr>
<tr><td>姓名</td><td></td><td>身份证件类型</td><td></td><td>身份证件号码</td><td></td></tr>
<tr><td>国籍（地区）</td><td></td><td>联系电话</td><td></td><td>联系地址</td><td></td></tr>
</table>

<table>
<tr><td colspan="4">初创科技型企业基本情况</td></tr>
<tr><td>企业名称</td><td></td><td>纳税人识别号
（统一社会信用代码）</td><td></td></tr>
<tr><td>设立时间</td><td></td><td>注册地址</td><td></td></tr>
</table>

初创科技型企业及天使投资个人投资情况

投资日期	从业人数	本科以上学历人数占比	资产总额	年销售收入	研发费用总额占成本费用支出的比例	投资2年内与其亲属合计持股比例是否超过50%	投资额

谨声明：本人（单位）知悉并保证本表填报内容及所附证明材料真实、完整，并承担因资料虚假而产生的法律责任。

天使投资个人签章： 初创科技型企业负责人签章： 年 月 日

代理机构印章： 联系人： 填报日期：	主管税务机关印章： 受理人： 受理日期：

<table>
<tr><td colspan="4">初创科技型企业注销清算情况（税务机关填写）</td></tr>
<tr><td>注销清算时间</td><td></td><td>清算前已抵扣投资额</td><td></td></tr>
</table>

主管税务机关印章：

受理人：

受理日期：

注：本表是天使投资个人日后转让初创科技型企业股权办理投资抵扣的重要凭据，请妥善保管。 国家税务总局监制

填报说明：

一、适用范围

本表适用于天使投资个人投资境内种子期、初创期科技型企业（以下简称“初创科技型企业”），就符合投资抵扣税收优惠条件的投资，向主管税务机关办理投资情况备案。

二、报送期限

初创科技型企业、天使投资个人应共同于满足投资抵扣税收优惠条件次月15日内，向其主管税务机关报送本表。

三、表内各栏

（一）天使投资个人基本情况

1. 姓名：填写天使投资个人姓名。中国境内无住所个人，其姓名应当用中、外文同时填写。

2. 身份证件类型：填写能识别天使投资个人唯一身份的身份证、军官证、士兵证、护照、港澳居民来往内地通行证、台湾居民来往大陆通行证等有效证照名称。

3. 身份证件号码：填写能识别天使投资个人唯一身份的有效证照号码。

4. 国籍（地区）：填写天使投资个人的国籍或者地区。

5. 联系电话、联系地址：填写天使投资个人的有效联系方式。

（二）初创科技型企业基本情况

1. 企业名称：填写初创科技型企业名称全称。

2. 纳税人识别号（统一社会信用代码）：填写初创科技型企业的纳税人识别号或统一社会信用代码。

3. 设立时间：填写初创科技型企业设立登记的具体日期。

4. 注册地址：填写初创科技型企业注册登记的具体地址。

（三）初创科技型企业及天使投资个人投资情况

1. 投资日期：填写初创科技型企业接受合伙创投企业投资并完成工商变更登记的日期。

2. 从业人数：填写与初创科技型企业建立劳动关系的职工及企业接受的劳务派遣人员人数。具体按照初创科技型企业接受投资前连续12个月的平均数填写，不足12个月的按实际月数平均计算填写。

3. 本科以上学历人数占比：填写初创科技型企业接受投资时本科以上学历人数占企业从业人数的比例。

4. 资产总额：填写初创科技型企业的资产总额。具体按照初创科技型企业接受投资前连续12个月的平均数填写，不足12个月的按实际月数平均计算填写。

5. 年销售收入：填写初创科技型企业的年销售收入。具体按照初创科技型企业接受投资前连续12个月的累计数填写，不足12个月的按实际月数累计计算填写。

6. 研发费用总额占成本费用支出的比例：填写企业接受投资当年及下一年两个纳税年度的研发费用总额合计占同期成本费用总额合计的比例。

7. 投资2年内与其亲属合计持股比例是否超过50%：填写“是”或“否”。

8. 投资额：填写天使投资个人以现金形式对初创科技型企业的实缴出资额。

（四）初创科技型企业注销清算情况

本栏由主管税务机关在初创科技型企业注销后纳税人有尚未抵扣完毕的投资额需要结转抵扣时填写。

四、本表一式两份。主管税务机关受理后，由天使投资个人和主管税务机关分别留存。

附件5：

天使投资个人所得税投资抵扣情况表

单位：人民币元（列至角分）

天使投资个人基本情况					
姓名		身份证件类型		身份证件号码	
国籍（地区）		联系电话		联系地址	
投资抵扣备案编号		投资额		可抵扣投资额	

初创科技型企业基本情况			
企业名称		纳税人识别号（统一社会信用代码）	

投资抵扣情况							
股权转让时间	股权转让应纳税所得额	从已清算企业结转待抵扣投资额	本企业可抵扣投资额	可抵扣投资额合计	累计已抵扣投资额	本期抵扣投资额	结转抵扣投资额

谨声明：本人（单位）知悉并保证本表填报内容及所附证明材料真实、完整，并承担因资料虚假而产生的法律责任。

天使投资个人签章：　　　　年　　月　　日

代理机构印章：	主管税务机关印章：
联系人： 填报日期：	受理人： 受理日期：

国家税务总局监制

填报说明：

一、适用范围

本表适用于天使投资个人投资境内种子期、初创期科技型企业（以下简称“初创科技型企业”），享受投资抵扣税收优惠时，向主管税务机关报告有关情况并办理投资抵扣手续。

二、报送期限

天使投资个人应于股权转让次月15日内或在限售股转让清算时，向主管税务机关报送本表。

三、表内各栏

（一）天使投资个人基本情况

1. 姓名：填写天使投资个人姓名。中国境内无住所个人，其姓名应当用中、外文同时填写。

2. 身份证件类型：填写能识别天使投资个人唯一身份的身份证、军官证、士兵证、护照、港澳居民来往内地通行证、台湾居民来往大陆通行证等有效证照名称。

3. 身份证件号码：填写能识别天使投资个人唯一身份的有效证照号码。

4. 国籍（地区）：填写天使投资个人的国籍或者地区。

5. 联系电话、联系地址：填写天使投资个人的有效联系方式。

6. 投资抵扣备案编号：填写天使投资个人办理投资情况备案时，税务机关受理《天使投资个人所得税投资抵扣备案表》时赋予的备案编号。

7. 投资额：填写天使投资个人在转让初创科技型企业股权时，符合投资抵扣税收优惠条件的投资额合计。

8. 可抵扣投资额：可抵扣投资额 = 投资额 ×70%。

（二）初创科技型企业基本情况

1. 企业名称：填写初创科技型企业名称全称。

2. 纳税人识别号（统一社会信用代码）：填写初创科技型企业的纳税人识别号或统一社会信用代码。

（三）投资抵扣情况

1. 股权转让时间：填写天使投资个人转让初创科技型企业股权的具体时间。

2. 股权转让应纳税所得额：填写天使投资个人转让初创科技型企业股权取得的应纳税所得额。

3. 从已清算企业结转待抵扣投资额：填写天使投资个人投资的其他初创科技型企业注销清算时尚未抵扣完毕的可抵扣投资额。

4. 本企业可抵扣投资额：本企业可抵扣投资额 = 可抵扣投资额（“天使投资个人基本情况”栏）。

5. 可抵扣投资额合计：可抵扣投资额合计 = 从已清算企业结转待抵扣投资额 + 本企业可抵扣投资额。

6. 累计已抵扣投资额：填写天使投资个人前期转让初创科技型企业股权时已抵扣投资额合计。

7. 本期抵扣投资额：区别以下情况计算填写。

（1）股权转让应纳税所得额 < 可抵扣投资额合计 - 累计已抵扣投资额时，本期抵扣投资额 = 股权转让应纳税所得额；

（2）股权转让应纳税所得额 ≥ 可抵扣投资额合计 - 累计已抵扣投资额时，本期抵扣投资额 = 可抵扣投资额合计 - 累计已抵扣投资额。

8. 结转抵扣投资额：结转抵扣投资额 = 可抵扣投资额合计 - 累计已抵扣投资额 - 本期抵扣投资额。

四、本表一式两份。主管税务机关受理后，由天使投资个人和主管税务机关分别留存。

国家税务总局关于延长高新技术企业和科技型中小企业亏损结转弥补年限有关企业所得税处理问题的公告

2018年8月23日　国家税务总局公告2018年第45号

为支持高新技术企业和科技型中小企业发展，根据《中华人民共和国企业所得税法》及其实施条例、《财政部　税务总局关于延长高新技术企业和科技型中小企业亏损结转年限的通知》（财税〔2018〕76号，以下简称《通知》）规定，现就延长高新技术企业和科技型中小企业亏损结转弥补年限有关企业所得税处理问题公告如下：

一、《通知》第一条所称当年具备高新技术企业或科技型中小企业资格（以下统称“资格”）的企业，其具备资格年度之前5个年度发生的尚未弥补完的亏损，是指当年具备资格的企业，其前5个年度无论是否具备资格，所发生的尚未弥补完的亏损。

2018年具备资格的企业，无论2013年至2017年是否具备资格，其2013年至2017年发生的尚未弥补完的亏损，均准予结转以后年度弥补，最长结转年限为10年。2018年以后年度具备资格的企业，依此类推，进行亏损结转弥补税务处理。

二、高新技术企业按照其取得的高新技术企业证书注明的有效期所属年度，确定其具备资格的年度。

科技型中小企业按照其取得的科技型中小企业入库登记编号注明的年度，确定其具备资格的年度。

三、企业发生符合特殊性税务处理规定的合并或分立重组事项的，其尚未弥补完的亏损，按照《财政部　国家税务总局关于企业重组业务企业所得税处理若干问题的通知》（财税〔2009〕59号）和本公告有关规定进行税务处理：

（一）合并企业承继被合并企业尚未弥补完的亏损的结转年限，按照被合并企业的亏损结转年限确定；

（二）分立企业承继被分立企业尚未弥补完的亏损的结转年限，按照被分立企业的亏损结转年限确定；

（三）合并企业或分立企业具备资格的，其承继被合并企业或被分立企业尚未弥补完的亏损的结转年限，按照《通知》第一条和本公告第一条规定处理。

四、符合《通知》和本公告规定延长亏损结转弥补年限条件的企业，在企业所得税预缴和汇算清缴时，自行计算亏损结转弥补年限，并填写相关纳税申报表。

五、本公告自2018年1月1日起施行。

特此公告。

国家税务总局关于设备 器具扣除有关企业所得税政策执行问题的公告

2018年8月23日 国家税务总局公告2018年第46号

根据《中华人民共和国企业所得税法》及其实施条例(以下简称企业所得税法及其实施条例)、《财政部 税务总局关于设备 器具扣除有关企业所得税政策的通知》(财税〔2018〕54号)规定,现就设备、器具扣除有关企业所得税政策执行问题公告如下:

一、企业在2018年1月1日至2020年12月31日期间新购进的设备、器具,单位价值不超过500万元的,允许一次性计入当期成本费用在计算应纳税所得额时扣除,不再分年度计算折旧(以下简称一次性税前扣除政策)。

(一)所称设备、器具,是指除房屋、建筑物以外的固定资产(以下简称固定资产);所称购进,包括以货币形式购进或自行建造,其中以货币形式购进的固定资产包括购进的使用过的固定资产;以货币形式购进的固定资产,以购买价款和支付的相关税费以及直接归属于使该资产达到预定用途发生的其他支出确定单位价值,自行建造的固定资产,以竣工结算前发生的支出确定单位价值。

(二)固定资产购进时点按以下原则确认:以货币形式购进的固定资产,除采取分期付款或赊销方式购进外,按发票开具时间确认;以分期付款或赊销方式购进的固定资产,按固定资产到货时间确认;自行建造的固定资产,按竣工结算时间确认。

二、固定资产在投入使用月份的次月所属年度一次性税前扣除。

三、企业选择享受一次性税前扣除政策的,其资产的税务处理可与会计处理不一致。

四、企业根据自身生产经营核算需要,可自行选择享受一次性税前扣除政策。未选择享受一次性税前扣除政策的,以后年度不得再变更。

五、企业按照《国家税务总局关于发布修订后的〈企业所得税优惠政策事项办理办法〉的公告》(国家税务总局公告2018年第23号)的规定办理享受政策的相关手续,主要留存备查资料如下:

(一)有关固定资产购进时点的资料(如以货币形式购进固定资产的发票,以分期付款或赊销方式购进固定资产的到货时间说明,自行建造固定资产的竣工决算情况说明等);

(二)固定资产记账凭证;

(三)核算有关资产税务处理与会计处理差异的台账。

六、单位价值超过500万元的固定资产,仍按照企业所得税法及其实施条例、《财政部 国家税务总局关于完善固定资产加速折旧企业所得税政策的通知》(财税〔2014〕75号)、《财政部 国家税务总局关于进一步完善固定资产加速折旧企业所得税政策的通知》(财税〔2015〕106号)、《国家税务总局关于固定资产加速折旧税收政策有关问题的公告》(国家税务总局公告2014年第64号)、《国家税务总局关于进一步完善固定资产加速折旧企业所得税政策有关问题的公告》(国家税务总局公告2015年第68号)等相关规定执行。

特此公告。

财政部　税务总局关于铁路债券利息收入所得税政策的公告

2019 年 4 月 16 日　财政部　税务总局公告 2019 年第 57 号

为支持国家铁路建设，现就投资者取得中国铁路总公司发行的铁路债券利息收入有关所得税政策公告如下：

一、对企业投资者持有 2019—2023 年发行的铁路债券取得的利息收入，减半征收企业所得税。

二、对个人投资者持有 2019—2023 年发行的铁路债券取得的利息收入，减按 50% 计入应纳税所得额计算征收个人所得税。税款由兑付机构在向个人投资者兑付利息时代扣代缴。

三、铁路债券是指以中国铁路总公司为发行和偿还主体的债券，包括中国铁路建设债券、中期票据、短期融资券等债务融资工具。

特此公告。

财政部　税务总局　国家发展改革委　生态环境部
关于从事污染防治的第三方企业所得税政策问题的公告

2019 年 4 月 13 日　财政部公告 2019 年第 60 号

为鼓励污染防治企业的专业化、规模化发展，更好支持生态文明建设，现将有关企业所得税政策问题公告如下：

一、对符合条件的从事污染防治的第三方企业（以下称第三方防治企业）减按 15% 的税率征收企业所得税。

本公告所称第三方防治企业是指受排污企业或政府委托，负责环境污染治理设施（包括自动连续监测设施，下同）运营维护的企业。

二、本公告所称第三方防治企业应当同时符合以下条件：

（一）在中国境内（不包括港、澳、台地区）依法注册的居民企业；

（二）具有 1 年以上连续从事环境污染治理设施运营实践，且能够保证设施正常运行；

（三）具有至少 5 名从事本领域工作且具有环保相关专业中级及以上技术职称的技术人员，或者至少 2 名从事本领域工作且具有环保相关专业高级及以上技术职称的技术人员；

（四）从事环境保护设施运营服务的年度营业收入占总收入的比例不低于 60%；

（五）具备检验能力，拥有自有实验室，仪器配置可满足运行服务范围内常规污染物指标的检测需求；

（六）保证其运营的环境保护设施正常运行，使污染物排放指标能够连续稳定达到国家或者地方规定的排放标准要求；

（七）具有良好的纳税信用，近三年内纳税信用等级未被评定为C级或D级。

三、第三方防治企业，自行判断其是否符合上述条件，符合条件的可以申报享受税收优惠，相关资料留存备查。税务部门依法开展后续管理过程中，可转请生态环境部门进行核查，生态环境部门可以委托专业机构开展相关核查工作，具体办法由税务总局会同国家发展改革委、生态环境部制定。

四、本公告执行期限自2019年1月1日起至2021年12月31日止。

特此公告。

财政部　税务总局关于公共租赁住房税收优惠政策的公告

2019年4月15日　财政部　税务总局公告2019年第61号

为继续支持公共租赁住房（以下称公租房）建设和运营，现将有关税收优惠政策公告如下：

一、对公租房建设期间用地及公租房建成后占地，免征城镇土地使用税。在其他住房项目中配套建设公租房，按公租房建筑面积占总建筑面积的比例免征建设、管理公租房涉及的城镇土地使用税。

二、对公租房经营管理单位免征建设、管理公租房涉及的印花税。在其他住房项目中配套建设公租房，按公租房建筑面积占总建筑面积的比例免征建设、管理公租房涉及的印花税。

三、对公租房经营管理单位购买住房作为公租房，免征契税、印花税；对公租房租赁双方免征签订租赁协议涉及的印花税。

四、对企事业单位、社会团体以及其他组织转让旧房作为公租房房源，且增值额未超过扣除项目金额20%的，免征土地增值税。

五、企事业单位、社会团体以及其他组织捐赠住房作为公租房，符合税收法律法规规定的，对其公益性捐赠支出在年度利润总额12%以内的部分，准予在计算应纳税所得额时扣除，超过年度利润总额12%的部分，准予结转以后三年内在计算应纳税所得额时扣除。

个人捐赠住房作为公租房，符合税收法律法规规定的，对其公益性捐赠支出未超过其申报的应纳税所得额30%的部分，准予从其应纳税所得额中扣除。

六、对符合地方政府规定条件的城镇住房保障家庭从地方政府领取的住房租赁补贴，免征个人所得税。

七、对公租房免征房产税。对经营公租房所取得的租金收入，免征增值税。公租房经营管理单位应单独核算公租房租金收入，未单独核算的，不得享受免征增值税、房产税优惠政策。

八、享受上述税收优惠政策的公租房是指纳入省、自治区、直辖市、计划单列市人民政府及新疆生产建设兵团批准的公租房发展规划和年度计划，或者市、县人民政府批准建设（筹集），并按照《关于加快发展公共租赁住房的指导意见》（建保〔2010〕87号）和市、县人民政府制定的具体管理办法进行管理的公租房。

九、纳税人享受本公告规定的优惠政策，应按规定进行免税申报，并将不动产权属证明、载有房产原值的相关材料、纳入公租房及用地管理的相关材料、配套建设管理公租房相关材料、购买住房作为公租房相关材料、公租房租赁协议等留存备查。

十、本公告执行期限为2019年1月1日至2020年12月31日。

财政部　税务总局关于永续债企业所得税政策问题的公告

2019年4月16日　财政部　税务总局公告2019年第64号

为进一步明确永续债的企业所得税政策适用，根据《中华人民共和国企业所得税法》及其实施条例的有关规定，现就有关问题公告如下：

一、企业发行的永续债，可以适用股息、红利企业所得税政策，即：投资方取得的永续债利息收入属于股息、红利性质，按照现行企业所得税政策相关规定进行处理，其中，发行方和投资方均为居民企业的，永续债利息收入可以适用企业所得税法规定的居民企业之间的股息、红利等权益性投资收益免征企业所得税规定；同时发行方支付的永续债利息支出不得在企业所得税税前扣除。

二、企业发行符合规定条件的永续债，也可以按照债券利息适用企业所得税政策，即：发行方支付的永续债利息支出准予在其企业所得税税前扣除；投资方取得的永续债利息收入应当依法纳税。

三、本公告第二条所称符合规定条件的永续债，是指符合下列条件中5条（含）以上的永续债：

（一）被投资企业对该项投资具有还本义务；

（二）有明确约定的利率和付息频率；

（三）有一定的投资期限；

（四）投资方对被投资企业净资产不拥有所有权；

（五）投资方不参与被投资企业日常生产经营活动；

（六）被投资企业可以赎回，或满足特定条件后可以赎回；

（七）被投资企业将该项投资计入负债；

（八）该项投资不承担被投资企业股东同等的经营风险；

（九）该项投资的清偿顺序位于被投资企业股东持有的股份之前。

四、企业发行永续债，应当将其适用的税收处理方法在证券交易所、银行间债券市场等发行市场的发行文件中向投资方予以披露。

五、发行永续债的企业对每一永续债产品的税收处理方法一经确定，不得变更。企业对永续债采取的税收处理办法与会计核算方式不一致的，发行方、投资方在进行税收处理时须作出相应纳税调整。

六、本公告所称永续债是指经国家发展和改革委员会、中国人民银行、中国银行保险监督管理委员会、中国证券监督管理委员会核准，或经中国银行间市场交易商协会注册、中国证券监督管理委员会授权的证券自律组织备案，依照法定程序发行、附赎回（续期）选择权或无明确到期日的债券，包括可续期企业债、可续期公司债、永续债务融资工具（含永续票据）、无固定期限资本债券等。

七、本公告自2019年1月1日起施行。

财政部　税务总局关于扩大固定资产加速折旧优惠政策适用范围的公告

2019年4月23日　财政部　税务总局公告2019年第66号

为支持制造业企业加快技术改造和设备更新，现就有关固定资产加速折旧政策公告如下：

一、自2019年1月1日起，适用《财政部　国家税务总局关于完善固定资产加速折旧企业所得税政策的通知》（财税〔2014〕75号）和《财政部　国家税务总局关于进一步完善固定资产加速折旧企业所得税政策的通知》（财税〔2015〕106号）规定固定资产加速折旧优惠的行业范围，扩大至全部制造业领域。

二、制造业按照国家统计局《国民经济行业分类和代码（GB/T 4754—2017）》确定。今后国家有关部门更新国民经济行业分类和代码，从其规定。

三、本公告发布前，制造业企业未享受固定资产加速折旧优惠的，可自本公告发布后在月（季）度预缴申报时享受优惠或在2019年度汇算清缴时享受优惠。

特此公告。

财政部　税务总局关于继续实行农村饮水安全工程税收优惠政策的公告

2019年4月15日　财政部　税务总局公告2019年第67号

为确保如期打赢农村饮水安全脱贫攻坚战，支持农村饮水安全工程（以下称饮水工程）巩固提升，现将饮水工程建设、运营的有关税收优惠政策公告如下：

一、对饮水工程运营管理单位为建设饮水工程而承受土地使用权，免征契税。

二、对饮水工程运营管理单位为建设饮水工程取得土地使用权而签订的产权转移书据，以及与施工单位签订的建设工程承包合同，免征印花税。

三、对饮水工程运营管理单位自用的生产、办公用房产、土地，免征房产税、城镇土地使用税。

四、对饮水工程运营管理单位向农村居民提供生活用水取得的自来水销售收入，免征增值税。

五、对饮水工程运营管理单位从事《公共基础设施项目企业所得税优惠目录》规定的饮水工程新建项目投资经营的所得，自项目取得第一笔生产经营收入所属纳税年度起，第一年至第三年免征企业所得税，第四年至第六年减半征收企业所得税。

六、本公告所称饮水工程，是指为农村居民提供生活用水而建设的供水工程设施。本公告所称饮水工程运营管理单位，是指负责饮水工程运营管理的自来水公司、供水公司、供水（总）站（厂、中心）、村集体、农民用水合作组织等单位。

对于既向城镇居民供水，又向农村居民供水的饮水工程运营管理单位，依据向农村居民供水收入占总供水收入的比例免征增值税；依据向农村居民供水量占总供水量的比例免征契税、印花税、房产税和城镇土地使用税。无法提供具体比例或所提供数据不实的，不得享受上述税收优惠政策。

七、符合上述条件的饮水工程运营管理单位自行申报享受减免税优惠，相关材料留存备查。

八、上述政策（第五条除外）自 2019 年 1 月 1 日至 2020 年 12 月 31 日执行。

特此公告。

财政部　国家税务总局关于集成电路设计和软件产业企业所得税政策的公告

2019 年 5 月 17 日　财政部　税务总局公告 2019 年第 68 号

为支持集成电路设计和软件产业发展，现就有关企业所得税政策公告如下：

一、依法成立且符合条件的集成电路设计企业和软件企业，在 2018 年 12 月 31 日前自获利年度起计算优惠期，第一年至第二年免征企业所得税，第三年至第五年按照 25% 的法定税率减半征收企业所得税，并享受至期满为止。

二、本公告第一条所称“符合条件”，是指符合《财政部　国家税务总局关于进一步鼓励软件产业和集成电路产业发展企业所得税政策的通知》（财税〔2012〕27 号）和《财政部　国家税务总局　发展改革委　工业和信息化部关于软件和集成电路产业企业所得税优惠政策有关问题的通知》（财税〔2016〕49 号）规定的条件。

特此公告。

财政部 税务总局 发展改革委 民政部 商务部 卫生健康委关于养老、托育、家政等社区家庭服务业税费优惠政策的公告

2019年6月28日 财政部 税务总局 发展改革委
民政部 商务部 卫生健康委公告2019年第76号

为支持养老、托育、家政等社区家庭服务业发展，现就有关税费政策公告如下：

一、为社区提供养老、托育、家政等服务的机构，按照以下规定享受税费优惠政策：

（一）提供社区养老、托育、家政服务取得的收入，免征增值税。

（二）提供社区养老、托育、家政服务取得的收入，在计算应纳税所得额时，减按90%计入收入总额。

（三）承受房屋、土地用于提供社区养老、托育、家政服务的，免征契税。

（四）用于提供社区养老、托育、家政服务的房产、土地，免征不动产登记费、耕地开垦费、土地复垦费、土地闲置费；用于提供社区养老、托育、家政服务的建设项目，免征城市基础设施配套费；确因地质条件等原因无法修建防空地下室的，免征防空地下室易地建设费。

二、为社区提供养老、托育、家政等服务的机构自有或其通过承租、无偿使用等方式取得并用于提供社区养老、托育、家政服务的房产、土地，免征房产税、城镇土地使用税。

三、本公告所称社区是指聚居在一定地域范围内的人们所组成的社会生活共同体，包括城市社区和农村社区。

为社区提供养老服务的机构，是指在社区依托固定场所设施，采取全托、日托、上门等方式，为社区居民提供养老服务的企业、事业单位和社会组织。社区养老服务是指为老年人提供的生活照料、康复护理、助餐助行、紧急救援、精神慰藉等服务。

为社区提供托育服务的机构，是指在社区依托固定场所设施，采取全日托、半日托、计时托、临时托等方式，为社区居民提供托育服务的企业、事业单位和社会组织。社区托育服务是指为3周岁（含）以下婴幼儿提供的照料、看护、膳食、保育等服务。

为社区提供家政服务的机构，是指以家庭为服务对象，为社区居民提供家政服务的企业、事业单位和社会组织。社区家政服务是指进入家庭成员住所或医疗机构为孕产妇、婴幼儿、老人、病人、残疾人提供的照护服务，以及进入家庭成员住所提供的保洁、烹饪等服务。

四、符合下列条件的家政服务企业提供家政服务取得的收入，比照《营业税改征增值税试点过渡政策的规定》（财税〔2016〕36号附件）第一条第（三十一）项规定，免征增值税。

（一）与家政服务员、接受家政服务的客户就提供家政服务行为签订三方协议；

（二）向家政服务员发放劳动报酬，并对家政服务员进行培训管理；

（三）通过建立业务管理系统对家政服务员进行登记管理。

五、财政、税费征收机关可根据工作需要与民政、卫生健康、商务等部门建立信息共享和工作配合机制，民政、卫生健康、商务等部门应积极协同配合，保障优惠政策落实到位。

六、本公告自 2019 年 6 月 1 日至 2025 年 12 月 31 日执行。

财政部　税务总局关于实施小微企业普惠性税收减免政策的通知

2019 年 1 月 17 日　财税〔2019〕13 号

各省、自治区、直辖市、计划单列市财政厅（局），新疆生产建设兵团财政局，国家税务总局各省、自治区、直辖市和计划单列市税务局：

为贯彻落实党中央、国务院决策部署，进一步支持小微企业发展，现就实施小微企业普惠性税收减免政策有关事项通知如下：

一、对月销售额 10 万元以下（含本数）的增值税小规模纳税人，免征增值税。

二、对小型微利企业年应纳税所得额不超过 100 万元的部分，减按 25% 计入应纳税所得额，按 20% 的税率缴纳企业所得税；对年应纳税所得额超过 100 万元但不超过 300 万元的部分，减按 50% 计入应纳税所得额，按 20% 的税率缴纳企业所得税。

上述小型微利企业是指从事国家非限制和禁止行业，且同时符合年度应纳税所得额不超过 300 万元、从业人数不超过 300 人、资产总额不超过 5 000 万元等三个条件的企业。

从业人数，包括与企业建立劳动关系的职工人数和企业接受的劳务派遣用工人数。所称从业人数和资产总额指标，应按企业全年的季度平均值确定。具体计算公式如下：

季度平均值 =（季初值 + 季末值）÷2

全年季度平均值 = 全年各季度平均值之和 ÷4

年度中间开业或者终止经营活动的，以其实际经营期作为一个纳税年度确定上述相关指标。

三、由省、自治区、直辖市人民政府根据本地区实际情况，以及宏观调控需要确定，对增值税小规模纳税人可以在 50% 的税额幅度内减征资源税、城市维护建设税、房产税、城镇土地使用税、印花税（不含证券交易印花税）、耕地占用税和教育费附加、地方教育附加。

四、增值税小规模纳税人已依法享受资源税、城市维护建设税、房产税、城镇土地使用税、印花税、耕地占用税、教育费附加、地方教育附加其他优惠政策的，可叠加享受本通知第三条规定的优惠政策。

五、《财政部　税务总局关于创业投资企业和天使投资个人有关税收政策的通知》（财税〔2018〕55 号）第二条第（一）项关于初创科技型企业条件中的“从业人数不超过 200 人”调整为“从业人数不超过 300 人”，“资产总额和年销售收入均不超过 3 000 万元”调整为“资产总额和年销售收入均不超过 5 000 万元”。

2019 年 1 月 1 日至 2021 年 12 月 31 日期间发生的投资，投资满 2 年且符合本通知规定和财税〔2018〕55 号文件规定的其他条件的，可以适用财税〔2018〕55 号文件规定的税收政策。

2019 年 1 月 1 日前 2 年内发生的投资，自 2019 年 1 月 1 日起投资满 2 年且符合本通知规定和财税〔2018〕55 号文件规定的其他条件的，可以适用财税〔2018〕55 号文件规定的税收政策。

六、本通知执行期限为 2019 年 1 月 1 日至 2021 年 12 月 31 日。《财政部　税务总局关于延续小微企业增值税政策的通知》（财税〔2017〕76 号）、《财政部　税务总局关于进一步扩大小型微利企业所得税优惠政策范围的通知》（财税〔2018〕77 号）同时废止。

七、各级财税部门要切实提高政治站位，深入贯彻落实党中央、国务院减税降费的决策部署，充分认识小微企业普惠性税收减免的重要意义，切实承担起抓落实的主体责任，将其作为一项重大任务，加强组织领导，精心筹划部署，不折不扣落实到位。要加大力度、创新方式，强化宣传辅导，优化纳税服务，增进办税便利，确保纳税人和缴费人实打实享受到减税降费的政策红利。要密切跟踪政策执行情况，加强调查研究，对政策执行中各方反映的突出问题和意见建议，要及时向财政部和税务总局反馈。

财政部　税务总局　中央宣传部关于继续实施文化体制改革中经营性文化事业单位转制为企业若干税收政策的通知

2019 年 2 月 16 日　财税〔2019〕16 号

各省、自治区、直辖市、计划单列市财政厅（局）、党委宣传部，新疆生产建设兵团财政局，国家税务总局各省、自治区、直辖市、计划单列市税务局：

为贯彻落实《国务院办公厅关于印发文化体制改革中经营性文化事业单位转制为企业和进一步支持文化企业发展两个规定的通知》（国办发〔2018〕124 号）有关规定，进一步深化文化体制改革，继续推进国有经营性文化事业单位转企改制，现就继续实施经营性文化事业单位转制为企业的税收政策有关事项通知如下：

一、经营性文化事业单位转制为企业，可以享受以下税收优惠政策：

（一）经营性文化事业单位转制为企业，自转制注册之日起五年内免征企业所得税。2018 年 12 月 31 日之前已完成转制的企业，自 2019 年 1 月 1 日起可继续免征五年企业所得税。

（二）由财政部门拨付事业经费的文化单位转制为企业，自转制注册之日起五年内对其自用房产免征房产税。2018 年 12 月 31 日之前已完成转制的企业，自 2019 年 1 月 1 日起对其自用房产可继续免征五年房产税。

（三）党报、党刊将其发行、印刷业务及相应的经营性资产剥离组建的文化企业，自注册之日起所取得的党报、党刊发行收入和印刷收入免征增值税。

（四）对经营性文化事业单位转制中资产评估增值、资产转让或划转涉及的企业所得税、增值税、城市维护建设税、契税、印花税等，符合现行规定的享受相应税收优惠政策。

上述所称“经营性文化事业单位”，是指从事新闻出版、广播影视和文化艺术的事业单位。转制包括整体转制和剥离转制。其中，整体转制包括：（图书、音像、电子）出版社、非时政类报刊出版单位、新华书店、艺术院团、电影制片厂、电影（发行放映）公司、影剧院、重点新闻网站等整体转制为企业；剥离转制包括：新闻媒体中的广告、印刷、发行、传输网络等部分，以及影视剧等节目制作与销售机构，从事业体制中剥离出来转制为企业。

上述所称“转制注册之日”，是指经营性文化事业单位转制为企业并进行企业法人登记之日。对于经营性文化事业单位转制前已进行企业法人登记，则按注销事业单位法人登记之日，或核销事业编制的批复之日（转制前未进行事业单位法人登记的）确定转制完成并享受本通知所规定的税收优惠政策。

上述所称“2018年12月31日之前已完成转制”，是指经营性文化事业单位在2018年12月31日及以前已转制为企业、进行企业法人登记，并注销事业单位法人登记或批复核销事业编制（转制前未进行事业单位法人登记的）。

本通知下发之前已经审核认定享受《财政部　国家税务总局　中宣部关于继续实施文化体制改革中经营性文化事业单位转制为企业若干税收政策的通知》（财税〔2014〕84号）税收优惠政策的转制文化企业，可按本通知规定享受税收优惠政策。

二、享受税收优惠政策的转制文化企业应同时符合以下条件：

（一）根据相关部门的批复进行转制。

（二）转制文化企业已进行企业法人登记。

（三）整体转制前已进行事业单位法人登记的，转制后已核销事业编制、注销事业单位法人；整体转制前未进行事业单位法人登记的，转制后已核销事业编制。

（四）已同在职职工全部签订劳动合同，按企业办法参加社会保险。

（五）转制文化企业引入非公有资本和境外资本的，须符合国家法律法规和政策规定；变更资本结构依法应经批准的，需经行业主管部门和国有文化资产监管部门批准。

本通知适用于所有转制文化单位。中央所属转制文化企业的认定，由中央宣传部会同财政部、税务总局确定并发布名单；地方所属转制文化企业的认定，按照登记管理权限，由地方各级宣传部门会同同级财政、税务部门确定和发布名单，并按程序抄送中央宣传部、财政部和税务总局。

已认定发布的转制文化企业名称发生变更的，如果主营业务未发生变化，可持同级文化体制改革和发展工作领导小组办公室出具的同意变更函，到主管税务机关履行变更手续；如果主营业务发生变化，依照本条规定的条件重新认定。

三、经认定的转制文化企业，应按有关税收优惠事项管理规定办理优惠手续，申报享受税收优惠政策。企业应将转制方案批复函，企业营业执照，同级机构编制管理机关核销事业编制、注销事业单位法人的证明，与在职职工签订劳动合同、按企业办法参加社会保险制度的有关材料，相关部门对引入非公有资本和境外资本、变更资本结构的批准文件等留存备查，税务部门依法加强后续管理。

四、未经认定的转制文化企业或转制文化企业不符合本通知规定的，不得享受相关税收优惠政策。已享受优惠的，主管税务机关应追缴其已减免的税款。

五、对已转制企业按照本通知规定应予减免的税款，在本通知下发以前已经征收入库的，可抵减以后纳税期应缴税款或办理退库。

六、本通知规定的税收政策执行期限为2019年1月1日至2023年12月31日。企业在2023年12月31日享受本通知第一条第（一）、（二）项税收政策不满五年的，可继续享受至五年期满为止。

《财政部　国家税务总局　中宣部关于继续实施文化体制改革中经营性文化事业单位转制为企业若干税收政策的通知》（财税〔2014〕84号）自2019年1月1日起停止执行。

财政部　税务总局　退役军人部关于进一步扶持自主就业退役士兵创业就业有关税收政策的通知

2019年2月2日　财税〔2019〕21号

各省、自治区、直辖市、计划单列市财政厅（局）、退役军人事务厅（局），国家税务总局各省、自治区、直辖市、计划单列市税务局，新疆生产建设兵团财政局：

为进一步扶持自主就业退役士兵创业就业，现将有关税收政策通知如下：

一、自主就业退役士兵从事个体经营的，自办理个体工商户登记当月起，在3年（36个月，下同）内按每户每年12 000元为限额依次扣减其当年实际应缴纳的增值税、城市维护建设税、教育费附加、地方教育附加和个人所得税。限额标准最高可上浮20%，各省、自治区、直辖市人民政府可根据本地区实际情况在此幅度内确定具体限额标准。

纳税人年度应缴纳税款小于上述扣减限额的，减免税额以其实际缴纳的税款为限；大于上述扣减限额的，以上述扣减限额为限。纳税人的实际经营期不足1年的，应当按月换算其减免税限额。换算公式为：减免税限额 = 年度减免税限额 ÷ 12 × 实际经营月数。城市维护建设税、教育费附加、地方教育附加的计税依据是享受本项税收优惠政策前的增值税应纳税额。

二、企业招用自主就业退役士兵，与其签订1年以上期限劳动合同并依法缴纳社会保险费的，自签订劳动合同并缴纳社会保险当月起，在3年内按实际招用人数予以定额依次扣减增值税、城市维护建设税、教育费附加、地方教育附加和企业所得税优惠。定额标准为每人每年6 000元，最高可上浮50%，各省、自治区、直辖市人民政府可根据本地区实际情况在此幅度内确定具体定额标准。

企业按招用人数和签订的劳动合同时间核算企业减免税总额，在核算减免税总额内每月依次扣减增值税、城市维护建设税、教育费附加和地方教育附加。企业实际应缴纳的增值税、城市维护建设税、教育费附加和地方教育附加小于核算减免税总额的，以实际应缴纳的增值税、城市维护建设税、教育费附加和地方教育附加为限；实际应缴纳的增值税、城市维护建设税、教育费附加和地方教育附加大于核算减免税总额的，以核算减免税总额为限。

纳税年度终了，如果企业实际减免的增值税、城市维护建设税、教育费附加和地方教育附加小于核算减免税总额，企业在企业所得税汇算清缴时以差额部分扣减企业所得税。当年扣减不完的，不再结转以后年度扣减。

自主就业退役士兵在企业工作不满 1 年的,应当按月换算减免税限额。计算公式为:企业核算减免税总额 = $\sum$ 每名自主就业退役士兵本年度在本单位工作月份 ÷ 12 × 具体定额标准

城市维护建设税、教育费附加、地方教育附加的计税依据是享受本项税收优惠政策前的增值税应纳税额。

三、本通知所称自主就业退役士兵是指依照《退役士兵安置条例》（国务院　中央军委令第 608 号）的规定退出现役并按自主就业方式安置的退役士兵。

本通知所称企业是指属于增值税纳税人或企业所得税纳税人的企业等单位。

四、自主就业退役士兵从事个体经营的，在享受税收优惠政策进行纳税申报时，注明其退役军人身份，并将《中国人民解放军义务兵退出现役证》《中国人民解放军士官退出现役证》或《中国人民武装警察部队义务兵退出现役证》《中国人民武装警察部队士官退出现役证》留存备查。

企业招用自主就业退役士兵享受税收优惠政策的，将以下资料留存备查：（1）招用自主就业退役士兵的《中国人民解放军义务兵退出现役证》《中国人民解放军士官退出现役证》或《中国人民武装警察部队义务兵退出现役证》《中国人民武装警察部队士官退出现役证》；（2）企业与招用自主就业退役士兵签订的劳动合同（副本），为职工缴纳的社会保险费记录；（3）自主就业退役士兵本年度在企业工作时间表（见附件）。

五、企业招用自主就业退役士兵既可以适用本通知规定的税收优惠政策，又可以适用其他扶持就业专项税收优惠政策的，企业可以选择适用最优惠的政策，但不得重复享受。

六、本通知规定的税收政策执行期限为 2019 年 1 月 1 日至 2021 年 12 月 31 日。纳税人在 2021 年 12 月 31 日享受本通知规定税收优惠政策未满 3 年的，可继续享受至 3 年期满为止。《财政部　税务总局　民政部关于继续实施扶持自主就业退役士兵创业就业有关税收政策的通知》（财税〔2017〕46 号）自 2019 年 1 月 1 日起停止执行。

退役士兵以前年度已享受退役士兵创业就业税收优惠政策满 3 年的，不得再享受本通知规定的税收优惠政策；以前年度享受退役士兵创业就业税收优惠政策未满 3 年且符合本通知规定条件的，可按本通知规定享受优惠至 3 年期满。

各地财政、税务、退役军人事务部门要加强领导、周密部署，把扶持自主就业退役士兵创业就业工作作为一项重要任务，主动做好政策宣传和解释工作，加强部门间的协调配合，确保政策落实到位。同时，要密切关注税收政策的执行情况，对发现的问题及时逐级向财政部、税务总局、退役军人部反映。

附件：自主就业退役士兵本年度在企业工作时间表（样表）（略）

财政部 税务总局 人力资源社会保障部 国务院扶贫办关于进一步支持和促进重点群体创业就业有关税收政策的通知

2019 年 2 月 2 日 财税〔2019〕22 号

各省、自治区、直辖市、计划单列市财政厅（局）、人力资源社会保障厅（局）、扶贫办，国家税务总局各省、自治区、直辖市、计划单列市税务局，新疆生产建设兵团财政局、人力资源社会保障局、扶贫办：

为进一步支持和促进重点群体创业就业，现将有关税收政策通知如下：

一、建档立卡贫困人口、持《就业创业证》（注明“自主创业税收政策”或“毕业年度内自主创业税收政策”）或《就业失业登记证》（注明“自主创业税收政策”）的人员，从事个体经营的，自办理个体工商户登记当月起，在 3 年（36 个月，下同）内按每户每年 12 000 元为限额依次扣减其当年实际应缴纳的增值税、城市维护建设税、教育费附加、地方教育附加和个人所得税。限额标准最高可上浮 20%，各省、自治区、直辖市人民政府可根据本地区实际情况在此幅度内确定具体限额标准。

纳税人年度应缴纳税款小于上述扣减限额的，减免税额以其实际缴纳的税款为限；大于上述扣减限额的，以上述扣减限额为限。

上述人员具体包括：（1）纳入全国扶贫开发信息系统的建档立卡贫困人口；（2）在人力资源社会保障部门公共就业服务机构登记失业半年以上的人员；（3）零就业家庭、享受城市居民最低生活保障家庭劳动年龄内的登记失业人员；（4）毕业年度内高校毕业生。高校毕业生是指实施高等学历教育的普通高等学校、成人高等学校应届毕业的学生；毕业年度是指毕业所在自然年，即 1 月 1 日至 12 月 31 日。

二、企业招用建档立卡贫困人口，以及在人力资源社会保障部门公共就业服务机构登记失业半年以上且持《就业创业证》或《就业失业登记证》（注明“企业吸纳税收政策”）的人员，与其签订 1 年以上期限劳动合同并依法缴纳社会保险费的，自签订劳动合同并缴纳社会保险当月起，在 3 年内按实际招用人数予以定额依次扣减增值税、城市维护建设税、教育费附加、地方教育附加和企业所得税优惠。定额标准为每人每年 6 000 元，最高可上浮 30%，各省、自治区、直辖市人民政府可根据本地区实际情况在此幅度内确定具体定额标准。城市维护建设税、教育费附加、地方教育附加的计税依据是享受本项税收优惠政策前的增值税应纳税额。

按上述标准计算的税收扣减额应在企业当年实际应缴纳的增值税、城市维护建设税、教育费附加、地方教育附加和企业所得税税额中扣减，当年扣减不完的，不得结转下年使用。

本通知所称企业是指属于增值税纳税人或企业所得税纳税人的企业等单位。

三、国务院扶贫办在每年 1 月 15 日前将建档立卡贫困人口名单及相关信息提供给人力资源社会保障部、税务总局，税务总局将相关信息转发给各省、自治区、直辖市税务部门。

人力资源社会保障部门依托全国扶贫开发信息系统核实建档立卡贫困人口身份信息。

四、企业招用就业人员既可以适用本通知规定的税收优惠政策，又可以适用其他扶持就业专项税收优惠政策的，企业可以选择适用最优惠的政策，但不得重复享受。

五、本通知规定的税收政策执行期限为 2019 年 1 月 1 日至 2021 年 12 月 31 日。纳税人在 2021 年 12 月 31 日享受本通知规定税收优惠政策未满 3 年的，可继续享受至 3 年期满为止。《财政部　税务总局　人力资源社会保障部关于继续实施支持和促进重点群体创业就业有关税收政策的通知》（财税〔2017〕49 号）自 2019 年 1 月 1 日起停止执行。

本通知所述人员，以前年度已享受重点群体创业就业税收优惠政策满 3 年的，不得再享受本通知规定的税收优惠政策；以前年度享受重点群体创业就业税收优惠政策未满 3 年且符合本通知规定条件的，可按本通知规定享受优惠至 3 年期满。

各地财政、税务、人力资源社会保障部门、扶贫办要加强领导、周密部署，把大力支持和促进重点群体创业就业工作作为一项重要任务，主动做好政策宣传和解释工作，加强部门间的协调配合，确保政策落实到位。同时，要密切关注税收政策的执行情况，对发现的问题及时逐级向财政部、税务总局、人力资源社会保障部、国务院扶贫办反映。

财政部　税务总局关于横琴新区企业所得税优惠目录增列旅游产业项目的通知

2019 年 8 月 2 日　财税〔2019〕63 号

广东省财政厅，国家税务总局广东省税务局：

根据国务院批复的《横琴国际休闲旅游岛建设方案》有关要求，为进一步推动横琴国际休闲旅游岛建设，现就横琴新区企业所得税优惠目录增列旅游产业项目问题通知如下：

一、在横琴新区企业所得税优惠目录中增列有关旅游产业项目。横琴新区内享受减按 15% 税率征收企业所得税优惠政策的鼓励类产业企业，统一按照《横琴新区企业所得税优惠目录（2019 版）》执行。

二、横琴新区内鼓励类产业企业减按 15% 税率征收企业所得税政策其他相关事项，继续按照《财政部　国家税务总局关于广东横琴新区　福建平潭综合实验区　深圳前海深港现代服务业合作区企业所得税优惠政策及优惠目录的通知》（财税〔2014〕26 号）的相关规定执行。

三、本通知执行期限自 2019 年 1 月 1 日起至 2020 年 12 月 31 日止。

附件：横琴新区企业所得税优惠目录（2019 版）（见二维码 17）

扫描二维码查看附件

二维码 17

国家税务总局关于实施小型微利企业普惠性所得税减免政策有关问题的公告

2019年1月18日 国家税务总局公告2019年第2号

根据《中华人民共和国企业所得税法》及其实施条例、《财政部 税务总局关于实施小微企业普惠性税收减免政策的通知》（财税〔2019〕13号，以下简称《通知》）等规定，现就小型微利企业普惠性所得税减免政策有关问题公告如下：

一、自2019年1月1日至2021年12月31日，对小型微利企业年应纳税所得额不超过100万元的部分，减按25%计入应纳税所得额，按20%的税率缴纳企业所得税；对年应纳税所得额超过100万元但不超过300万元的部分，减按50%计入应纳税所得额，按20%的税率缴纳企业所得税。

小型微利企业无论按查账征收方式或核定征收方式缴纳企业所得税，均可享受上述优惠政策。

二、本公告所称小型微利企业是指从事国家非限制和禁止行业，且同时符合年度应纳税所得额不超过300万元、从业人数不超过300人、资产总额不超过5 000万元等三个条件的企业。

三、小型微利企业所得税统一实行按季度预缴。

预缴企业所得税时，小型微利企业的资产总额、从业人数、年度应纳税所得额指标，暂按当年度截至本期申报所属期末的情况进行判断。其中，资产总额、从业人数指标比照《通知》第二条中“全年季度平均值”的计算公式，计算截至本期申报所属期末的季度平均值；年度应纳税所得额指标暂按截至本期申报所属期末不超过300万元的标准判断。

四、原不符合小型微利企业条件的企业，在年度中间预缴企业所得税时，按本公告第三条规定判断符合小型微利企业条件的，应按照截至本期申报所属期末累计情况计算享受小型微利企业所得税减免政策。当年度此前期间因不符合小型微利企业条件而多预缴的企业所得税税款，可在以后季度应预缴的企业所得税税款中抵减。

按月度预缴企业所得税的企业，在当年度4月、7月、10月预缴申报时，如果按照本公告第三条规定判断符合小型微利企业条件的，下一个预缴申报期起调整为按季度预缴申报，一经调整，当年度内不再变更。

五、小型微利企业在预缴和汇算清缴企业所得税时，通过填写纳税申报表相关内容，即可享受小型微利企业所得税减免政策。

六、实行核定应纳所得税额征收的企业，根据小型微利企业所得税减免政策规定需要调减定额的，由主管税务机关按照程序调整，并及时将调整情况告知企业。

七、企业预缴企业所得税时已享受小型微利企业所得税减免政策，汇算清缴企业所得税时不符合《通知》第二条规定的，应当按照规定补缴企业所得税税款。

八、《国家税务总局关于贯彻落实进一步扩大小型微利企业所得税优惠政策范围有关征管问题的公告》（国家税务总局公告 2018 年第 40 号）在 2018 年度企业所得税汇算清缴结束后废止。

特此公告。

四、行业或企业政策

财政部　国家税务总局关于核定中信银行股份有限公司计税工资税前扣除标准有关问题的通知

2008年3月24日　财税〔2008〕36号

各省、自治区、直辖市、计划单列市财政厅（局）、国家税务局，新疆生产建设兵团财务局：

按照《财政部　国家税务总局关于调整企业所得税工资支出税前扣除政策的通知》（财税〔2006〕126号）有关规定，现就中信银行股份有限公司计税工资税前扣除问题明确如下：

根据中信银行股份有限公司2007年度人均利润、人均应缴企业所得税、人均营业净收入等经营效益情况，按照工资总额增长低于经济效益增长，工资总额增长低于劳动生产率增长的原则，核定该公司2007年度计税工资限额为29.84亿元。该公司2007年度实际发生的工资总额在上述限额以内的准予据实扣除，超过的部分不得在税前扣除。

请遵照执行。

财政部　国家税务总局关于核电行业税收政策有关问题的通知

2008年4月3日　财税〔2008〕38号

各省、自治区、直辖市、计划单列市财政厅（局）、国家税务局，财政部驻各省、自治区、直辖市、计划单列市财政监察专员办事处：

为支持核电事业的发展，统一核电行业税收政策，经国务院批准，现将有关税收政策问题通知如下：

一、关于核力发电企业的增值税政策

（一）核力发电企业生产销售电力产品，自核电机组正式商业投产次月起15个年度内，统一实行增值税先征后退政策，返还比例分三个阶段逐级递减。具体返还比例为：

(1) 自正式商业投产次月起 5 个年度内，返还比例为已入库税款的 75%；(2) 自正式商业投产次月起的第 6 至第 10 个年度内，返还比例为已入库税款的 70%；(3) 自正式商业投产次月起的第 11 至第 15 个年度内，返还比例为已入库税款的 55%；(4) 自正式商业投产次月起满 15 个年度以后，不再实行增值税先征后退政策。

（二）核力发电企业采用按核电机组分别核算增值税退税额的办法，企业应分别核算核电机组电力产品的销售额，未分别核算或不能准确核算的，不得享受增值税先征后退政策。单台核电机组增值税退税额可以按以下公式计算：

$$\text{单台核电机组增值税退税额}=\frac{\text{单台核电机组电力产品销售额}}{\text{核力发电企业电力产品销售额合计}}\times\text{核力发电企业实际缴纳增值税额}\times\text{退税比例}$$

（三）原已享受增值税先征后退政策但该政策已于 2007 年内到期的核力发电企业，自该政策执行到期后次月起按上述统一政策核定剩余年度相应的返还比例；对 2007 年内新投产的核力发电企业，自核电机组正式商业投产日期的次月起按上述统一政策执行。

二、自 2008 年 1 月 1 日起，核力发电企业取得的增值税退税款，专项用于还本付息，不征收企业所得税。

三、关于大亚湾核电站和广东核电投资有限公司税收政策

大亚湾核电站和广东核电投资有限公司在 2014 年 12 月 31 日前继续执行以下政策，不适用本通知第一、二条规定的政策：

（一）对大亚湾核电站销售给广东核电投资有限公司的电力免征增值税。

（二）对广东核电投资有限公司销售给广东电网公司的电力实行增值税先征后退政策，并免征城市维护建设税和教育费附加。

（三）对大亚湾核电站出售给香港核电投资有限公司的电力及广东核电投资有限公司转售给香港核电投资有限公司的大亚湾核电站生产的电力免征增值税。

（四）自 2008 年 1 月 1 日起财政部和国家税务总局《关于广东大亚湾核电站有关税收政策问题的通知》（财税字〔1998〕173 号）停止执行。

四、增值税先征后退具体操作办法由财政部驻当地财政监察专员办事处按《财政部 国家税务总局 中国人民银行关于税制改革后对某些企业实行“先征后退”有关预算管理问题的暂行规定的通知》（(94) 财预字第 55 号）有关规定办理。

财政部　国家税务总局关于中国国旅集团有限公司重组上市资产评估增值有关企业所得税政策问题的通知

2008 年 8 月 7 日　财税〔2008〕82 号

各省、自治区、直辖市、计划单列市财政厅（局）、国家税务局、地方税务局，新疆生产建设兵团财务局：

为支持中国国旅集团有限公司整体改制上市工作，经国务院批准，现对其改制过程中资产评估增值涉及的企业所得税政策问题明确如下：

一、中国国旅集团有限公司在整体改制上市过程中发生的资产评估增值 42 612.36 万

元，直接转计中国国旅集团有限公司的资本公积，作为国有资本，不征收企业所得税。

二、对上述经过评估的资产，中国国旅股份有限公司及其所属子公司可按评估后的资产价值计提折旧或摊销，并在企业所得税税前扣除。

请遵照执行。

文化部　财政部　国家税务总局关于印发《动漫企业认定管理办法（试行）》的通知

2008年12月18日　文市发〔2008〕51号

各省、自治区、直辖市、计划单列市文化厅（局）、财政厅（局）、国家税务局、地方税务局：

现将《动漫企业认定管理办法（试行）》印发给你们，请遵照执行。

特此通知。

附件：动漫企业认定管理办法（试行）

附件：

动漫企业认定管理办法（试行）

第一章　总　则

第一条　为扶持我国动漫产业发展，落实国家对动漫企业的财税优惠政策，根据《国务院办公厅转发财政部等部门关于推动我国动漫产业发展的若干意见的通知》（国办发〔2006〕32号，以下简称《通知》）规定，制定本办法。

第二条　按照本办法认定的动漫企业，方可申请享受《通知》规定的有关优惠和扶持政策。

第三条　动漫企业认定管理工作坚持为动漫企业服务、促进动漫产业发展的宗旨，遵循公开、公平、公正的原则。

第四条　本办法所称动漫企业包括：

（一）漫画创作企业；

（二）动画创作、制作企业；

（三）网络动漫（含手机动漫）创作、制作企业；

（四）动漫舞台剧（节）目制作、演出企业；

（五）动漫软件开发企业；

（六）动漫衍生产品研发、设计企业。

第五条　本办法所称动漫产品包括：

（一）漫画：单幅和多格漫画、插画、漫画图书、动画抓帧图书、漫画报刊、漫画原画等；

（二）动画：动画电影、动画电视剧、动画短片、动画音像制品，影视特效中的动画片段，科教、军事、气象、医疗等影视节目中的动画片段等；

（三）网络动漫（含手机动漫）：以计算机互联网和移动通信网等信息网络为主要传播平台，以电脑、手机及各种手持电子设备为接受终端的动画、漫画作品，包括 FLASH 动画、网络表情、手机动漫等；

（四）动漫舞台剧（节）目：改编自动漫平面与影视等形式作品的舞台演出剧（节）目、采用动漫造型或含有动漫形象的舞台演出剧（节）目等；

（五）动漫软件：漫画平面设计软件、动画制作专用软件、动画后期音视频制作工具软件等；

（六）动漫衍生产品：与动漫形象有关的服装、玩具、文具、电子游戏等。

第二章　认定管理

第六条　文化部、财政部、国家税务总局共同确定全国动漫企业认定管理工作方向，负责指导、管理和监督全国动漫企业及其动漫产品的认定工作，并定期公布通过认定的动漫企业名单。

第七条　全国动漫企业认定管理工作办公室（以下称办公室）设在文化部，主要职责为：

（一）具体组织实施动漫企业认定管理工作；

（二）协调、解决认定及相关政策落实中的重大问题；

（三）组织建设和管理“动漫企业认定管理工作平台”；

（四）负责对已认定的重点动漫企业进行监督检查和年审，根据情况变化和产业发展需要对重点动漫产品、重点动漫企业的具体认定标准进行动态调整；

（五）受理、核实并处理有关举报。

第八条　各省、自治区、直辖市文化行政部门与同级财政、税务部门组成本行政区域动漫企业认定管理机构（以下称省级认定机构），根据本办法开展下列工作：

（一）负责本行政区域内动漫企业及其动漫产品的认定初审工作；

（二）负责向本行政区域内通过认定的动漫企业颁发“动漫企业证书”；

（三）负责对本行政区域内已认定的动漫企业进行监督检查和年审；

（四）受理、核实并处理本行政区域内有关举报，必要时向办公室报告；

（五）办公室委托的其他工作。

第九条　各级认定机构应制订本辖区内的动漫企业认定工作规程，定期召开认定工作会议。推进认定工作电子政务建设，建立高效、便捷的认定工作机制。

动漫企业认定管理工作所需经费由各级认定机构的同级财政部门拨付。

第三章　认定标准

第十条　申请认定为动漫企业的应同时符合以下标准：

（一）在我国境内依法设立的企业；

（二）动漫企业经营动漫产品的主营收入占企业当年总收入的 60% 以上；

（三）自主开发生产的动漫产品收入占主营收入的 50% 以上；

（四）具有大学专科以上学历的或通过国家动漫人才专业认证的、从事动漫产品开发或技术服务的专业人员占企业当年职工总数的30%以上，其中研发人员占企业当年职工总数的10%以上；

（五）具有从事动漫产品开发或相应服务等业务所需的技术装备和工作场所；

（六）动漫产品的研究开发经费占企业当年营业收入8%以上；

（七）动漫产品内容积极健康，无法律法规禁止的内容；

（八）企业产权明晰，管理规范，守法经营。

第十一条 自主开发、生产的动漫产品，是指动漫企业自主创作、研发、设计、生产、制作、表演的符合本办法第五条规定的动漫产品（不含动漫衍生产品）；仅对国外动漫创意进行简单外包、简单模仿或简单离岸制造，既无自主知识产权，也无核心竞争力的除外。

第十二条 申请认定为重点动漫产品的应符合以下标准之一：

（一）漫画产品销售年收入在100万元（报刊300万元）人民币以上或年销售10万册（报纸1 000万份、期刊100万册）以上的，动画产品销售年收入在1 000万元人民币以上的，网络动漫（含手机动漫）产品销售年收入在100万元人民币以上的，动漫舞台剧（节）目演出年收入在100万元人民币以上或年演出场次50场以上的；

（二）动漫产品版权出口年收入100万元人民币以上的；

（三）获得国际、国家级专业奖项的；

（四）经省级认定机构、全国性动漫行业协会、国家动漫产业基地等推荐的在思想内涵、艺术风格、技术应用、市场营销、社会影响等方面具有示范意义的动漫产品。

第十三条 符合本办法第十条标准的动漫企业申请认定为重点动漫企业的，应在申报前开发生产出1部以上重点动漫产品，并符合以下标准之一：

（一）注册资本1 000万元人民币以上的；

（二）动漫企业年营业收入500万元人民币以上，且连续2年不亏损的；

（三）动漫企业的动漫产品版权出口和对外贸易年收入200万元人民币以上，且自主知识产权动漫产品出口收入占总收入30%以上的；

（四）经省级认定机构、全国性动漫行业协会、国家动漫产业基地等推荐的在资金、人员规模、艺术创意、技术应用、市场营销、品牌价值、社会影响等方面具有示范意义的动漫企业。

第四章 认定程序

第十四条 动漫企业认定的程序如下：

（一）企业自我评价及申请

企业认为符合认定标准的，可向省级认定机构提出认定申请。

（二）提交下列申请材料

1. 动漫企业认定申请书；
2. 企业营业执照副本复印件、税务登记证复印件；
3. 法定代表人或者主要负责人的身份证明材料；
4. 企业职工人数、学历结构以及研发人员占企业职工的比例说明；
5. 营业场所产权证明或者租赁意向书（含出租方的产权证明）；

6. 开发、生产、创作、经营的动漫产品列表、销售合同及销售合同约定的款项银行入账证明；

7. 自主开发、生产和拥有自主知识产权的动漫产品的情况说明及有关证明材料（包括版权登记证书或专利证书等知识产权证书的复印件）；

8. 由有关行政机关颁发的从事相关业务所涉及的行政许可证件复印件；

9. 经具有资质的中介机构鉴证的企业财务年度报表（含资产负债表、损益表、现金流量表）等企业经营情况，以及企业年度研究开发费用情况表，并附研究开发活动说明材料；

10. 认定机构要求出具的其他材料。

（三）材料审查、认定与公布

省级认定机构根据本办法，对申请材料进行初审，提出初审意见，将通过初审的动漫企业申请材料报送办公室。

文化部会同财政部、国家税务总局依据本办法第十条规定标准进行审核，审核合格的，由文化部、财政部、国家税务总局联合公布通过认定的动漫企业名单。

省级认定机构根据通过认定的动漫企业名单，向企业颁发“动漫企业证书”并附其本年度动漫产品列表，并根据本办法第五条、第十一条的规定，在动漫产品列表中，对动漫产品属性分类以及是否属于自主开发生产的动漫产品等情况予以标注。

动漫企业设有分支机构的，在企业法人注册地进行申报。

第十五条　已取得“动漫企业证书”的动漫企业生产的动漫产品符合本办法第十二条规定标准的，可向办公室提出申请认定为重点动漫产品，并提交下列材料：

1. 重点动漫产品认定申请书；

2. 企业营业执照副本复印件、税务登记证复印件，“动漫企业证书”复印件；

3. 符合本办法第十二条规定标准的相关证明材料：经具有资质的中介机构鉴证的企业财务年度报表（含资产负债表、损益表、现金流量表）等企业经营情况，并附每项产品销售收入的情况说明；获奖证明复印件或版权出口贸易合同复印件等版权出口收入证明；有关机构的推荐证明；

4. 认定机构要求出具的其他材料。

办公室收到申报材料后，参照本办法第十四条第三款规定的程序予以审核。符合标准的，由办公室颁发“重点动漫产品文书”。

第十六条　已取得“动漫企业证书”的动漫企业符合本办法第十三条规定标准的，可向办公室提出申请认定为重点动漫企业，并提交下列材料：

1. 重点动漫企业认定申请书；

2. 企业营业执照副本复印件、税务登记证复印件，“动漫企业证书”复印件，“重点动漫产品文书”复印件；

3. 符合本办法第十三条规定标准的相关证明材料：经具有资质的中介机构鉴证的企业近两个会计年度财务报表（含资产负债表、损益表、现金流量表）等企业经营情况或版权出口贸易合同复印件等版权出口收入证明；有关机构的推荐证明；

4. 认定机构要求出具的其他材料。

办公室收到申报材料后，参照本办法第十四条第三款规定的程序予以审核。符合标准的，由文化部会同财政部、国家税务总局联合公布通过认定的重点动漫企业名单，并由办公室颁发“重点动漫企业证书”。

第十七条 动漫企业认定实行年审制度。各级认定机构应按本办法第十条、第十三条规定的标准对已认定并发证的动漫企业、重点动漫企业进行年审。对年度认定合格的企业在证书和年度自主开发生产的动漫产品列表上加盖年审专用章。

不提出年审申请或年度认定不合格的企业，其动漫企业、重点动漫企业资格到期自动失效。

省级认定机构应将对动漫企业的年审情况、年度认定合格及不合格企业名单报办公室备案，并由办公室对外公布。

重点动漫企业通过办公室年审后，不再由省级认定机构进行年审。

第十八条 动漫企业对年审结果有异议的，可在公布后20个工作日内，向办公室提出复核申请。

提请复核的企业应当提交复核申请书及有关证明材料。办公室收到复核申请后，对复核申请调查核实，由文化部、财政部、国家税务总局作出复核决定，通知省级认定机构并公布。

第十九条 经认定的动漫企业经营活动发生变化（如更名、调整、分立、合并、重组等）的，应在15个工作日内，向原发证单位办理变更手续，变化后不符合本办法规定标准的，省级认定机构应报办公室审核同意后，撤销其“动漫企业证书”，终止其资格。不符合本办法规定标准的重点动漫企业，由办公室直接撤销其“重点动漫企业证书”，终止其资格。

动漫企业更名的，原认定机构为其办理变更手续后，重新核发证书，编号不变。

第二十条 经认定的动漫企业、重点动漫企业，凭本年度有效的“动漫企业证书”、“重点动漫企业证书”，以及本年度自主开发生产的动漫产品列表、“重点动漫产品文书”，向主管税务机关申请享受《通知》规定的有关税收优惠政策。

第二十一条 重点动漫产品、重点动漫企业优先享受国家及地方各项财政资金、信贷等方面的扶持政策。

第五章 罚 则

第二十二条 申请认定和已认定的动漫企业有下述情况之一的，一经查实，认定机构停止受理其认定申请，或撤销其证（文）书，终止其资格并予以公布：

（一）在申请认定过程中提供虚假信息的；

（二）有偷税、骗税、抗税等税收违法行为的；

（三）从事制作、生产、销售、传播存在违法内容或盗版侵权动漫产品的，或者使用未经授权许可的动漫产品的；

（四）有其他违法经营行为，受到有关部门处罚的。

被撤销证书的企业，认定机构在3年内不再受理该企业的认定申请。

第二十三条 对被撤销证书和年度认定不合格的动漫企业，同时停止其享受《通知》规定的各项财税优惠政策。

第二十四条 参与动漫企业认定工作的机构和人员对所承担的认定工作负有诚信以及合规义务，并对申报认定企业的有关资料信息负有保密义务。违反动漫企业认定工作相关要求和纪律的，依法追究责任。

第二十五条 对违反本办法规定的省级认定机构，由办公室责令整改。

第六章 附 则

第二十六条 “动漫企业证书”、“重点动漫产品文书”、“重点动漫企业证书”等证书、文书，由办公室统一监制。

第二十七条 按照本办法认定的动漫企业及其自主开发生产的动漫产品享受的财税优惠政策的具体范围、具体内容由财政部、国家税务总局另行发布。

第二十八条 本办法中涉及数字的规定，表述为“以上”的，均含本数字在内。

第二十九条 本办法由文化部、财政部、国家税务总局负责解释。

第三十条 本办法自 2009 年 1 月 1 日起实施。

国家税务总局关于 2007 年度企业所得税汇算清缴中金融企业应纳税所得额计算有关问题的通知

2008 年 6 月 27 日 国税函〔2008〕624 号

各省、自治区、直辖市和计划单列市国家税务局：

据一些税务机关反映，金融企业按《国家税务总局关于做好 2007 年度企业所得税汇算清缴工作的补充通知》（国税函〔2008〕264 号）的规定进行所得税汇算清缴时，有关应纳税所得额的计算不够明确，需要进一步细化。经研究，现将有关问题明确如下：

一、关于法院裁定中止执行形成的呆账损失金额确定问题

金融企业经法院裁定中止执行后符合呆账损失认定条件的，其损失金额可按下列方法确定：

对借款人和担保人的资产按市场公允价进行估算，如果其价值不足以清偿属于《破产法》规定的优先清偿项目，由金融企业出具专项说明，经中介机构进行职业推断和客观评判后出具经济鉴证证明，可将应收债权全额确定为呆账损失；如果清偿《破产法》规定的优先清偿项目后仍有结余但不足以清偿所欠债务的，则可按所欠债务的比例确定金融企业应收债权的损失金额。

二、关于金融企业操作不当形成的呆账损失税前扣除问题

金融企业经营国家法律法规明文禁止的业务而产生的呆账损失，不属于操作不当形成的呆账损失范围，不得在税前扣除。属于操作不当形成的呆账损失，主要是由于内部控制制度不健全、操作程序不规范或因金融业务创新但政策不明确、不配套等原因而产生的。此类损失在查明原因或经业务监管部门定性，并由金融企业作出专项说明后，准予税前扣除。

三、关于金融企业工效挂钩工资税前扣除的计算方法问题

经财政部、国家税务总局批准实行工效挂钩政策的金融企业，在确定 2007 年度工效挂钩工资税前扣除标准时，其经济效益指标可以利润总额和应纳所得税额两项指标的平均值为计算依据；与劳动生产率对应的工资总额，以人均工资总额为计算依据。

财政部 国家税务总局关于中国对外贸易运输（集团）总公司资产评估增值有关企业所得税问题的通知

2009 年 4 月 7 日 财税〔2009〕56 号

各省、自治区、直辖市、计划单列市财政厅（局）国家税务总局、地方税务局，新疆生产建设兵团财务局：

根据国务院有关批示精神，现将中国对外贸易运输（集团）总公司（以下简称中外运集团）资产评估增值企业所得税政策明确如下：

对中外运集团实施集团资源整合中第一批改制企业资产评估增值 30 679.78 万元的部分，在资产转让发生时，按照规定在集团总部所在地缴纳企业所得税。中国对外股份有限公司及其子公司收购中外运集团第一批改制企业的资产，可按评估后的价值计提折旧或摊销，并在企业所得税前扣除。

请遵照执行。

财政部 国家税务总局关于扶持动漫产业发展有关税收政策问题的通知

2009 年 7 月 17 日 财税〔2009〕65 号

（注释：政策调整。“动漫企业享受所得税优惠的备案核准”取消。参见：(1)《国家税务总局关于贯彻落实〈国务院关于第一批取消 62 项中央指定地方实施行政审批事项的决定〉的通知》（税总发〔2015〕141 号）。(2)《国务院关于第一批取消 62 项中央指定地方实施行政审批事项的决定》（国发〔2015〕57 号）。(3)《国家税务总局关于公布已取消的 22 项税务非行政许可审批事项的公告》（国家税务总局公告 2015 年第 58 号）。

条款废止。第一条、第三条。自 2011 年 1 月 1 日起废止。参见：《财政部 国家税务总局关于软件产品增值税政策的通知》（财税〔2011〕100 号）；《财政部 国家税务总局关于扶持动漫产业发展增值税 营业税政策的通知》（财税〔2011〕119 号）。）

各省、自治区、直辖市、计划单列市财政厅（局）、国家税务局、地方税务局：

根据《国务院办公厅转发财政部等部门关于推动我国动漫产业发展若干意见的通知》（国办发〔2006〕32 号）的精神，文化部会同有关部门于 2008 年 12 月下发了《动漫企业认定管理办法（试行）》（文市发〔2008〕51 号）。为促进我国动漫产业健康快速发展，增强动漫产业的自主创新能力，现就扶持动漫产业发展的有关税收政策问题通知如下：

一、关于增值税

在2010年12月31日前，对属于增值税一般纳税人的动漫企业销售其自主开发生产的动漫软件，按17%的税率征收增值税后，对其增值税实际税负超过3%的部分，实行即征即退政策。退税数额的计算公式为：应退税额=享受税收优惠的动漫软件当期已征税款-享受税收优惠的动漫软件当期不含税销售额×3%。动漫软件出口免征增值税。上述动漫软件的范围，按照《文化部、财政部、国家税务总局关于印发〈动漫企业认定管理办法（试行）〉的通知》（文市发〔2008〕51号）的规定执行。

二、关于企业所得税

经认定的动漫企业自主开发、生产动漫产品，可申请享受国家现行鼓励软件产业发展的所得税优惠政策。

三、关于营业税

对动漫企业为开发动漫产品提供的动漫脚本编撰、形象设计、背景设计、动画设计、分镜、动画制作、摄制、描线、上色、画面合成、配音、配乐、音效合成、剪辑、字幕制作、压缩转码（面向网络动漫、手机动漫格式适配）劳务，在2010年12月31日前暂减按3%税率征收营业税。

四、关于进口关税和进口环节增值税

经国务院有关部门认定的动漫企业自主开发、生产动漫直接产品，确需进口的商品可享受免征进口关税和进口环节增值税的优惠政策。具体免税商品范围及管理办法由财政部会同有关部门另行制定。

五、本通知所称动漫企业和自主开发、生产动漫产品的认定标准和认定程序，按照《文化部、财政部、国家税务总局关于印发〈动漫企业认定管理办法（试行）〉的通知》（文市发〔2008〕51号）的规定执行。

六、本通知从2009年1月1日起执行。

国家税务总局关于印发《房地产开发经营业务企业所得税处理办法》的通知

2009年3月6日　国税发〔2009〕31号

（注释：政策调整。“第八条　企业销售未完工开发产品的计税毛利率由各省、自治区、直辖市国家税务局、地方税务局按下列规定进行确定：

（一）开发项目位于省、自治区、直辖市和计划单列市人民政府所在地城市城区和郊区的，不得低于15%。

（二）开发项目位于地及地级市城区及郊区的，不得低于10%。

（三）开发项目位于其他地区的，不得低于5%。

（四）属于经济适用房、限价房和危改房的，不得低于3%。”修改为：

“第八条　企业销售未完工开发产品的计税毛利率由各省、自治区、直辖市税务局按下列规定进行确定：

（一）开发项目位于省、自治区、直辖市和计划单列市人民政府所在地城市城区和郊区的，不得低于15%。

（二）开发项目位于地及地级市城区及郊区的，不得低于10%。

（三）开发项目位于其他地区的，不得低于5%。

（四）属于经济适用房、限价房和危改房的，不得低于3%。”

参见：《国家税务总局关于修改部分税收规范性文件的公告》（国家税务总局公告2018年第31号）。

政策调整。“房地产开发企业计税成本对象确定核准审批”取消。参见：(1)《国家税务总局贯彻落实〈国务院关于第二批取消152项中央指定地方实施行政审批事项的决定〉的通知》（税总发〔2016〕23号）。(2)《国务院关于第二批取消152项中央指定地方实施行政审批事项的决定》（国发〔2016〕9号）。(3)《国务院关于取消和下放一批行政审批项目的决定》（国发〔2014〕5号）。

条款废止。第二十六条第二款废止。参见：《国家税务总局关于房地产开发企业成本对象管理问题的公告》（国家税务总局公告2014年第35号）。）

各省、自治区、直辖市和计划单列市国家税务局、地方税务局：

为了加强从事房地产开发经营企业的企业所得税征收管理，规范从事房地产开发经营业务企业的纳税行为，根据《中华人民共和国企业所得税法》及其实施条例、《中华人民共和国税收征收管理法》及其实施细则等有关税收法律、行政法规的规定，结合房地产开发经营业务的特点，国家税务总局制定了《房地产开发经营业务企业所得税处理办法》，现印发给你们，请遵照执行。

附件：房地产开发经营业务企业所得税处理办法

附件：

房地产开发经营业务企业所得税处理办法

第一章　总　则

第一条　根据《中华人民共和国企业所得税法》及其实施条例、《中华人民共和国税收征收管理法》及其实施细则等有关税收法律、行政法规的规定，制定本办法。

第二条　本办法适用于中国境内从事房地产开发经营业务的企业（以下简称企业）。

第三条　企业房地产开发经营业务包括土地的开发，建造、销售住宅、商业用房以及其他建筑物、附着物、配套设施等开发产品。除土地开发之外，其他开发产品符合下列条件之一的，应视为已经完工：

（一）开发产品竣工证明材料已报房地产管理部门备案。

（二）开发产品已开始投入使用。

（三）开发产品已取得了初始产权证明。

第四条　企业出现《中华人民共和国税收征收管理法》第三十五条规定的情形，税务机关可对其以往应缴的企业所得税按核定征收方式进行征收管理，并逐步规范，同时按《中华人民共和国税收征收管理法》等税收法律、行政法规的规定进行处理，但不得事先确定企业的所得税按核定征收方式进行征收、管理。

第二章 收入的税务处理

第五条 开发产品销售收入的范围为销售开发产品过程中取得的全部价款，包括现金、现金等价物及其他经济利益。企业代有关部门、单位和企业收取的各种基金、费用和附加等，凡纳入开发产品价内或由企业开具发票的，应按规定全部确认为销售收入；未纳入开发产品价内并由企业之外的其他收取部门、单位开具发票的，可作为代收代缴款项进行管理。

第六条 企业通过正式签订《房地产销售合同》或《房地产预售合同》所取得的收入，应确认为销售收入的实现，具体按以下规定确认：

（一）采取一次性全额收款方式销售开发产品的，应于实际收讫价款或取得索取价款凭据（权利）之日，确认收入的实现。

（二）采取分期收款方式销售开发产品的，应按销售合同或协议约定的价款和付款日确认收入的实现。付款方提前付款的，在实际付款日确认收入的实现。

（三）采取银行按揭方式销售开发产品的，应按销售合同或协议约定的价款确定收入额，其首付款应于实际收到日确认收入的实现，余款在银行按揭贷款办理转账之日确认收入的实现。

（四）采取委托方式销售开发产品的，应按以下原则确认收入的实现：

1. 采取支付手续费方式委托销售开发产品的，应按销售合同或协议中约定的价款于收到受托方已销开发产品清单之日确认收入的实现。

2. 采取视同买断方式委托销售开发产品的，属于企业与购买方签订销售合同或协议，或企业、受托方、购买方三方共同签订销售合同或协议的，如果销售合同或协议中约定的价格高于买断价格，则应按销售合同或协议中约定的价格计算的价款于收到受托方已销开发产品清单之日确认收入的实现；如果属于前两种情况中销售合同或协议中约定的价格低于买断价格，以及属于受托方与购买方签订销售合同或协议的，则应按买断价格计算的价款于收到受托方已销开发产品清单之日确认收入的实现。

3. 采取基价（保底价）并实行超基价双方分成方式委托销售开发产品的，属于由企业与购买方签订销售合同或协议，或企业、受托方、购买方三方共同签订销售合同或协议的，如果销售合同或协议中约定的价格高于基价，则应按销售合同或协议中约定的价格计算的价款于收到受托方已销开发产品清单之日确认收入的实现，企业按规定支付受托方的分成额，不得直接从销售收入中减除；如果销售合同或协议约定的价格低于基价的，则应按基价计算的价款于收到受托方已销开发产品清单之日确认收入的实现。属于由受托方与购买方直接签订销售合同的，则应按基价加上按规定取得的分成额于收到受托方已销开发产品清单之日确认收入的实现。

4. 采取包销方式委托销售开发产品的，包销期内可根据包销合同的有关约定，参照上述 1 至 3 项规定确认收入的实现；包销期满后尚未出售的开发产品，企业应根据包销合同或协议约定的价款和付款方式确认收入的实现。

第七条 企业将开发产品用于捐赠、赞助、职工福利、奖励、对外投资、分配给股东或投资人、抵偿债务、换取其他企事业单位和个人的非货币性资产等行为，应视同销售，于开发产品所有权或使用权转移，或于实际取得利益权利时确认收入（或利润）的实现。确认收入（或利润）的方法和顺序为：

（一）按本企业近期或本年度最近月份同类开发产品市场销售价格确定。

（二）由主管税务机关参照当地同类开发产品市场公允价值确定。

（三）按开发产品的成本利润率确定。开发产品的成本利润率不得低于15%，具体比例由主管税务机关确定。

第八条 *企业销售未完工开发产品的计税毛利率由各省、自治区、直辖市国家税务局、地方税务局按下列规定进行确定：*

（一）开发项目位于省、自治区、直辖市和计划单列市人民政府所在地城市城区和郊区的，不得低于15%。

（二）开发项目位于地级市城区及郊区的，不得低于10%。

（三）开发项目位于其他地区的，不得低于5%。

（四）属于经济适用房、限价房和危改房的，不得低于3%。

第九条 企业销售未完工开发产品取得的收入，应先按预计计税毛利率分季（或月）计算出预计毛利额，计入当期应纳税所得额。开发产品完工后，企业应及时结算其计税成本并计算此前销售收入的实际毛利额，同时将其实际毛利额与其对应的预计毛利额之间的差额，计入当年度企业本项目与其他项目合并计算的应纳税所得额。

在年度纳税申报时，企业须出具对该项开发产品实际毛利额与预计毛利额之间差异调整情况的报告以及税务机关需要的其他相关资料。

第十条 企业新建的开发产品在尚未完工或办理房地产初始登记、取得产权证前，与承租人签订租赁预约协议的，自开发产品交付承租人使用之日起，出租方取得的预租价款按租金确认收入的实现。

第三章 成本、费用扣除的税务处理

第十一条 企业在进行成本、费用的核算与扣除时，必须按规定区分期间费用和开发产品计税成本、已销开发产品计税成本与未销开发产品计税成本。

第十二条 企业发生的期间费用、已销开发产品计税成本、营业税金及附加、土地增值税准予当期按规定扣除。

第十三条 开发产品计税成本的核算应按第四章的规定进行处理。

第十四条 已销开发产品的计税成本，按当期已实现销售的可售面积和可售面积单位工程成本确认。可售面积单位工程成本和已销开发产品的计税成本按下列公式计算确定：

可售面积单位工程成本 = 成本对象总成本 ÷ 成本对象总可售面积

已销开发产品的计税成本 = 已实现销售的可售面积 × 可售面积单位工程成本

第十五条 企业对尚未出售的已完工开发产品和按照有关法律、法规或合同规定对已售开发产品（包括共用部位、共用设施设备）进行日常维护、保养、修理等实际发生的维修费用，准予在当期据实扣除。

第十六条 企业将已计入销售收入的共用部位、共用设施设备维修基金按规定移交给有关部门、单位的，应于移交时扣除。

第十七条 企业在开发区内建造的会所、物业管理场所、电站、热力站、水厂、文体场馆、幼儿园等配套设施，按以下规定进行处理：

（一）属于非营利性且产权属于全体业主的，或无偿赠与地方政府、公用事业单位的，可将其视为公共配套设施，其建造费用按公共配套设施费的有关规定进行处理。

（二）属于营利性的，或产权归企业所有的，或未明确产权归属的，或无偿赠与地方政府、公用事业单位以外其他单位的，应当单独核算其成本。除企业自用应按建造固定资产进行处理外，其他一律按建造开发产品进行处理。

第十八条 企业在开发区内建造的邮电通讯、学校、医疗设施应单独核算成本，其中，由企业与国家有关业务管理部门、单位合资建设，完工后有偿移交的，国家有关业务管理部门、单位给予的经济补偿可直接抵扣该项目的建造成本，抵扣后的差额应调整当期应纳税所得额。

第十九条 企业采取银行按揭方式销售开发产品的，凡约定企业为购买方的按揭贷款提供担保的，其销售开发产品时向银行提供的保证金（担保金）不得从销售收入中减除，也不得作为费用在当期税前扣除，但实际发生损失时可据实扣除。

第二十条 企业委托境外机构销售开发产品的，其支付境外机构的销售费用（含佣金或手续费）不超过委托销售收入10%的部分，准予据实扣除。

第二十一条 企业的利息支出按以下规定进行处理：

（一）企业为建造开发产品借入资金而发生的符合税收规定的借款费用，可按企业会计准则的规定进行归集和分配，其中属于财务费用性质的借款费用，可直接在税前扣除。

（二）企业集团或其成员企业统一向金融机构借款分摊集团内部其他成员企业使用的，借入方凡能出具从金融机构取得借款的证明文件，可以在使用借款的企业间合理的分摊利息费用，使用借款的企业分摊的合理利息准予在税前扣除。

第二十二条 企业因国家无偿收回土地使用权而形成的损失，可作为财产损失按有关规定在税前扣除。

第二十三条 企业开发产品（以成本对象为计量单位）整体报废或毁损，其净损失按有关规定审核确认后准予在税前扣除。

第二十四条 企业开发产品转为自用的，其实际使用时间累计未超过12个月又销售的，不得在税前扣除折旧费用。

第四章 计税成本的核算

第二十五条 计税成本是指企业在开发、建造开发产品（包括固定资产，下同）过程中所发生的按照税收规定进行核算与计量的应归入某项成本对象的各项费用。

第二十六条 成本对象是指为归集和分配开发产品开发、建造过程中的各项耗费而确定的费用承担项目。计税成本对象的确定原则如下：

（一）可否销售原则。开发产品能够对外经营销售的，应作为独立的计税成本对象进行成本核算；不能对外经营销售的，可先作为过渡性成本对象进行归集，然后再将其相关成本摊入能够对外经营销售的成本对象。

（二）分类归集原则。对同一开发地点、竣工时间相近、产品结构类型没有明显差异的群体开发的项目，可作为一个成本对象进行核算。

（三）功能区分原则。开发项目某组成部分相对独立，且具有不同使用功能时，可以作为独立的成本对象进行核算。

（四）定价差异原则。开发产品因其产品类型或功能不同等而导致其预期售价存在较大差异的，应分别作为成本对象进行核算。

（五）成本差异原则。开发产品因建筑上存在明显差异可能导致其建造成本出现较大差异的，要分别作为成本对象进行核算。

（六）权益区分原则。开发项目属于受托代建的或多方合作开发的，应结合上述原则分别划分成本对象进行核算。

成本对象由企业在开工之前合理确定，并报主管税务机关备案。成本对象一经确定，不能随意更改或相互混淆，如确需改变成本对象的，应征得主管税务机关同意。

第二十七条 开发产品计税成本支出的内容如下：

（一）土地征用费及拆迁补偿费。指为取得土地开发使用权（或开发权）而发生的各项费用，主要包括土地买价或出让金、大市政配套费、契税、耕地占用税、土地使用费、土地闲置费、土地变更用途和超面积补交的地价及相关税费、拆迁补偿支出、安置及动迁支出、回迁房建造支出、农作物补偿费、危房补偿费等。

（二）前期工程费。指项目开发前期发生的水文地质勘察、测绘、规划、设计、可行性研究、筹建、场地通平等前期费用。

（三）建筑安装工程费。指开发项目开发过程中发生的各项建筑安装费用。主要包括开发项目建筑工程费和开发项目安装工程费等。

（四）基础设施建设费。指开发项目在开发过程中所发生的各项基础设施支出，主要包括开发项目内道路、供水、供电、供气、排污、排洪、通讯、照明等社区管网工程费和环境卫生、园林绿化等园林环境工程费。

（五）公共配套设施费：指开发项目内发生的、独立的、非营利性的，且产权属于全体业主的，或无偿赠与地方政府、政府公用事业单位的公共配套设施支出。

（六）开发间接费。指企业为直接组织和管理开发项目所发生的，且不能将其归属于特定成本对象的成本费用性支出。主要包括管理人员工资、职工福利费、折旧费、修理费、办公费、水电费、劳动保护费、工程管理费、周转房摊销以及项目营销设施建造费等。

第二十八条 企业计税成本核算的一般程序如下：

（一）对当期实际发生的各项支出，按其性质、经济用途及发生的地点、时间区进行整理、归类，并将其区分为应计入成本对象的成本和应在当期税前扣除的期间费用。同时还应按规定对在有关预提费用和待摊费用进行计量与确认。

（二）对应计入成本对象中的各项实际支出、预提费用、待摊费用等合理的划分为直接成本、间接成本和共同成本，并按规定将其合理的归集、分配至已完工成本对象、在建成本对象和未建成本对象。

（三）对期前已完工成本对象应负担的成本费用按已销开发产品、未销开发产品和固定资产进行分配，其中应由已销开发产品负担的部分，在当期纳税申报时进行扣除，未销开发产品应负担的成本费用待其实际销售时再予扣除。

（四）对本期已完工成本对象分类为开发产品和固定资产并对其计税成本进行结算。其中属于开发产品的，应按可售面积计算其单位工程成本，据此再计算已销开发产品计税成本和未销开发产品计税成本。对本期已销开发产品的计税成本，准予在当期扣除，未销开发产品计税成本待其实际销售时再予扣除。

（五）对本期未完工和尚未建造的成本对象应当负担的成本费用，应按分别建立明细台账，待开发产品完工后再予结算。

第二十九条 企业开发、建造的开发产品应按制造成本法进行计量与核算。其中，应计入开发产品成本中的费用属于直接成本和能够分清成本对象的间接成本，直接计入成本对象，共同成本和不能分清负担对象的间接成本，应按受益的原则和配比的原则分配至各成本对象，具体分配方法可按以下规定选择其一：

（一）占地面积法。指按已动工开发成本对象占地面积占开发用地总面积的比例进行分配。

1. 一次性开发的，按某一成本对象占地面积占全部成本对象占地总面积的比例进行分配。

2. 分期开发的，首先按本期全部成本对象占地面积占开发用地总面积的比例进行分配，然后再按某一成本对象占地面积占期内全部成本对象占地总面积的比例进行分配。

期内全部成本对象应负担的占地面积为期内开发用地占地面积减除应由各期成本对象共同负担的占地面积。

（二）建筑面积法。指按已动工开发成本对象建筑面积占开发用地总建筑面积的比例进行分配。

1. 一次性开发的，按某一成本对象建筑面积占全部成本对象建筑面积的比例进行分配。

2. 分期开发的，首先按期内成本对象建筑面积占开发用地计划建筑面积的比例进行分配，然后再按某一成本对象建筑面积占期内成本对象总建筑面积的比例进行分配。

（三）直接成本法。指按期内某一成本对象的直接开发成本占期内全部成本对象直接开发成本的比例进行分配。

（四）预算造价法。指按期内某一成本对象预算造价占期内全部成本对象预算造价的比例进行分配。

第三十条 企业下列成本应按以下方法进行分配：

（一）土地成本，一般按占地面积法进行分配。如果确需结合其他方法进行分配的，应商税务机关同意。

土地开发同时连结房地产开发的，属于一次性取得土地分期开发房地产的情况，其土地开发成本经商税务机关同意后可先按土地整体预算成本进行分配，待土地整体开发完毕再行调整。

（二）单独作为过渡性成本对象核算的公共配套设施开发成本，应按建筑面积法进行分配。

（三）借款费用属于不同成本对象共同负担的，按直接成本法或按预算造价法进行分配。

（四）其他成本项目的分配法由企业自行确定。

第三十一条 企业以非货币交易方式取得土地使用权的，应按下列规定确定其成本：

（一）企业、单位以换取开发产品为目的，将土地使用权投资企业的，按下列规定进行处理：

1. 换取的开发产品如为该项土地开发、建造的，接受投资的企业在接受土地使用权时暂不确认其成本，待首次分出开发产品时，再按应分出开发产品（包括首次分出的和以后应分出的）的市场公允价值和土地使用权转移过程中应支付的相关税费计算确认该项土地使用权的成本。如涉及补价，土地使用权的取得成本还应加上应支付的补价款或减除应收到的补价款。

2. 换取的开发产品如为其他土地开发、建造的，接受投资的企业在投资交易发生时，按应付出开发产品市场公允价值和土地使用权转移过程中应支付的相关税费计算确认该项土地使用权的成本。如涉及补价，土地使用权的取得成本还应加上应支付的补价款或减除应收到的补价款。

（二）企业、单位以股权的形式，将土地使用权投资企业的，接受投资的企业应在投资交易发生时，按该项土地使用权的市场公允价值和土地使用权转移过程中应支付的相关税费计算确认该项土地使用权的取得成本。如涉及补价，土地使用权的取得成本还应加上应支付的补价款或减除应收到的补价款。

第三十二条 除以下几项预提（应付）费用外，计税成本均应为实际发生的成本。

（一）出包工程未最终办理结算而未取得全额发票的，在证明资料充分的前提下，其发票不足金额可以预提，但最高不得超过合同总金额的10%。

（二）公共配套设施尚未建造或尚未完工的，可按预算造价合理预提建造费用。此类公共配套设施必须符合已在售房合同、协议或广告、模型中明确承诺建造且不可撤销，或按照法律法规规定必须配套建造的条件。

（三）应向政府上交但尚未上交的报批报建费用、物业完善费用可以按规定预提。物业完善费用是指按规定应由企业承担的物业管理基金、公建维修基金或其他专项基金。

第三十三条 企业单独建造的停车场所，应作为成本对象单独核算。利用地下基础设施形成的停车场所，作为公共配套设施进行处理。

第三十四条 企业在结算计税成本时其实际发生的支出应当取得但未取得合法凭据的，不得计入计税成本，待实际取得合法凭据时，再按规定计入计税成本。

第三十五条 开发产品完工以后，企业可在完工年度企业所得税汇算清缴前选择确定计税成本核算的终止日，不得滞后。凡已完工开发产品在完工年度未按规定结算计税成本，主管税务机关有权确定或核定其计税成本，据此进行纳税调整，并按《中华人民共和国税收征收管理法》的有关规定对其进行处理。

第五章 特定事项的税务处理

第三十六条 企业以本企业为主体联合其他企业、单位、个人合作或合资开发房地产项目，且该项目未成立独立法人公司的，按下列规定进行处理：

（一）凡开发合同或协议中约定向投资各方（即合作、合资方，下同）分配开发产品的，企业在首次分配开发产品时，如该项目已经结算计税成本，其应分配给投资方开发产品的计税成本与其投资额之间的差额计入当期应纳税所得额；如未结算计税成本，则将投资方的投资额视同销售收入进行相关的税务处理。

（二）凡开发合同或协议中约定分配项目利润的，应按以下规定进行处理：

1. 企业应将该项目形成的营业利润额并入当期应纳税所得额统一申报缴纳企业所得税，不得在税前分配该项目的利润。同时不能因接受投资方投资额而在成本中摊销或在税前扣除相关的利息支出。

2. 投资方取得该项目的营业利润应视同股息、红利进行相关的税务处理。

第三十七条 企业以换取开发产品为目的，将土地使用权投资其他企业房地产开发项目的，按以下规定进行处理：

企业应在首次取得开发产品时，将其分解为转让土地使用权和购入开发产品两项经济业务进行所得税处理，并按应从该项目取得的开发产品（包括首次取得的和以后应取得的）的市场公允价值计算确认土地使用权转让所得或损失。

第六章 附 则

第三十八条 从事房地产开发经营业务的外商投资企业在2007年12月31日前存有销售未完工开发产品取得的收入，至该项开发产品完工后，一律按本办法第九条规定的办法进行税务处理。

第三十九条 本通知自2008年1月1日起执行。

国家税务总局关于实施创业投资企业所得税优惠问题的通知

2009年4月30日 国税发〔2009〕87号

（注释：条款废止。第四条废止。参见：《国家税务总局关于公布失效废止的税务部门规章和税收规范性文件目录的决定》（国家税务总局令第42号）。

政策调整。“创业投资企业享受创业投资所得税优惠核准”取消。参见：（1）《国家税务总局贯彻落实〈国务院关于第二批取消152项中央指定地方实施行政审批事项的决定〉的通知》（税总发〔2016〕23号）。（2）《国务院关于第二批取消152项中央指定地方实施行政审批事项的决定》（国发〔2016〕9号）。（3）《国家税务总局关于公布已取消的22项税务非行政许可审批事项的公告》（国家税务总局公告2015年第58号）。）

各省、自治区、直辖市和计划单列市国家税务局、地方税务局：

为落实创业投资企业所得税优惠政策，促进创业投资企业的发展，根据《中华人民共和国企业所得税法》及其实施条例等有关规定，现就创业投资企业所得税优惠的有关问题通知如下：

一、创业投资企业是指依照《创业投资企业管理暂行办法》（国家发展和改革委员会等10部委令2005年第39号，以下简称《暂行办法》）和《外商投资创业投资企业管理规定》（商务部等5部委令2003年第2号）在中华人民共和国境内设立的专门从事创业投资活动的企业或其他经济组织。

二、创业投资企业采取股权投资方式投资于未上市的中小高新技术企业2年（24个月）以上，凡符合以下条件的，可以按照其对中小高新技术企业投资额的70%，在股权持有满2年的当年抵扣该创业投资企业的应纳税所得额；当年不足抵扣的，可以在以后纳税年度结转抵扣。

（一）经营范围符合《暂行办法》规定，且工商登记为“创业投资有限责任公司”、

“创业投资股份有限公司”等专业性法人创业投资企业。

（二）按照《暂行办法》规定的条件和程序完成备案，经备案管理部门年度检查核实，投资运作符合《暂行办法》的有关规定。

（三）创业投资企业投资的中小高新技术企业，除应按照科技部、财政部、国家税务总局《关于印发〈高新技术企业认定管理办法〉的通知》（国科发火〔2008〕172 号）和《关于印发〈高新技术企业认定管理工作指引〉的通知》（国科发火〔2008〕362 号）的规定，通过高新技术企业认定以外，还应符合职工人数不超过 500 人，年销售（营业）额不超过 2 亿元，资产总额不超过 2 亿元的条件。

2007 年底前按原有规定取得高新技术企业资格的中小高新技术企业，且在 2008 年继续符合新的高新技术企业标准的，向其投资满 24 个月的计算，可自创业投资企业实际向其投资的时间起计算。

（四）财政部、国家税务总局规定的其他条件。

三、中小企业接受创业投资之后，经认定符合高新技术企业标准的，应自其被认定为高新技术企业的年度起，计算创业投资企业的投资期限。该期限内中小企业接受创业投资后，企业规模超过中小企业标准，但仍符合高新技术企业标准的，不影响创业投资企业享受有关税收优惠。

四、创业投资企业申请享受投资抵扣应纳税所得额，应在其报送申请投资抵扣应纳税所得额年度纳税申报表以前，向主管税务机关报送以下资料备案：

（一）经备案管理部门核实后出具的年检合格通知书（副本）。

（二）关于创业投资企业投资运作情况的说明。

（三）中小高新技术企业投资合同或章程的复印件、实际所投资金验资报告等相关材料。

（四）中小高新技术企业基本情况（包括企业职工人数、年销售（营业）额、资产总额等）说明。

（五）由省、自治区、直辖市和计划单列市高新技术企业认定管理机构出具的中小高新技术企业有效的高新技术企业证书（复印件）。

五、本通知自 2008 年 1 月 1 日起执行。

国家税务总局关于保险公司再保险业务赔款支出税前扣除问题的通知

2009 年 6 月 4 日　国税函〔2009〕313 号

各省、自治区、直辖市和计划单列市国家税务局：

现将保险公司再保险业务赔款支出税前扣除问题通知如下：

根据《中华人民共和国企业所得税法实施条例》第九条的规定，从事再保险业务的保险公司（以下称再保险公司）发生的再保险业务赔款支出，按照权责发生制的原则，应在收到从事直保业务公司（以下称直保公司）再保险业务赔款账单时，作为企业当期成本费用扣除。为便于再保险公司再保险业务的核算，凡在次年企业所得税汇算清缴前，再保险公司收到直保公司再保险业务赔款账单中属于上年度的赔款，准予调整作为上年度的成本费用扣除，同时调整已计提的未决赔款准备金；次年汇算清缴后收到直保公司再保险业务赔款账单的，按该赔款账单上发生的赔款支出，在收单年度作为成本费用扣除。

国家税务总局关于中国石油天然气股份有限公司中国石油化工股份有限公司缴纳企业所得税问题的通知

2009 年 10 月 19 日　国税函〔2009〕573 号

各省、自治区、直辖市和计划单列市国家税务局、地方税务局：

现将中国石油天然气股份有限公司（以下简称中石油）、中国石油化工股份有限公司（以下简称中石化）缴纳企业所得税的问题通知如下：

一、中石油、中石化所属分支机构就地预缴企业所得税的比例，暂维持不变。

二、对中石油、中石化所属分支机构 2009 年应预缴的企业所得税，先抵缴 2008 年度超缴税款的 50%，抵缴后有余额的，及时征收入库。2008 年度超缴税款的另外 50% 部分，在 2010 年预缴时抵缴。各分支机构抵缴税款的具体数额见附表。

文化部　财政部　国家税务总局关于实施《动漫企业认定管理办法（试行）》有关问题的通知

2009 年 6 月 4 日　文产发〔2009〕18 号

各省、自治区、直辖市、计划单列市文化厅（局）、财政厅（局）、国家税务局、地方税务局：

为贯彻落实《动漫企业认定管理办法（试行）》（文市发〔2008〕51 号，以下简称《办法》），做好动漫企业认定管理工作，确保动漫企业认定工作顺利推进，推动我国动漫产业的健康快速发展，现就有关事项通知如下：

一、尽快建立健全工作机制，加快认定进程

各省、自治区、直辖市文化行政部门与同级财政、税务部门要抓紧成立省级认定机构，健全工作机制，在严格执行认定工作原则和规范的情况下，对符合条件的企业尽快开展认定初审和材料上报工作。省级认定机构办公室设在各省、自治区、直辖市文化行政部门。认定工作中遇到问题请及时研究解决和上报全国动漫企业认定管理工作办公室。文化部、财政部和国家税务总局将对动漫产业税收政策执行情况进行监督检查。

二、严格把握认定标准

《办法》所称动漫企业，不包括漫画出版、发行，动画播出、放映，网络动漫传播以及动漫衍生产品生产、销售等为主营业务的企业。

企业拥有的自主知识产权是指企业近3年内（至申报日前）获得的自主知识产权。

企业营业场所产权证明或者租赁意向书（含出租方的产权证明），营业场所为企业自有产权的，提供房产证复印件加盖企业公章；营业场所为企业租赁的，提供产权方房产证复印件加盖公章或房主签字，并提供房屋租赁合同加盖企业公章。

企业申请动漫企业资格，应提供具有资质的中介机构鉴证的企业财务年度报表（含资产负债表、损益表、现金流量表）等企业经营情况，以及企业年度研究开发费用情况表，并附研究开发活动说明材料，并加盖具有资质的中介机构的公章。各地认定机构应认真核验申请材料。

三、动漫企业认定年审受理申请时间为每年的5月1日—7月31日。

四、计划单列市所在省文化厅本着方便、快捷原则，可根据本地实际情况制定计划单列市动漫企业认定工作的具体办法。

五、《办法》第十四条规定的动漫企业认定申请材料格式见本通知附件1，申请认定的企业应填写动漫企业认定申请书，格式见本通知附件2。

特此通知。

附件1：动漫企业认定申请材料

附件2：动漫企业认定申请书

附件1：

动漫企业认定申请材料

企业名称：

初审部门：

填报日期：　　　　年　　月　　日

全国动漫企业认定管理工作办公室监制

填表说明：

填表前请仔细阅读

一、申请认定为动漫企业的，应向省级认定机构提交下列文件：

1. 动漫企业认定申请书；

2. 企业营业执照副本复印件、税务登记证复印件；

3. 法定代表人或者主要负责人的身份证明材料；

4. 企业职工人数、学历结构以及研发人员占企业职工的比例说明；

5. 营业场所产权证明或者租赁意向书（含出租方的产权证明）；

6. 开发、生产、创作、经营的动漫产品列表、销售合同及销售合同约定的款项银行入账证明；

7. 自主开发、生产和拥有自主知识产权的动漫产品的情况说明及有关证明材料（包括版权登记证书或专利证书等知识产权证书的复印件）；

8. 由有关行政机关颁发的从事相关业务所涉及的行政许可证件复印件；

9. 经具有资质的中介机构鉴证的企业财务年度报表（含资产负债表、损益表、现金流量表）等企业经营情况，以及企业年度研究开发费用情况表，并附研究开发活动说明材料；

10. 认定机构要求出具的其他材料。

二、说明：

1. 经办人是指持有合法有效的企业委托证明的代理人。

2. 经办人提交的文件、证明应当是原件，不能提交原件的，其复制件应当由认定机关核对。

3. 经办人应当使用签字笔、钢笔、毛笔认真填写表格或签字。

4. 需要由股东或相关人员签署的文件，自然人的由本人签字；法人或其他组织的，由其法定代表人（负责人）签字并加盖公章。

5. 股东是自然人的，填写自然人姓名；是法人或其他组织的，填写法人或其他组织的名称。股东资格证明指股东营业执照、事业单位法人登记证书、社团法人登记证等。

6. 企业类型填写全民所有制企业、集体所有制（股份合作）企业、个人独资企业、合伙企业、有限公司、股份有限公司、外资企业等。

7. 企业未规定经营期限的，企业经营期限一栏可以不填。

8. 经办人在填写申请书中“主要的经营场所”、“住所”栏时，应填写所在省、市、县、乡（镇）及村、街道门牌号码。

9. 填写股东名录及出资情况时，股东以货币出资的，出资方式填写“货币出资”；股东以非货币财产出资评估作价的，出资方式填写“实物、知识产权、土地使用权或其他财产权利”；股东以劳务出资的，出资方式填写“劳务”。

表1　　　　　　　　　　企业基本信息

<table>
<tr><td>企业名称</td><td colspan="5"></td></tr>
<tr><td>注册地址</td><td colspan="3"></td><td>邮　编</td><td></td></tr>
<tr><td>联系地址</td><td colspan="3"></td><td>邮　编</td><td></td></tr>
<tr><td>企业网址</td><td colspan="3"></td><td>E - mail</td><td></td></tr>
<tr><td>法定代表人</td><td></td><td>移动电话</td><td></td><td>身份证号</td><td></td></tr>
<tr><td>企业负责人</td><td></td><td>移动电话</td><td></td><td>传　　真</td><td></td></tr>
<tr><td>联　系　人</td><td></td><td>移动电话</td><td></td><td>传　　真</td><td></td></tr>
<tr><td>企业性质</td><td></td><td colspan="2">工商注册号</td><td colspan="2"></td></tr>
<tr><td>企业注册日期</td><td></td><td colspan="2">企业经营期限</td><td colspan="2"></td></tr>
<tr><td>企业注册资本（金）</td><td></td><td colspan="2">实收注册资本（金）</td><td colspan="2"></td></tr>
<tr><td>企业主管税务机关（国税）</td><td></td><td colspan="2">税务登记证号</td><td colspan="2"></td></tr>
<tr><td>企业主管税务机关（地税）</td><td></td><td colspan="2">税务登记证号</td><td colspan="2"></td></tr>
<tr><td>其他许可证</td><td></td><td colspan="2">其他许可证号</td><td colspan="2"></td></tr>
<tr><td>经营范围</td><td colspan="5"></td></tr>
<tr><td rowspan="2">企业员工情况</td><td>从业人数</td><td colspan="2">管理人员人数</td><td>研发人员人数</td><td>销售人员人数</td></tr>
<tr><td></td><td colspan="2"></td><td></td><td></td></tr>
</table>

表 2　　企业股东名录及出资情况

股东名称或姓名	住所	证件名称及号码	出资方式	实缴出资额	认缴出资额

股东签字（盖章）：　　　　　　　　申请日期：

股东的主体资格证明或者自然人的身份证明复印件

股东的主体资格证明 或者自然人的身份证明复印件粘贴处

表 3　　法定代表人（个人独资企业投资人、合伙企业执行事务合伙人）基本情况

企业名称				一寸免冠 近　照 粘贴处
姓　　名		性　　别		
证件名称及号码		国　　籍		
户籍登记住址		民　　族		
学　　历		政治面貌		
学　　位		专　　业		
出生日期		联系电话		

个人简历（注：应自具有完全民事行为能力至今，并不得间断）

续表

起止年月	单　位	职　务	职　称

身份证复印件粘贴处	兹证明该任职人具有完全民事行为能力，产生程序符合有关法律、法规和章程的规定，经任命（选举）出任企业的法定代表人（执行事务合伙人）。 盖章 年　月　日

表4　主要研发人员基本情况

企业名称				一寸免冠近照粘贴处
姓　名		性　别		
证件名称及号码		国　籍		
户籍登记住址		民　族		
学　历		政治面貌		
学　位		专　业		
出生日期		联系电话		

个人简历（注：应自具有完全民事行为能力至今，并不得间断）

起止年月	单　位	职　务	职　称

主要研发成果及获奖情况

身份证复印件粘贴处	兹证明该任职人为我公司员工，具有完全民事行为能力。 盖章 年　月　日

表 5　　企业上年度经营情况

企业当年总收入（万元）			
经营动漫产品的主营收入（万元）		经营动漫产品的主营收入/总收入（%）	
自主开发生产的动漫产品收入（万元）		自主开发生产的动漫产品收入/经营动漫产品的主营收入（%）	
动漫产品的研究开发经费（万元）		动漫产品的研究开发经费/企业当年营业收入（%）	
企业经营账号			
企业财务负责人（签字） 企业财务章 年　月　日		企业法定代表人（签字） 企业公章 年　月　日	

表 6　　企业主营业务及产品

主营业务方向	□漫画产品；□动画产品；□网络动漫产品；□手机动漫产品；□动漫舞台剧；□动漫软件；□动漫衍生产品研发设计；□其他（依其主次程度写出排列序号：1、2…）				
序号	主要动漫产品名称	属性分类（漫画、动画等）	书刊号/许可证号等	动漫产品的市场情况	获奖情况

表 7　　企业动漫开发环境

开发场地面积（平方米）					
大中小型机	台数		服务器	台数	
	型号			型号	
工作站	台数		PC 机	台数	
	型号			型号	
笔记本	台数		动作捕捉系统	套数	
	型号			型号	

续表

三维扫描仪	台数		广播级录像机	台数	
	型号			型号	
录音、混音、监听设备	台数		磁盘阵列	容量	
	型号			型号	
备　　注					

表 8　　申报企业人员构成情况

职工总数			大专以上学历者占职工总数（%）				
动漫技术人员数			动漫技术人员数占职工总数（%）				
职工学历构成	大专		本科		硕士		博士	
动漫专业人员构成	研究开发人员数		工程和项目管理人员数		市场推广与技术服务人员数		

表 9　　省级认定机构初审意见

省级认定机构初审意见	签章 年　月　日

附件 2：

动漫企业认定申请书

省（自治区、直辖市、计划单列市）动漫企业认定管理机构：

经对照《动漫企业认定管理办法（试行）》自我评价，我单位认为符合动漫企业认定标准，自愿向认定机构提出认定申请。我单位承诺，所提交的全部申请材料都是真实、合法、有效的，如有不实，我单位愿意承担由此引发的一切法律责任及其他后果。

特此申请。

（企业盖章）

年　　月　　日

财政部 国家税务总局关于中国中化集团有限公司重组上市资产评估增值有关企业所得税政策问题的通知

2010 年 6 月 30 日 财税〔2010〕49 号

各省、自治区、直辖市、计划单列市财政厅（局）、国家税务局、地方税务局：

为支持中国中化集团公司重组改制上市工作，经国务院批准，现就其重组改制上市过程中资产评估增值涉及的企业所得税政策问题明确如下：

一、中国中化集团有限公司在重组改制上市过程中发生的资产评估增值 5 060 464.25 万元应缴纳的企业所得税不征收入库，直接转计中国中化集团有限公司的国有资本金。

二、对上述经过评估的资产，中国中化集团有限公司及其所属子公司可按评估后的资产价值计提折旧或摊销，并在企业所得税税前扣除。

请遵照执行。

国家税务总局关于金融企业贷款利息收入确认问题的公告

2010 年 11 月 5 日 国家税务总局公告 2010 年第 23 号

根据《中华人民共和国企业所得税法》及其实施条例的规定，现对金融企业贷款利息收入所得税处理问题公告如下：

一、金融企业按规定发放的贷款，属于未逾期贷款（含展期，下同），应根据先收利息后收本金的原则，按贷款合同确认的利率和结算利息的期限计算利息，并于债务人应付利息的日期确认收入的实现；属于逾期贷款，其逾期后发生的应收利息，应于实际收到的日期，或者虽未实际收到，但会计上确认为利息收入的日期，确认收入的实现。

二、金融企业已确认为利息收入的应收利息，逾期 90 天仍未收回，且会计上已冲减了当期利息收入的，准予抵扣当期应纳税所得额。

三、金融企业已冲减了利息收入的应收未收利息，以后年度收回时，应计入当期应纳税所得额计算纳税。

四、本公告自发布之日起 30 日后施行。

特此公告。

国家税务总局关于电网企业输电线路部分报废损失税前扣除问题的公告

2010 年 12 月 24 日　国家税务总局公告 2010 年第 30 号

根据《中华人民共和国企业所得税法实施条例》第三十二条的规定，现对电网企业输电铁塔和线路损失企业所得税税前扣除问题公告如下：

一、由于加大水电送出和增强电网抵御冰雪能力需要等原因，电网企业对原有输电线路进行改造，部分铁塔和线路拆除报废，形成部分固定资产损失。考虑到该部分资产已形成实质性损失，可以按照有关税收规定作为企业固定资产损失允许税前扣除。

二、上述部分固定资产损失，应按照该固定资产的总计税价格，计算每基铁塔和每公里线路的计税价格后，根据报废的铁塔数量和线路长度以及已计提折旧情况确定。

三、上述报废的部分固定资产，其中部分能够重新利用的，应合理计算价格，冲减当年度固定资产损失。

四、新投资建设的线路和铁塔，应单独作为固定资产，在投入使用后，按照税收的规定计提折旧。

本公告自 2011 年 1 月 1 日起施行。2010 年度没有处理的事项，按照本公告规定执行。

特此公告。

国家税务总局关于农村信用社省级联合社收取服务费有关企业所得税税务处理问题的通知

2010 年 2 月 22 日　国税函〔2010〕80 号

各省、自治区、直辖市和计划单列市国家税务局、地方税务局：

为深化农村信用社改革，按照《国务院关于深化农村信用社改革方案的通知》（国发〔2003〕15 号）的要求，各省相继组建了省级农村信用联合社（以下简称省联社）。省联社的投资人为本省各农村信用社和地（市）级、县级联社（以下简称基层社），为独立法人机构。省联社的主要职能为对本省各基层社提供管理、指导、协调和服务等，每年发生的服务性支出，由各基层社按比例共同负担。鉴于省联社和基层社的特殊的组成关系，关于省联社每年发生的服务性支出有关企业所得税处理问题，根据《中华人民共和国企业所得税法》第四十一条及其实施条例第一百一十二条的规定，经研究，现通知如下：

一、省联社每年度为履行其职能所发生的各项费用支出，包括人员费用、办公费用、差旅费、利息支出、研究与开发费以及固定资产折旧费、无形资产摊销费等，应统一归集，作为其基层社共同发生的费用，按合理比例分摊后由基层社税前扣除。

上款所指每年度固定资产折旧费、无形资产摊销费是指省联社购置的固定资产和无形资产按照税法规定每年度应提取的折旧额或摊销额。

二、省联社发生的本年度各项费用，在分摊时，应根据本年度实际发生数，按照以下公式，分摊给其各基层社。

各基层社本年度应分摊的费用＝省联社本年度发生的各项费用×本年度该基层社营业收入/本年度各基层社营业总收入

省联社由于特殊情况需要改变上述分摊方法的，由联社提出申请，经省级税务机关确认后执行。

省联社分摊给各基层社的上述费用，在按季或按月申报预缴所得税时，可以按季或按月计算扣除，年度汇算。

三、省联社每年制定费用分摊方案后，应报省级国家税务局确认后执行。各省级国家税务局根据本通知的规定，实施具体管理。

四、本通知实施前，经税务总局批准，有关省联社已向基层社收取专项资金购买固定资产、无形资产等，凡该项资金已按税务总局单项批复由各基层社分摊在税前扣除的，其相应资产不得再按照本办法规定重复提取折旧费、摊销费，并向基层社分摊扣除。各基层社交付给省联社的上述专项资金的税务处理，仍按照税务总局已批准的专项文件规定继续执行到期满。

五、省联社自身从事其他业务取得收入所发生的相应费用，应该单独核算，不能作为基层社共同发生的费用进行分摊。

六、地市与县联社发生上述共同费用的税务处理，也应按照本通知规定执行。

七、本通知自2009年1月1日起执行。2008年度没有按照本规定或者以前专项规定执行的，可以按照本规定执行，并统一在2009年度汇算清缴时进行纳税调整。2008年度按照以前办法由省联社向基层社收取管理费的，该收取的管理费与按本通知规定计算的可由基层社分摊的费用扣除额的差额，应在2009年度汇算清缴时一并进行纳税调整。

国家税务总局关于跨地区经营建筑企业所得税征收管理问题的通知

2010年4月19日　国税函〔2010〕156号

（注释：条款失效。“八、建筑企业在同一省、自治区、直辖市和计划单列市设立的跨地（市、县）项目部，其企业所得税的征收管理办法，由各省、自治区、直辖市和计划单列市国家税务局、地方税务局共同制定，并报国家税务总局备案”修改为：“八、建筑企业在同一省、自治区、直辖市和计划单列市设立的跨地（市、县）项目部，其企业所得税的征收管理办法，由各省、自治区、直辖市和计划单列市税务局制定，并报国家税务总局备案”。参见：《国家税务总局关于修改部分税收规范性文件的公告》（国家税务总局公告2018年第31号）。）

各省、自治区、直辖市和计划单列市国家税务局、地方税务局：

为加强对跨地区（指跨省、自治区、直辖市和计划单列市，下同）经营建筑企业所得税的征收管理，根据《中华人民共和国企业所得税法》及其实施条例、《中华人民共和国税收征收管理法》及其实施细则、《国家税务总局关于印发〈跨地区经营汇总纳税企业所得税征收管理暂行办法〉的通知》（国税发〔2008〕28号）的规定，现对跨地区经营建筑企业所得税征收管理问题通知如下：

一、实行总分机构体制的跨地区经营建筑企业应严格执行国税发〔2008〕28号文件规定，按照“统一计算，分级管理，就地预缴，汇总清算，财政调库”的办法计算缴纳企业所得税。

二、建筑企业所属二级或二级以下分支机构直接管理的项目部（包括与项目部性质相同的工程指挥部、合同段等，下同）不就地预缴企业所得税，其经营收入、职工工资和资产总额应汇总到二级分支机构统一核算，由二级分支机构按照国税发〔2008〕28号文件规定的办法预缴企业所得税。

三、建筑企业总机构直接管理的跨地区设立的项目部，应按项目实际经营收入的0.2%按月或按季由总机构向项目所在地预分企业所得税，并由项目部向所在地主管税务机关预缴。

四、建筑企业总机构应汇总计算企业应纳所得税，按照以下方法进行预缴：

（一）总机构只设跨地区项目部的，扣除已由项目部预缴的企业所得税后，按照其余额就地缴纳；

（二）总机构只设二级分支机构的，按照国税发〔2008〕28号文件规定计算总、分支机构应缴纳的税款；

（三）总机构既有直接管理的跨地区项目部，又有跨地区二级分支机构的，先扣除已由项目部预缴的企业所得税后，再按照国税发〔2008〕28号文件规定计算总、分支机构应缴纳的税款。

五、建筑企业总机构应按照有关规定办理企业所得税年度汇算清缴，各分支机构和项目部不进行汇算清缴。总机构年终汇算清缴后应纳所得税额小于已预缴的税款时，由总机构主管税务机关办理退税或抵扣以后年度的应缴企业所得税。

六、跨地区经营的项目部（包括二级以下分支机构管理的项目部）应向项目所在地主管税务机关出具总机构所在地主管税务机关开具的《外出经营活动税收管理证明》，未提供上述证明的，项目部所在地主管税务机关应督促其限期补办；不能提供上述证明的，应作为独立纳税人就地缴纳企业所得税。同时，项目部应向所在地主管税务机关提供总机构出具的证明该项目部属于总机构或二级分支机构管理的证明文件。

七、建筑企业总机构在办理企业所得税预缴和汇算清缴时，应附送其所直接管理的跨地区经营项目部就地预缴税款的完税证明。

八、建筑企业在同一省、自治区、直辖市和计划单列市设立的跨地（市、县）项目部，其企业所得税的征收管理办法，由各省、自治区、直辖市和计划单列市国家税务局、地方税务局共同制定，并报国家税务总局备案。

九、本通知自2010年1月1日起施行。

国家税务总局关于房地产开发企业开发产品完工条件确认问题的通知

2010 年 5 月 12 日 国税函〔2010〕201 号

各省、自治区、直辖市和计划单列市国家税务局、地方税务局：

现就房地产开发企业开发产品完工条件确认有关问题，通知如下：

根据《国家税务总局关于房地产开发经营业务征收企业所得税问题的通知》（国税发〔2006〕31 号）规定精神和《国家税务总局关于印发〈房地产开发经营业务企业所得税处理办法〉的通知》（国税发〔2009〕31 号）第三条规定，房地产开发企业建造、开发的开发产品，无论工程质量是否通过验收合格，或是否办理完工（竣工）备案手续以及会计决算手续，当企业开始办理开发产品交付手续（包括入住手续）、或已开始实际投入使用时，为开发产品开始投入使用，应视为开发产品已经完工。房地产开发企业应按规定及时结算开发产品计税成本，并计算企业当年度应纳税所得额。

国家税务总局关于中国冶金科工集团有限公司有关涉税诉求问题的函

2010 年 7 月 29 日 国税办函〔2010〕613 号

中国冶金科工集团有限公司：

现将你公司下属建筑企业跨地区经营中出现的相关涉税诉求答复如下：

一、关于建筑企业跨地区施工项目工作人员的个人所得税征管问题

建筑企业跨地区施工项目工作人员的个人所得税征管问题，按照《国家税务总局关于印发〈建筑安装业个人所得税征收管理暂行办法〉的通知》（国税发〔1996〕127 号）以及《国家税务总局关于建筑安装企业扣缴个人所得税有关问题的批复》（国税函〔2001〕505 号）的相关规定执行。

二、关于建筑企业跨地区经营的企业所得税征管问题

2008 年度及 2009 年度建筑企业跨地区经营的企业所得税征管问题，按照《国家税务总局关于印发〈跨地区经营汇总纳税企业所得税征收管理暂行办法〉的通知》（国税发〔2008〕28 号）以及《国家税务总局关于建筑企业所得税征管有关问题的通知》（国税函〔2010〕39 号）的相关规定执行。

2010 年 1 月 1 日起，建筑企业跨地区经营的企业所得税征管问题，按照《国家税务总局关于印发〈跨地区经营汇总纳税企业所得税征收管理暂行办法〉的通知》（国税发〔2008〕28 号）和《国家税务总局关于跨地区经营建筑企业所得税征收管理问题的通知》

（国税函〔2010〕156 号）的相关规定执行。

财政部　国家税务总局　中宣部关于下发红旗出版社有限责任公司等中央所属转制文化企业名单的通知

2011 年 3 月 16 日　财税〔2011〕3 号

各省、自治区、直辖市、计划单列市党委宣传部、财政厅（局）、国家税务局、地方税务局，新疆生产建设兵团财务局：

一、按照《财政部、国家税务总局、中宣部关于转制文化企业名单及认定问题的通知》（财税〔2009〕105 号）的规定，红旗出版社有限责任公司等二十二家中央所属文化企业已被认定为转制文化企业，现将名单发给你们，名单所列转制文化企业按照《财政部、国家税务总局关于文化体制改革中经营性文化事业单位转制为企业的若干税收政策问题的通知》（财税〔2009〕34 号）的规定享受税收优惠政策。

二、财税〔2009〕34 号文件中“转制注册之日”是指经营性文化事业单位转制为企业并进行工商注册之日。对于经营性文化事业单位转制前已进行企业法人登记，则按注销事业单位法人登记之日或核销事业编制的批复之日（转制前并没有进行事业单位法人登记）起确定转制完成并享受财税〔2009〕34 号文件规定的税收优惠政策。本通知下发前各地不论是按转制注册之日还是按转制批复之日计算已征免的税款部分，不再做调整。

特此通知。

附件：中央所属转制文化企业名单

附件：

中央所属转制文化企业名单

红旗出版社有限责任公司	开明出版社
线装书局	中国画报出版社
西苑出版社	新世界出版社有限责任公司
金城出版社	新星出版社有限责任公司
中国建材工业出版社	中国旅游出版社
当代中国出版社	原子能出版社
方志出版社	法律出版社
中国少年儿童新闻出版总社	中国法制出版社
语文出版社	团结出版社
中国铁道出版社	《中国汽车报》社
中国劳动社会保障出版社	新华网络有限公司

财政部 国家税务总局关于我国石油企业在境外从事油（气）资源开采所得税收抵免有关问题的通知

2011年5月26日 财税〔2011〕23号

各省、自治区、直辖市、计划单列市财政厅（局）、国家税务局、地方税务局，新疆生产建设兵团财务局：

根据《中华人民共和国企业所得税法》及其《实施条例》和《财政部 国家税务总局关于企业境外所得税收抵免有关问题的通知》（财税〔2009〕125号）的有关规定，现就我国石油企业在境外从事油（气）资源开采所得计征企业所得税时抵免境外已纳或负担所得税额的有关问题补充通知如下：

一、石油企业可以选择按国（地区）别分别计算（即“分国（地区）不分项”），或者不按国（地区）别汇总计算（即“不分国（地区）不分项”）其来源于境外油（气）项目投资、工程技术服务和工程建设的油（气）资源开采活动的应纳税所得额，并按照财税〔2009〕125号文件第八条规定的税率，分别计算其可抵免境外所得税税额和抵免限额。上述方式一经选择，5年内不得改变。

石油企业选择采用不同于以前年度的方式（以下简称新方式）计算可抵免境外所得税税额和抵免限额时，对该企业以前年度按照财税〔2009〕125号文件规定没有抵免完的余额，可在税法规定结转的剩余年限内，按新方式计算的抵免限额中继续结转抵免。

二、石油企业在境外从事油（气）项目投资、工程技术服务和工程建设的油（气）资源开采活动取得股息所得，在按规定计算该石油企业境外股息所得的可抵免所得税额和抵免限额时，由该企业直接或者间接持有20%以上股份的外国企业，限于按照财税〔2009〕125号文件第六条规定的持股方式确定的五层外国企业，即：

第一层：石油企业直接持有20%以上股份的外国企业；

第二层至第五层：单一上一层外国企业直接持有20%以上股份，且由该石油企业直接持有或通过一个或多个符合财税〔2009〕125号文件第六条规定持股方式的外国企业间接持有总和达到20%以上股份的外国企业。

三、石油企业境外所得税收抵免的其他事项，按照财税〔2009〕125号文件的有关规定执行。

四、本通知自2010年1月1日起执行。

财政部　国家税务总局　中宣部关于下发人民网股份有限公司等81家中央所属转制文化企业名单的通知

2011年4月27日　财税〔2011〕27号

北京市财政局、国家税务局、地方税务局，北京市宣传部：

按照《财政部、国家税务总局、中宣部关于转制文化企业名单及认定问题的通知》（财税〔2009〕105号）的规定，人民网股份有限公司等81家中央所属文化企业已被认定为转制文化企业，现将名单发给你们，名单所列转制文化企业按照《财政部、国家税务总局关于文化体制改革中经营性文化事业单位转制为企业的若干税收政策问题的通知》（财税〔2009〕34号）的规定享受税收优惠政策。税收优惠政策的执行启始期限按《财政部、国家税务总局、中宣部关于下发红旗出版社有限责任公司等中央所属转制文化企业名单的通知》（财税〔2011〕3号）的规定执行。

特此通知。

附件：中央所属转制文化企业名单

附件：

中央所属转制文化企业名单

人民网股份有限公司
中央文献出版社
社会科学文献出版社
党建读物出版社
企业管理出版社
中国工商出版社
人民卫生出版社
中国工人出版社
宗教文化出版社
中国青年出版社
经济管理出版社
中国建筑工业出版社
华语教学出版社有限责任公司
中国统计出版社
朝华出版社有限责任公司
中国方正出版社
外文出版社有限责任公司
中国税务出版社
海豚出版社有限责任公司
中国财政经济出版社
中共党史出版社
中国城市出版社
高等教育出版社
中国摄影出版社
人民教育出版社
中国长安出版社
中国社会科学出版社
中国戏剧出版社
知识产权出版社
中国地图出版社
中国国际图书贸易集团有限公司
科学普及出版社
国家行政学院出版社
中国市场出版社

中国计划出版社
冶金工业出版社
中国石化出版社有限公司
中国发展出版社
人民交通出版社
中国体育报业总社
航空工业出版社
北京航宇音像出版社
《国际航空》杂志社
人民日报出版社
化学工业出版社
中国中医药出版社
电子工业出版社
中国妇女出版社
文物出版社
华文出版社
中国民族摄影艺术出版社
中央编译出版社
中国人口出版社
作家出版社
经济科学出版社
中国华侨出版社
中国宇航出版有限责任公司
中国纺织出版社
台海出版社
中共中央党校出版社
中国民航出版社
群言出版社
中国经济出版社
中国社会出版社
中国商务出版社
九州出版社
中国医药科技出版社
中国言实出版社
五洲传播出版社
研究出版社
中国电影出版社
中国文联出版社
中国三峡出版社
海洋出版社
中国商业出版社
当代世界出版社
中国农业科学技术出版社
中国农业出版社
中国人事出版社
华夏出版社
中国水利水电出版社

财政部　国家税务总局关于电网企业接受用户资产有关企业所得税政策问题的通知

2011 年 4 月 25 日　财税〔2011〕35 号

各省、自治区、直辖市、计划单列市财政厅（局）、国家税务局、地方税务局，新疆生产建设兵团财务局：

为维护电网安全稳定运行，保障用户用电权益，经国务院批准，现将中央电网企业接受用户资产有关企业所得税政策问题通知如下：

一、对国家电网公司和中国南方电网有限责任公司及所属全资、控股企业接收用户资产应缴纳的企业所得税不征收入库，直接转增国家资本。

二、有关电网企业对接收的用户资产，可按接收价值计提折旧，并在企业所得税税前扣除。

三、本通知所称用户资产，是指由用户出资建设的、专门用于电力接入服务的专用网架及其附属设备、设施等供电配套资产，包括：由用户出资建设的城市电缆下地等工程形成的资产；由用户出资建设的小区配电设施形成的资产；用户为满足自身用电需要，出资建设的专用输变电、配电及计量资产等。所称用户，包括政府、机关、军队、企业事业单位、社会团体、居民等电力用户。

四、本通知自印发之日起执行。本通知下发前有关电网企业已接收的用户资产，按照本通知规定执行。

国家税务总局关于发布《海上油气生产设施弃置费企业所得税管理办法》的公告

2011 年 3 月 22 日　国家税务总局公告 2011 年第 22 号

现将《海上油气生产设施弃置费企业所得税管理办法》予以发布，自发布之日起 30 日后施行。

特此公告。

附件：海上油气生产设施弃置费企业所得税管理办法

附件：

海上油气生产设施弃置费企业所得税管理办法

第一章　总　则

第一条　为加强和规范海上油气生产设施弃置费企业所得税管理，根据《中华人民共和国税收征收管理法》《中华人民共和国企业所得税法实施条例》《国家发展和改革委员会　国家能源局　财政部　国家税务总局　国家海洋局关于印发〈海上油气生产设施废弃处置管理暂行规定〉的通知》（发改能源〔2010〕1305 号）的有关规定，制定本办法。

第二条　本办法所指弃置费，是指从事开采我国海上油气资源的企业，为承担油气生产设施废弃处置的责任和义务所发生的，用于井及相关设施的废弃、拆移、填埋等恢复生态环境及其前期准备等各项专项支出。主要包括弃置前期研究、停产准备、工程设施弃置、油井弃置等相关费用。

第三条　本办法所指海上油气生产设施（以下简称设施），包括海上油井、气井、水井、固定平台、人工岛、单点系泊、浮式生产储油装置，海底电缆、管道、水下生产系统，陆岸终端，以及其他水上、水下的油气生产的相关辅助配套设施。

第四条　本办法所指企业，是指参与开采海上油气资源的中国企业和外国企业。

第五条　本办法所指作业者，是指负责海上油（气）田作业的实体。包括开采海上石油资源的本企业、或者投资各方企业。

第二章 废弃处置方案的备案

第六条 企业开始提取弃置费前，应提供作业者编制的海上油（气）田设施废弃处置预备方案，报主管税务机关备案。预备方案应当包括弃置费估算、弃置费筹措方法和弃置方式等内容。

第七条 设施废弃处置预备方案发生修改的，企业应在修改后的30日内报主管税务机关备案。

第八条 海上油（气）田实施弃置作业前，应将其按照国家有关主管部门要求编制的设施废弃处置实施方案，报主管税务机关备案。

第三章 弃置费的计提和税前扣除

第九条 海上油（气）田弃置费，按照设施废弃处置预备方案中规定的方法（产量法或年限平均法）按月提取。多个企业合作开发一个油（气）田的，其弃置费计提应该采取同一方法。企业弃置费计提方法确定后，除设施废弃处置预备方案修改外，不得变更。

第十条 本办法实施后进入商业生产的海上油（气）田，弃置费自进入商业生产的次月起开始计提。

本办法实施前已进入商业生产的海上油（气）田，弃置费自作业者补充编制的设施废弃处置预备方案报主管税务机关备案后的次月起开始计提。

作业者修改废弃处置预备方案的，修改后弃置费在废弃处置预备方案重新报主管税务机关备案的次月起开始计提。

第十一条 采用年限平均法分月计提弃置费，应按照以下公式计算：

当月计提弃置费=（预备方案中的弃置费总额-累计已计提弃置费用）÷合同生产期（月）-当月弃置费专款账户损益

本条及下条公式中的“当月弃置费专款账户损益”，包括专款账户利息、汇兑损益等。其中汇兑损益为弃置费以人民币以外货币计提存储情况下，按照上月末即期人民币汇率中间价折算为人民币时，弃置费专款账户余额发生的汇兑损益。

本办法实施前已进入商业生产的海上油（气）田，合同生产期（月）为开始计提弃置费的剩余月份。

第十二条 采用产量法计提弃置费，应按照以下公式计算：

本月计提弃置费=（预备方案中的弃置费总额-累计已计提弃置费用）×本月计提比例-当月弃置费专款账户损益

本月计提比例=本月油（气）田实际产量÷（本月油（气）田实际产量+期末探明已开发储量）

期末探明已开发储量是指，已探明的开发储量，在现有设施条件下对应的可开采储量。

第十三条 作业者应在纳税年度结束后，就当年提取的弃置费具体情况进行调整。企业应在年度汇算清缴时，根据作业者的调整情况，确认本年度弃置费列支数额。

第十四条 修改设施废弃处置预备方案，导致弃置费提取数额、方法发生变化的，应自方案修改后的下个月开始，就新方案中的弃置费总额，减去累计已计提弃置费后的余额，按照新方案确定的方法继续计提。

第十五条 油（气）田企业或合作各方企业应承担或者按投资比例承担设施废弃处置的责任和义务，其按本办法计提的弃置费，应依照规定作为环境保护、生态恢复等方面专项资金，并准予在计算企业年度应纳税所得额时扣除。

第十六条 合作油（气）田的合同生产期尚未结束，一方企业决定放弃生产，将油（气）田所有权全部转移给另一方企业、或者合作油（气）田的合同生产期结束，一方企业决定继续生产，若放弃方或退出方企业取得已经计提的弃置费补偿，应作为收入计入企业当年度应纳税所得计算纳税。支付方企业可以作为弃置费，在支付年度一次性扣除。

第四章 弃置费的使用

第十七条 作业者实施海上油（气）田设施废弃处置时发生的弃置费，应单独归集核算，并从按照本办法规定提取的弃置费中扣除。

第十八条 作业者完成海上油（气）田设施废弃处置后，提取的弃置费仍有余额，应相应调增弃置费余额所归属企业当年度的应纳税所得额。

第十九条 作业者完成海上油（气）田设施废弃处置后，实际发生的弃置费超过计提的部分，应作为企业当年度费用，在计算企业应纳税所得额时扣除。

第五章 弃置费的管理

第二十条 弃置费专款账户资金所产生的损益，应计入弃置费，并相应调整当期弃置费提取额。

第二十一条 弃置费的计提、清算应统一使用人民币作为货币单位。发生的汇兑损益，直接增加或减少弃置费。

第二十二条 企业在申报当年度企业所得税汇算清缴资料时，应附送海上油气生产设施弃置费情况表（见附表）。

第二十三条 海上油（气）田设施废弃处置作业完成后，在进行税务清算时，应提供企业对弃置费的计提、使用和各投资方承担等情况的说明。

第六章 附 则

第二十四条 企业依本办法计提的弃置费，凡改变用途的，不得在企业所得税前扣除。已经扣除的，应调增改变用途当年的应纳税所得额，并按《中华人民共和国税收征收管理法》的有关规定处理。

附件：海上油气生产设施弃置费情况表

附件：

海上油气生产设施弃置费情况表

纳税人名称：

所属期间：　　年　月　日至　　年　月　日

纳税人识别号：□□□□□□□□□□□□□□□

单位：　元

油（气）田名称及投资比例 / 明细项目	油（气）田名称： 投资比例： 弃置费专款账号：		油（气）田名称： 投资比例： 弃置费专款账号：		油（气）田名称： 投资比例： 弃置费专款账号：		合计
	美元	人民币	美元	人民币	美元	人民币	
一、弃置费计提总额							
二、弃置费调整后金额							
三、年初弃置费账户金额							
四、本年度提取弃置费金额							
五、本年度弃置费资金损益							
六、本年度弃置费汇兑损益							
七、年末弃置费账户金额							
八、兑换率							
九、备注							

填表说明：

1. 弃置费专款账号：可为人民币、美元或其他货币。外国货币应换算成人民币。
2. 表中金额，填写纳税人的净份额。

填报日期		填报人		纳税人（盖章）	
财务负责人（签字）					

国家税务总局关于煤矿企业维简费和高危行业企业安全生产费用企业所得税税前扣除问题的公告

2011 年 3 月 31 日　国家税务总局公告 2011 年第 26 号

根据《中华人民共和国企业所得税法》（以下简称企业所得税法）和《中华人民共和国企业所得税法实施条例》规定，现就煤矿企业维简费和高危行业企业安全生产费用支出企业所得税税前扣除问题，公告如下：

一、煤矿企业实际发生的维简费支出和高危行业企业实际发生的安全生产费用支出，属于收益性支出的，可直接作为当期费用在税前扣除；属于资本性支出的，应计入有关资产成本，并按企业所得税法规定计提折旧或摊销费用在税前扣除。企业按照有关规定预提的维简费和安全生产费用，不得在税前扣除。

二、本公告实施前，企业按照有关规定提取的，且在税前扣除的煤矿企业维简费和高危行业企业安全生产费用，相关税务问题按以下规定处理：

（一）本公告实施前提取尚未使用的维简费和高危行业企业安全生产费用，应用于抵扣本公告实施后的当年度实际发生的维简费和安全生产费用，仍有余额的，继续用于抵扣以后年度发生的实际费用，至余额为零时，企业方可按本公告第一条规定执行。

（二）已用于资产投资、并计入相关资产成本的，该资产提取的折旧或费用摊销额，不得重复在税前扣除。已重复在税前扣除的，应调整作为 2011 年度应纳税所得额。

（三）已用于资产投资，并形成相关资产部分成本的，该资产成本扣除上述部分成本后的余额，作为该资产的计税基础，按照企业所得税法规定的资产折旧或摊销年限，从本公告实施之日的次月开始，就该资产剩余折旧年限计算折旧或摊销费用，并在税前扣除。

三、本公告自 2011 年 5 月 1 日起执行。

特此公告。

国家税务总局关于国家开发银行股份有限公司变更二级分支机构名单的公告

2011 年 6 月 17 日　国家税务总局公告 2011 年第 35 号

根据《国家税务总局关于中国工商银行股份有限公司等企业企业所得税有关征管问题的通知》（国税函〔2010〕184 号）规定，现将国家开发银行股份有限公司所属二级分支机构名单予以公布。

《国家税务总局关于印发中国工商银行股份有限公司等企业所属二级分支机构名单的公告》（国家税务总局公告 2010 年第 21 号）公布的国家开发银行股份有限公司二级分支机构

名单作废。

特此公告。

附件：国家开发银行所属二级分支机构名单

附件：

国家开发银行所属二级分支机构名单

序　号	分支机构名称	地　址
1	北京市分行	北京市
2	天津市分行	天津市
3	河北省分行	河北省石家庄市
4	山西省分行	山西省太原市
5	内蒙古自治区分行	内蒙古自治区呼和浩特市
6	辽宁省分行	辽宁省沈阳市
7	大连市分行	辽宁省大连市
8	吉林省分行	吉林省长春市
9	黑龙江分行	黑龙江省哈尔滨市
10	上海市分行	上海市
11	江苏省分行	江苏省南京市
12	浙江省分行	浙江省杭州市
13	宁波市分行	浙江省宁波市
14	山东省分行	山东省济南市
15	青岛市分行	山东省青岛市
16	安徽省分行	安徽省合肥市
17	江西省分行	江西省南昌市
18	福建省分行	福建省福州市
19	河南省分行	河南省郑州市
20	湖北省分行	湖北省武汉市
21	湖南省分行	湖南省长沙市
22	广东省分行	广东省广州市
23	深圳市分行	广东省深圳市
24	广西壮族自治区分行	广西壮族自治区南宁市
25	海南省分行	海南省海口市
26	重庆市分行	重庆市
27	四川省分行	四川省成都市
28	云南省分行	云南省昆明市
29	贵州省分行	贵州省贵阳市
30	陕西省分行	陕西省西安市
31	甘肃省分行	甘肃省兰州市
32	宁夏回族自治区分行	宁夏回族自治区银川市
33	青海省分行	青海省西宁市
34	新疆维吾尔自治区分行	新疆维吾尔自治区乌鲁木齐市

国家税务总局关于发布试点物流企业名单（第七批）的公告

2011年10月25日 国家税务总局公告2011年第55号

根据《国家税务总局关于试点物流企业有关税收政策问题的通知》（国税发〔2005〕208号）的有关规定，经国家发展和改革委员会和国家税务总局确认，现将第七批试点物流企业名单予以公布。纳入试点范围物流企业的有关税收问题按国税发〔2005〕208号文件的有关规定执行。

本公告自2011年11月20日起执行。

特此公告。

附件：试点物流企业名单（第七批）（略）

国家税务总局关于中国进出口银行所属二级分支机构名单问题的通知

2011年9月27日 国税函〔2011〕549号

各省、自治区、直辖市和计划单列市国家税务局、地方税务局：

经财政部批复同意，中国进出口银行福建代表处升格为福建分行，并立立安徽、宁波和云南分行。经中国银行业监督管理委员会江苏监管局同意，中国进出口银行南京分行更名为中国进出口银行江苏省分行。现将变更后的中国进出口银行所属二级分支机构名单予以公布。

《国家税务总局关于印发中国工商银行股份有限公司等企业所属二级分支机构名单的公告》（国家税务总局公告2010年第21号）中有关中国进出口银行二级分支机构名单同时废止。

附件：中国进出口银行所属二级分支机构名单

附件：

中国进出口银行所属二级分支机构名单

序　号	分支机构名称	地址
1	总行本部	北京市
2	北京分行	北京市
3	上海分行	上海市
4	深圳分行	广东省深圳市
5	江苏省分行	江苏省南京市

续表

序号	分支机构名称	地址
6	大连分行	辽宁省大连市
7	青岛分行	山东省青岛市
8	成都分行	四川省成都市
9	浙江省分行	浙江省杭州市
10	湖南省分行	湖南省长沙市
11	陕西省分行	陕西省西安市
12	重庆分行	重庆市
13	湖北省分行	湖北省武汉市
14	黑龙江省分行	黑龙江省哈尔滨市
15	广东省分行	广东省广州市
16	云南省分行	云南省昆明市
17	宁波分行	浙江省宁波市
18	福建省分行	福建省福州市
19	安徽省分行	安徽省合肥市

财政部　国家税务总局关于中国扶贫基金会所属小额贷款公司享受有关税收优惠政策的通知

2012 年 5 月 8 日　财税〔2012〕33 号

各省、自治区、直辖市、计划单列市财政厅（局）、国家税务局、地方税务局，新疆生产建设兵团财务局：

鉴于中国扶贫基金会为规范小额信贷的管理，逐步将下属的农户自立服务社（中心）转型为由中和农信项目管理有限公司独资成立的小额贷款公司。经研究，同意中和农信项目管理有限公司独资成立的小额贷款公司按照《财政部　国家税务总局关于中国扶贫基金会小额信贷试点项目税收政策的通知》（财税〔2010〕35 号）的规定，享受有关税收优惠政策。

特此通知。

财政部　国家税务总局　中国人民银行关于印发《跨省市总分机构企业所得税分配及预算管理办法》的通知

2012 年 6 月 12 日　财预〔2012〕40 号

各省、自治区、直辖市、计划单列市财政厅（局），国家税务局，地方税务局，财政部驻各省、自治区、直辖市、计划单列市财政监察专员办事处，中国人民银行上海总部，各分行、营业管理部，省会（首府）城市中心支行，深圳、大连、青岛、厦门、宁波市中心支行：

现将《跨省市总分机构企业所得税分配及预算管理办法》印发给你们，请认真贯彻执行。

附件：跨省市总分机构企业所得税分配及预算管理办法

附件：

跨省市总分机构企业所得税分配及预算管理办法

为了保证《中华人民共和国企业所得税法》的顺利实施，妥善处理地区间利益分配关系，做好跨省市总分机构企业所得税收入的征缴和分配管理工作，制定本办法。

一、主要内容

（一）基本方法。属于中央与地方共享范围的跨省市总分机构企业缴纳的企业所得税，按照统一规范、兼顾总机构和分支机构所在地利益的原则，实行“统一计算、分级管理、就地预缴、汇总清算、财政调库”的处理办法，总分机构统一计算的当期应纳税额的地方分享部分中，25%由总机构所在地分享，50%由各分支机构所在地分享，25%按一定比例在各地间进行分配。

统一计算，是指居民企业应统一计算包括各个不具有法人资格营业机构在内的企业全部应纳税所得额、应纳税额。总机构和分支机构适用税率不一致的，应分别按适用税率计算应纳所得税额。

分级管理，是指居民企业总机构、分支机构，分别由所在地主管税务机关属地进行监督和管理。

就地预缴，是指居民企业总机构、分支机构，应按本办法规定的比例分别就地按月或者按季向所在地主管税务机关申报、预缴企业所得税。

汇总清算，是指在年度终了后，总分机构企业根据统一计算的年度应纳税所得额、应纳所得税额，抵减总机构、分支机构当年已就地分期预缴的企业所得税款后，多退少补。

财政调库，是指财政部定期将缴入中央总金库的跨省市总分机构企业所得税待分配收入，按照核定的系数调整至地方国库。

（二）适用范围。跨省市总分机构企业是指跨省（自治区、直辖市和计划单列市，下同）设立不具有法人资格分支机构的居民企业。

总机构和具有主体生产经营职能的二级分支机构就地预缴企业所得税。三级及三级以下分支机构，其营业收入、职工薪酬和资产总额等统一并入二级分支机构计算。

按照现行财政体制的规定，国有邮政企业（包括中国邮政集团公司及其控股公司和直属单位）、中国工商银行股份有限公司、中国农业银行股份有限公司、中国银行股份有限公司、国家开发银行股份有限公司、中国农业发展银行、中国进出口银行、中国投资有限责任公司、中国建设银行股份有限公司、中国建银投资有限责任公司、中国信达资产管理股份有限公司、中国石油天然气股份有限公司、中国石油化工股份有限公司、海洋石油天然气企业（包括中国海洋石油总公司、中海石油（中国）有限公司、中海油田服务股份有限公司、海洋石油工程股份有限公司）、中国长江电力股份有限公司等企业总分机构缴纳的企业所得税（包括滞纳金、罚款收入）为中央收入，全额上缴中央国库，不实行本办法。

不具有主体生产经营职能且在当地不缴纳营业税、增值税的产品售后服务、内部研发、仓储等企业内部辅助性的二级分支机构以及上年度符合条件的小型微利企业及其分支机构，不实行本办法。

居民企业在中国境外设立不具有法人资格分支机构的，按本办法计算有关分期预缴企业所得税时，其应纳税所得额、应纳所得税额及分摊因素数额，均不包括其境外分支机构。

二、预算科目

从2013年起，在《政府收支分类科目》中增设1010449项“分支机构汇算清缴所得税”科目，其下设01目“国有企业分支机构汇算清缴所得税”、02目“股份制企业分支机构汇算清缴所得税”、03目“港澳台和外商投资企业分支机构汇算清缴所得税”、99目“其他企业分支机构汇算清缴所得税”，有关科目说明及其他修订情况见《2013年政府收支分类科目》。

三、税款预缴

由总机构统一计算企业应纳税所得额和应纳所得税额，并分别由总机构、分支机构按月或按季就地预缴。

（一）分支机构分摊预缴税款。总机构在每月或每季终了之日起十日内，按照上年度各省市分支机构的营业收入、职工薪酬和资产总额三个因素，将统一计算的企业当期应纳税额的50%在各分支机构之间进行分摊（总机构所在省市同时设有分支机构的，同样按三个因素分摊），各分支机构根据分摊税款就地办理缴库，所缴纳税款收入由中央与分支机构所在地按60：40分享。分摊时三个因素权重依次为0.35、0.35和0.3。当年新设立的分支机构第二年起参与分摊；当年撤销的分支机构自办理注销税务登记之日起不参与分摊。

本办法所称的分支机构营业收入，是指分支机构销售商品、提供劳务、让渡资产使用权等日常经营活动实现的全部收入。其中，生产经营企业分支机构营业收入是指生产经营企业分支机构销售商品、提供劳务、让渡资产使用权等取得的全部收入；金融企业分支机构营业收入是指金融企业分支机构取得的利息、手续费、佣金等全部收入；保险企业分支机构营业收入是指保险企业分支机构取得的保费等全部收入。

本办法所称的分支机构职工薪酬，是指分支机构为获得职工提供的服务而给予职工的各种形式的报酬。

本办法所称的分支机构资产总额，是指分支机构在12月31日拥有或者控制的资产合计额。

各分支机构分摊预缴额按下列公式计算：

各分支机构分摊预缴额＝所有分支机构应分摊的预缴总额×该分支机构分摊比例

其中：

所有分支机构应分摊的预缴总额＝统一计算的企业当期应纳所得税额×50%

该分支机构分摊比例＝（该分支机构营业收入/各分支机构营业收入之和）×0.35＋（该分支机构职工薪酬/各分支机构职工薪酬之和）×0.35＋（该分支机构资产总额/各分支机构资产总额之和）×0.30

以上公式中，分支机构仅指需要参与就地预缴的分支机构。

（二）总机构就地预缴税款。总机构应将统一计算的企业当期应纳税额的25%，就地办理缴库，所缴纳税款收入由中央与总机构所在地按60：40分享。

（三）总机构预缴中央国库税款。总机构应将统一计算的企业当期应纳税额的剩余 25%，就地全额缴入中央国库，所缴纳税款收入 60% 为中央收入，40% 由财政部按照 2004 年至 2006 年各省市三年实际分享企业所得税占地方分享总额的比例定期向各省市分配。

四、汇总清算

企业总机构汇总计算企业年度应纳所得税额，扣除总机构和各境内分支机构已预缴的税款，计算出应补应退税款，分别由总机构和各分支机构（不包括当年已办理注销税务登记的分支机构）就地办理税款缴库或退库。

（一）补缴的税款按照预缴的分配比例，50% 由各分支机构就地办理缴库，所缴纳税款收入由中央与分支机构所在地按 60∶40 分享；25% 由总机构就地办理缴库，所缴纳税款收入由中央与总机构所在地按 60∶40 分享；其余 25% 部分就地全额缴入中央国库，所缴纳税款收入中 60% 为中央收入，40% 由财政部按照 2004 年至 2006 年各省市三年实际分享企业所得税占地方分享总额的比例定期向各省市分配。

（二）多缴的税款按照预缴的分配比例，50% 由各分支机构就地办理退库，所退税款由中央与分支机构所在地按 60∶40 分担；25% 由总机构就地办理退库，所退税款由中央与总机构所在地按 60∶40 分担；其余 25% 部分就地从中央国库退库，其中 60% 从中央级 1010442 项“总机构汇算清缴所得税”下有关科目退付，40% 从中央级 1010443 项“企业所得税待分配收入”下有关科目退付。

五、税款缴库程序

（一）分支机构分摊的预缴税款、汇算补缴税款、查补税款（包括滞纳金和罚款）由分支机构办理就地缴库。分支机构所在地税务机关开具税收缴款书，预算科目栏按企业所有制性质对应填写 1010440 项“分支机构预缴所得税”、1010449 项“分支机构汇算清缴所得税”和 1010450 项“企业所得税查补税款、滞纳金、罚款收入”下的有关目级科目名称及代码，“级次”栏填写“中央 60%、地方 40%”。

（二）总机构就地预缴、汇算补缴、查补税款（包括滞纳金和罚款）由总机构合并办理就地缴库。中央与地方分配方式为中央 60%，企业所得税待分配收入（暂列中央收入）20%，总机构所在地 20%。总机构所在地税务机关开具税收缴款书，预算科目栏按企业所有制性质对应填写 1010441 项“总机构预缴所得税”、1010442 项“总机构汇算清缴所得税”和 1010450 项“企业所得税查补税款、滞纳金、罚款收入”下的有关目级科目名称及代码，“级次”栏按上述分配比例填写“中央 60%、中央 20%（待分配）、地方 20%”。

国库部门收到税款（包括滞纳金和罚款）后，将其中 60% 列入中央级 1010441 项“总机构预缴所得税”、1010442 项“总机构汇算清缴所得税”和 1010450 项“企业所得税查补税款、滞纳金、罚款收入”下有关目级科目，20% 列入中央级 1010443 项“企业所得税待分配收入”下有关目级科目，20% 列入地方级 1010441 项“总机构预缴所得税”、1010442 项“总机构汇算清缴所得税”和 1010450 项“企业所得税查补税款、滞纳金、罚款收入”下有关目级科目。

（三）多缴的税款由分支机构和总机构所在地税务机关开具收入退还书并按规定办理退库。收入退还书预算科目按企业所有制性质对应填写，预算级次按原缴款时的级次填写。

六、财政调库

财政部根据 2004 年至 2006 年各省市三年实际分享企业所得税占地方分享总额的比例，

定期向中央总金库按目级科目开具分地区调库划款指令，将“企业所得税待分配收入”全额划转至地方国库。地方国库收款后，全额列入地方级1010441项“总机构预缴所得税”下的目级科目办理入库，并通知同级财政部门。

七、其他

（一）跨省市总分机构企业缴纳的所得税查补税款、滞纳金、罚款收入，按中央与地方60：40分成比例就地缴库。需要退还的所得税查补税款、滞纳金和罚款收入仍按现行管理办法办理审批退库手续。

（二）财政部于每年1月初按中央总金库截至上年12月31日的跨省市总分机构企业所得税待分配收入进行分配，并在库款报解整理期（1月1日至1月10日）内划转至地方国库；地方国库收到下划资金后，金额纳入上年度地方预算收入。地方财政列入上年度收入决算。各省市分库在12月31日向中央总金库报解最后一份中央预算收入日报表后，整理期内再收纳的跨省市分机构企业缴纳的所得税，统一作为新年度的缴库收入处理。

（三）税务机关与国库部门在办理总机构缴纳的所得税对账时，需要将1010441项“总机构预缴所得税”、1010442项“总机构汇算清缴所得税”、1010443项“企业所得税待分配收入”下设的目级科目按级次核对一致。

（四）本办法自2013年1月1日起执行。《财政部 国家税务总局 中国人民银行关于印发〈跨省市总分机构企业所得税分配及预算管理暂行办法〉的通知》（财预〔2008〕10号）同时废止。

（五）分配给地方的跨省市总分机构企业所得税收入，以及省区域内跨市县经营企业缴纳的企业所得税收入，可参照本办法制定省以下分配与预算管理办法。

财政部 国家税务总局关于苏州工业园区有限合伙制创业投资企业法人合伙人企业所得税试点政策的通知

2012年8月1日 财税〔2012〕67号

江苏省财政厅、国家税务局、地方税务局、苏州工业园区管委会：

为进一步促进创业投资企业的发展，根据国务院有关文件精神，现就苏州工业园区有限合伙制创业投资企业法人合伙人有关企业所得税试点政策通知如下：

一、注册在苏州工业园区内的有限合伙制创业投资企业采取股权投资方式投资于未上市的中小高新技术企业2年（24个月）以上，该有限合伙制创业投资企业的法人合伙人，可在有限合伙制创业投资企业持有未上市中小高新技术企业股权满2年的当年，按照该法人合伙人对该未上市中小高新技术企业投资额的70%，抵扣该法人合伙人从该有限合伙制创业投资企业分得的应纳税所得额，当年不足抵扣的，可以在以后纳税年度结转抵扣。

二、有限合伙制创业投资企业的法人合伙人对未上市斗小高新技术企业的投资额，按照有限合伙制创业投资企业对中小高新技术企业的投资额和合伙协议约定的法人合伙人占有限合伙制创业投资企业的出资比例计算确定。

三、本通知所称有限合伙制创业投资企业是指依照《中华人民共和国合伙企业法》和

《创业投资企业管理暂行办法》（国家发展和改革委员会令第 39 号），在苏州工业园区设立的专门从事创业投资活动的有限合伙企业。

四、有限合伙制创业投资企业法人合伙人享受本通知规定的税收优惠政策的其他相关问题，参照《国家税务总局关于实施创业投资企业所得税优惠问题的通知》（国税发〔2009〕87 号）的规定执行。

五、本通知自 2012 年 1 月 1 日至 2013 年 12 月 31 日执行。

国家税务总局关于发布试点物流企业名单（第八批）的公告

2012 年 7 月 12 日　国家税务总局公告 2012 年第 34 号

根据《国家税务总局关于试点物流企业有关税收政策问题的通知》（国税发〔2005〕208 号）的有关规定，经国家发展和改革委员会和国家税务总局确认，现将第八批试点物流企业名单予以公布。纳入试点范围物流企业的有关税收问题按国税发〔2005〕208 号文件的有关规定执行。

本公告自 2012 年 8 月 1 日起施行。

特此公告。

附件：试点物流企业名单（第八批）（略）

国家税务总局关于中国信达资产管理股份有限公司变更二级分支机构的公告

2012 年 7 月 27 日　国家税务总局公告 2012 年第 37 号

根据《国家税务总局关于中国信达资产管理股份有限公司企业所得税征管问题的通知》（国税函〔2011〕250 号）规定，现将中国信达资产管理股份有限公司所属二级分支机构名单（见附件）予以公布。国税函〔2011〕250 号文件所附的中国信达资产管理股份有限公司所属二级分支机构名单同时废止。

本公告自 2012 年 1 月 1 日起执行。

特此公告。

附件：中国信达资产管理股份有限公司所属二级分支机构名单

附件：

中国信达资产管理股份有限公司所属二级分支机构名单

序　号	分支机构	名称地址
1	北京市分公司	北京市朝阳区安华西里二区 18 号楼
2	天津市分公司	天津市南开区水上公园路翠泽园 4 号楼 1—3 门

续表

序　号	分支机构	名称地址
3	河北省分公司	石家庄市平安南大街30号
4	山西省分公司	太原市迎泽西大街86号
5	内蒙古自治区分公司	呼和浩特市新城区新华大街59号
6	辽宁省分公司	沈阳市沈河区惠工街56号12—16层
7	吉林省分公司	长春市南关区长春大街1197号中远大厦四层
8	黑龙江省分公司	哈尔滨市南岗区中宣街16—1号
9	上海市分公司	上海市静安区北京西路1399号24、25楼
10	江苏省分公司	南京市白下区洪武路23号3楼
11	浙江省分公司	杭州市延安路528号11、12层
12	安徽省分公司	合肥市庐阳区阜南路166号润安大厦
13	福建省分公司	福州市鼓楼区五四路137号信和广场10、11层
14	江西省分公司	南昌市永叔路15号
15	山东省分公司	济南市槐荫区经三路293号
16	河南省分公司	郑州市金水区丰产路28号
17	湖北省分公司	武汉市武昌区中南路1号
18	湖南省分公司	长沙市解放东路186号
19	广东省分公司	广州市天河区体育西路111号建和中心25楼
20	深圳市分公司	深圳市福田区滨河路5022号联合广场A座29层
21	广西壮族自治区分公司	南宁市民族大道127号铂宫国际13层
22	海南省分公司	海口市秀英永万工业开发区港澳工业大厦1—6层
23	重庆市分公司	重庆市渝中区邹容路50号
24	贵州省分公司	贵阳市南明区市南路57号瓮福国际大厦13—14层
25	四川省分公司	成都市锦江区署袜北三街20号蜀都大厦
26	云南省分公司	昆明市祥云街59号银佳大厦
27	陕西省分公司	西安市南大街10号楼
28	甘肃省分公司	兰州市城关区广场南路77号统办二号楼
29	新疆维吾尔自治区分公司	乌鲁木齐市西坝河前街127号
30	青海省分公司	西宁市城中区东大街8号1幢4—6层
31	宁夏回族自治区分公司	银川市金凤区北京中路51号

国家税务总局　中国人民银行　财政部
关于跨省合资铁路企业跨地区税收分享入库有关问题的通知

2012年12月13日　国税发〔2012〕116号

各省、自治区、直辖市和计划单列市国家税务局、地方税务局、财政厅（局），中国人民银行上海总部，各分行、营业管理部、省会（首府）城市中心支行，深圳、大连、青岛、厦门、宁波市中心支行：

根据《财政部　国家税务总局　中国人民银行关于调整铁路运输企业税收收入划分办法的通知》（财预〔2012〕383号）的规定，从2012年1月1日起，调整铁路运输企业税收收入划分办法。为做好跨省合资铁路税收分享入库工作，保证分享税收在各地及时足额入库，现将有关问题通知如下：

一、关于分享税收的征收缴库

（一）分享方式。跨省（自治区、直辖市，下同）合资铁路企业缴纳的营业税和企业所得税税款（欠税、查补税款和罚款，下同），应按中央财政核定的分配比例在相关省进行分配，由相关省负责缴库的主管税务机关分别办理征缴。分配的税款如超过限缴期限缴纳，相关省的主管税务机关需加收滞纳金。

（二）征缴职责。跨省合资铁路企业属于非注册地的营业税由非注册地地方税务局负责办理征缴，企业所得税由国家税务局或地方税务局负责办理征缴（注册地企业所得税由国家税务局征缴的，则非注册地企业所得税也由国家税务局征缴；注册地企业所得税由地方税务局征缴的，则非注册地企业所得税也由地方税务局征缴）。跨省合资铁路企业在非注册地办理营业税、企业所得税征缴的主管税务机关（以下简称非注册地主管税务机关）由该省的省国家税务局或省地方税务局确定；跨省合资铁路企业在非注册地某一税种的主管税务机关在该省应当唯一。

（三）缴库流程。跨省合资铁路企业在计算完应缴纳的营业税和企业所得税后，根据注册地主管税务机关按分配比例计算确定的注册地和非注册地应缴库金额，分别就地办理缴库。需向注册地国库缴纳的税款，由跨省合资铁路企业直接在注册地，向注册地主管税务机关对应的国库缴纳；需向非注册地国库缴纳的税款，由跨省合资铁路企业以汇款方式汇入非注册地主管税务机关对应国库的“待缴库税款”专户。汇款凭证“收款人全称”栏填写收款国库名称，“汇款人全称”栏填写汇款人名称，“汇款用途”栏内注明“××（纳税人）缴纳××（税务机关）税款”的字样。

国库收到待缴库税款后，在当日或次日向非注册地主管税务机关发送加盖国库业务转讫章的收账回单。非注册地主管税务机关应在收到收账回单的当日或次日，根据纳税申报表、税务处理决定书等税收应征凭证，分税种、分纳税人填开税收缴款书（以下简称：缴款书），将税款解缴入库。国库对收到的缴款书审核无误后，在缴款书回执联上加盖业务转讫印章，在收据联上加盖国库业务专用章，连同报查联转非注册地主管税务机关，其余联次作记账凭证。非注册地主管税务机关收到国库转回的缴款书收据联后及时交注册地主管税务机关，以便注册地主管税务机关掌握纳税人在非注册地税收分享入库情况，注册地主管税务机关并应及时将缴款书收据联转交给纳税人作完税凭证。

（四）科目使用和预算级次。开具缴款书缴纳营业税时，缴款书预算科目填列“101030102跨省合资铁路营业税”，预算级次填列“地方级”；缴纳企业所得税时，预算科目填列“101043317跨省合资铁路企业所得税”，预算级次填列“中央60%，地方40%”。营业税涉及的滞纳金和罚款收入，填列“1010320营业税税款滞纳金、罚款收入”，预算级次填列“地方级”；企业所得税涉及的滞纳金和罚款收入，按企业登记注册类型填列1010450项“企业所得税税款滞纳金、罚款、加收利息收入”下的有关目级科目名称及代码，预算级次填列“中央 60%，地方 40%”。收款国库填列与税务机关相对应的国库。

非注册地主管税务机关及对应国库在办理跨省分享税收征缴、入库以及对账等有关事项时，应严格按照《中国人民银行　财政部　国家税务总局关于印发〈待缴库税款收缴管理办法〉的通知》（银发〔2005〕387 号）执行，确保税收资金安全。

二、关于分享税收的退库

按规定由税务部门负责审批办理的应退还跨省合资铁路企业的税款，由跨省合资铁路企业注册地主管税务机关审批总退税金额，并将审批决定和企业退税申请书、完税凭证等有关退税材料复印件及时转交非注册地主管税务机关，按照缴纳税款时的分配比例由注册地、非注册地主管税务机关分别根据注册地审批的退税总金额审核当地应退税金额并办理退库。注册地、非注册地主管税务机关分别开具收入退还书，后附退库申请书及有关文件依据，提交当地对应的国库，原则上应向国库提供原完税凭证复印件。注册地国库经审核无误后，将退税款项直接汇给跨省合资铁路企业账户，并向注册地主管税务机关反馈收入退还书相应联次；非注册地国库经审核无误后，将退税款项通过中国现代化支付系统汇入跨省合资铁路企业账户，并向非注册地主管税务机关反馈收入退还书相应联次。非注册地主管税务机关收到非注册地国库反馈的收入退还书相应联次后，及时将收入退还书第四联转交注册地主管税务机关。注册地主管税务机关负责把各地开具的收入退还书第四联统一交跨省合资铁路企业。

三、关于非注册地主管税务机关对分享税收的知情权

（一）跨省合资铁路企业向注册地主管税务机关办理税务登记后，注册地主管税务机关应将税务登记代码、企业名称、开户银行、分享税收的纳税期限、申报和缴纳期限等税务登记有关资料副本转交非注册地主管税务机关。

（二）跨省合资铁路企业向注册地主管税务机关办理分享税收纳税申报的同时，应将纳税申报表及其他申报资料的副本抄送非注册地主管税务机关。

（三）注册地主管税务机关对跨省合资铁路企业税收进行税务检查时，凡涉及查补（退）税款和罚款的，注册地主管税务机关应将税务处理（处罚）决定书副本及时转交非注册地主管税务机关。

（四）审计和财政等外部门对跨省合资铁路企业税收进行审计检查时，凡涉及查补（退）税款和罚款的，注册地主管税务机关应将审计、财政处理决定书副本及时转交非注册地主管税务机关。

（五）非注册地主管税务机关需了解跨省合资铁路企业分享税收有关情况时，注册地主管税务机关应及时告知。

四、关于税收会统核算

注册地主管税务机关和非注册地主管税务机关应按照规定的各地税款分配比例和分享税收，根据相应的原始凭证，分别核算各自的税款应征、入库、欠缴和退税等情况。跨省合资铁路企业的重点税源监控工作由注册地主管税务机关负责。

本通知自 2013 年 1 月 1 日起执行。

国家发展改革委　工业和信息化部　财政部　商务部　国家税务总局关于印发《国家规划布局内重点软件企业和集成电路设计企业认定管理试行办法》的通知

2012年8月9日　发改高技〔2012〕2413号

（注释：政策调整。“享受税收优惠政策的集成电路企业和国家规划布局内重点软件企业的认定”取消。参见：《国务院关于取消非行政许可审批事项的决定》（国发〔2015〕27号）。）

各省、自治区、直辖市及计划单列市发展改革委、工业和信息化主管部门、财政厅（局）、商务厅（局）、国家税务局、地方税务局：

为贯彻落实《国务院关于印发进一步鼓励软件产业和集成电路产业发展若干政策的通知》（国发〔2011〕4号），规范国家规划布局内重点软件企业和集成电路设计企业认定工作，特制定《国家规划布局内重点软件企业和集成电路设计企业认定管理试行办法》，现印发给你们，请按照执行，做好有关工作。

特此通知。

附件：国家规划布局内重点软件企业和集成电路设计企业认定管理试行办法

附件：

国家规划布局内重点软件企业和集成电路设计企业认定管理试行办法

第一章　总　则

第一条　根据《国务院关于印发进一步鼓励软件产业和集成电路产业发展若干政策的通知》（国发〔2011〕4号）及《财政部　国家税务总局关于进一步鼓励软件产业和集成电路产业发展企业所得税政策的通知》（财税〔2012〕27号）的规定，为合理确定国家规划布局内重点软件企业和集成电路设计企业（以下简称“规划布局企业”），特制定本办法。

第二条　国家发展和改革委员会、工业和信息化部、财政部、商务部、国家税务总局（以下简称“认定主管部门”）负责规划布局企业认定工作。

第三条　规划布局企业每两年认定一次，认定资格有效期为两年。

第二章　申报条件

第四条　规划布局企业须同时符合财税〔2012〕27号文件和本办法规定的条件。

第五条　规划布局企业须符合战略性新兴产业发展规划、信息产业发展规划等国家规划部署，在全国软件和集成电路行业中具有相对比较优势。

第六条 符合下列条件之一的软件企业可进行申报：

（一）年度软件产品开发销售（营业）收入总额超过（含）1.5亿元人民币且当年不亏损；

（二）年度软件产品开发销售（营业）收入总额低于1.5亿元人民币，在认定主管部门发布的支持领域内综合评分位居申报企业前五位；

（三）年度软件出口收入总额超过（含）500万美元，且年度软件出口收入总额占本企业年度收入总额比例超过（含）50%。

第七条 符合下列条件之一的集成电路设计企业可进行申报：

（一）年度集成电路设计销售（营业）收入总额超过（含）1.5亿元人民币且当年不亏损；

（二）年度集成电路设计销售（营业）收入总额低于1.5亿元人民币，在认定主管部门发布的支持领域内综合评分位居申报企业前三位。

第八条 认定主管部门可根据产业发展情况对本办法第六条、第七条所规定的申报条件进行必要调整。

第三章 申报材料

第九条 申报国家规划布局内重点软件企业须提交下列材料：

（一）《国家规划布局内重点软件企业申请书》（可从国家发展和改革委员会、工业和信息化部网站下载）；

（二）企业营业执照副本、税务登记证以及按照《软件企业认定管理办法》取得的软件企业认定证书（以上均为复印件）；

（三）经具有国家法定资质的中介机构鉴证的企业认定年度（企业申请享受优惠政策的起始年度，下同）前两个会计年度（实际年限不足两年的按实际经营年限）财务报表（含资产负债表、损益表、现金流量表）以及企业软件产品开发销售（营业）收入、企业软件产品自主开发销售（营业）收入、研究开发费用、境内研究开发费用等情况表并附研究开发活动说明材料；

（四）企业职工人数、学历结构以及研发人员占企业职工比例的说明；

（五）企业主管税务机关受理签章的企业认定年度前两年所得税汇算清缴年度申报表；

（六）按本办法第六条第三类条件申报的，应提供商务主管部门核发的软件出口合同登记证书，以及有效出口合同和结汇证明等材料；

（七）认定主管部门要求提供的其他材料。

第十条 申报国家规划布局内集成电路设计企业须提交下列材料：

（一）《国家规划布局内集成电路设计企业申请书》（可从国家发展和改革委员会、工业和信息化部网站下载）；

（二）企业营业执照副本、税务登记证以及按照《集成电路设计企业认定管理办法》取得的集成电路设计企业认定证书（以上均为复印件）；

（三）经具有国家法定资质的中介机构鉴证的企业认定年度前两个会计年度（实际年限不足两年的按实际经营年限）财务报表（含资产负债表、损益表、现金流量表）以及集成电路设计销售（营业）收入、集成电路自主设计销售（营业）收入、研究开发费用、境内研究开发费用等情况表并附研究开发活动说明材料；

（四）企业职工人数、学历结构以及研发人员占企业职工比例的说明；

（五）企业主管税务机关受理签章的企业认定年度前两年所得税汇算清缴年度申报表；

（六）认定主管部门要求提供的其他材料。

第四章　认定程序

第十一条　认定主管部门根据相关国家规划研究确定支持领域和认定工作要求，并在申报年度（企业提出规划布局企业资格申请的年度，下同）4 月底前发布公告。

第十二条　企业对照公告、财税〔2012〕27 号文件和本办法的要求，进行自我评价。认为符合认定条件的，企业可提出认定申请。

第十三条　各省、自治区、直辖市和计划单列市发展改革委、工业和信息化、财政、商务、税务主管部门（以下简称"地方主管部门"）统一受理企业申请，并对企业申请材料进行汇总、核实。对申报材料不全的企业，地方主管部门应于申报年度 7 月 1 日前予以告之，并于申报年度 8 月底前将本地区所有申报企业情况联合报送认定主管部门。

第十四条　认定主管部门建立评审专家库，依据企业申请材料，随机抽取专家库内专家，在申报年度 9 月底前对申报企业研发水平、经营水平、支撑带动作用等指标进行综合评比（评价指标详见附表）。组织专家评审应符合以下规定：

（一）对国家规划布局内重点软件企业和国家规划布局内集成电路设计企业分别组织专家评审，两个专家组人数分别为 11 人以上和 7 人以上单数；

（二）专家组由技术和管理（财务）两方面专家组成，各占约 50% 比重。技术专家应具有高级职称，管理（财务）专家应具有高级职称或从事相关领域工作 15 年以上；

（三）与申报企业有直接利害关系的人员不得进入专家组；

（四）专家组成员名单应严格保密。

第十五条　认定主管部门依据国家规划和产业政策、专家评审意见，按部门职责进行综合审查研究后，以总量控制原则择优确定规划布局企业。对符合国家规划布局内重点软件企业条件的重点动漫企业，认定工作商文化部。

第十六条　认定主管部门对获认定的规划布局企业核发证书。

第十七条　获认定的规划布局企业应依照《中华人民共和国企业所得税法》及其实施条例、《中华人民共和国税收征收管理法》及其实施细则等有关规定，到主管税务机关办理减税手续。

第十八条　获认定的规划布局企业发生更名、分立、合并、重组以及经营业务重大变化等事项，应当自发生变化之日起 15 日内书面提请地方主管部门报认定主管部门。地方主管部门和企业主管税务机关在执行政策过程中，发现获认定的规划布局企业不符合申报要求的，应报认定主管部门复核。复核期间，可暂停企业享受规划布局企业税收优惠政策。认定主管部门适时作出保留认定资格、撤销认定资格等决定。

第十九条　中国软件行业协会、中国半导体行业协会及地方相应机构（以下简称"有关机构"）配合开展政策实施情况评估等工作，并将有关情况及时报送认定主管部门。

第五章 工作要求

第二十条 地方主管部门不得限制企业申报。

第二十一条 认定主管部门和地方主管部门工作人员不得作为专家参与评审。

第二十二条 认定主管部门、地方主管部门、有关机构工作人员和专家对所承担工作负有诚信以及合规义务，对申请认定企业的有关信息负有保密义务。

第二十三条 除国家法律法规规定的收费项目外，不得因认定工作以手续费、评审费等名目收取企业费用。

第六章 罚 则

第二十四条 获认定的规划布局企业如有下述情况之一的，取消其认定资格，并在4年内不再受理其认定申请。未依法纳税的，主管税务机关应当予以追缴。

（一）在申请认定过程中提供虚假信息；

（二）有逃避缴纳税款或帮助他人逃避缴纳税款等行为，或因违反《中华人民共和国税收征收管理法》及其实施细则受到税务机关处罚；

（三）在安全、质量、市场竞争行为、公司管理等方面有重大违法违规行为，受到有关部门处罚；

（四）未及时报告使企业减税条件发生变化的更名、分立、合并、重组以及经营业务重大变化等情况。

第二十五条 认定主管部门须加强对地方主管部门和有关机构工作的监督。对违反本办法规定的地方给予通报批评。对违反认定工作规定的有关机构，视情节轻重给予通报批评、取消工作资格等处罚。

第二十六条 参与认定工作的认定主管部门、地方主管部门、有关机构工作人员和专家如有下列行为之一的，对有关责任人员给予处分；构成犯罪的，由司法机关依法追究刑事责任。

（一）违反认定工作程序和工作原则；

（二）滥用职权、玩忽职守、徇私舞弊、索贿受贿；

（三）违反企业信息保密、认定工作保密等要求；

（四）其他违反本办法规定的行为。

第七章 附 则

第二十七条 原《国家规划布局内重点软件企业认定管理办法》（发改高技〔2005〕2669号），自本办法实施之日起停止执行。

第二十八条 本办法由国家发展和改革委员会、工业和信息化部、财政部、商务部、国家税务总局负责解释。

第二十九条 本办法自发布之日起施行。

附表：1. 国家规划布局内重点软件企业评价指标（试行）（略）

　　2. 国家规划布局内集成电路设计企业评价指标（试行）（略）

附件：1. 国家规划布局内重点软件企业申请书（略）

　　2. 国家规划布局内集成电路设计企业申请书（略）

财政部关于停止执行中国出口信用保险公司所得税返还政策的通知

2013年4月18日　财税〔2013〕25号

北京市财政局，中国出口信用保险公司：

按照国务院批准的中国出口信用保险公司（以下简称中信保公司）改革方案及有关文件精神，根据中信保公司管理体制变化情况，经研究，《关于中国出口信用保险公司所得税返还政策的通知》（财税〔2007〕138号）自2010年1月1日起停止执行，中信保公司在2010年度及以后年度缴纳的企业所得税不再执行先征后返政策。

请遵照执行。

国家税务总局关于中国银行股份有限公司等4家企业二级分支机构名单的公告

2013年4月15日　国家税务总局公告2013年第16号

根据《国家税务总局关于中国工商银行股份有限公司等企业企业所得税有关征管问题的通知》（国税函〔2010〕184号）规定，现将中国银行股份有限公司、中国进出口银行、中国农业发展银行、中国建银投资有限责任公司所属二级分支机构名单予以公布。上述4家企业新成立的二级分支机构自成立之日起纳入所属企业的二级分支机构管理，相关涉及企业所得税事宜按国税函〔2010〕184号文件规定办理。

特此公告。

附件：1. 中国银行股份有限公司所属二级分支机构名单

2. 中国进出口银行所属二级分支机构名单

附件1：

中国银行股份有限公司所属二级分支机构名单

序　号	分支机构名称	分支机构所在地
1	北京市分行	北京市
2	天津市分行	天津市
3	河北省分行	河北省石家庄市
4	山西省分行	山西省太原市
5	内蒙古自治区分行	内蒙古自治区呼和浩特市

续表

序　号	分支机构名称	分支机构所在地
6	辽宁省分行	辽宁省大连市
7	吉林省分行	吉林省长春市
8	黑龙江分行	黑龙江省哈尔滨市
9	上海市分行	上海市
10	江苏省分行	江苏省南京市
11	苏州市分行	江苏省苏州市
12	浙江省分行	浙江省杭州市
13	宁波市分行	浙江省宁波市
14	安徽省分行	安徽省合肥市
15	福建省分行	福建省福州市
16	江西省分行	江西省南昌市
17	山东省分行	山东省青岛市
18	河南省分行	河南省郑州市
19	湖北省分行	湖北省武汉市
20	湖南省分行	湖南省长沙市
21	广东省分行	广东省广州市
22	广西壮族自治区分行	广西壮族自治区南宁市
23	四川省分行	四川省成都市
24	贵州省分行	贵州省贵阳市
25	云南省分行	云南省昆明市
26	西藏自治区分行	西藏自治区拉萨市
27	陕西省分行	陕西省西安市
28	甘肃省分行	甘肃省兰州市
29	青海省分行	青海省西宁市
30	宁夏回族自治区分行	宁夏回族自治区银川市
31	新疆维吾尔自治区分行	新疆维吾尔自治区乌鲁木齐市
32	海南省分行	海南省海口市
33	深圳市分行	广东省深圳市
34	重庆市分行	重庆市
35	上海人民币交易总部	上海市

附件 2：

中国进出口银行所属二级分支机构名单

序　号	分支机构名称	分支机构所在地
1	北京分行	北京市
2	上海分行	上海市
3	深圳分行	广东省深圳市
4	江苏省分行	江苏省南京市
5	大连分行	辽宁省大连市
6	青岛分行	山东省青岛市
7	成都分行	四川省成都市
8	浙江省分行	浙江省杭州市
9	湖南省分行	湖南省长沙市
10	陕西省分行	陕西省西安市
11	重庆分行	重庆市
12	湖北省分行	湖北省武汉市
13	黑龙江省分行	黑龙江省哈尔滨市
14	广东省分行	广东省广州市
15	云南省分行	云南省昆明市
16	宁波分行	浙江省宁波市
17	福建省分行	福建省福州市
18	安徽省分行	安徽省合肥市
19	天津分行	天津市
20	厦门分行	厦门市
21	新疆维吾尔自治区分行	新疆维吾尔自治区乌鲁木齐市

国家税务总局关于电网企业电网新建项目享受所得税优惠政策问题的公告

2013 年 5 月 24 日　国家税务总局公告 2013 年第 26 号

（注释：条款废止。第二条废止。参见：《国家税务总局关于公布失效废止的税务部门规章和税收规范性文件目录的决定》（国家税务总局令第 42 号）。

政策调整。“电网企业新建项目分摊期间费用的核准”取消。参见：（1）《国家税务总局关于贯彻落实〈国务院关于第一批取消 62 项中央指定地方实施行政审批事项的决定〉的通知》（税总发〔2015〕141 号）。（2）《国务院关于第一批取消 62 项中央指定地方实施行政审批事项的决定》（国发〔2015〕57 号）。（3）《国家税务总局关于公布已取消的 22 项税务非行政许可审批事项的公告》（国家税务总局公告 2015 年第 58 号）。）

经研究，现将居民企业电网新建项目享受企业所得税优惠政策的有关问题公告如下：

一、根据《中华人民共和国企业所得税法》及其实施条例的有关规定，居民企业从事符合《公共基础设施项目企业所得税优惠目录（2008 年版）》规定条件和标准的电网（输变电设施）的新建项目，可依法享受“三免三减半”的企业所得税优惠政策。基于企业电网新建项目的核算特点，暂以资产比例法，即以企业新增输变电固定资产原值占企业总输变电固定资产原值的比例，合理计算电网新建项目的应纳税所得额，并据此享受“三免三减半”的企业所得税优惠政策。电网企业新建项目享受优惠的具体计算方法如下：

（一）对于企业能独立核算收入的330kV 以上跨省及长度超过200km 的交流输变电新建项目和500kV 以上直流输变电新建项目，应在项目投运后，按该项目营业收入、营业成本等单独计算其应纳税所得额；该项目应分摊的期间费用，可按照企业期间费用与分摊比例计算确定，计算公式为：

应分摊的期间费用 = 企业期间费用 × 分摊比例

第一年分摊比例 = 该项目输变电资产原值/［（当年企业期初总输变电资产原值 + 当年企业期末总输变电资产原值）/2］×（当年取得第一笔生产经营收入至当年底的月份数/12）

第二年及以后年度分摊比例 = 该项目输变电资产原值/［（当年企业期初总输变电资产原值 + 当年企业期末总输变电资产原值）/2］

（二）对于企业符合优惠条件但不能独立核算收入的其他新建输变电项目，可先依照企业所得税法及相关规定计算出企业的应纳税所得额，再按照项目投运后的新增输变电固定资产原值占企业总输变电固定资产原值的比例，计算得出该新建项目减免的应纳税所得额。享受减免的应纳税所得额计算公式为：

当年减免的应纳税所得额 = 当年企业应纳税所得额 × 减免比例

减免比例 =［当年新增输变电资产原值/（当年企业期初总输变电资产原值 + 当年企业期末总输变电资产原值）/2］×1/2 +（符合税法规定、享受到第二年和第三年输变电资产原值之和）/［（当年企业期初总输变电资产原值 + 当年企业期末总输变电资产原值）/2］+［（符合税法规定、享受到第四年至第六年输变电资产原值之和）/（当年企业期初总输变电资产原值 + 当年企业期末总输变电资产原值）/2］×1/2

二、依照本公告规定享受有关企业所得税优惠的电网企业，应对其符合税法规定的电网新增输变电资产按年建立台账，并将相关资产的竣工决算报告和相关项目政府核准文件的复印件于次年3 月31 日前报当地主管税务机关备案。

三、本公告自 2013 年 1 月 1 日起施行。居民企业符合条件的 2013 年 1 月 1 日前的电网新建项目，已经享受企业所得税优惠的不再调整；未享受企业所得税优惠的可依照本公告的规定享受剩余年限的企业所得税优惠政策。

特此公告。

国家税务总局关于中国华融资产管理股份有限公司和中国东方资产管理公司企业所得税征管问题的公告

2013 年 7 月 9 日　国家税务总局公告 2013 年第 38 号

《财政部　国家税务总局　中国人民银行关于明确中国邮政储蓄银行等企业所得税收入归属的通知》（财预〔2013〕34 号）规定，中国华融资产管理股份有限公司、中国东方资产管理公司缴纳的企业所得税为中央收入，全部缴入中央国库。根据《国家税务总局关于中国工商银行股份有限公司等企业企业所得税有关征管问题的通知》（国税函〔2010〕184 号）精神，现将中国华融资产管理股份有限公司和中国东方资产管理公司企业所得税征管问题公告如下：

一、中国华融资产管理股份有限公司、中国东方资产管理公司应缴纳的企业所得税，由企业总机构统一汇总计算后，向总机构所在地主管税务机关申报预缴，年终进行汇算清缴。上述企业所属二级分支机构应按照企业所得税的有关规定，向其当地主管税务机关报送企业所得税预缴申报表和其他相关资料，各分支机构不就地预缴企业所得税。

二、中国华融资产管理股份有限公司、中国东方资产管理公司及其所属分支机构发生的资产损失，按照《国家税务总局关于发布〈企业资产损失所得税税前扣除管理办法〉的公告》（国家税务总局公告 2011 年第 25 号）的规定办理。

三、中国华融资产管理股份有限公司、中国东方资产管理公司所属二级分支机构名单由国家税务总局公布。上述企业所属二级以下（不含）分支机构名单，由二级分支机构向所在地主管税务机关提供，经所在地省税务机关审核后公布。企业分支机构发生增减变化的，应及时上报国家税务总局及二级分支机构所在地主管税务机关，由国家税务总局和二级分支机构所在地省税务机关重新公布所属分支机构名单。

四、本公告自 2013 年 1 月 1 日起执行。

特此公告。

附件：1. 中国华融资产管理股份有限公司所属二级分支机构名单

　　　2. 中国东方资产管理公司所属二级分支机构名单

附件 1：

中国华融资产管理股份有限公司所属二级分支机构名单

序号	分支机构名称	地　址
1	北京市分公司	北京市
2	天津市分公司	天津市
3	河北省分公司	石家庄市
4	山西省分公司	太原市

续表

序号	分支机构名称	地址
5	内蒙古自治区分公司	呼和浩特市
6	辽宁省分公司	沈阳市
7	吉林省分公司	长春市
8	黑龙江省分公司	哈尔滨市
9	上海市分公司	上海市
10	江苏省分公司	南京市
11	浙江省分公司	杭州市
12	安徽省分公司	合肥市
13	福建省分公司	福州市
14	江西省分公司	南昌市
15	山东省分公司	济南市
16	河南省分公司	郑州市
17	湖北省分公司	武汉市
18	湖南省分公司	长沙市
19	广东省分公司	广州市
20	深圳市分公司	深圳市
21	广西壮族自治区分公司	南宁市
22	海南省分公司	海口市
23	重庆市分公司	重庆市
24	贵州省分公司	贵阳市
25	四川省分公司	成都市
26	云南省分公司	昆明市
27	陕西省分公司	西安市
28	甘肃省分公司	兰州市
29	新疆维吾尔自治区分公司	乌鲁木齐市
30	大连市分公司	大连市

附件2：

中国东方资产管理公司所属二级分支机构名单

序号	分支机构名称	地址
1	中国东方资产管理公司北京办事处	北京市
2	中国东方资产管理公司天津办事处	天津市
3	中国东方资产管理公司上海办事处	上海市
4	中国东方资产管理公司重庆办事处	重庆市
5	中国东方资产管理公司石家庄办事处	石家庄市

续表

序　号	分支机构名称	地　址
6	中国东方资产管理公司太原办事处	太原市
7	中国东方资产管理公司大连办事处	大连市
8	中国东方资产管理公司长春办事处	长春市
9	中国东方资产管理公司哈尔滨办事处	哈尔滨市
10	中国东方资产管理公司西安办事处	西安市
11	中国东方资产管理公司兰州办事处	兰州市
12	中国东方资产管理公司青岛办事处	青岛市
13	中国东方资产管理公司南京办事处	南京市
14	中国东方资产管理公司合肥办事处	合肥市
15	中国东方资产管理公司杭州办事处	杭州市
16	中国东方资产管理公司福州办事处	福州市
17	中国东方资产管理公司郑州办事处	郑州市
18	中国东方资产管理公司武汉办事处	武汉市
19	中国东方资产管理公司长沙办事处	长沙市
20	中国东方资产管理公司南昌办事处	南昌市
21	中国东方资产管理公司广州办事处	广州市
22	中国东方资产管理公司深圳办事处	深圳市
23	中国东方资产管理公司海口办事处	海口市
24	中国东方资产管理公司南宁办事处	南宁市
25	中国东方资产管理公司成都办事处	成都市

国家税务总局关于中国长城资产管理公司企业所得税征管问题的公告

2013年9月29日　国家税务总局公告2013年第57号

根据《财政部　国家税务总局　中国人民银行关于明确中国邮政储蓄银行等企业所得税收入归属的通知》（财预〔2013〕34号）规定，中国长城资产管理公司缴纳的企业所得税为中央收入，全部缴入中央国库，为此，依据《国家税务总局关于中国工商银行股份有限公司等企业企业所得税有关征管问题的通知》（国税函〔2010〕184号）规定，现将中国长城资产管理公司企业所得税征管问题公告如下：

一、中国长城资产管理公司企业所得税管理，应按国税函〔2010〕184号第一条规定执行。

二、中国长城资产管理公司及其所属分支机构发生的资产损失，按照《国家税务总局关于发布〈企业资产损失所得税税前扣除管理办法〉的公告》（国家税务总局公告2011年第25号）的规定办理。

三、中国长城资产管理公司所属二级分支机构的名单（见附件）现予以公布。企业所属二级以下（不含二级）分支机构名单，由二级分支机构向所在地主管税务机关提供，经所在地省税务机关审核后予以公布。

今后增加的二级分支机构，由二级分支机构提供工商部门出具的二级分支机构营业执照和总机构出具的其为二级分支机构的证明文件，在报送企业所得税预缴申报表时，附送分支机构所在地主管税务机关备案即可，我局不再另行发文公布。今后增加的二级以下（不含二级）分支机构，在报送企业所得税预缴申报表时，将有关情况附送二级分支机构主管税务机关备案即可。

四、本公告自2013年1月1日起施行。

特此公告。

附件：中国长城资产管理公司所属二级分支机构名单

附件：

中国长城资产管理公司所属二级分支机构名单

序　号	分支机构名称	所属地
1	中国长城资产管理公司北京办事处	北京市
2	中国长城资产管理公司天津办事处	天津市
3	中国长城资产管理公司石家庄办事处	河北省石家庄市
4	中国长城资产管理公司太原办事处	山西省太原市
5	中国长城资产管理公司呼和浩特办事处	内蒙古自治区呼和浩特市
6	中国长城资产管理公司沈阳办事处	辽宁省沈阳市
7	中国长城资产管理公司长春办事处	吉林省长春市
8	中国长城资产管理公司哈尔滨办事处	黑龙江省哈尔滨市
9	中国长城资产管理公司上海办事处	上海市
10	中国长城资产管理公司南京办事处	江苏省南京市
11	中国长城资产管理公司杭州办事处	浙江省杭州市
12	中国长城资产管理公司合肥办事处	安徽省合肥市
13	中国长城资产管理公司福州办事处	福建省福州市
14	中国长城资产管理公司南昌办事处	江西省南昌市
15	中国长城资产管理公司济南办事处	山东省济南市
16	中国长城资产管理公司郑州办事处	河南省郑州市
17	中国长城资产管理公司武汉办事处	湖北省武汉市
18	中国长城资产管理公司长沙办事处	湖南省长沙市
19	中国长城资产管理公司广州办事处	广东省广州市
20	中国长城资产管理公司南宁办事处	广西壮族自治区南宁市
21	中国长城资产管理公司海口办事处	海南省海口市

续表

序　号	分支机构名称	所属地
22	中国长城资产管理公司成都办事处	四川省成都市
23	中国长城资产管理公司重庆办事处	重庆市
24	中国长城资产管理公司贵阳办事处	贵州省贵阳市
25	中国长城资产管理公司昆明办事处	云南省昆明市
26	中国长城资产管理公司西安办事处	陕西省西安市
27	中国长城资产管理公司兰州办事处	甘肃省兰州市
28	中国长城资产管理公司乌鲁木齐办事处	新疆维吾尔自治区乌鲁木齐市
29	中国长城资产管理公司大连办事处	辽宁省大连市
30	中国长城资产管理公司深圳办事处	广东省深圳市

国家税务总局关于中国邮政集团公司企业所得税征管问题的公告

2013 年 9 月 30 日　国家税务总局公告 2013 年第 58 号

根据《财政部　国家税务总局　中国人民银行关于印发〈跨省市总分机构企业所得税分配及预算管理办法〉的通知》（财预〔2012〕40 号）和《财政部　国家税务总局　中国人民银行关于明确中国邮政储蓄银行等企业所得税收入归属的通知》（财预〔2013〕34 号）的规定，中国邮政集团公司及其控股公司缴纳的企业所得税为中央收入，全额缴入中央国库。为此，依据《国家税务总局关于中国工商银行股份有限公司等企业企业所得税有关征管问题的通知》（国税函〔2010〕184 号）规定原则，现就中国邮政集团公司及其控股公司企业所得税征管问题公告如下：

一、中国邮政集团公司控股的各省邮政公司和中国邮政速递物流股份有限公司下属各省速递物流公司，是具有独立法人资格的子公司，这些子公司下属的二级及以下分支机构的企业所得税，由这些子公司汇总申报并计算缴纳企业所得税，不就地预缴。二级分支机构的名单，由企业提供，省税务机关予以公布确认。以前对中国邮政集团公司控股的各省级邮政公司二级分支机构名单没有确认的，给予补充确认。

二、中国邮政集团公司控股的中国邮政储蓄银行股份有限公司、中邮人寿保险股份有限公司企业所得税管理，应按国税函〔2010〕184 号第一条规定执行。两家公司的下属二级分支机构名单（见附件）现予以公布。两家公司的下属二级（不含）以下分支机构名单，由二级分支机构向所在地主管税务机关提供，经所在地省税务机关审核后公布确认。

三、中国邮政集团公司控股的上述公司及其分支机构发生的资产损失，按照《国家税务总局关于发布〈企业资产损失所得税税前扣除管理办法〉的公告》（国家税务总局公告 2011 年第 25 号）的规定办理。

四、中国邮政集团公司控股的上述公司二级分支机构名单，国家税务总局或各省税务机关首次确认后，企业今后增加的二级分支机构，由企业出具说明文件，并提供工商部门出具的二级分支机构营业执照后，在报送企业所得税预缴申报表时，附送二级分支机构所在地主管税务机关备案即可，不再另行发文公布。新增加的二级分支机构，应在设立当年，由总机构统一进行企业所得税预缴和汇算清缴。

中国邮政集团公司控股的上述公司二级（不含）以下分支机构名单，各省税务机关首次确认后，企业今后增加的二级（不含）以下分支机构，在报送企业所得税预缴申报表时，将有关情况附送二级分支机构主管税务机关备案即可。

五、中国邮政集团公司及其控股公司自2013年起适用本公告申报缴纳企业所得税。

特此公告。

附件：1. 中国邮政储蓄银行股份有限公司所属二级分支机构名单

2. 中邮人寿保险股份有限公司所属二级分支机构名单

附件1：

中国邮政储蓄银行股份有限公司所属二级分支机构名单

序号	分支机构名称	地址
1	中国邮政储蓄银行股份有限公司总行本部	北京市
2	中国邮政储蓄银行股份有限公司北京分行	北京市
3	中国邮政储蓄银行股份有限公司天津分行	天津市
4	中国邮政储蓄银行股份有限公司河北省分行	河北省石家庄市
5	中国邮政储蓄银行股份有限公司山西省分行	山西省太原市
6	中国邮政储蓄银行股份有限公司内蒙古自治区分行	内蒙古呼和浩特市
7	中国邮政储蓄银行股份有限公司辽宁省分行	辽宁省沈阳市
8	中国邮政储蓄银行股份有限公司吉林省分行	吉林省长春市
9	中国邮政储蓄银行股份有限公司黑龙江省分行	黑龙江省哈尔滨市
10	中国邮政储蓄银行股份有限公司上海分行	上海市
11	中国邮政储蓄银行股份有限公司江苏省分行	江苏省南京市
12	中国邮政储蓄银行股份有限公司浙江省分行	浙江省杭州市
13	中国邮政储蓄银行股份有限公司安徽省分行	安徽省合肥市
14	中国邮政储蓄银行股份有限公司福建省分行	福建省福州市
15	中国邮政储蓄银行股份有限公司江西省分行	江西省南昌市
16	中国邮政储蓄银行股份有限公司山东省分行	山东省济南市
17	中国邮政储蓄银行股份有限公司河南省分行	河南省郑州市
18	中国邮政储蓄银行股份有限公司湖北省分行	湖北省武汉市
19	中国邮政储蓄银行股份有限公司湖南省分行	湖南省长沙市
20	中国邮政储蓄银行股份有限公司广东省分行	广东省广州市
21	中国邮政储蓄银行股份有限公司广西壮族自治区分行	广西南宁市
22	中国邮政储蓄银行股份有限公司海南省分行	海南省海口市

续表

序　号	分支机构名称	地　址
23	中国邮政储蓄银行股份有限公司重庆分行	重庆市
24	中国邮政储蓄银行股份有限公司四川省分行	四川省成都市
25	中国邮政储蓄银行股份有限公司贵州省分行	贵州省贵阳市
26	中国邮政储蓄银行股份有限公司云南省分行	云南省昆明市
27	中国邮政储蓄银行股份有限公司西藏自治区分行	西藏拉萨市
28	中国邮政储蓄银行股份有限公司陕西省分行	陕西省西安市
29	中国邮政储蓄银行股份有限公司甘肃省分行	甘肃省兰州市
30	中国邮政储蓄银行股份有限公司青海省分行	青海省西宁市
31	中国邮政储蓄银行股份有限公司宁夏回族自治区分行	宁夏银川市
32	中国邮政储蓄银行股份有限公司新疆维吾尔自治区分行	新疆乌鲁木齐市
33	中国邮政储蓄银行股份有限公司大连分行	辽宁省大连市
34	中国邮政储蓄银行股份有限公司宁波分行	浙江省宁波市
35	中国邮政储蓄银行股份有限公司厦门分行	福建省厦门市
36	中国邮政储蓄银行股份有限公司青岛分行	山东省青岛市
37	中国邮政储蓄银行股份有限公司深圳分行	广东省深圳市

附件2：

中邮人寿保险股份有限公司所属二级分支机构名单

序　号	分支机构名称	地　址
1	中邮人寿保险股份有限公司总部本部	北京市
2	中邮人寿保险股份有限公司总部营业部	北京市
3	中邮人寿保险股份有限公司北京分公司	北京市
4	中邮人寿保险股份有限公司天津分公司	天津市
5	中邮人寿保险股份有限公司辽宁分公司	辽宁省沈阳市
6	中邮人寿保险股份有限公司黑龙江分公司	黑龙江省哈尔滨市
7	中邮人寿保险股份有限公司江苏分公司	江苏省南京市
8	中邮人寿保险股份有限公司浙江分公司	浙江省杭州市
9	中邮人寿保险股份有限公司安徽分公司	安徽省合肥市
10	中邮人寿保险股份有限公司江西分公司	江西省南昌市
11	中邮人寿保险股份有限公司河南分公司	河南省郑州市
12	中邮人寿保险股份有限公司湖南分公司	湖南省长沙市
13	中邮人寿保险股份有限公司广东分公司	广东省广州市
14	中邮人寿保险股份有限公司四川分公司	四川省成都市
15	中邮人寿保险股份有限公司陕西分公司	陕西省西安市
16	中邮人寿保险股份有限公司宁夏回族自治区分公司	宁夏银川市

国家税务总局关于电信企业手续费及佣金支出税前扣除问题的公告

2013 年 10 月 10 日 国家税务总局公告 2013 年第 59 号

依据《国家税务总局关于企业所得税应纳税所得额若干税务处理问题的公告》（国家税务总局公告 2012 年第 15 号），现就电信企业手续费及佣金支出税前扣除问题公告如下：

国家税务总局公告 2012 年第 15 号第四条所称电信企业手续费及佣金支出，仅限于电信企业在发展客户、拓展业务等过程中因委托销售电话入网卡、电话充值卡所发生的手续费及佣金支出。

本公告施行时间同国家税务总局公告 2012 年第 15 号施行时间。

特此公告。

国家税务总局关于房地产开发企业成本对象管理问题的公告

2014 年 6 月 16 日 国家税务总局公告 2014 年第 35 号

2014 年 1 月 28 日，国务院发布《关于取消和下放一批行政审批项目的决定》（国发〔2014〕5 号），取消了房地产开发企业开发产品计税成本对象事先备案制度。为做好取消房地产开发企业开发产品计税成本对象事先备案制度的落实和后续管理工作，现将有关问题公告如下：

一、房地产开发企业应依据计税成本对象确定原则确定已完工开发产品的成本对象，并就确定原则、依据，共同成本分配原则、方法，以及开发项目基本情况、开发计划等出具专项报告，在开发产品完工当年企业所得税年度纳税申报时，随同《企业所得税年度纳税申报表》一并报送主管税务机关。

房地产开发企业将已确定的成本对象报送主管税务机关后，不得随意调整或相互混淆。如确需调整成本对象的，应就调整的原因、依据和调整前后成本变化情况等出具专项报告，在调整当年企业所得税年度纳税申报时报送主管税务机关。

二、房地产开发企业应建立健全成本对象管理制度，合理区分已完工成本对象、在建成本对象和未建成本对象，及时收集、整理、保存成本对象涉及的证据材料，以备税务机关检查。

三、各级税务机关要认真清理以前的管理规定，今后不得以任何理由进行变相审批。

主管税务机关应对房地产开发企业报送的成本对象确定专项报告做好归档工作，及时进行分析，加强后续管理。对资料不完整、不规范的，应及时通知房地产开发企业补齐、修正；对成本对象确定不合理或共同成本分配方法不合理的，主管税务机关有权进行合理调整；对成本对象确定情况异常的，主管税务机关应进行专项检查；对不如实出具专项报告或不出具专项报告的，应按《中华人民共和国税收征收管理法》的相关规定进行处理。

四、本公告自发布之日起30日后施行。《国家税务总局关于印发〈房地产开发经营业务企业所得税处理办法〉的通知》（国税发〔2009〕31号）第二十六条第二款同时废止。本公告施行前房地产开发企业尚未完成开发产品成本对象事先备案的，也按本公告执行。

特此公告。

财政部　国家税务总局关于金融企业贷款损失准备金企业所得税税前扣除有关政策的通知

2015 年 1 月 15 日　财税〔2015〕9 号

各省、自治区、直辖市、计划单列市财政厅（局）、国家税务局、地方税务局，新疆生产建设兵团财务局：

根据《中华人民共和国企业所得税法》及《中华人民共和国企业所得税法实施条例》的有关规定，现就政策性银行、商业银行、财务公司、城乡信用社和金融租赁公司等金融企业提取的贷款损失准备金的企业所得税税前扣除政策问题，通知如下：

一、准予税前提取贷款损失准备金的贷款资产范围包括：

（一）贷款（含抵押、质押、担保等贷款）；

（二）银行卡透支、贴现、信用垫款（含银行承兑汇票垫款、信用证垫款、担保垫款等）、进出口押汇、同业拆出、应收融资租赁款等各项具有贷款特征的风险资产；

（三）由金融企业转贷并承担对外还款责任的国外贷款，包括国际金融组织贷款、外国买方信贷、外国政府贷款、日本国际协力银行不附条件贷款和外国政府混合贷款等资产。

二、金融企业准予当年税前扣除的贷款损失准备金计算公式如下：

准予当年税前扣除的贷款损失准备金 = 本年末准予提取贷款损失准备金的贷款资产余额 ×1% - 截至上年末已在税前扣除的贷款损失准备金的余额。

金融企业按上述公式计算的数额如为负数，应当相应调增当年应纳税所得额。

三、金融企业的委托贷款、代理贷款、国债投资、应收股利、上交央行准备金以及金融企业剥离的债权和股权、应收财政贴息、央行款项等不承担风险和损失的资产，不得提取贷款损失准备金在税前扣除。

四、金融企业发生的符合条件的贷款损失，应先冲减已在税前扣除的贷款损失准备金，不足冲减部分可据实在计算当年应纳税所得额时扣除。

五、金融企业涉农贷款和中小企业贷款损失准备金的税前扣除政策，凡按照《财政部 国家税务总局关于金融企业涉农贷款和中小企业贷款损失准备金税前扣除有关问题的通知》（财税〔2015〕3号）的规定执行的，不再适用本通知第一条至第四条的规定。

六、本通知自2014年1月1日起至2018年12月31日止执行。

财政部 国家税务总局关于中国扶贫基金会小额信贷试点项目继续参照执行农村金融有关税收政策的通知

2015 年 1 月 5 日 财税〔2015〕12 号

各省、自治区、直辖市、计划单列市财政厅（局）、国家税务局、地方税务局，新疆生产建设兵团财务局：

经国务院批准，现就中国扶贫基金会小额信贷试点项目继续参照执行农村金融有关税收政策通知如下：

一、自 2014 年 1 月 1 日至 2016 年 12 月 31 日，对中合农信项目管理有限公司和中国扶贫基金会举办的农户自立服务社（中心）以及中合农信项目管理有限公司独资成立的小额贷款公司从事农户小额贷款取得的利息收入，免征营业税。

二、自 2014 年 1 月 1 日至 2016 年 12 月 31 日，对中合农信项目管理有限公司和中国扶贫基金会举办的农户自立服务社（中心）以及中合农信项目管理有限公司独资成立的小额贷款公司从事农户小额贷款取得的利息收入，在计算应纳税所得额时，按 90% 计入收入总额。

三、本通知所称农户，是指长期（一年以上）居住在乡镇（不包括城关镇）行政管理区域内的住户，还包括长期居住在城关镇所辖行政村范围内的住户和户口不在本地而在本地居住一年以上的住户，国有农场的职工和农村个体工商户。位于乡镇（不包括城关镇）行政管理区域内和在城关镇所辖行政村范围内的国有经济的机关、团体、学校、企事业单位的集体户；有本地户口，但举家外出谋生一年以上的住户，无论是否保留承包耕地均不属于农户。农户以户为统计单位，既可以从事农业生产经营，也可以从事非农业生产经营。农户贷款的判定应以贷款发放时的承贷主体是否属于农户为准。

本通知所称小额贷款，是指单笔且该户贷款余额总额在 10 万元（含）以下贷款。

四、中合农信项目管理有限公司和中国扶贫基金会举办的农户自立服务社（中心）以及中合农信项目管理有限公司独资成立的小额贷款公司应对符合条件的农户小额贷款利息收入进行单独核算，不能单独核算的不得适用本通知第一条、第二条规定的优惠政策。

请遵照执行。

财政部 国家税务总局 中宣部关于发布《中国减灾》杂志社等 14 家中央所属转制文化企业名单的通知

2015 年 4 月 16 日 财税〔2015〕25 号

北京、吉林、黑龙江省（直辖市）财政厅（局）、国家税务局、地方税务局、党委宣传部：

按照《财政部　国家税务总局　中宣部关于继续实施文化体制改革中经营性文化事业单位转制为企业若干税收政策的通知》（财税〔2014〕84 号）的规定，《中国减灾》杂志社等 14 家中央所属文化企业已被认定为转制文化企业，可按照财税〔2014〕84 号文件规定享受税收优惠政策。同时，人民交通出版社、知识产权出版社从《财政部　国家税务总局　中宣部关于下发人民网股份有限公司等 81 家中央所属转制文化企业名单的通知》（财税〔2011〕27 号）所附《中央所属转制文化企业名单》中剔除。

特此通知。

附件：中央所属转制文化企业名单

附件：

中央所属转制文化企业名单

《中国减灾》杂志社
《中国能源报》社
《中国烟草》杂志社有限公司
《中国邮政报》社
《作家文摘》报社
中国政法大学出版社有限责任公司
北京邮电大学出版社有限公司
中国传媒大学出版社有限责任公司
北京对外经济贸易大学出版社有限责任公司
北京理工大学出版社有限责任公司
长春东北师范大学出版社有限责任公司
哈尔滨东北林业大学出版社有限公司
人民交通出版社股份有限公司
知识产权出版社有限责任公司

财政部　国家税务总局关于保险企业计提准备金有关税收处理问题的通知

2015 年 10 月 26 日　财税〔2015〕115 号

各省、自治区、直辖市、计划单列市财政厅（局）、国家税务局、地方税务局，新疆生产建设兵团财务局：

按照《中华人民共和国企业所得税法》及其实施条例有关规定，现就保险企业在执行财政部企业会计规定过程中有关计提准备金的税收处理事项明确如下：

一、保险企业执行财政部《保险合同相关会计处理规定》后，其提取的未到期责任准备金、寿险责任准备金、长期健康险责任准备金、已发生已报告未决赔款准备金和已发生未报告未决赔款准备金，应按照《财政部 国家税务总局关于保险公司准备金支出企业所得税税前扣除有关政策问题的通知》（财税〔2012〕45 号）规定计算并准予在企业所得税税前扣除。

二、保险企业因执行财政部企业会计规定计提的准备金与之前执行中国保险业监督管理委员会有关监管规定计提的准备金形成的差额，应计入保险企业应纳税所得额。凡上述准备金差额尚未进行税务处理的，可分 10 年均匀计入 2015 年及以后年度应纳税所得额；已进行税务处理的不再分期计入以后年度应纳税所得额。

请遵照执行。

国家税务总局关于金融企业涉农贷款和中小企业贷款损失税前扣除问题的公告

2015 年 4 月 27 日 国家税务总局公告 2015 年第 25 号

为鼓励金融企业加大对涉农贷款和中小企业贷款力度，及时处置涉农贷款和中小企业贷款损失，增强金融企业抵御风险能力，根据《中华人民共和国企业所得税法》及其实施条例、《财政部 国家税务总局关于企业资产损失税前扣除政策的通知》（财税〔2009〕57 号）、《国家税务总局关于发布〈企业资产损失所得税税前扣除管理办法〉的公告》（国家税务总局公告 2011 年第 25 号）的规定，现就金融企业涉农贷款和中小企业贷款损失所得税前扣除问题公告如下：

一、金融企业涉农贷款、中小企业贷款逾期 1 年以上，经追索无法收回，应依据涉农贷款、中小企业贷款分类证明，按下列规定计算确认贷款损失进行税前扣除：

（一）单户贷款余额不超过 300 万元（含 300 万元）的，应依据向借款人和担保人的有关原始追索记录（包括司法追索、电话追索、信件追索和上门追索等原始记录之一，并由经办人和负责人共同签章确认），计算确认损失进行税前扣除。

（二）单户贷款余额超过 300 万元至 1000 万元（含 1000 万元）的，应依据有关原始追索记录（应当包括司法追索记录，并由经办人和负责人共同签章确认），计算确认损失进行税前扣除。

（三）单户贷款余额超过 1000 万元的，仍按《国家税务总局关于发布〈企业资产损失所得税税前扣除管理办法〉的公告》（国家税务总局公告 2011 年第 25 号）有关规定计算确认损失进行税前扣除。

二、金融企业涉农贷款和中小企业贷款的分类标准，按照《财政部 国家税务总局关于金融企业涉农贷款和中小企业贷款损失准备金税前扣除有关问题的通知》（财税〔2015〕3 号）规定执行。

三、金融企业应当建立健全贷款损失内部核销管理制度，严格内部责任认定和追究，及时收集、整理、编制、审核、申报、保存资产损失税前扣除证据材料。

对不符合法定条件扣除的贷款损失，或弄虚作假进行税前扣除的，应追溯调整以前年度的税务处理，并按《中华人民共和国税收征收管理法》有关规定进行处罚。

四、本公告适用2014年度及以后年度涉农贷款和中小企业贷款损失的税前扣除。

特此公告。

国家税务总局关于鄂尔多斯羊绒集团有限责任公司资产损失税前扣除问题的批复

2015年4月7日　税总函〔2015〕193号

内蒙古自治区地方税务局：

你局《关于鄂尔多斯羊绒集团有限责任公司资产损失所得税税前列支问题的请示》（内地税发〔2015〕4号）收悉。经研究，批复如下：

鄂尔多斯羊绒集团有限责任公司与青岛德正资源控股有限公司相互提供担保，由此，鄂尔多斯羊绒集团有限责任公司为青岛德正资源控股有限公司全额代偿债务形成的担保损失，应比照《国家税务总局关于发布〈企业资产损失所得税税前扣除管理办法〉的公告》（国家税务总局公告2011年第25号）第二十二条、第二十三条、第二十四条规定的应收款项损失进行处理，不得按照你局提出的“在法院判决或裁决之前先按其代偿金额的70%确认为担保损失，并准予在2014年度税前扣除，其余损失待法院判决或裁决之后再予税前扣除”的建议执行。

国家税务总局关于华为集团内部人员调动离职补偿税前扣除问题的批复

2015年6月2日　税总函〔2015〕299号

深圳市国家税务局、地方税务局：

你局《深圳市国家税务局关于华为公司集团内部人员调动离职补偿金税前扣除问题的请示》（深国税发〔2015〕59号）收悉。经研究，现批复如下：

根据《中华人民共和国企业所得税法》及其实施条例和《国家税务总局关于企业工资薪金及职工福利费扣除问题的通知》（国税函〔2009〕3号）的规定，华为公司对离职补偿事项的税务处理不符合企业所得税据实扣除原则，应该进行纳税调整。

企业根据公司财务制度为职工提取离职补偿费，在进行年度企业所得税汇算清缴时，对当年度“预提费用”科目发生额进行纳税调整，待职工从企业离职并实际领取离职补偿费后，企业可按规定进行税前扣除。

财政部　国家税务总局关于银行业金融机构存款保险保费企业所得税税前扣除有关政策问题的通知

2016 年 10 月 8 日　财税〔2016〕106 号

各省、自治区、直辖市、计划单列市财政厅（局）、国家税务局、地方税务局，新疆生产兵团财务局：

根据《中华人民共和国企业所得税法》及《中华人民共和国企业所得税法实施条例》的有关规定，现就银行业金融机构存款保险保费企业所得税税前扣除政策问题明确如下：

一、银行业金融机构依据《存款保险条例》的有关规定、按照不超过万分之一点六的存款保险费率，计算交纳的存款保险保费，准予在企业所得税税前扣除。

二、准予在企业所得税税前扣除的存款保险保费计算公式如下：

准予在企业所得税税前扣除的存款保险保费 = 保费基数 × 存款保险费率。

保费基数以中国人民银行核定的数额为准。

三、准予在企业所得税税前扣除的存款保险保费，不包括存款保险保费滞纳金。

四、银行业金融机构是指《存款保险条例》规定在我国境内设立的商业银行、农村合作银行、农村信用合作社等吸收存款的银行业金融机构。

五、本通知自 2015 年 5 月 1 日起执行。

财政部　国家税务总局关于保险公司准备金支出企业所得税税前扣除有关政策问题的通知

2016 年 11 月 2 日　财税〔2016〕114 号

各省、自治区、直辖市、计划单列市财政厅（局）、国家税务局、地方税务局，新疆生产建设兵团财务局：

根据《中华人民共和国企业所得税法》和《中华人民共和国企业所得税法实施条例》的有关规定，现就保险公司准备金支出企业所得税税前扣除有关问题明确如下：

一、保险公司按下列规定缴纳的保险保障基金，准予据实税前扣除：

1. 非投资型财产保险业务，不得超过保费收入的 0.8%；投资型财产保险业务，有保证收益的，不得超过业务收入的 0.08%，无保证收益的，不得超过业务收入的 0.05%。

2. 有保证收益的人寿保险业务，不得超过业务收入的 0.15%；无保证收益的人寿保险业务，不得超过业务收入的 0.05%。

3. 短期健康保险业务，不得超过保费收入的 0.8%；长期健康保险业务，不得超过保费收入的 0.15%。

4. 非投资型意外伤害保险业务，不得超过保费收入的0.8%；投资型意外伤害保险业务，有保证收益的，不得超过业务收入的0.08%，无保证收益的，不得超过业务收入的0.05%。

保险保障基金，是指按照《中华人民共和国保险法》和《保险保障基金管理办法》规定缴纳形成的，在规定情形下用于救助保单持有人、保单受让公司或者处置保险业风险的非政府性行业风险救助基金。

保费收入，是指投保人按照保险合同约定，向保险公司支付的保险费。

业务收入，是指投保人按照保险合同约定，为购买相应的保险产品支付给保险公司的全部金额。

非投资型财产保险业务，是指仅具有保险保障功能而不具有投资理财功能的财产保险业务。

投资型财产保险业务，是指兼具有保险保障与投资理财功能的财产保险业务。

有保证收益，是指保险产品在投资收益方面提供固定收益或最低收益保障。

无保证收益，是指保险产品在投资收益方面不提供收益保证，投保人承担全部投资风险。

二、保险公司有下列情形之一的，其缴纳的保险保障基金不得在税前扣除：

1. 财产保险公司的保险保障基金余额达到公司总资产6%的。

2. 人身保险公司的保险保障基金余额达到公司总资产1%的。

三、保险公司按国务院财政部门的相关规定提取的未到期责任准备金、寿险责任准备金、长期健康险责任准备金、已发生已报案未决赔款准备金和已发生未报案未决赔款准备金，准予在税前扣除。

1. 未到期责任准备金、寿险责任准备金、长期健康险责任准备金依据经中国保监会核准任职资格的精算师或出具专项审计报告的中介机构确定的金额提取。

未到期责任准备金，是指保险人为尚未终止的非寿险保险责任提取的准备金。

寿险责任准备金，是指保险人为尚未终止的人寿保险责任提取的准备金。

长期健康险责任准备金，是指保险人为尚未终止的长期健康保险责任提取的准备金。

2. 已发生已报案未决赔款准备金，按最高不超过当期已经提出的保险赔款或者给付金额的100%提取；已发生未报案未决赔款准备金按不超过当年实际赔款支出额的8%提取。

已发生已报案未决赔款准备金，是指保险人为非寿险保险事故已经发生并已向保险人提出索赔、尚未结案的赔案提取的准备金。

已发生未报案未决赔款准备金，是指保险人为非寿险保险事故已经发生、尚未向保险人提出索赔的赔案提取的准备金。

四、保险公司经营财政给予保费补贴的农业保险，按不超过财政部门规定的农业保险大灾风险准备金（简称大灾准备金）计提比例，计提的大灾准备金，准予在企业所得税前据实扣除。具体计算公式如下：

本年度扣除的大灾准备金 = 本年度保费收入 × 规定比例 - 上年度已在税前扣除的大灾准备金结存余额

按上述公式计算的数额如为负数，应调增当年应纳税所得额。

财政给予保费补贴的农业保险，是指各级财政按照中央财政农业保险保费补贴政策规定给予保费补贴的种植业、养殖业、林业等农业保险。

规定比例，是指按照《财政部关于印发〈农业保险大灾风险准备金管理办法〉的通知》（财金〔2013〕129号）确定的计提比例。

五、保险公司实际发生的各种保险赔款、给付，应首先冲抵按规定提取的准备金，不足冲抵部分，准予在当年税前扣除。

六、本通知自2016年1月1日至2020年12月31日执行。

国家税务总局关于房地产开发企业土地增值税清算涉及企业所得税退税有关问题的公告

2016年12月9日　国家税务总局公告2016年第81号

根据《中华人民共和国企业所得税法》及其实施条例、《中华人民共和国税收征收管理法》及其实施细则的相关规定，现就房地产开发企业（以下简称“企业”）由于土地增值税清算，导致多缴企业所得税的退税问题公告如下：

一、企业按规定对开发项目进行土地增值税清算后，当年企业所得税汇算清缴出现亏损且有其他后续开发项目的，该亏损应按照税法规定向以后年度结转，用以后年度所得弥补。后续开发项目，是指正在开发以及中标的项目。

二、企业按规定对开发项目进行土地增值税清算后，当年企业所得税汇算清缴出现亏损，且没有后续开发项目的，可以按照以下方法，计算出该项目由于土地增值税原因导致的项目开发各年度多缴企业所得税税款，并申请退税：

（一）该项目缴纳的土地增值税总额，应按照该项目开发各年度实现的项目销售收入占整个项目销售收入总额的比例，在项目开发各年度进行分摊，具体按以下公式计算：

各年度应分摊的土地增值税＝土地增值税总额×（项目年度销售收入÷整个项目销售收入总额）

本公告所称销售收入包括视同销售房地产的收入，但不包括企业销售的增值额未超过扣除项目金额20%的普通标准住宅的销售收入。

（二）该项目开发各年度应分摊的土地增值税减去该年度已经在企业所得税税前扣除的土地增值税后，余额属于当年应补充扣除的土地增值税；企业应调整当年度的应纳税所得额，并按规定计算当年度应退的企业所得税税款；当年度已缴纳的企业所得税税款不足退税的，应作为亏损向以后年度结转，并调整以后年度的应纳税所得额。

（三）按照上述方法进行土地增值税分摊调整后，导致相应年度应纳税所得额出现正数的，应按规定计算缴纳企业所得税。

（四）企业按上述方法计算的累计退税额，不得超过其在该项目开发各年度累计实际缴纳的企业所得税；超过部分作为项目清算年度产生的亏损，向以后年度结转。

三、企业在申请退税时，应向主管税务机关提供书面材料说明应退企业所得税款的计算过程，包括该项目缴纳的土地增值税总额、项目销售收入总额、项目年度销售收入额、各年度应分摊的土地增值税和已经税前扣除的土地增值税、各年度的适用税率，以及是否存在后续开发项目等情况。

四、本公告自发布之日起施行。本公告发布之日前，企业凡已经对土地增值税进行清算且没有后续开发项目的，在本公告发布后仍存在尚未弥补的因土地增值税清算导致的亏损，按照本公告第二条规定的方法计算多缴企业所得税税款，并申请退税。

《国家税务总局关于房地产开发企业注销前有关企业所得税处理问题的公告》（国家税务总局公告2010年第29号）同时废止。

特此公告。

财政部　国家税务总局关于中小企业融资（信用）担保机构有关准备金企业所得税税前扣除政策的通知

2017年3月21日　财税〔2017〕22号

各省、自治区、直辖市、计划单列市财政厅（局）、国家税务局、地方税务局，新疆生产建设兵团财务局：

根据《中华人民共和国企业所得税法》和《中华人民共和国企业所得税法实施条例》的有关规定，现就中小企业融资（信用）担保机构有关准备金企业所得税税前扣除政策问题通知如下：

一、符合条件的中小企业融资（信用）担保机构按照不超过当年年末担保责任余额1%的比例计提的担保赔偿准备，允许在企业所得税税前扣除，同时将上年度计提的担保赔偿准备余额转为当期收入。

二、符合条件的中小企业融资（信用）担保机构按照不超过当年担保费收入50%的比例计提的未到期责任准备，允许在企业所得税税前扣除，同时将上年度计提的未到期责任准备余额转为当期收入。

三、中小企业融资（信用）担保机构实际发生的代偿损失，符合税收法律法规关于资产损失税前扣除政策规定的，应冲减已在税前扣除的担保赔偿准备，不足冲减部分据实在企业所得税税前扣除。

四、本通知所称符合条件的中小企业融资（信用）担保机构，必须同时满足以下条件：

（一）符合《融资性担保公司管理暂行办法》（银监会等七部委令2010年第3号）相关规定，并具有融资性担保机构监管部门颁发的经营许可证；

（二）以中小企业为主要服务对象，当年中小企业信用担保业务和再担保业务发生额占当年信用担保业务发生总额的70%以上（上述收入不包括信用评级、咨询、培训等收入）；

（三）中小企业融资担保业务的平均年担保费率不超过银行同期贷款基准利率的50%；

（四）财政、税务部门规定的其他条件。

五、申请享受本通知规定的准备金税前扣除政策的中小企业融资（信用）担保机构，在汇算清缴时，需报送法人执照副本复印件、融资性担保机构监管部门颁发的经营许可证复印件、年度会计报表和担保业务情况（包括担保业务明细和风险准备金提取等），以及财政、税务部门要求提供的其他材料。

六、本通知自2016年1月1日起至2020年12月31日止执行。《财政部　国家税务总局关于中小企业信用担保机构有关准备金企业所得税税前扣除政策的通知》（财税〔2012〕25号）同时废止。

财政部　国家税务总局关于证券行业准备金支出企业所得税税前扣除有关政策问题的通知

2017年3月21日　财税〔2017〕23号

各省、自治区、直辖市、计划单列市财政厅（局）、国家税务局、地方税务局，新疆生产建设兵团财务局：

根据《中华人民共和国企业所得税法》和《中华人民共和国企业所得税法实施条例》的有关规定，现就证券行业准备金支出企业所得税税前扣除有关政策问题明确如下：

一、证券类准备金

（一）证券交易所风险基金。

上海、深圳证券交易所依据《证券交易所风险基金管理暂行办法》（证监发〔2000〕22号）的有关规定，按证券交易所交易收取经手费的20%、会员年费的10%提取的证券交易所风险基金，在各基金净资产不超过10亿元的额度内，准予在企业所得税税前扣除。

（二）证券结算风险基金。

1. 中国证券登记结算公司所属上海分公司、深圳分公司依据《证券结算风险基金管理办法》（证监发〔2006〕65号）的有关规定，按证券登记结算公司业务收入的20%提取的证券结算风险基金，在各基金净资产不超过30亿元的额度内，准予在企业所得税税前扣除。

2. 证券公司依据《证券结算风险基金管理办法》（证监发〔2006〕65号）的有关规定，作为结算会员按人民币普通股和基金成交金额的十万分之三、国债现货成交金额的十万分之一、1天期国债回购成交额的千万分之五、2天期国债回购成交额的千万分之十、3天期国债回购成交额的千万分之十五、4天期国债回购成交额的千万分之二十、7天期国债回购成交额的千万分之五十、14天期国债回购成交额的十万分之一、28天期国债回购成交额的十万分之二、91天期国债回购成交额的十万分之六、182天期国债回购成交额的十万分之十二逐日交纳的证券结算风险基金，准予在企业所得税税前扣除。

（三）证券投资者保护基金。

1. 上海、深圳证券交易所依据《证券投资者保护基金管理办法》（证监会令第27号、第124号）的有关规定，在风险基金分别达到规定的上限后，按交易经手费的20%缴纳的证券投资者保护基金，准予在企业所得税税前扣除。

2. 证券公司依据《证券投资者保护基金管理办法》（证监会令第27号、第124号）的有关规定，按其营业收入0.5%—5%缴纳的证券投资者保护基金，准予在企业所得税税前扣除。

二、期货类准备金

（一）期货交易所风险准备金。

大连商品交易所、郑州商品交易所和中国金融期货交易所依据《期货交易管理条例》（国务院令第489号）、《期货交易所管理办法》（证监会令第42号）和《商品期货交易财务管理暂行规定》（财商字〔1997〕44号）的有关规定，上海期货交易所依据《期货交易管理条例》（国务院令第489号）、《期货交易所管理办法》（证监会令第42号）和《关于调整上海期货交易所风险准备金规模的批复》（证监函〔2009〕407号）的有关规定，分别按向会员收取手续费收入的20%计提的风险准备金，在风险准备金余额达到有关规定的额度内，准予在企业所得税税前扣除。

（二）期货公司风险准备金。

期货公司依据《期货公司管理办法》（证监会令第43号）和《商品期货交易财务管理暂行规定》（财商字〔1997〕44号）的有关规定，从其收取的交易手续费收入减去应付期货交易所手续费后的净收入的5%提取的期货公司风险准备金，准予在企业所得税税前扣除。

（三）期货投资者保障基金。

1. 上海期货交易所、大连商品交易所、郑州商品交易所和中国金融期货交易所依据《期货投资者保障基金管理办法》（证监会令第38号、第129号）和《关于明确期货投资者保障基金缴纳比例有关事项的规定》（证监会　财政部公告〔2016〕26号）的有关规定，按其向期货公司会员收取的交易手续费的2%（2016年12月8日前按3%）缴纳的期货投资者保障基金，在基金总额达到有关规定的额度内，准予在企业所得税税前扣除。

2. 期货公司依据《期货投资者保障基金管理办法》（证监会令第38号、第129号）和《关于明确期货投资者保障基金缴纳比例有关事项的规定》（证监会　财政部公告〔2016〕26号）的有关规定，从其收取的交易手续费中按照代理交易额的亿分之五至亿分之十的比例（2016年12月8日前按千万分之五至千万分之十的比例）缴纳的期货投资者保障基金，在基金总额达到有关规定的额度内，准予在企业所得税税前扣除。

三、上述准备金如发生清算、退还，应按规定补征企业所得税。

四、本通知自2016年1月1日起至2020年12月31日止执行。《财政部　国家税务总局关于证券行业准备金支出企业所得税税前扣除有关政策问题的通知》（财税〔2012〕11号）同时废止。

财政部　税务总局关于延续支持农村金融发展有关税收政策的通知

2017年6月9日　财税〔2017〕44号

（注释：条款废止。第一条废止。参见：《财政部　税务总局关于支持小微企业融资有关税收政策的通知》（财税〔2017〕77号）。）

各省、自治区、直辖市、计划单列市财政厅（局）、国家税务局、地方税务局，新疆生产建设兵团财务局：

为继续支持农村金融发展，现就农村金融有关税收政策通知如下：

一、自2017年1月1日至2019年12月31日，对金融机构农户小额贷款的利息收入，免征增值税。

二、自2017年1月1日至2019年12月31日，对金融机构农户小额贷款的利息收入，在计算应纳税所得额时，按90%计入收入总额。

三、自2017年1月1日至2019年12月31日，对保险公司为种植业、养殖业提供保险业务取得的保费收入，在计算应纳税所得额时，按90%计入收入总额。

四、本通知所称农户，是指长期（一年以上）居住在乡镇（不包括城关镇）行政管理区域内的住户，还包括长期居住在城关镇所辖行政村范围内的住户和户口不在本地而在本地居住一年以上的住户，国有农场的职工和农村个体工商户。位于乡镇（不包括城关镇）行政管理区域内和在城关镇所辖行政村范围内的国有经济的机关、团体、学校、企事业单位的集体户；有本地户口，但举家外出谋生一年以上的住户，无论是否保留承包耕地均不属于农户。农户以户为统计单位，既可以从事农业生产经营，也可以从事非农业生产经营。农户贷款的判定应以贷款发放时的承贷主体是否属于农户为准。

本通知所称小额贷款，是指单笔且该农户贷款余额总额在10万元（含本数）以下的贷款。

本通知所称保费收入，是指原保险保费收入加上分保费收入减去分出保费后的余额。

五、金融机构应对符合条件的农户小额贷款利息收入进行单独核算，不能单独核算的不得适用本通知第一条、第二条规定的优惠政策。

六、本通知印发之日前已征的增值税，可抵减纳税人以后月份应缴纳的增值税或予以退还。

财政部　税务总局关于保险保障基金有关税收政策问题的通知

2018年4月27日　财税〔2018〕41号

各省、自治区、直辖市、计划单列市财政厅（局）、国家税务局、地方税务局，新疆生产建设兵团财政局：

为支持保险保障基金发展，增强行业经营风险防范能力，现将保险保障基金有关税收政策事项明确如下：

一、对中国保险保障基金有限责任公司（以下简称保险保障基金公司）根据《保险保障基金管理办法》取得的下列收入，免征企业所得税：

1. 境内保险公司依法缴纳的保险保障基金；

2. 依法从撤销或破产保险公司清算财产中获得的受偿收入和向有关责任方追偿所得，以及依法从保险公司风险处置中获得的财产转让所得；

3. 接受捐赠收入；

4. 银行存款利息收入；

5. 购买政府债券、中央银行、中央企业和中央级金融机构发行债券的利息收入；

6. 国务院批准的其他资金运用取得的收入。

二、对保险保障基金公司下列应税凭证，免征印花税：

1. 新设立的资金账簿；

2. 在对保险公司进行风险处置和破产救助过程中签订的产权转移书据；

3. 在对保险公司进行风险处置过程中与中国人民银行签订的再贷款合同；

4. 以保险保障基金自有财产和接收的受偿资产与保险公司签订的财产保险合同。

对与保险保障基金公司签订上述产权转移书据或应税合同的其他当事人照章征收印花税。

本通知自 2018 年 1 月 1 日起至 2020 年 12 月 31 日止执行。《财政部　国家税务总局关于保险保障基金有关税收政策问题的通知》（财税〔2016〕10 号）同时废止。

财政部　税务总局关于保险企业手续费及佣金支出税前扣除政策的公告

2019 年 5 月 28 日　财政部　税务总局公告 2019 年第 72 号

现就保险企业发生的手续费及佣金支出企业所得税税前扣除政策公告如下：

一、保险企业发生与其经营活动有关的手续费及佣金支出，不超过当年全部保费收入扣除退保金等后余额的 18%（含本数）的部分，在计算应纳税所得额时准予扣除；超过部分，允许结转以后年度扣除。

二、保险企业发生的手续费及佣金支出税前扣除的其他事项继续按照《财政部　国家税务总局关于企业手续费及佣金支出税前扣除政策的通知》（财税〔2009〕29 号）中第二条至第五条相关规定处理。保险企业应建立健全手续费及佣金的相关管理制度，并加强手续费及佣金结转扣除的台账管理。

三、本公告自 2019 年 1 月 1 日起执行。《财政部　国家税务总局关于企业手续费及佣金支出税前扣除政策的通知》（财税〔2009〕29 号）第一条中关于保险企业手续费及佣金税前扣除的政策和第六条同时废止。保险企业 2018 年度汇算清缴按照本公告规定执行。

特此公告。

财政部　税务总局关于金融企业涉农贷款和中小企业贷款损失准备金税前扣除有关政策的公告

2019 年 8 月 23 日　财政部　税务总局公告 2019 年第 85 号

根据《中华人民共和国企业所得税法》及《中华人民共和国企业所得税法实施条例》的有关规定，现就金融企业涉农贷款和中小企业贷款损失准备金的企业所得税税前扣除政策公告如下：

一、金融企业根据《贷款风险分类指引》（银监发〔2007〕54号），对其涉农贷款和中小企业贷款进行风险分类后，按照以下比例计提的贷款损失准备金，准予在计算应纳税所得额时扣除：

（一）关注类贷款，计提比例为2%；

（二）次级类贷款，计提比例为25%；

（三）可疑类贷款，计提比例为50%；

（四）损失类贷款，计提比例为100%。

二、本公告所称涉农贷款，是指《涉农贷款专项统计制度》（银发〔2007〕246号）统计的以下贷款：

（一）农户贷款；

（二）农村企业及各类组织贷款。

本条所称农户贷款，是指金融企业发放给农户的所有贷款。农户贷款的判定应以贷款发放时的承贷主体是否属于农户为准。农户，是指长期（一年以上）居住在乡镇（不包括城关镇）行政管理区域内的住户，还包括长期居住在城关镇所辖行政村范围内的住户和户口不在本地而在本地居住一年以上的住户，国有农场的职工和农村个体工商户。位于乡镇（不包括城关镇）行政管理区域内和在城关镇所辖行政村范围内的国有经济的机关、团体、学校、企事业单位的集体户；有本地户口，但举家外出谋生一年以上的住户，无论是否保留承包耕地均不属于农户。农户以户为统计单位，既可以从事农业生产经营，也可以从事非农业生产经营。

本条所称农村企业及各类组织贷款，是指金融企业发放给注册地位于农村区域的企业及各类组织的所有贷款。农村区域，是指除地级及以上城市的城市行政区及其市辖建制镇之外的区域。

三、本公告所称中小企业贷款，是指金融企业对年销售额和资产总额均不超过2亿元的企业的贷款。

四、金融企业发生的符合条件的涉农贷款和中小企业贷款损失，应先冲减已在税前扣除的贷款损失准备金，不足冲减部分可据实在计算应纳税所得额时扣除。

五、本公告自2019年1月1日起执行至2023年12月31日。

特此公告。

财政部　税务总局关于金融企业贷款损失准备金企业所得税税前扣除有关政策的公告

2019年8月23日　财政部　税务总局公告2019年第86号

根据《中华人民共和国企业所得税法》及《中华人民共和国企业所得税法实施条例》的有关规定，现就政策性银行、商业银行、财务公司、城乡信用社和金融租赁公司等金融企业提取的贷款损失准备金的企业所得税税前扣除政策公告如下：

一、准予税前提取贷款损失准备金的贷款资产范围包括：

（一）贷款（含抵押、质押、保证、信用等贷款）；

（二）银行卡透支、贴现、信用垫款（含银行承兑汇票垫款、信用证垫款、担保垫款等）、进出口押汇、同业拆出、应收融资租赁款等具有贷款特征的风险资产；

（三）由金融企业转贷并承担对外还款责任的国外贷款，包括国际金融组织贷款、外国买方信贷、外国政府贷款、日本国际协力银行不附条件贷款和外国政府混合贷款等资产。

二、金融企业准予当年税前扣除的贷款损失准备金计算公式如下：

准予当年税前扣除的贷款损失准备金 = 本年末准予提取贷款损失准备金的贷款资产余额 ×1% - 截至上年末已在税前扣除的贷款损失准备金的余额

金融企业按上述公式计算的数额如为负数，应当相应调增当年应纳税所得额。

三、金融企业的委托贷款、代理贷款、国债投资、应收股利、上交央行准备金以及金融企业剥离的债权和股权、应收财政贴息、央行款项等不承担风险和损失的资产，以及除本公告第一条列举资产之外的其他风险资产，不得提取贷款损失准备金在税前扣除。

四、金融企业发生的符合条件的贷款损失，应先冲减已在税前扣除的贷款损失准备金，不足冲减部分可据实在计算当年应纳税所得额时扣除。

五、金融企业涉农贷款和中小企业贷款损失准备金的税前扣除政策，凡按照《财政部 税务总局关于金融企业涉农贷款和中小企业贷款损失准备金税前扣除有关政策的公告》（财政部 税务总局公告2019年第85号）的规定执行的，不再适用本公告第一条至第四条的规定。

六、本公告自2019年1月1日起执行至2023年12月31日。

特此公告。

五、征收管理政策

中华人民共和国发票管理办法实施细则

2011 年 2 月 14 日　国家税务总局令第 25 号

（注释：条款修改。参见：《国家税务总局关于修改〈中华人民共和国发票管理办法实施细则〉的决定》（国家税务总局令第 37 号）。）

《中华人民共和国发票管理办法实施细则》已经 2011 年 1 月 27 日国家税务总局第 1 次局务会议审议通过，现予公布，自 2011 年 2 月 1 日起施行。

国家税务总局局长：肖　捷

二〇一一年二月十四日

中华人民共和国发票管理办法实施细则

第一章　总　则

第一条　根据《中华人民共和国发票管理办法》（以下简称《办法》）规定，制定本实施细则。

第二条　在全国范围内统一式样的发票，由国家税务总局确定。

在省、自治区、直辖市范围内统一式样的发票，由省、自治区、直辖市国家税务局、地方税务局（以下简称省税务机关）确定。

第三条　发票的基本联次包括存根联、发票联、记账联。存根联由收款方或开票方留存备查；发票联由付款方或受票方作为付款原始凭证；记账联由收款方或开票方作为记账原始凭证。

省以上税务机关可根据发票管理情况以及纳税人经营业务需要，增减除发票联以外的其他联次，并确定其用途。

第四条　发票的基本内容包括：发票的名称、发票代码和号码、联次及用途、客户名称、开户银行及账号、商品名称或经营项目、计量单位、数量、单价、大小写金额、开票人、开票日期、开票单位（个人）名称（章）等。

省以上税务机关可根据经济活动以及发票管理需要，确定发票的具体内容。

第五条 有固定生产经营场所、财务和发票管理制度健全的纳税人，发票使用量较大或统一发票式样不能满足经营活动需要的，可以向省以上税务机关申请印有本单位名称的发票。

第二章 发票的印制

第六条 发票准印证由国家税务总局统一监制，省税务机关核发。

税务机关应当对印制发票企业实施监督管理，对不符合条件的，应当取消其印制发票的资格。

第七条 全国统一的发票防伪措施由国家税务总局确定，省税务机关可以根据需要增加本地区的发票防伪措施，并向国家税务总局备案。

发票防伪专用品应当按照规定专库保管，不得丢失。次品、废品应当在税务机关监督下集中销毁。

第八条 全国统一发票监制章是税务机关管理发票的法定标志，其形状、规格、内容、印色由国家税务总局规定。

第九条 全国范围内发票换版由国家税务总局确定；省、自治区、直辖市范围内发票换版由省税务机关确定。

发票换版时，应当进行公告。

第十条 监制发票的税务机关根据需要下达发票印制通知书，被指定的印制企业必须按照要求印制。

发票印制通知书应当载明印制发票企业名称、用票单位名称、发票名称、发票代码、种类、联次、规格、印色、印制数量、起止号码、交货时间、地点等内容。

第十一条 印制发票企业印制完毕的成品应当按照规定验收后专库保管，不得丢失。废品应当及时销毁。

第三章 发票的领购

第十二条 《办法》第十五条所称经办人身份证明是指经办人的居民身份证、护照或者其他能证明经办人身份的证件。

第十三条 《办法》第十五条所称发票专用章是指用票单位和个人在其开具发票时加盖的有其名称、税务登记号、发票专用章字样的印章。

发票专用章式样由国家税务总局确定。

第十四条 税务机关对领购发票单位和个人提供的发票专用章的印模应当留存备查。

第十五条 《办法》第十五条所称领购方式是指批量供应、交旧购新或者验旧购新等方式。

第十六条 《办法》第十五条所称发票领购簿的内容应当包括用票单位和个人的名称、所属行业、购票方式、核准购票种类、开票限额、发票名称、领购日期、准购数量、起止号码、违章记录、领购人签字（盖章）、核发税务机关（章）等内容。

第十七条 《办法》第十五条所称发票使用情况是指发票领用存情况及相关开票数据。

第十八条 税务机关在发售发票时，应当按照核准的收费标准收取工本管理费，并向购票单位和个人开具收据。发票工本费征缴办法按照国家有关规定执行。

第十九条 《办法》第十六条所称书面证明是指有关业务合同、协议或者税务机关认可的其他资料。

第二十条 税务机关应当与受托代开发票的单位签订协议，明确代开发票的种类、对象、内容和相关责任等内容。

第二十一条 《办法》第十八条所称保证人，是指在中国境内具有担保能力的公民、法人或者其他经济组织。

保证人同意为领购发票的单位和个人提供担保的，应当填写担保书。担保书内容包括：担保对象、范围、期限和责任以及其他有关事项。

担保书须经购票人、保证人和税务机关签字盖章后方为有效。

第二十二条 《办法》第十八条第二款所称由保证人或者以保证金承担法律责任，是指由保证人缴纳罚款或者以保证金缴纳罚款。

第二十三条 提供保证人或者交纳保证金的具体范围由省税务机关规定。

第四章 发票的开具和保管

第二十四条 《办法》第十九条所称特殊情况下，由付款方向收款方开具发票，是指下列情况：

（一）收购单位和扣缴义务人支付个人款项时；

（二）国家税务总局认为其他需要由付款方向收款方开具发票的。

第二十五条 向消费者个人零售小额商品或者提供零星服务的，是否可免予逐笔开具发票，由省税务机关确定。

第二十六条 填开发票的单位和个人必须在发生经营业务确认营业收入时开具发票。未发生经营业务一律不准开具发票。

第二十七条 开具发票后，如发生销货退回需开红字发票的，必须收回原发票并注明“作废”字样或取得对方有效证明。

开具发票后，如发生销售折让的，必须在收回原发票并注明“作废”字样后重新开具销售发票或取得对方有效证明后开具红字发票。

第二十八条 单位和个人在开具发票时，必须做到按照号码顺序填开，填写项目齐全，内容真实，字迹清楚，全部联次一次打印，内容完全一致，并在发票联和抵扣联加盖发票专用章。

第二十九条 开具发票应当使用中文。民族自治地方可以同时使用当地通用的一种民族文字。

第三十条 《办法》第二十六条所称规定的使用区域是指国家税务总局和省税务机关规定的区域。

第三十一条 使用发票的单位和个人应当妥善保管发票。发生发票丢失情形时，应当于发现丢失当日书面报告税务机关，并登报声明作废。

第五章 发票的检查

第三十二条 《办法》第三十二条所称发票换票证仅限于在本县（市）范围内使用。需要调出外县（市）的发票查验时，应当提请该县（市）税务机关调取发票。

第三十三条 用票单位和个人有权申请税务机关对发票的真伪进行鉴别。收到申请的税务机关应当受理并负责鉴别发票的真伪；鉴别有困难的，可以提请发票监制税务机关协助鉴别。

在伪造、变造现场以及买卖地、存放地查获的发票，由当地税务机关鉴别。

第六章 罚 则

第三十四条 税务机关对违反发票管理法规的行为进行处罚，应当将行政处罚决定书面通知当事人；对违反发票管理法规的案件，应当立案查处。

对违反发票管理法规的行政处罚，由县以上税务机关决定；罚款额在2000元以下的，可由税务所决定。

第三十五条 《办法》第四十条所称的公告是指，税务机关应当在办税场所或者广播、电视、报纸、期刊、网络等新闻媒体上公告纳税人发票违法的情况。公告内容包括：纳税人名称、纳税人识别号、经营地点、违反发票管理法规的具体情况。

第三十六条 对违反发票管理法规情节严重构成犯罪的，税务机关应当依法移送司法机关处理。

第七章 附 则

第三十七条 《办法》和本实施细则所称"以上"、"以下"均含本数。

第三十八条 本实施细则自2011年2月1日起施行。

科学技术部 财政部 国家税务总局关于认真做好2008年高新技术企业认定管理工作的通知

2008年11月27日 国科发火〔2008〕705号

各省、自治区、直辖市、计划单列市科技厅（委、局）、财政厅（局）、国家税务局、地方税务局：

自2008年8月5日召开全国高新技术企业认定管理工作会议以来，全国大部分地区的认定工作正在按照《高新技术企业认定管理办法》和《高新技术企业认定管理工作指引》的要求稳步推进，但仍有一些地区工作措施不到位，认定工作进展缓慢。为落实中央关于扩大内需，促进经济平稳较快增长的决策部署，做好高新技术企业认定管理工作，确保今年认定工作顺利推进，现将有关事项通知如下：

一、尽快建立健全工作机制，加快认定进程

各地科技、财政、税务部门务必抓紧时间，健全工作机制，在严格执行认定工作原则和规程的情况下，对符合条件的企业加快认定工作，并力争在今年底前完成。要把握工作进度，遇到问题要及时研究解决。全国高新技术企业认定管理工作领导小组办公室将对一些地区进行重点检查。

为了保证政策实施的规范化，不提倡制定本地区高新技术企业认定管理工作的"实施细则”“实施条例”。已经制定的，须报领导小组办公室备案，有问题的要及时纠正。

二、关于核心自主知识产权

在计算企业拥有的核心自主知识产权时，企业近3年内（至申报日前）获得的核心自主知识产权均视为有效。

三、关于中介机构

各地认定机构要加强对中介机构的管理。中介机构要严格按照《高新技术企业认定管理办法》和《高新技术企业认定管理工作指引》的规定，以及国家有关专项审计的要求，出具专项审计报告。我们将于明年正式启用高新技术企业认定专项审计报告的统一格式，今年已经出具的审计报告不需要重做。

国家税务总局关于印发《企业所得税核定征收办法》(试行)的通知

2008年3月6日　国税发〔2008〕30号

(注释：条款失效。“六、国家税务局和地方税务局密切配合。要联合开展核定征收企业所得税工作，共同确定分行业的应税所得率，共同协商确定分户的应纳所得税额，做到分属国家税务局和地方税务局管辖，生产经营地点、经营规模、经营范围基本相同的纳税人，核定的应纳所得税额和应税所得率基本一致。”删除。第十六条　各省、自治区、直辖市和计划单列市国家税务局、地方税务局，根据本办法的规定联合制定具体实施办法，并报国家税务总局备案。”修改为“第十六条　各省、自治区、直辖市和计划单列市税务局，根据本办法的规定制定具体实施办法，并报国家税务总局备案。”参见：《国家税务总局关于修改部分税收规范性文件的公告》(国家税务总局公告2018年第31号)。)

各省、自治区、直辖市和计划单列市国家税务局、地方税务局：

为加强和规范企业所得税核定征收工作，税务总局制定了《企业所得税核定征收办法(试行)》，现印发给你们，请遵照执行。

一、严格按照规定的范围和标准确定企业所得税的征收方式。不得违规扩大核定征收企业所得税范围。严禁按照行业或者企业规模大小，“一刀切”地搞企业所得税核定征收。

二、按公平、公正、公开原则核定征收企业所得税。应根据纳税人的生产经营行业特点，综合考虑企业的地理位置、经营规模、收入水平、利润水平等因素，分类逐户核定应纳所得税额或者应税所得率，保证同一区域内规模相当的同类或者类似企业的所得税税负基本相当。

三、做好核定征收企业所得税的服务工作。核定征收企业所得税的工作部署与安排要考虑方便纳税人，符合纳税人的实际情况，并在规定的时限内及时办结鉴定和认定工作。

四、推进纳税人建账建制工作。税务机关应积极督促核定征收企业所得税的纳税人建账建制，改善经营管理，引导纳税人向查账征收方式过渡。对符合查账征收条件的纳税人，要及时调整征收方式，实行查账征收。

五、加强对核定征收方式纳税人的检查工作。对实行核定征收企业所得税方式的纳税人，要加大检查力度，将汇算清缴的审核检查和日常征管检查结合起来，合理确定年度稽查面，防止纳税人有意通过核定征收方式降低税负。

六、国家税务局和地方税务局密切配合。要联合开展核定征收企业所得税工作，共同确定分行业的应税所得率，共同协商确定分户的应纳所得税额，做到分属国家税务局和地方税务局管辖，生产经营地点、经营规模、经营范围基本相同的纳税人，核定的应纳所得税额和应税所得率基本一致。

企业所得税核定征收办法（试行）

第一条 为了加强企业所得税征收管理，规范核定征收企业所得税工作，保障国家税款及时足额入库，维护纳税人合法权益，根据《中华人民共和国企业所得税法》及其实施条例、《中华人民共和国税收征收管理法》及其实施细则的有关规定，制定本办法。

第二条 本办法适用于居民企业纳税人。

第三条 纳税人具有下列情形之一的，核定征收企业所得税：

（一）依照法律、行政法规的规定可以不设置账簿的；

（二）依照法律、行政法规的规定应当设置但未设置账簿的；

（三）擅自销毁账簿或者拒不提供纳税资料的；

（四）虽设置账簿，但账目混乱或者成本资料、收入凭证、费用凭证残缺不全，难以查账的；

（五）发生纳税义务，未按照规定的期限办理纳税申报，经税务机关责令限期申报，逾期仍不申报的；

（六）申报的计税依据明显偏低，又无正当理由的。

特殊行业、特殊类型的纳税人和一定规模以上的纳税人不适用本办法。上述特定纳税人由国家税务总局另行明确。

第四条 税务机关应根据纳税人具体情况，对核定征收企业所得税的纳税人，核定应税所得率或者核定应纳所得税额。

具有下列情形之一的，核定其应税所得率：

（一）能正确核算（查实）收入总额，但不能正确核算（查实）成本费用总额的；

（二）能正确核算（查实）成本费用总额，但不能正确核算（查实）收入总额的；

（三）通过合理方法，能计算和推定纳税人收入总额或成本费用总额的。

纳税人不属于以上情形的，核定其应纳所得税额。

第五条 税务机关采用下列方法核定征收企业所得税：

（一）参照当地同类行业或者类似行业中经营规模和收入水平相近的纳税人的税负水平核定；

（二）按照应税收入额或成本费用支出额定率核定；

（三）按照耗用的原材料、燃料、动力等推算或测算核定；

（四）按照其他合理方法核定。

采用前款所列一种方法不足以正确核定应纳税所得额或应纳税额的，可以同时采用两种以上的方法核定。采用两种以上方法测算的应纳税额不一致时，可按测算的应纳税额从高核定。

第六条 采用应税所得率方式核定征收企业所得税的，应纳所得税额计算公式如下：

应纳所得税额 = 应纳税所得额 × 适用税率

应纳税所得额 = 应税收入额 × 应税所得率

或：应纳税所得额 = 成本（费用）支出额/（1 - 应税所得率）×应税所得率

第七条 实行应税所得率方式核定征收企业所得税的纳税人，经营多业的，无论其经营项目是否单独核算，均由税务机关根据其主营项目确定适用的应税所得率。

主营项目应为纳税人所有经营项目中，收入总额或者成本（费用）支出额或者耗用原材料、燃料、动力数量所占比重最大的项目。

第八条 应税所得率按下表规定的幅度标准确定：

行　业	应税所得率（%）
农、林、牧、渔业	3—10
制造业	5—15
批发和零售贸易业	4—15
交通运输业	7—15
建筑业	8—20
饮食业	8—25
娱乐业	15—30
其他行业	10—30

第九条 纳税人的生产经营范围、主营业务发生重大变化，或者应纳税所得额或应纳税额增减变化达到20%的，应及时向税务机关申报调整已确定的应纳税额或应税所得率。

第十条 主管税务机关应及时向纳税人送达《企业所得税核定征收鉴定表》（表样附后），及时完成对其核定征收企业所得税的鉴定工作。具体程序如下：

（一）纳税人应在收到《企业所得税核定征收鉴定表》后10个工作日内，填好该表并报送主管税务机关。《企业所得税核定征收鉴定表》一式三联，主管税务机关和县税务机关各执一联，另一联送达纳税人执行。主管税务机关还可根据实际工作需要，适当增加联次备用。

（二）主管税务机关应在受理《企业所得税核定征收鉴定表》后20个工作日内，分类逐户审查核实，提出鉴定意见，并报县税务机关复核、认定。

（三）县税务机关应在收到《企业所得税核定征收鉴定表》后30个工作日内，完成复核、认定工作。

纳税人收到《企业所得税核定征收鉴定表》后，未在规定期限内填列、报送的，税务机关视同纳税人已经报送，按上述程序进行复核认定。

第十一条 税务机关应在每年6月底前对上年度实行核定征收企业所得税的纳税人进行重新鉴定。重新鉴定工作完成前，纳税人可暂按上年度的核定征收方式预缴企业所得税；重新鉴定工作完成后，按重新鉴定的结果进行调整。

第十二条 主管税务机关应当分类逐户公示核定的应纳所得税额或应税所得率。主管税务机关应当按照便于纳税人及社会各界了解、监督的原则确定公示地点、方式。

纳税人对税务机关确定的企业所得税征收方式、核定的应纳所得税额或应税所得率有异议的，应当提供合法、有效的相关证据，税务机关经核实认定后调整有异议的事项。

第十三条　纳税人实行核定应税所得率方式的，按下列规定申报纳税：

（一）主管税务机关根据纳税人应纳税额的大小确定纳税人按月或者按季预缴，年终汇算清缴。预缴方法一经确定，一个纳税年度内不得改变。

（二）纳税人应依照确定的应税所得率计算纳税期间实际应缴纳的税额，进行预缴。按实际数额预缴有困难的，经主管税务机关同意，可按上一年度应纳税额的 1/12 或 1/4 预缴，或者按经主管税务机关认可的其他方法预缴。

（三）纳税人预缴税款或年终进行汇算清缴时，应按规定填写《中华人民共和国企业所得税月（季）度预缴纳税申报表（B 类）》，在规定的纳税申报时限内报送主管税务机关。

第十四条　纳税人实行核定应纳所得税额方式的，按下列规定申报纳税：

（一）纳税人在应纳所得税额尚未确定之前，可暂按上年度应纳所得税额的 1/12 或 1/4 预缴，或者按经主管税务机关认可的其他方法，按月或按季分期预缴。

（二）在应纳所得税额确定以后，减除当年已预缴的所得税额，余额按剩余月份或季度均分，以此确定以后各月或各季的应纳税额，由纳税人按月或按季填写《中华人民共和国企业所得税月（季）度预缴纳税申报表（B 类）》，在规定的纳税申报期限内进行纳税申报。

（三）纳税人年度终了后，在规定的时限内按照实际经营额或实际应纳税额向税务机关申报纳税。申报额超过核定经营额或应纳税额的，按申报额缴纳税款；申报额低于核定经营额或应纳税额的，按核定经营额或应纳税额缴纳税款。

第十五条　对违反本办法规定的行为，按照《中华人民共和国税收征收管理法》及其实施细则的有关规定处理。

第十六条　各省、自治区、直辖市和计划单列市国家税务局、地方税务局，根据本办法的规定联合制定具体实施办法，并报国家税务总局备案。

第十七条　本办法自 2008 年 1 月 1 日起执行。《国家税务总局关于印发〈核定征收企业所得税暂行办法〉的通知》（国税发〔2000〕38 号）同时废止。

附件：企业所得税核定征收鉴定表（略）

国家税务总局关于外国企业所得税纳税年度有关问题的通知

2008 年 4 月 3 日　国税函〔2008〕301 号

各省、自治区、直辖市和计划单列市国家税务局，广东省和深圳市地方税务局：

现就外国企业所得税的纳税年度问题通知如下：

根据《中华人民共和国外商投资企业和外国企业所得税法实施细则》第八条规定，经当地主管税务机关批准以满十二个月的会计年度为纳税年度的外国企业，其 2007—2008 年度企业所得税的纳税年度截止到 2007 年 12 月 31 日，并按照《中华人民共和国外商投资企业和外国企业所得税法》规定的税率计算缴纳企业所得税。自 2008 年 1 月 1 日起，外国企业一律以公历年度为纳税年度，按照《中华人民共和国企业所得税法》规定的税率计算缴纳企业所得税。

国家税务总局关于印发《特别纳税调整实施办法（试行）》的通知

2009 年 1 月 8 日　国税发〔2009〕2 号

（注释：条款失效废止。第一百一十一条失效废止。参见：《国家税务总局关于公布全文失效废止和部分条款失效废止的税收规范性文件目录的公告》（国家税务总局公告 2018 年第 33 号）。

条款废止。第四章、第五章、第十一章和第十二章自 2017 年 5 月 1 日起废止。参见：《国家税务总局关于发布〈特别纳税调查调整及相互协商程序管理办法〉的公告》（国家税务总局公告 2017 年第 6 号）。

条款废止。第六章自 2016 年 12 月 1 日起废止。参见：《国家税务总局关于完善预约定价安排管理有关事项的公告》（国家税务总局公告 2016 年第 64 号）。

条款废止。《特别纳税调整实施办法（试行）》第二章、第三章、第七十四条和第八十九条废止。参见：《国家税务总局关于完善关联申报和同期资料管理有关事项的公告》（国家税务总局公告 2016 年第 42 号）。

条款废止。第六十九条自 2015 年 7 月 16 日起废止。参见：《国家税务总局关于规范成本分摊协议管理的公告》（国家税务总局公告 2015 年第 45 号）。

政策调整。“企业就成本分摊协议是否符合独立交易原则的审核”取消。参见：(1)《国家税务总局关于贯彻落实〈国务院关于第一批取消 62 项中央指定地方实施行政审批事项的决定〉的通知》（税总发〔2015〕141 号）。(2)《国务院关于第一批取消 62 项中央指定地方实施行政审批事项的决定》（国发〔2015〕57 号）。(3)《国家税务总局关于贯彻落实〈国务院关于取消非行政许可审批事项的决定〉的通知》（税总发〔2015〕74 号）。(4)《国务院关于取消非行政许可审批事项的决定》（国发〔2015〕27 号）。）

各省、自治区、直辖市和计划单列市国家税务局、地方税务局：

为贯彻落实《中华人民共和国企业所得税法》及其实施条例，规范和加强特别纳税调整管理，国家税务总局制定了《特别纳税调整实施办法（试行）》，现印发给你们，请遵照执行。

特别纳税调整实施办法（试行）

第一章　总　则

第一条　为了规范特别纳税调整管理，根据《中华人民共和国企业所得税法》（以下简称所得税法）、《中华人民共和国企业所得税法实施条例》（以下简称所得税法实施条例）、

《中华人民共和国税收征收管理法》（以下简称征管法）、《中华人民共和国税收征收管理法实施细则》（以下简称征管法实施细则）以及我国政府与有关国家（地区）政府签署的避免双重征税协定（安排）（以下简称税收协定）的有关规定，制定本办法。

第二条 本办法适用于税务机关对企业的转让定价、预约定价安排、成本分摊协议、受控外国企业、资本弱化以及一般反避税等特别纳税调整事项的管理。

第三条 转让定价管理是指税务机关按照所得税法第六章和征管法第三十六条的有关规定，对企业与其关联方之间的业务往来（以下简称关联交易）是否符合独立交易原则进行审核评估和调查调整等工作的总称。

第四条 预约定价安排管理是指税务机关按照所得税法第四十二条和征管法实施细则第五十三条的规定，对企业提出的未来年度关联交易的定价原则和计算方法进行审核评估，并与企业协商达成预约定价安排等工作的总称。

第五条 成本分摊协议管理是指税务机关按照所得税法第四十一条第二款的规定，对企业与其关联方签署的成本分摊协议是否符合独立交易原则进行审核评估和调查调整等工作的总称。

第六条 受控外国企业管理是指税务机关按照所得税法第四十五条的规定，对受控外国企业不作利润分配或减少分配进行审核评估和调查，并对归属于中国居民企业所得进行调整等工作的总称。

第七条 资本弱化管理是指税务机关按照所得税法第四十六条的规定，对企业接受关联方债权性投资与企业接受的权益性投资的比例是否符合规定比例或独立交易原则进行审核评估和调查调整等工作的总称。

第八条 一般反避税管理是指税务机关按照所得税法第四十七条的规定，对企业实施其他不具有合理商业目的的安排而减少其应纳税收入或所得额进行审核评估和调查调整等工作的总称。

第二章 关联申报

第九条 *所得税法实施条例第一百零九条及征管法实施细则第五十一条所称关联关系，主要是指企业与其他企业、组织或个人具有下列之一关系：*

（一）一方直接或间接持有另一方的股份总和达到25%以上，或者双方直接或间接同为第三方所持有的股份达到25%以上。若一方通过中间方对另一方间接持有股份，只要一方对中间方持股比例达到25%以上，则一方对另一方的持股比例按照中间方对另一方的持股比例计算。

（二）一方与另一方（独立金融机构除外）之间借贷资金占一方实收资本50%以上，或者一方借贷资金总额的10%以上是由另一方（独立金融机构除外）担保。

（三）一方半数以上的高级管理人员（包括董事会成员和经理）或至少一名可以控制董事会的董事会高级成员是由另一方委派，或者双方半数以上的高级管理人员（包括董事会成员和经理）或至少一名可以控制董事会的董事会高级成员同为第三方委派。

（四）一方半数以上的高级管理人员（包括董事会成员和经理）同时担任另一方的高级管理人员（包括董事会成员和经理），或者一方至少一名可以控制董事会的董事会高级成员同时担任另一方的董事会高级成员。

（五）一方的生产经营活动必须由另一方提供的工业产权、专有技术等特许权才能正常进行。

（六）一方的购买或销售活动主要由另一方控制。

（七）一方接受或提供劳务主要由另一方控制。

（八）一方对另一方的生产经营、交易具有实质控制，或者双方在利益上具有相关联的其他关系，包括虽未达到本条第（一）项持股比例，但一方与另一方的主要持股方享受基本相同的经济利益，以及家族、亲属关系等。

第十条 关联交易主要包括以下类型：

（一）有形资产的购销、转让和使用，包括房屋建筑物、交通工具、机器设备、工具、商品、产品等有形资产的购销、转让和租赁业务；

（二）无形资产的转让和使用，包括土地使用权、版权（著作权）、专利、商标、客户名单、营销渠道、牌号、商业秘密和专有技术等特许权，以及工业品外观设计或实用新型等工业产权的所有权转让和使用权的提供业务；

（三）融通资金，包括各类长短期资金拆借和担保以及各类计息预付款和延期付款等业务；

（四）提供劳务，包括市场调查、行销、管理、行政事务、技术服务、维修、设计、咨询、代理、科研、法律、会计事务等服务的提供。

第十一条 实行查账征收的居民企业和在中国境内设立机构、场所并据实申报缴纳企业所得税的非居民企业向税务机关报送年度企业所得税纳税申报表时，应附送《中华人民共和国企业年度关联业务往来报告表》，包括《关联关系表》《关联交易汇总表》《购销表》《劳务表》《无形资产表》《固定资产表》《融通资金表》《对外投资情况表》和《对外支付款项情况表》。

第十二条 企业按规定期限报送本办法第十一条规定的报告表确有困难，需要延期的，应按征管法及其实施细则的有关规定办理。

第三章 同期资料管理

第十三条 企业应根据所得税法实施条例第一百一十四条的规定，按纳税年度准备、保存、并按税务机关要求提供其关联交易的同期资料。

第十四条 同期资料主要包括以下内容：

（一）组织结构

1. 企业所属的企业集团相关组织结构及股权结构；

2. 企业关联关系的年度变化情况；

3. 与企业发生交易的关联方信息，包括关联企业的名称、法定代表人、董事和经理等高级管理人员构成情况、注册地址及实际经营地址，以及关联个人的名称、国籍、居住地、家庭成员构成等情况，并注明对企业关联交易定价具有直接影响的关联方；

4. 各关联方适用的具有所得税性质的税种、税率及相应可享受的税收优惠。

（二）生产经营情况

1. 企业的业务概况，包括企业发展变化概况、所处的行业及发展概况、经营策略、产业政策、行业限制等影响企业和行业的主要经济和法律问题，集团产业链以及企业所处地位；

2. 企业的主营业务构成，主营业务收入及其占收入总额的比重，主营业务利润及其占利润总额的比重；

3. 企业所处的行业地位及相关市场竞争环境的分析；

4. 企业内部组织结构，企业及其关联方在关联交易中执行的功能、承担的风险以及使用的资产等相关信息，并参照填写《企业功能风险分析表》；

5. 企业集团合并财务报表，可视企业集团会计年度情况延期准备，但最迟不得超过关联交易发生年度的次年12 月31 日。

（三）关联交易情况

1. 关联交易类型、参与方、时间、金额、结算货币、交易条件等；

2. 关联交易所采用的贸易方式、年度变化情况及其理由；

3. 关联交易的业务流程，包括各个环节的信息流、物流和资金流，与非关联交易业务流程的异同；

4. 关联交易所涉及的无形资产及其对定价的影响；

5. 与关联交易相关的合同或协议副本及其履行情况的说明；

6. 对影响关联交易定价的主要经济和法律因素的分析；

7. 关联交易和非关联交易的收入、成本、费用和利润的划分情况，不能直接划分的，按照合理比例划分，说明确定该划分比例的理由，并参照填写《企业年度关联交易财务状况分析表》。

（四）可比性分析

1. 可比性分析所考虑的因素，包括交易资产或劳务特性、交易各方功能和风险、合同条款、经济环境、经营策略等。

2. 可比企业执行的功能、承担的风险以及使用的资产等相关信息。

3. 可比交易的说明，如：有形资产的物理特性、质量及其效用；融资业务的正常利率水平、金额、币种、期限、担保、融资人的资信、还款方式、计息方法等；劳务的性质与程度；无形资产的类型及交易形式，通过交易获得的使用无形资产的权利，使用无形资产获得的收益。

4. 可比信息来源、选择条件及理由。

5. 可比数据的差异调整及理由。

（五）转让定价方法的选择和使用

1. 转让定价方法的选用及理由，企业选择利润法时，须说明对企业集团整体利润或剩余利润水平所作的贡献；

2. 可比信息如何支持所选用的转让定价方法；

3. 确定可比非关联交易价格或利润的过程中所做的假设和判断；

4. 运用合理的转让定价方法和可比性分析结果，确定可比非关联交易价格或利润，以及遵循独立交易原则的说明；

5. 其他支持所选用转让定价方法的资料。

第十五条 属于下列情形之一的企业，可免于准备同期资料：

（一）年度发生的关联购销金额（来料加工业务按年度进出口报关价格计算）在2 亿元

人民币以下且其他关联交易金额（关联融通资金按利息收付金额计算）在4000万元人民币以下，上述金额不包括企业在年度内执行成本分摊协议或预约定价安排所涉及的关联交易金额。

（二）关联交易属于执行预约定价安排所涉及的范围。

（三）外资股份低于50%且仅与境内关联方发生关联交易。

第十六条 除本办法第七章另有规定外，企业应在关联交易发生年度的次年5月31日之前准备完毕该年度同期资料，并自税务机关要求之日起20日内提供。

企业因不可抗力无法按期提供同期资料的，应在不可抗力消除后20日内提供同期资料。

第十七条 企业按照税务机关要求提供的同期资料，须加盖公章，并由法定代表人或法定代表人授权的代表签字或盖章。同期资料涉及引用的信息资料，应标明出处来源。

第十八条 企业因合并、分立等原因变更或注销税务登记的，应由合并、分立后的企业保存同期资料。

第十九条 同期资料应使用中文。如原始资料为外文的，应附送中文副本。

第二十条 同期资料应自企业关联交易发生年度的次年6月1日起保存10年。

第四章 转让定价方法

第二十一条 企业发生关联交易以及税务机关审核、评估关联交易均应遵循独立交易原则，选用合理的转让定价方法。

根据所得税法实施条例第一百一十一条的规定，转让定价方法包括可比非受控价格法、再销售价格法、成本加成法、交易净利润法、利润分割法和其他符合独立交易原则的方法。

第二十二条 选用合理的转让定价方法应进行可比性分析。可比性分析因素主要包括以下五个方面：

（一）交易资产或劳务特性，主要包括：有形资产的物理特性、质量、数量等，劳务的性质和范围，无形资产的类型、交易形式、期限、范围、预期收益等。

（二）交易各方功能和风险，功能主要包括：研发、设计，采购，加工、装配、制造，存货管理、分销、售后服务、广告，运输、仓储，融资，财务、会计、法律及人力资源管理等，在比较功能时，应关注企业为发挥功能所使用资产的相似程度；风险主要包括：研发风险，采购风险，生产风险，分销风险，市场推广风险，管理及财务风险等。

（三）合同条款，主要包括：交易标的，交易数量、价格，收付款方式和条件，交货条件，售后服务范围和条件，提供附加劳务的约定，变更、修改合同内容的权利，合同有效期，终止或续签合同的权利。

（四）经济环境，主要包括：行业概况，地理区域，市场规模，市场层级，市场占有率，市场竞争程度，消费者购买力，商品或劳务可替代性，生产要素价格，运输成本，政府管制等。

（五）经营策略，主要包括：创新和开发策略，多元化经营策略，风险规避策略，市场占有策略等。

第二十三条 可比非受控价格法以非关联方之间进行的与关联交易相同或类似业务活动所收取的价格作为关联交易的公平成交价格。

可比性分析应特别考察关联交易与非关联交易在交易资产或劳务的特性、合同条款及经济环境上的差异，按照不同交易类型具体包括如下内容：

（一）有形资产的购销或转让。

1. 购销或转让过程，包括交易的时间与地点、交货条件、交货手续、支付条件、交易数量、售后服务的时间和地点等；

2. 购销或转让环节，包括出厂环节、批发环节、零售环节、出口环节等；

3. 购销或转让货物，包括品名、品牌、规格、型号、性能、结构、外型、包装等；

4. 购销或转让环境，包括民族风俗、消费者偏好、政局稳定程度以及财政、税收、外汇政策等。

（二）有形资产的使用。

1. 资产的性能、规格、型号、结构、类型、折旧方法；

2. 提供使用权的时间、期限、地点；

3. 资产所有者对资产的投资支出、维修费用等。

（三）无形资产的转让和使用。

1. 无形资产类别、用途、适用行业、预期收益；

2. 无形资产的开发投资、转让条件、独占程度、受有关国家法律保护的程度及期限、受让成本和费用、功能风险情况、可替代性等。

（四）融通资金：融资的金额、币种、期限、担保、融资人的资信、还款方式、计息方法等。

（五）提供劳务：业务性质、技术要求、专业水准、承担责任、付款条件和方式、直接和间接成本等。

关联交易与非关联交易之间在以上方面存在重大差异的，应就该差异对价格的影响进行合理调整，无法合理调整的，应根据本章规定选择其他合理的转让定价方法。

可比非受控价格法可以适用于所有类型的关联交易。

第二十四条 再销售价格法以关联方购进商品再销售给非关联方的价格减去可比非关联交易毛利后的金额作为关联方购进商品的公平成交价格。其计算公式如下：

公平成交价格＝再销售给非关联方的价格×（1－可比非关联交易毛利率）

可比非关联交易毛利率＝可比非关联交易毛利/可比非关联交易收入净额×100%

可比性分析应特别考察关联交易与非关联交易在功能风险及合同条款上的差异以及影响毛利率的其他因素，具体包括销售、广告及服务功能，存货风险，机器、设备的价值及使用年限，无形资产的使用及价值，批发或零售环节，商业经验，会计处理及管理效率等。

关联交易与非关联交易之间在以上方面存在重大差异的，应就该差异对毛利率的影响进行合理调整，无法合理调整的，应根据本章规定选择其他合理的转让定价方法。

再销售价格法通常适用于再销售者未对商品进行改变外型、性能、结构或更换商标等实质性增值加工的简单加工或单纯购销业务。

第二十五条 成本加成法以关联交易发生的合理成本加上可比非关联交易毛利作为关联交易的公平成交价格。其计算公式如下：

公平成交价格＝关联交易的合理成本×（1＋可比非关联交易成本加成率）

可比非关联交易成本加成率＝可比非关联交易毛利/可比非关联交易成本×100%

可比性分析应特别考察关联交易与非关联交易在功能风险及合同条款上的差异以及影响

成本加成率的其他因素，具体包括制造、加工、安装及测试功能，市场及汇兑风险，机器、设备的价值及使用年限，无形资产的使用及价值，商业经验，会计处理及管理效率等。

关联交易与非关联交易之间在以上方面存在重大差异的，应就该差异对成本加成率的影响进行合理调整，无法合理调整的，应根据本章规定选择其他合理的转让定价方法。

成本加成法通常适用于有形资产的购销、转让和使用，劳务提供或资金融通的关联交易。

第二十六条 交易净利润法以可比非关联交易的利润率指标确定关联交易的净利润。利润率指标包括资产收益率、销售利润率、完全成本加成率、贝里比率等。

可比性分析应特别考察关联交易与非关联交易之间在功能风险及经济环境上的差异以及影响营业利润的其他因素，具体包括执行功能、承担风险和使用资产，行业和市场情况，经营规模，经济周期和产品生命周期，成本、费用、所得和资产在各交易间的分摊，会计处理及经营管理效率等。

关联交易与非关联交易之间在以上方面存在重大差异的，应就该差异对营业利润的影响进行合理调整，无法合理调整的，应根据本章规定选择其他合理的转让定价方法。

交易净利润法通常适用于有形资产的购销、转让和使用，无形资产的转让和使用以及劳务提供等关联交易。

第二十七条 利润分割法根据企业与其关联方对关联交易合并利润的贡献计算各自应该分配的利润额。利润分割法分为一般利润分割法和剩余利润分割法。

一般利润分割法根据关联交易各参与方所执行的功能、承担的风险以及使用的资产，确定各自应取得的利润。

剩余利润分割法将关联交易各参与方的合并利润减去分配给各方的常规利润的余额作为剩余利润，再根据各方对剩余利润的贡献程度进行分配。

可比性分析应特别考察交易各方执行的功能、承担的风险和使用的资产，成本、费用、所得和资产在各交易方之间的分摊，会计处理，确定交易各方对剩余利润贡献所使用信息和假设条件的可靠性等。

利润分割法通常适用于各参与方关联交易高度整合且难以单独评估各方交易结果的情况。

第五章 转让定价调查及调整

第二十八条 税务机关有权依据税收征管法及其实施细则有关税务检查的规定，确定调查企业，进行转让定价调查、调整。被调查企业必须据实报告其关联交易情况，并提供相关资料，不得拒绝或隐瞒。

第二十九条 转让定价调查应重点选择以下企业：

（一）关联交易数额较大或类型较多的企业；

（二）长期亏损、微利或跳跃性盈利的企业；

（三）低于同行业利润水平的企业；

（四）利润水平与其所承担的功能风险明显不相匹配的企业；

（五）与避税港关联方发生业务往来的企业；

（六）未按规定进行关联申报或准备同期资料的企业；

（七）其他明显违背独立交易原则的企业。

第三十条 实际税负相同的境内关联方之间的交易，只要该交易没有直接或间接导致国家总体税收收入的减少，原则上不做转让定价调查、调整。

第三十一条 税务机关应结合日常征管工作，开展案头审核，确定调查企业。案头审核应主要根据被调查企业历年报送的年度所得税申报资料及关联业务往来报告表等纳税资料，对企业的生产经营状况、关联交易等情况进行综合评估分析。

企业可以在案头审核阶段向税务机关提供同期资料。

第三十二条 税务机关对已确定的调查对象，应根据所得税法第六章、所得税法实施条例第六章、征管法第四章及征管法实施细则第六章的规定，实施现场调查。

（一）现场调查人员须2名以上。

（二）现场调查时调查人员应出示《税务检查证》，并送达《税务检查通知书》。

（三）现场调查可根据需要依照法定程序采取询问、调取账簿资料和实地核查等方式。

（四）询问当事人应有专人记录《询问（调查）笔录》，并告知当事人不如实提供情况应当承担的法律责任。《询问（调查）笔录》应交当事人核对确认。

（五）需调取账簿及有关资料的，应按照征管法实施细则第八十六条的规定，填制《调取账簿资料通知书》、《调取账簿资料清单》，办理有关法定手续，调取的账簿、记账凭证等资料，应妥善保管，并按法定时限如数退还。

（六）实地核查过程中发现的问题和情况，由调查人员填写《询问（调查）笔录》。《询问（调查）笔录》应由2名以上调查人员签字，并根据需要由被调查企业核对确认，若被调查企业拒绝，可由2名以上调查人员签认备案。

（七）可以以记录、录音、录像、照相和复制的方式索取与案件有关的资料，但必须注明原件的保存方及出处，由原件保存或提供方核对签注"与原件核对无误"字样，并盖章或押印。

（八）需要证人作证的，应事先告知证人不如实提供情况应当承担的法律责任。证人的证言材料应由本人签字或押印。

第三十三条 根据所得税法第四十三条第二款及所得税法实施条例第一百一十四条的规定，税务机关在实施转让定价调查时，有权要求企业及其关联方，以及与关联业务调查有关的其他企业（以下简称可比企业）提供相关资料，并送达《税务事项通知书》。

（一）企业应在《税务事项通知书》规定的期限内提供相关资料，因特殊情况不能按期提供的，应向税务机关提交书面延期申请，经批准，可以延期提供，但最长不得超过30日。税务机关应自收到企业延期申请之日起15日内函复，逾期未函复的，视同税务机关已同意企业的延期申请。

（二）企业的关联方以及可比企业应在与税务机关约定的期限内提供相关资料，约定期限一般不应超过60日。

企业、关联方及可比企业应按税务机关要求提供真实、完整的相关资料。

第三十四条 税务机关应按本办法第二章的有关规定，核实企业申报信息，并要求企业填制《企业可比性因素分析表》。

税务机关在企业关联申报和提供资料的基础上，填制《企业关联关系认定表》《企业关联交易认定表》和《企业可比性因素分析认定表》，并由被调查企业核对确认。

第三十五条 转让定价调查涉及向关联方和可比企业调查取证的，税务机关向企业送达《税务检查通知书》，进行调查取证。

第三十六条 税务机关审核企业、关联方及可比企业提供的相关资料，可采用现场调查、发函协查和查阅公开信息等方式核实。需取得境外有关资料的，可按有关规定启动税收协定的情报交换程序，或通过我驻外机构调查收集有关信息。涉及境外关联方的相关资料，税务机关也可要求企业提供公证机构的证明。

第三十七条 税务机关应选用本办法第四章规定的转让定价方法分析、评估企业关联交易是否符合独立交易原则，分析评估时可以使用公开信息资料，也可以使用非公开信息资料。

第三十八条 税务机关分析、评估企业关联交易时，因企业与可比企业营运资本占用不同而对营业利润产生的差异原则上不做调整。确需调整的，须层报国家税务总局批准。

第三十九条 按照关联方订单从事加工制造，不承担经营决策、产品研发、销售等功能的企业，不应承担由于决策失误、开工不足、产品滞销等原因带来的风险和损失，通常应保持一定的利润率水平。对出现亏损的企业，税务机关应在经济分析的基础上，选择适当的可比价格或可比企业，确定企业的利润水平。

第四十条 企业与关联方之间收取价款与支付价款的交易相互抵消的，税务机关在可比性分析和纳税调整时，原则上应还原抵消交易。

第四十一条 税务机关采用四分位法分析、评估企业利润水平时，企业利润水平低于可比企业利润率区间中位值的，原则上应按照不低于中位值进行调整。

第四十二条 经调查，企业关联交易符合独立交易原则的，税务机关应做出转让定价调查结论，并向企业送达《特别纳税调查结论通知书》。

第四十三条 经调查，企业关联交易不符合独立交易原则而减少其应纳税收入或者所得额的，税务机关应按以下程序实施转让定价纳税调整：

（一）在测算、论证和可比性分析的基础上，拟定特别纳税调查初步调整方案；

（二）根据初步调整方案与企业协商谈判，税企双方均应指定主谈人，调查人员应做好《协商内容记录》，并由双方主谈人签字确认，若企业拒签，可由2名以上调查人员签认备案；

（三）企业对初步调整方案有异议的，应在税务机关规定的期限内进一步提供相关资料，税务机关收到资料后，应认真审核，并及时做出审议决定；

（四）根据审议决定，向企业送达《特别纳税调查初步调整通知书》，企业对初步调整意见有异议的，应自收到通知书之日起7日内书面提出，税务机关收到企业意见后，应再次协商审议；企业逾期未提出异议的，视为同意初步调整意见；

（五）确定最终调整方案，向企业送达《特别纳税调查调整通知书》。

第四十四条 企业收到《特别纳税调查调整通知书》后，应按规定期限缴纳税款及利息。

第四十五条 税务机关对企业实施转让定价纳税调整后，应自企业被调整的最后年度的下一年度起5年内实施跟踪管理。在跟踪管理期内，企业应在跟踪年度的次年6月20日之前向税务机关提供跟踪年度的同期资料，税务机关根据同期资料和纳税申报资料重点分析、评估以下内容：

（一）企业投资、经营状况及其变化情况；

（二）企业纳税申报额变化情况；

（三）企业经营成果变化情况；

（四）关联交易变化情况等。

税务机关在跟踪管理期内发现企业转让定价异常等情况，应及时与企业沟通，要求企业自行调整，或按照本章有关规定开展转让定价调查调整。

第六章 预约定价安排管理

第四十六条 企业可以依据所得税法第四十二条、所得税法实施条例第一百一十三条及征管法实施细则第五十三条的规定，与税务机关就企业未来年度关联交易的定价原则和计算方法达成预约定价安排。预约定价安排的谈签与执行通常经过预备会谈、正式申请、审核评估、磋商、签订安排和监控执行6 个阶段。预约定价安排包括单边、双边和多边3 种类型。

第四十七条 预约定价安排应由设区的市、自治州以上的税务机关受理。

第四十八条 预约定价安排一般适用于同时满足以下条件的企业：

（一）年度发生的关联交易金额在4 000 万元人民币以上；

（二）依法履行关联申报义务；

（三）按规定准备、保存和提供同期资料。

第四十九条 预约定价安排适用于自企业提交正式书面申请年度的次年起3 至5 个连续年度的关联交易。

预约定价安排的谈签不影响税务机关对企业提交预约定价安排正式书面申请当年或以前年度关联交易的转让定价调查调整。

如果企业申请当年或以前年度的关联交易与预约定价安排适用年度相同或类似，经企业申请，税务机关批准，可将预约定价安排确定的定价原则和计算方法适用于申请当年或以前年度关联交易的评估和调整。

第五十条 企业正式申请谈签预约定价安排前，应向税务机关书面提出谈签意向，税务机关可以根据企业的书面要求，与企业就预约定价安排的相关内容及达成预约定价安排的可行性开展预备会谈，并填制《预约定价安排会谈记录》。预备会谈可以采用匿名的方式。

（一）企业申请单边预约定价安排的，应向税务机关书面提出谈签意向。在预备会谈期间，企业应就以下内容提供资料，并与税务机关进行讨论：

1. 安排的适用年度；
2. 安排涉及的关联方及关联交易；
3. 企业以前年度生产经营情况；
4. 安排涉及各关联方功能和风险的说明；
5. 是否应用安排确定的方法解决以前年度的转让定价问题；
6. 其他需要说明的情况。

（二）企业申请双边或多边预约定价安排的，应同时向国家税务总局和主管税务机关书面提出谈签意向，国家税务总局组织与企业开展预备会谈，预备会谈的内容除本条第（一）项外，还应特别包括：

1. 向税收协定缔约对方税务主管当局提出预备会谈申请的情况；

2. 安排涉及的关联方以前年度生产经营情况及关联交易情况；

3. 向税收协定缔约对方税务主管当局提出的预约定价安排拟采用的定价原则和计算方法。

（三）预备会谈达成一致意见的，税务机关应自达成一致意见之日起15日内书面通知企业，可以就预约定价安排相关事宜进行正式谈判，并向企业送达《预约定价安排正式会谈通知书》；预备会谈不能达成一致意见的，税务机关应自最后一次预备会谈结束之日起15日内书面通知企业，向企业送达《拒绝企业申请预约定价安排通知书》，拒绝企业申请预约定价安排，并说明理由。

第五十一条 企业应在接到税务机关正式会谈通知之日起3个月内，向税务机关提出预约定价安排书面申请报告，并报送《预约定价安排正式申请书》。企业申请双边或多边预约定价安排的，应将《预约定价安排正式申请书》和《启动相互协商程序申请书》同时报送国家税务总局和主管税务机关。

（一）预约定价安排书面申请报告应包括如下内容：

1. 相关的集团组织架构、公司内部结构、关联关系、关联交易情况；

2. 企业近三年财务、会计报表资料，产品功能和资产（包括无形资产和有形资产）的资料；

3. 安排所涉及的关联交易类别和纳税年度；

4. 关联方之间功能和风险划分，包括划分所依据的机构、人员、费用、资产等；

5. 安排适用的转让定价原则和计算方法，以及支持这一原则和方法的功能风险分析、可比性分析和假设条件等；

6. 市场情况的说明，包括行业发展趋势和竞争环境；

7. 安排预约期间的年度经营规模、经营效益预测以及经营规划等；

8. 与安排有关的关联交易、经营安排及利润水平等财务方面的信息；

9. 是否涉及双重征税等问题；

10. 涉及境内、外有关法律、税收协定等相关问题。

（二）企业因下列特殊原因无法按期提交书面申请报告的，可向税务机关提出书面延期申请，并报送《预约定价安排正式申请延期报送申请书》：

1. 需要特别准备某些方面的资料；

2. 需要对资料做技术上的处理，如文字翻译等；

3. 其他非主观原因。

税务机关应自收到企业书面延期申请后15日内，对其延期事项做出书面答复，并向企业送达《预约定价安排正式申请延期报送答复书》。逾期未做出答复的，视同税务机关已同意企业的延期申请。

（三）上述申请内容所涉及的文件资料和情况说明，包括能够支持拟选用的定价原则、计算方法和能证实符合预约定价安排条件的所有文件资料，企业和税务机关均应妥善保存。

第五十二条 税务机关应自收到企业提交的预约定价安排正式书面申请及所需文件、资料之日起5 个月内，进行审核和评估。根据审核和评估的具体情况可要求企业补充提供有关资料，形成审核评估结论。

因特殊情况，需要延长审核评估时间的，税务机关应及时书面通知企业，并向企业送达

《预约定价安排审核评估延期通知书》，延长期限不得超过3个月。

税务机关应主要审核和评估以下内容：

（一）历史经营状况，分析、评估企业的经营规划、发展趋势、经营范围等文件资料，重点审核可行性研究报告、投资预（决）算、董事会决议等，综合分析反映经营业绩的有关信息和资料，如财务、会计报表、审计报告等。

（二）功能和风险状况，分析、评估企业与其关联方之间在供货、生产、运输、销售等各环节以及在研究、开发无形资产等方面各自所拥有的份额，执行的功能以及在存货、信贷、外汇、市场等方面所承担的风险。

（三）可比信息，分析、评估企业提供的境内、外可比价格信息，说明可比企业和申请企业之间的实质性差异，并进行调整。若不能确认可比交易或经营活动的合理性，应明确企业须进一步提供的有关文件、资料，以证明其所选用的转让定价原则和计算方法公平地反映了被审核的关联交易和经营现状，并得到相关财务、经营等资料的证实。

（四）假设条件，分析、评估对行业盈利能力和对企业生产经营的影响因素及其影响程度，合理确定预约定价安排适用的假设条件。

（五）转让定价原则和计算方法，分析、评估企业在预约定价安排中选用的转让定价原则和计算方法是否以及如何真实地运用于以前、现在和未来年度的关联交易以及相关财务、经营资料之中，是否符合法律、法规的规定。

（六）预期的公平交易价格或利润区间，通过对确定的可比价格、利润率、可比企业交易等情况的进一步审核和评估，测算出税务机关和企业均可接受的价格或利润区间。

第五十三条　税务机关应自单边预约定价安排形成审核评估结论之日起30日内，与企业进行预约定价安排磋商，磋商达成一致的，应将预约定价安排草案和审核评估报告一并层报国家税务总局审定。

国家税务总局与税收协定缔约对方税务主管当局开展双边或多边预约定价安排的磋商，磋商达成一致的，根据磋商备忘录拟定预约定价安排草案。

预约定价安排草案应包括如下内容：

（一）关联方名称、地址等基本信息；

（二）安排涉及的关联交易及适用年度；

（三）安排选定的可比价格或交易、转让定价原则和计算方法、预期经营结果等；

（四）与转让定价方法运用和计算基础相关的术语定义；

（五）假设条件；

（六）企业年度报告、记录保存、假设条件变动通知等义务；

（七）安排的法律效力，文件资料等信息的保密性；

（八）相互责任条款；

（九）安排的修订；

（十）解决争议的方法和途径；

（十一）生效日期；

（十二）附则。

第五十四条　税务机关与企业就单边预约定价安排草案内容达成一致后，双方的法定代表人或法定代表人授权的代表正式签订单边预约定价安排。国家税务总局与税收协定缔约对方税务主管当局就双边或多边预约定价安排草案内容达成一致后，双方或多方税务主管当局授权的代表正式签订双边或多边预约定价安排。主管税务机关根据双边或多边预约定价安排与企业签订《双边（多边）预约定价安排执行协议书》。

第五十五条 在预约定价安排正式谈判后和预约定价安排签订前，税务机关和企业均可暂停、终止谈判。涉及双边或多边预约定价安排的，经缔约各方税务主管当局协商，可暂停、终止谈判。终止谈判的，双方应将谈判中相互提供的全部资料退还给对方。

第五十六条 税务机关应建立监控管理制度，监控预约定价安排的执行情况。

（一）在预约定价安排执行期内，企业应完整保存与安排有关的文件和资料（包括账簿和有关记录等），不得丢失、销毁和转移；并在纳税年度终了后5个月内，向税务机关报送执行预约定价安排情况的年度报告。

年度报告应说明报告期内经营情况以及企业遵守预约定价安排的情况，包括预约定价安排要求的所有事项，以及是否有修订或实质上终止该预约定价安排的要求。如有未决问题或将要发生的问题，企业应在年度报告中予以说明，以便与税务机关协商是否修订或终止安排。

（二）在预约定价安排执行期内，税务机关应定期（一般为半年）检查企业履行安排的情况。检查内容主要包括：企业是否遵守了安排条款及要求；为谈签安排而提供的资料和年度报告是否反映了企业的实际经营情况；转让定价方法所依据的资料和计算方法是否正确；安排所描述的假设条件是否仍然有效；企业对转让定价方法的运用是否与假设条件相一致等。

税务机关如发现企业有违反安排的一般情况，可视情况进行处理，直至终止安排；如发现企业存在隐瞒或拒不执行安排的情况，税务机关应认定预约定价安排自始无效。

（三）在预约定价安排执行期内，如果企业发生实际经营结果不在安排所预期的价格或利润区间之内的情况，税务机关应在报经上一级税务机关核准后，将实际经营结果调整到安排所确定的价格或利润区间内。涉及双边或多边预约定价安排的，应当层报国家税务总局核准。

（四）在预约定价安排执行期内，企业发生影响预约定价安排的实质性变化，应在发生变化后30日内向税务机关书面报告，详细说明该变化对预约定价安排执行的影响，并附相关资料。由于非主观原因而无法按期报告的，可以延期报告，但延长期不得超过30日。

税务机关应在收到企业书面报告之日起60日内，予以审核和处理，包括审查企业变化情况、与企业协商修订预约定价安排条款和相关条件，或根据实质性变化对预约定价安排的影响程度采取修订或终止安排等措施。原预约定价安排终止执行后，税务机关可以和企业按照本章规定的程序和要求，重新谈签新的预约定价安排。

（五）国家税务局和地方税务局与企业共同签订的预约定价安排，在执行期内，企业应分别向国家税务局和地方税务局报送执行预约定价安排情况的年度报告和实质性变化报告。国家税务局和地方税务局应对企业执行安排的情况，实行联合检查和审核。

第五十七条 预约定价安排期满后自动失效。如企业需要续签的，应在预约定价安排执行期满前90日内向税务机关提出续签申请，报送《预约定价安排续签申请书》，并提供可靠的证明材料，说明现行预约定价安排所述事实和相关环境没有发生实质性变化，并且一直遵守该预约定价安排中的各项条款和约定。税务机关应自收到企业续签申请之日起15日内做出是否受理的书面答复，向企业送达《预约定价安排申请续签答复书》。税务机关应审核、评估企业的续签申请资料，与企业协商拟定预约定价安排草案，并按双方商定的续签时间、地点等相关事宜，与企业完成续签工作。

第五十八条　预约定价安排的谈签或执行同时涉及两个以上省、自治区、直辖市和计划单列市税务机关，或者同时涉及国家税务局和地方税务局的，由国家税务总局统一组织协调。企业可以直接向国家税务总局书面提出谈签意向。

第五十九条　税务机关与企业达成的预约定价安排，只要企业遵守了安排的全部条款及其要求，各地国家税务局、地方税务局均应执行。

第六十条　税务机关与企业在预约定价安排预备会谈、正式谈签、审核、分析等全过程中所获取或得到的所有信息资料，双方均负有保密义务。税务机关和企业每次会谈，均应对会谈内容进行书面记录，同时载明每次会谈时相互提供资料的份数和内容，并由双方主谈人员签字或盖章。

第六十一条　税务机关与企业不能达成预约定价安排的，税务机关在会谈、协商过程中所获取的有关企业的提议、推理、观念和判断等非事实性信息，不得用于以后对该预约定价安排涉及交易行为的税务调查。

第六十二条　在预约定价安排执行期间，如果税务机关与企业发生分歧，双方应进行协商。协商不能解决的，可报上一级税务机关协调；涉及双边或多边预约定价安排的，须层报国家税务总局协调。对上一级税务机关或国家税务总局的协调结果或决定，下一级税务机关应当予以执行。但企业仍不能接受的，应当终止安排的执行。

第六十三条　税务机关应在与企业正式签订单边预约定价安排或双边或多边预约定价安排执行协议书后10 日内，以及预约定价安排执行中发生修订、终止等情况后20日内，将单边预约定价安排正式文本、双边或多边预约定价安排执行协议书以及安排变动情况的说明层报国家税务总局备案。

第七章　成本分摊协议管理

第六十四条　根据所得税法第四十一条第二款及所得税法实施条例第一百一十二条的规定，企业与其关联方签署成本分摊协议，共同开发、受让无形资产，或者共同提供、接受劳务，应符合本章规定。

第六十五条　成本分摊协议的参与方对开发、受让的无形资产或参与的劳务活动享有受益权，并承担相应的活动成本。关联方承担的成本应与非关联方在可比条件下为获得上述受益权而支付的成本相一致。

参与方使用成本分摊协议所开发或受让的无形资产不需另支付特许权使用费。

第六十六条　企业对成本分摊协议所涉及无形资产或劳务的受益权应有合理的、可计量的预期收益，且以合理商业假设和营业常规为基础。

第六十七条　涉及劳务的成本分摊协议一般适用于集团采购和集团营销策划。

第六十八条　成本分摊协议主要包括以下内容：

（一）参与方的名称、所在国家（地区）、关联关系、在协议中的权利和义务；

（二）成本分摊协议所涉及的无形资产或劳务的内容、范围，协议涉及研发或劳务活动的具体承担者及其职责、任务；

（三）协议期限；

（四）参与方预期收益的计算方法和假设；

（五）参与方初始投入和后续成本支付的金额、形式、价值确认的方法以及符合独立交易原则的说明；

（六）参与方会计方法的运用及变更说明；

（七）参与方加入或退出协议的程序及处理规定；

（八）参与方之间补偿支付的条件及处理规定；

（九）协议变更或终止的条件及处理规定；

（十）非参与方使用协议成果的规定。

第六十九条 *企业应自成本分摊协议达成之日起30日内，层报国家税务总局备案。税务机关判定成本分摊协议是否符合独立交易原则须层报国家税务总局审核。*

第七十条 已经执行并形成一定资产的成本分摊协议，参与方发生变更或协议终止执行，应根据独立交易原则做如下处理：

（一）加入支付，即新参与方为获得已有协议成果的受益权应做出合理的支付；

（二）退出补偿，即原参与方退出协议安排，将已有协议成果的受益权转让给其他参与方应获得合理的补偿；

（三）参与方变更后，应对各方受益和成本分摊情况做出相应调整；

（四）协议终止时，各参与方应对已有协议成果做出合理分配。

企业不按独立交易原则对上述情况做出处理而减少其应纳税所得额的，税务机关有权做出调整。

第七十一条 成本分摊协议执行期间，参与方实际分享的收益与分摊的成本不相配比的，应根据实际情况做出补偿调整。

第七十二条 对于符合独立交易原则的成本分摊协议，有关税务处理如下：

（一）企业按照协议分摊的成本，应在协议规定的各年度税前扣除；

（二）涉及补偿调整的，应在补偿调整的年度计入应纳税所得额；

（三）涉及无形资产的成本分摊协议，加入支付、退出补偿或终止协议时对协议成果分配的，应按资产购置或处置的有关规定处理。

第七十三条 企业可根据本办法第六章的规定采取预约定价安排的方式达成成本分摊协议。

第七十四条 *企业执行成本分摊协议期间，除遵照本办法第三章规定外，还应准备和保存以下成本分摊协议的同期资料：*

（一）成本分摊协议副本；

（二）成本分摊协议各参与方之间达成的为实施该协议的其他协议；

（三）非参与方使用协议成果的情况、支付的金额及形式；

（四）本年度成本分摊协议的参与方加入或退出的情况，包括加入或退出的参与方名称、所在国家（地区）、关联关系，加入支付或退出补偿的金额及形式；

（五）成本分摊协议的变更或终止情况，包括变更或终止的原因、对已形成协议成果的处理或分配；

（六）本年度按照成本分摊协议发生的成本总额及构成情况；

（七）本年度各参与方成本分摊的情况，包括成本支付的金额、形式、对象，做出或接受补偿支付的金额、形式、对象；

（八）本年度协议预期收益与实际结果的比较及由此做出的调整。

企业执行成本分摊协议期间，无论成本分摊协议是否采取预约定价安排的方式，均应在本年度的次年6月20日之前向税务机关提供成本分摊协议的同期资料。

第七十五条　企业与其关联方签署成本分摊协议，有下列情形之一的，其自行分摊的成本不得税前扣除：

（一）不具有合理商业目的和经济实质；

（二）不符合独立交易原则；

（三）没有遵循成本与收益配比原则；

（四）未按本办法有关规定备案或准备、保存和提供有关成本分摊协议的同期资料；

（五）自签署成本分摊协议之日起经营期限少于20年。

第八章　受控外国企业管理

第七十六条　受控外国企业是指根据所得税法第四十五条的规定，由居民企业，或者由居民企业和居民个人（以下统称中国居民股东，包括中国居民企业股东和中国居民个人股东）控制的设立在实际税负低于所得税法第四条第一款规定税率水平50%的国家（地区），并非出于合理经营需要对利润不作分配或减少分配的外国企业。

第七十七条　本办法第七十六条所称控制，是指在股份、资金、经营、购销等方面构成实质控制。其中，股份控制是指由中国居民股东在纳税年度任何一天单层直接或多层间接单一持有外国企业10%以上有表决权股份，且共同持有该外国企业50%以上股份。

中国居民股东多层间接持有股份按各层持股比例相乘计算，中间层持有股份超过50%的，按100%计算。

第七十八条　中国居民企业股东应在年度企业所得税纳税申报时提供对外投资信息，附送《对外投资情况表》。

第七十九条　税务机关应汇总、审核中国居民企业股东申报的对外投资信息，向受控外国企业的中国居民企业股东送达《受控外国企业中国居民股东确认通知书》。中国居民企业股东符合所得税法第四十五条征税条件的，按照有关规定征税。

第八十条　计入中国居民企业股东当期的视同受控外国企业股息分配的所得，应按以下公式计算：

中国居民企业股东当期所得＝视同股息分配额×实际持股天数÷受控外国企业纳税年度天数×股东持股比例

中国居民股东多层间接持有股份的，股东持股比例按各层持股比例相乘计算。

第八十一条　受控外国企业与中国居民企业股东纳税年度存在差异的，应将视同股息分配所得计入受控外国企业纳税年度终止日所属的中国居民企业股东的纳税年度。

第八十二条　计入中国居民企业股东当期所得已在境外缴纳的企业所得税税款，可按照所得税法或税收协定的有关规定抵免。

第八十三条　受控外国企业实际分配的利润已根据所得税法第四十五条规定征税的，不再计入中国居民企业股东的当期所得。

第八十四条　中国居民企业股东能够提供资料证明其控制的外国企业满足以下条件之一的，可免于将外国企业不作分配或减少分配的利润视同股息分配额，计入中国居民企业股东的当期所得：

（一）设立在国家税务总局指定的非低税率国家（地区）；

（二）主要取得积极经营活动所得；

（三）年度利润总额低于500万元人民币。

第九章　资本弱化管理

第八十五条　所得税法第四十六条所称不得在计算应纳税所得额时扣除的利息支出应按以下公式计算：

不得扣除利息支出＝年度实际支付的全部关联方利息×（1－标准比例/关联债资比例）

其中：

标准比例是指《财政部、国家税务总局关于企业关联方利息支出税前扣除标准有关税收政策问题的通知》（财税〔2008〕121号）规定的比例。

关联债资比例是指根据所得税法第四十六条及所得税法实施条例第一百一十九条的规定，企业从其全部关联方接受的债权性投资（以下简称关联债权投资）占企业接受的权益性投资（以下简称权益投资）的比例，关联债权投资包括关联方以各种形式提供担保的债权性投资。

第八十六条　关联债资比例的具体计算方法如下：

关联债资比例＝年度各月平均关联债权投资之和/年度各月平均权益投资之和

其中：

各月平均关联债权投资＝（关联债权投资月初账面余额＋月末账面余额）/2

各月平均权益投资＝（权益投资月初账面余额＋月末账面余额）/2

权益投资为企业资产负债表所列示的所有者权益金额。如果所有者权益小于实收资本（股本）与资本公积之和，则权益投资为实收资本（股本）与资本公积之和；如果实收资本（股本）与资本公积之和小于实收资本（股本）金额，则权益投资为实收资本（股本）金额。

第八十七条　所得税法第四十六条所称的利息支出包括直接或间接关联债权投资实际支付的利息、担保费、抵押费和其他具有利息性质的费用。

第八十八条　所得税法第四十六条规定不得在计算应纳税所得额时扣除的利息支出，不得结转到以后纳税年度；应按照实际支付给各关联方利息占关联方利息总额的比例，在各关联方之间进行分配，其中，分配给实际税负高于企业的境内关联方的利息准予扣除；直接或间接实际支付给境外关联方的利息应视同分配的股息，按照股息和利息分别适用的所得税税率差补征企业所得税，如已扣缴的所得税税款多于按股息计算应征所得税税款，多出的部分不予退税。

***第八十九条**　企业关联债资比例超过标准比例的利息支出，如要在计算应纳税所得额时扣除，除遵照本办法第三章规定外，还应准备、保存、并按税务机关要求提供以下同期资料，证明关联债权投资金额、利率、期限、融资条件以及债资比例等均符合独立交易原则：*

（一）企业偿债能力和举债能力分析；

（二）企业集团举债能力及融资结构情况分析；

（三）企业注册资本等权益投资的变动情况说明；

（四）关联债权投资的性质、目的及取得时的市场状况；

（五）关联债权投资的货币种类、金额、利率、期限及融资条件；

（六）企业提供的抵押品情况及条件；

（七）担保人状况及担保条件；

（八）同类同期贷款的利率情况及融资条件；

（九）可转换公司债券的转换条件；

（十）其他能够证明符合独立交易原则的资料。

第九十条　企业未按规定准备、保存和提供同期资料证明关联债权投资金额、利率、期限、融资条件以及债资比例等符合独立交易原则的，其超过标准比例的关联方利息支出，不得在计算应纳税所得额时扣除。

第九十一条　本章所称“实际支付利息”是指企业按照权责发生制原则计入相关成本、费用的利息。

企业实际支付关联方利息存在转让定价问题的，税务机关应首先按照本办法第五章的有关规定实施转让定价调查调整。

第十章　一般反避税管理

第九十二条　税务机关可依据所得税法第四十七条及所得税法实施条例第一百二十条的规定对存在以下避税安排的企业，启动一般反避税调查：

（一）滥用税收优惠；

（二）滥用税收协定；

（三）滥用公司组织形式；

（四）利用避税港避税；

（五）其他不具有合理商业目的的安排。

第九十三条　税务机关应按照实质重于形式的原则审核企业是否存在避税安排，并综合考虑安排的以下内容：

（一）安排的形式和实质；

（二）安排订立的时间和执行期间；

（三）安排实现的方式；

（四）安排各个步骤或组成部分之间的联系；

（五）安排涉及各方财务状况的变化；

（六）安排的税收结果。

第九十四条　税务机关应按照经济实质对企业的避税安排重新定性，取消企业从避税安排获得的税收利益。对于没有经济实质的企业，特别是设在避税港并导致其关联方或非关联方避税的企业，可在税收上否定该企业的存在。

第九十五条　税务机关启动一般反避税调查时，应按照征管法及其实施细则的有关规定向企业送达《税务检查通知书》。企业应自收到通知书之日起60日内提供资料证明其安排具有合理的商业目的。企业未在规定期限内提供资料，或提供资料不能证明安排具有合理商业目的的，税务机关可根据已掌握的信息实施纳税调整，并向企业送达《特别纳税调查调整通知书》。

第九十六条 税务机关实施一般反避税调查，可按照征管法第五十七条的规定要求避税安排的筹划方如实提供有关资料及证明材料。

第九十七条 一般反避税调查及调整须层报国家税务总局批准。

第十一章 相应调整及国际磋商

第九十八条 关联交易一方被实施转让定价调查调整的，应允许另一方做相应调整，以消除双重征税。相应调整涉及税收协定国家（地区）关联方的，经企业申请，国家税务总局与税收协定缔约对方税务主管当局根据税收协定有关相互协商程序的规定开展磋商谈判。

第九十九条 涉及税收协定国家（地区）关联方的转让定价相应调整，企业应同时向国家税务总局和主管税务机关提出书面申请，报送《启动相互协商程序申请书》，并提供企业或其关联方被转让定价调整的通知书复印件等有关资料。

第一百条 企业应自企业或其关联方收到转让定价调整通知书之日起三年内提出相应调整的申请，超过三年的，税务机关不予受理。

第一百零一条 税务机关对企业实施转让定价调整，涉及企业向境外关联方支付利息、租金、特许权使用费等已扣缴的税款，不再做相应调整。

第一百零二条 国家税务总局按照本办法第六章规定接受企业谈签双边或多边预约定价安排申请的，应与税收协定缔约对方税务主管当局根据税收协定相互协商程序的有关规定开展磋商谈判。

第一百零三条 相应调整或相互磋商的结果，由国家税务总局以书面形式经主管税务机关送达企业。

第一百零四条 本办法第九章所称不得在计算应纳税所得额时扣除的利息支出以及视同股息分配的利息支出，不适用本章相应调整的规定。

第十二章 法律责任

第一百零五条 企业未按照本办法的规定向税务机关报送企业年度关联业务往来报告表，或者未保存同期资料或其他相关资料的，依照征管法第六十条和第六十二条的规定处理。

第一百零六条 企业拒绝提供同期资料等关联交易的相关资料，或者提供虚假、不完整资料，未能真实反映其关联业务往来情况的，依照征管法第七十条、征管法实施细则第九十六条、所得税法第四十四条及所得税法实施条例第一百一十五条的规定处理。

第一百零七条 税务机关根据所得税法及其实施条例的规定，对企业做出特别纳税调整的，应对2008年1月1日以后发生交易补征的企业所得税税款，按日加收利息。

（一）计息期间自税款所属纳税年度的次年6月1日起至补缴（预缴）税款入库之日止。

（二）利息率按照税款所属纳税年度12月31日实行的与补税期间同期的中国人民银行人民币贷款基准利率（以下简称“基准利率”）加5个百分点计算，并按一年365天折算日利息率。

（三）企业按照本办法规定提供同期资料和其他相关资料的，或者企业符合本办法第十

五条的规定免于准备同期资料但根据税务机关要求提供其他相关资料的，可以只按基准利率计算加收利息。

企业按照本办法第十五条第（一）项的规定免于准备同期资料，但经税务机关调查，其实际关联交易额达到必须准备同期资料的标准的，税务机关对补征税款加收利息，适用本条第（二）项规定。

（四）按照本条规定加收的利息，不得在计算应纳税所得额时扣除。

第一百零八条 *企业在税务机关做出特别纳税调整决定前预缴税款的，收到调整补税通知书后补缴税款时，按照应补缴税款所属年度的先后顺序确定已预缴税款的所属年度，以预缴入库日为截止日，分别计算应加收的利息额。*

第一百零九条 *企业对特别纳税调整应补征的税款及利息，应在税务机关调整通知书规定的期限内缴纳入库。企业有特殊困难，不能按期缴纳税款的，应依照征管法第三十一条及征管法实施细则第四十一条和第四十二条的有关规定办理延期缴纳税款。逾期不申请延期又不缴纳税款的，税务机关应按照征管法第三十二条及其他有关规定处理。*

第十三章 附 则

第一百一十条 税务机关对转让定价管理和预约定价安排管理以外的其他特别纳税调整事项实施的调查调整程序可参照适用本办法第五章的有关规定。

第一百一十一条 *各级国家税务局和地方税务局对企业实施特别纳税调查调整要加强联系，可根据需要组成联合调查组进行调查。*

第一百一十二条 税务机关及其工作人员应依据《国家税务总局关于纳税人涉税保密信息管理暂行办法》（国税发〔2008〕93 号）等有关保密的规定保管、使用企业提供的信息资料。

第一百一十三条 本办法所规定期限的最后一日是法定休假日的，以休假日期满的次日为期限的最后一日；在期限内有连续 3 日以上法定休假日的，按休假日天数顺延。

第一百一十四条 本办法所涉及的“以上”“以下”“日内”“之日”“之前”“少于”“低于”“超过”等均包含本数。

第一百一十五条 被调查企业在税务机关实施特别纳税调查调整期间申请变更经营地址或注销税务登记的，税务机关在调查结案前原则上不予办理税务变更、注销手续。

第一百一十六条 企业按本办法第三章的规定准备 2008 纳税年度发生关联交易的同期资料，可延期至 2009 年 12 月 31 日。

第一百一十七条 本办法由国家税务总局负责解释和修订。

第一百一十八条 本办法自 2008 年 1 月 1 日起施行。《国家税务总局关于〈关联企业间业务往来税务管理规程（试行）〉的通知》（国税发〔1998〕59 号）、《国家税务总局关于修订〈关联企业间业务往来税务管理规程（试行）〉的通知》（国税发〔2004〕143 号）和《国家税务总局关于关联企业间业务往来预约定价实施规则》（国税发〔2004〕118 号）同时废止。在本办法发布前实施的有关规定与本办法不一致的，以本办法为准。

附件：《特别纳税调整实施办法（试行）》表证单书（略）

国家税务总局关于印发《企业所得税汇算清缴管理办法》的通知

2009 年 4 月 16 日 国税发〔2009〕79 号

（注释：条款失效。“第二十四条 汇算清缴工作结束后，各级税务机关应认真总结，写出书面总结报告逐级上报。各省、自治区、直辖市和计划单列市国家税务局、地方税务局应在每年 7 月底前将汇算清缴工作总结报告、年度企业所得税汇总报表报送国家税务总局（所得税司）。总结报告的内容应包括：

（一）汇算清缴工作的基本情况；

（二）企业所得税税源结构的分布情况；

（三）企业所得税收入增减变化及原因；

（四）企业所得税政策和征管制度贯彻落实中存在的问题和改进建议。

……

第二十六条 各省、自治区、直辖市和计划单列市国家税务局、地方税务局可根据本办法制定具体实施办法。”

修改为：“第二十四条 汇算清缴工作结束后，各级税务机关应认真总结，写出书面总结报告逐级上报。各省、自治区、直辖市和计划单列市税务局应在每年 7 月底前将汇算清缴工作总结报告、年度企业所得税汇总报表报送国家税务总局（所得税司）。总结报告的内容应包括：

（一）汇算清缴工作的基本情况；

（二）企业所得税税源结构的分布情况；

（三）企业所得税收入增减变化及原因；

（四）企业所得税政策和征管制度贯彻落实中存在的问题和改进建议。

……

第二十六条 各省、自治区、直辖市和计划单列市税务局可根据本办法制定具体实施办法。”参见：《国家税务总局关于修改部分税收规范性文件的公告》（国家税务总局公告 2018 年第 31 号）。）

各省、自治区、直辖市和计划单列市国家税务局、地方税务局：

为加强企业所得税征收管理，进一步规范企业所得税汇算清缴工作，在总结近年来内、外资企业所得税汇算清缴工作经验的基础上，根据《中华人民共和国企业所得税法》及其实施条例，税务总局重新制定了《企业所得税汇算清缴管理办法》，现印发给你们，请遵照执行。执行中有何问题，请及时向税务总局报告。

企业所得税汇算清缴管理办法

第一条 为加强企业所得税征收管理，进一步规范企业所得税汇算清缴管理工作，根据《中华人民共和国企业所得税法》及其实施条例（以下简称企业所得税法及其实施条例）和《中华人民共和国税收征收管理法》及其实施细则（以下简称税收征管法及其实施细则）的有关规定，制定本办法。

第二条 企业所得税汇算清缴，是指纳税人自纳税年度终了之日起5个月内或实际经营终止之日起60日内，依照税收法律、法规、规章及其他有关企业所得税的规定，自行计算本纳税年度应纳税所得额和应纳所得税额，根据月度或季度预缴企业所得税的数额，确定该纳税年度应补或者应退税额，并填写企业所得税年度纳税申报表，向主管税务机关办理企业所得税年度纳税申报、提供税务机关要求提供的有关资料、结清全年企业所得税税款的行为。

第三条 凡在纳税年度内从事生产、经营（包括试生产、试经营），或在纳税年度中间终止经营活动的纳税人，无论是否在减税、免税期间，也无论盈利或亏损，均应按照企业所得税法及其实施条例和本办法的有关规定进行企业所得税汇算清缴。

实行核定定额征收企业所得税的纳税人，不进行汇算清缴。

第四条 纳税人应当自纳税年度终了之日起5个月内，进行汇算清缴，结清应缴应退企业所得税税款。

纳税人在年度中间发生解散、破产、撤销等终止生产经营情形，需进行企业所得税清算的，应在清算前报告主管税务机关，并自实际经营终止之日起60日内进行汇算清缴，结清应缴应退企业所得税款；纳税人有其他情形依法终止纳税义务的，应当自停止生产、经营之日起60日内，向主管税务机关办理当期企业所得税汇算清缴。

第五条 纳税人12月份或者第四季度的企业所得税预缴纳税申报，应在纳税年度终了后15日内完成，预缴申报后进行当年企业所得税汇算清缴。

第六条 纳税人需要报经税务机关审批、审核或备案的事项，应按有关程序、时限和要求报送材料等有关规定，在办理企业所得税年度纳税申报前及时办理。

第七条 纳税人应当按照企业所得税法及其实施条例和企业所得税的有关规定，正确计算应纳税所得额和应纳所得税额，如实、正确填写企业所得税年度纳税申报表及其附表，完整、及时报送相关资料，并对纳税申报的真实性、准确性和完整性负法律责任。

第八条 纳税人办理企业所得税年度纳税申报时，应如实填写和报送下列有关资料：

（一）企业所得税年度纳税申报表及其附表；

（二）财务报表；

（三）备案事项相关资料；

（四）总机构及分支机构基本情况、分支机构征税方式、分支机构的预缴税情况；

（五）委托中介机构代理纳税申报的，应出具双方签订的代理合同，并附送中介机构出具的包括纳税调整的项目、原因、依据、计算过程、调整金额等内容的报告；

（六）涉及关联方业务往来的，同时报送《中华人民共和国企业年度关联业务往来报告表》；

（七）主管税务机关要求报送的其他有关资料。

纳税人采用电子方式办理企业所得税年度纳税申报的，应按照有关规定保存有关资料或附报纸质纳税申报资料。

第九条 纳税人因不可抗力，不能在汇算清缴期内办理企业所得税年度纳税申报或备齐企业所得税年度纳税申报资料的，应按照税收征管法及其实施细则的规定，申请办理延期纳税申报。

第十条 纳税人在汇算清缴期内发现当年企业所得税申报有误的，可在汇算清缴期内重新办理企业所得税年度纳税申报。

第十一条 纳税人在纳税年度内预缴企业所得税税款少于应缴企业所得税税款的，应在汇算清缴期内结清应补缴的企业所得税税款；预缴税款超过应纳税款的，主管税务机关应及时按有关规定办理退税，或者经纳税人同意后抵缴其下一年度应缴企业所得税税款。

第十二条 纳税人因有特殊困难，不能在汇算清缴期内补缴企业所得税款的，应按照税收征管法及其实施细则的有关规定，办理申请延期缴纳税款手续。

第十三条 实行跨地区经营汇总缴纳企业所得税的纳税人，由统一计算应纳税所得额和应纳所得税额的总机构，按照上述规定，在汇算清缴期内向所在地主管税务机关办理企业所得税年度纳税申报，进行汇算清缴。分支机构不进行汇算清缴，但应将分支机构的营业收支等情况在报总机构统一汇算清缴前报送分支机构所在地主管税务机关。总机构应将分支机构及其所属机构的营业收支纳入总机构汇算清缴等情况报送各分支机构所在地主管税务机关。

第十四条 经批准实行合并缴纳企业所得税的企业集团，由集团母公司（以下简称汇缴企业）在汇算清缴期内，向汇缴企业所在地主管税务机关报送汇缴企业及各个成员企业合并计算填写的企业所得税年度纳税申报表，以及本办法第八条规定的有关资料及各个成员企业的企业所得税年度纳税申报表，统一办理汇缴企业及其成员企业的企业所得税汇算清缴。

汇缴企业应根据汇算清缴的期限要求，自行确定其成员企业向汇缴企业报送本办法第八条规定的有关资料的期限。成员企业向汇缴企业报送的上述资料，应经成员企业所在地的主管税务机关审核。

第十五条 纳税人未按规定期限进行汇算清缴，或者未报送本办法第八条所列资料的，按照税收征管法及其实施细则的有关规定处理。

第十六条 各级税务机关要结合当地实际，对每一纳税年度的汇算清缴工作进行统一安排和组织部署。汇算清缴管理工作由具体负责企业所得税日常管理的部门组织实施。税务机关内部各职能部门应充分协调和配合，共同做好汇算清缴的管理工作。

第十七条 各级税务机关应在汇算清缴开始之前和汇算清缴期间，主动为纳税人提供税收服务。

（一）采用多种形式进行宣传，帮助纳税人了解企业所得税政策、征管制度和办税程序；

（二）积极开展纳税辅导，帮助纳税人知晓汇算清缴范围、时间要求、报送资料及其他应注意的事项。

（三）必要时组织纳税培训，帮助纳税人进行企业所得税自核自缴。

第十八条 主管税务机关应及时向纳税人发放汇算清缴的表、证、单、书。

第十九条 主管税务机关受理纳税人企业所得税年度纳税申报表及有关资料时，如发现企业未按规定报齐有关资料或填报项目不完整的，应及时告知企业在汇算清缴期内补齐补正。

第二十条 主管税务机关受理纳税人年度纳税申报后，应对纳税人年度纳税申报表的逻辑性和有关资料的完整性、准确性进行审核。审核重点主要包括：

（一）纳税人企业所得税年度纳税申报表及其附表与企业财务报表有关项目的数字是否相符，各项目之间的逻辑关系是否对应，计算是否正确。

（二）纳税人是否按规定弥补以前年度亏损额和结转以后年度待弥补的亏损额。

（三）纳税人是否符合税收优惠条件、税收优惠的确认和申请是否符合规定程序。

（四）纳税人税前扣除的财产损失是否真实、是否符合有关规定程序。跨地区经营汇总缴纳企业所得税的纳税人，其分支机构税前扣除的财产损失是否由分支机构所在地主管税务机关出具证明。

（五）纳税人有无预缴企业所得税的完税凭证，完税凭证上填列的预缴数额是否真实。跨地区经营汇总缴纳企业所得税的纳税人及其所属分支机构预缴的税款是否与《中华人民共和国企业所得税汇总纳税分支机构分配表》中分配的数额一致。

（六）纳税人企业所得税和其他各税种之间的数据是否相符、逻辑关系是否吻合。

第二十一条 主管税务机关应结合纳税人企业所得税预缴情况及日常征管情况，对纳税人报送的企业所得税年度纳税申报表及其附表和其他有关资料进行初步审核后，按规定程序及时办理企业所得税补、退税或抵缴其下一年度应纳所得税款等事项。

第二十二条 税务机关应做好跨地区经营汇总纳税企业和合并纳税企业汇算清缴的协同管理。

（一）总机构和汇缴企业所在地主管税务机关在对企业的汇总或合并纳税申报资料审核时，发现其分支机构或成员企业申报内容有疑点需进一步核实的，应向其分支机构或成员企业所在地主管税务机关发出有关税务事项协查函；该分支机构或成员企业所在地主管税务机关应在要求的时限内就协查事项进行调查核实，并将核查结果函复总机构或汇缴企业所在地主管税务机关。

（二）总机构和汇缴企业所在地主管税务机关收到分支机构或成员企业所在地主管税务机关反馈的核查结果后，应对总机构和汇缴企业申报的应纳税所得额及应纳所得税额作相应调整。

第二十三条 汇算清缴工作结束后，税务机关应组织开展汇算清缴数据分析、纳税评估和检查。纳税评估和检查的对象、内容、方法、程序等按照国家税务总局的有关规定执行。

第二十四条 *汇算清缴工作结束后，各级税务机关应认真总结，写出书面总结报告逐级上报。各省、自治区、直辖市和计划单列市国家税务局、地方税务局应在每年7月底前将汇算清缴工作总结报告、年度企业所得税汇总报表报送国家税务总局（所得税司）。总结报告的内容应包括：*

（一）汇算清缴工作的基本情况；

（二）企业所得税税源结构的分布情况；

（三）企业所得税收入增减变化及原因；

（四）企业所得税政策和征管制度贯彻落实中存在的问题和改进建议。

第二十五条 本办法适用于企业所得税居民企业纳税人。

第二十六条 各省、自治区、直辖市和计划单列市国家税务局、地方税务局可根据本办法制定具体实施办法。

第二十七条 本办法自2009年1月1日起执行。《国家税务总局关于印发〈企业所得税汇算清缴管理办法〉的通知》（国税发〔2005〕200号）、《国家税务总局关于印发新修订的〈外商投资企业和外国企业所得税汇算清缴工作规程〉的通知》（国税发〔2003〕12号）和《国家税务总局关于印发新修订的〈外商投资企业和外国企业所得税汇算清缴管理办法〉的通知》（国税发〔2003〕13号）同时废止。

2008年度企业所得税汇算清缴按本办法执行。

第二十八条 本办法由国家税务总局负责解释。

国家税务总局关于加强企业所得税预缴工作的通知

2009年1月20日　国税函〔2009〕34号

各省、自治区、直辖市和计划单列市国家税务局、地方税务局：

为进一步做好企业所得税征收管理，现就加强企业所得税预缴工作通知如下：

一、根据《中华人民共和国企业所得税法》及其实施条例规定，企业所得税应当按照月度或者季度的实际利润额预缴；按照月度或者季度的实际利润额预缴有困难的，可以按照上一纳税年度应纳税所得额的月度或者季度平均额预缴，或者按照经税务机关认可的其他方法预缴。为确保税款足额及时入库，各级税务机关对纳入当地重点税源管理的企业，原则上应按照实际利润额预缴方法征收企业所得税。

二、各级税务机关根据企业上年度企业所得税预缴和汇算清缴情况，对全年企业所得税预缴税款占企业所得税应缴税款比例明显偏低的，要及时查明原因，调整预缴方法或预缴税额。

三、各级税务机关要处理好企业所得税预缴和汇算清缴税款入库的关系，原则上各地企业所得税年度预缴税款占当年企业所得税入库税款（预缴数 + 汇算清缴数）应不少于70%。

四、各级税务机关要进一步加大监督管理力度。对未按规定申报预缴企业所得税的，按照《中华人民共和国税收征收管理法》及其实施细则的有关规定进行处理。

五、加强企业所得税预缴工作是税收征管中的一项重要任务，各级税务机关要高度重视，周密部署，精心组织实施。税务总局将适时组织督促检查，通报此项工作的落实情况。

国家税务总局关于中国居民企业向QFII支付股息、红利、利息代扣代缴企业所得税有关问题的通知

2009年1月23日　国税函〔2009〕47号

各省、自治区、直辖市和计划单列市国家税务局、地方税务局：

根据《中华人民共和国企业所得税法》及其实施条例（以下称企业所得税法）规定，

现就中国居民企业向合格境外机构投资者（以下称为QFII）支付股息、红利、利息代扣代缴企业所得税有关问题明确如下：

一、QFII取得来源于中国境内的股息、红利和利息收入，应当按照企业所得税法规定缴纳10%的企业所得税。如果是股息、红利，则由派发股息、红利的企业代扣代缴；如果是利息，则由企业在支付或到期支付时代扣代缴。

二、QFII取得股息、红利和利息收入，需要享受税收协定（安排）待遇的，可向主管税务机关提出申请，主管税务机关审核无误后按照税收协定的规定执行；涉及退税的，应及时予以办理。

三、各地税务机关应了解QFII在我国从事投资的情况，及时提供税收服务，建立税收管理档案，确保代扣代缴税款及时足额入库。

国家税务总局关于做好2008年度企业所得税汇算清缴工作的补充通知

2009年3月17日　国税函〔2009〕134号

各省、自治区、直辖市和计划单列市国家税务局、地方税务局：

按照《中华人民共和国企业所得税法》及其实施条例的规定，发生关联业务往来的企业应履行年度关联申报义务。各地税务机关应按照《国家税务总局关于印发〈中华人民共和国企业年度关联业务往来报告表〉的通知》（国税发〔2008〕114号）、《国家税务总局关于印发〈特别纳税调整实施办法（试行）〉的通知》（国税发〔2009〕2号）和《国家税务总局关于印发〈2008年版企业年度关联业务往来报告表业务需求〉的通知》（国税函〔2009〕72号）的有关规定，将企业关联申报作为企业所得税年度汇算清缴工作的组成部分，统一安排和部署、统一开展内部培训、统一对外宣传和辅导，加强所得税管理部门和国际税务管理部门的协调配合，做好汇算清缴结束后关联申报的审核和评估工作，确保2008年度企业所得税汇算清缴工作的顺利完成。

国家税务总局关于中国居民企业向全国社会保障基金所持H股派发股息不予代扣代缴企业所得税的通知

2009年4月1日　国税函〔2009〕173号

各省、自治区、直辖市和计划单列市国家税务局、地方税务局：

现将中国居民企业向全国社会保障基金所持H股派发股息不予代扣代缴企业所得税的问题通知如下：

根据《财政部　国家税务总局关于全国社会保障基金有关企业所得税问题的通知》（财税〔2008〕136号）规定，全国社会保障基金（以下简称“社保基金”）从证券市场取得的收入为企业所得税不征税收入。在香港上市的境内居民企业派发股息时，可凭香港中央结算（代理人）有限公司确定的社保基金所持H股证明，不予代扣代缴企业所得税。

在香港以外上市的境内居民企业向境外派发股息时，可凭有关证券结算公司确定的社保基金所持股证明，不予代扣代缴企业所得税。

在境外上市的境内居民企业向其他经批准对股息不征企业所得税的机构派发股息时，可参照本通知执行。

国家税务总局关于企业所得税汇算清缴汇总工作有关问题的通知

2009年4月13日　国税函〔2009〕184号

（注释：条款失效。参见：《国家税务总局关于修订企业所得税汇算清缴汇总统计表有关问题的通知》（国税函〔2010〕190号）。）

各省、自治区、直辖市和计划单列市国家税务局、地方税务局：

为做好企业所得税汇算清缴工作，根据《中华人民共和国企业所得税法》及其实施条例、《国家税务总局关于印发〈中华人民共和国企业所得税年度纳税申报表〉的通知》（国税发〔2008〕101号）、《国家税务总局关于〈中华人民共和国企业所得税年度纳税申报表〉的补充通知》（国税函〔2008〕1081号），税务总局编制了企业所得税汇算清缴汇总表，并对原内、外资企业所得税汇算清缴系统进行了升级，形成了新的企业所得税汇算清缴系统。现就有关问题通知如下：

一、做好企业所得税汇算清缴情况汇总的培训工作

2008年实施新的企业所得税法后，使用新的企业所得税年度纳税申报表，汇算清缴情况汇总等后续工作也发生了较大变化。各级税务机关要在总结以往工作经验的基础上，针对汇算清缴汇总表表间关系、数据提取口径等内容，组织好内部相关工作人员的业务培训，认真学习领会填报说明，以适应使用新的企业所得税年度纳税申报表进行汇算清缴后相关后续工作的要求。

二、加强对企业所得税汇算清缴数据分析

根据汇算清缴工作的实际需要，税务总局已制定了新的企业所得税汇算清缴汇总表（详见附件）。通过汇算清缴建立的数据是进行后续管理的基础信息，进行税源分析、纳税评估等后续管理工作的重要依据。各地要按照税务总局制定的汇算清缴汇总表进行数据采集、汇总、分析，充分发挥汇算清缴所采集的纳税人数据信息的作用。汇算清缴总结报告要详实、报表内容要完整、报表数据要准确、报送要及时。

三、做好汇算清缴软件升级及运用工作

新的企业所得税汇算清缴系统包括可供企业免费使用的申报模块和税务机关使用的汇算清缴模块。汇算清缴系统的安装文件及使用说明在税务总局内网（FTP：//所得税司/综合处/汇算清缴）下载。各级税务机关应按照以下要求，做好新的企业所得税汇算清缴系统应

用工作。

（一）新的汇算清缴软件与原内资企业所得税汇算清缴汇总软件在数据采集和上报的方式上存在较大差异，在新系统中，主管税务机关必须将本辖区所有企业的各项基础数据信息通过系统支持的几种输入途径采集到本系统中，在汇算清缴工作结束后将这些数据逐级汇总上报。新的系统不仅能根据这些基础信息自动统计出汇算清缴工作需要的各种汇总分析报表，各级税务机关还可以根据这些信息进行更全面的数据分析。

（二）汇算清缴系统可以采用本地文件型数据库和服务器型数据库进行应用实施，各级税务机关可根据自身工作环境情况进行选择。汇算清缴系统支持采集符合CTAIS数据接口规范和本系统定义数据接口规范的数据文件。

（三）使用汇算清缴系统过程中发现的问题，应及时向税务总局（所得税司）反映，不得超越管理权限自行修改汇算清缴系统中的技术参数和数据。

附件：1. 企业所得税汇算清缴汇总表表1（略）

2. 企业所得税汇算清缴汇总表表2（略）

3. 企业所得税汇算清缴汇总表表3（略）

4. 企业所得税汇算清缴汇总表表4（略）

5. 企业所得税汇算清缴汇总表表5（略）

6. 企业所得税汇算清缴汇总表填报说明（略）

国家税务总局关于中国农业银行重组改制企业所得税有关问题的通知

2009年7月13日　国税函〔2009〕374号

各省、自治区、直辖市和计划单列市国家税务局：

经国务院批准，中国农业银行在2008年度进行了股份制改革。现将中国农业银行股份制改革过程中有关企业所得税问题通知如下：

一、关于补提以前年度应付利息税前扣除问题

中国农业银行对股改前没有提足的应付利息，可按照权责发生制的原则予以补提并准予在2008年度企业所得税前扣除。

二、关于未获税务审批各类资产损失税前扣除问题

中国农业银行股改前须经主管税务机关审批但未审批就已在税前扣除的资产损失项目，应重新履行审批手续，经主管税务机关审核确认后，对符合损失确认条件的，可以按规定在损失发生年度企业所得税前扣除；对已在税前扣除但不符合损失确认条件的，统一调增2008年度的应纳税所得额。

三、关于少计收益税务处理问题

中国农业银行股改前少计的收益，在2008年度统一补缴企业所得税。

国家税务总局关于印发《中华人民共和国企业清算所得税申报表》的通知

2009 年 7 月 17 日　国税函〔2009〕388 号

各省、自治区、直辖市和计划单列市国家税务局、地方税务局：

为贯彻落实《中华人民共和国企业所得税法》及其实施条例，税务总局制定了企业清算所得税申报表及其附表。现将《中华人民共和国企业清算所得税申报表》及附表印发给你们，请各地税务机关及时做好上述报表的印制、发放、学习、培训及软件修改等工作。执行中有何问题，请及时向税务总局（所得税司）报告。

附件：1. 中华人民共和国企业清算所得税申报表及附表

2. 中华人民共和国企业清算所得税申报表及附表填报说明

附件 1：

中华人民共和国企业清算所得税申报表

清算期间：　　年　月　日至　　年　月　日

纳税人名称：

纳税人识别号：□□□□□□□□□□□□□□□□□□□□

金额单位：　元（列至角分）

类　别	行次	项　目	金　额
应纳税所得额计算	1	资产处置损益（填附表一）	
	2	负债清偿损益（填附表二）	
	3	清算费用	
	4	清算税金及附加	
	5	其他所得或支出	
	6	清算所得（1+2-3-4+5）	
	7	免税收入	
	8	不征税收入	
	9	其他免税所得	
	10	弥补以前年度亏损	
	11	应纳税所得额（6-7-8-9-10）	
应纳所得税额计算	12	税率（25%）	
	13	应纳所得税额（11×12）	
应补（退）所得税额计算	14	减（免）企业所得税额	
	15	境外应补所得税额	
	16	境内外实际应纳所得税额（13-14+15）	
	17	以前纳税年度应补（退）所得税额	
	18	实际应补（退）所得税额（16+17）	

纳税人盖章： 清算组盖章： 经办人签字： 申报日期：　年　月　日	代理申报中介机构盖章： 经办人签字及执业证件号码： 代理申报日期：　年　月　日	主管税务机关 受理专用章： 受理人签字： 受理日期：　年　月　日

附表一：

资产处置损益明细表

填报时间：　年　月　日　　　　金额单位：　元（列至角分）

行次	项目	账面价值(1)	计税基础(2)	可变现价值或交易价格(3)	资产处置损益(4)=(3)-(2)
1	货币资金				
2	短期投资*				
3	交易性金融资产#				
4	应收票据				
5	应收账款				
6	预付账款				
7	应收利息				
8	应收股利				
9	应收补贴款*				
10	其他应收款				
11	存货				
12	待摊费用*				
13	一年内到期的非流动资产				
14	其他流动资产				
15	可供出售金融资产#				
16	持有至到期投资#				
17	长期应收款#				
18	长期股权投资				
19	长期债权投资*				
20	投资性房地产#				
21	固定资产				
22	在建工程				
23	工程物资				
24	固定资产清理				
25	生物资产#				
26	油气资产#				
27	无形资产				
28	开发支出#				
29	商誉#				
30	长期待摊费用				
31	其他非流动资产				
32	总计				

经办人签字：　　　　纳税人盖章：

附表二：

负债清偿损益明细表

填报时间：　　年　月　日　　　　　　　　　　　　金额单位：　元（列至角分）

行次	项　目	账面价值 (1)	计税基础 (2)	清偿金额 (3)	负债清偿损益 (4)=(2)-(3)
1	短期借款				
2	交易性金融负债#				
3	应付票据				
4	应付账款				
5	预收账款				
6	应付职工薪酬#				
7	应付工资*				
8	应付福利费*				
9	应交税费				
10	应付利息				
11	应付股利				
12	其他应交款*				
13	其他应付款				
14	预提费用*				
15	一年内到期的非流动负债				
16	其他流动负债				
17	长期借款				
18	应付债券				
19	长期应付款				
20	专项应付款				
21	预计负债#				
22	其他非流动负债				
23	总计				

经办人签字：　　　　　　　　　　　　　　　　　　纳税人盖章：

附表三：

剩余财产计算和分配明细表

填报时间：　　年　月　日　　　　　　　　　　　　　　　　　　金额单位：　元（列至角分）

类别	行次	项目	金额
剩余财产计算	1	资产可变现价值或交易价格	
	2	清算费用	
	3	职工工资	
	4	社会保险费用	
	5	法定补偿金	
	6	清算税金及附加	
	7	清算所得税额	
	8	以前年度欠税额	
	9	其他债务	
	10	剩余财产（1－2－…－9）	
	11	其中：累计盈余公积	
	12	累计未分配利润	

类别	行次	股东名称	持有清算企业权益性投资比例（%）	投资额	分配的财产金额	其中：确认为股息金额
剩余财产分配	13	（1）				
	14	（2）				
	15	（3）				
	16	…				
	17	…				

经办人签字：　　　　　　　　　　　　　　　　　　　　　　　　　　纳税人盖章：

附件2：

中华人民共和国企业清算所得税申报表填报说明

一、适用范围

本表适用于按税收规定进行清算、缴纳企业所得税的居民企业纳税人（以下简称纳税人）申报。

二、填报依据

根据《中华人民共和国企业所得税法》及其实施条例和相关税收政策规定计算填报。

三、有关项目填报说明

（一）表头项目

1.“清算期间”：填报纳税人实际生产经营终止之日至办理完毕清算事务之日止的期间。

2.“纳税人名称”：填报税务机关统一核发的税务登记证所载纳税人的全称。

3.“纳税人识别号”：填报税务机关统一核发的税务登记证号码。

（二）行次说明

1. 第1行“资产处置损益”：填报纳税人全部资产按可变现价值或交易价格扣除其计税基础后确认的资产处置所得或损失金额。本行通过附表一《资产处置损益明细表》计算填报。

2. 第2行“负债清偿损益”：填报纳税人全部负债按计税基础减除其清偿金额后确认的负债清偿所得或损失金额。

本行通过附表二《负债清偿损益明细表》计算填报。

3. 第3行“清算费用”：填报纳税人清算过程中发生的与清算业务有关的费用支出，包括清算组组成人员的报酬，清算财产的管理、变卖及分配所需的评估费、咨询费等费用，清算过程中支付的诉讼费用、仲裁费用及公告费用，以及为维护债权人和股东的合法权益支付的其他费用。

4. 第4行“清算税金及附加”：填报纳税人清算过程中发生的除企业所得税和允许抵扣的增值税以外的各项税金及其附加。

5. 第5行“其他所得或支出”：填报纳税人清算过程中取得的其他所得或发生的其他支出。其中，其他支出以“-”号（负数）填列。

6. 第6行“清算所得”：填报纳税人全部资产按可变现价值或交易价格减除其计税基础、清算费用、相关税费，加上债务清偿损益等后的余额。

7. 第7行“免税收入”：填报纳税人清算过程中取得的按税收规定免税收入。

8. 第8行“不征税收入”：填报纳税人清算过程中取得的按税收规定不征税收入。

9. 第9行“其他免税所得”：填报纳税人清算过程中取得的按税收规定免税的所得。

10. 第10行“弥补以前年度亏损”：填报纳税人按税收规定可在税前弥补的以前纳税年度尚未弥补的亏损额。

11. 第11行“应纳税所得额”：金额等于本表第6-7-8-9-10行。本行按照上述顺序计算结果为负数，本行金额填零。

12. 第12行“税率”：填报企业所得税法规定的税率25%。

13. 第13行“应纳所得税额”：金额等于本表第11×12行。

14. 第14行“减（免）企业所得税额”：填报纳税人按税收规定准予减免的企业所得税额。

15. 第15行“境外应补所得税额”：填报纳税人按税收规定在清算期间发生的境外所得应在境内补缴的企业所得税额。

16. 第16行“境内外实际应纳所得税额”：金额等于本表第13-14+15行。

17. 第17行“以前纳税年度应补（退）所得税额”：填报纳税人因以前纳税年度损益调整、汇算清缴多缴、欠税等在清算期间应补（退）企业所得税额。其中，应退企业所得税额以“-”号（负数）填列。

18. 第18行“实际应补（退）所得税额”：金额=本表第16+17行。

四、表内及表间关系

1. 第1行=附表一第32行“资产处置损益（4）”列的总计数。

2. 第2行=附表二第23行“负债清偿损益（4）”列的总计数。

3. 第6行=本表第1+2-3-4+5行。

4. 第11行=本表第6-7-8-9-10行。

5. 第13行=本表第11×12行。

6. 第16行=本表第13-14+15行。

7. 第18行=本表第16+17行。

附表一《资产处置损益明细表》填报说明

一、适用范围

本表适用于按税收规定进行清算、缴纳企业所得税的居民企业纳税人（以下简称纳税人）申报。

二、填报依据

根据《中华人民共和国企业所得税法》及其实施条例和相关税收政策规定计算填报。

三、有关项目填报说明

1. 标有*行次由执行企业会计制度的纳税人填报；标有#行次由执行企业会计准则的纳税人填报；其他行次执行企业会计制度和企业会计准则的纳税人均填报。

执行企业会计制度和企业会计准则以外的纳税人，按照本表的行次内容根据其资产情况分析填报。

2. “账面价值（1）”列：填报纳税人按照国家统一会计制度规定确定的清算开始日的各项资产账面价值的金额。

3. “计税基础（2）”列：填报纳税人按照税收规定确定的清算开始日的各项资产计税基础的金额，即取得资产时确定的计税基础减除在清算开始日以前纳税年度内按照税收规定已在税前扣除折旧、摊销、准备金等的余额。

4.“可变现价值或交易价格（3）”列：填报纳税人清算过程中各项资产可变现价值或交易价格的金额。

5.“资产处置损益（4）”列：填报纳税人各项资产可变现价值或交易价格减除其计税基础的余额。

四、表内及表间关系

1.“资产处置损益（4）”列 = 本表“可变现价值或交易价格（3）”列 - “计税基础（2）”列。

2. 第 32 行“账面价值（1）”列总计 = 本表“账面价值（1）”列第 1 + … +31 行总计。

3. 第 32 行“计税基础（2）”列总计 = 本表“计税基础（2）”列第 1 + … +31 行总计。

4. 第 32 行“可变现价值或交易价格（3）”列总计 = 本表“可变现价值或交易价格（3）”列第 1 + … +31 行总计。

5. 第 32 行“资产处置损益（4）”列总计 = 本表第 32 行“可变现价值或交易价格（3）”列总计 - 本表第 32 行“计税基础（2）”列总计 = 本表“资产处置损益（4）”列第 1 + … +31 行总计。

6. 第 32 行“资产处置损益（4）”列总计 = 主表第 1 行。

附表二《负债清偿损益明细表》填报说明

一、适用范围

本表适用于按税收规定进行清算、缴纳企业所得税的居民企业纳税人（以下简称纳税人）申报。

二、填报依据

根据《中华人民共和国企业所得税法》及其实施条例和相关税收政策规定计算填报。

三、有关项目填报说明

1. 标有 * 行次由执行企业会计制度的纳税人填报；标有#行次由执行企业会计准则的纳税人填报；其他行次执行企业会计制度和企业会计准则的纳税人均填报。

执行企业会计制度和企业会计准则以外的纳税人，按照本表的行次内容根据其负债情况分析填报。

2.“账面价值（1）”列：填报纳税人按照国家统一会计制度规定确定的清算开始日的各项负债账面价值的金额。

3.“计税基础（2）”列：填报纳税人按照税收规定确定的清算开始日的各项负债计税基础的金额，即负债的账面价值减去未来期间计算应纳税所得额时按照税收规定予以扣除金额的余额。

4.“清偿金额（3）”列：填报纳税人清算过程中各项负债的清偿金额。

5.“负债清偿损益（4）”列：填报纳税人各项负债计税基础减除其清偿金额的余额。

四、表内及表间关系

1.“负债清偿损益（4）”列 = 本表“计税基础（2）”列 - “清偿金额（3）”列。

2. 第 23 行“账面价值（1）”列总计 = 本表“账面价值（1）”列第 1 + … +22 行总计。

3. 第 23 行“计税基础（2）”列总计 = 本表“计税基础（2）”列第 1 + … +22 行总计。

4. 第 23 行“清偿金额（3）”列总计 = 本表“清偿金额（3）”列第 1 + … +22 行总计。

5. 第 23 行“负债清偿损益（4）”列总计 = 本表第 23 行“计税基础（2）”列总计 - 本表第 23 行“清偿金额（3）”列总计 = 本表“负债清偿损益（4）”列第 1 + … +22 行总计。

6. 第 23 行“负债清偿损益”列总计 = 主表第 2 行。

附表三《剩余财产计算和分配明细表》填报说明

一、适用范围

本表适用于按税收规定进行清算、缴纳企业所得税的居民企业纳税人（以下简称纳税人）申报。

二、填报依据

根据《中华人民共和国企业所得税法》及其实施条例和相关税收政策规定计算填报。

三、有关项目填报说明

1. 第 1 行“资产可变现价值或交易价格”：填报纳税人全部资产的可变现价值或交易价格金额。

2. 第 2 行“清算费用”：填报纳税人清算过程中发生的与清算业务有关的费用支出，包括清算组组成人员的报酬，清算财产的管理、变卖及分配所需的评估费、咨询费等费用，清算过程中支付的诉讼费用、仲裁费用及公告费用，以及为维护债权人和股东的合法权益支付的其他费用。

3. 第 3 行“职工工资”：填报纳税人清算过程中偿还的职工工资。

4. 第4行“社会保险费用”：填报纳税人清算过程中偿还欠缴的各种社会保险费用。

5. 第5行“法定补偿金”：填报纳税人清算过程中按照有关规定支付的法定补偿金。

6. 第6行“清算税金及附加”：填报纳税人清算过程中发生的除企业所得税和允许抵扣的增值税以外的各项税金及其附加。

7. 第7行“清算所得税额”：填报纳税人清算过程中应缴的清算企业所得税金额。

8. 第8行“以前年度欠税额”：填报纳税人以前年度欠缴的各项税金及其附加。

9. 第9行“其他债务”：填报纳税人清算过程中偿还的其他债务。

10. 第10行“剩余财产”：填报纳税人全部资产按可变现价值或交易价格减除清算费用、职工工资、社会保险费用、法定补偿金、清算税费、清算所得税额、以前年度欠税和企业其他债务后的余额。

11. 第11行“其中：累计盈余公积”：填报纳税人截止开始分配剩余财产时累计从净利润提取的盈余公积金额。

12. 第12行“其中：累计未分配利润”：填报纳税人截止开始分配剩余财产时累计的未分配利润金额。

13. 第13－17行“股东名称”列：填报清算企业的各股东名称。

14. 第13－17行“持有清算企业权益性投资比例”列：填报清算企业的各股东持有清算企业的权益性投资比例。

15. 第13－17行“投资额”列：填报清算企业各股东向清算企业进行权益性投资总额。

16. 第13－17行“分配的财产金额”列：填报清算企业的各股东从清算企业剩余财产中按照其持有的清算企业的权益性投资比例分得的财产金额。

17. 第13－17行“其中：确认为股息金额”列：填报清算企业的各股东从清算企业剩余财产分得财产中，相当于累计未分配利润和累计盈余公积按照其持有清算企业权益性投资比例计算确认的部分。清算企业的非企业所得税纳税人股东不填此列。

四、表内及表间关系

1. 第10行＝本表第（1－2－…－9）行。

2. 第2行＝主表第3行。

3. 第6行＝主表第4行。

4. 第7行＝主表第16行。

国家税务总局关于企业所得税核定征收有关问题的公告

2012年6月19日　国家税务总局公告2012年第27号

根据《中华人民共和国企业所得税法》及其实施条例、《国家税务总局关于印发〈企业所得税核定征收办法〉（试行）的通知》（国税发〔2008〕30号）和《国家税务总局关于企业所得税核定征收若干问题的通知》（国税函〔2009〕377号）的相关规定，现就企业所得税核定征收若干问题公告如下：

一、专门从事股权（股票）投资业务的企业，不得核定征收企业所得税。

二、依法按核定应税所得率方式核定征收企业所得税的企业，取得的转让股权（股票）收入等转让财产收入，应全额计入应税收入额，按照主营项目（业务）确定适用的应税所得率计算征税；若主营项目（业务）发生变化，应在当年汇算清缴时，按照变化后的主营项目（业务）重新确定适用的应税所得率计算征税。

三、本公告自2012年1月1日起施行。企业以前年度尚未处理的上述事项，按照本公告的规定处理。已经处理的，不再调整。

国家税务总局关于印发《跨地区经营汇总纳税企业所得税征收管理办法》的公告

2012 年 12 月 27 日　国家税务总局公告 2012 年第 57 号

（注释：条款失效。“第三十二条　居民企业在中国境内没有跨地区设立不具有法人资格分支机构，仅在同一省、自治区、直辖市和计划单列市（以下称同一地区）内设立不具有法人资格分支机构的，其企业所得税征收管理办法，由各省、自治区、直辖市和计划单列市国家税务局、地方税务局参照本办法联合制定。”修改为：“第三十二条　居民企业在中国境内没有跨地区设立不具有法人资格分支机构，仅在同一省、自治区、直辖市和计划单列市（以下称同一地区）内设立不具有法人资格分支机构的，其企业所得税征收管理办法，由各省、自治区、直辖市和计划单列市税务局参照本办法制定。”参见：《国家税务总局关于修改部分税收规范性文件的公告》（国家税务总局公告 2018 年第 31 号）。

条款废止。废止第二十四条第三款“汇总纳税企业以后年度改变组织结构的，该分支机构应按本办法第二十三条规定报送相关证据，分支机构所在地主管税务机关重新进行审核鉴定”的规定。自 2015 年 1 月 1 日起废止。参见：《国家税务总局关于 3 项企业所得税事项取消审批后加强后续管理的公告》（国家税务总局公告 2015 年第 6 号）。

政策调整。“汇总纳税企业组织结构变更审核”取消。参见：(1)《国家税务总局关于贯彻落实〈国务院关于第一批取消 62 项中央指定地方实施行政审批事项的决定〉的通知》（税总发〔2015〕141 号）。(2)《国务院关于第一批取消 62 项中央指定地方实施行政审批事项的决定》（国发〔2015〕57 号）。(3)《国务院关于取消和调整一批行政审批项目等事项的决定》（国发〔2014〕50 号）。）

为加强跨地区经营汇总纳税企业所得税的征收管理，根据《中华人民共和国企业所得税法》及其实施条例、《中华人民共和国税收征收管理法》及其实施细则和《财政部　国家税务总局　中国人民银行关于印发〈跨省市总分机构企业所得税分配及预算管理办法〉的通知》（财预〔2012〕40 号）等文件的精神，国家税务总局制定了《跨地区经营汇总纳税企业所得税征收管理办法》。现予发布，自 2013 年 1 月 1 日起施行。

特此公告。

跨地区经营汇总纳税企业所得税征收管理办法

第一章　总　则

第一条　为加强跨地区经营汇总纳税企业所得税的征收管理，根据《中华人民共和国企业所得税法》及其实施条例（以下简称《企业所得税法》）、《中华人民共和国税收征收管理法》及其实施细则（以下简称《征收管理法》）和《财政部　国家税务总局　中国人民银行关于印发〈跨省市总分机构企业所得税分配及预算管理办法〉的通知》（财预〔2012〕40号）等的有关规定，制定本办法。

第二条 居民企业在中国境内跨地区（指跨省、自治区、直辖市和计划单列市，下同）设立不具有法人资格分支机构的，该居民企业为跨地区经营汇总纳税企业（以下简称汇总纳税企业），除另有规定外，其企业所得税征收管理适用本办法。

国有邮政企业（包括中国邮政集团公司及其控股公司和直属单位）、中国工商银行股份有限公司、中国农业银行股份有限公司、中国银行股份有限公司、国家开发银行股份有限公司、中国农业发展银行、中国进出口银行、中国投资有限责任公司、中国建设银行股份有限公司、中国建银投资有限责任公司、中国信达资产管理股份有限公司、中国石油天然气股份有限公司、中国石油化工股份有限公司、海洋石油天然气企业（包括中国海洋石油总公司、中海石油（中国）有限公司、中海油田服务股份有限公司、海洋石油工程股份有限公司）、中国长江电力股份有限公司等企业缴纳的企业所得税（包括滞纳金、罚款）为中央收入，全额上缴中央国库，其企业所得税征收管理不适用本办法。

铁路运输企业所得税征收管理不适用本办法。

第三条 汇总纳税企业实行"统一计算、分级管理、就地预缴、汇总清算、财政调库"的企业所得税征收管理办法：

（一）统一计算，是指总机构统一计算包括汇总纳税企业所属各个不具有法人资格分支机构在内的全部应纳税所得额、应纳税额。

（二）分级管理，是指总机构、分支机构所在地的主管税务机关都有对当地机构进行企业所得税管理的责任，总机构和分支机构应分别接受机构所在地主管税务机关的管理。

（三）就地预缴，是指总机构、分支机构应按本办法的规定，分月或分季分别向所在地主管税务机关申报预缴企业所得税。

（四）汇总清算，是指在年度终了后，总机构统一计算汇总纳税企业的年度应纳税所得额、应纳所得税额，抵减总机构、分支机构当年已就地分期预缴的企业所得税款后，多退少补。

（五）财政调库，是指财政部定期将缴入中央国库的汇总纳税企业所得税待分配收入，按照核定的系数调整至地方国库。

第四条 总机构和具有主体生产经营职能的二级分支机构，就地分摊缴纳企业所得税。

二级分支机构，是指汇总纳税企业依法设立并领取非法人营业执照（登记证书），且总机构对其财务、业务、人员等直接进行统一核算和管理的分支机构。

第五条 以下二级分支机构不就地分摊缴纳企业所得税：

（一）不具有主体生产经营职能，且在当地不缴纳增值税、营业税的产品售后服务、内部研发、仓储等汇总纳税企业内部辅助性的二级分支机构，不就地分摊缴纳企业所得税。

（二）上年度认定为小型微利企业的，其二级分支机构不就地分摊缴纳企业所得税。

（三）新设立的二级分支机构，设立当年不就地分摊缴纳企业所得税。

（四）当年撤销的二级分支机构，自办理注销税务登记之日所属企业所得税预缴期间起，不就地分摊缴纳企业所得税。

（五）汇总纳税企业在中国境外设立的不具有法人资格的二级分支机构，不就地分摊缴纳企业所得税。

第二章 税款预缴和汇算清缴

第六条 汇总纳税企业按照《企业所得税法》规定汇总计算的企业所得税，包括预缴税款和汇算清缴应缴应退税款，50%在各分支机构间分摊，各分支机构根据分摊税款就地办理缴库或退库；50%由总机构分摊缴纳，其中25%就地办理缴库或退库，25%就地全额缴入中央国库或退库。具体的税款缴库或退库程序按照财预〔2012〕40号文件第五条等相关规定执行。

第七条 企业所得税分月或者分季预缴，由总机构所在地主管税务机关具体核定。

汇总纳税企业应根据当期实际利润额，按照本办法规定的预缴分摊方法计算总机构和分支机构的企业所得税预缴额，分别由总机构和分支机构就地预缴；在规定期限内按实际利润额预缴有困难的，也可以按照上一年度应纳税所得额的1/12或1/4，按照本办法规定的预缴分摊方法计算总机构和分支机构的企业所得税预缴额，分别由总机构和分支机构就地预缴。预缴方法一经确定，当年度不得变更。

第八条 总机构应将本期企业应纳所得税额的50%部分，在每月或季度终了后15日内就地申报预缴。总机构应将本期企业应纳所得税额的另外50%部分，按照各分支机构应分摊的比例，在各分支机构之间进行分摊，并及时通知到各分支机构；各分支机构应在每月或季度终了之日起15日内，就其分摊的所得税额就地申报预缴。

分支机构未按税款分配数额预缴所得税造成少缴税款的，主管税务机关应按照《征收管理法》的有关规定对其处罚，并将处罚结果通知总机构所在地主管税务机关。

第九条 汇总纳税企业预缴申报时，总机构除报送企业所得税预缴申报表和企业当期财务报表外，还应报送汇总纳税企业分支机构所得税分配表和各分支机构上一年度的年度财务报表（或年度财务状况和营业收支情况）；分支机构除报送企业所得税预缴申报表（只填列部分项目）外，还应报送经总机构所在地主管税务机关受理的汇总纳税企业分支机构所得税分配表。

在一个纳税年度内，各分支机构上一年度的年度财务报表（或年度财务状况和营业收支情况）原则上只需要报送一次。

第十条 汇总纳税企业应当自年度终了之日起5个月内，由总机构汇总计算企业年度应纳所得税额，扣除总机构和各分支机构已预缴的税款，计算出应缴应退税款，按照本办法规定的税款分摊方法计算总机构和分支机构的企业所得税应缴应退税款，分别由总机构和分支机构就地办理税款缴库或退库。

汇总纳税企业在纳税年度内预缴企业所得税税款少于全年应缴企业所得税税款的，应在汇算清缴期内由总、分机构分别结清应缴的企业所得税税款；预缴税款超过应缴税款的，主管税务机关应及时按有关规定分别办理退税，或者经总、分机构同意后分别抵缴其下一年度应缴企业所得税税款。

第十一条 汇总纳税企业汇算清缴时，总机构除报送企业所得税年度纳税申报表和年度财务报表外，还应报送汇总纳税企业分支机构所得税分配表、各分支机构的年度财务报表和各分支机构参与企业年度纳税调整情况的说明；分支机构除报送企业所得税年度纳税申报表（只填列部分项目）外，还应报送经总机构所在地主管税务机关受理的汇总纳税企业分支机构所得税分配表、分支机构的年度财务报表（或年度财务状况和营业收支情况）和分支机构参与企业年度纳税调整情况的说明。

分支机构参与企业年度纳税调整情况的说明，可参照企业所得税年度纳税申报表附表“纳税调整项目明细表”中列明的项目进行说明，涉及需由总机构统一计算调整的项目不进行说明。

第十二条 分支机构未按规定报送经总机构所在地主管税务机关受理的汇总纳税企业分支机构所得税分配表，分支机构所在地主管税务机关应责成该分支机构在申报期内报送，同时提请总机构所在地主管税务机关督促总机构按照规定提供上述分配表；分支机构在申报期内不提供的，由分支机构所在地主管税务机关对分支机构按照《征收管理法》的有关规定予以处罚；属于总机构未向分支机构提供分配表的，分支机构所在地主管税务机关还应提请总机构所在地主管税务机关对总机构按照《征收管理法》的有关规定予以处罚。

第三章 总分机构分摊税款的计算

第十三条 总机构按以下公式计算分摊税款：

总机构分摊税款＝汇总纳税企业当期应纳所得税额×50%

第十四条 分支机构按以下公式计算分摊税款：

所有分支机构分摊税款总额＝汇总纳税企业当期应纳所得税额×50%

某分支机构分摊税款＝所有分支机构分摊税款总额×该分支机构分摊比例

第十五条 总机构应按照上年度分支机构的营业收入、职工薪酬和资产总额三个因素计算各分支机构分摊所得税款的比例；三级及以下分支机构，其营业收入、职工薪酬和资产总额统一计入二级分支机构；三因素的权重依次为0.35、0.35、0.30。

计算公式如下：

某分支机构分摊比例＝（该分支机构营业收入/各分支机构营业收入之和）×0.35＋（该分支机构职工薪酬/各分支机构职工薪酬之和）×0.35＋（该分支机构资产总额/各分支机构资产总额之和）×0.30

分支机构分摊比例按上述方法一经确定后，除出现本办法第五条第（四）项和第十六条第二、三款情形外，当年不作调整。

第十六条 总机构设立具有主体生产经营职能的部门（非本办法第四条规定的二级分支机构），且该部门的营业收入、职工薪酬和资产总额与管理职能部门分开核算的，可将该部门视同一个二级分支机构，按本办法规定计算分摊并就地缴纳企业所得税；该部门与管理职能部门的营业收入、职工薪酬和资产总额不能分开核算的，该部门不得视同一个二级分支机构，不得按本办法规定计算分摊并就地缴纳企业所得税。

汇总纳税企业当年由于重组等原因从其他企业取得重组当年之前已存在的二级分支机构，并作为本企业二级分支机构管理的，该二级分支机构不视同当年新设立的二级分支机构，按本办法规定计算分摊并就地缴纳企业所得税。

汇总纳税企业内就地分摊缴纳企业所得税的总机构、二级分支机构之间，发生合并、分立、管理层级变更等形成的新设或存续的二级分支机构，不视同当年新设立的二级分支机构，按本办法规定计算分摊并就地缴纳企业所得税。

第十七条 本办法所称分支机构营业收入，是指分支机构销售商品、提供劳务、让渡资产使用权等日常经营活动实现的全部收入。其中，生产经营企业分支机构营业收入是指生产经营企业分支机构销售商品、提供劳务、让渡资产使用权等取得的全部收入。金融企业分支机构营业收入是指金融企业分支机构取得的利息、手续费、佣金等全部收入。保险企业分支机构营业收入是指保险企业分支机构取得的保费等全部收入。

本办法所称分支机构职工薪酬，是指分支机构为获得职工提供的服务而给予各种形式的报酬以及其他相关支出。

本办法所称分支机构资产总额，是指分支机构在经营活动中实际使用的应归属于该分支机构的资产合计额。

本办法所称上年度分支机构的营业收入、职工薪酬和资产总额，是指分支机构上年度全年的营业收入、职工薪酬数据和上年度 12 月 31 日的资产总额数据，是依照国家统一会计制度的规定核算的数据。

一个纳税年度内，总机构首次计算分摊税款时采用的分支机构营业收入、职工薪酬和资产总额数据，与此后经过中国注册会计师审计确认的数据不一致的，不作调整。

第十八条 对于按照税收法律、法规和其他规定，总机构和分支机构处于不同税率地区的，先由总机构统一计算全部应纳税所得额，然后按本办法第六条规定的比例和按第十五条计算的分摊比例，计算划分不同税率地区机构的应纳税所得额，再分别按各自的适用税率计算应纳税额后加总计算出汇总纳税企业的应纳所得税总额，最后按本办法第六条规定的比例和按第十五条计算的分摊比例，向总机构和分支机构分摊就地缴纳的企业所得税款。

第十九条 分支机构所在地主管税务机关应根据经总机构所在地主管税务机关受理的汇总纳税企业分支机构所得税分配表、分支机构的年度财务报表（或年度财务状况和营业收支情况）等，对其主管分支机构计算分摊税款比例的三个因素、计算的分摊税款比例和应分摊缴纳的所得税税款进行查验核对；对查验项目有异议的，应于收到汇总纳税企业分支机构所得税分配表后 30 日内向企业总机构所在地主管税务机关提出书面复核建议，并附送相关数据资料。

总机构所在地主管税务机关必须于收到复核建议后 30 日内，对分摊税款的比例进行复核，作出调整或维持原比例的决定，并将复核结果函复分支机构所在地主管税务机关。分支机构所在地主管税务机关应执行总机构所在地主管税务机关的复核决定。

总机构所在地主管税务机关未在规定时间内复核并函复复核结果的，上级税务机关应对总机构所在地主管税务机关按照有关规定进行处理。

复核期间，分支机构应先按总机构确定的分摊比例申报缴纳税款。

第二十条 汇总纳税企业未按照规定准确计算分摊税款，造成总机构与分支机构之间同时存在一方（或几方）多缴另一方（或几方）少缴税款的，其总机构或分支机构分摊缴纳的企业所得税低于按本办法规定计算分摊的数额的，应在下一税款缴纳期内，由总机构将按本办法规定计算分摊的税款差额分摊到总机构或分支机构补缴；其总机构或分支机构就地缴纳的企业所得税高于按本办法规定计算分摊的数额的，应在下一税款缴纳期内，由总机构将按本办法规定计算分摊的税款差额从总机构或分支机构的分摊税款中扣减。

第四章 日常管理

第二十一条 汇总纳税企业总机构和分支机构应依法办理税务登记，接受所在地主管税务机关的监督和管理。

第二十二条 总机构应将其所有二级及以下分支机构（包括本办法第五条规定的分支机构）信息报其所在地主管税务机关备案，内容包括分支机构名称、层级、地址、邮编、纳税人识别号及企业所得税主管税务机关名称、地址和邮编。

分支机构（包括本办法第五条规定的分支机构）应将其总机构、上级分支机构和下属分支机构信息报其所在地主管税务机关备案，内容包括总机构、上级机构和下属分支机构名称、层级、地址、邮编、纳税人识别号及企业所得税主管税务机关名称、地址和邮编。

上述备案信息发生变化的，除另有规定外，应在内容变化后30日内报总机构和分支机构所在地主管税务机关备案，并办理变更税务登记。

分支机构注销税务登记后15日内，总机构应将分支机构注销情况报所在地主管税务机关备案，并办理变更税务登记。

第二十三条 以总机构名义进行生产经营的非法人分支机构，无法提供汇总纳税企业分支机构所得税分配表，应在预缴申报期内向其所在地主管税务机关报送非法人营业执照（或登记证书）的复印件、由总机构出具的二级及以下分支机构的有效证明和支持有效证明的相关材料（包括总机构拨款证明、总分机构协议或合同、公司章程、管理制度等），证明其二级及以下分支机构身份。

二级及以下分支机构所在地主管税务机关应对二级及以下分支机构进行审核鉴定，对应按本办法规定就地分摊缴纳企业所得税的二级分支机构，应督促其及时就地缴纳企业所得税。

第二十四条 以总机构名义进行生产经营的非法人分支机构，无法提供汇总纳税企业分支机构所得税分配表，也无法提供本办法第二十三条规定相关证据证明其二级及以下分支机构身份的，应视同独立纳税人计算并就地缴纳企业所得税，不执行本办法的相关规定。

按上款规定视同独立纳税人的分支机构，其独立纳税人身份一个年度内不得变更。

汇总纳税企业以后年度改变组织结构的，该分支机构应按本办法第二十三条规定报送相关证据，分支机构所在地主管税务机关重新进行审核鉴定。

第二十五条 汇总纳税企业发生的资产损失，应按以下规定申报扣除：

（一）总机构及二级分支机构发生的资产损失，除应按专项申报和清单申报的有关规定各自向所在地主管税务机关申报外，二级分支机构还应同时上报总机构；三级及以下分支机构发生的资产损失不需向所在地主管税务机关申报，应并入二级分支机构，由二级分支机构统一申报。

（二）总机构对各分支机构上报的资产损失，除税务机关另有规定外，应以清单申报的形式向所在地主管税务机关申报。

（三）总机构将分支机构所属资产捆绑打包转让所发生的资产损失，由总机构向所在地主管税务机关专项申报。

二级分支机构所在地主管税务机关应对二级分支机构申报扣除的资产损失强化后续管理。

第二十六条 对于按照税收法律、法规和其他规定，由分支机构所在地主管税务机关管理的企业所得税优惠事项，分支机构所在地主管税务机关应加强审批（核）、备案管理，并通过评估、检查和台账管理等手段，加强后续管理。

第二十七条 总机构所在地主管税务机关应加强对汇总纳税企业申报缴纳企业所得税的管理，可以对企业自行实施税务检查，也可以与二级分支机构所在地主管税务机关联合实施税务检查。

总机构所在地主管税务机关应对查实项目按照《企业所得税法》的规定统一计算查增的应纳税所得额和应纳税额。

总机构应将查补所得税款（包括滞纳金、罚款，下同）的50%按照本办法第十五条规定计算的分摊比例，分摊给各分支机构（不包括本办法第五条规定的分支机构）缴纳，各分支机构根据分摊查补税款就地办理缴库；50%分摊给总机构缴纳，其中25%就地办理缴库，25%就地全额缴入中央国库。具体的税款缴库程序按照财预〔2012〕40号文件第五条等相关规定执行。

汇总纳税企业缴纳查补所得税款时，总机构应向其所在地主管税务机关报送汇总纳税企业分支机构所得税分配表和总机构所在地主管税务机关出具的税务检查结论，各分支机构也应向其所在地主管税务机关报送经总机构所在地主管税务机关受理的汇总纳税企业分支机构所得税分配表和税务检查结论。

第二十八条 二级分支机构所在地主管税务机关应配合总机构所在地主管税务机关对其主管二级分支机构实施税务检查，也可以自行对该二级分支机构实施税务检查。

二级分支机构所在地主管税务机关自行对其主管二级分支机构实施税务检查，可对查实项目按照《企业所得税法》的规定自行计算查增的应纳税所得额和应纳税额。

计算查增的应纳税所得额时，应减除允许弥补的汇总纳税企业以前年度亏损；对于需由总机构统一计算的税前扣除项目，不得由分支机构自行计算调整。

二级分支机构应将查补所得税款的50%分摊给总机构缴纳，其中25%就地办理缴库，25%就地全额缴入中央国库；50%分摊给该二级分支机构就地办理缴库。具体的税款缴库程序按照财预〔2012〕40号文件第五条等相关规定执行。

汇总纳税企业缴纳查补所得税款时，总机构应向其所在地主管税务机关报送经二级分支机构所在地主管税务机关受理的汇总纳税企业分支机构所得税分配表和二级分支机构所在地主管税务机关出具的税务检查结论，二级分支机构也应向其所在地主管税务机关报送汇总纳税企业分支机构所得税分配表和税务检查结论。

第二十九条 税务机关应将汇总纳税企业总机构、分支机构的税务登记信息、备案信息、总机构出具的分支机构有效证明情况及分支机构审核鉴定情况、企业所得税月（季）度预缴纳税申报表和年度纳税申报表、汇总纳税企业分支机构所得税分配表、财务报表（或年度财务状况和营业收支情况）、企业所得税款入库情况、资产损失情况、税收优惠情况、各分支机构参与企业年度纳税调整情况的说明、税务检查及查补税款分摊和入库情况等信息，定期分省汇总上传至国家税务总局跨地区经营汇总纳税企业管理信息交换平台。

第三十条 2008年底之前已成立的汇总纳税企业，2009年起新设立的分支机构，其企业所得税的征管部门应与总机构企业所得税征管部门一致；2009年起新增汇总纳税企业，其分支机构企业所得税的管理部门也应与总机构企业所得税管理部门一致。

第三十一条 汇总纳税企业不得核定征收企业所得税。

第五章 附 则

第三十二条 *居民企业在中国境内没有跨地区设立不具有法人资格分支机构，仅在同一省、自治区、直辖市和计划单列市（以下称同一地区）内设立不具有法人资格分支机构的，*

其企业所得税征收管理办法，由各省、自治区、直辖市和计划单列市国家税务局、地方税务局参照本办法联合制定。

居民企业在中国境内既跨地区设立不具有法人资格分支机构，又在同一地区内设立不具有法人资格分支机构的，其企业所得税征收管理实行本办法。

第三十三条 本办法自2013年1月1日起施行。

《国家税务总局关于印发〈跨地区经营汇总纳税企业所得税征收管理暂行办法〉的通知》（国税发〔2008〕28号）、《国家税务总局关于跨地区经营汇总纳税企业所得税征收管理有关问题的通知》（国税函〔2008〕747号）、《国家税务总局关于跨地区经营外商独资银行汇总纳税问题的通知》（国税函〔2008〕958号）、《国家税务总局关于华能国际电力股份有限公司汇总计算缴纳企业所得税问题的通知》（国税函〔2009〕33号）、《国家税务总局关于跨地区经营汇总纳税企业所得税征收管理若干问题的通知》（国税函〔2009〕221号）和《国家税务总局关于华能国际电力股份有限公司所属分支机构2008年度预缴企业所得税款问题的通知》（国税函〔2009〕674号）同时废止。

《国家税务总局关于发布〈中华人民共和国企业所得税月（季）度预缴纳税申报表〉等报表的公告》（税务总局公告2011年第64号）和《国家税务总局关于发布〈中华人民共和国企业所得税月（季）度预缴纳税申报表〉等报表的补充公告》（税务总局公告2011年第76号）规定与本办法不一致的，按本办法执行。

国家税务总局关于居民企业报告境外投资和所得信息有关问题的公告

2014年6月30日 国家税务总局公告2014年第38号

为规范居民企业境外投资和所得信息报告的内容和方式，根据《中华人民共和国税收征收管理法》（以下简称税收征管法）及其实施细则、《中华人民共和国企业所得税法》（以下简称企业所得税法）及其实施条例等有关规定，现就居民企业报告境外投资和所得信息有关问题公告如下：

一、居民企业成立或参股外国企业，或者处置已持有的外国企业股份或有表决权股份，符合以下情形之一，且按照中国会计制度可确认的，应当在办理企业所得税预缴申报时向主管税务机关填报《居民企业参股外国企业信息报告表》（附件1）：

（一）在本公告施行之日，居民企业直接或间接持有外国企业股份或有表决权股份达到10%（含）以上；

（二）在本公告施行之日后，居民企业在被投资外国企业中直接或间接持有的股份或有表决权股份自不足10%的状态改变为达到或超过10%的状态；

（三）在本公告施行之日后，居民企业在被投资外国企业中直接或间接持有的股份或有表决权股份自达到或超过10%的状态改变为不足10%的状态。

二、居民企业在办理企业所得税年度申报时，还应附报以下与境外所得相关的资料信息：

（一）有适用企业所得税法第四十五条情形或者需要适用《特别纳税调整实施办法（试行）》（国税发〔2009〕2 号）第八十四条规定的居民企业填报《受控外国企业信息报告表》（附件 2）；

（二）纳入企业所得税法第二十四条规定抵免范围的外国企业或符合企业所得税法第四十五条规定的受控外国企业按照中国会计制度编报的年度独立财务报表。

三、在税务检查（包括纳税评估、税务审计及特别纳税调整调查等）时，主管税务机关可以要求居民企业限期报告与其境外所得相关的必要信息。

四、居民企业能够提供合理理由，证明确实不能按照本办法规定期限报告境外投资和所得信息的，可以依法向主管税务机关提出延期要求。限制提供相关信息的境外法律规定、商业合同或协议，不构成合理理由。

五、主管税务机关应当为纳税人报告境外投资和所得信息提供便利，及时受理纳税人报告的各类信息，并依法保密。

六、居民企业未按照本办法规定报告境外投资和所得信息，经主管税务机关责令限期改正，逾期仍不改正的，主管税务机关可根据税收征管法及其实施细则以及其他有关法律、法规的规定，按已有信息合理认定相关事实，并据以计算或调整应纳税款。

七、非居民企业在境内设立机构、场所，取得发生在境外但与其所设机构、场所有实际联系的所得的，参照本公告规定报告相关信息。

八、本公告自 2014 年 9 月 1 日起施行。在施行之日以前发生，但与施行之日以后应报告信息相关或者属于施行之日以后纳税年度的应报告信息，仍适用本公告规定。《国家税务总局关于印发〈中华人民共和国企业年度关联业务往来报告表〉的通知》（国税发〔2008〕114 号）所附《对外投资情况表》同时废止。

附件：1. 居民企业参股外国企业信息报告表

2. 受控外国企业信息报告表

附件 1：

居民企业参股外国企业信息报告表

一、报告人信息			
企业名称：		纳税识别号：	
二、被投资外国企业信息			
外国企业名称：		所在国纳税识别号：	
成立地：		主营业务类型：	
报告人持股比例：			

持有外国企业 10% 以上股份或有表决权股份的其他股东情况

持股股东名称	居住地或成立地	持股类型	持股比例	达到 10% 以上权益份额的起始日期

续表

中国居民个人担任外国企业高管或董事情况

中国居民个人姓名	中国境内常住地	身份识别号	职务	任职起止日期

三、外国企业股份变动信息

报告人收购外国企业股份情况

被收购股份类型	交易日期	收购方式	收购前报告人在外国企业持股份额	收购后报告人在外国企业持股份额

报告人处置外国企业股份情况

被处置股份类型	处置日期	处置方式	处置前报告人在外国企业持股份额	处置后报告人在外国企业持股份额

四、报告人声明

我谨在此声明：以上呈报事项准确无误，如有不实，愿承担相应的法律责任。

报告人签字和盖章： 报告日期： 年 月 日

经办人： 联系电话：

以下由主管税务机关填写

受理人： 联系电话：	税务机关（盖章） 年 月 日

填报说明：

1. 按照《国家税务总局关于居民企业报告境外投资和所得信息的公告》（以下称公告）第一条规定应该填报本表的企业为本表报告人。报告人直接或间接投资多家外国企业，并符合规定条件的，应该分别按每个符合条件的被投资外国企业填报本表。

2. 持股股东名称栏仅填报在被投资外国企业直接持有10%以上股份或有表决权股份的所有股东。

3. 持股类型栏、被收购股份类型栏和被处置股份类型栏按照有表决权股份和无表决权股份填报。

4. 持股比例栏按照《特别纳税调整实施办法（试行）》第七十七条第二款规定计算填报。

5. 中国居民个人姓名栏应该填报担任被投资外国企业高管和董事，且按照个人所得税法规定构成在中国有住所，或者在中国无住所但在中国境内居住满一年的所有个人。

6. 身份识别号栏按中国居民个人所持身份证件的识别号填报。

7. 交易日期栏和处置日期栏按中国会计制度确认的相关交易或处置行为完成的日期填报。

8. 收购外国企业股份情况仅填报导致公告第一条规定情形的一次或多次收购交易及其相关情况。

9. 外国企业股份处置情况仅填报导致公告第一条规定情形的一次或多次股份处置交易及其相关情况。

10. 本表相关栏目应填报的名称为外文的，应同时填报中文译文名称。

附件2：

受控外国企业信息报告表

一、报告人信息			
企业名称		纳税人识别号：	
二、受控外国企业信息			
企业名称		纳税人识别号：	
注册地址		法定代表人	
成立时间		纳税年度起止	
记账本位货币		折合人民币汇率选用	
主营业务范围			
三、受控外国企业构成条件　持股比例□		实质控制□	

四、持有受控外国企业股份的中国居民股东持股信息

股东名称	持股数量	持股比例	直接持股数量和比例	起止时间	间接持股数量和比例	起止时间

五、例外适用情况	
1. 受控外国企业是否在国家税务总局指定的非低税率国家（地区） 实际税负：	是□　否□
2. 受控外国企业年度利润是否不高于500万元人民币	是□　否□
3. 受控外国企业主要取得积极经营活动所得	是□　否□

六、受控外国企业利润分配			
可分配利润总额		可抵免外国税额	
以前年度已视同分配额		可抵免外国税额	
本年度分配额超出以前年度已视同分配额的数额		可抵免外国税额	
未分配利润额		可抵免外国税额	
视同分配给报告人股息		可抵免外国税额	
视同分配给其他中国居民股东的股息		可抵免外国税额	
备注			

续表

七、报告人声明	
我谨在此声明：以上呈报事项准确无误，如有不实，愿承担相应的法律责任。 报告人签字和盖章：　　　　　　　　　　　　　　　　报告日期：　　年　　月　　日	
以下由主管税务机关填写	
受理人： 联系电话：	税务机关（盖章） 年　　月　　日

填报说明：

1. 按照《特别纳税调整实施办法（试行）》第七十六条规定构成中国居民企业股东的企业为本表的报告人。由报告人投资的多家外国企业构成《特别纳税调整实施办法（试行）》第七十六条规定的受控外国企业的，报告人应分别各受控外国企业填报本表。

2. 企业名称或股东名称为外文的，应同时填报中文译文名称。

3. 股东名称栏仅填报符合《特别纳税调整实施办法（试行）》第七十六条规定的所有中国居民股东。

4. 折合人民币汇率选用栏按本表所用汇率确定方法填报，如按受控外国企业年度平均汇率或年末汇率确定。

5. 未分配利润栏按可分配利润栏减以前年度已视同分配额以及本年度分配额超出以前年度已视同分配额的数额之差填报。

6. 视同分配给报告人股息栏和视同分配给其他中国居民股东的股息栏以未分配利润栏为基础，按照《特别纳税调整实施办法（试行）》第八十条规定计算填写。

7. 本表视同分配给报告人股息栏及对应可抵免外国税额栏数额计入居民企业年度申报表相关栏目。

8. 本表中货币金额一律使用人民币填写。

国家税务总局关于3项企业所得税事项取消审批后加强后续管理的公告

2015年2月2日　国家税务总局公告2015年第6号

根据《国务院关于取消和调整一批行政审批项目等事项的决定》（国发〔2014〕27号、国发〔2014〕50号）规定，取消“享受小型微利企业所得税优惠的核准”、“收入全额归属中央的企业下属二级及二级以下分支机构名单的备案审核”和“汇总纳税企业组织结构变更审核”等项目审批，现就有关企业所得税后续管理问题公告如下：

一、进一步简化小型微利企业享受所得税优惠政策备案手续

实行查账征收的小型微利企业，在办理2014年及以后年度企业所得税汇算清缴时，通过填报《国家税务总局关于发布〈中华人民共和国企业所得税年度纳税申报表（A类，2014年版）的公告〉》（国家税务总局公告2014年第63号）之《基础信息表》（A000000表）中的“104从业人数”、“105资产总额（万元）”栏次，履行备案手续，不再另行备案。

二、取消“收入全额归属中央的企业下属二级及二级以下分支机构名单的备案审核”的后续管理

收入全额归属中央的企业（本条简称中央企业）所属二级及二级以下分支机构名单发生变化的，按照以下规定分别向其主管税务机关报送相关资料：

（一）中央企业所属二级分支机构名单发生变化的，中央企业总机构应将调整后情况及分支机构变化情况报送主管税务机关。

（二）中央企业新增二级及以下分支机构的，二级分支机构应将营业执照和总机构出具的其为二级或二级以下分支机构证明文件，在报送企业所得税预缴申报表时，附送其主管税务机关。

新增的三级及以下分支机构，应将营业执照和总机构出具的其为三级或三级以下分支机构证明文件，报送其主管税务机关。

（三）中央企业撤销（注销）二级及以下分支机构的，被撤销分支机构应当按照《中华人民共和国税收征收管理法》规定办理注销手续。二级分支机构应将撤销（注销）二级及以下分支机构情况报送其主管税务机关。

主管税务机关应根据中央企业二级及以下分支机构变更备案情况，及时调整完善税收管理信息。

三、取消“汇总纳税企业组织结构变更审核”的后续管理

汇总纳税企业改变组织结构的，总机构和相关二级分支机构应于组织结构改变后 30 日内，将组织结构变更情况报告主管税务机关。总机构所在省税务局按照《国家税务总局关于印发〈跨地区经营汇总纳税企业所得税征收管理办法〉的公告》（国家税务总局公告 2012 年第 57 号）第二十九条规定，将汇总纳税企业组织结构变更情况上传至企业所得税汇总纳税信息管理系统。

废止国家税务总局公告 2012 年第 57 号第二十四条第三款“汇总纳税企业以后年度改变组织结构的，该分支机构应按本办法第二十三条规定报送相关证据，分支机构所在地主管税务机关重新进行审核鉴定”的规定。

四、除第一条外，本公告自 2015 年 1 月 1 日起施行

特此公告。

国家税务总局关于资产（股权）划转企业所得税征管问题的公告

2015 年 5 月 27 日　国家税务总局公告 2015 年第 40 号

《国务院关于进一步优化企业兼并重组市场环境的意见》（国发〔2014〕14 号）和《财政部　国家税务总局关于促进企业重组有关企业所得税处理问题的通知》（财税〔2014〕109 号，以下简称《通知》）下发后，各地陆续反映在企业重组所得税政策执行过程中有些征管问题亟需明确。经研究，现就股权或资产划转企业所得税征管问题公告如下：

一、《通知》第三条所称“100% 直接控制的居民企业之间，以及受同一或相同多家居

民企业100%直接控制的居民企业之间按账面净值划转股权或资产”，限于以下情形：

（一）100%直接控制的母子公司之间，母公司向子公司按账面净值划转其持有的股权或资产，母公司获得子公司100%的股权支付。母公司按增加长期股权投资处理，子公司按接受投资（包括资本公积，下同）处理。母公司获得子公司股权的计税基础以划转股权或资产的原计税基础确定。

（二）100%直接控制的母子公司之间，母公司向子公司按账面净值划转其持有的股权或资产，母公司没有获得任何股权或非股权支付。母公司按冲减实收资本（包括资本公积，下同）处理，子公司按接受投资处理。

（三）100%直接控制的母子公司之间，子公司向母公司按账面净值划转其持有的股权或资产，子公司没有获得任何股权或非股权支付。母公司按收回投资处理，或按接受投资处理，子公司按冲减实收资本处理。母公司应按被划转股权或资产的原计税基础，相应调减持有子公司股权的计税基础。

（四）受同一或相同多家公司100%直接控制的子公司之间，在母公司主导下，一家子公司向另一家子公司按账面净值划转其持有的股权或资产，划出方没有获得任何股权或非股权支付。划出方按冲减所有者权益处理，划入方按接受投资处理。

二、《通知》第三条所称“股权或资产划转后连续12个月内不改变被划转股权或资产原来实质性经营活动”，是指自股权或资产划转完成日起连续12个月内不改变被划转股权或资产原来实质性经营活动。

股权或资产划转完成日，是指股权或资产划转合同（协议）或批复生效，且交易双方已进行会计处理的日期。

三、《通知》第三条所称“划入方企业取得被划转股权或资产的计税基础，以被划转股权或资产的原账面净值确定”，是指划入方企业取得被划转股权或资产的计税基础，以被划转股权或资产的原计税基础确定。

《通知》第三条所称“划入方企业取得的被划转资产，应按其原账面净值计算折旧扣除”，是指划入方企业取得的被划转资产，应按被划转资产的原计税基础计算折旧扣除或摊销。

四、按照《通知》第三条规定进行特殊性税务处理的股权或资产划转，交易双方应在协商一致的基础上，采取一致处理原则统一进行特殊性税务处理。

五、交易双方应在企业所得税年度汇算清缴时，分别向各自主管税务机关报送《居民企业资产（股权）划转特殊性税务处理申报表》（详见附件）和相关资料（一式两份）。

相关资料包括：

1. 股权或资产划转总体情况说明，包括基本情况、划转方案等，并详细说明划转的商业目的；

2. 交易双方或多方签订的股权或资产划转合同（协议），需有权部门（包括内部和外部）批准的，应提供批准文件；

3. 被划转股权或资产账面净值和计税基础说明；

4. 交易双方按账面净值划转股权或资产的说明（需附会计处理资料）；

5. 交易双方均未在会计上确认损益的说明（需附会计处理资料）；

6. 12个月内不改变被划转股权或资产原来实质性经营活动的承诺书。

六、交易双方应在股权或资产划转完成后的下一年度的企业所得税年度申报时，各自向主管税务机关提交书面情况说明，以证明被划转股权或资产自划转完成日后连续12个月内，没有改变原来的实质性经营活动。

七、交易一方在股权或资产划转完成日后连续12个月内发生生产经营业务、公司性质、资产或股权结构等情况变化，致使股权或资产划转不再符合特殊性税务处理条件的，发生变化的交易一方应在情况发生变化的30日内报告其主管税务机关，同时书面通知另一方。另一方应在接到通知后30日内将有关变化报告其主管税务机关。

八、本公告第七条所述情况发生变化后60日内，原交易双方应按以下规定进行税务处理：

（一）属于本公告第一条第（一）项规定情形的，母公司应按原划转完成时股权或资产的公允价值视同销售处理，并按公允价值确认取得长期股权投资的计税基础；子公司按公允价值确认划入股权或资产的计税基础。

属于本公告第一条第（二）项规定情形的，母公司应按原划转完成时股权或资产的公允价值视同销售处理；子公司按公允价值确认划入股权或资产的计税基础。

属于本公告第一条第（三）项规定情形的，子公司应按原划转完成时股权或资产的公允价值视同销售处理；母公司应按撤回或减少投资进行处理。

属于本公告第一条第（四）项规定情形的，划出方应按原划转完成时股权或资产的公允价值视同销售处理；母公司根据交易情形和会计处理对划出方按分回股息进行处理，或者按撤回或减少投资进行处理，对划入方按以股权或资产的公允价值进行投资处理；划入方按接受母公司投资处理，以公允价值确认划入股权或资产的计税基础。

（二）交易双方应调整划转完成纳税年度的应纳税所得额及相应股权或资产的计税基础，向各自主管税务机关申请调整划转完成纳税年度的企业所得税年度申报表，依法计算缴纳企业所得税。

九、交易双方的主管税务机关应对企业申报适用特殊性税务处理的股权或资产划转加强后续管理。

十、本公告适用2014年度及以后年度企业所得税汇算清缴。此前尚未进行税务处理的股权、资产划转，符合《通知》第三条和本公告规定的可按本公告执行。

特此公告。

附件：居民企业资产（股权）划转特殊性税务处理申报表

附件：

居民企业资产（股权）划转特殊性税务处理申报表

企业名称（章）： 纳税人识别号： 金额单位：元（列至角分）

<table>
<tr><td rowspan="13">基本情况</td><td colspan="2">划出方企业名称</td><td colspan="6"></td></tr>
<tr><td colspan="2">划出方纳税人识别号</td><td colspan="2"></td><td colspan="2">主管税务机关名称</td><td colspan="2"></td></tr>
<tr><td colspan="2">划入方企业名称</td><td colspan="6"></td></tr>
<tr><td colspan="2">划入方纳税人识别号</td><td colspan="2"></td><td colspan="2">主管税务机关名称</td><td colspan="2"></td></tr>
<tr><td colspan="2" rowspan="8">划转双方关系</td><td colspan="6">○关系1：100%直接控制的母子公司
母公司是：○划出方 ○划入方
100%控股起始时间： 年 月 日</td></tr>
<tr><td colspan="6">○关系2：受同一或相同多家居民企业100%直接控制</td></tr>
<tr><td rowspan="2">股东名称（划转双方为关系2时填报）</td><td colspan="2">划出方</td><td colspan="3">划入方</td></tr>
<tr><td>持股比例</td><td>持股起始时间（ 年 月 日）</td><td colspan="2">持股比例</td><td>持股起始时间（ 年 月 日）</td></tr>
<tr><td></td><td></td><td></td><td colspan="2"></td><td></td></tr>
<tr><td></td><td></td><td></td><td colspan="2"></td><td></td></tr>
<tr><td></td><td></td><td></td><td colspan="2"></td><td></td></tr>
<tr><td>合计</td><td>100%</td><td></td><td colspan="2">100%</td><td></td></tr>
<tr><td colspan="2">划转完成日</td><td colspan="6">（ 年 月 日）</td></tr>
<tr><td colspan="3">被划转资产（股权）账面净值</td><td colspan="2"></td><td colspan="2">被划转资产（股权）计税基础</td><td colspan="2"></td></tr>
<tr><td rowspan="13">会计处理</td><td colspan="2"></td><td colspan="2">会计科目</td><td colspan="2">金额</td><td colspan="2">资产（股权）计税基础</td></tr>
<tr><td rowspan="6">划出方</td><td rowspan="3">借</td><td colspan="2"></td><td colspan="2"></td><td colspan="2"></td></tr>
<tr><td colspan="2"></td><td colspan="2"></td><td colspan="2"></td></tr>
<tr><td colspan="2"></td><td colspan="2"></td><td colspan="2"></td></tr>
<tr><td rowspan="3">贷</td><td colspan="2"></td><td colspan="2"></td><td colspan="2"></td></tr>
<tr><td colspan="2"></td><td colspan="2"></td><td colspan="2"></td></tr>
<tr><td colspan="2"></td><td colspan="2"></td><td colspan="2"></td></tr>
<tr><td rowspan="6">划入方</td><td rowspan="3">借</td><td colspan="2"></td><td colspan="2"></td><td colspan="2"></td></tr>
<tr><td colspan="2"></td><td colspan="2"></td><td colspan="2"></td></tr>
<tr><td colspan="2"></td><td colspan="2"></td><td colspan="2"></td></tr>
<tr><td rowspan="3">贷</td><td colspan="2"></td><td colspan="2"></td><td colspan="2"></td></tr>
<tr><td colspan="2"></td><td colspan="2"></td><td colspan="2"></td></tr>
<tr><td colspan="2"></td><td colspan="2"></td><td colspan="2"></td></tr>
</table>

借贷申报企业其他需说明的情况：

谨声明：本人知悉并保证本表填报内容及所附证明材料真实、完整，并承担因资料虚假而产生的法律和行政责任。

法定代表人签章： 年 月 日

填表人： 填表日期：

填报说明：

1. “持股起始时间”是指填报的持股比例起始时间，如2013年1月1日持股80%，2015年1月1日持股100%，“持股比例”填100%，“持股起始时间”填报2015年1月1日。

2. “会计处理”栏次应明细填报划转的每一项资产，且划出方与划入方资产应一一对应填报。

3. “会计处理”栏次划出方、划入方的会计科目涉及“所有者权益类”科目的，不填报资产计税基础；划出方、划入方填报的借贷应平衡。

4. 本表一式三份，受理税务机关、划出方、划入方各一份。相关行次不够的可自行添加。

国家税务总局关于企业境外所得适用简易征收和饶让抵免的核准事项取消后有关后续管理问题的公告

2015年10月10日　国家税务总局公告2015年第70号

根据《国家税务总局关于公布已取消的22项税务非行政许可审批事项的公告》（国家税务总局公告2015年第58号），为加强后续管理，经商财政部同意，现就“企业境外所得适用简易征收和饶让抵免的核准”审批事项取消后有关管理问题公告如下：

一、企业境外所得符合《财政部　国家税务总局关于企业境外所得税收抵免有关问题的通知》（财税〔2009〕125号）第十条第（一）项和第（二）项规定情形的，可以采取简易办法对境外所得已纳税额计算抵免。企业在年度汇算清缴期内，应向主管税务机关报送备案资料，备案资料的具体内容按照《国家税务总局关于发布〈企业境外所得税收抵免操作指南〉的公告》（国家税务总局公告2010年第1号）第30条的规定执行。

二、本公告自公布之日起施行。《财政部　国家税务总局关于企业境外所得税收抵免有关问题的通知》（财税〔2009〕125号）第十条中“经企业申请，主管税务机关核准”的规定同时废止。

特此公告。

国家税务总局关于非货币性资产投资企业所得税有关征管问题的公告

2015年5月8日　国家税务总局公告2015年第33号

《国务院关于进一步优化企业兼并重组市场环境的意见》（国发〔2014〕14号）和《财政部　国家税务总局关于非货币性资产投资企业所得税政策问题的通知》（财税〔2014〕116号）发布后，各地陆续反映在非货币性资产投资企业所得税政策执行过程中有些征管问题亟需明确。经研究，现就非货币性资产投资企业所得税有关征管问题公告如下：

一、实行查账征收的居民企业（以下简称企业）以非货币性资产对外投资确认的非货币性资产转让所得，可自确认非货币性资产转让收入年度起不超过连续5个纳税年度的期间内，分期均匀计入相应年度的应纳税所得额，按规定计算缴纳企业所得税。

二、关联企业之间发生的非货币性资产投资行为，投资协议生效后 12 个月内尚未完成股权变更登记手续的，于投资协议生效时，确认非货币性资产转让收入的实现。

三、符合财税〔2014〕116 号文件规定的企业非货币性资产投资行为，同时又符合《财政部　国家税务总局关于企业重组业务企业所得税处理若干问题的通知》（财税〔2009〕59 号）、《财政部　国家税务总局关于促进企业重组有关企业所得税处理问题的通知》（财税〔2014〕109 号）等文件规定的特殊性税务处理条件的，可由企业选择其中一项政策执行，且一经选择，不得改变。

四、企业选择适用本公告第一条规定进行税务处理的，应在非货币性资产转让所得递延确认期间每年企业所得税汇算清缴时，填报《中华人民共和国企业所得税年度纳税申报表》（A 类，2014 年版）中“A105100 企业重组纳税调整明细表”第 13 行“其中：以非货币性资产对外投资”的相关栏目，并向主管税务机关报送《非货币性资产投资递延纳税调整明细表》（详见附件）。

五、企业应将股权投资合同或协议、对外投资的非货币性资产（明细）公允价值评估确认报告、非货币性资产（明细）计税基础的情况说明、被投资企业设立或变更的工商部门证明材料等资料留存备查，并单独准确核算税法与会计差异情况。

主管税务机关应加强企业非货币性资产投资递延纳税的后续管理。

六、本公告适用于 2014 年度及以后年度企业所得税汇算清缴。此前尚未处理的非货币性资产投资，符合财税〔2014〕116 号文件和本公告规定的可按本公告执行。

特此公告。

附件：非货币性资产投资递延纳税调整明细表（表见下页）

填表说明：

1. 本表适用于执行《财政部　国家税务总局关于非货币性资产投资企业所得税政策问题的通知》（财税〔2014〕116 号）和本公告规定的纳税人填报。纳税人应在非货币性资产投资每年确认税收金额年度的企业所得税年度汇算清缴申报时，一并向主管税务机关报送本表。

2. 纳税人应以被投资企业为单位逐行填列。若纳税人在一个纳税年度内发生两次及以上对同一家企业非货币资产投资业务，则应作为一项投资项目进行填报；若纳税人在一个纳税年度内对两个及以上不同企业发生非货币资产投资业务，则作为不同的投资项目分别填报。

3. 第 8 列“非货币性资产转让收入实现年度”：是指非货币性资产投资协议生效并办理股权登记手续的年度。关联企业之间非货币性资产投资，投资协议生效后 12 个月内尚未完成股权变更登记手续的，确认年度为投资协议生效年度。

4. 第 9 列“本年账载金额”：填报纳税人根据会计规定在所属年度确认的非货币性资产转让所得。

5. 第 10 列“非货币性资产转让所得（税收金额）”：本列只在非货币性资产投资税收确认转让收入实现年度的当年填报，以后递延期间不再填报。

6. 第 11 列“分期确认税收所得年限”：填报纳税人按照税法规定需分期确认非货币性资产转让所得（税收金额）的年度数。

7. 第 12 列“分期均匀确认税收所得额”：填报纳税人按照税法规定分期均匀计入相应年度应纳税所得额的金额；等于非货币性资产转让所得（税收金额）除以分期确认税收所得年限。

8. 第 13 列“本年税收金额”：填报纳税人按照税法规定在所属年度确认的非货币性资产转让所得，包括纳税人在对外投资 5 年内转让股权、投资收回或注销时，须一次性确认的在递延期内尚未确认的非货币性资产转让所得。

9. “递延纳税差异调整额”：纳税调整减少的，以负数表示；纳税调整增加的，以正数表示；第 18 列“本年”为所属年度，第 17 至 14 列为依次从所属年度往前倒推的年度。

10. 第 19 列“结转以后年度递延确认所得税收金额”：填报按照税法规定结转以后年度的尚未确认的非货币性资产转让所得。

附件：

非货币性资产投资递延纳税调整明细表

所属年度：

纳税人名称（盖章）：　　纳税人识别号：　　金额单位：元（列至角分）

行次	被投资企业情况				非货币性资产情况			非货币性资产投资基本信息					本年税收金额	递延纳税差异调整额					结转以后年度递延确认所得税收金额
	企业名称	纳税人识别号	主管税务机关	与投资方是否为关联企业	公允价值	账面价值	计税基础	非货币性资产转让收入实现年度	本年账载金额	非货币性资产转让所得（税收金额）	分期确认税收所得年限	分期均匀确认税收所得额		前四年度	前三年度	前二年度	前一年度	本年	
	1	2	3	4	5	6	7	8	9	10 = 5 - 7	11	12	13	14	15	16	17	18 = 13 - 9	19 = [本表第 10 列 - 第 13 列（第 1 年该项目填报时）] 或 = [上年度明细表的相应行次第 19 列 - 本表第 13 列（以后递延期间该项目填报时）]
1																			
2																			
3																			
4																			
5																			
6																			
…																			
合计	—	—	—	—				—			—	—		—	—	—	—		

谨声明：本人知悉并保证本表填报内容及所附证明材料真实、完整，并承担因资料虚假而产生的法律和行政责任。

法定代表人签章：

年　月　日

填表人：　　填表日期：

国家税务总局关于认真做好小型微利企业所得税优惠政策贯彻落实工作的通知

2015年9月9日 税总发〔2015〕108号

各省、自治区、直辖市和计划单列市国家税务局、地方税务局：

为认真贯彻落实国务院第102次常务会议进一步扩大小微企业税收优惠政策范围的决定，支持小微企业发展和创业创新，对税务机关进一步落实小型微利企业所得税优惠政策工作通知如下：

一、提高思想认识，迅速做好贯彻部署工作

支持和鼓励小微企业发展，是当前促进经济企稳回升、改善社会就业和维护社会稳定的有效措施，有利于进一步涵养就业潜力和经济发展的持久耐力。

今年8月19日，国务院第102次常务会议决定，把小型微利企业减半征收所得税优惠政策范围扩大到年应纳税所得额30万元以下的纳税人，以进一步释放政策红利，切实减轻小微企业税收负担，为小微企业发展和创业创新营造良好环境。

各级税务机关要从讲政治、顾大局高度，把全面抓好小微企业所得税优惠政策落实继续作为一项光荣而艰巨的政治任务，列为今年下半年税务系统一项重要工作，统筹谋划、周密部署、迅速行动、落实责任。

要继续按照《国家税务总局关于进一步做好小微企业税收优惠政策贯彻落实工作的通知》（税总发〔2015〕35号）等文件要求，全面梳理小微企业所得税优惠政策落实工作的时间表和任务单，明确责任单位，按照时间节点、任务清单、工作责任，不折不扣地抓好贯彻落实工作。

二、广泛开展税收宣传和纳税服务，确保小微企业税收政策家喻户晓

要扎实做好小微企业所得税政策及管理规定的税收宣传和纳税服务工作，扩大宣传声势，引导社会舆论，做实纳税服务。

一是税务总局利用中央级主流媒体受众多、覆盖面大、影响深远的优势，积极宣传小微企业所得税政策规定。

二是各级税务机关要广泛利用办税服务厅和网站、微博、微信等各种新闻媒介，宣传小微企业所得税优惠政策调整背景意义、政策内容、操作要点，让优惠政策家喻户晓。

三是各级税务机关要及时调整12366税收业务知识库有关小微企业所得税优惠政策内容，培训12366纳税服务热线人员，发挥12366小微企业咨询服务岗的作用，确保小微企业所得税优惠政策的宣传到位、服务到位、执行到位。

三、依托信息手段抓重点，确保落实工作无死角

此次调整小微企业所得税减半征税标准，从今年10月1日起施行。各级税务机关要通过软件锁定今年10月1日之前开业经营、年利润或应纳税所得额介于20万元至30万元之间的小微企业，将其列为重点群体和对象加以贯彻部署。

一是省以下税务机关应通过计算机筛选、清分年利润或应纳税所得额介于20万元至30万元之间的小微企业名单，主管税务机关按名单重点宣传辅导，解释小微企业今年第四季度和明年汇算清缴衔接具体操作规定，让这部分小微企业知悉政策规定，明白优惠流程，熟悉申报表填写。

二是各级税务机关要按照税务总局小微企业所得税纳税申报业务需求，及时完成相关系统升级、测试工作，调整完善管理软件和纳税人端软件，发挥计算机自动识别、政策提示、标准判定、协助算税等功能，提升纳税人用户体验，确保12月15日前全面完成系统升级测试工作。

三是申报期内，各省税务局要继续利用信息化手段对企业申报情况加强监测，及时筛查应享受未享受税收优惠等异常情况，安排相关部门及时核实处理。对累计利润或应纳税所得额介于20万元至30万元之间的小微企业，对其申报纳税和享受优惠政策情况要进行计算机审核校验，确保小微企业税收优惠政策“应享尽享”。

四、开展督查和绩效考评，切实抓好整改

落实小微企业税收优惠政策是今年税务系统“一号督查”事项，小微企业所得税扩大优惠政策范围从今年10月1日起实施，增加了税务机关工作量。各级税务机关要继续巩固现有工作成果，系统上下绷紧督查和绩效考评之弦不放松，层层传导压力、落实责任，对于贯彻实施发现的问题不回避、不拖延，及时研究解决办法，抓好后续整改工作。对于工作落实不力、纳税人反映问题集中、第三方社会评估问题严重的省市，税务总局将重点督查，分清责任，严肃处理。

国家税务总局关于贯彻落实研发费用加计扣除和全国推广自主创新示范区所得税政策的通知

2015年12月9日　税总发〔2015〕146号

各省、自治区、直辖市和计划单列市国家税务局、地方税务局：

根据109次国务院常务会议决定精神，现就税务机关贯彻落实研发费用加计扣除政策和在全国范围内推广国家自主创新示范区所得税试点政策工作通知如下：

一、统一思想认识，全面落实研发费用加计扣除和推广自主创新示范区所得税试点政策

为落实创新驱动发展战略，以定向结构性减税拉动有效投资，推动创新创业和促进产业升级，国务院决定，进一步完善研发费用税前加计扣除政策，将原适用于国家自主创新示范区的有限合伙制创投企业抵扣应纳税所得额，居民企业转让5年以上非独占许可使用权所得减免企业所得税，中小高新技术企业向个人股东转增股本、高新技术企业对本企业相关技术人员股权奖励可以在5年内分期缴纳个人所得税4项所得税政策，在全国范围内推广实施。

适时完善研发费用税前加计扣除政策和推广国家自主创新示范区所得税试点政策，对发挥积极财政政策作用，推进结构调整和创新创业，缓解经济下行压力具有积极意义。这几项税收优惠政策“含金量”大、导向性强、社会关注度高，税务机关要统一思想、高度重视，统筹谋划、扎实部署，税政、征管、纳服、电税、宣传等部门要加强配合、通力合作，为纳

税人享受税收优惠政策创造条件，切实减轻创新创业企业税收负担，将对企业的减免税转化为推动研究开发活动、促进创业创新的强大动力。

二、强化宣传辅导，让享受优惠的纳税人有更多获得感

一是利用报刊杂志、税务网站、微博、微信、办税服务厅宣传区域、12366 纳税咨询热线等载体，通过答记者问、在线访谈等多种方式，扎实开展政策宣传工作。二是将税收优惠的政策规定、办税流程、申报要求、管理方式及时充实到12366 知识库，规范12366 人员答复口径，保证政策解释权威准确、容易理解、便于操作。三是尊重纳税人选择优惠政策权利。所得税优惠政策多，有些优惠政策不允许重叠享受，税务机关落实研发费用加计扣除和自主创新税收政策时，应尊重纳税人对不同优惠政策选择权，由纳税人自主选择优惠项目。四是要抓好优惠政策的学习消化和贯彻实施，使税务干部迅速掌握税收政策，增强服务技能。五是所得税管理部门要广开言路、跟踪问效，认真收集政策实施情况和存在问题，研究解决办法、提出解决建议，提升优惠政策贯彻落实水平。

三、简化备案手续，建立“放、管、服”相结合管理机制

严格按照《国家税务总局关于发布〈企业所得税优惠政策事项办理办法〉的公告》（国家税务总局公告 2015 年第 76 号）和《国家税务总局关于股权奖励和转增股本个人所得税征管问题的公告》（国家税务总局公告 2015 年第 80 号）规定，认真落实所得税优惠政策备案和后续管理工作。一是严禁擅自改变税收优惠管理方式，不得以任何理由变相审批。二是根据税收征管工作规范和纳税服务工作规范中有关所得税优惠内容，理顺办理流程，减轻办税负担。三是及时调整纳税申报软件、信息系统和纳税人端软件，为全面落实税收优惠政策提供技术支撑。四是把落实税收优惠和堵塞税收漏洞有机结合，既让符合税收政策条件的企业享受优惠，又善于利用风险管理、纳税评估、稽查等方法开展核查，发现弄虚作假套取税收优惠的，按照税收征管法规定处理。

四、加强数据统计，认真做好减免税核算和政策效应分析工作

要把研发费用加计扣除和自主创新税收政策作为当前重点减免税核算项目，扎实做好统计分析工作。按照不同优惠政策分项统计享受优惠的纳税人户数、占比、税额、同比增减情况和存在问题，既要纵向对比分析，又要从财政、工商、科技、开发区管委会等部门获取企业生产经营、高新技术企业资格、股权变更、研发项目立项等第三方信息进行横向比对，将其作为查摆问题，推动工作的抓手。通过深入细致的数据分析，研究论证税收优惠政策促进研发活动和创业创新的政策效应，为进一步完善政策、加强管理，提供参考依据。

国家税务总局关于完善关联申报和同期资料管理有关事项的公告

2016 年 6 月 29 日　国家税务总局公告 2016 年第 42 号

为进一步完善关联申报和同期资料管理，根据《中华人民共和国企业所得税法》（以下简称企业所得税法）及其实施条例、《中华人民共和国税收征收管理法》（以下简称税收征管法）及其实施细则的有关规定，现就有关问题公告如下：

一、实行查账征收的居民企业和在中国境内设立机构、场所并据实申报缴纳企业所得税的非居民企业向税务机关报送年度企业所得税纳税申报表时，应当就其与关联方之间的业务往来进行关联申报，附送《中华人民共和国企业年度关联业务往来报告表（2016 年版）》。

二、企业与其他企业、组织或者个人具有下列关系之一的，构成本公告所称关联关系：

（一）一方直接或者间接持有另一方的股份总和达到 25% 以上；双方直接或者间接同为第三方所持有的股份达到 25% 以上。

如果一方通过中间方对另一方间接持有股份，只要其对中间方持股比例达到 25% 以上，则其对另一方的持股比例按照中间方对另一方的持股比例计算。

两个以上具有夫妻、直系血亲、兄弟姐妹以及其他抚养、赡养关系的自然人共同持股同一企业，在判定关联关系时持股比例合并计算。

（二）双方存在持股关系或者同为第三方持股，虽持股比例未达到本条第（一）项规定，但双方之间借贷资金总额占任一方实收资本比例达到 50% 以上，或者一方全部借贷资金总额的 10% 以上由另一方担保（与独立金融机构之间的借贷或者担保除外）。

借贷资金总额占实收资本比例 = 年度加权平均借贷资金/年度加权平均实收资本

其中：

年度加权平均借贷资金 = i 笔借入或者贷出资金账面金额 × i 笔借入或者贷出资金年度实际占用天数/365

年度加权平均实收资本 = i 笔实收资本账面金额 × i 笔实收资本年度实际占用天数/365

（三）双方存在持股关系或者同为第三方持股，虽持股比例未达到本条第（一）项规定，但一方的生产经营活动必须由另一方提供专利权、非专利技术、商标权、著作权等特许权才能正常进行。

（四）双方存在持股关系或者同为第三方持股，虽持股比例未达到本条第（一）项规定，但一方的购买、销售、接受劳务、提供劳务等经营活动由另一方控制。

上述控制是指一方有权决定另一方的财务和经营政策，并能据以从另一方的经营活动中获取利益。

（五）一方半数以上董事或者半数以上高级管理人员（包括上市公司董事会秘书、经理、副经理、财务负责人和公司章程规定的其他人员）由另一方任命或者委派，或者同时担任另一方的董事或者高级管理人员；或者双方各自半数以上董事或者半数以上高级管理人员同为第三方任命或者委派。

（六）具有夫妻、直系血亲、兄弟姐妹以及其他抚养、赡养关系的两个自然人分别与双方具有本条第（一）至（五）项关系之一。

（七）双方在实质上具有其他共同利益。

除本条第（二）项规定外，上述关联关系年度内发生变化的，关联关系按照实际存续期间认定。

三、仅因国家持股或者由国有资产管理部门委派董事、高级管理人员而存在本公告第二条第（一）至（五）项关系的，不构成本公告所称关联关系。

四、关联交易主要包括：

（一）有形资产使用权或者所有权的转让。有形资产包括商品、产品、房屋建筑物、交通工具、机器设备、工具器具等。

（二）金融资产的转让。金融资产包括应收账款、应收票据、其他应收款项、股权投资、债权投资和衍生金融工具形成的资产等。

（三）无形资产使用权或者所有权的转让。无形资产包括专利权、非专利技术、商业秘密、商标权、品牌、客户名单、销售渠道、特许经营权、政府许可、著作权等。

（四）资金融通。资金包括各类长短期借贷资金（含集团资金池）、担保费、各类应计息预付款和延期收付款等。

（五）劳务交易。劳务包括市场调查、营销策划、代理、设计、咨询、行政管理、技术服务、合约研发、维修、法律服务、财务管理、审计、招聘、培训、集中采购等。

五、存在下列情形之一的居民企业，应当在报送年度关联业务往来报告表时，填报国别报告：

（一）该居民企业为跨国企业集团的最终控股企业，且其上一会计年度合并财务报表中的各类收入金额合计超过55亿元。

最终控股企业是指能够合并其所属跨国企业集团所有成员实体财务报表的，且不能被其他企业纳入合并财务报表的企业。

成员实体应当包括：

1. 实际已被纳入跨国企业集团合并财务报表的任一实体。

2. 跨国企业集团持有该实体股权且按公开证券市场交易要求应被纳入但实际未被纳入跨国企业集团合并财务报表的任一实体。

3. 仅由于业务规模或者重要性程度而未被纳入跨国企业集团合并财务报表的任一实体。

4. 独立核算并编制财务报表的常设机构。

（二）该居民企业被跨国企业集团指定为国别报告的报送企业。

国别报告主要披露最终控股企业所属跨国企业集团所有成员实体的全球所得、税收和业务活动的国别分布情况。

六、最终控股企业为中国居民企业的跨国企业集团，其信息涉及国家安全的，可以按照国家有关规定，豁免填报部分或者全部国别报告。

七、税务机关可以按照我国对外签订的协定、协议或者安排实施国别报告的信息交换。

八、企业虽不属于本公告第五条规定填报国别报告的范围，但其所属跨国企业集团按照其他国家有关规定应当准备国别报告，且符合下列条件之一的，税务机关可以在实施特别纳税调查时要求企业提供国别报告：

（一）跨国企业集团未向任何国家提供国别报告。

（二）虽然跨国企业集团已向其他国家提供国别报告，但我国与该国尚未建立国别报告信息交换机制。

（三）虽然跨国企业集团已向其他国家提供国别报告，且我国与该国已建立国别报告信息交换机制，但国别报告实际未成功交换至我国。

九、企业在规定期限内报送年度关联业务往来报告表确有困难，需要延期的，应当按照税收征管法及其实施细则的有关规定办理。

十、企业应当依据企业所得税法实施条例第一百一十四条的规定，按纳税年度准备并按税务机关要求提供其关联交易的同期资料。

同期资料包括主体文档、本地文档和特殊事项文档。

十一、符合下列条件之一的企业，应当准备主体文档：

（一）年度发生跨境关联交易，且合并该企业财务报表的最终控股企业所属企业集团已准备主体文档。

（二）年度关联交易总额超过 10 亿元。

十二、主体文档主要披露最终控股企业所属企业集团的全球业务整体情况，包括以下内容：

（一）组织架构

以图表形式说明企业集团的全球组织架构、股权结构和所有成员实体的地理分布。成员实体是指企业集团内任一营运实体，包括公司制企业、合伙企业和常设机构等。

（二）企业集团业务

1. 企业集团业务描述，包括利润的重要价值贡献因素。

2. 企业集团营业收入前五位以及占营业收入超过 5% 的产品或者劳务的供应链及其主要市场地域分布情况。供应链情况可以采用图表形式进行说明。

3. 企业集团除研发外的重要关联劳务及简要说明，说明内容包括主要劳务提供方提供劳务的胜任能力、分配劳务成本以及确定关联劳务价格的转让定价政策。

4. 企业集团内各成员实体主要价值贡献分析，包括执行的关键功能、承担的重大风险、以及使用的重要资产。

5. 企业集团会计年度内发生的业务重组，产业结构调整，集团内企业功能、风险或者资产的转移。

6. 企业集团会计年度内发生的企业法律形式改变、债务重组、股权收购、资产收购、合并、分立等。

（三）无形资产

1. 企业集团开发、应用无形资产及确定无形资产所有权归属的整体战略，包括主要研发机构所在地和研发管理活动发生地及其主要功能、风险、资产和人员情况。

2. 企业集团对转让定价安排有显著影响的无形资产或者无形资产组合，以及对应的无形资产所有权人。

3. 企业集团内各成员实体与其关联方的无形资产重要协议清单，重要协议包括成本分摊协议、主要研发服务协议和许可协议等。

4. 企业集团内与研发活动及无形资产相关的转让定价政策。

5. 企业集团会计年度内重要无形资产所有权和使用权关联转让情况，包括转让涉及的企业、国家以及转让价格等。

（四）融资活动

1. 企业集团内部各关联方之间的融资安排以及与非关联方的主要融资安排。

2. 企业集团内提供集中融资功能的成员实体情况，包括其注册地和实际管理机构所在地。

3. 企业集团内部各关联方之间融资安排的总体转让定价政策。

（五）财务与税务状况

1. 企业集团最近一个会计年度的合并财务报表。

2. 企业集团内各成员实体签订的单边预约定价安排、双边预约定价安排以及涉及国家之间所得分配的其他税收裁定的清单及简要说明。

3. 报送国别报告的企业名称及其所在地。

十三、年度关联交易金额符合下列条件之一的企业，应当准备本地文档：

（一）有形资产所有权转让金额（来料加工业务按照年度进出口报关价格计算）超过2亿元。

（二）金融资产转让金额超过1亿元。

（三）无形资产所有权转让金额超过1亿元。

（四）其他关联交易金额合计超过4000万元。

十四、本地文档主要披露企业关联交易的详细信息，包括以下内容：

（一）企业概况

1. 组织结构，包括企业各职能部门的设置、职责范围和雇员数量等。

2. 管理架构，包括企业各级管理层的汇报对象以及汇报对象主要办公所在地等。

3. 业务描述，包括企业所属行业的发展概况、产业政策、行业限制等影响企业和行业的主要经济和法律问题，主要竞争者等。

4. 经营策略，包括企业各部门、各环节的业务流程，运营模式，价值贡献因素等。

5. 财务数据，包括企业不同类型业务及产品的收入、成本、费用及利润。

6. 涉及本企业或者对本企业产生影响的重组或者无形资产转让情况，以及对本企业的影响分析。

（二）关联关系

1. 关联方信息，包括直接或者间接拥有企业股权的关联方，以及与企业发生交易的关联方，内容涵盖关联方名称、法定代表人、高级管理人员的构成情况、注册地址、实际经营地址，以及关联个人的姓名、国籍、居住地等情况。

2. 上述关联方适用的具有所得税性质的税种、税率及相应可享受的税收优惠。

3. 本会计年度内，企业关联关系的变化情况。

（三）关联交易

1. 关联交易概况

（1）关联交易描述和明细，包括关联交易相关合同或者协议副本及其执行情况的说明，交易标的的特性，关联交易的类型、参与方、时间、金额、结算货币、交易条件、贸易形式，以及关联交易与非关联交易业务的异同等。

（2）关联交易流程，包括关联交易的信息流、物流和资金流，与非关联交易业务流程的异同。

（3）功能风险描述，包括企业及其关联方在各类关联交易中执行的功能、承担的风险和使用的资产。

（4）交易定价影响要素，包括关联交易涉及的无形资产及其影响，成本节约、市场溢价等地域特殊因素。地域特殊因素应从劳动力成本、环境成本、市场规模、市场竞争程度、消费者购买力、商品或者劳务的可替代性、政府管制等方面进行分析。

（5）关联交易数据，包括各关联方、各类关联交易涉及的交易金额。分别披露关联交易和非关联交易的收入、成本、费用和利润，不能直接归集的，按照合理比例划分，并说明该划分比例的依据。

2. 价值链分析

（1）企业集团内业务流、物流和资金流，包括商品、劳务或者其他交易标的从设计、开发、生产制造、营销、销售、交货、结算、消费、售后服务、循环利用等各环节及其参与方。

（2）上述各环节参与方最近会计年度的财务报表。

（3）地域特殊因素对企业创造价值贡献的计量及其归属。

（4）企业集团利润在全球价值链条中的分配原则和分配结果。

3. 对外投资

（1）对外投资基本信息，包括对外投资项目的投资地区、金额、主营业务及战略规划。

（2）对外投资项目概况，包括对外投资项目的股权架构、组织结构，高级管理人员的雇佣方式，项目决策权限的归属。

（3）对外投资项目数据，包括对外投资项目的营运数据。

4. 关联股权转让

（1）股权转让概况，包括转让背景、参与方、时间、价格、支付方式，以及影响股权转让的其他因素。

（2）股权转让标的的相关信息，包括股权转让标的所在地，出让方获取该股权的时间、方式和成本，股权转让收益等信息。

（3）尽职调查报告或者资产评估报告等与股权转让相关的其他信息。

5. 关联劳务

（1）关联劳务概况，包括劳务提供方和接受方，劳务的具体内容、特性、开展方式、定价原则、支付形式，以及劳务发生后各方受益情况等。

（2）劳务成本费用的归集方法、项目、金额、分配标准、计算过程及结果等。

（3）企业及其所属企业集团与非关联方存在相同或者类似劳务交易的，还应当详细说明关联劳务与非关联劳务在定价原则和交易结果上的异同。

6. 与企业关联交易直接相关的，中国以外其他国家税务主管当局签订的预约定价安排和作出的其他税收裁定。

（四）可比性分析

1. 可比性分析考虑的因素，包括交易资产或者劳务特性，交易各方功能、风险和资产，合同条款，经济环境，经营策略等。

2. 可比企业执行的功能、承担的风险以及使用的资产等相关信息。

3. 可比对象搜索方法、信息来源、选择条件及理由。

4. 所选取的内部或者外部可比非受控交易信息和可比企业的财务信息。

5. 可比数据的差异调整及理由。

（五）转让定价方法的选择和使用

1. 被测试方的选择及理由。

2. 转让定价方法的选用及理由，无论选择何种转让定价方法，均须说明企业对集团整体利润或者剩余利润所做的贡献。

3. 确定可比非关联交易价格或者利润的过程中所做的假设和判断。

4. 运用合理的转让定价方法和可比性分析结果，确定可比非关联交易价格或者利润。

5. 其他支持所选用转让定价方法的资料。

6. 关联交易定价是否符合独立交易原则的分析及结论。

十五、特殊事项文档包括成本分摊协议特殊事项文档和资本弱化特殊事项文档。

企业签订或者执行成本分摊协议的，应当准备成本分摊协议特殊事项文档。

企业关联债资比例超过标准比例需要说明符合独立交易原则的，应当准备资本弱化特殊事项文档。

十六、成本分摊协议特殊事项文档包括以下内容：

（一）成本分摊协议副本。

（二）各参与方之间达成的为实施成本分摊协议的其他协议。

（三）非参与方使用协议成果的情况、支付的金额和形式，以及支付金额在参与方之间的分配方式。

（四）本年度成本分摊协议的参与方加入或者退出的情况，包括加入或者退出的参与方名称、所在国家和关联关系，加入支付或者退出补偿的金额及形式。

（五）成本分摊协议的变更或者终止情况，包括变更或者终止的原因、对已形成协议成果的处理或者分配。

（六）本年度按照成本分摊协议发生的成本总额及构成情况。

（七）本年度各参与方成本分摊的情况，包括成本支付的金额、形式和对象，作出或者接受补偿支付的金额、形式和对象。

（八）本年度协议预期收益与实际收益的比较以及由此作出的调整。

（九）预期收益的计算，包括计量参数的选取、计算方法和改变理由。

十七、资本弱化特殊事项文档包括以下内容：

（一）企业偿债能力和举债能力分析。

（二）企业集团举债能力及融资结构情况分析。

（三）企业注册资本等权益投资的变动情况说明。

（四）关联债权投资的性质、目的及取得时的市场状况。

（五）关联债权投资的货币种类、金额、利率、期限及融资条件。

（六）非关联方是否能够并且愿意接受上述融资条件、融资金额及利率。

（七）企业为取得债权性投资而提供的抵押品情况及条件。

（八）担保人状况及担保条件。

（九）同类同期贷款的利率情况及融资条件。

（十）可转换公司债券的转换条件。

（十一）其他能够证明符合独立交易原则的资料。

十八、企业执行预约定价安排的，可以不准备预约定价安排涉及关联交易的本地文档和特殊事项文档，且关联交易金额不计入本公告第十三条规定的关联交易金额范围。

企业仅与境内关联方发生关联交易的，可以不准备主体文档、本地文档和特殊事项文档。

十九、主体文档应当在企业集团最终控股企业会计年度终了之日起12个月内准备完毕；本地文档和特殊事项文档应当在关联交易发生年度次年6月30日之前准备完毕。同期资料应当自税务机关要求之日起30日内提供。

二十、企业因不可抗力无法按期提供同期资料的，应当在不可抗力消除后30日内提供同期资料。

二十一、同期资料应当使用中文，并标明引用信息资料的出处来源。

二十二、同期资料应当加盖企业印章，并由法定代表人或者法定代表人授权的代表签章。

二十三、企业合并、分立的，应当由合并、分立后的企业保存同期资料。

二十四、同期资料应当自税务机关要求的准备完毕之日起保存 10 年。

二十五、企业依照有关规定进行关联申报、提供同期资料及有关资料的，税务机关实施特别纳税调查补征税款时，可以依据企业所得税法实施条例第一百二十二条的规定，按照税款所属纳税年度中国人民银行公布的与补税期间同期的人民币贷款基准利率加收利息。

二十六、涉及港澳台地区的，参照本公告相关规定处理。

二十七、本公告适用于 2016 年及以后的会计年度。《特别纳税调整实施办法（试行）》（国税发〔2009〕2 号文件印发）第二章、第三章、第七十四条和第八十九条、《中华人民共和国企业年度关联业务往来报告表》（国税发〔2008〕114 号文件印发）同时废止。

特此公告。

附件：1. 中华人民共和国企业年度关联业务往来报告表（2016 年版）（见二维码 18）

2.《中华人民共和国企业年度关联业务往来报告表（2016 年版）》填报说明（见二维码 19）

扫描二维码查看附件

二维码 18

扫描二维码查看附件

二维码 19

国家税务总局关于股权激励和技术入股所得税征管问题的公告

2016 年 9 月 28 日　国家税务总局公告 2016 年第 62 号

为贯彻落实《财政部　国家税务总局关于完善股权激励和技术入股有关所得税政策的通知》（财税〔2016〕101 号，以下简称《通知》），现就股权激励和技术入股有关所得税征管问题公告如下：

一、关于个人所得税征管问题

（一）非上市公司实施符合条件的股权激励，本公司最近 6 个月在职职工平均人数，按照股票（权）期权行权、限制性股票解禁、股权奖励获得之上月起前 6 个月“工资薪金所得”项目全员全额扣缴明细申报的平均人数确定。

（二）递延纳税期间，非上市公司情况发生变化，不再同时符合《通知》第一条第（二）款第 4 至 6 项条件的，应于情况发生变化之次月 15 日内，按《通知》第四条第（一）款规定计算缴纳个人所得税。

（三）员工以在一个公历月份中取得的股票（权）形式工资薪金所得为一次。员工取得符合条件、实行递延纳税政策的股权激励，与不符合递延纳税条件的股权激励分别计算。

员工在一个纳税年度中多次取得不符合递延纳税条件的股票（权）形式工资薪金所得

的，参照《国家税务总局关于个人股票期权所得缴纳个人所得税有关问题的补充通知》（国税函〔2006〕902号）第七条规定执行。

（四）《通知》所称公平市场价格按以下方法确定：

1. 上市公司股票的公平市场价格，按照取得股票当日的收盘价确定。取得股票当日为非交易日的，按照上一个交易日收盘价确定。

2. 非上市公司股票（权）的公平市场价格，依次按照净资产法、类比法和其他合理方法确定。净资产法按照取得股票（权）的上年末净资产确定。

（五）企业备案具体按以下规定执行：

1. 非上市公司实施符合条件的股权激励，个人选择递延纳税的，非上市公司应于股票（权）期权行权、限制性股票解禁、股权奖励获得之次月15日内，向主管税务机关报送《非上市公司股权激励个人所得税递延纳税备案表》（附件1）、股权激励计划、董事会或股东大会决议、激励对象任职或从事技术工作情况说明等。实施股权奖励的企业同时报送本企业及其奖励股权标的企业上一纳税年度主营业务收入构成情况说明。

2. 上市公司实施股权激励，个人选择在不超过12个月期限内缴税的，上市公司应自股票期权行权、限制性股票解禁、股权奖励获得之次月15日内，向主管税务机关报送《上市公司股权激励个人所得税延期纳税备案表》（附件2）。上市公司初次办理股权激励备案时，还应一并向主管税务机关报送股权激励计划、董事会或股东大会决议。

3. 个人以技术成果投资入股境内公司并选择递延纳税的，被投资公司应于取得技术成果并支付股权之次月15日内，向主管税务机关报送《技术成果投资入股个人所得税递延纳税备案表》（附件3）、技术成果相关证书或证明材料、技术成果投资入股协议、技术成果评估报告等资料。

（六）个人因非上市公司实施股权激励或以技术成果投资入股取得的股票（权），实行递延纳税期间，扣缴义务人应于每个纳税年度终了后30日内，向主管税务机关报送《个人所得税递延纳税情况年度报告表》（附件4）。

（七）递延纳税股票（权）转让、办理纳税申报时，扣缴义务人、个人应向主管税务机关一并报送能够证明股票（权）转让价格、递延纳税股票（权）原值、合理税费的有关资料，具体包括转让协议、评估报告和相关票据等。资料不全或无法充分证明有关情况，造成计税依据偏低，又无正当理由的，主管税务机关可依据税收征管法有关规定进行核定。

二、关于企业所得税征管问题

（一）选择适用《通知》中递延纳税政策的，应当为实行查账征收的居民企业以技术成果所有权投资。

（二）企业适用递延纳税政策的，应在投资完成后首次预缴申报时，将相关内容填入《技术成果投资入股企业所得税递延纳税备案表》（附件5）。

（三）企业接受技术成果投资入股，技术成果评估值明显不合理的，主管税务机关有权进行调整。

三、实施时间

本公告自2016年9月1日起实施。中关村国家自主创新示范区2016年1月1日至8月31日之间发生的尚未纳税的股权奖励事项，按《通知》有关政策执行的，可按本公告有关规定办理相关税收事宜。《国家税务总局关于3项个人所得税事项取消审批实施后续管理的公告》（国家税务总局公告 2016 年第 5 号）第二条第（一）项同时废止。

特此公告。

附件：1.《非上市公司股权激励个人所得税递延纳税备案表》及填报说明（见二维码 20）

2.《上市公司股权激励个人所得税延期纳税备案表》及填报说明（见二维码 21）

3.《技术成果投资入股个人所得税递延纳税备案表》及填报说明（见二维码 22）

4.《个人所得税递延纳税情况年度报告表》及填报说明（见二维码 23）

5.《技术成果投资入股企业所得税递延纳税备案表》及填报说明（见二维码 24）

扫描二维码查看附件 扫描二维码查看附件 扫描二维码查看附件 扫描二维码查看附件 扫描二维码查看附件

二维码 20 二维码 21 二维码 22 二维码 23 二维码 24

国家税务总局关于规范全国千户集团及其成员企业纳税申报时附报财务会计报表有关事项的公告

2016 年 10 月 26 日 国家税务总局公告 2016 年第 67 号

为进一步加强大企业税收服务和管理工作，根据《中华人民共和国税收征收管理法》及其实施细则、《中华人民共和国企业所得税法》及其实施条例的相关规定，现将国家税务总局确定的重点大企业集团（以下简称“全国千户集团”）及其成员企业纳税申报时附报财务会计报表有关事项公告如下：

一、全国千户集团总部及其成员企业应在企业所得税预缴纳税申报时附报本级财务会计报表，以及税务机关根据实际需要要求附报的其他纳税资料，境外成员企业可暂不附报。年度终了，应在企业所得税年度纳税申报时，附报本级年度财务会计报表，以及税务机关根据实际需要要求附报的其他纳税资料。按照会计准则、会计制度等要求编制合并财务报表的全国千户集团总部，应在每年 5 月 31 日前附报上一年度的合并财务报表。

二、全国千户集团及其成员企业应附报的财务会计报表，是指按照企业所适用的会计准则、会计制度等编制的财务会计报表，包括资产负债表、利润表、现金流量表、所有者权益（股东权益）变动表、附注等。原则上，所有资料应以电子形式附报。企业编制的原始财务会计报表与税务机关核心征管系统中报表格式不一致的，应将原始财务会计报表以 EXCEL 表格式，作为附件一并附报。企业应确保报送的财务会计报表数据的真实、完整、准确。

三、本公告自 2016 年 12 月 1 日起施行。

特此公告。

国家税务总局关于贯彻落实《高新技术企业认定管理办法》的通知

2016年2月18日 税总函〔2016〕74号

各省、自治区、直辖市和计划单列市国家税务局、地方税务局：

经国务院批准，科技部、财政部、国家税务总局联合修订印发了《高新技术企业认定管理办法》（以下简称认定办法）。为做好认定办法的贯彻落实工作，现就有关问题通知如下：

一、高度重视，确保政策全面落实

高新技术企业税收优惠政策是供给侧结构性改革的重要举措，是加快产业结构调整、促进经济提质增效的重要推手。优惠政策“含金量”大，社会关注度高，税务机关要统一思想，高度重视，统筹谋划，扎实部署，建立科学有序、衔接顺畅的工作机制，既要加强内部各部门、各环节之间的配合，又要注重与科技、财政等部门的沟通，形成合力。要通过优化服务，简政放权，为纳税人享受税收优惠政策营造良好环境，降低纳税人享受税收优惠的成本，充分释放政策红利，将对企业的税收优惠转化为鼓励市场主体加大研发投入、提高创新水平的强大动力。

二、广泛宣传，保证企业应享尽知

既要通过报刊杂志、税务网站、办税服务厅等传统媒介，又要充分利用微博、微信等新媒体，因地制宜地开展政策宣传，提升宣传深度和广度，确保纳税人及时准确掌握统一的政策口径。要将政策规定、认定程序、申报条件、管理方式等内容及时充实到12366知识库，规范12366热线人员答复口径，保证政策解释权威准确、口径统一、容易理解。要加大税务机关内部培训力度，着力提升税务干部的业务素质，确保其能准确、迅速掌握和落实政策。要与科技、财政部门之间建立顺畅的沟通机制，发挥部门合力，及时收集、发现政策执行中存在的问题，共同研究，妥善解决，防止出现多头管理、互相推诿的现象，确保政策全面落地。

三、简化程序，切实降低办税成本

简化备案程序，严格按照《国家税务总局关于发布〈企业所得税优惠政策事项办理办法〉的公告》（国家税务总局公告2015年第76号）的规定，认真做好所得税优惠政策备案和后续管理工作，不得以任何理由变相审批。

各地税务机关还要加强联系、信息共享，采取有效手段，对跨认定机构管理区域迁移的高新技术企业实现管理的无缝对接，降低纳税人的涉税成本。

四、强化统计，做好政策效应分析

结合高新技术企业认定情况和享受优惠情况，用好用活现有数据，扎实做好统计分析工作。及时、全面掌握高新技术企业认定的户数、享受优惠的户数及优惠金额等数据，认真进行政策效应分析，及时发现问题，全面实施政策落实情况的跟踪问效，为进一步完善政策、加强管理提供参考依据，为国家经济升级发展建言献策。

国家税务总局关于全面开展企业所得税重点税源和高风险事项团队管理工作的通知

2016年3月31日　税总函〔2016〕148号

各省、自治区、直辖市和计划单列市国家税务局、地方税务局：

构建以风险管理为导向的企业所得税管理体系，是落实《深化国税、地税征管体制改革方案》的重要举措，是推进行政审批制度改革、加强企业所得税事中事后管理的必然要求。税务总局决定，从2016年起，全面开展企业所得税重点税源和高风险事项风险分析团队管理工作。现将有关事项通知如下：

一、组建企业所得税风险管理团队

根据《国家税务总局关于加强税收风险管理工作的意见》（税总发〔2014〕105号）和《国家税务总局关于加强企业所得税后续管理的指导意见》（税总发〔2013〕55号）规定，企业所得税风险管理团队要按照税收风险管理统一部署，发挥所得税专业优势，认真做好企业所得税风险管理工作。风险管理团队主要工作：一是研究、设计、修改企业所得税风险指标，根据税收征管和风险应对情况设计、修改企业所得税风险指标预警值；二是研究、排查、识别企业所得税风险，通过税务总局、省局两级税收风险管理平台推送风险点；三是对部分重点税源企业和重要事项提出应对建议，跟踪、指导部分所得税风险应对工作。

省局根据企业所得税重点税源分布、机构人员配置、所得税管理和税收信息化建设等实际，研究部署本省市风险管理团队组建工作，优先选拔领军人才、人才库人才、业务能手等熟悉所得税、税收征管、数据管理、稽查等专家型人才。风险管理中涉及自然科学、工程技术等专业问题，可以外聘专家参加除税收风险指标、预警值之外的其他专项工作。

二、企业所得税风险管理团队的工作内容

（一）重点税源企业的企业所得税事项

省局要统筹确定企业所得税重点行业和重点税源企业名单。认真研究重要行业和重点税源企业生产经营特点和盈利模式，解剖样本企业营业收入、生产成本、期间费用等情况，掌握企业主要产品的投入产出关系，摸清对外投资和近年投资收益情况，发掘税收风险点。利用重要行业和重点税源企业相关行业指标、税收征管数据、历年汇算清缴数据、第三方涉税信息等，对比财务会计数据、不同税种信息、上市公司公告信息、政府网站、企业营销广告等信息，梳理印证同一涉税事项的不同渠道信息描述是否吻合。关注重点税源企业享受税收优惠政策、资产损失、不征税收入、政策性搬迁、特殊重组、弥补亏损、境外所得税收抵免等高风险事项是否符合税法规定。跟踪指导部分重点税源企业涉税风险的实际应对工作。

（二）企业所得税高风险事项

对重要行业、重点税源企业以外的其他企业有关优惠政策、跨年度事项、企业重组、资产损失、汇总纳税等高风险事项，可以列示本省市近3年至5年基本数据和变化情况，从不同维度细分高风险事项，掌握每项高风险事项的风险点、风险高发环节、主要问题，向风险应对部门推送风险点。研究摸索风险事项的应对规律，逐步形成高风险事项的应对模板或指引，跟踪部分高风险事项的应对情况，提高应对准确性和效率。

三、工作要求

（一）加强组织领导，推进所得税风险团队管理工作

重点税源和高风险事项团队管理是加强后续管理、堵漏增收的有效措施，对提高企业所得税管理工作有积极意义。省局要加强领导、周密部署，组建团队，调动各方面积极性，集中优势兵力发现、分析、评估、识别企业所得税风险点，统筹研究风险应对，推进企业所得税风险团队管理工作。

（二）用好各项数据，建立所得税风险指标模型

以税收征管数据、历年汇算清缴数据、财务会计数据为基础，进一步拓展相关行业指标、上市公司公告、网站信息、政府部门信息等第三方涉税信息渠道，充实税务机关涉税信息“占有量”，统筹利用涉税信息处理软件，研究建立“好使、管用”的企业所得税风险指标模型。

已经开展风险团队试点的省市，要进一步提高数据质量，了解所得税风险事项的不同特点，建立丰富实用的企业所得税风险指标或模型，提高风险识别能力。此前未试点省市，要理顺所在单位风险管理机制，开展数据收集分析，逐步建立企业所得税风险数据相关指标和模型。税务机关要加强经验交流，“走出去”“引进来”，对本单位和兄弟省市所得税风险指标进行效能评估，完善企业所得税风险指标和相关模型。

（三）协同各方面资源，分类应对所得税风险

利用税收风险管理平台，根据风险识别、等级排序确定风险事项应对等级，有针对性地采取风险提示、纳税评估、税务稽查等应对方法。有效利用省以下管理资源，跟踪指导重要行业、重点税源企业和部分高风险事项的应对工作，评估所得税风险应对质量，不断提升风险应对效能。

（四）开展绩效考评，及时总结报告

企业所得税重点税源和高风险事项团队管理是税务总局对省局的绩效考评项目。省局要用好“绩效考评”指挥棒，向下传导压力，部署工作要求，统筹管理资源，加强业务指导，认真总结风险团队管理工作。省局请于 2016 年 11 月 20 日前向税务总局（所得税司、征管科技发展司）报告工作情况。

报告主要内容：风险团队建设、风险管理机制建设、风险点的识别和推送情况、协助千户集团风险管理查补收入（含调减亏损情况，下同）、重要行业和重点税源企业所得税查补收入、各项高风险事项查补收入、所得税风险应对效能、查补收入占所在单位所得税收入比重等情况，对完善所得税风险管理工作的意见建议等。

国家税务总局关于进一步做好企业研究开发费用税前加计扣除政策贯彻落实工作的通知

2016年12月21日 税总函〔2016〕685号

各省、自治区、直辖市和计划单列市国家税务局、地方税务局：

为贯彻中央经济工作会议有关精神，切实在2017年1月1日至5月31日企业所得税汇算清缴中做好研究开发费用税前加计扣除税收优惠政策（以下简称“加计扣除优惠政策”）落实工作，现就有关事项通知如下：

一、提高思想认识，加强组织领导。各级税务机关应提高思想认识，加强组织领导，增强服务观念，精心谋划部署，夯实管理责任，确定责任人和责任部门，积极稳妥地做好加计扣除优惠政策贯彻落实工作。

二、加大宣传力度，实现应知尽知。从现在起至整个企业所得税汇算清缴期间，各级税务机关要充分利用官方网站、微信、微博、APP等方式开展多维度、多渠道的宣传，提醒纳税人及时申报享受加计扣除优惠政策。要通过纳税人学堂等方式开展“面对面”的精准辅导，扩大宣传辅导覆盖面，方便企业及时了解政策和管理要求。要充分发挥12366纳税服务热线作用，统一政策口径，规范政策解答，及时为企业答疑解惑。

三、优化纳税服务，畅通办税渠道。各级税务机关应依托信息化手段，进一步优化办税流程，简化办税手续，提高税务机关办事效率，为企业及时、准确享受加计扣除优惠政策提供便利条件。对纳税人反映的相关问题和投诉，各级税务机关应当在接到问题和投诉后的10个工作日内予以解决。

四、明确工作重点，确保应享尽享。各级税务机关在落实加计扣除优惠政策时，应以核实企业享受2016年度优惠的有关情况为基准，原则上不核实以前年度有关情况。如企业以前年度存在或发现存在涉税问题，应按相关规定另行处理，不得影响企业享受2016年度加计扣除优惠政策。如企业申报享受加计扣除优惠政策，但账证不健全、资料不齐全或适用优惠政策不准确的，各级税务机关要积极做好辅导解释工作，帮助企业建账建制，补充资料，确保企业享受加计扣除优惠政策。如企业2016年度未及时申报享受加计扣除优惠政策，可在以后3年内追溯享受。

五、加强督促检查，加大落实力度。各级税务机关应组织开展加计扣除优惠政策落实情况的督促检查工作，并将落实情况列入绩效考评，切实加大优惠政策落实力度。

六、做好政策评估，强化效应分析。2017年企业所得税汇算清缴期结束后，各级税务机关要及时做好数据统计和政策评估工作，强化政策效应分析，查找存在问题，进行针对性改进与完善，不断提升管理服务水平，同时，对完善加计扣除优惠政策及操作事宜向总局提出具体意见和建议。

国家税务总局关于为纳税人提供企业所得税税收政策风险提示服务有关问题的公告

2017 年 4 月 18 日　国家税务总局公告 2017 年第 10 号

为创新纳税服务方式，持续推进税务机关“放管服”改革，税务总局决定为纳税人提供企业所得税汇算清缴税收政策风险提示服务（以下简称“税收政策风险提示服务”），现就有关事项公告如下：

一、税收政策风险提示服务是指纳税人进行企业所得税汇算清缴时，税务机关在纳税人正式申报纳税前，依据现行税收法律法规及相关管理规定，利用税务登记信息、纳税申报信息、财务会计信息、备案资料信息、第三方涉税信息等内在规律和联系，依托现代技术手段，就税款计算的逻辑性、申报数据的合理性、税收与财务指标关联性等，提供风险提示服务。目的是帮助纳税人提高税收遵从度，减少纳税风险。

二、税收政策风险提示服务对象为查账征收，且通过互联网进行纳税申报的居民企业纳税人。

三、税收政策风险提示服务流程：

（一）纳税人在互联网上填报完成《中华人民共和国企业所得税年度纳税申报表》（A 类，2014 年版）后，选择“风险提示服务”，系统即对纳税人提交的申报表数据和信息进行风险扫描，并在很短时间内将风险提示信息推送给纳税人；

（二）针对系统推送的风险提示信息，由纳税人自愿选择是否修正，可以自行确定是否调整、修改、补充数据或信息，也可以直接进入纳税申报程序；

（三）纳税人完成风险提示信息修正后，可以再次选择“风险提示服务”，查看是否已经处理风险提示问题，也可以直接进入纳税申报程序。

四、有关说明：

（一）税收政策风险提示服务不改变纳税人依法自行计算申报缴纳税额、享受法定权益、承担法律责任的权利和义务。

（二）税收政策风险提示服务是税务机关为纳税人提供的一项纳税服务，纳税人可以根据自身经营情况，自愿选择风险提示服务，自行决定风险修正。

（三）税收政策风险提示服务是在纳税人正式申报纳税前进行的，需要纳税人提前一天将本企业的财务报表、企业所得税优惠事项备案表等信息，通过互联网报送至税务机关。纳税人之前已经完成以上信息报送的，无需重复报送。

五、本公告自发布之日起施行。本公告发布实施前，纳税人已经完成 2016 年度企业所得税汇算清缴申报纳税的，系统将不再提供税收政策风险提示服务。

特此公告。

国家税务总局关于明确《中华人民共和国企业年度关联业务往来报告表（2016 年版）》填报口径的公告

2017 年 7 月 7 日　国家税务总局公告 2017 年第 26 号

为落实《国家税务总局关于完善关联申报和同期资料管理有关事项的公告》（国家税务总局公告 2016 年第 42 号），做好《中华人民共和国企业年度关联业务往来报告表（2016 年版）》填报工作，现就有关事项公告如下：

一、《中华人民共和国企业年度关联业务往来报告表（2016 年版）》中的《国别报告——所得、税收和业务活动国别分布表》（中英文表）第 3 列“收入——关联方”，填报跨国企业集团在第 1 列填报的国家（地区）每个成员实体与该跨国企业集团在《国别报告——跨国企业集团成员实体名单》（中英文表）中填报的其他成员实体发生交易取得的收入，并按第 1 列填报的国家（地区）汇总之和。

二、需填报国别报告的居民企业可以在 2017 年 12 月 31 日之前对已经填报 2016 年度的《中华人民共和国企业年度关联业务往来报告表（2016 年版）》通过申报更正流程进行补充修改。

三、本公告自发布之日起施行。

特此公告。

国家税务总局　财政部　人力资源社会保障部　教育部　民政部关于继续实施支持和促进重点群体创业就业有关税收政策具体操作问题的公告

2017 年 6 月 29 日　国家税务总局公告 2017 年第 27 号

为贯彻落实《财政部　税务总局　人力资源社会保障部关于继续实施支持和促进重点群体创业就业有关税收政策的通知》（财税〔2017〕49 号）精神，现就具体操作问题公告如下：

一、个体经营税收政策

（一）申请

1. 在人力资源社会保障部门公共就业服务机构登记失业半年以上的人员、零就业家庭或享受城市居民最低生活保障家庭劳动年龄内的登记失业人员，可持《就业创业证》（或《就业失业登记证》，下同）、个体工商户登记执照（未完成“两证整合”的还须持《税务登记证》）向创业地县以上（含县级，下同）人力资源社会保障部门提出申请。县以上人力资源社会保障部门应当按照财税〔2017〕49 号文件的规定，核实创业人员是否享受过税收扶持政策。对符合条件人员在《就业创业证》上注明“自主创业税收政策”。

2. 毕业年度高校毕业生在校期间从事个体经营享受税收优惠政策的，凭学生证到公共就业服务机构申领《就业创业证》，或委托所在高校就业指导中心向公共就业服务机构代为其申领《就业创业证》。公共就业服务机构在《就业创业证》上注明“毕业年度内自主创业税收政策”。

3. 毕业年度高校毕业生离校后从事个体经营享受税收优惠政策的，可凭毕业证直接向公共就业服务机构申领《就业创业证》。公共就业服务机构在《就业创业证》上注明“毕业年度内自主创业税收政策”。

（二）税款减免顺序及额度

符合条件人员从事个体经营的，按照财税〔2017〕49号文件第一条的规定，在年度减免税限额内，依次扣减增值税、城市维护建设税、教育费附加、地方教育附加和个人所得税。纳税人的实际经营期不足一年的，应当以实际月份换算其减免税限额。换算公式为：减免税限额 = 年度减免税限额 ÷ 12 × 实际经营月数。

纳税人实际应缴纳的增值税、城市维护建设税、教育费附加、地方教育附加和个人所得税小于减免税限额的，以实际应缴纳的增值税、城市维护建设税、教育费附加、地方教育附加和个人所得税税额为限；实际应缴纳的增值税、城市维护建设税、教育费附加、地方教育附加和个人所得税大于减免税限额的，以减免税限额为限。

上述城市维护建设税、教育费附加、地方教育附加的计税依据是享受本项税收优惠政策前的增值税应纳税额。

（三）税收减免备案

纳税人在享受本项税收优惠纳税申报时，持《就业创业证》（注明“自主创业税收政策”或“毕业年度内自主创业税收政策”）或《就业失业登记证》（注明“自主创业税收政策”或附着《高校毕业生自主创业证》），向其主管税务机关备案。

二、企业、民办非企业单位吸纳失业人员税收政策

（一）申请

符合条件的企业、民办非企业单位持下列材料向县以上人力资源社会保障部门递交申请：

1. 新招用人员持有的《就业创业证》。

2. 企业、民办非企业单位与新招用持《就业创业证》人员签订的劳动合同（副本），企业、民办非企业单位为职工缴纳的社会保险费记录。可通过内部信息共享、数据比对等方式审核的地方，可不再要求企业提供缴纳社会保险费记录。

3.《持〈就业创业证〉人员本年度实际工作时间表》（见附件）。

其中，劳动就业服务企业要提交《劳动就业服务企业证书》，民办非企业单位提交《民办非企业单位登记证书》。

县以上人力资源社会保障部门接到企业、民办非企业单位报送的材料后，应当按照财税〔2017〕49号文件的规定，重点核实以下情况：

1. 新招用人员是否属于享受税收优惠政策人员范围，以前是否已享受过税收优惠政策；

2. 企业、民办非企业单位是否与新招用人员签订了1年以上期限劳动合同，为新招用人员缴纳社会保险费的记录；

3. 企业、民办非企业单位的经营范围是否符合税收政策规定。

核实后，对符合条件的人员，在《就业创业证》上注明“企业吸纳税收政策”，对符合条件的企业、民办非企业单位核发《企业实体吸纳失业人员认定证明》。

（二）税款减免顺序及额度

1. 纳税人按本单位吸纳人数和签订的劳动合同时间核定本单位减免税总额，在减免税总额内每月依次扣减增值税、城市维护建设税、教育费附加和地方教育附加。纳税人实际应缴纳的增值税、城市维护建设税、教育费附加和地方教育附加小于核定减免税总额的，以实际应缴纳的增值税、城市维护建设税、教育费附加、地方教育附加为限；实际应缴纳的增值税、城市维护建设税、教育费附加和地方教育附加大于核定减免税总额的，以核定减免税总额为限。

纳税年度终了，如果纳税人实际减免的增值税、城市维护建设税、教育费附加和地方教育附加小于核定的减免税总额，纳税人在企业所得税汇算清缴时，以差额部分扣减企业所得税。当年扣减不完的，不再结转以后年度扣减。

减免税总额 = ∑每名失业人员本年度在本企业工作月份 ÷ 12 × 定额

企业、民办非企业单位自吸纳失业人员的次月起享受税收优惠政策。

上述城市维护建设税、教育费附加、地方教育附加的计税依据是享受本项税收优惠政策前的增值税应纳税额。

2. 第二年及以后年度当年新招用人员、原招用人员及其工作时间按上述程序和办法执行。计算每名失业人员享受税收优惠政策的期限最长不超过3年。

（三）税收减免备案

1. 经县以上人力资源社会保障部门核实后，纳税人依法享受税收优惠政策。纳税人持县以上人力资源社会保障部门核发的《企业实体吸纳失业人员认定证明》《持〈就业创业证〉人员本年度实际工作时间表》，在享受本项税收优惠纳税申报时向主管税务机关备案。

2. 企业、民办非企业单位纳税年度终了前招用失业人员发生变化的，应当在人员变化次月按照前项规定重新备案。

三、税收优惠政策管理

（一）严格各项凭证的审核发放。任何单位或个人不得伪造、涂改、转让、出租相关凭证，违者将依法予以惩处；对采取上述手段已经获取减免税的企业、民办非企业单位和个人，主管税务机关要追缴其已减免的税款，并依法予以处罚；对出借、转让《就业创业证》的人员，主管人力资源社会保障部门要收回其《就业创业证》并记录在案。

（二）《就业创业证》采用实名制，限持证者本人使用。创业人员从事个体经营的，《就业创业证》由本人保管；被用人单位录用的，享受税收优惠政策期间，证件由用人单位保管。《就业创业证》由人力资源社会保障部统一样式，各省、自治区、直辖市人力资源社会保障部门负责印制，统一编号备案，作为审核劳动者就业失业状况和享受政策情况的有效凭证。

（三）《企业实体吸纳失业人员认定证明》由人力资源社会保障部统一式样，各省、自治区、直辖市人力资源社会保障部门统一印制，统一编号备案。

（四）县以上税务、财政、人力资源社会保障、教育、民政部门要建立劳动者就业信息交换和协查制度。人力资源社会保障部建立全国统一的就业信息平台，供各级人力资源社会保障、税务、财政、民政部门查询《就业创业证》信息。地方各级人力资源社会保障部门要及时将《就业创业证》信息（包括发放信息和内容更新信息）按规定上报人力资源社会保障部。

（五）主管税务机关应当在纳税人备案时，在《就业创业证》中加盖戳记，注明减免税所属时间。各级税务机关对《就业创业证》有疑问的，可提请同级人力资源社会保障部门予以协查，同级人力资源社会保障部门应根据具体情况规定合理的工作时限，并在时限内将协查结果通报提请协查的税务机关。

四、本公告自2017年1月1日起施行。《国家税务总局 财政部 人力资源社会保障部 教育部 民政部关于支持和促进重点群体创业就业有关税收政策具体实施问题的公告》（国家税务总局公告2014年第34号）和《国家税务总局 财政部 人力资源社会保障部 教育部 民政部关于支持和促进重点群体创业就业有关税收政策具体实施问题的补充公告》（国家税务总局公告2015年第12号）同时废止。

特此公告。

附件：持《就业创业证》人员本年度实际工作时间表（样表）

附件：

持《就业创业证》人员本年度实际工作时间表（样表）

企业名称（盖章）： 年度：

序号	录用人员姓名	身份证号码	《就业创业证》编号	类型 （1）（2）（3）	在本企业工作时间 （单位：月）

注：类型包括：

（1）在人力资源社会保障部门公共就业服务机构登记失业半年以上人员；

（2）零就业家庭、享受城市居民最低生活保障家庭劳动年龄内的登记失业人员；

（3）毕业年度内高校毕业生。

国家税务总局 科技部关于加强企业研发费用税前加计扣除政策贯彻落实工作的通知

2017年9月18日 税总发〔2017〕106号

各省、自治区、直辖市和计划单列市国家税务局、地方税务局、科技厅（委、局），新疆生产建设兵团科技局：

为进一步推进简政放权、放管结合、优化服务改革，积极为企业减负增效，增强企业技术创新动力，结合《财政部　国家税务总局　科技部关于完善研究开发费用税前加计扣除政策的通知》（财税〔2015〕119号）、《财政部　税务总局　科技部关于提高科技型中小企业研究开发费用税前加计扣除比例的通知》（财税〔2017〕34号）、《科技部　财政部　国家税务总局关于印发〈科技型中小企业评价办法〉的通知》（国科发政〔2017〕115号）以及《科技部　财政部　国家税务总局关于进一步做好企业研发费用加计扣除政策落实工作的通知》（国科发政〔2017〕211号）规定，现就加强企业研发费用税前加计扣除政策贯彻落实工作通知如下：

一、提高思想认识，加强组织领导。各级税务部门和科技部门应提高思想认识，站在贯彻落实创新驱动发展战略、深化供给侧结构性改革、促进新旧动能转换的高度，通过落实好研发费用税前加计扣除政策，积极主动谋创新、促发展。要把落实好研发费用税前加计扣除政策作为本单位的一项重要工作，加强组织领导，增强服务观念，精心谋划部署，夯实管理责任，依据相关政策及管理规定，强化有关事项的事前、事中、事后管理和服务，积极、稳妥地做好研发费用税前加计扣除政策的贯彻落实工作。要将研发费用税前加计扣除等创新支持政策落实情况作为对各级税务和科技部门绩效考核的重要内容。

二、强化合作意识，完善合作机制。各级税务部门和科技部门要紧密配合，建立和完善研发费用税前加计扣除政策部门间的联合工作机制。就涉及企业切身利益的研发项目鉴定问题，包括事中异议项目鉴定以及事后核查异议项目鉴定，统一政策口径，明确专门协调机制，制定异议研发项目鉴定实施细则，规范办理流程。

三、简化管理方式，优化操作流程。各级税务部门和科技部门要简化管理方式，优化操作流程，确保政策落地。优化委托研发与合作研发项目合同登记管理方式，坚持“实质重于形式”的原则。凡研发项目合同具备技术合同登记的实质性要素，仅在形式上与技术合同示范文本存在差异的，也应予以登记，不得要求企业重新按照技术合同示范文本进行修改报送。

四、加大宣传力度，实现“应知尽知”。各地要充分利用官方网站、微信、微博、APP等方式开展多维度、多渠道的宣传，提醒纳税人及时申报享受研发费用税前加计扣除政策。税务部门和科技部门要联合开展宣传活动，精准锁定政策受惠企业群体，通过开展“键对键”的网上沟通，“面对面”的精准辅导，印发宣传资料等多种方式，扩大宣传辅导覆盖面，方便企业及时了解政策和管理要求。在宣传辅导工作中，要规范政策解答，及时为企业答疑解惑。

五、加强政策辅导，确保“应享尽享”。各级税务部门和科技部门要通过各种方式为企业提供研发项目管理和研发费用归集等政策辅导，切实加大政策落实力度。对尚处于亏损期的企业，进一步加大宣传及服务力度，引导企业及时办理税务备案等相关手续。要督促广大科技型中小企业按照《科技型中小企业评价办法》（国科发政〔2017〕115号文件印发）规定，到“全国科技型中小企业信息服务平台”进行自主评价和登记，及时取得登记编号，确保纳税人政策落实“应享尽享”。

六、强化督导检查，确保落地见效。各省税务部门和科技部门要开展联合督导检查，加大对政策落实的督导力度，密切跟踪政策执行情况，随时收集基层和纳税人政策落实情况的反馈和工作建议，并加强部门间的信息沟通，确保优惠政策落地见效。税务总局和科技部将视情况适时联合开展督导检查。

国家税务总局关于发布修订后的《企业所得税优惠政策事项办理办法》的公告

2018 年 4 月 25 日　国家税务总局公告 2018 年第 23 号

为优化税收环境，有效落实企业所得税各项优惠政策，根据《国家税务总局关于进一步深化税务系统“放管服”改革 优化税收环境的若干意见》（税总发〔2017〕101 号）有关精神，现将修订后的《企业所得税优惠政策事项办理办法》予以发布。

特此公告。

附件：企业所得税优惠政策事项办理办法

附件：

企业所得税优惠政策事项办理办法

第一条　为落实国务院简政放权、放管结合、优化服务要求，规范企业所得税优惠政策事项（以下简称“优惠事项”）办理，根据《中华人民共和国企业所得税法》（以下简称“企业所得税法”）及其实施条例、《中华人民共和国税收征收管理法》（以下简称“税收征管法”）及其实施细则，制定本办法。

第二条　本办法所称优惠事项是指企业所得税法规定的优惠事项，以及国务院和民族自治地方根据企业所得税法授权制定的企业所得税优惠事项。包括免税收入、减计收入、加计扣除、加速折旧、所得减免、抵扣应纳税所得额、减低税率、税额抵免等。

第三条　优惠事项的名称、政策概述、主要政策依据、主要留存备查资料、享受优惠时间、后续管理要求等，见本公告附件《企业所得税优惠事项管理目录（2017 年版）》（以下简称《目录》）。

《目录》由税务总局编制、更新

第四条　企业享受优惠事项采取“自行判别、申报享受、相关资料留存备查”的办理方式。企业应当根据经营情况以及相关税收规定自行判断是否符合优惠事项规定的条件，符合条件的可以按照《目录》列示的时间自行计算减免税额，并通过填报企业所得税纳税申报表享受税收优惠。同时，按照本办法的规定归集和留存相关资料备查。

第五条　本办法所称留存备查资料是指与企业享受优惠事项有关的合同、协议、凭证、证书、文件、账册、说明等资料。留存备查资料分为主要留存备查资料和其他留存备查资料两类。主要留存备查资料由企业按照《目录》列示的资料清单准备，其他留存备查资料由企业根据享受优惠事项情况自行补充准备。

第六条　企业享受优惠事项的，应当在完成年度汇算清缴后，将留存备查资料归集齐全并整理完成，以备税务机关核查。

第七条　企业同时享受多项优惠事项或者享受的优惠事项按照规定分项目进行核算的，

应当按照优惠事项或者项目分别归集留存备查资料。

第八条　设有非法人分支机构的居民企业以及实行汇总纳税的非居民企业机构、场所享受优惠事项的，由居民企业的总机构以及汇总纳税的主要机构、场所负责统一归集并留存备查资料。分支机构以及被汇总纳税的非居民企业机构、场所按照规定可独立享受优惠事项的，由分支机构以及被汇总纳税的非居民企业机构、场所负责归集并留存备查资料，同时分支机构以及被汇总纳税的非居民企业机构、场所应在当完成年度汇算清缴后将留存的备查资料清单送总机构以及汇总纳税的主要机构、场所汇总。

第九条　企业对优惠事项留存备查资料的真实性、合法性承担法律责任。

第十条　企业留存备查资料应从企业享受优惠事项当年的企业所得税汇算清缴期结束次日起保留 10 年。

第十一条　税务机关应当严格按照本办法规定的方式管理优惠事项，严禁擅自改变优惠事项的管理方式。

第十二条　企业享受优惠事项后，税务机关将适时开展后续管理。在后续管理时，企业应当根据税务机关管理服务的需要，按照规定的期限和方式提供留存备查资料，以证实享受优惠事项符合条件。其中，享受集成电路生产企业、集成电路设计企业、软件企业、国家规划布局内的重点软件企业和集成电路设计企业等优惠事项的企业，应当在完成年度汇算清缴后，按照《目录》“后续管理要求”项目中列示的清单向税务机关提交资料。

第十三条　企业享受优惠事项后发现其不符合优惠事项规定条件的，应当依法及时自行调整并补缴税款及滞纳金。

第十四条　企业未能按照税务机关要求提供留存备查资料，或者提供的留存备查资料与实际生产经营情况、财务核算情况、相关技术领域、产业、目录、资格证书等不符，无法证实符合优惠事项规定条件的，或者存在弄虚作假情况的，税务机关将依法追缴其已享受的企业所得税优惠，并按照税收征管法等相关规定处理。

第十五条　本办法适用于 2017 年度企业所得税汇算清缴及以后年度企业所得税优惠事项办理工作。《国家税务总局关于发布〈企业所得税优惠政策事项办理办法〉的公告》（国家税务总局公告 2015 年第 76 号）同时废止。

扫描二维码查看附件

二维码 25

附件：企业所得税优惠事项管理目录（2017 年版）（见二维码 25）

国家税务总局关于发布《中华人民共和国企业所得税月（季）度预缴纳税申报表（A 类，2018 年版）》等报表的公告

2018 年 5 月 17 日　国家税务总局公告 2018 年第 26 号

（注释：部分废止。附件 1. 中华人民共和国企业所得税月（季）度预缴纳税申报表（A 类，2018 年版）部分表单及填报说明废止。附件 2. 中华人民共和国企业所得税月（季）度预缴和年度纳税申报表（B 类，2018 年版）部分表单及填报说明废止。详细参见《国家税务总局关于修订〈中华人民共和国企业所得税月（季）度预缴纳税申报表（A 类，2018 年版）〉等部分表单样式及填报说明的公告》（国家税务总局公告 2019 年第 3 号）及《国家税

务总局关于修订2018年版企业所得税预缴纳税申报表部分表单及填报说明的公告》（国家税务总局公告2019年第23号）。）

为减轻纳税人办税负担，有效落实企业所得税各项政策，根据《国家税务总局关于进一步深化税务系统“放管服”改革 优化税收环境的若干意见》（税总发〔2017〕101号）有关精神，现将修订后的《中华人民共和国企业所得税月（季）度预缴纳税申报表（A类，2018年版）》和《中华人民共和国企业所得税月（季）度预缴和年度纳税申报表（B类，2018年版）》予以发布，并就有关事项公告如下：

一、《中华人民共和国企业所得税月（季）度预缴纳税申报表（A类，2018年版）》适用于实行查账征收企业所得税的居民企业月度、季度预缴申报时填报。《中华人民共和国企业所得税月（季）度预缴和年度纳税申报表（B类，2018年版）》适用于实行核定征收企业所得税的居民企业月度、季度预缴申报和年度汇算清缴申报时填报。

二、执行《跨地区经营汇总纳税企业所得税征收管理办法》（国家税务总局公告2012年第57号发布）的跨地区经营汇总纳税企业的分支机构，使用《中华人民共和国企业所得税月（季）度预缴纳税申报表（A类，2018年版）》进行月度、季度预缴申报和年度汇算清缴申报。

三、省（自治区、直辖市和计划单列市）税务机关对仅在本省（自治区、直辖市和计划单列市）内设立不具有法人资格分支机构的企业，参照《跨地区经营汇总纳税企业所得税征收管理办法》征收管理的，企业的分支机构按照本公告第二条规定填报纳税申报表。

四、本公告自2018年7月1日起施行。《国家税务总局关于发布〈中华人民共和国企业所得税月（季）度预缴纳税申报表（2015年版）等报表〉的公告》（国家税务总局公告2015年第31号）、《国家税务总局关于修改企业所得税月（季）度预缴纳税申报表的公告》（国家税务总局公告2015年第79号）同时废止。

特此公告。

附件：1. 中华人民共和国企业所得税月（季）度预缴纳税申报表（A类，2018年版）（见国家税务总局公告2019年第23号附件）

2. 中华人民共和国企业所得税月（季）度预缴和年度纳税申报表（B类，2018年版）（见国家税务总局公告2019年第23号附件）

国家税务总局关于贯彻落实进一步扩大小型微利企业所得税优惠政策范围有关征管问题的公告

2018年7月13日 国家税务总局公告2018年第40号

（注释：该文件在2018年度企业所得税汇算清缴结束后废止。详细参见《国家税务总局关于实施小型微利企业普惠性所得税减免政策有关问题的公告》（国家税务总局公告2019年第2号）。）

根据《中华人民共和国企业所得税法实施条例》（以下简称《企业所得税法实施条例》）、《财政部　税务总局关于进一步扩大小型微利企业所得税优惠政策范围的通知》（财税〔2018〕77 号）等规定，现就小型微利企业所得税优惠政策有关征管问题公告如下：

一、自2018 年1 月1 日至2020 年12 月31 日，符合条件的小型微利企业，无论采取查账征收方式还是核定征收方式，其年应纳税所得额低于100 万元（含100 万元，下同）的，均可以享受财税〔2018〕77 号文件规定的所得减按50% 计入应纳税所得额，按20% 的税率计算缴纳企业所得税的政策（以下简称“减半征税政策”）。

前款所述符合条件的小型微利企业是指符合《企业所得税法实施条例》第九十二条或者财税〔2018〕77 号文件规定条件的企业。

企业本年度第一季度预缴企业所得税时，如未完成上一纳税年度汇算清缴，无法判断上一纳税年度是否符合小型微利企业条件的，可暂按企业上一纳税年度第四季度的预缴申报情况判别。

二、符合条件的小型微利企业，在预缴和年度汇算清缴企业所得税时，通过填写纳税申报表的相关内容，即可享受减半征税政策。

三、符合条件的小型微利企业，统一实行按季度预缴企业所得税。

四、本年度企业预缴企业所得税时，按照以下规定享受减半征税政策：

（一）查账征收企业。上一纳税年度为符合条件的小型微利企业，分别按照以下规定处理：

1. 按照实际利润额预缴的，预缴时本年度累计实际利润额不超过100 万元的，可以享受减半征税政策；

2. 按照上一纳税年度应纳税所得额平均额预缴的，预缴时可以享受减半征税政策。

（二）核定应税所得率征收企业。上一纳税年度为符合条件的小型微利企业，预缴时本年度累计应纳税所得额不超过100 万元的，可以享受减半征税政策。

（三）核定应纳所得税额征收企业。根据减半征税政策规定需要调减定额的，由主管税务机关按照程序调整，依照原办法征收。

（四）上一纳税年度为不符合小型微利企业条件的企业，预计本年度符合条件的，预缴时本年度累计实际利润额或者累计应纳税所得额不超过100 万元的，可以享受减半征税政策。

（五）本年度新成立的企业，预计本年度符合小型微利企业条件的，预缴时本年度累计实际利润额或者累计应纳税所得额不超过100 万元的，可以享受减半征税政策。

五、企业预缴时享受了减半征税政策，年度汇算清缴时不符合小型微利企业条件的，应当按照规定补缴税款。

六、按照本公告规定小型微利企业2018 年度第一季度预缴时应享受未享受减半征税政策而多预缴的企业所得税，在以后季度应预缴的企业所得税税款中抵减。

七、《国家税务总局关于贯彻落实扩大小型微利企业所得税优惠政策范围有关征管问题的公告》（国家税务总局公告2017 年第23 号）在2017 年度企业所得税汇算清缴结束后废止。

特此公告。

国家税务总局关于修订《中华人民共和国企业所得税年度纳税申报表（A类，2017年版）》部分表单样式及填报说明的公告

2018年12月17日　国家税务总局公告2018年第57号

（注释：部分表单及填报说明废止。详细参见《国家税务总局关于修订〈中华人民共和国企业所得税月（季）度预缴纳税申报表（A类2018年版）〉等部分表单样式及填报说明的公告》（国家税务总局公告2019年第3号）。）

为贯彻落实《中华人民共和国企业所得税法》及有关政策，税务总局对《中华人民共和国企业所得税年度纳税申报表（A类，2017年版）》部分表单和填报说明进行修订。现将有关情况公告如下：

一、对《中华人民共和国企业所得税年度纳税申报表（A类，2017年版）》封面、《企业所得税年度纳税申报表填报表单》、《企业基础信息表》（A000000）、《纳税调整项目明细表》（A105000）、《职工薪酬支出及纳税调整明细表》（A105050）、《资产折旧、摊销及纳税调整明细表》（A105080）、《资产损失税前扣除及纳税调整明细表》（A105090）、《企业所得税弥补亏损明细表》（A106000）、《免税、减计收入及加计扣除优惠明细表》（A107010）、《研发费用加计扣除优惠明细表》（A107012）、《所得减免优惠明细表》（A107020）、《减免所得税优惠明细表》（A107040）、《高新技术企业优惠情况及明细表》（A107041）、《软件、集成电路企业优惠情况及明细表》（A107042）、《境外分支机构弥补亏损明细表》（A108020）的表单样式及填报说明进行修订。

二、对《中华人民共和国企业所得税年度纳税申报表（A类）》（A100000）、《投资收益纳税调整明细表》（A105030）、《境外所得税收抵免明细表》（A108000）的填报说明进行修订。

三、本公告适用于2018年度及以后年度企业所得税汇算清缴纳税申报。《国家税务总局关于发布〈中华人民共和国企业所得税年度纳税申报表（A类，2017年版）〉的公告》（国家税务总局公告2017年第54号）中的上述表单和填报说明同时废止。

特此公告。

国家税务总局关于简化小型微利企业所得税年度纳税申报有关措施的公告

2018年12月17日　国家税务总局公告2018年第58号

为切实减轻小型微利企业纳税申报负担，根据《国家税务总局关于进一步深化税务系

统“放管服”改革　优化税收环境的若干意见》（税总发〔2017〕101 号）有关精神，现就实行查账征收企业所得税的小型微利企业（以下简称“小型微利企业”）填报《中华人民共和国企业所得税年度纳税申报表（A 类，2017 年版）》（国家税务总局公告 2017 年第 54 号发布，国家税务总局公告 2018 年第 57 号修订）有关事项公告如下：

一、《中华人民共和国企业所得税年度纳税申报表（A 类）》（A100000）为小型微利企业必填表单。

二、《企业所得税年度纳税申报基础信息表》（A000000）中的“基本经营情况”为小型微利企业必填项目；“有关涉税事项情况”为选填项目，存在或者发生相关事项时小型微利企业必须填报；“主要股东及分红情况”为小型微利企业免填项目。

三、小型微利企业免于填报《一般企业收入明细表》（A101010）、《金融企业收入明细表》（A101020）、《一般企业成本支出明细表》（A102010）、《金融企业支出明细表》（A102020）、《事业单位、民间非营利组织收入、支出明细表》（A103000）、《期间费用明细表》（A104000）。

上述表单相关数据应当在《中华人民共和国企业所得税年度纳税申报表（A 类）》（A100000）中直接填写。

四、除本公告第一条、第二条、第三条规定的表单、项目外，小型微利企业可结合自身经营情况，选择表单填报。未发生表单中规定的事项，无需填报。

五、本公告所称小型微利企业，是指符合《中华人民共和国企业所得税法》及其实施条例、《财政部　税务总局关于进一步扩大小型微利企业所得税优惠政策范围的通知》（财税〔2018〕77 号）等规定的企业。上述政策规定发生调整的，按照最新政策规定执行。

六、本公告适用于小型微利企业 2018 年度及以后年度企业所得税汇算清缴纳税申报。

特此公告。

国家税务总局关于修订《中华人民共和国企业所得税月（季）度预缴纳税申报表（A 类 2018 年版）》等部分表单样式及填报说明的公告

2019 年 1 月 18 日　国家税务总局公告 2019 年第 3 号

（注释：部分废止。详细参见《国家税务总局关于修订 2018 年版企业所得税预缴纳税申报表部分表单及填报说明的公告》（国家税务总局公告 2019 年第 23 号）。）

为贯彻落实小型微利企业普惠性所得税减免政策，税务总局对《中华人民共和国企业所得税月（季）度预缴纳税申报表（A 类，2018 年版）》《中华人民共和国企业所得税月（季）度预缴和年度纳税申报表（B 类，2018 年版）》《中华人民共和国企业所得税年度纳税申报表（A 类，2017 年版）》的部分表单和填报说明进行了修订。现将有关事项公告如下：

一、对《中华人民共和国企业所得税月（季）度预缴纳税申报表（A类）》（A200000）、《中华人民共和国企业所得税月（季）度预缴和年度纳税申报表（B类，2018年版）》（B100000）的表单样式和填报说明进行修订。

二、将《减免所得税优惠明细表》（A201030）第1行“一、符合条件的小型微利企业减免企业所得税”的填报说明修改为“填报享受小型微利企业普惠性所得税减免政策减免企业所得税的金额。本行填报根据本期《中华人民共和国企业所得税月（季）度预缴纳税申报表（A类）》（A200000）第9行计算的减免企业所得税的本年累计金额。”

将《企业所得税年度纳税申报基础信息表》（A000000）“109小型微利企业”的填报说明修改为“纳税人符合小型微利企业普惠性所得税减免政策的，选择‘是’，其他选择‘否’。”

将《减免所得税优惠明细表》（A107040）第1行“一、符合条件的小型微利企业减免企业所得税”的填报说明修改为“填报享受小型微利企业普惠性所得税减免政策减免企业所得税的金额。本行填报根据本期《中华人民共和国企业所得税年度纳税申报表（A类）》（A100000）第23行计算的减免企业所得税的本年金额。”

三、本公告适用于2019年度及以后年度企业所得税预缴和汇算清缴纳税申报。《国家税务总局关于发布〈中华人民共和国企业所得税月（季）度预缴纳税申报表（A类，2018年版）〉等报表的公告》（国家税务总局公告2018年第26号）和《国家税务总局关于修订〈中华人民共和国企业所得税年度纳税申报表（A类，2017年版）〉部分表单样式及填报说明的公告》（国家税务总局公告2018年第57号）中的上述表单和填报说明于2018年度企业所得税汇算清缴结束后废止。特此公告。

附件：《中华人民共和国企业所得税月（季）度预缴纳税申报表（A类）》（A200000）
《中华人民共和国企业所得税月（季）度预缴和年度纳税申报表（B类，2018年版）》（B100000）

国家税务总局　人力资源社会保障部　国务院扶贫办 教育部关于实施支持和促进重点群体创业就业 有关税收政策具体操作问题的公告

2019年2月26日　国家税务总局公告2019年第10号

为贯彻落实《财政部　税务总局　人力资源社会保障部　国务院扶贫办关于进一步支持和促进重点群体创业就业有关税收政策的通知》（财税〔2019〕22号）精神，现就具体操作问题公告如下：

一、重点群体个体经营税收政策

（一）申请

1. 建档立卡贫困人口从事个体经营的，向主管税务机关申报纳税时享受优惠。

2. 登记失业半年以上的人员，零就业家庭、享受城市居民最低生活保障家庭劳动年龄的登记失业人员，以及毕业年度内高校毕业生，可持《就业创业证》（或《就业失业登记证》，下同）、个体工商户登记执照（未完成“两证整合”的还须持《税务登记证》）向创业地县以上（含县级，下同）人力资源社会保障部门提出申请。县以上人力资源社会保障部门应当按照财税〔2019〕22号文件的规定，核实其是否享受过重点群体创业就业税收优惠政策。对符合财税〔2019〕22号文件规定条件的人员在《就业创业证》上注明“自主创业税收政策”或“毕业年度内自主创业税收政策”。

（二）税款减免顺序及额度

重点群体从事个体经营的，按照财税〔2019〕22号文件第一条的规定，在年度减免税限额内，依次扣减增值税、城市维护建设税、教育费附加、地方教育附加和个人所得税。城市维护建设税、教育费附加、地方教育附加的计税依据是享受本项税收优惠政策前的增值税应纳税额。

纳税人的实际经营期不足1年的，应当以实际月数换算其减免税限额。换算公式为：减免税限额 = 年度减免税限额 ÷ 12 × 实际经营月数。

纳税人实际应缴纳的增值税、城市维护建设税、教育费附加、地方教育附加和个人所得税小于减免税限额的，以实际应缴纳的增值税、城市维护建设税、教育费附加、地方教育附加和个人所得税税额为限；实际应缴纳的增值税、城市维护建设税、教育费附加、地方教育附加和个人所得税大于减免税限额的，以减免税限额为限。

（三）税收减免管理

登记失业半年以上的人员，零就业家庭、城市低保家庭的登记失业人员，以及毕业年度内高校毕业生享受本项税收优惠的，由其留存《就业创业证》（注明“自主创业税收政策”或“毕业年度内自主创业税收政策”）备查，建档立卡贫困人口无需留存资料备查。

二、企业招用重点群体税收政策

（一）申请

享受招用重点群体就业税收优惠政策的企业，持下列材料向县以上人力资源社会保障部门递交申请：

1. 招用人员持有的《就业创业证》（建档立卡贫困人口不需提供）。

2. 企业与招用重点群体签订的劳动合同（副本），企业依法为重点群体缴纳的社会保险记录。通过内部信息共享、数据比对等方式审核的地方，可不再要求企业提供缴纳社会保险记录。

县以上人力资源社会保障部门接到企业报送的材料后，重点核实以下情况：

1. 招用人员是否属于享受税收优惠政策的人员范围，以前是否已享受过重点群体创业就业税收优惠政策。

2. 企业是否与招用人员签订了1年以上期限劳动合同，并依法为招用人员缴纳社会保险。

核实后，对持有《就业创业证》的重点群体，在其《就业创业证》上注明“企业吸纳税收政策”；对符合条件的企业核发《企业吸纳重点群体就业认定证明》。

招用人员发生变化的，应向人力资源社会保障部门办理变更申请。

本公告所称企业是指属于增值税纳税人或企业所得税纳税人的企业等单位。

（二）税款减免顺序及额度

1. 纳税人按本单位招用重点群体的人数及其实际工作月数核算本单位减免税总额，在减免税总额内每月依次扣减增值税、城市维护建设税、教育费附加和地方教育附加。城市维护建设税、教育费附加、地方教育附加的计税依据是享受本项税收优惠政策前的增值税应纳税额。

纳税人实际应缴纳的增值税、城市维护建设税、教育费附加和地方教育附加小于核算的减免税总额的，以实际应缴纳的增值税、城市维护建设税、教育费附加、地方教育附加为限；实际应缴纳的增值税、城市维护建设税、教育费附加和地方教育附加大于核算的减免税总额的，以核算的减免税总额为限。纳税年度终了，如果纳税人实际减免的增值税、城市维护建设税、教育费附加和地方教育附加小于核算的减免税总额，纳税人在企业所得税汇算清缴时，以差额部分扣减企业所得税。当年扣减不完的，不再结转以后年度扣减。

享受优惠政策当年，重点群体人员工作不满1年的，应当以实际月数换算其减免税总额。

减免税总额 = ∑每名重点群体人员本年度在本企业工作月数 ÷ 12 × 具体定额标准

2. 第2年及以后年度当年新招用人员、原招用人员及其工作时间按上述程序和办法执行。计算每名重点群体人员享受税收优惠政策的期限最长不超过36个月。

（三）税收减免管理

企业招用重点群体享受本项优惠的，由企业留存以下材料备查：

1. 享受税收优惠政策的登记失业半年以上的人员，零就业家庭、城市低保家庭的登记失业人员，以及毕业年度内高校毕业生的《就业创业证》（注明“企业吸纳税收政策”）。

2. 县以上人力资源社会保障部门核发的《企业吸纳重点群体就业认定证明》。

3.《重点群体人员本年度实际工作时间表》（见附件）。

三、凭《就业创业证》享受上述优惠政策的人员，按以下规定申领《就业创业证》

（一）失业人员在常住地公共就业服务机构进行失业登记，申领《就业创业证》。对其中的零就业家庭、城市低保家庭的登记失业人员，公共就业服务机构应在其《就业创业证》上予以注明。

（二）毕业年度内高校毕业生在校期间凭学生证向公共就业服务机构申领《就业创业证》，或委托所在高校就业指导中心向公共就业服务机构代为申领《就业创业证》；毕业年度内高校毕业生离校后可凭毕业证直接向公共就业服务机构按规定申领《就业创业证》。

四、税收优惠政策管理

（一）严格各项凭证的审核发放。任何单位或个人不得伪造、涂改、转让、出租相关凭证，违者将依法予以惩处；对出借、转让《就业创业证》的人员，主管人力资源社会保障部门要收回其《就业创业证》并记录在案；对采取上述手段已经获取减免税的企业和个人，主管税务机关要追缴其已减免的税款，并依法予以处理。

（二）《就业创业证》采用实名制，限持证者本人使用。创业人员从事个体经营的，《就业创业证》由本人保管；被用人单位招用的，享受税收优惠政策期间，证件由用人单位保管。《就业创业证》由人力资源社会保障部统一样式，各省、自治区、直辖市人力资源社会保障部门负责印制，作为审核劳动者就业失业状况和享受政策情况的有效凭证。

（三）《企业吸纳重点群体就业认定证明》由人力资源社会保障部统一样式，各省、自治区、直辖市人力资源社会保障部门统一印制，统一编号备案，相关信息由当地人力资源社会保障部门按需提供给税务部门。

（四）县以上人力资源社会保障、税务部门及扶贫办要建立劳动者就业信息交换和协查制度。人力资源社会保障部建立全国《就业创业证》查询系统（http://jyjc.mohrss.gov.cn），供各级人力资源社会保障、财政、税务部门查询《就业创业证》信息。国务院扶贫办建立全国统一的全国扶贫开发信息系统，供各级扶贫办、人力资源社会保障、财政、税务部门查询建档立卡贫困人口身份等相关信息。

（五）各级税务机关对《就业创业证》或建档立卡贫困人口身份有疑问的，可提请同级人力资源社会保障部门、扶贫办予以协查，同级人力资源社会保障部门、扶贫办应根据具体情况规定合理的工作时限，并在时限内将协查结果通报提请协查的税务机关。

五、本公告自 2019 年 1 月 1 日起施行。《国家税务总局 财政部 人力资源社会保障部 教育部 民政部关于继续实施支持和促进重点群体创业就业有关税收政策具体操作问题的公告》（国家税务总局公告 2017 年第 27 号）同时废止。

特此公告。

附件：重点群体人员本年度实际工作时间表（样表）（略）

国家税务总局关于修订 2018 年版企业所得税预缴纳税申报表部分表单及填报说明的公告

2019 年 6 月 14 日 国家税务总局公告 2019 年第 23 号

为贯彻落实从事污染防治的第三方企业减按 15% 税率征收企业所得税、扩大固定资产加速折旧优惠政策适用范围等企业所得税优惠政策，税务总局对《中华人民共和国企业所得税月（季）度预缴纳税申报表（A 类，2018 年版）》《中华人民共和国企业所得税月（季）度预缴和年度纳税申报表（B 类，2018 年版）》的部分表单和填报说明进行了修订。现将有关事项公告如下：

一、对《免税收入、减计收入、所得减免等优惠明细表》（A201010）、《减免所得税优惠明细表》（A201030）、《中华人民共和国企业所得税月（季）度预缴和年度纳税申报表（B 类，2018 年版）》（B100000）的表单样式和填报说明进行修订。

二、对《中华人民共和国企业所得税月（季）度预缴纳税申报表（A 类）》（A200000）、《固定资产加速折旧（扣除）优惠明细表》（A201020）填报说明进行修订。

三、本公告自 2019 年 7 月 1 日起施行。《国家税务总局关于发布〈中华人民共和国企业所得税月（季）度预缴纳税申报表（A 类，2018 年版）〉等报表的公告》（国家税务总局公告 2018 年第 26 号）和《国家税务总局关于修订〈中华人民共和国企业所得税月（季）度预缴纳税申报表（A 类，2018 年版）〉等部分表单样式及填报说明的公告》（国家税务总局公告 2019 年第 3 号）中的上述表单和填报说明同时废止。

特此公告。

附件：1.《中华人民共和国企业所得税月（季）度预缴和年度纳税申报表（B类，2018年版）》（B100000）（二维码26）

2.《中华人民共和国企业所得税月（季）度预缴纳税申报表（A类，2018年版）》（2019年修订）（二维码27）

扫描二维码查看附件

二维码26

扫描二维码查看附件

二维码27

国家税务总局关于跨境电子商务综合试验区零售出口企业所得税核定征收有关问题的公告

2019年10月26日　国家税务总局公告2019年第36号

为支持跨境电子商务健康发展，推动外贸模式创新，有效配合《财政部　税务总局　商务部　海关总署关于跨境电子商务综合试验区零售出口货物税收政策的通知》（财税〔2018〕103号）落实工作，现就跨境电子商务综合试验区（以下简称“综试区”）内的跨境电子商务零售出口企业（以下简称“跨境电商企业”）核定征收企业所得税有关问题公告如下：

一、综试区内的跨境电商企业，同时符合下列条件的，试行核定征收企业所得税办法：

（一）在综试区注册，并在注册地跨境电子商务线上综合服务平台登记出口货物日期、名称、计量单位、数量、单价、金额的；

（二）出口货物通过综试区所在地海关办理电子商务出口申报手续的；

（三）出口货物未取得有效进货凭证，其增值税、消费税享受免税政策的。

二、综试区内核定征收的跨境电商企业应准确核算收入总额，并采用应税所得率方式核定征收企业所得税。应税所得率统一按照4%确定。

三、税务机关应按照有关规定，及时完成综试区跨境电商企业核定征收企业所得税的鉴定工作。

四、综试区内实行核定征收的跨境电商企业符合小型微利企业优惠政策条件的，可享受小型微利企业所得税优惠政策；其取得的收入属于《中华人民共和国企业所得税法》第二十六条规定的免税收入的，可享受免税收入优惠政策。

五、本公告所称综试区，是指经国务院批准的跨境电子商务综合试验区；本公告所称跨境电商企业，是指自建跨境电子商务销售平台或利用第三方跨境电子商务平台开展电子商务出口的企业。

六、本公告自2020年1月1日起施行。

特此公告。

国家税务总局关于修订企业所得税年度纳税申报表有关问题的公告

2019 年 12 月 9 日　国家税务总局公告 2019 年第 41 号

为贯彻落实《中华人民共和国企业所得税法》及有关税收政策，进一步优化纳税申报，现将修订企业所得税年度纳税申报表有关问题公告如下：

一、对《中华人民共和国企业所得税年度纳税申报表（A 类，2017 年版）》部分表单和填报说明进行修订，修订后的部分表单和填报说明详见附件。

（一）对《企业所得税年度纳税申报表填报表单》、《企业所得税年度纳税申报基础信息表》（A000000）、《纳税调整项目明细表》（A105000）、《广告费和业务宣传费跨年度纳税调整明细表》（A105060）、《捐赠支出及纳税调整明细表》（A105070）、《免税、减计收入及加计扣除优惠明细表》（A107010）、《符合条件的居民企业之间的股息、红利等权益性投资收益优惠明细表》（A107011）、《减免所得税优惠明细表》（A107040）的表单样式及填报说明进行修订。

（二）对《中华人民共和国企业所得税年度纳税申报表（A 类）》（A100000）、《资产折旧、摊销及纳税调整明细表》（A105080）、《企业所得税弥补亏损明细表》（A106000）、《所得减免优惠明细表》（A107020）、《境外所得纳税调整后所得明细表》（A108010）的填报说明进行修订。

二、企业申报享受研发费用加计扣除政策时，按照《国家税务总局关于发布修订后的〈企业所得税优惠政策事项办理办法〉的公告》（国家税务总局公告 2018 年第 23 号）的规定执行，不再填报《研发项目可加计扣除研究开发费用情况归集表》和报送《“研发支出”辅助账汇总表》。《“研发支出”辅助账汇总表》由企业留存备查。

三、本公告适用于 2019 年度及以后年度企业所得税汇算清缴申报。《国家税务总局关于发布〈中华人民共和国企业所得税年度纳税申报表（A 类，2017 年版）〉的公告》（国家税务总局公告 2017 年第 54 号）、《国家税务总局关于修订〈中华人民共和国企业所得税年度纳税申报表（A 类，2017 年版）〉部分表单样式及填报说明的公告》（国家税务总局公告 2018 年第 57 号）、《国家税务总局关于修订〈中华人民共和国企业所得税月（季）度预缴纳税申报表（A 类，2018 年版）〉等部分表单样式及填报说明的公告》（国家税务总局公告 2019 年第 3 号）中的上述表单和填报说明同时废止。《国家税务总局关于企业研究开发费用税前加计扣除政策有关问题的公告》（国家税务总局公告 2015 年第 97 号）第五条中“并在报送《年度财务会计报告》的同时随附注一并报送主管税务机关”的规定和第六条第一项、附件 6《研发项目可加计扣除研究开发费用情况归集表》同时废止。

特此公告。

附件：《中华人民共和国企业所得税年度纳税申报表（A 类，2017 年版）》及填报说明（2019 年修订）（见二维码 28）

扫描二维码查看附件

二维码 28